선교학적 관점에서 본
기독교 선교운동사

폴 피어슨 지음
임 윤 택 옮김

기독교문서선교회

기독교문서선교회(Christian Literature Center: 약칭 CLC)는
1941년 영국 콜체스터에서 켄 아담스에 의해 시작되었으며
국제 본부는 미국의 필라델피아에 있습니다.
현재 약 650여 명의 선교사들이 59개 나라에서 180개의 본부를 두고,
이동도서차량 40대를 이용하여 문서 보급에 힘쓰고 있으며
이메일 주문을 통해 130여 국으로 책을 공급하고 있습니다.
CLC는 청교도적 복음주의 신학과 신앙을 선포하는
국제적, 초교파적, 비영리 문서선교기관으로서, 하나님의 뜻에 합당한 책을 만들고
이 책을 통해 단 한 영혼이라도 구원되길 소망하며
이를 위해 주님이 오시는 그날까지 최선을 다할 것입니다.

The Dynamics of Christian Mission:
History through a Missiological Perspective

written by
Pierson, Paul E.

translated by
Peter Yuntaeg Im

Copyright © 2009 by Paul E. Pierson

Originally published in the U.S.A. under the title as *The Dynamics of Christian Mission: History through a Missiological Perspective* by William Carrey International University Press 1539 E. Howard St. Pasadena, CA 91104

Translated and used by the permission of
William Carrey International University Press 1539 E. Howard St.
Pasadena, CA 91104

All rights reserved

Korean Edition
Copyright © 2009, 2020 by Christian Literature Center
Seoul, Korea

추천사 1

박식함, 부드러움, 그리고 예리함을 가진 통찰

최찬영 박사
— 해방 후 최초의 한국선교사
풀러선교대학원 Korean Studies 초대 원장, GEDA International 총재

나는 피어슨 박사를 좋아한다. 내가 선교지에서 은퇴하고 난 후에 풀러선교대학원에 와서 가르칠 수 있도록, 한국학부(Korean Studies) 초대원장으로 초청해 주었기 때문이기도 하고, 동년배로 오랫동안 가까이 친구로 지내며 몬테 비스타 홈즈(Monte Vista Homes)라는 은퇴마을에 함께 살았기 때문이기도 하다. 무엇보다도 선교운동사를 관통하는 확실한 선교학적 통찰을 가지고 있기 때문이다. 그래서 나는 선교현장에서 평생을 보내느라 학문적 정립을 하지 못하였는데, 내가 해야 할 연구를 피어슨 박사가 미리 해 주어서, 나는 피어슨의 역사이론을 중심으로 '부흥운동과 선교운동사'에 대해 강의한다.

피어슨 박사는 박식하며 부드러움과 예리함을 동시에 갖고 있다. 독특한 선교학적 통찰을 가진 학자이다. 선교학계와 미주교계에서 존경받는 몇 안 되는 원로 선교사이다. 그는 아직도 전국구가 아니라 전 세계를 누비며 사역하는 영원한 현직 선교사이며 교수이다. 그가 풀러선교대학원장으로 재직하던 1992년, 한국 선교학의 발전을 위해 풀러에 한국학부를 설치하도록 직접 나서서 도와주기도 하였다.

나는 1955년 4월 장로교 총회에서 선교사로 파송되었다. 당시에는 합동이나 통합이 나뉘기 전이었다. 1992년 현지에서 은퇴하기까지 37년간 해외 선교사로 활동했다. 태국에서 태국 장로교회 목사로 몇 년 동안 사역하기도 했지만, 주로 세계 성서공회 연합회(United Bible Societies)에서 사역하였다.

나는 성서공회에서 아시아 태평양 지역을 책임지는 총무 일을 하는 동안 수많은 나라들을 방문하였다. 세계를 다니며 내가 가장 강조했던 것은 '선교운동 정신'이었다. 오래된 선교기관일수록 제도화 현상이 일어난다. 처음 생명력을 상실한다. 그래서 나는 '선교운동 정신'을 주장했다. 선교기관이 기계적이 되고 타성에 젖게 되면 활력을 상실한다. 선교기관에서 무엇보다 중요한 것은 생명력이다.

한국교회 해외선교는 한국교회의 부흥과 선교운동을 통해 성장했다. 이제는 선교사 숫자가 늘고 선교기관이 대형화되어 제도화의 위험이 도사리고 있다. 나는 이 책이 한국교회와 선교운동을 위한 보약이라고 생각한다. 피어슨 박사의 선교운동사를 통하여, 한국교회 선교를 괴롭힐 수 있는 제도화의 위험을 극복하고 교회부흥을 통한 선교운동이 계속될 수 있기를 소망한다.

나는 한국교회가 계속 부흥하고 선교운동이 더욱 활발해지기를 위해 기도하며, 선교학자들 뿐만 아니라 선교운동에 관계된 모든 분들에게 일독을 권한다.

추천사 2

중세 수도원적 영성에 주목하라

곽선희 박사
— 소망교회 원로목사
풀러선교대학원 선교신학 박사

 나는 수도원에 대해 관심이 많다. 세계를 다닐 때마다, 수많은 수도원을 방문하였다. 수도원에는 말로 형언할 수 없는 무언가 매력이 있다. 나의 스승인 탁월한 역사가 랄프 윈터 교수는 예리하게 지적하였다. "16세기 개신교의 선교문제는 중세 수도원 제도를 거부한 데서부터 출발한다."
 윈터는 개신교에 수도원 정신을 되살리려 하였다. 세계선교를 위한 미국 장로교 수도회를 조직하려 하였다. 그런 개신교 수도회 조직을 통해, 미국 기독교인들은 더 많이 세계선교를 위해 지원할 수 있기를 소원하였다. 윈터는 16세기와 17세기 개신교에 선교활동이 미미했던 이유를 잘 지적하였다. 그 이유는 개신교가 신학적 이유를 들어 수도원 제도를 거부하였기 때문이라고 거듭 강조하였다. 랄프 윈터는 중세 수도원 운동에서, 두 조직체 이론(two structures theory), 즉 오늘의 선교단체를 설명하는 소달리티 이론을 발전시켰다. 나는 윈터의 역사적 통찰에 전적으로 동의한다. 오늘 복음주의 기독교의 문제는, 중세 수도원적 영성을 잃었기 때문이다. 윈터가 설립한 US Center for World Mission이 바로 그런, 중세 수도원적 분위기를 잘 반영하고 있다.
 내가 풀러선교대학원에서 공부하던 1970년대는 복음주의 선교신학이 정립되던 시기였다. 특히 로잔운동이 활발해지면서 복음주의 선교학이 세계적으로 자리를 잡아가던 때였다. 나는 당시 랄프 윈터 교수로부터 '세계선교운동사'를 배웠는데, 그의 천재적이며 탁월한 통찰들을 아직도 잊지 못한다. 그 가운데 중세 수도원의 선교적 역할에 대한 통찰은 평생 마음에 간직할 학문적 유산으로 남아있다.

나는 한국교회에 어떻게 하면 수도원적 영성을 살릴 수 있을까 고민하였다. 그리고 '소망 아카데미'를 설립하였다. 소망 아카데미의 기본 개념을 사막 수도원으로 잡았다. 이집트의 콥트교회를 이슬람의 공격으로부터 지킨 사막 수도원을 방문해 보면서, 오늘날 어떻게 하면 그런 사막 수도원 영성을 살릴 수 있을까 고민하였다. 나는 한국교회 목회자들과 함께 기도와 말씀에 전념하는 도시 가운데 있는 사막 수도원에서 잠시나마 시간을 함께 나누고 싶었다. 나의 소망 아카데미 사역은, 현대적 의미에서의 도시 사막 수도원 운동이다. 참된 복음을 회복하는 운동이다.

폴 피어슨은 풀러선교대학원에서 랄프 윈터의 '세계선교운동사' 과목을 이어받아 지난 30년 동안 유지 발전시켰다. 그가 첨가한 프린스턴신학교의 리처드 러블레스의 '교회갱신운동'과 자신의 박사논문인 「브라질 현지 지도자 선택과 훈련에 대한 관점」이 포함되어 있지만, 전체적으로 풀러 선교학의 특성을 잘 대변하고 있다.

폴 피어슨은 역사를 보는 탁견을 가지고 있다. 나는 우리가 이 책에서 꼭 배워야 할 역사적이며 선교학적인 통찰이 많다고 생각한다. 특히 폴 피어슨이 수도원 운동에 대해 기술하는 내용은 탁월하다. 그 부분을 주목하기 바란다. 출처를 알 수 없는 온갖 영성들이 우리를 혼란하게 하는 이 시대에, 무엇보다 주님을 더 깊이 만나고, 말씀을 따라 살기 위해, 수도원을 선택했던 수사들을 다시 기억한다.

폴 피어슨의 학문세계를 잘 아는 임윤택 교수가 이 책을 번역하여 소개하게 된 것을 기쁘게 생각한다. 이제 각 대학원에서 훌륭한 교과서로 사용되게 될 것이다. 이 책이 한국 선교학의 발전에 큰 도움이 될 것으로 믿는다. 무엇보다 한국선교가 균형잡힌 복음주의, 특히 수도원적 영성을 선교적 관점에서 새롭게 정립하는 계기가 되기를 바란다.

추천사 3

선교학적 통찰들로 탁월한 역사가

랄프 윈터 박사
— 윌리엄캐리대학교 설립자 겸 전임 총장, 전 풀러선교대학원 교수

이 책은 역사적 통찰로 가득한 책이다. 폴 피어슨 박사는 이렇게 썼다. "세계 선교역사에 있어서, 우리가 살아가는 시대 보다 더 복음이 넓게 창의적으로 전파된 적이 없었다. 그 사실은 의심할 여지가 없다." 어떻게 해서 이런 일이 있을 수 있었을까? 복음이 땅 끝까지 전파되는 데 작용하였던 사회적 역학과 역사적 상황은 어떠하였는가? 이 책에서 피어슨은 교회사의 중요한 장면마다 새로운 선교학적 통찰을 제공한다. 역사를 움직였던 여러 요소들을 선교학적 관점에서 분석하고, 하나님의 백성들이 성장하고 확장해 나가는 배면에 있는 선교학적 원리들을 명쾌하게 밝혀내었다. 나는 폴 피어슨을 탁월한 역사가로 인정한다. 그에게는 선교학적 통찰들이 가득하다. 그는 여기서 역사를 통하여 일어났던 기독교 선교운동의 성장과 확장과정을 탁월한 내러티브로 그려냈다. 그의 역사방법은 진솔하다. 친숙하게 기술하였지만 탁월한 정보자료를 바탕으로 정리되어 신뢰도가 높다. 이것은 선교운동사의 기본 교과서가 되기에 충분하다.

교회사는 단순하다. 어떤 사건이 언제, 어디서, 어떻게, 왜 일어났는지를 묻는다. 피어슨의 선교학적 관점에서 보는 선교운동사는 다르다. 그는 선교학적 통찰과 원리들을 가지고 선교운동의 역학관계를 예리하게 분석하고 전망한다. 이 책은 그런 탁월한 통찰들로 가득하다. 나는 이 책이 모든 신자들의 신앙 참고서가 되기를 바란다. 한 번 읽고 덮는 책이 아니라, 몇 번이고 다시 읽고 또 읽어도 새로운 책이라고 생각한다. 우리는 오늘을 이해하기 위해 역사를 배워야 한다. 오늘을 이해하기 위해 이 책보다 더 탁월한 선택은 없을 것이다.

추천사 4

원로 선교학자가 들려주는 선교운동사

이태웅 박사
— 한국글로벌리더십연구원장

역사는 필수적이다. 선교역사를 이해하는 것은 선교사뿐만 아니라 모든 기독교 사역자가 갖출 필수적인 자격 요건 중에 하나이다. 그 이유가 많겠지만 그 중에 하나를 꼽는다면 하나님의 나라가 어떻게 범세계적으로 확장되었는가를 한 눈에 보고 이를 통해 앞으로 우리가 어떻게 하나님의 왕국을 확장하는 사역에 참여할 수 있는가에 대한 통찰력을 얻을 수 있기 때문이다.

금번 폴 피어슨(Paul Pierson) 박사가 집필하고 임윤택 박사가 번역을 한, 『선교학 관점에서 본 기독교 선교운동사』는 최소한 세 가지 면에서 우리의 주목을 받고 있다.

첫째는 피어슨 박사가 차지하는 선교학적 위치 때문이다. 피어슨 박사는 20세기 선교학이 공식적인 신학 과정으로 공인되는 데 기여한 아서 글라서(Arthur Glasser), 랄프 윈터(Ralph Winter), 도널드 맥가브란(Donald McGavran), 폴 히버트(Paul Hiebert), 데이비드 헤셀그레이브(David Hesselgrave), 피터 와그너(Peter Wagner) 박사 등과 같은 다수의 원로 선교학자 중 한 분이기 때문이다.

둘째는 이 책의 내용의 독특성 때문이다. 선교사와 역사가로서 평생을 살았고 또 이를 가르친 분이 쓴 글로서, 이 책의 내용들은 한편으로 역사적인 사실을 기록한 것이며, 다른 한편으로는 선교역사를 초월해서 하나님의 부흥의 역사의 기록이기도 하다. 이런 의미에서 이 책의 내용들은 사실적이며 상징적인 의미를 갖고 있다. 다시 말해서 이 책은 단순한 선교역사책 이상의 의미를 지닌다는 뜻이다.

오순절이후 선교의 불길이 세상 가운데 전(全) 방위적으로 일어나기 시작했을 때 과연 어떤 운동이 처음 이런 불길을 일으켰는가를 이 책을 통하여 엿볼 수 있다. 역사적으로 선교운동이 일어나기까지 있었던 정황과 중요한 이슈에 대하여도 알 수 있다는 점이다. 순수한 역사학자와 달리 이런 운동이 현대선교학적인 관점에서 볼 때에 어떤 의미를 갖는가를 다룸으로써 현대의 선교사들에게 통찰력을 갖게 해 주고 있다.

셋째로 선교에 있어서 공동체의식의 중요성을 우리에게 다시 부각시켜 주고 있기 때문이다. 지금까지 의미 있는 모든 선교운동은 공동체 없이는 일어나지 않았다. 오순절의 경우 초대교회의 제자들의 공동체가 있었다. 바울 사도와 그 팀들이 선교를 했을 경우도 교회공동체가 각처에 세워졌다. 빌립보에, 데살로니가에, 에베소에 그리고 골로새에 공동체가 세워졌고, 이들 공동체는 한편으로는 선교사역을 통하여 얻은 결실들을 보존하며, 다른 한편으로는 성령의 역사로 말미암아 선교적 공동체화(共同體化) 되어왔다. 이런 자생적인 공동체가 콘스탄티누스 대제 이후 중세에 들어서면서 서서히 정치적이며 고정적인 조직(institutionalized)으로 굳혀 졌을 때, 선교는 더 이상 선교답지 못하게 나타났다. 이런 기간 중에는 수도원 운동의 공동체가 명맥을 유지했고, 다시 경건주의 운동으로 일어난 공동체가 현대선교운동의 불씨를 다시 제공했다. 그 후에도 대각성운동 복음주의 부흥운동의 중앙에 있던 공동체들이 마침내 현대 선교운동의 불을 훨훨 타오르도록 역사했다.

이제 우리는 성경에서 예고한 마지막 선교운동을 기다리고 있다. 이때에는 아마도 성령님의 강력한 역사로 전 세계적으로 모든 살아있는 공동체들이 선교를 위하여 다시 한 번 훨훨 불타기 시작할 것이다. 우리는 이런 꿈을 가지고 살면서 지금도 예수님의 선교에 적극 동참해야 할 것이다. 공동체적으로, 교회적으로 그리고 범세계적으로 이 일에 전념해야 할 것이다. 이 책을 통하여 이런 환상을 볼 수 있게 되기를 바라마지 않는다.

끝으로 이 책을 쓰는 것도 수십 년이 걸렸겠지만 우리말로 읽기 쉽게 번역하는 일은 아마도 제이의 창작활동에 비유 할 수 있을 만큼 큰 작업이 되었을 것이다. 이 일을 마다하지 않고 완성한 임윤택 박사님께 큰 박수를 보내면서, 기쁜 마음으로 한국 선교학계에 이 책을 추천하는 바이다.

한국어판 저자 서문

한국교회여, 세계선교운동사의 새 장을 열어라!

나는 한국교회만 생각하면 기분이 좋다. 한국교회를 통하여 일어난 세계선교운동은 놀랍기만 하다. 최근 소식에 의하면, 한국교회는 180개국에 21,000명의 해외선교사를 파송하고 있다. 이것은 한국교회가 가진 선교비전과 생명력을 반영하는 결과이다. 한국교회를 통하여 초대교회로부터 계속된 선교운동이 계속되고 있음을 인식할 필요가 있다. 지난 2천 년의 역사 가운데 기독교 복음을 전 세계에 전하려는 열정은 안디옥 교회 선교운동, 유럽교회 선교운동, 그리고 북미교회 선교운동으로 나타났다. 이 선교운동의 연장선 상에 한국교회가 있다.

역사상 탁월한 선교학자들은 이런 선교운동에 대하여 새로운 질문을 계속하며 연구했다. 선교운동에 나타난 최선의 방법은 무엇이었는가? 선교를 위해 사람들을 동원하고, 훈련하고, 후원하는 데 필요한 조직체는 어떤 형태를 가지고 있었는가? 선교의 우선순위는 무엇이었는가? 복음전도였는가 아니면 사회변화였는가? 선교의 결과는 무엇이었는가? 선교의 결과로 현지 교회가 설립된다면, 그 교회는 어떤 스타일의 교회여야 하는가? 선교사를 파송한 교회의 복사판이 되어야 할 것인가 아니면 달라도 되는가? 현지교회가 선교사를 파송한 교회와 달라도 된다면, 역사적 기독교를 반영하는 핵심가치는 무엇이고 현지 문화를 반영하는 상대적 가치는 무엇인가? 선교의 역사적 문맥이 변화하는 상황에서 나타나는 새로운 선교적 도전은 무엇인가? 어떻게 대응할 것인가? 새로운 변화는 어떤 새로운 기회를 열어주고 있는가?

오늘 우리는 이런 선교학적 질문들을 던져야 한다. 우리가 살아가는 세상은 역사상 가장 빠르게 변하고 있다. 세계화 현상은 다양한 모습으로 나타나고 있다. 과학 기술의 발전은 경이적이다. 기독교의 중심축이 움직인다. 유럽에서 북미로 왔다가 아시아, 아프리카, 라틴 아메리카로 움직였다. 새로운 형태의 교회가 출현하고 있다. 핍박이 심한 곳에는 가정교회들이 성장하고 있다. 무슬림 세계는 선교의 큰 도전으로 남아있다. 서구를 비롯한 여러 곳에서 세속주의도 성장하고 있다.

세상은 이처럼 변하고 있는데 기독교선교는 변하지 않고 그대로 남아있다. 어떻게 변화에 대응할 것인가? 성령은 간혹 우리로 선교에 대해 새로운 접근을 하도록 인도하신다. 어느 선교운동이든 기억해야 할 역사적 교훈이 있다. 선교지 상황이 변한다 할지라도 핵심적 메시지를 잃지 않고 목적을 달성하기 위해 필요한 조치를 해야만 한다는 것이다. 변화에 적절히 대응해야 한다. 역사는 반복되는 두 가지 실수를 보여준다. 첫 번째 실수는 변하는 상황이 새로운 패턴을 요구하고 있는 데도 불구하고 옛날 방식을 고수하고 반복하는 것이다. 두 번째 실수는 선교운동의 핵심가치를 저버리는 변화를 수용하는 것이다. 오늘날 기독교선교가 직면한 도전은 분명하다. 기독교 복음의 핵심가치에 충실해야 한다. 모든 '에스네'(ethne)를 제자삼는 일이 핵심이다. 그러나 제자삼는 방법은 세계화와 새로운 과학기술 발전에 더욱 적합하게 발전시켜 나가야 할 것이다.

역사에는 교훈과 지혜가 듬뿍 들어있다. 우리는 과거 역사를 통해 많은 것들을 배울 수 있다. 이 역사연구를 통하여 독자들이 역사적 지혜를 배울 뿐만 아니라 오늘의 선교현장에서 어떻게 충성을 다할 수 있을지 계속해서 새로운 질문을 던질 수 있기 바란다. 내가 역사연구를 통해 배운 가장 중요한 교훈은 성령께서는 계속 창의성을 발휘하고 계신다는 사실이다. 우리가 성령의 인도에 민감하기를 원하기만 하면 성령께서 오늘 열매를 맺을 수 있는, 가장 적합하고 새로운 방법들을 보여주실 것이다. 성령님께서는 우리에게 선교현장에서 새로운 질문을 던지게 하신다. 리더들을 어떻게 선택하고 훈련시킬 것인가? 대도시 중심부에 몰려드는 새로운 도시민들을 어떻게 접근할 것인가? 급속히 늘어나는 이민자들을 어떻게 전도할 것인가? 가난한 자들에게 어떻게 예수 그리스도의 사랑을 보여줄 것인가? 변화하는 세상 속에서 하나님의 백성인 교회를 어떻게 조직해야 할 것인가? 핍박이 있는 곳에서 교회는 어떤 모습을 가져야 할까?

한국교회 선교운동이 역사로부터 배워야 할 중요한 교훈들이 있다. 이번에 선교운동사를 함께 연구하면서 핵심교훈들을 배울 수 있기 바란다. 이런 역사적 지혜를 가지고 한국교회 선교운동이 하나님이 원하시는 세계선교에 크게 공헌할 수 있기를 소원한다.

  무엇보다 이 강의를 20여 년 전에 듣고부터, 이 책을 한국어로 번역하고 싶다고 했던 임윤택 교수에게 감사한다. 나는 그가 지난 20여년 동안 풀러 선교학의 DNA를 분석하는 학문적 열정을 가까이서 지켜 보았다. 그는 풀러에서 연구된 선교학적 통찰들을 한국 선교학자들에게 가장 적절하게 설명할 수 있는 탁월한 학자이다. 이렇게 한국어판을 통하여 내가 한국독자들을 만날 수 있게 된 것이 내게는 큰 행복이다. 바로 당신의 선교사역을 통해, 한국교회가 계속해서 새로운 선교운동사를 써 나갈 수 있기를 기대한다.

파사데나에서, 2009년 10월
폴 피어슨 박사
— 풀러선교대학원 명예대학원장

저자 서문

기독교 선교운동사에 나타난 선교학적 원리에 관하여

독자 여러분을 환영한다. 이 책은 내가 풀러선교대학원에서 오랫동안 강의한 내용을 정리한 것이다. 나는 1980년부터 풀러선교대학원장으로 봉직하면서 지난 30년 가까이 선교역사를 강의하고 역사논문을 지도했다. 그러나 이 책은 교회역사나 신교운동사를 모두 포괄적으로 다루고 있는 역사서는 아니다. 나만 선교학적 관점에서 선교운동사를 조명한 것이다.

교회사의 특징은 무엇인가? 전통적인 '교회역사'는 우리가 오늘날 '교회'라 부르는 기관의 발전과정을 기술한다. 무엇보다 교회의 신학적 갈등과 분열의 역사를 심층적으로 이해하려고 노력한다. 초대교회사는 중동지방과 북아프리카에 초점을 맞추어 교회가 서유럽과 미국으로 발전해가는 과정에 모든 노력을 집중한다. 교회 역사가들은 일반적으로 지난 2세기 동안에 이루어진 아시아, 아프리카, 그리고 라틴 아메리카 교회의 눈부신 성장에 대해서 관심을 두지 않는다.

새로운 관점이 필요하다. 이제 새로운 질문을 던져야 한다. 지난 2천 년의 기독교 역사를 돌아보며 탐구했던 질문과는 전혀 다른 질문을 던져야 한다. 우리가 교회 역사자료를 분석하며 던지는 질문이, 우리가 역사연구를 통해 배울 교훈을 결정하기 때문이다. 그래서 우리는 기독교 역사의 시작이 되는 사도시대로부터 새로운 관점에서 볼 수 있어야 한다.

선교학적 관점이 필요하다. 이 책에서 나는 하나님의 백성인 교회의 역사를 선교학적 관점에서 분석할 것이다. 선교운동의 역학관계를 면밀하게 살펴볼 것이다. 극한 위험을 감내하며 지역과 문화의 경계를 넘어 예수 그리스도의 복음을 전한 선교사들의 동기는 무엇이었는가? 그들이 선교하는 데 있어서 극복해야 했던 장애물은 무엇이었는가? 어떤 신앙운동이 선교운동을 태동시켰는가? 그들이 선교활동을 하면서 사용한 선교구조와 조직은 어떤 것이었는가? 선교운동을 주도했던 리더들이 가졌던 특징은 무엇이었는가? 선교 지도자들은 그들이 속한 교회와 사회 속에서 어떻게 자신의 리더십을 발휘하였는가?

선교학적 원리들이 있다. 선교운동에 관한 역사연구를 통하여 나는 다음과 같은 일반원리들을 발견하였다. 선교운동은 부흥운동의 결과로 나타났다. 선교운동은 교회정치 조직의 변두리에서 태동되었다. 선교적 소명에 응답한 사람들은 대부분 교회나 사회에서 소외된 창조적 소수들이었다. 하지만 그들은 세상적인 부족함에도 불구하고 하나님의 선교적 소명에 긍정적으로 응답하고 어려움을 이겨냈다. 하나님은 그들을 통하여 아무도 상상하지 못했던 풍성한 선교적 열매들을 거두게 하셨다. 그들은 주님께서 보여주신 본을 따라 한 알의 밀알이 되어 죽었고 많은 열매를 맺었다. 역사상 선교운동을 주도했던 지도자들은 하나님과 철저하게 동행했던 신실한 인물들이었다. 그들이 하나님과 더 깊은 관계를 갖게 되었을 때, 그들은 하나님의 세상을 향한 선교적 열망을 더 가까이 느끼게 되었다. 이사야 6:1-8과 같이 그들은 하나님의 음성을 듣고 그 선교적 비전을 다른 사람들과 나누었다.

선교학적 관점에서 본 이 책의 목적진술은 다음과 같다.

> 독자로 하여금 선교운동의 확산에 나타난 선교학적 원리들의 중요성을 인식할 수 있도록 교회역사를 연구한다.
> 독자로 하여금 과거, 현재, 그리고 미래에 일어날 기독교 신앙운동의 선교학적 원리들을 배울 수 있게 한다.
> 독자로 하여금 이 선교학적 원리들을 오늘의 선교전략으로 적용하여 선교운동이 확산될 수 있게 한다.
> 독자로 하여금 앞서 하나님의 뜻 가운데 시대를 섬긴 수많은 선교운동가들의 삶을 본받아 이 시대를 향한 하나님의 선교목적에 순종하려는 선교적 헌신을 강화한다(히 13:7-8 참조).

나만의 선교학적 원리들이 있다. 오랫동안 선교운동사를 연구하고 강의하면서 몇 가지 선교학적 원리들이 내 안에서 정립되었다. 내가 언급하는 모든 원리들이 이 책에서 다루고 있는 모든 선교운동에 모두 적용되는 것은 아니지만, 역사를 보는 탁월한 통찰력과 역사를 분석하고 해석하는 하나의 틀을 제공한다. 이런 역사를 보는 관점들이 독자들에게 유익할 것으로 믿는다. 내가 강조하는 몇 가지 이론들을 살펴보자. 이 이론들은 나의 선교운동사관을 형성하는 핵심적 요소들이다.

첫째, 변두리 이론(Periphery theory)이다. 부흥과 확장은 대부분 그 시대 교회 권력구조의 변두리에서 시작된다. 이 이론은 교회구조가 잘못 되었다는 뜻이 아니다. 사실 교회구조는 언제나 필요하며 선교운동에 많은 도움을 준다. 그러나 변두리 이론은 우리가 언제나 성령의 놀라운 역사에 대해 열린 마음자세를 가져야만 할 것을 일깨워준다. 역사를 연구해 보면 성령의 역사가 드러난다. 성령께서 전혀 예상치 못했던 방식으로, 전혀 예상치 못했던 사람을 통하여서 하나님의 역사를 이루어 가신다는 사실을 깨닫게 된다.

둘째, 두 조직체(Two structures) 이론이다. 두 조직체는 교회조직과 선교단체 조직을 말한다. 교회역사에는 교회의 두 조직체가 모두 중요하다. 첫 번째 교회조직에는 지역교회 조직과 구성원이 가진 인간관계망이 중요하다. 랄프 윈터(Ralph Winter)는 교회조직 대신 '모달리티'(Modality)라는 전문용어를 사용하기도 하는데, 나는 개인적으로 '지역교회'라는 용어를 선호한다. 지역교회에는 믿음이 뜨거운 사람과 냉담한 사람, 청년과 노인, 새신자와 성숙한 신자들이 모두 포함되어 있다.

두 번째는 윈터가 소달리티(sodality)라 부르는 선교조직체이다. 윈터는 소달리티를 군대식 조직과 자영업체적인 특성들로 설명하는데 나는 '선교단체'이라는 용어를 선호한다. 선교단체는 작아도 이동성이 높으며, 타문화 상황에서 이루어지는 특정 선교사역을 위해 하나님께서 부르셨다는 높은 소명감을 공유하고 있다. 선교단체는 IVF와 같이 대학 캠퍼스에서 활동하는 선교단체일 수 있고, 외국에 나가 특정 미전도 종족을 위해 사역하는 해외선교단체일 수 있다. 이들은 선교사역 유형에 따라 다양한 조직적 특성을 가진다.

두 조직체에 대한 내 논지는 분명하다. 교회의 선교를 완수하기 위해 지역교회 조직과 선교단체 조직이 모두 다 중요하며, 두 조직체가 모두 하나님의 백성들로 구성된 하나님의 교회라는 것이다(나는 선교단체를 '파라처치'(para church)라고 부르는 것 자체를 거부한다. 왜냐하면 파라처치라는 용어는 선교조직체를 지역교회구조보다 무언가 부족한 조직이라는 함의를 내포하고 있기 때문이다).

셋째, 핵심인물 이론이다. 모든 선교운동은 핵심인물(a key leader)이 발기하였다. 선교운동을 발기한 인물은 하나님과의 특별한 만남을 체험하고, 세상을 향한 하나님의 선교적 열정을 받고, 다른 사람들에게 자신이 받은 선교비전을 나누고 확산시킬 수 있는 소통능력을 가지고 있었다.

넷째, 새로운 리더십 개발양식 이론(New Leadership Patterns Theory)이다. 부흥운동과 선교운동의 특징이 있다. 새로운 리더를 선택하고 훈련하는 새로운 리더십 개발양식을 가지고 있다는 것이다. 새로운 리더십 개발양식의 초점은 특별하다. 엘리트나 명문학교 중심에서 은사를 가진 평범한 사람 중심으로 바뀌는 경우가 많다. 이런 새로운 리더십 개발양식은 선교운동이 활발하게 일어나고, 교회가 성장하는 곳에 필요한 더 많은 지도자들을 충분히 공급할 수 있게 한다. 리더는 특별한 사람보다는 평범한 사람이 좋다. 평범한 사람들 가운데서 리더가 될 인물을 선택하여 목회자와 부흥사로 훈련시키면, 그들은 그들이 목회하고 말씀을 전해야 할 대상들과 비슷한 문화적 배경을 가지고 있기 때문에 보다 효과적인 사역을 할 수 있다.

다섯째, 새로운 신앙생활양식 이론(Spiritual Dynamics Theory)이다. 부흥과 확장은 대부분 새로운 신앙생활양식을 수반한다. 신앙생활을 새롭게 상황화한 새로운 신앙생활양식을 창조한다. 새로운 신앙생활양식은 부흥과 확장의 잠재적인 원인이 된다. 실례를 들면, 한국의 구역 예배, 소그룹 활동, 평신도운동, 성경공부, 복음송가, 영적 은사의 활용, 하나님과의 신비적 체험, 십자가의 원리를 따르는 희생적인 헌신 등을 지적할 수 있다. 한국교회의 신앙생활양식은 다른 나라와 다른 독특한 것이다. 독일 경건주의 운동가인 스페너(Spener)의 성경공부와 웨슬리의 찬송은 당시 새로운 신앙 생활양식으로 자리 잡았다.

여섯째, 새로운 신학적 돌파이론이다. 부흥운동과 선교운동은 새로운 신학적 돌파(theological breakthrough)를 동반한다. 새로운 신학을 발전시킨다. 성경적인 신앙원리들 가운데 전에 알려지지 않았던 새로운 신학적 원리를 발견한다. 전에 알려졌지만 묻혀 있었던 신학적 원리들을 재발견한다. 성경에 나타난 실례로 사도행전 15장을 들 수 있다. 당시 성령께서 주도하셨다. 새로 형성된 교회들에게 이방인들이 구원받기 위하여 율법을 준수하고 유대인이 되는 할례를 받지 않고도, 마음으로 하는 순종과 믿음만으로 구원을 받을 수 있다는 사실을 깨닫게 하셨다. 이것은 전혀 새로운 신학적 발견이었다. 이런 새로운 신학적 돌파를 통하여 이방인 교회들이 성장하였다. 두 번째 경우는 부흥운동에 나타나는 은사 신학이다. 모든 성도들에게는 각자에게 주어진 성령의 은사가 있으며, 성령의 은사는 사역을 위해 사용해야 한다는 은사 신학이다.

일곱째, 부흥과 확장 이론(Renewal and Expansion Theory)이다. 교회의 부흥과 확장은 상호 연결되어 있다. 바람직한 부흥운동은 인간이 주도하는 것이 아니다. 하나님께서 주도하시고, 하나님의 역사로 일어난다. 부흥운동은 새로운 소달리티 운동을 유발한다. 모달리티에 새로운 활력을 불어넣어 주고 확장하게 한다. 예일대의 역사가인 라투렛(Kenneth S. Latourette)은 기독교운동에 나타난 부흥의 활력을 재연(recrudescence)이라는 단어로 설명하였다. 이것은 기독교회 내부에서 부흥운동이 일어나는 것을 설명하는 용어다. 부흥운동은 선교운동을 일으키는 원동력이다. 사람들이 자신의 삶 속에서 하나님과 더 깊은 관계를 갖게 되면, 하나님의 더 깊은 은혜를 깨닫게 되고, 주님을 더욱 철저하게 순종하며 따르게 된다.

여덟째, 역사/상황적 조건 이론(Historical/contextual conditions theory)이다. 교회 부흥과 확장은 역사적/상황적 조건이 맞을 때에 일어난다. 무엇보다 역사적 맥락이 중요하다. 하나님의 선교 자체는 변하지 않지만, 우리를 통하여 하나님의 선교가 이루어지는 역사적 상황은 계속 변하고 있다. 역사적 맥락은 우리에게 복음을 전할 수 있는 새롭고 창조적인 가능성을 열어준다. 하나의 실례를 든다면 팍스 로마나(Pax Romana)시대와 코이네(Koine) 헬라어가 새로운 가능성을 열었다. 초대교회 로마시대에 일어난 선교운동에 도움을 주었다. 다른 실례로 1989년에 일어난 공산주의의 몰락을 들 수 있다. 공산주의가 몰락함으로 동유럽과, 러시아, 그리고 구소련 국가들에 놀라운 자유가 생겼다. 복음이 급속도로 전파되는 기회가 열렸다.

마지막으로 선교정보 확산(information distribution) 이론이다. 선교정보의 확산은 선교운동에 중요한 역할을 하였다. 새로운 선교현장에서 일어나는 선교지 소식과 부흥운동에 관한 소식은 다른 곳에서 동일한 선교운동과 부흥운동을 촉진하였다. 데이비드 브레이너드(Brainerd)의 일기는 선교적 감동을 주었다. 윌리엄 캐리, 헨리 마틴 등이 이를 읽고 선교사로 헌신하였다. 영국에서 일어난 부흥운동과 18세기 초 미국에서 일어난 대부흥운동은 선교정보 확산 이론의 좋은 실례가 된다. 건초더미(Haystack) 기도모임에 참석한 대학생들에게 윌리엄 캐리가 미친 영향도 그렇다.

  선교사들이 달라졌다. 오늘날의 기독교선교는 다양하고 창의적인 선교활동을 통해 전 세계에 가장 넓게 펼쳐지고 있다. 전에는 상상할 수 없었던 수많은 인종, 문화, 국가적 배경을 가진 선교사들이 복음을 전하기 위해 몰려오고 있다. 물론 선교활동에 어려움과 실패도 따를 수 있지만, 예수 그리스도의 선교는 성령의 능력 안에서 계속될 것이다. 모든 무릎이 그 앞에 꿇게 되고 모든 입술이 예수님이 주시라고 고백하여 하나님께 영광을 돌릴 때까지 선교는 계속될 것이다.

  나는 소망한다. 이 책을 읽는 독자들이 오늘 하나님께서 나를 무슨 사역을 위에 어떻게 부르시는지를 발견하고 하나님의 선교에 동참하게 되기를 바란다. 하나님의 선교에 동참하는 것은 기독교인의 삶에 일어날 수 있는 최상의 특권이요 축복이다.

폴 피어슨 박사
― 풀러선교대학원 명예대학원장

역자 서문

새로운 선교운동사관을 향하여

1980년대, 나는 풀러선교대학원에서, 폴 피어슨 박사의 '선교운동사' 강의를 들었다. 그런데 남녀가 첫 눈에 반하듯, 나는 강의 속으로 빠져들었다. 열정적인 강의와 토의 시간을 거치면서, 나는 역사가 이렇게 재미있을 수 있다는 사실을 깨달았다. 어릴 적 읽은 논어(論語)의 學而時習之, 不亦說乎(학이시습지 불역열호)를 온몸으로 깨달았다. 배우고 익히는 행복을 만끽했다. 소위 나만의 역사관을 정립할 수 있게 되었다. 이제 나는 역사를 이해하고, 설명하고, 해석할 수 있게 되었다. 역사적 통찰을 통하여 새로운 전략적 사고를 할 수 있게 되었다. 피어슨 박사는 나에게 다양한 역사이론과 선교학적 통찰을 전수하여 주었다. 지난 반세기 이상 개발되고 숙성된 풀러선교학적 DNA가 들어있는『선교학적 선교운동사관』을 내게 선물로 주셨다.

풀러선교학 DNA는 맥가브란으로부터 출발한다. 콜롬비아 대학 박사 출신인 그는 교회성장사관을 가지고 있었다. 그는 모든 학문을 교회성장학적 안목(Church growth eye)으로 보고 해석하였다. 맥가브란의 사관은 예일대학 교수였던 라투렛의 교회 확장사관에서 출발하였다. 1955년 라투렛은 교회성장학의 출생증명서라는 맥가브란의『하나님의 다리』(Bridges of God)에 추천사를 썼다. 1968년 맥가브란은 오르(Edwin Orr) 교수에게 선교역사를 교회성장사관으로 가르쳐달라고 부탁하였다. 오르는 옥스퍼드 출신으로 웨일즈 부흥운동을 비롯한 전 세계 부흥운동에 관한 한 당대 최고의 학자였다. 오르는 교회성장을 부흥운동의 산물로 확신하고 있었기에, 성장사관에 부흥사관을 기본으로 하였다. 오르의 부흥사관은 교회성장학을 비롯한 선교학 전반에 지대한 영향을 미쳤다. 여기에 칼텍과 코넬대 출신 랄프 윈터가 가세한다. 그는 선교역사 가운데 중세 수도원에 대해 주목하였다. 그리고 미전도 종족을 선교하기 위한 소달리티 개념과 저 유명한 두 조직체 이론을 발전시켰다. 그의 중세 수도원 연구는 UCLA 역사학 교수였던 린 화이트(Lynn White)로부터 도움을 받았다고 한다. 1980년, 드디어 프린스턴 출신의 피어슨 박사가 등장했다. 그는 프린스턴에서 마펫 선교사로부터 아시아 선교운동사적 관점을 배웠으며, 친구인 리처드 러블레이스(Richard Lovelace)의 갱신운동 개념을 첨가하였다. 그래서 피어슨은 갱신운동, 대각성운동과 부흥운동을 상호 호환적으로 사용한다.

이러한 학문적 배경을 가진 교과서를 번역하면서, 역자는 본서가 풀러선교대학원의 선교학적 통찰을 바탕으로 하여, 맥가브란의 교회성장사 관점과 에드윈 오르의 부흥운동사관, 그리고 한국교회와 선교적 상황을 고려하여 어떤 부분에서는 부흥사관을 강조하는 쪽으로 번역하였음을 밝힌다.

피어슨은 브라질 선교사로 사역하면서, 장로교 선교부가 현지 목회자를 선발하고 훈련하는 과정에서 현지 수준보다 너무 높은 학위과정을 요구하는 것이 정당한 일인지 고민하게 되었다. 그 결과로 미장로교회가 실시한 1910년부터 1959년까지의 브라질 선교에 대한 논문을 작성하였다. 독자들은 피어슨이 현지 리더십 선택과 개발에 대해 자주 반복하여 설명하는 특성을 발견할 것이다. 그것은 피어슨의 선교학적 DNA이다.

이 책에서 피어슨은 선교운동에 나타난 선교학적 원리들을 정리해 준다. 우리로 과거, 현재, 그리고 미래에 일어날 기독교 신앙운동의 선교학적 원리들을 배울 수 있게 해준다. 그리고 이 선교적 원리들을 오늘의 선교전략으로 적용하여 선교운동이 확산될 수 있도록 독려한다. 우리보다 먼저 당대를 풍미한 수많은 선교운동가들의 삶을 본받아 이 시대를 향한 하나님의 선교적 사명을 순종할 수 있게 한다.

나는 이 책이 모든 한국선교사들의 필독서가 될 것으로 확신한다. 선교학적 안목으로 선교운동사를 보는 것은 얼마나 놀라운 통찰을 제공해주는지 모른다. 피어슨 교수님이 내게 역사에 대해 새로운 눈을 뜨게 해 주셨듯이, 독자들에게도 그리하실 것으로 믿는다.

파사데나에서,
역자 임윤택

목차 Contents

추천사:
박식함, 부드러움, 그리고 예리함을 가진 통찰/ 최찬영 박사 — 5
중세 수도원적 영성에 주목하라/ 곽선희 목사 — 7
선교학적 통찰들로 탁월한 역사가/ 랄프 윈터 박사 — 9
원로 선교학자가 들려주는 선교운동사/ 이태웅 박사 — 10
한국어판 저자 서문:
한국교회여, 세계선교운동사의 새 장을 열어라!/ 폴 피어슨 박사 — 12
저자 서문:
기독교 선교운동사에 나타난 선교학적 원리에 관하여/ 폴 피어슨 박사 — 15
역자 서문:
새로운 선교운동사관을 향하여/ 임윤택 교수 — 21

제1부 초대교회의 성장 — 27

제1장 선교운동사 서론 · 29
제2장 사도시대의 선교운동 · 49
제3장 교회의 두 조직체 · 69
제4장 사도시대와 속사도시대의 선교운동 · 95
제5장 로마 제국에서의 선교운동 · 117
제6장 초기 수도원 운동 · 139
제7장 켈트족 교회 · 159

Contents

제2부 변화와 개혁의 시도 — 179

    제8장 야만인 세계 · 181
    제9장 이슬람교와 바이킹의 침략 · 197
    제10장 수도원의 부흥과 십자군 운동 · 215
    제11장 중세 평신도 운동 · 235
    제12장 수사들의 선교운동 · 257

제3부 종교개혁시대 — 281

    제13장 종교개혁 운동을 위한 준비 · 283
    제14장 루터와 칼뱅의 종교개혁 운동 · 295
    제15장 재세례파의 급진적 종교개혁 운동 · 325
    제16장 가톨릭 종교개혁과 선교운동 · 341

제4부 부흥과 개신교 선교시대 — 373

    제17장 청교도 운동과 경건주의 운동 · 375
    제18장 모라비안과 감리교 선교운동 · 395
    제19장 윌리엄 캐리와 개신교 선교단체의 등장 · 421
    제20장 미국 선교운동의 시작 · 439
    제21장 아메리카 전방개척 선교운동과 새로운 리더십 패턴들 · 461
    제22장 부흥운동의 역학 · 481

Contents

제5부 위대한 세기 — 503

    제23장 새로운 선교단체의 폭발적 성장 · 505
    제24장 세계선교와 여성 선교사 운동 · 525
    제25장 1910 에든버러 선교대회와 에큐메니칼 운동 · 545
    제26장 근대 아시아 선교 · 559
    제27장 근대 오세아니아, 중동 그리고 북아프리카 선교 · 581
    제28장 근대 아프리카 선교 · 597
    제29장 근대 라틴 아메리카 선교 · 609
    제30장 오순절 운동과 선교운동 · 623

제6부 새로운 선교시대 — 649

    제31장 변화하는 우리 시대의 선교운동 · 651
    제32장 선교현장에 등장하는 새로운 선교사들 · 663
    제33장 선교의 새로운 패턴과 새로운 선교지 · 677
    제34장 새로 등장하는 교회들 · 691
    제35장 가난한 자와 도시화 그리고 미래선교 · 705

색인 — 725

The Dynamics
of Christian Mission
History through a Missiological Perspective

제 1 부
초대교회의 성장

제1장 선교운동사 서론

제2장 사도시대의 선교운동

제3장 교회의 두 조직체

제4장 사도시대와 속사도시대의 선교운동

제5장 로마 제국에서의 선교운동

제6장 초기 수도원 운동

제7장 켈트족 교회

The Dynamics
of Christian Mission
History through a Missiological Perspective

제 1 장

선교운동사 서론

1. 말씀묵상

디베료 황제가 통치한 지 열다섯 해 곧 본디오 빌라도가 유대의 총독으로, 헤롯이 갈릴리의 분봉 왕으로, 그 동생 빌립이 이두래와 드라고닛 지방의 분봉 왕으로, 루사니아가 아빌레네의 분봉 왕으로, 안나스와 가야바가 대제사장으로 있을 때에 하나님의 말씀이 빈 들에서 사가랴의 아들 요한에게 임한지라(눅 3:1-2).

누가는 섬세하다. 세례 요한과 예수님이 등장하는 역사적 상황을 아주 자세하게 기록하고 있다. 가이사, 빌라도, 헤롯, 안나스와 가야바가 역사적 배경으로 등장한다. 역사가 누가의 의도는 무엇일까? 의도는 분명하다. 하나님께서 구체적인 역사적 상황 속에서 일하고 계시다는 것을 보여주려는 것이다. 하나님은 역사적 진공상태에서 일하시지 않는다. 구체적인 역사적 상황 속에서 일하신다. 우리의 삶 가운데 들어오신다. 하나님의 뜻은 선명하다. 우리를 구원하시고 하나님을 섬기도록 초청하는 것이다. 막연한 영적 세계 어디서가 아니라, 우리가 살아가는 오늘 삶의 현장에서 하나님을 섬기게 하려는 것이다.

우리를 향한 하나님의 관심은 어디에 있는가? 상상 속에 있는 피안의 세계인가 아니면 삶의 현장인가? 대답은 개인에 따라 다르다. 이 질문에 어떤 대답을 하느냐에 따라 우리 삶은 달라진다. 하나님은 우리가 시간을 드리고 사역하는 교회생활, 무언가 영적인 세상에만 관심을 가지신다고 대답한다면, 우리는 예수님께서 우리를 구원하러 오신 현실 세계와는 바람직한 관계를 갖지 못하게 될 것이다.

이 강좌를 통해 꼭 강조하고 싶은 것이 있다. 이 강조점을 독자들이 배울 수 있기 바란다. 하나님께서 자기 백성을 부르실 때, 구체적인 역사적 상황 속에서 부르신다는 사실이다. 언제나 변하는 세상 속에서, 영적으로 육체적으로 심리적으로 상처받은 사람들 가운데서 부르신다는 사실이다. 그러므로 누가의 말씀은 확실하다. 하나님은 환상 속의 세상에는 관심이 없다. 하나님은 특정 세상 속으로 아들을 보내셨다. 황제가 보좌에 앉아 자신이 신적능력을 가진 자라고 공언하던 세상, 포악하고 무능한 정치가들이 판치던 부도덕한 세상, 잔학한 영주들이 권력만 탐하던 1세기 팔레스타인으로 아들을 보내신 것이다. 종교 지도자들의 사정도 마찬가지였다. 대제사장 안나와 가야바는 종교지도자라기 보다는 정치가에 가깝다. 그들은 자신의 자리와 권력을 보존하기 위해 노력했지만, 하나님의 백성에 대해서는 전혀 관심이 없었다.

상황은 달라지지 않았다. 하나님께서 우리를 부르시는 세상도 이와 같다. 이런 세상에서 어떻게 주의 일을 감당할 것인가? 함께 기도해야 한다. 하나님의 음성을 듣고, 그분의 인도에 따라야 한다. 기도하자.

주님, 저희를 불러주셔서 감사합니다. 저희가 살아가는 삶의 현장에서 주님을 알게 하시고, 섬기게 하시고 사랑하게 하시니 감사합니다. 우리가 선교역사를 함께 연구하고 배우려고 합니다. 전혀 생각하지 못했던 새로운 질문도 던지게 될 것입니다. 주께서 저희에게 역사를 보는 눈을 주시고, 안목을 넓혀주셔서 우리가 사는 세상을 바로 볼 수 있게 하여 주옵소서. 세상 속에서 역사하시는 주님의 모습을 새롭게 볼 수 있게 하옵소서. 무엇보다 주님을 더욱 사랑하게 하시고, 주님을 향한 우리의 헌신이 더욱 깊어지게 하옵소서. 세상 가운데 드러난 주님의 뜻에 더욱 순종하게 하옵소서. 예수님 이름으로 기도합니다. 아멘.

2. 선교운동사의 구조

역사연구는 선택적이다. 이 강좌는 중요한 선교운동에 주목한다. 지난 2천년 동안 이루어진 선교역사를 총망라하여 다 다루지 않는다. 핵심적인 내용에 초점을 맞춘다. 우리가 중요한 선교운동을 분석하는 이유가 있다. 역사에 나타난 선교운동의 역학을 분석해 보면, 하나님께서 오늘 어떻게 역사하고 계시는지 알 수 있기 때문이다. 우리는 역사를 연구하면서 독특한 질문을 던질 것이다. 나는 학생들에게 질문을 강조한다. 평생 질문하는 습관을 가지라고 부탁한다. "복음이 왜? 다른 곳으로 전해지지 않고 특정 지역에 사는 특정 인간집단에게 전해졌는가?" "복음전달에 있어서 어떤 요소들이 작용하였는가?" "복음이 아직 들어가지 않은 인간집단은 어디에 있는가?" "그들은 복음에 적대적이었는가? 아니면 복음전도자들이 그들을 지나치고 말았는가?" 이런 질문은 선교학적 질문이다. 나는 독자들이 선교역사를 연구하면서, 이런 선교학적 질문을 던질 수 있기 바란다. 이것이 선교학적 관점에서 보는 선교운동사의 연구방법이다.

3. 왜 역사를 연구하는가?

사람들은 역사가를 잘 이해하지 못한다. 역사는 지루하다는 인상이 짙다. 사람들은 대부분 역사연구에 대해 이런 부정적 이미지를 가지고 있다. 나는 수학을 좋아했다. 물리학과 화학도 좋아하였다. 그래서 버클리 대학에서 화공학을 전공하였다. 나는 역사나 사회과학은 현실적이 아니라고 여겼다. 하지만 내가 하나님을 만나게 되었을 때, 하나님은 인생의 행로를 바꾸셨다. 나는 신학을 공부하면서 역사를 연구하였다. 하지만 사학으로 박사학위까지 전공할 마음은 전혀 없었다. 나는 장로교단에서 안수를 받고 선교사가 되어 브라질에서 사역했다. 브라질과 볼리비아의 국경지대에서 교회개척 사역을 하였다. 현지 신학교에서 교수사역도 겸하게 되었다. 그런데 공교롭게 역사과목을 맡아 가르치게 되었다. 그런 연유로 내가 안식년을 맞아 미국에 돌아왔을 때, 프린스턴신학교에서 역사학 박사과정을 시작하게 되었다.

역사연구는 나의 안목을 넓혀주었다. 풀러선교대학원에서 평생 역사를 가르쳤다. 나는 이제 확신을 가지고 말할 수 있다. 역사는 확실한 교훈을 준다. 다른 곳에서 얻을 수 없는 놀라운 통찰력을 제공한다.

헨리 포드(Henry Ford)는 자동차 산업의 선구자였다. 그는 실용적이며 실리적인 사람이었다. 포드는 단언했다. "역사는 다 거짓말이다." 한편 하버드 대학 철학자인 산타나(Santana)는 말한다. "역사에 나타난 실수에서 배우지 못하는 사람은 그 실수를 반복할 것이다." 역사연구가 필요하다. 역사연구는 역사에 나타난 실수를 반복하지 않게 할 뿐만 아니라 그보다 더 심오한 통찰을 갖게 한다.

1) 정체성 확립

역사연구는 우리 정체성을 확립하게 한다. 우리가 누구이며, 우리는 복음을 어떻게 이해하고 있는지, 성경을 어떻게 보는지 바로 알게 한다. 역사는 우리가 이스라엘의 영적 후사임을 가르쳐준다. 우리는 선지자와 신약교회의 계승자이다. 우리가 인정하든 아니하든 우리는 중세교회, 종교 개혁자들의 교회, 17, 18 세기에 일어난 복음적 부흥운동(Evangelical Awakening)의 계승자들이다. 우리가 속한 교단과 그 교단을 세운 영적 지도자들의 영적 후손들이다. 결국 우리는 여러 선교운동의 수혜자들이다. 역사연구를 통해 살펴보면, 우리가 장로교, 성공회, 침례교, 오순절, 또는 감리교단에 속한 교단적인 사람이기 이전에, 어거스틴(Augustine), 루터(Luther), 칼뱅(Calvin), 그리고 웨슬리(Wesley)의 후손임을 알 수 있다. 우리가 인식하든지 하지 못하든지 상관없이 우리는 이들의 사상과 사역을 통해 도움을 받았다. 주님을 따른다는 것이 무엇을 의미하는지 배웠다. 더 구체적으로 말하자면, 기독교선교를 태동시킨 부흥운동들이 우리 신앙의 뿌리를 형성시켰다. 그들이 믿었던 신앙은 우리가 이해하는 복음과 선교에 지대한 영향을 주었다.

역사연구는 아주 중요하다. 실례를 들어보자. 특정 운동은 무언가에 저항하는 반항운동으로 시작된다. 당신의 교단을 형성한 운동은 무엇에 반항하였는가? 나는 개혁주의 전통을 가진 장로교 목사이다. 개혁주의 전통은 세계교회에 지대한 공헌을 하였다. 16세기 칼뱅주의(Calvinism)는 타락한 중세교회에 반항하였다. 당시 중세교회는 경직된 신학과 기적과 치유에 대한 미신적 관습이 팽배했었다. 칼뱅주의는 오직 성경을 고집하였고, 목회자들에게 대학교육을 강조하였다. 결과적으로 칼뱅주의는 고등교육에 큰 공헌을 하였다. 하지만 그에 따른 부작용도 있다. 첫째, 칼뱅주의 전통을 가진 성도들은 성령론이 약하다. 우리를 놀라게 하는 성령의 역사를 열린 마음으로 수용하지 못하는 경향이 있다. 둘째, 고등교육을 강조하다 보니, 교육수준이 낮은 사람들이 주도하는 부흥운동에 대해 미심쩍은 눈초리를 보낸다는 것이다.

새로운 안목이 필요하다. 우리는 다른 관점에서 오순절 운동을 볼 수 있어야 한다. 1906년 오순절 운동이 미국에서 태동했다. 오순절 운동의 불길은 곧 전 세계로 퍼져나갔다. 오순절 운동은 성령의 능력과 역사를 재발견하였다. 그들은 사실 성령의 능력을 좀 지나친 방식으로 표출했다. 품위있는 주요 교단 지도자들은 그런 오순절적 행태를 거부하고 비판했다. 교육수준이 높은 고상한 교단들의 행태로부터 모멸감을 느낀 오순절 운동은 가난한 자들에게 갔다. 공교육 혜택을 많이 받지 못한 사람들 가운데 세를 확장해갔다. 그런 반감으로 인해 초기 오순절주의는 지도자들의 공교육을 거부하였다. 현재 그런 반감은 사라졌다. 오순절주의 지도자들은 풀러 신학교를 비롯한 수준 높은 학교들에서 교육받고 있으며, 훌륭한 학자들도 많이 배출하였다.

갱신운동은 저항운동이다. 역사상 교회가 성경적 기준을 떠나 왜곡되고 타락하였을 때 성경적 가치를 회복하기 위한 저항운동으로 시작된다. 칼뱅주의 운동과 오순절 운동도 저항운동이었다. 하지만 저항이 삶의 방식이 되어서는 안 된다. 저항정신은 운동을 동력화 할 수 있는 긍정적 가치를 생산해야 한다. 우리가 이런 긍정적 가치를 발견하면, 정체성을 갖게 되고, 우리는 부흥을 위한 불씨가 될 수 있다.

실례를 들어보자. 초기 감리교 운동은 빈곤층에서 일어났다. 감리교 운동은 수많은 긍정적 가치를 발견하였다. 그들이 가져온 놀라운 가치들 가운데 귀한 것은 평신도 사역을 고취한 것이다. 평신도가 움직이기 시작하였다. 평신도들이 거리와 직장으로 나가 교회문화와 별개로 살아가는 사람들에게 복음을 전한 것이다. 특히 제자훈련을 위한 '속회'(屬會, class)를 조직한 것은 놀라운 일이다. 우리가 이렇게 초기 감리교 운동이 가졌던 강점을 인식하게 되면, 오늘의 감리교를 위한 부흥전략을 찾을 수 있게 되지 않을까?

2) 역사적 안목

역사는 안목을 제공한다. 기독교 역사에 나타난 하나님의 활동을 분석해 보면, 오늘 우리가 살아가는 교회와 세상에서 역사하시는 하나님의 활동을 볼 수 있는 통찰력을 얻을 수 있다. 하지만 우리의 시각은 제한적이다. 그래서 잘 보지 못한다. 특정 교단과 특정 사역만이 가장 중요한 사역이라고 생각하는 교단적 편견에 사로잡힐 수 있다. 하지만 우리가 역사적 지평을 바라보면 하나님의 역사를 볼 수 있다. 지난 2,000년 동안 다양한 교회전통과 수많은 인간집단 그리고 여러 장소에서 활동하신 하나님의 역사를 볼 수 있다. 하나님께서는 역사 가운데 일하신다. 이런 역사인식은, 오늘 하나님께서 행하고 계시는 일을 인식할 수 있는 넓은 안목을 제공한다. 이런 통찰이 우리 사역에 대한 보다 포괄적인 안목을 갖게 할 것이다. 우리의 편협하고 근시안적인 시각을 교정해 줄 것이다.

구약 선지자들은 계속 외쳤다. "기억하라!" 중요한 성경용어이다. 선지자들은 이스라엘이 무엇을 기억하라 했는가? 출애굽 사건이다. 하나님께서 이스라엘을 애굽에서 구원하실 때 행하셨던 놀라운 이적들을 기억하라 하였다. 하나님의 역사를 기억하라 하였다. 선지자들은 유배되었던 이스라엘을 회복케 하신 것을 기억하라고 외쳤다. 21세기를 살아가는 우리도 기억해야 한다. 하나님의 역사를 기억해야 한다. 우리가 가진 신앙전통을 통해 과거에 역사하신 하나님의 일들을 기억해야 한다. 기억은 언제나 과거를 회상하게 한다. 오늘을 사는 담대함과 내일의 희망을 준다. 구약에 역사하신 하나님께서 오늘도 살아 역사하신다. 우리 안에서, 우리 주변에서, 우리와 함께 일하신다.

3) 역사적 통찰력

역사적 통찰력이 중요하다. 우리는 간혹 문제에 빠져 당황할 때가 있다. 혼돈과 변화 속에서 방황할 때도 있다. 역사는 해답을 제시한다. 역사를 연구해 보면 우리는 하나님께서 복음에 강하게 저항하는 사람들 가운데 일어나는 극한 어려움 속에서 놀랍게 역사하시는 것을 볼 수 있다. 오늘을 살아가는 사람들은 전과 다르다. 전보다 인구이동이 더 많아졌다. 학자들의 말에 의하면 지난 25년 동안 4억 5천만 명이 세계 여러 도시들로 이주했다. 난민들의 숫자도 전보다 많아졌다. 많은 사람들은 이런 변화를 우려의 눈으로 본다. 그것은 우리가 안정적인 작은 마을이나 소도시 교회에서 성장했기 때문이다. 새로운 변화에 어떻게 적응할지 모르기 때문이다. 이제 우리가 경험하는 변화에 적절하게 대응하는 새로운 모습을 가진 교회가 필요한 시대가 되었다. 역사가 주는 교훈은 분명하다. 새 시대에는 새 사람이 필요하다. 복음을 전달하는 새로운 방법과 새로운 형태의 교회 그리고 인물을 선택하고 훈련하는 새로운 접근방법에 대해 열린 마음이 필요하다. 전통적인 북미주 교회들은 대부분 대도시 중심부에서는 역량을 발휘하지 못한다. 문화가 다르기 때문이다. 그러나 다른 도시국가들로 가면 사정이 달라진다. 아주 효과적인 도시교회들이 있는 싱가포르, 서울, 그리고 라오스 등 대도시 교회들은 효과적인 사역을 하고 있다. 이런 도시에서 활발한 교회는 전통적인 미국 도시교회와는 전혀 다른 모습을 가지고 있다. 뉴욕시에 있는 소수민족 교회들도 그와 비슷하다.

  수용성이 중요하다. 억지로 고향을 떠난 사람들은 복음에 대한 수용성이 높다. 역사는 집을 떠나 타향살이를 하던 사람들이 복음을 열린 마음으로 수용하였음을 보여준다. 고향을 떠나야만 하는 현실은 비극이다. 그것은 하나님께서 의도하신 비극은 아니지만, 하나님은 비극을 즐겨 사용하신다. 인간의 증오심을 바꾸어 하나님을 향한 찬송이 되게 하신다. 잠시 아프가니스탄 전쟁을 생각해 보라. 우리는 가공할 만한 수난과 비탄을 경험한 아프가니스탄 주민들을 생각하며 그곳에 헌정질서가 회복되기를 진심으로 소원한다. 동시에 이런 전쟁의 혼란과 유랑생활을 경험한 수많은 아프가니스탄 사람들이 개종하고 있다. 예수 그리스도를 믿고 있다. 우리가 아프가니스탄에서 일어나고 있는 사건들의 의미를 다 알 수 없지만, 하나님께서 일하고 계시다는 사실만은 확실히 인정할 수 있다.

  우리는 많은 문제들 속에서 살아간다. 민족이동, 유배, 핍박, 도시문제들이 있다. 역사연구는 문제를 보는 새로운 안목을 주고, 하나님께서 그런 문제 상황 속에서 어떻게 일하실지를 분별하는 통찰력을 제공한다.

4) 인식적 도구

  역사는 이슈를 인식하는 도구를 제공한다. 새롭게 일어나는 선교운동 전체를 폭넓게 이해할 뿐만 아니라 우리 사역을 분석하는 도구를 제공한다. 실례를 들면, 현재 수많은 비서구권 교회들이 자체적인 선교단체를 만들고 있다. 나는 이것이 윌리엄 캐리(Carey)가 선교단체를 조직하여 인도로 항해한 이후 일어나는 가장 중요한 사건이라고 본다. 그러나 새로운 비서구 선교단체들은 오래된 서구 선교단체들로부터 무언가 배울점이 있을 것이다. 물론 그들이 서구 선교단체를 복제해서는 안 되겠지만, 서구 선교단체의 경험으로부터 긍정적인 혹은 부정적인 교훈을 얻을 수 있을 것이다. 서구 선교단체들 가운데서도 새로운 선교적 흐름이 계속되고 있다. 역사와 전통이 있는 교회는 신생교회나 신생 선교단체들을 무시하는 경향이 있다. 새로운 선교운동이 대부분 공적으로 유명하지 못한 평범한 사람들의 주도하에 변두리에서 일어나기 때문이다. 그러나 역사는 증언한다. 지금 명성을 누리는 기관들도 처음에는 변두리에서 천대받던 사람들이 시작했다는 사실을 가르친다. 평범한 대학생들이 주도한 건초더미 기도회(Haystack Prayer Meeting)는 최초의 북미 선교부(North American mission board)를 탄생시켰다. 영국 성공회 선교회(Anglican Church Missionary Society)는 평신도 집단과 성직자들이 함께 주도했다. 중국내지선교회(China Inland Mission)는 의사인 허드슨 테일러가 시작했다.

 C&MA(Christian and Missionary Alliance)는 장로교 목사인 A. B. 심슨(Simpson)이 창설했다. 그들은 두 부류의 주변 집단들(Peripheral groups)이 주도했다. 하나는 부흥과 갱신(renewal)을 주장하는 집단이었고, 다른 하나는 선교를 주장하는 집단이었다. 이런 배경이 선교, 특히 동 아시아 선교를 강조하는 새로운 교단(Denomination)을 태동시켰다. 예수전도단(Youth With a Mission, YWAM)은 하나님의 성회 출신의 로렌 커닝햄(Cunningham)이 시작했지만, 처음부터 초교파 선교기관이었다. 30여 년 전만 해도 예수전도단이 시작한 새로운 선교동원방법과 훈련방법은 아주 생소했었다. 오늘 예수전도단은 세계에서 가장 큰 선교단체 중 하나가 되었다. 사역자들이 전 세계에 퍼져있으며, 선교에 대해 가장 창조적인 접근을 하는 기관으로 잘 알려져 있다.

 아서 글라서(Glasser)는 중국내지선교회(China Inland Mission) 선교사로 중국에서 사역했고 홈 디렉터(Home Director)를 지냈다. CIM은 현재 OMF(Overseas Missionary Fellowship)로 바뀌었다. 글라서는 1934년 어느 선교단체 총재의 주장을 전했다. "이제 선교단체들의 숫자는 이 정도로 충분합니다. 더 이상 선교단체는 필요하지 않습니다." 이 말이 떨어진 3주 후 윌리엄 카메론 타운젠드(Townsend)는 과테말라에서 스페인어 성경판매를 시작했다. 현지어로 사역하던 선교사들은 타운젠드에게 현지인 가운데 반수 이상이 스페인어 성경을 읽지 못한다고 말해 주었다. 충격을 받은 타운젠드는 위클리프 성경번역선교회(Wycliffe Bible Translators)를 조직하였다. 성경번역선교회는 전 세계선교운동에 가장 중요한 역할을 감당하게 되었다.

역사는 지적한다. 주변에서 일어나는 이상하고 새로운 선교운동을 가볍게 여기지 말라. 성령께서 그 운동을 통하여 가장 위대한 하나님의 창의성을 나타내고 계신지 모른다. 역사는 그런 하나님의 창조적 역사들로 가득하다.

5) 선교적 이슈

역사는 반복하는가? 역사는 반복하지 않지만 역사에 등장하는 이슈들은 반복된다. 문화와 기독교 신앙에 관한 이슈가 반복되는 이슈들 가운데 하나이다. 케냐 기독교인들은 어떤 옷을 입어야 하는가? 서양 양장을 해야만 하는가? 기독교인이 되기 위해 유럽식 이름으로 꼭 개명해야만 하는가? 초기 스코틀랜드와 영국 선교사들은 현지인들의 이름을 유럽식으로 바꾸어야 한다고 믿었다. 그것은 잘못이었다.

우리는 문화적 이슈들을 지혜롭게 잘 다루어야만 한다. 복음전도를 위해 선교사가 가진 문화를 어느 정도 사용할 것인가? 현지교회를 조직할 때 복음을 수용한 현지 문화를 어떻게 사용할 것인가? 이런 이슈들은 반복된다. 이것이 문제가 된 것은 사도행전 15장에 기록된 예루살렘 공의회(Council of Jerusalem)에서였다. 바울과 바나바는 이방인들이 복음을 받아들이고 있다는 기쁜 소식을 가지고 돌아왔다. 예루살렘 사람들 가운데 의견이 분분해졌다. "이방인들이 복음을 받아들인다면 그들이 유대인의 메시야이신 예수님의 참된 제자가 되기 위해 유대 문화와 율법을 수용해야만 할 것입니다. 할례를 받도록 해야 합니다."

예루살렘 공의회 사건은 교회사에 나타난 최초의 신학적 위기였다. 그것은 신학적 문제만이 아니었다. 선교학적 이슈였다. 이방인들은 믿음과 율법의 의로 구원받는가 아니면 믿음으로만 구원받는가? 이방인들이 교회에 소속되기 위해 먼저 유대 문화를 수용해야만 하는가? 성령의 인도하심을 받은 공의회는 다음과 같이 결정했다. 첫째, 이방인들은 예수 그리스도를 믿는 믿음으로만 구원받는다. 이방인들에게 자신의 문화를 거부하고 유대인이 되기를 강요해서는 안 된다. 이방인들은 그들이 가진 문화적 가치관을 유지하면서도 유대인 메시야를 따르는 그리스도의 참 제자가 될 수 있다. 그러나 교회는 이교도들의 헬라 문화를 그대로 다 수용할 수는 없었다. 윤리적 문제는 분명하게 짚고 넘어가야 하기 때문이었다. 헬라 문화에 만연한 성적 부도덕은 거부해야만 했다. 이방인들이 유대인 형제자매들에게 불필요한 모욕을 안겨줄 필요는 없기 때문에 피와 우상에게 바쳐진 고기를 먹어서는 안 되었다. 예루살렘 공의회가 다룬 선교적 이슈들은 오늘 우리에게도 적합한 지침이 된다.

오늘의 이슈가 있다. 북서부 미얀마(Myanmar)에서 신앙생활을 하는 사람들은 예수님의 참 제자가 되기 위해 북미 기독교인이나 한국 기독인과 똑같은 형식으로 예배드리도록 강요해야만 할까? 수마트라에 있는 교회들이 루터교 선교사들의 영향을 받았다고 해서, 16세기 독일에서 작성된 아우구스부르크 신앙고백(Augsburg Confession)을 그대로 따라 해야만 할까? 아니면 수마트라 문화적 상황에 맞는 새로운 신앙고백을 만들 수 있도록 격려하는 것이 좋을까? 이런 이슈들은 우리가 새로운 문화들 가운데서 복음을 전할 때 반복해서 다루어야만 한다.

6) 개방적 태도

역사연구는 새로운 사건에 대해 개방적 태도를 갖게 한다. 하나님께서는 역사 속에서 언제나 새로운 일을 행하시기 때문이다. 성령의 창조성은 고갈되지 않는다. 시쳇말로 하자면, 하나님은 우리에게 무언가 보여줄 것이 아직도 수없이 많다. 우리는 인간적인 생각으로 우리가 제일 똑똑하다고 착각하는 경향이 있다. 우리는 우리가 만든 선교조직이나 선교기관이 최고라고 간주한다. 굳이 말로 표현하지는 않지만 암묵적으로 그렇게 생각한다. 그러나 분명히 기억해야 한다. 역사가 끝날 때까지, 새로운 선교단체들이 계속 생겨날 것이다. 정말 보잘 것 없는 사람이 주도하고, 교단정치의 변두리에서 새로운 선교단체들이 생겨날 것이다. 하나님께서 그런 사람들을 통해 새로운 일을 계속하시기 때문이다. 동시에 유명했던 일부 선교단체는 수명을 다하고 역사의 무대에서 사라져야만 한다. 사실 새로운 선교단체나 교회가 생겨나는 것보다, 역사의 무대에서 죽어 사라지는 것이 더 힘든 일일 수 있다.

4. 역사란 무엇인가?

1) 사건보고

역사는 사건에 대한 보고이다. 이런 말을 들어본 적이 있을 것이다. "이것은 역사적 사건입니다." "오늘 우리는 역사를 새로 쓰고 있습니다." 이 말은 무엇을 의미하는가? 특정 사건이 특별하기 때문에, 또는 중요한 영향력을 행사할 것이기 때문에 사람들에게 기억될 것이라는 말이나. 이것은 지금끼지 역사저 사건으로 보고되지 않았던 사건들은, 그보다 덜 중요했기 때문이라는 것을 함축한다.

2) 사건선택

역사가는 사건을 선택한다. 역사가는 중요하다고 생각하는 사건을 선택하고 중요하지 않다고 생각하는 사건은 남겨둔다. 사건을 선택하는 판단기준은 따로 없다. 역사가의 몫이다. 실례를 들어보자. 오늘 나의 다리가 부러졌다면, 일간지에 보도되지 않을 것이다. 하지만 미국 대통령의 다리가 부러졌다면, 이 사건은 미국의 모든 일간지 헤드라인을 장식할 것이다. 분명하다. 이 사실은 (우리 가족을 제외한) 대부분의 사람들이 미국 대통령을 나보다 더 중요한 사람이라고 생각하고 있다는 사실을 보여준다.

역사는 사건보도 이상의 의미를 가진다. 역사는 사건보도임과 동시에 사건선택과 연관되어 있다. 역사가는 특정사건을 선택하고 다른 사건은 남겨둠으로써 우리는 이미 사건에 대한 해석을 내린 것이다. 적어도 우리에게 어떤 사건이 더 중요한지 판단하고 선택한 것이다.

3) 사건해석

사건해석은 사건선택보다 한 걸음 더 나간다. 사건해석은 어떤 사건을 보고 할 것인가를 결정하는 것보다 더 심오하다. 사건해석은 특정사건이 다른 사람들과 갖는 연관성을 보여주는 것이다. 그 사건의 결과로 일어날 일련의 다른 사건들과의 상관관계를 설명하는 것이다.

대통령에게 일어난 사건을 국민들에게 보도하는 이유는 무엇인가? 그 사건이 중요하기 때문이다. 대통령은 정치권력의 중심에 있기 때문에, 그에게 일어난 사건은 세계 정치권력에 미치는 파장이 크다. 좋은 일이든 나쁜 일이든 대통령에게 일어난 사건은 주변에 큰 영향을 미치게 된다. 대통령이 병이 나면 전 세계가 그 파급효과를 즉시 느끼게 될 것이다.

윌리엄 캐리는 1793년 인도를 향해 항해했다. 하지만 캐리는 아시아로 간 최초의 서양선교사는 아니었다. 그럼에도 불구하고 캐리가 인도로 간 사건은 개신교 선교운동에 시발이 되었다. 큰 영향을 미쳤다. 개신교 선교운동은, 왜 19세기에 이르러서야 꽃피게 되었을까? 그 전에는 왜 이루어지지 않았을까? 19세기 선교운동은 전 세계로 퍼져나갔고 우리는 그 후예들이다. 우리는 캐리를 선교역사에 빛나는 봉우리로 여긴다. 캐리를 연구하며 그가 선교사로 가게 되는 여러 역사적 요소들을 분석한다. 그런 연구과정을 통해 새로운 사실을 발견한다. 동시에 동일한 역사적 사건이 분석하고 해석하는 사람에 따라 전혀 다른 해석에 이르게 된다는 사실을 발견한다. 우리가 오늘날 '개신교 선교운동의 아버지'로 숭상하는 캐리는 영국 의회 회의장에서 공개적인 비난을 받은 적이 있다. 그들은 캐리와 동료들을 "헌신된 구두쟁이 패거리"로 불렀다.

다른 실례를 들어보자. 이집트의 수도 맴피스에서 발간된 기원전 1300년 6월 6일자 신문 기사를 스크랩한 것이 있다고 상상해 보자. 기자는 이렇게 기술하였다. "어제 홍해 바다가 갑자기 범람하여 수많은 바로의 군대가 물에 빠져 숨졌다. 바로 람세스 2세는 도망치는 불법 외국인들을 체포하기 위해 군대를 파견했었다. 그들은 팔레스타인 국경을 넘어와 고센지방에 정착했으며 벽돌 만드는 일을 하던 사람들이었다. 황실 대변인은 홍해바다의 갑작스런 범람은 얼마 전 나일 강 계곡에서 일어난 자연재해와는 전혀 관계가 없다고 단언했다."

이집트에 당시 지방신문이 있었다면 출애굽 사건을 이렇게 기록했을 것으로 보인다.

하지만 우리가 기자라면 보도내용은 상당히 달랐을 것이다. 우리는 이 사건 속에 하나님이 개입되어 있다는 것을 믿는다. 이 사건 뿐 아니라 모든 사건에서 하나님이 개입되어 있음을 믿는다. 자연적이든 초자연적이든 하나님께서 특별한 목적을 가지고 특별한 방법으로 개입하신다고 믿는다. 우리는 성경에 기록된 사건을 사실로 믿는다. 성경이 영감으로 기록되었을 뿐만 아니라 사건을 정확하게 기록하고 있으며, 성령께서 사건에 대한 조명을 통하여 사건의 의미와 중요성을 정확히 알 수 있게 해주시기 때문이다.

사건을 보는 방식은 다양하다. 유대의 멸망은 세계정세에 중요한 사건이었을까? 유대가 멸망하던 당시 예루살렘은 작은 도시였으며, 메소포타미아와 나일 계곡에 있던 두 강대국 사이에 끼어있었다. 소수의 유대인 무리들이 느헤미야와 에스라의 지도아래 예루살렘을 회복하였을 때, 그 사건은 카이로나 알렉산드리아에 상주하던 세속적인 역사가들 눈에는 별로 중요한 사건으로 보이지 않았을 것이다.

예수님의 십자가 사건은 어떠할까? 1세기 초, 로마의 신문과 텔레비전 방송은 유대 종교지도자들과 로마법정에서 사형선고를 받고 예루살렘 성 밖에서 십자가에 달려 죽어가는 사람에 대해 보도하였을까? 나는 하지 않았을 것이라고 생각한다. 그들은 로마 감옥에서 편지를 쓰던 죄인 바울에 대해 보도하였을까? 세속적인 역사가들은 예수님과 바울에게 관심을 두지 않았다. 그러나 세속적인 역사가들이 관심을 두지 않았던 이런 특별한 사건들을 통해 하나님께서는 자신의 구속적 목적을 성취하고 계셨다. 구속사가 계속되고 있었다. 우리가 하나님의 구속사와 구속적 목적을 이해하는 것은 성령의 감동으로 성경에 기록된 사건들 속에서 영감있는 해석을 읽어 보고, 하나님의 구속사를 볼 수 있는 안목을 가졌기 때문이다.

성경과 교회사는 다르다. 성경에는 기록된 영감이 있고 해석에 영감이 있지만 교회사에는 성경의 영감이 없다. 교회사에 있는 것은 무엇인가? 구전전승 (oral tradition)이 있다. 사도시대 이후 역사는 기록되기 전까지 구전전승을 통해 2세기에서 3세기 동안을 내려왔다. 기록된 역사에는 신앙을 옹호하는 내용과 적대시하는 내용이 공존한다. 2세기 후반기 이교도 셀수스(Celsus)는 교회를 적대시하는 기록을 남겼다. 그는 말했다. "어릿광대극 작가만이 자신의 영을 팔레스타인으로 보낼 것이다." 그는 로마 출신이다. 그에게 팔레스타인 특히 나사렛은 세상 끝으로 여겨졌다. 셀수스는 좀 비중있는 신이라면 팔레스타인 시골마을에 대해 전혀 관심을 갖지 않을 것이라고 판단했다. 어떤 신이 무언가 중요한 일을 시작한다면 당연히 로마에서 판을 벌려야 한다고 생각했다.

교회사에는 논쟁과 변증을 진행한 문서와 기록들이 있다. 초기 기독교 운동에 대한 세속적 참고자료들이 약간 남아있다. 성인전(聖人傳, hagiography)도 있다. 이들 기록은 초대 교회 성인들에 관한 내용을 기록하고 있지만 사건이 일어난 후대에 기록한 한계를 가지고 있다. 그 내용은 성인의 완벽한 성품과 기적들을 기록하면서 너무 윤색되어 있기 때문에, 과장이 많이 들어간 것으로 인식된다. 이런 자료들은 사도시대 이후 2세기 동안 일어난 사건에 대한 정확한 판단을 흐리게 한다.

유세비우스(Eusebius)는 사도시대 이후에 등장한 역사가이다. A.D. 325년부터 340년까지 기록을 남겼다. 그는 콘스탄틴(Constantine) 황제의 업적을 찬양하는 기록을 많이 남겼기 때문에 황제가 저지른 과실은 거의 기록하지 않았다. 그럼에도 불구하고 유세비우스는 위대한 역사가였다. 그는 당시 교회사를 처음으로 체계적인 역사로 기록하였다. 유세비우스 이후 로마 제국에서 교회가 성장하고 영향력을 발휘하게 되면서 학자들이 교회사에 관한 기록들을 남기게 되었다.

우리는 남자들이 역사를 기록했음을 기억해야 한다. 최근에 들어서야 여성 학자들이 역사를 기록하게 되었다. 대부분의 교회사는 남성들의 전유물로 여겨졌기에 남성들에 관한 내용만이 기록에 남아있어 여성들의 공헌에 대해 알 길이 없었다. 성경에 보면 신약시대에 여성들이 교회에서 중요한 역할을 하였다는 기록이 있다. 확실한 기록이 없는 성경구절들에도 여성의 역할을 짐작할 수 있는 내용도 있다. 특히 기독교인 여성들은 자기 남편들에게 강한 영향을 주었을 것이다. 역사는 승자의 기록이라는 사실도 솔직하게 인정해야 한다. 논쟁이 있고 난 후 승자가 역사를 기록한다. 우리는 편견에 사로잡혀 패자의 신앙에 대해서는 관심을 두지도 않는다. 그런 까닭에 역사는 정밀과학(exact science)은 아니지만 매혹적인 학문이다.

5. 서구 학자들의 관점에서 기록한 교회사

　대부분의 교회사는 서구학자들의 관점에서 기록되었다. 서구학자들은 당연히 서구중심적인 사관으로 역사를 기록하였다. 이것은 최근까지 계속되었다. 초기 몇 세기가 지난 후, 교회사의 중심은 유럽과 북 아메리카였다. 그래서 유럽과 북아메리카에서 일어난 사건은 '교회사'의 관심을 받았다. 하지만 아시아, 아프리카, 라틴 아메리카에서 일어난 사건들은 '선교역사'로 따로 분류하였다. 중요한 것은 모든 신학교에서 선교역사는 필수과목이 아니다. 세계 어느 나라에서든 교회사는 유럽과 북미에 초점을 맞추고 있다. 그러다 보니 한국교회사나 자기 나라 교회사에 대한 연구는 충분하지 못하게 될 가능성이 높다. 자기나라를 제외한 세계교회역사에 대해서는 아무것도 모른다. 실례를 들어보자. 브라질에서 신학을 공부한 학생은 아시아나 아프리카 교회역사에 대해서는 전혀 공부하지 않을 것이다. 자기 교단을 제외하고는 브라질에 있는 다양한 교단들의 역사조차도 공부하지 않을 것이다. 이런 상황에서 우리는 자연스럽게 편협한 자민족 중심적인 사관을 갖게 될 것이다. 당연한 결과가 아닌가!

　두 번째 이슈가 있다. 라투렛(Latourette)을 제외한 대부분의 서양 교회사는 '교회'라고 불리는 기관의 발전, 교회 문제들, 신학적 논쟁들에만 초점을 맞추고 있다는 사실이다. 교회사 연구는 역사자료를 검토하면서 선교학적 질문을 거의 던지지 않는다. "교회가 어떻게 어디로 문화장벽과 지리적 장벽을 넘어 확장해갔는가?" 이런 선교학적 질문은 교회사에서 찾아보기 어렵다. 그러므로 이 책에서 우리는 선교역사를 탐구하면서 이런 선교학적 질문을 우선적으로 던지려 한다.

6. 질문과 연구결과

　질문이 연구방향을 결정한다. 우리가 역사를 연구하며 던지는 질문에 따라 우리가 연구를 통하여 무엇을 배울 것인지가 결정된다. 질문이 연구결과를 결정한다. 학기말 시험을 준비하면서 암기한 역사적 내용들은 별로 유익하지 못하다. 우리는 역사를 향해 질문을 던져야 한다. 당신이 연구하면서 계속 질문하는 습관을 갖게 된다면, 그 습관은 평생 도움이 될 것이다. 질문하는 습관은 평생 동안 하게 될 연구의 수준을 높여 줄 것이다.

1) 교회는 어느 곳에서 성장하고 있는가?

이 질문이 중요하다. 오늘날 성장하는 교회는 어디에 있는가? 성장하는 교회들은 아시아, 아프리카 그리고 라틴 아메리카에 있다. 유럽이나 북미에 있지 않다(동유럽에 성장의 조짐이 보이고 있기는 하다). 1900년 케냐 기독교인 숫자는 수천 명에 불과했었다. 인구비례 기독교인 분포는 무척 낮았다. 오늘날 케냐는 8천만에서 1억을 상회하는 기독교인 인구를 자랑하고 있다. 케냐 인구의 66퍼센트가 기독교인이라는 보고도 있다. 물론 그들이 모두 철저한 신앙을 가진 사람들이라고 할 수는 없겠지만, 놀라운 성장임에는 틀림없다. 아프리카교회는 성장하고 있다. 특히 사하라 이남의 아프리카(Sub-Saharan Africa)에서 놀라운 성장이 계속되고 있다.

중국을 살펴보자. 1949년 마오쩌둥(Mao Zedong)의 공산혁명이 성공하였을 때, 개신교 인구는 75만, 가톨릭 인구는 3백만 정도였다. 혁명이후 가톨릭교회가 눈부시게 성장하였다. 현재 1천5백만으로 추산하고 있다. 개신교 교회도 성장했다. 중국 정부에서 허가한 '삼자교회' 교인을 1천6백만, 그리고 등록된 교회나 지하 '가정교회' 교인을 7천만 이상으로 추산한다. 이런 통계들이 모두 완벽한 것은 아니지만 분명한 사실이 있다. 성령께서 지난 50년 동안 중국에서 놀라운 교회성장을 일으키셨다는 사실이다. 더 특기할 사실이 있다. 이런 중국교회의 성장은 서구학자들이 중국교회가 완전히 사라졌다고 선언한 이후에 일어났다는 사실이다. 얼마나 놀라운 일인가! 현재 이슬람 국가 무슬림(Muslim)[1] 가운데 '내부자 운동'(insider movements)이 일어나 성장하고 있다. 그들은 무슬림 문화권을 떠나지 않고 생활한다. 모스크에 가서 '메시야 예수'(Isa the Messiah) 이름으로 기도한다. 인도 불가촉천민인 달리트(Dalit) 가운데도 놀라운 성장이 일어나고 있다. 그들은 예수님을 그들과 동일시하신 하나님으로 믿는다. 이런 인간집단들 가운데 새롭게 일어나는 교회들은 우리가 아는 전통적인 교회와 전

---

1) 무슬림(Muslim)은 이슬람 사람이나 이슬람 교도를 의미한다. - 역주

혀 다른 형태를 가진다. 하지만 그들도 또한 그리스도의 몸된 교회의 일부임에는 틀림없다.

교회는 하나님의 백성이다. 우리가 교회를 서구적 교회구조로 정의하지 않고 하나님의 백성으로 정의한다면, 지구상에 다양한 형태로 존재하는 '하나님의 백성들'을 교회로 볼 수 있을 것이다. 그런 교회론을 갖게 되면, 우리가 가진 교회사의 지평은 놀랍게 확대될 것이다.

2) 우리가 가진 편견은 없는가?

누구나 편견을 가지고 산다. 사건을 기록하는 역사가에게도 편견은 있다. 역사가가 가진 편견은 사건을 기록하고 해석하는 방식에 결정적 영향을 미친다. 우리가 가진 편견은 없는가?

두 가지 실례를 들어보자. 1979년 이란혁명(Iranian revolution)이 일어났다. 수도 테헤란에서 미국인들이 인질로 잡혔다. 소련은 아프카니스탄을 침략했다. 당신이 만일 당시 역사를 소련 정부를 대표하는 입장에서 기술한다면, 소련 정부입장에 서서 쓰게 될 것이다. 그러나 당신이 이란 학생이라면 그 사건에 대해 전혀 다른 해석을 하게 될 것이다. 1979년에 일어난 사건에 대해 미국 정부관리가 설명하는 것과 아프가니스탄에 사는 부족민이 설명하는 것이 얼마나 다를 것인지 상상해보라. 역사기록에는 역사가의 편견이 작용한다.

16세기 종교개혁을 생각해보자. 당신이 세속적인 휴머니스트(Humanist)라면 종교개혁운동을 사회과학적 용어로 기술할 것이다. 당신이 확실한 개신교도라면, 종교개혁운동을 신학적 용어로 설명할 것이다. 당신이 제2바티칸 공회(Vatican II) 이전의 가톨릭 사제라면, 종교개혁운동은 정통 교회에 대한 반란으로 볼 것이다. 당신이 무슬림(Muslim)이라면 어떻게 볼 것인가? 당신이 유럽을 야만인이 사는 먼 나라로 간주하는 중국인 학자라면, 어떻게 해석할 것인가? 중국(中國)은 자신을 세계 중심에 있는 왕국으로 보았다. 그들은 중국 밖에서 일어나는 일은 그다지 중요하지 않다고 여겼다. 우리는 역사를 연구하면서 우리가 가진 편견을 솔직하게 인정해야 한다. 우리가 어떤 배경을 가진 사람인지, 어떤 종교적 배경을 가졌는지, 어떤 이데올로기를 따르는지, 국가적 배경과 문화적 배경이 어떠한지에 따라 전혀 다른 관점을 갖게 된다는 사실을 인정해야 한다.

역사가는 신념이 있다. 모든 역사가들은 신념을 가지고 역사를 기록한다. 가치중립적 입장에서 역사를 볼 수 있는 사람은 없다. 그래서 우리가 가진 전제와 신념이 무엇인지 인식하는 것이 중요하다. 나도 나만의 전제들을 가지고 있다. 첫째는 성경말씀과 기독교 신앙을 설명하는 신학적 교리가 진리라는 확신이다. 하나님은 역사 가운데 일하시고 계신다. 사람들을 역사 속에서 부르시고, 역사 속에서 그분을 섬기게 하신다. 하나님은 아들을 보내셨다. 예수님은 십자가에 달려 죽으시고 사흘 만에 부활하셨다. 그는 하늘에 승귀하셨고, 사람들을 자기에게로 부르신다. 이것이 간략하게 요약한 나의 신학적 전제들이다. 당신의 전제는 무엇인가?

둘째 전제가 있다. 교회는 선교적 본질을 가지고 있다는 것이다. 교회는 선교해야 한다. 땅 위에 있는 모든 인간집단들(People groups)에게 선교하는 것이 교회의 사명이다. 존 맥캐이(John MacKay) 교수의 음성이 들린다. 스코틀랜드 사람으로 라틴 아메리카에서 선교사역을 하던 그는 신학교 교수가 되기 전에 자주 말했다. "선교하지 않는 교회는 진짜 교회라고 할 수 없다!" 우리는 언제나 교회의 선교적 사명을 인식해야 한다. 제도권 교회들은 교회의 선교적 사명을 자주 망각한다. 그들은 교회 제도권 밖에서 선교운동이 일어난다는 역사적 사실을 전혀 인식하지 못한다. 우리는 교회사역의 핵심이 선교라는 사실을 거듭 강조해야 한다. 이것이 이 책에서 강조하는 기본정신이다.

7. 두 가지 전제

이 강좌에 두 가지 전제가 있다. 첫째, 하나님은 섭리의 하나님이시다. 우리는 하나님께서 특정 상황에서 왜 어떻게 일하시는지 완벽하게 설명할 수는 없다. 둘째, 섭리의 하나님께서는 구체적인 역사적 상황 속에서 일하신다. 역사적 진공상태에서 일하시는 것이 아니다. 그러므로 우리는 하나님께서 역사 속에서 일하신 실황 연구를 통해, 우리가 처한 상황 속에서 하나님께서 어떻게 일하시고 싶어하시는지를 보다 확실히 알 수 있다.

우리는 역사를 연구하며 질문한다. "크리스천을 어떻게 정의할 것인가?" 이 질문에 대한 대답을, 간략하게 정의할 수도 있고 복잡하게 정의할 수도 있다. 우리가 잘 아는 "예수는 주시다"는 신약교회가 고백했던 신조가 있다. 신약에 따르면, 우리가 "예수는 주시다"고 고백할 때 크리스천이 되는 것이다. 일부 사람들은 크리스천이 되는 것을 가톨릭교회와 같은 특정 종교기관의 '교회'에 회원이 되는 것으로 정의하기도 한다. 크리스천을 문화적으로 정의하기도 한다. 각 개인이 가진 예수님에 대한 지식, 믿음, 헌신과는 상관없이, 사회적으로 크리스천 그룹에 들어있기만 하면 크리스천으로 간주하기도 한다.

나는 이 문제를 더 깊이 토론하지 않을 것이다. 하지만 이런 질문들을 마음에 담아두기 바란다. '크리스천'에 대한 정의가 역사적 상황에 따라 달라지기 때문이다. 클로비스(Clovis)는 프랑스 왕으로, 496년 3천명의 군사들과 함께 합동세례를 받았다. 당시 왕비가 기독교인이었고, 그는 자신이 기독교인이 되면 로마와의 정치적 유대관계가 좋아질 것으로 판단했다. 그래서 그는 정치적 판단으로, 자신의 군대와 함께 세례를 받았던 것이다. 그들은 신약성경에 나타난 신앙에 대해 잘 몰랐다. 우리는 지금 클로비스 왕과 그의 군대가 얼마나 진실한 크리스천이었는지 정확한 판단을 내릴 수 없다. 하지만 이 사건은 새로운 계기를 마련했다. 교회에게 일반백성들을 가르치고 양육할 수 있는 문호를 개방해주는 기회를 제공했다. 이런 정치적 맥락 속에서 유럽 전역이 기독교회 되었다.

나는 소망한다. 우리가 역사를 연구하며 하나님에 대해 더 많이 알게 되기 바란다. 복음을 땅 끝까지 전하기 위해 지난 2,000년 동안 하나님께서 얼마나 다양한 방법들을 사용하셨는지 새로운 눈으로 보고, 감격할 수 있기 바란다. 이런 선교운동사적 통찰들은 하나님의 선교사역을 계속하는 우리를 도전하고 자극할 것이다.

본 장에서는 선교운동사의 배경을 다루었다. 다음 장에서는 성경적 배경과 사도시대의 확장을 다루게 될 것이다.

The Dynamics of Christian Mission
History through a Missiological Perspective

제 2 장
사도시대의 선교운동

1. 서론

성경은 선교적인 책이다. 우리는 선교적 안목으로 성경을 읽는 방법을 배워야 한다. 우리는 대부분 성경을 선택적으로 사용한다. 우리는 우리가 원하는 대로 성경을 선택한다. 우리가 가장 설교하기 좋아하는 성경본문이 있다. 우리가 특정 본문을 좋아하는 것은 문제가 되지 않지만, 그 결과로 나머지 부분에 관심을 가지지 않는다면 문제가 된다. 성경읽기의 문제점은 우리가 성경을 읽을 때, 성경에서 우리가 아는 것만 보도록 조건지워졌다는 사실이다. 나는 최근에 로마서 16장에서 전에 보지 못했던 새로운 내용을 발견했다. 우리는 로마서에 모든 신학적 보화들이 다 들어있다고 생각한다. 바울은 로마서에서 예수님의 재림의 의미에 대해 다른 어느 곳보다 거의 완벽하게 설명한다. 그리고 마지막 장에 이른다. 먼저, 바울은 몇 사람에게 문안한다. 솔직히 바울이 여러 사람들의 이름을 언급하며 문안하는 내용은 별로 흥미롭지 않다. 그러나 바울이 언급하는 사람들 여럿이 여자들이며, 바울이 여성들의 사역을 아주 중요하게 인정하고 있다는 사실을 발견하게 되면 본문은 아주 놀랍고 흥미롭게 변한다. 본문을 자세히 살펴보면, 로마서를 결론짓는 16장은 위대한 선교편지임이 분명하다. 바울은 로마서에서 자신이 열거한 여러 신학적 교리들의 목적을 요약한다. 바울이 편지를 마치면서 드리는 감사 송영을 들어보라. 바울은 하나님께서 행하시는 모든 일들을 인하여 영광을 돌린다.

> 나의 복음과 예수 그리스도를 전파함은 영세 전부터 감추어졌다가 이제는 나타내신 바 되었으며 영원하신 하나님의 명을 따라 선지자들의 글로 말미암아 모든 민족이 믿어 순종하게 하시려고 알게 하신 바 그 신비의 계시를 따라 된 것이니 이 복음으로 너희를 능히 견고하게 하실 지혜로우신 하나님께 예수 그리스도로 말미암아 영광이 세세 무궁토록 있을지어다. 아멘(롬 16:25-27).

여기서 '모든 민족'이라는 말이 16절에 나온다. 헬라어로는 '판타 타 에스네' (panta ta ethne)이다. 모든 문화, 인종, 언어집단을 의미한다. '믿어'는 복음전도를 의미한다. '순종하게'는 제자훈련을 함축한다. 여기서 우리는 하나님의 뜻을 분명히 알 수 있다. 하나님의 뜻이 모든 문화, 인종, 언어집단에 소속된 사람들이 복음을 듣고 믿어 순종하는 데 있음을 알 수 있다. 성경 어느 곳에서 하나님의 목적을 이처럼 간결하고 힘 있게 요약한 구절이 있는가? 있다. 아주 많이 있다. 문제는 우리가 그것을 그저 간과한다는 것이다. 왜 그럴까? 선교학적 통찰이 부족하기 때문이다.

이제 우리는 성경을 선교학적 통찰력을 가지고 보려한다. 우리는 전에 보지 못했던 것들을 밝히 보게 될 것이다. 우리는 사도들의 선교사역들이 기록된 사도행전을 중심으로 하여 선교학적 안목을 발전시켜 나갈 것이다. 우선 구약과 신약에서 몇 구절을 보고 사도행전을 살펴보기로 하자.

2. 선교학적 안목으로 보는 구약성경

구약은 선교적인 책이다. 구약에 하나님의 선교개념이 나온다. 창조 스토리를 보면 땅에 있는 모든 민족에게 가야만 하는 하나님의 선교사상이 암시되어 있다. 유일하신 하나님께서 모든 인간을 창조하셨다. 논리적으로 하나님은 자신이 창조하신 모든 창조물을 돌보셔야만 한다. 이런 관점에서 성경에 나타난 최초의 선교 본문은 창조 기사이다.

창세기 11장에 나오는 바벨탑 사건과 민족들을 흩으시는 스토리를 살펴보자. 바벨탑 스토리 다음에 나타난 하나님의 첫 번째 선교전략은 무엇인가? 하나님은 아브라함을 부르셨다(창 12:1-3). 하나님은 아브라함과 사라가 큰 나라를 이루고 열국의 아비와 어미가 될 것이라고 약속하셨다. 이것은 하나님의 선교목적을 성취하는 수단에 불과했다. 하나님의 목적은 확연하다. 땅에 있는 모든 가족들이 아브라함의 자손들을 통하여 복을 받는 것이었다.[1]

히브리어로 '복'은 영어보다 훨씬 더 심원한 뜻을 담고 있다. 히브리적 '복'의 개념은 관계적이다. 가족의 일원으로 포함되는 것을 의미하였다. 그런 의미에서 야곱은 복을 받았고 에서는 복을 받지 못했다. '복'은 권위, 책임, 화해, 그리고 사탄적인 어두움과 악한 세력에 대한 저항을 의미했다. 성경에 나타난 축복은 사람을 하나님과 하나 되게 연결하고 서로를 연결하여 영원한 친교를 맺게 하는 것이다.

이 사실은 민족을 흩으시고 언어를 혼잡하게 하시는 것과 대조를 이룬다(창 11:8, 9). 하나님의 화해와 구속전략은 창세기 12장에 드러난다. "너를 통하여 모든 가족들이(땅에 있는 모든 인간, 인종, 문화, 언어집단들이) 복을 받으리라." 아브라함과 사라의 자손들을 통하여 모든 인간집단들이 복을 받게 될 것이다.

성경은 선교적인 책이다.[2] 우리는 역사에 나타난 하나님의 구원사역 초기부터 선교적인 말씀을 만나게 된다. 나는 아주 근본주의적인 침례교 교회에서 성장했고 어릴 적부터 아브라함 스토리를 자주 들었다. 그러나 하나님께서 아브라함을 택하신 이유가 땅에 있는 모든 가족들에게 복을 주기 위함이라는 것을 설명해주는 사람을 만나지 못했었다. 이 본문은 구약에 나타난 가장 선명한 선교 본문이라고 할 수 있다.

하나님은 이방인도 쓰신다. 우리는 구약에서 하나님께서 이스라엘 사람이

---
1) 구약성경에 나타난 선교개념에 관하여는 구약학자인 '카이저'를 참조하라. 카이저는 구속사의 시발점으로 창세기 1~11장에 주목하고, 적절하게 구속사의 드라마를 전개한다. 하나님께서 세우신 아브라함 언약을 신약과 구약의 연결고리로 설명한다. 아브라함 언약에 약속된 하나님의 축복에 세상의 모든 족속들이 포함된다고 설명한다(갈 3:8-9). 월터 카이저, 『구약성경과 선교』(Mission in the Old Testament: Israel as a Light to the Nations), 임윤택 역 (서울: CLC, 2005). - 역주
2) 선교신학자인 아서 글라서는 성경 전체를 선교적 관점에서 관통하고 있다. 그는 주장한다. "성경은 선교적인 책이다." 아서 글라서, 『성경에 나타난 하나님의 선교』(Announcing the Kingdom), 임윤택 역 (서울:생명의 말씀사, 2006). - 역주

아닌 이방인을 선교적 도구로 부르셨다는 사실을 발견한다. 이방인이 하나님의 백성이 되고 이스라엘 경계를 넘어 하나님의 뜻을 전하는 상징적 인물이 된 것을 보게 된다. 기생 라합과 모압 여인 룻은 우리 주님의 여성 조상이 되었다. 이름없는 계집종의 간증과 하나님의 역사는 나아만 장군을 하나님께로 인도했다. 나아만 장군은 시리아 군대의 총사령관이었고 정복자였는데 그를 믿음의 가족이 되게 한 것이다. 이런 구약 스토리들은 땅에 있는 모든 인간집단을 향한 하나님의 관심을 보여준다.

이사야서에는 고난받는 종의 노래와 시어들이 나온다. 이사야 42, 49, 50, 52장 그리고 53장에 거듭 등장한다. 그 가운데 이사야 53장이 가장 유명하다. 이사야가 그린 내용들은 오실 메시야에 대한 가장 강력한 색채의 구약적인 그림이다. 하나님은 이사야 42:6과 49:6에서 말씀하신다. 하나님의 종이 이스라엘을 회복시키는 것만으로는 충분하지 않다. "내가 네 손을 잡아 너를 보호하며 너를 세워 백성의 언약과 이방의 빛이 되게 하리라"(사 42:6). "내가 또 너를 이방의 빛으로 삼아 나의 구원을 베풀어서 땅 끝까지 이르게 하리라"(사 49:6). 고난받는 종이 핵심이다. 고난받는 종의 선교에 대한 예언의 말씀은 이사야 53장에 나오는 고난받는 종의 죽음에 관한 예언만큼이나 중요하다. 우리는 이사야서를 읽으면서도 이런 선교적 의미들을 자주 간과하였다.

다니엘 7:13에 나오는 인자말씀도 소중하다.[3] 그런데 우리는 다니엘의 인자말씀을 자주 간과한다. 우리는 예수님께서 자신에 대해 언급하시면서 '인자' 칭호를 자주 사용하신 것을 기억한다. 그때 사용하신 인자 칭호는 무엇을 의미하는가? 인자 칭호에 선교적인 의미가 있다.

시편 8:4은 고백한다. "사람이 무엇이기에 주께서 그를 생각하시며 인자가 무엇이기에 주께서 그를 돌보시나이까?" 여기서 '인자'는 사람이나 인간과 동의어임이 분명하다. 에스겔 2:1에서 하나님은 에스겔을 '인자'로 부른다. "인자야 네 발로 일어서라." 여기도 역시 인자는 사람과 동의어로 나온다.

마태복음 26:63을 읽으면 사정이 달라진다. 대제사장이 예수님께 묻는다. "네가 메시야냐?" 예수님께서 대답하셨다. "네가 인자가 하늘 구름을 타고 오는 것을 보리라." 대제사장은 예수님께서 다니엘 7:13, 14 말씀에 나오는 인자말씀

---

3) 인자에 관한 성경적 배경 연구서로 김세윤을 참조하라. 김세윤, 『그 사람의 아들(인자)-하나님의 아들』(*The Son of Man as the Son of God*) (서울: 엠마오, 1996). - 역주

을 하신다는 것을 알았다. 예수님께서 인자 칭호를 자신을 위해 사용하신 것이다. 그 말씀을 좀 더 자세히 풀어보면 다음과 같다.

> 내가 밤 환상 가운데 보니 내 앞에 인자 같은 이가 하늘 구름을 타고 왔다. 그는 옛적부터 항상 계신 이에게 다가왔고 그분 앞으로 인도되었다. 권세와 영광과 나라를 통치하는 능력이 주어지고, 모든 백성과 나라들과 다른 언어를 말하는 모든 자들이 그를 예배하였다. 그의 권세는 사라지지 않는 영원한 권세요, 그의 나라는 영원히 무너지지 않을 것이다.

대제사장은 자기 옷을 찢으며 소리쳤다. '신성모독이다!' 우리는 대제사장이 왜 그렇게 행동했는지 잘 알고 있다. 그는 예수님께서 자신을 인자로 공언하는 의미를 인식하였다. 예수님은 자신이 하나님이심을 드러내신 것이다. 여기서 우리는 선교적 함축을 보게 된다.

3. 선교학적 안목으로 보는 신약성경

이제 신약성경 저자 가운데 역사가인 누가를 살펴보자. 누가는 선언한다. "모든 육체가 하나님의 영광을 보리라." 이방인 누가는 모든 인간집단에게 관심을 가졌다. 그런 까닭에 누가 복음의 핵심은 선교이다. 글라서(Glasser)는 누가복음 24장을 해석하면서 부활하신 주님이 제자들에게 하신 말씀에 예리한 통찰력을 보여준다. "이에 그들의 마음을 열어 성경을 깨닫게 하셨다. 예수님은 제자들에게 말씀하셨다. '이 모든 일이 기록되어 있다.'" 여기서 나는 질문한다. 복음의 핵심이 무엇인가? 우리는 성육신, 죽으심, 그리고 부활이 복음의 중심사건이라고 말한다. 이 복음의 중심사건에 대한 우리의 반응은 회개하고 믿도록 초청하기와 제자훈련에 초청하기가 되어야 한다. 다시 누가복음으로 돌아가자.

이에 그들의 마음을 열어 성경을 깨닫게 하시고 또 이르시되 이같이 그리스도가 고난을 받고 제삼일에 죽은 자 가운데서 살아날 것과 또 그의 이름으로 죄 사함을 받게 하는 회개가 예루살렘에서 시작하여 모든 족속에게 전파될 것이 기록되었으니 너희는 이 모든 일의 증인이라(눅 24:45-48).

성육신하신 그리스도께서 십자가 고난을 당하시고 제 삼일에 죽은 자 가운데서 부활하실 것이다. 이 말씀에 복음의 세 가지 핵심(성육신, 십자가, 부활)이 들어있다. 자세히 살펴보면 네 번째 핵심이 또 있다. 예수님께서는 선교를 복음의 핵심으로 중요하게 말씀하시는 성육신, 십자가, 그리고 부활과 같은 무게를 실어 말씀하셨다. "죄 사함 받게하는 회개가 예루살렘에서 시작하여 온 족속에게 전파될 것이다."

누가가 전하는 복음은 성육신, 십자가, 부활만이 아니다. 그와 같은 무게를 갖는 복음의 핵심이 있다. 그것이 선교이다. 나뉘어 분열된 적대적인 세상에 죄 사함 받게하는 회개를 땅에 있는 모든 종족, 언어, 문화 집단에 전파하는 것이다.

선교가 복음의 핵심에 포함되어 있다. 이것은 강력한 주장이다. 우리는 선교를 교회 사역과 분리하여 생각할 수 없다. 선교는 교회가 존재하는 이유 자체이다. 이것이 가장 기본적인 우리의 정체성이다.

사도행전을 살펴보자. 나는 사도행전 연구를 좋아한다. 몇 년 전에 나는 평신도를 위한 사도행전 주석을 간략하게 집필한 적이 있다. 주석을 집필하면서 다른 주석서들을 많이 참고하였다. 유명한 학자가 쓴 주석도 참고하였다. 사도행전 주석 여러 권을 읽으면서 정말 놀랐다. 사도행전을 선교학적 관점에서 주석한 사람이 하나도 없었기 때문이었다. 사도행전에서 선교를 빼고나면 무엇이 남겠는가. 나는 사도행전을 선교학적 관점에서 주석하였다. 그 가운데 몇 가지만 여기에 소개한다.

첫째, 사도행전 1장 6-8절을 살펴보자. 제자들은 3년 동안 예수님을 따랐다. 예수님이 부활하신 후 40일 동안 가르침을 받았다. 이제 예수님은 승천을 준비하고 계신다. 하지만 제자들은 아직도 예수님 선교의 범위를 인식하지 못하고 있다. 제자들은 아직도 철저하게 자민족중심적으로 사고하며 질문했다. "주께서 이스라엘 나라를 회복하심이 이 때이십니까?" 제자들은 하나님 나라를 이스라엘의 회복으로 국한하여 편협하게 규정하고 있었다. 하나님 나라는 이스라엘을 넘어선 우주적 범위를 가진 나라이며, 하나님 나라는 예수의 초림으로 그 통치가 이미 시작되었음을 아직 모르고 있었다. 제자들은 예수님 선교를 바로 인식하지 못하였다.

예수님은 제자들에게 때에 관하여 말씀하셨다. "때와 시기는 아버지께서 자기의 권한에 두셨으니 너희의 알 바 아니요."

예수님은 제자들의 질문을 약간 옆으로 비켜가셨다. 제자들은 자신과 자기 이스라엘 백성들만 생각했다. 예수님은 내향적인 제자들의 관점을 외향적으로 바꾸도록 말씀하셨다. "오직 성령이 너희에게 임하시면 너희가 권능을 받고 너희가 내 증인이 되리라." 어디서? 예루살렘, 유대, 사마리아와 땅 끝까지 이르게 될 것이다.

예수님의 선교 동심원은 무한히다. 제자들이 복음을 듣고 가야할 곳은 땅 끝까지이다. 그러나 예루살렘에서부터 시작해야 한다. 제자들에게 말씀하신다. "안을 보지 말고 밖을 보라. 하나님께서 나와 내 민족을 위해 무엇을 해 주실 것인가 묻지 말고, 하나님께서 나를 통해서 세상 가운데서 이루시고자 하는 뜻이 무엇인지 물어라."

사도행전은 사도들의 선교활동에 초점을 맞추고 있다. 누가는 제자들이 어떻게 예수님께서 하신 말씀을 실천에 옮겼는지 자세히 묘사하고 있다. 첫째, 지리적 관점에서 살펴보자. 사도행전 내러티브는 예루살렘에서 로마로 옮겨간다. 지중해 영토 끝에 있는 유대인 중심지에서 이방 로마 제국의 수도로 옮겨가는 것이다. 로마는 정치, 경제, 문화 모든 면에서 지중해 세계의 지정학적 중심이었다. 바울이 쓴 로마서를 보면, 바울은 로마로 갔다. 바울은 로마에서 당시 땅 끝으로 여겨졌던 스페인 선교를 준비하려고 했다. 로마서는 그런 바울의 선교적 관심을 반영하고 있다.

1971년 나는 포르투갈 리스본에 있는 작은 신학교에서 가르치기 시작했다. 우리 가족은 목요일에 현지에 도착하였다. 주일날이 되어 리스본에 있는 작은 장로교에 출석했다. 예배 후에 우리는 '바이샤'(Baixa)로 불리는 리스본의 아래 지역을 둘러보았는데, 프랑스 파리 에펠탑을 만든 에펠이 제작한 엘리베이터가 있었다. 그 엘리베이터를 타고 여러 층을 다니다 관망대까지 올라갔다. 시내를 내려다보았다. 한 성곽이 눈에 들어왔다. 나는 옆에 있는 포르투갈 신사에게 물었다. "저게 무슨 성이지요?" "성 조지(St. George) 성입니다." 성 조지 성은 십자군 운동이 일어났을 때 영국과 포르투갈이 깊이 연관되어 있음을 보여주었다. "언제 지어졌나요?" "모르겠는데요." 언제 지어졌는지 아는 사람은 주변에 없었다. 하지만 나는 그 성이 B.C. 1세기에 페니키아(Phoenicians) 해군을 막기 위해 축성된 것임을 알게 되었다. 축성 후에 로마군대가 처들어와 점령했다. 그 후엔 서고트족(Visigoths) 군대가 왔고, 다음엔 무어족(Moors) 군대가 차지했다. 마지막으로 13세기에 영국 십자군이 들어와 무어족을 몰아냈다. 그리고 포르투갈은 다시 가톨릭 국가가 되었다. 성 조지 성에는 아직도 이런 역사적 흔적이 남아있다.

리스본은 어디에 있는가? 리스본으로 오는 길을 알면 흥미롭다. 지중해에서 오려면 지브롤터 해협을 통과하고 포르투갈 해안선을 따라 항해하여 타구스(Tagus) 강어귀에 도착하게 된다. 거기서 강을 따라 내륙지역으로 몇 마일 올라오면 리스본에 도착한다. 리스본은 성 조지 성(城)을 중심으로 팽창하여 대도시가 되었다. 우리는 팔레스타인 출신 페니키아인 해군이 북아프리카 고대 도시국가였던 카르타고를 점령하고 식민지로 삼았던 것을 기억한다. 이 사실은 페니키아 해군은 지중해 밖으로 항해하여 유럽 해안과 아프리카 해안에 이르렀다는 당시 역사를 보여준다.

바울은 세상에 대해 얼마나 알고 있었을까? 이런 역사적 정황을 살펴 볼 때, 바울은 지중해 너머에 있는 세상에 대해 알고 있었다고 추론해 볼 수 있다. 바울에게 스페인은 땅 끝을 상징하는 것 이상의 의미가 있었다. 바울이 세계를 얼마나 알고 있었는지 자세히 모르지만, 적어도 바울은 세상이 당시 사람들이 생각하는 것보다 더 넓다는 것을 알고 있었고, 그에 따른 이방인 선교를 위해 다분히 전략적 사고를 하였다고 본다. 우리는 그런 전략적 사고가 사도행전의 지리적 도해에 나타나고 있음을 알 수 있다.

둘째, 사도행전은 한 언어 문화집단에서 다른 집단으로 어떻게 옮겨 가는지를 보여준다. 사도행전은 그리스도에 대한 순종으로 문화와 지리적 경계를 넘어가는 타문화 선교, 즉 복음선교 역사서이다.

오순절은 선교적 사건이었다. 사도행전 2장에 나오는 오순절 사건을 살펴보자. 우리는 오순절을 교회의 탄생일이라 부른다. 능력의 성령이 모든 사람들에게 부어짐으로 오순절은 사도적 메시지를 확증하였다. 나는 오순절을 바벨탑 사건을 반전시킨 선교학적 사건으로 본다. 바벨탑 사건은 분열, 적의, 그리고 흩어짐을 의미했다. 오순절은 그 반대였다. 하나님은 이제 오순절을 통하여 인류를 하나로 모으신다.

오순절은 처음 익은 곡식으로 추수를 축하했다. 햇곡식을 감사로 드렸다. 앞으로 추수가 잘 이루어질 것을 기대하면서 하나님께 드리는 축제였다. 오순절 날 삼천 명이 회개한 사건은 무엇을 의미하는가? 그들은 처음 익은 곡식이었다. 앞으로 무한한 추수가 이루어질 것을 상징적으로 보여준 사건이었다.

오순절 사건의 기본요소들은 다음과 같다. 교회가 기도할 때, 성령의 능력이 부어졌다. 로마 제국 전역에서 사람들이 몰려 왔고, 일부는 제국의 경계를 넘어서 온 사람들도 있었다. 베드로는 예수 안에서 이루신 하나님의 놀라운 역사에 대해 설교했다. 여러 문화권에서 온 사람들은 각각 자신의 모국어로 설교를 들었다. 왜 그렇게 되었는가?

나는 이 오순절 사건을 한 신학교 교수가 설명하는 것을 들은 적이 있다. 그는 오순절에 방언의 기적이 일어날 필요가 없었다고 했다. 당시 모든 사람들이 헬라어, 아람어 또는 이 둘을 다 알아들을 수 있었다. 그들은 이중 언어를 할 수 있었다. 여러 곳에 흩어져 살던 유대인 디아스포라들에게 헬라어는 모국어나 다름이 없었다. 당시 팔레스타인 사람들은 아람어를 쓰고 있었으며, 아람어는 예수님과 사도들이 사용하던 언어였다. 그 가운데 헬라어를 할 줄 아는 사람도 많았을 것이다. 그런데 방언의 기적이 있어야 할 필요가 어디 있는가? 당신은 이런 해석에 대해 어떻게 보는가? 하나님께서 왜 필요없는 기적을 행하셨을까? 오순절에 대한 선교학적 통찰을 무엇인가?

오순절에는 적어도 세 가지 기본적인 선교학적 원리가 드러나 있다.

첫째, 모국어 원리, 혹은 난 곳 방언원리이다. 하나님은 오순절에 참석한 모든 사람들이 하나님께서 행하신 놀라운 일을 자기가 태어난 모국어로 듣기 원하셨다. 우리는 모국어의 힘을 알고 있다. 어릴 적 어머니의 가슴을 느끼며, 어머니의 무릎을 베고 누워 배웠던 모국어는 삶의 깊은 부분을 나누는 마음의 언어이다. 나는 포르투갈 언어에 아주 능숙하다. 내가 1973년 미국으로 다시 돌아오기 전까지 여러 해 동안 포르투갈어로 생활하며, 강의하고, 설교하였다. 하지만 나의 모국어는 영어이다. 모국어인 영어는 내 마음의 더 깊은 곳까지 영향을 미친다.

난 곳 방언이 핵심이다. 하나님께서 각 사람에게 난 곳 방언과 문화로 말씀하기 원하신다는 것은 중요한 선교학적 원리이다. 오순절은 이 사실을 분명하게 보여준다. 하나님은 각자에게 가장 심층 깊은 곳까지 메시지를 전달하는 모국어로 말씀하기 원하신다.

둘째, 모든 민족의 원리이다. 오순절에 전 세계가 상징적으로 모였었다. 교회가 탄생한 생일에 교회의 사명은 그리스도 안에서 이루신 하나님의 놀라운 역사인 복음을 모든 사람들에게 그들의 모국어와 문화로 전해야 한다는 것을 보여준 분명한 암시임에 틀림없다.

셋째, 예언의 성취 원리이다. 베드로는 오순절은 선지자 요엘로 예언하신 그 예언의 성취다고 선포했다(욜 2:28, 29). 요엘은 예언했다. 모든 육체에 성령이 부어질 것이다. 젊은이, 노인, 남자, 여자 그리고 종들에게도 성령이 부어질 것이다. 이것은 모든 신자들에게 주어지는 성령의 은사를 가리킨다. 이 성령의 은사는 하나님 선교를 완수하도록 우리를 무장시키려는 목적으로 주어졌다. 이런 관점에서 오순절은 대단히 선교학적 사건이다. 교회가 나가야할 지향점에 대해 분명한 함축을 보여주는 사건이다.

4. 교회성장 과정

1) 지리적 성장

복음은 지리적으로 확산되었다. 예루살렘에서 시작하여 로마에 이르렀다. 바울은 당시 땅 끝으로 간주되었던 스페인을 염두에 두고 선교전략을 수립하였다. 우리는 바울이 스페인에서 어떤 선교를 했는지 잘 알지 못한다. 중요한 것은 그가 스페인을 염두에 두고 있었다는 사실이다.

2) 인종 문화적 성장

복음은 여러 인종과 문화적 경계를 넘어 로마 제국에 전파되었다. 이 사실이 중요하다. 처음 메시야를 따르던 인간집단은 유대지역에서 아람어를 사용하던 유대인들이었다. 두 번째 집단은 헬라파 유대인이었다. 그들은 디아스포라들로 팔레스타인 밖 지중해 주변에 살던 사람들이었다. 이들 헬라파 유대인들은 이중문화를 가진 사람들로 초기 선교운동에 핵심적 역할을 감당하였다. 그 가운데 스데반이 있었다. 스데반은 초대 교회에 처음으로 놀라운 신학적 돌파를 통한 새로운 신학 작업을 시도한 인물이었다. 바나바와 함께 다소의 사울에게 큰 영향을 끼쳤다. 이런 역사적 결과는 이런 질문을 불러일으킨다. 이중문화를 가진 사람들이 단일문화를 가진 사람보다 다른 문화에 대해 개방적인 자세를 가지고 쉽게 접근할 수 있다고 할 수 있을까?

오순절 날 전통적 유대인과 헬라파 유대인들이 모두 복음을 듣게 되었다. 우리가 아는 바에 의하면 예수님의 원 제자들 가운데 헬라파 유대인은 없었다. 그러나 오순절 이후 전통적 유대인뿐 아니라 헬라파 유대인 중에서도 신자가 급속히 늘어났다.

복음은 인종 문화적 경계를 넘어갔다. 사도행전 8장에 보면 사마리아에 복음이 이르는 기사가 나온다. 유대인과 사마리아 사이에는 적대감이 팽배해 있었다. B.C. 722년 아시리아는 북왕국 이스라엘을 정복했다. 앗시리아는 속국에 혼혈정책을 폈다. 북쪽 팔레스타인에 살던 이스라엘 사람들을 다른 곳으로 이주시키고 다른 속국 사람들을 사마리아로 이주시켰다. 목적은 분명했다. 인종적인 피를 섞게 함으로 종교적 혼합이 일어나 민족주의 정서를 최소하려는 것이었다. 이런 역사적 배경 때문에 유대인들은 사마리아인들에 대한 우월감을 가지고 있었다. 사마리아인들은 느헤미야가 인도한 예루살렘 재건과 성전회복 운동을 차단하려 하였다. 이 사건은 두 집단 간에 반목을 가중시켰다.

그럼에도 불구하고 사마리아인들은 부족했지만 율법을 준수하고 있었다. 그들은 율법에 따라 할례를 행하였고, 유대인과 동일한 종교적 성향을 가지고 있었다. 그러나 유대인들은 사마리아인의 신앙을 순수하고 정결하게 보지 않았다. 이런 상황에서 예루살렘에 거주하는 유대인 신자들은 이방인들이 하나님 나라에 들어오는 것보다는, 사마리아인들이 하나님 나라를 드러내는 교회에 들어오는 것을 덜 수치스럽게 생각하였다. 그렇지만 사마리아인을 정식 신자로 수용하는 일은 실로 문화적으로 어려운 일이었다.

당시 베드로의 역할이 중요했다. 나는 이런 정황 때문에 성령께서 베드로와 요한이 사마리아에 들어가기 전까지는 사마리아에 성령이 부어지지 않았다고 생각한다. 예루살렘 교회가 사마리아인들이 성령받은 것을 수용하기 위해서는 사도 베드로와 요한이 사마리아인들이 성령받는 것을 직접 보고 나서, 그들도 새 이스라엘에 포함된 것을 확증해 주어야만 했기 때문이다. 그러나 사마리아에 복음을 전한 사람은 빌립이었다(행 8:5). 빌립이 이중문화를 가진 사람이었기 때문에 다른 문화에 대해 좀 더 개방적이었을 것이다. 유대인과 사마리아인 사이에 남아있는 불신 때문에 빌립의 사마리아 사역은 베드로와 요한을 통해서 성령의 역사임을 확인받아야만 했다는 사실이 중요하다.

에티오피아 사람은 지역적, 인종적 장벽을 대표한다(행 8:27, 39). 이 부분에 대한 학자의 견해는 다양하다. 하지만 나는 에티오피아 사람은 할례를 포함한 유대인 신앙을 수용한 유대교 개종자(Proselyte)였다고 믿는다. 당시에는 그런 유대교 개종자들이 지중해 주변에 많이 살고 있었다. 만일 에티오피아 사람들이 유대인 개종자가 아니었다면 할례받지 않은 사람에 대한 세례 문제로 큰 스캔들이 일어났을 것이다.

바울이 중요한 인물로 등장한다. 사도행전 9장에는 다소 사람 사울이 회심하는 사건이 나온다. 이 사건은 복음이 유대인에게서부터 다른 인간집단으로 확장되는 사이 중간에 나온다. 이것이 사건의 핵심이다. 사울/바울이 이방인을 위한 최초의 사도가 될 것이기 때문이었다. 누가는 사울의 개종 사건을 아주 중요하게 다룬다. 세 번씩이나 반복한 것을 보면 알 수 있다.

사도행전 9장에 사울의 개종사건이 나온다. 바울은 크게 세 번이나 개종하였다. 첫 번째 개종은 예수님을 주님이요 메시야로 믿게 된 것이었다. 사도행전 22장은 바울의 두 번째 개종 사건은 세계선교로의 개종이었다. 세 번째 개종은 사도행전 26장에 나오는데 이방인 사도로 특별한 사역에로의 부르심을 수용하는 것이었다. 바울의 개종사건을 모두 살펴보면, 바울의 개종사건의 초점은 이방인 선교에 있음을 알 수 있다. 하나님은 바울을 불러 복음을 이방인에게 전하는 특별한 사명을 주셨다.

바울은 어려움 속에서 선교신학을 정립하였다. 사울이 이방인을 위한 선교사로 이방선교에 대한 신학을 정립하던 과정은 엄청난 영적 갈등을 동반하였다. 우리는 바울이 엄격한 바리새파 출신이라는 사실을 기억해야 한다. 바리새파 신학은 육신적인 유대인이라도 온전한 율법 중심적 신앙을 가지고 있지 않으면 하나님 나라에서 제외시켰다. 바리새인들에게 율법을 지키지 않고 할례

받지 못한 이방인들이 하나님 나라 근처에 다가온다는 것은 상상도 할 수 없는 일이었기 때문이었다. 바울에게 십자가에 못 박혀 죽은 목수를 메시야로 수용하는 것만큼이나 힘든 일이었다. 바울은 하나님께서 이방인들을 사랑하시고 하나님 나라 백성이 되도록 허용하신다는 사실을 수용하기 어려웠을 것이다. 바울에게는 두 번째 신학적 개종이 필요했다. 개종에는 계기가 필요하다. 무엇이 그의 신학적 입장을 바꾸는 계기가 되었을까?

나는 스데반의 설교에서 그 해답을 찾는다. 사울은 스데반의 설교를 들으며 신학적 고민을 시작했을 것이다. 누가에게 스데반의 설교는 아주 중요하다. 그래서 누가는 의도적으로 스데반의 설교를 길고 자세하게 기록하였다. 좀 심하다는 생각이 들 정도이다. 바울이나 베드로 설교보다 세 배나 더 길다. 누가의 의도는 무엇일까? 우리는 누가가 이 설교를 파피루스 종이에 기록했음을 기억해야 한다. 파피루스 종이는 많지 않아 아껴서 산뜻하게 써야했음에도 불구하고, 스데반의 설교를 길고 자세하게 썼다. 누가는 스데반의 설교를 아주 중요한 신학적 변증으로 간주하였기 때문이다. 누가는 탁월한 역사가였다. 우리는 누가의 판단을 존중해야 한다.

여기서 스데반의 설교를 간략하게 분석해 보자. 스데반은 새로운 신학적 논증을 한다. 하나님은 유대인들이 믿는 신학적 사고 안에 제한된 분이 아니라고 선언한다. 하나님은 한 민족이나 한 곳에만 묶여 계시지 않는다. 하나님의 은혜에 따라 원하시는 장소 원하시는 때에 역사하신다. 스데반은 예루살렘 교회가 가졌던 신학적 경계를 훌쩍 넘어섰다. 당시 예루살렘 교회는 예수님을 유대인만의 메시야로 믿고 있었다. 그것은 유대민족 중심의 신학이였다. 그 예루살렘 신학에 따르면 예수님을 따르고 새 이스라엘의 일부가 되기 원하는 사람들은 먼저 유대인이 되어야만 했다. 스데반은 이런 예루살렘 유대신학과 이방인 선교신학 사이를 연결하는 신학적 다리를 놓고 있다. 스데반의 신학적 논증을 들은 바울은 시간이 지나면서 스데반의 신앙을 수용하게 되었다. 스데반의 논지는 명확하였다. 믿음으로 들어가는 하나님 나라는 유대인이나 이방인 모두에게 열려있다. 차별이 없다. 하나님의 소망은 모든 사람들이 하나님 나라에 들어오는 것이다. 스데반은 철저하게 유대인 중심적 신학에서 시작하여 역사를 선교적으로 보는 선교신학으로 발전시켜 나갔다. 스데반은 선교신학을 완성시키지는 않았지만 그의 신학적 방향만큼은 확실하다.

스데반의 설교에 대한 반응이 어떠했을까? 나는 바리새파 사울이 스데반의 설교를 들으며 몹시 화났을 것으로 짐작한다. 사울은 스데반의 이스라엘 역사 분석에 흠이 없다는 것을 알 수 있었다. 그러나 스데반의 새로운 신학적 전개방향은 바리새파 신학과는 전혀 달랐다. 신학 방법론이 달랐다. 바울은 스데반의 신학사상에 격노했고 모든 방법을 동원하여 저지하려 하였다. 하지만 스데반의 변증적 설교는 강한 인상을 남겼다. 사울은 부활하신 주님을 만나게 되고 음성을 듣게 될 것이다. "사울아 사울아 네가 어찌하여 나를 박해하느냐 가시채[4]를 뒷발질하기가 네게 고생이니라"(행 26:14). 가시채는 무엇을 의미하는가? 나는 바리새인 사울이 두 개의 가시채를 뒷발질하고 있었다고 본다. 하나는 십자가에 못 박혀 죽은 목수가 메시야라는 개념이었다. 다른 하나는 하나님 나라가 이방인들에게도 개방되어 있다는 사상이었다. 바리새인들에게 이 두 가지 사상은 모두 다 수용하기 어려운 신학이었다. 그런데 바울은 이중 개종을 경험하였다. 첫째 개종은 예수님을 주로 믿는 개종이었다. 둘째 개종은 이방인을 위한 선교사명에로의 개종이었다. 이 두 가지 개종이 동시에 일어났는지 시차를 두고 일어났는지는 확실하지 않다. 당시 상황을 가정해 보면, 사울이 예수님을 주님으로 확신한 이후에 유대 성경을 다시 연구하면서 모든 사람들을 향한 하나님의 관심을 발견하게 되었을 것이다. 사울은 창세기 12:3, 이사야 42:6, 49:6, 그리고 다니엘 7:13을 자세히 주석했을 것이다. 그가 아라비아 사막에 가서 사역하고 묵상하는 동안 그가 가졌던 자민족중심주의적 신학 패러다임이 타문화적 신학 패러다임으로 바뀌게 되었을 것이다.[5] 우리가 바울을 다시 만날 때 바울이 하나님 나라는 모든 사람을 위한 것임을 알고 있다는 것을 발견한다. 바울은 이방인을 위한 선교사가 되었고 이방인 선교 관점에서 바울신학을 형성하였다.

우리 교회나 교인들은 바울이 경험한 두 번째 개종이 필요하다. 예수님을 주님으로 고백하는 첫 번째 개종을 경험한 사람들은 많다. 그러나 두 번째 개종을 경험한 사람들은 그리 많지 않다. 두 번째 개종을 경험한 사람은 하나님께서 서

---

4) 가시채는 가축을 앞으로 몰기 위한 끝이 뾰족한 막대기를 말한다. - 역주
5) 자민족 신학과 타민족 신학에 대한 선교학적 통찰은 크래프트의 『기독교와 문화』를 보면 좀 더 구체적인 도움을 받을 수 있다. 찰스 크래프트, 『기독교와 문화』(Christianity in Culture), 임윤택 역 (서울: CLC, 2006). - 역주

울에 사는 우리들을 돌보아주시듯 아프리카 잠비아나 감비아 사람들도 돌보신다는 선교 마인드를 갖게 될 것이다.

사도행전 10장에 나오는 고넬료의 개종도 놀라운 선교적 사건이다. 이 사건 속에는 대단한 유머가 섞여있다. 베드로는 이방인을 수용하는 자세를 가지고 있었다. 베드로가 유대교 율법에 의하면 부정한 사람인 제혁(製革)업자 시몬의 집에 머물고 있었기 때문에, 유대인으로서는 진보적인 사고를 하고 있었다고 볼 수 있다(행 10:10, 16). 여기서 기도하는 베드로에게 환상이 보였다. 환상은 세 번씩이나 반복되었다. 세 번 반복은 하나님의 메시지를 더욱 강조한다. "하나님이 깨끗하게 하신 것을 네가 속되다고 하지 말라."(행 11:9) 베드로는 하나님께서 무언가 새로운 일을 시작하고 계시다는 것은 짐작했지만, 그 일이 무슨 일인지 구체적으로 알지 못했다. 그가 환상이 무슨 뜻인지 의아해 하며 지붕에서 내려와 이방인 고넬료가 보낸 사람들을 만났을 때 당시 무슨 일이 일이니고 있는지 베드로 자신도 무척이나 궁금했을 것이다.

하나님께서 사건을 계획하셨다. 고넬료는 하나님의 음성을 들었다. 내가 아는 바로 성경에 하나님께서 동시에 두 장소에서 역사하신 경우는 두 번 있는 것으로 안다. 첫째는 베드로와 고넬료 스토리이다. 하나님은 각각 다른 곳에 있는 베드로와 고넬료에게 말씀하셔서 둘을 만나게 하셨다. 둘째는 사울과 아나니아 사건이다. 이 두 사건은 이방인에게 복음을 증거하기 위한 하나님의 구체적인 활동이었다. 아주 흥미로운 사건이 아닌가?

처음에는 수용하기 어려웠다. 베드로가 고넬료의 집에 들어갔을 때 마음이 내키지 않았을 것이다. 성경에는 내키지 않은 마음으로 선교한 사람이 또 나온다. 선지자 요나이다. 베드로는 두 번째 내키지 않은 마음으로 선교했다. 베드로는 물었다. "나는 유대인으로서 이방인과 교제하며 가까이 하는 것이 위법인데 무슨 일로 나를 이렇게 불렀습니까?" 고넬료는 베드로에게 자초지종을 설명하고 어느 설교자라도 거부할 수 없는 부탁을 했다. "우리에게 복음을 전해주세요. 우리는 주께서 당신에게 명하신 모든 것을 듣고자 하여 다 하나님 앞에 있습니다"(행 10:33).

베드로는 설교를 시작했다. 성령이 말씀 듣는 모든 사람에게 내려왔다(행 10:44). 베드로는 설교도 다 마치지 못했고, 믿음 초청도 못한 상태였다. 성령이 베드로의 설교보다 급하게 역사하신 것이었다. 베드로는 이방인에게 성령이 임하는 것을 보고 놀랐다. "이 사람들이 우리와 같이 성령을 받았으니 누가 능히 물로 세례 베풂을 금하리요?"(행 10:47)

베드로는 이렇게 이방인의 오순절을 직접 경험하였다. 베드로는 예루살렘에 돌아와 같은 논리로 이방인이 성령받고 세례받아 하나님의 백성이 되는 것을 설명했다. 베드로가 비록 교회 지도자였다고 할지라도 할례받지 않은 이방인들에게 세례 준 사건에 대해서는 자신을 변호할 필요가 있었다. 베드로는 유명한 전도자로 예루살렘 성도들을 예수님을 따르는 제자가 되게 했었지만, 이방인을 세례주는 급진적인 사건에 대해서는 충분한 설명을 첨가해야만 했다. 베드로는 지혜가 있었다. 고넬료의 집을 방문하고 예루살렘으로 돌아오면서 6명과 같이 갔는데 그들이 그 사건의 증인이 되어주었다. 베드로는 이렇게 말한 것이다. "나는 잘못이 없어요. 내가 한 것이 아니라 하나님께서 하신 일이에요." 상당한 유머가 섞여 있는 스토리이다.

예루살렘 교회는 고넬료에 대해 좋은 인상을 가지고 있었다. 고넬료가 '하나님을 경외하는 자'로 회당에 나와 하나님께 예배드리고, 이스라엘의 하나님께 항상 기도하고, 백성을 많이 구제하니, 그가 유대 율법을 온전히 다 수용하지 않더라도 용납해 줄 수 있었을 것이다. 그는 군대의 백부장이라 유명인사인데다 착한 사람이라, 할례받은 유대인만이 유대인의 메시야 예수 그리스도의 참 제자가 될 수 있지만, 고넬료는 예외로 그리스도의 제자가 될 수 있다고 수긍할 수 있었을 것이다.

하지만 다음 사건은 더욱 이례적이고 놀랍다. 사도행전 11:19에 누가는 스데반의 일로 일어난 박해로 인해 흩어진 무리들이 유대인에게만 복음을 전했던 일에 대해 기록한다. 그들이 안디옥에 이르러서는 이방인에게도 복음을 전하니 많은 무리가 회개하고 복음을 수용했다. 헬라파 유대인들이 이런 놀라운 선교적 돌파를 시도한 것이었다. 그들 헬라파 유대인들을 요즘 언어로 일반적인 평신도들이라 할 수 있다. 그들은 역사책에 이름이 기록되어 있지 않다. 이 사건은 역사에 이름이 언급되지 않은 사람들에 의해 일어난 새로운 선교운동을 보여주는 여러 실례들 가운데 하나에 불과하다. 그리고 안디옥에 교회가 설립되었다. 안디옥 교회는 첫 이방인 중심 교회였다. 안디옥 교회가 탄생한 이후 사도행전의 초점은 이방세계로 옮겨갔다. 복음은 문화적 경계를 넘어 소아시아와 유럽으로 퍼져나갔다.

3) 첫 번째 선교단체 조직

사도행전 13장은 선교적인 사건이다. 여기에 세 가지 선교학적 이론이 밝히 드러난다. 안디옥 교회 지도자들이 금식하며 기도할 때 성령께서 말씀하셨다. "내가 불러 시키는 일을 위하여 바나바와 사울을 따로 세우라."(13:2). 이 사건을 통해 최초의 선교단체가 조직되었다. 몇몇 사람들이 기도하며 금식할 때, 선교운동을 위한 핵심 인물이 드러났다. 전교회가 선교적인 부름을 받은 것은 확실하지만 그 가운데 헌신된 사람들이 선교단체를 조직하여 선교활동을 시작해야 했다. 선교단체를 통한 선교는 사도행전의 선교원리일 뿐 아니라 전 역사에 나타난 선교원리이기도하다.

4) 성령의 특별한 활동

사도행전에는 특별한 것이 있다. 성령께서 결정적인 순간마다 독특하게 활동하신다는 점이다. 성령의 특별활동은 선교와 직결된다. 성령의 활동에 특징이 있다. 복음이 한 인간집단에서 다른 인간집단으로, 한 장소에서 다른 장소로 확산될 때 성령께서 특별히 개입하시고 역사하시는 것을 볼 수 있다.

성령은 선교와 직결된다. 성령의 주된 사역은 우리를 기쁘고 행복하게 만드는 것이 아니다. 성령의 은사는 선교와 사역을 위한 것이다. 오순절 교단과 거리가 먼 나와 같은 사람들은 이 사실에 주목하여야 한다. 오순절 교단배경을 가진 사람들이 특별히 주의해야 할 점이 있다. 성령의 역사를 너무 가볍게 생각해서는 안 된다는 점이다. 성령의 역사는 우리를 행복하게 하고 영적으로 우월하게 만드는 것이 아니다. 선교를 위함이다. 이 사실을 꼭 기억해야만 한다. 성령의 특별한 역사에 대해 우리 모두는 사도행전을 통해 무언가를 핵심적인 교훈을 배워야 할 것이다.

지금까지 우리는 오순절과 성령강림 사건을 선교학적 관점에서 조명하였다. 성령은 빌립을 사마리아로 인도하고, 에티오피아 사람에게로 인도했다. 성령은 베드로와 고넬료를 서로 만나게 하셨다. 성령은 최초의 선교단체를 만들게 하였다. "내가 불러 시키는 일을 위하여 바나바와 사울을 따로 세우라"(행 13:2).

사도행전 16장에서 바울과 실라 그리고 디모데는 소아시아 어디로 가야할지 고민하고 있었다. 그들은 처음 계획했던 일을 완수하지 못하고 있던 상태였다. 원래 가려던 길이 막혔다. 밤에 환상 중에 마게도냐 사람이 나타났다. "마게도냐로 건너와서 우리를 도우라!"(행 16:9).

유럽선교가 시작되었다. 이렇게 유럽선교는 이런 성령의 구체적인 개입으로 시작되었다. 그 후로 바울은 로마로 가던 항해 중에 파선 전 동료들에게 말했다. "내가 섬기는 하나님이 내게 나타나 말씀하셨습니다. '너는 로마로 가게 될 것이다.'"(행 27:24).

하나님께서 나타나 말씀하셨다. 우리는 여기서 중요한 교훈을 배워야 한다. 교회가 없는 곳에서 우리가 위험에 처하고 돌파구를 찾아야만 할 때가 있다. 그 때 성령께서 새롭게 역사하시는 것을 보게 될 것이다. 우리는 그런 성령을 구해야 한다. 성령께서 하시는 일을 우리가 지시할 수는 없지만, 성령의 인도에 따라가는 우리의 반응 속에 특별한 성령의 역사를 기대할 수 있다. 우리가 성령의 역사를 자주 경험하지 못하는 이유는 우리가 안전한 길로만 가기 때문이다. 솔직히 말하자면, 우리는 교회를 기계적으로 돌리는 데 성령의 능력이 많이 필요하지 않다. 이것은 우리가 성령의 인도하심을 받아 사역하면서 성령을 믿고 좀 더 과감해질 필요가 있다는 것을 상기시킨다.

결론적으로 사도행전에는 이 강좌의 몇 가지 기본적인 선교이론이 잘 드러난다. 그 중 몇 가지를 살펴보자. 첫째, 선교운동과 부흥운동의 상관관계 이론이다. 선교운동은 언제나 성령의 새로운 역사인 부흥운동에서 촉발된다. 물론 오순절은 특별한 경우이다. 한 동료교수가 말했다. 사도행전에 등장하는 교회는 새로 형성된 교회였기 때문에 갱신이 필요 없었다. 그렇다. 그들은 복음에 대한 첫 사랑과 성령에 충만했다. 나는 지금까지 평생 역사연구를 하면서 갱신운동이나 부흥운동의 열매가 아닌 괄목할 만한 선교운동을 발견하지 못했다. 우리가 선교운동에 관심을 갖는다면 부흥을 갈망해야 한다.

둘째, 새로운 신학적 돌파 이론이다. 새로운 사역을 위한 신학적 돌파가 필요하다. 우리가 알지 못했거나 잊었던 복음에 대한 새로운 신학적인 측면을 발견하는 것이 중요하다. 이런 신학적 발견이 선교를 가능하게 한다. 실례를 들어보자. 하나님께서 이방인들을 하나님 나라 백성이 되게 하실 때 그들이 먼저 유대인이 되지 않아도 무방하게 여기신다는 신학적 발견이 없었다면, 이방 유럽은 결코 복음화될 수 없었을 것이다(행 15).

셋째, 핵심인물 이론이다. 하나님과 깊은 교제를 통해 하나님의 음성을 확실하게 들은 핵심인물의 역할이 중요하다. 세상을 향해 하나님의 심장을 가지고 나가는 새로운 비전을 가진 인물이 필요하다. 이런 인물들은 큰 위험을 감내하며 비전을 따라갔다. 자신의 비전을 다른 사람들에게 전하여 따르게 했다. 하나님께서 이런 핵심인물들 통하여 복음을 새로운 장소와 새로운 인간집단들에게 전하였다. 하나님의 선교를 위한 도구였다. 그 중 몇 사람들을 열거해 보자. 피터 발도(Waldo), 아시시의 성 프란시스, 윌리엄 캐리(Carey), 허드슨 테일러(Taylor), 카메론 타운젠드(Townsend) 등이 핵심인물이었다.

선교조직체 이론도 중요하다. 선교가 수행되는 역사적 맥락을 이해하는 것이 중요하다. 동시에 선교단체가 있어야만 선교사를 파송할 수 있다는 사실도 기억해야 한다. 1세기 세계는 특별했다. 선교에 유익한 요소들이 많았다. 로마가 닦아놓은 길, 코이네 헬라어, 팍스 로마나의 질서, 디아스포라의 회당, 국제무역의 성장 등이 복음의 확산을 촉진하였다. 오늘의 세계상황을 고려해 보라. 21세기는 다양한 선교적인 기회를 제공한다. 지금이 기독교인으로서 세계 어느 곳에서 살더라도 역사상 가장 쉽게 살 수 있는 시대인 것을 아는가? 나는 전문 선교사로 외국에 사는 것만을 의미하는 것이 아니라 일반 크리스천으로 세계 속에서 살아가는 것을 말한다. 로마시대를 상징하던 로마의 길은 오늘날 무엇일지 생각해 보라.

지금까지 우리는 선교운동의 성경적 배경을 살펴 보았다. 사도시대의 확장이 어떻게 이루어졌는지 사도행전을 중심으로 살펴보았다. 다음 장에서는 하나님의 선교를 수행하는 교회의 두 조직체에 대해 다루게 될 것이다.

The Dynamics
of Christian Mission
History through a Missiological Perspective

제 3 장

교회의 두 조직체

1. 서론

우리에게 친숙한 요한복음 4:34-37을 보자. 예수님께서 사마리아 여인을 만나신 후 제자들은 예수님께 누가 잡수실 것을 갖다 드렸나 하는 장면이다.

> 예수께서 이르시되 나의 양식은 나를 보내신 이의 뜻을 행하며 그의 일을 온전히 이루는 이것이니라 너희는 넉 달이 지나야 추수할 때가 이르겠다 하지 아니하느냐 그러나 나는 너희에게 이르노니 너희 눈을 들어 밭을 보라 희어져 추수하게 되었도다 거두는 자가 이미 삯도 받고 영생에 이르는 열매를 모으나니 이는 뿌리는 자와 거두는 자가 함께 즐거워하게 하려 함이라 그런즉 한 사람이 심고 다른 사람이 거둔다 하는 말이 옳도다(요 4:34, 37).

역사에 수많은 지도자들이 등장한다. 교회 지도자들은 상황을 나름대로 판단하고 예리하게 지적한다. "아직 추수할 때가 아니다. 언젠가 익을 때가 오겠지만 지금은 아니다." "우리와 문화적으로 다른 그 사람들은 절대 예수님의 진실한 제자가 될 수 없어. 우리와 질적으로 다른 사람들이거든." 17, 18세기 유럽교회가 이런 독단적인 태도를 가지고 있었다. 하지만 그 가운데 성령의 음성을 듣고 선교적인 자세를 갖기 시작한 사람들이 있었다. 성령의 감동으로 새로운 생각을 하기 시작하였다. 복음에 닫혀있고 멀리 있는 사람들이라도 그들이 알아들을 수 있는 말로 그들의 정서에 맞게 복음을 전하며 복음을 수용할 것이라는 생각을 하기 시작했다. 요한복음 4장에서 예수님은 익어 추수하게 된 곡식들을 본다. 사마리아인들이 복음에 수용적이 될 것을 보신 것이다. 오순절 직후 사도행전 8장에 보면 사마리아에 추수가 시작되었다. 사마리아인들이 하나님의 백성이 된다는 사실은 유대인 신자들에게 대단히 충격적인 일이었다. 문화적으로 수용하기 어려운 일이었다.

누구나 배타성을 가지고 있다. 우리도 특정 인간집단에 대해 배타적일 수 있다. 이런 배타적 성향은 선교사라고 해서 없어지는 것이 아니다. 우리도 똑같이 편협적일 수 있다. "아닙니다. 하나님, 그곳은 추수터가 아닙니다!" 성령께서 말씀하실 것이다. "아니다. 하나님께서, 바로 그곳에서 익은 곡식을 추수하실 것이다." 지금 당장 추수가 이루어지지 않는다고 하더라도, 5년, 10년, 아니 100년 후에라도 추수하실 것이다. 우리는 하나님의 추수에 우선순위를 두어야 한다.

추수를 생각하면 떠오르는 역사적 순간이 있다. 기독교선교운동 역사에 가장 감동적인 순간이라 할 수 있는 일이 1938년 인도 마드라스에서 IMC(International Missionary Council) 회의에서 있었다. 그 모임에서 폴 해리슨(Paul Harrison) 박사가 말씀을 전했다. 그는 의사로 무슬림선교를 위해 사무엘 즈위머(Samuel Zwemer)와 함께 아라비아 선교사로 가서 수고하였다. 전 세계교회 지도자들이 모인 자리에서 해리슨은 50년 동안 아라비아에서 선교한 결과 5명의 결신자를 얻게 되었다고 보고했다. 그리고 말하기를, "아라비아에 있는 교회가 여러분들에게 문안합니다." 아라비아 교회는 큰 교회가 아니고 5명이 모인 교회였다. 교인 한 명을 얻기 위해 선교사가 10년을 현지에서 보내야 했다. 하지만 우리는 확신한다. 언젠가 그 날이 오면 놀라운 추수가 시작될 것이다. 이렇게 선교지에서 생겨나는 교회들은 전통적인 서구 교회들과 같아야 할 필요는 없다. 다른 것이 정상이다.

성령께서 추수터로 일꾼들을 부르신다. 일부 선교사들은 흩어져 추수하게 된 들판에서 일한다. 사하라 이남의 아프리카(Sub-Saharan Africa), 인도네시아, 싱가포르, 그리고 라틴 아메리카 등이 익은 들판이다. 어떤 선교사들은 아직 익지 않아 추수가 이루어지지 않는 들판에서 일한다. 핵심은 성령의 역사하심에 있다. 성령께서 우리를 불러 추수하게 하신다. 우리는 영적인 눈을 열어 추수하게 된 들판을 보아야 한다. 인간적인 지식으로, "주님, 아직 멀었습니다," "저 곳은 아닙니다"라고 해서는 안 될 것이다. 우리는 성령의 부르심에 보다 민감해질 필요가 있다. 성령의 지혜는 인간의 지혜와는 정반대일 수 있다. 성령은 우리가 보지 못하는 곳에서 하나님의 역사를 볼 수 있게 하신다.

2. 세계선교를 위한 조직체

1) 하나님께서 사용하시는 선교단체

선교를 위한 수단이 필요하다. 세계선교를 위한 수단에는 어떤 것이 있는지 살펴보자. 먼저 독일 경건주의자들이 할레에서 인도로 수십 년 전에 갔지만 '현대 개신교 선교의 아버지'라 불리는 윌리엄 캐리부터 살펴보자.

캐리는 침례교 설교자였다. 구두장이와 학교 교사도 겸했던 그는 역사상 가장 탁월한 언어학자가 되었다. 캐리 이야기는 우리에게 정식교육을 받지 못한 사람을 절대 얕보아서는 안 된다는 교훈을 준다. 나는 이 정규교육에 관한 주제를 자주 강조하고 반복한다.

1792년 캐리는 소논문을 출간했다. 『이교도의 개종을 위해 선교단체를 이용해야 하는 기독교인의 의무에 관한 연구』라는 책이었다. 그가 사용한 '이교도'라는 용어는 당시 기독교인이 아닌 사람들을 지칭하는 단어였다. 요즘 우리는 이교도라는 용어를 못마땅하게 생각하지만 당시 역사적 문맥에 따라 캐리를 이해해야만 한다.

캐리는 아주 작은 침례교회 출신이었다. 모 교회는 당시 대교단이었던 영국 침례교단에 가입도 하지 못한 미등록 교회였다. 무엇보다 극단적인 칼뱅주의 교회였다. 일부는 칼뱅주의를 극단적으로 해석하여 이렇게 주장하기도 했다. "만일 하나님께서 다른 나라에 사는 백성들을 믿음을 갖고 하나님께 나오게 하기 원하신다면, 하나님은 하나님만의 방법으로 하나님의 때에 이루실 것이다." 물론 이런 합리화는 교회가 가진 세계선교책임을 해제하는 멋진 핑계가 된다.

극단적 칼뱅주의는 선교를 온전히 하나님께 맡기고 인간은 책임을 전혀 지지 않는다.

선교를 위해 선교사가 나서야 한다. 중국에서 사역하던 허드슨 테일러가 첫 임기를 마치고 영국으로 돌아와 하나님께서 허드슨 테일러를 통하여 하시고자 하는 일이 무엇인지 묻고 있을 때, 교회에서 찬송을 부르다 '저 북방 얼음산과' 찬송 가사 내용에 신경이 쓰였다. "저 부는 바람따라 이 소식 퍼치고." 테일러는 생각했다. '복음의 소식을 바람이 어떻게 전한단 말인가. 사람이 전해야만 한다.' 캐리도 복음은 사람이 전해야 한다고 믿었다. 그래서 세상 끝까지 복음을 전하기 위해 구체적인 방법을 강구해야할 필요성을 천명한 것이다. 좀 더 구체적으로 말하자면, 캐리는 선교단체를 만들자고 제안하였다.

선교단체가 필요하다. 우리가 역사를 연구해 보면 하나님께서 선교적 수단으로 '단체'를 사용하신 것을 보게 된다. 하나님께서는 복음을 엄청난 문화, 인종, 지역적 장벽을 넘어 전달하기 위해 선교단체를 만드시고 사용하셨다. 우리는 하나님께서 타문화 선교를 위해 어떤 다양한 '선교단체들'을 사용하셨는지 평생 연구하는 자세를 가져야 할 것이다. 하나님께서 새로운 곳에 복음을 전하기 위해 어떤 선교단체들을 사용하셨는가 살펴보라. 성령께서는 타문화 선교를 위해 어떤 새로운 방법들을 사용하시는지 연구해 보라.

국제 예수전도단(YWAM)은 1960년 창설되었다. 오늘날 예수전도단 사역은 놀랍다. 전 세계 135개국 800여 개 지부에서 1만 2천명의 전임 사역자들이 세계선교를 위해 자신의 삶을 드리며 헌신하여 지상명령 성취를 위해 사역하고 있다. 예수전도단은 미국에서 시작되었지만, 전임사역자 절반 이상이 아시아, 아프리카, 그리고 라틴 아메리카 출신이다. 예수전도단은 선교운동이 교단조직의 변두리에서 일어난다는 사실을 확실히 보여준다. 이 사역은 하나님의 성회(Assemblies of God)의 주변에서 일어난 선교운동이다. 오늘날은 1세기 기독교 교회 이후 교회역사상 가장 창의적인 시대이다. 특히 선교운동의 창의성은 특기할 정도이다. 상상을 초월한다. 역사상 지금처럼 많은 선교단체들이 존재한 적이 없었다. 지난 2, 30년 사이에 복음을 들어보지 못한 사람들에게 복음을 전하기 위해 다양한 선교단체들이 생겨났다. 나는 이것이 성령께서 하시는 일이라 확신한다. 특히 비서구 선교단체들이 늘어나는 것은 고무적이다. 그것은 성령의 새로운 창의성을 보여주시는 것이다.

2) 개인적 경험에 비추어 본 조직체

하나님께서 선교를 위해 어떤 조직이나 단체를 사용하시나? 역사적으로 볼 때, 혹은 개인 경험상으로 볼 때, 상당한 지역적, 문화적 장벽을 넘어 복음을 전하기 위해 하나님께서 사용하신 단체는 어떤 것이 있는가? 나는 두 조직체 이론을 설파한다. 하나님께서는 지역교회나 교단조직(Denominational structure)과 더불어 하나님의 선교를 완수하기 위해 선교단체 조직을 사용하신다. 일부 사람들은 그런 선교단체들을 '파라처치(para-church) 기관'이라고 낮추어 부른다. 그래서 나는 '파라처치'라는 용어자체를 싫어한다. 그 단어는 파라처치는 교회보다 열등하다는 뜻을 내포하고 있기 때문이다. 나는 그런 관점에 전혀 동의하지 않는다. 나는 선교기관이나 선교단체들도 모두 하나님의 백성에 포함되는 완전한 기관이라고 믿는다. 하나님의 백성들은 다양한 구조(교회나 선교조직체)와 함께 사역하기 때문이다. 이런 관점에서, 우리 지역교회나 교단 구조가 하나님의 백성 전체를 함유하지 않는다. 역사상 예수 그리스도를 따르는 제자들은 다양한 구조들 안에서 예배드리고 신앙인의 삶을 향유했다. 하나님의 백성은 3세기 이집트 사막에 생활하던 수도승(Monks) 집단도, 20세기에 나타난 한국 초대형 교회들, 오늘날 도시 빈민들을 섬기는 선교단체들, 쿠바에 있는 가정교회들도 모두 포함한다. 여기에 우리는 다른 여러 조직과 기관들도 더 첨가할 수 있다. 이들 조직과 기관들은 사회, 문화, 신학, 구조에 있어 다 다르다. 한 가지 공통분모가 있다면, 그들은 예수 그리스도를 통하여 하나님께 예배드리고 예수님의 제자가 되려고 한다는 점이다. 이것 한 가지면 충분하지 않을까?

선교역사에는 특별한 사역에 집중한 많은 선교조직체들이 등장한다. 나는 그런 선교단체들이 하나님의 백성인 교회의 가장 중요한 부분을 형성하고 있다고 믿는다. 나는 언제나 강의하기 전에 학생들에게 질문하곤 한다. 몇 사람이나 지역교회가 아닌 선교단체를 통해서 예수님을 믿게 되었는지 물어본다. 내 의도는 선교단체인 CCC, IVF, 네비게이토, 그리고 예수전도단 등 선교단체를 통해 믿음을 갖게 되었는지 자세히 알고 싶은 것이다. 학생들 중 적어도 반수 이상이 선교단체들을 통해 주님을 만나게 되었다고 했다. 지역교회 조직은 하나님의 계획의 일부에 포함된다. 그러나 하나님은 여러 선교단체들도 지역교회처럼 동일하게 사용하신다. 하나님이 사용하시는 두 조직체에는 무엇보다 생명력이 가장 중요하다. 이것이 두 조직체 이론의 핵심이다.

3) 모든 교회는 선교적 사명이 있다

우리는 모든 교회가 선교적 사명이 있다는 신학적 원리에 동의한다. 하지만 그 신학적 원리를 잘 못 적용하는 사람들이 있다. 모든 교회가 선교적인 사명이 있기 때문에 교회와 다른 별도의 선교단체 조직은 필요 없다는 주장을 한다. 그것은 옳지 않다. 그들은 교단 교회조직과 다른 선교단체가 존재한다는 것은 결손 교회의 증세라고 주장한다. 라투렛(Latourette)은 그 주장에 반대한다. 건강한 교회는 특수한 사역을 감당하기 위해 계속해서 새로운 선교단체들을 조직한다. 교회 관료조직은 선교에서 중요한 창의성을 방해하는 경우가 많다. 교회조직은 가능한 교회기관을 존속시키기 위해 위험부담을 피하려 한다. 선교기관은 위험부담을 감수하면서 창의적인 시도를 계속해야만 한다.

안디옥 교회는 바나바와 사울을 파송했다. 안디옥 교회 전체가 바나바와 사울과 함께 소아시아로 간 것은 아니었다. 안디옥 교회 전체가 선교적 부르심을 받았지만 교인들이 모두 떠난 것이 아니었다. 선교사팀을 파송한 것이었다. 나는 바나바와 사울은 성령의 인도를 받아 선교하면서 선교전략과 신학에 있어서 높은 자율성을 가지고 있었다고 본다. 우리가 역사를 살펴보면 특별한 선교 사역을 위해 하나님의 부르심을 받은 헌신된 공동체가 바나바와 사울처럼 자율성을 가지고, 상당한 지역과 문화적 경계를 넘어가 복음을 전했던 경우를 자주 보게 된다.

대부분의 비서구 세계 크리스천들은 이런 헌신된 공동체인 선교단체에 의해 복음을 알게 되었다. 나와 같은 서구권 크리스천들도 선교단체 사역을 통해 복음을 접하게 된 경우가 많다. 독자들 가운데 상당수는 선교단체에 소속된 경우도 많이 있을 것이다. 랄프 윈터(Winter)는 이런 선교단체에 속한 사람들을 특별히 "이중 결단을 한 사람들"이라 부른다. 아주 의미있는 용어이다. 우리가 그리스도께 인도된 후, 우리 인생의 중요한 시점에 하나님께서 우리를 다시 구체적으로 부르신다. 신앙인으로만 부르시는 것이 아니라 하나님의 선교를 위해 부르신다. 그 두 번째 부르심에 응답하여 이중결단을 하게 된다. 선교사들은 모두 이렇게 이중 결단을 한 사람들이다. 첫 번째 결단은 주님께로 개종하는 결단이고, 두 번째는 선교로 개종하는 결단이다. 두 번째 결단을 하는 상황은 사람마다 다를 것이다. 대부분 지역교회, 수련회, OM 국제선교회나 YWAM과 같은 선교기관들이 운영하는 수양회나 단기 선교 참여 등을 통해 선교에 헌신하게 된다. 그러므로 우리는 남을 함부로 판단하는 심판자가 되기보다, 하나님께서 사람들을 선교에 동원하고 그들을 통하여 선교할 수 있게 하는 다양한 방법들에 대해 배우는 학생이 되기 원한다.

이런 선교운동은 언제나 교회 변두리에 있는 사람들이 일으킨다. 주변인들이 선교운동을 일으킨다고 해서 그것이 잘못된 것은 아니다. 모든 교회가 선교에 참여하도록 부르심을 받았지만, 모든 교인들이 다 타문화 선교사가 되어야 하는 것은 아니다. 모든 성도가 다 복음을 타문화권에 사는 사람들에게 전하는 사명이나 은사를 받은 것은 아니다. 하지만 건강한 교회는 그런 선교 은사를 받은 교회 지체들을 언제나 격려하고 후원할 것이다.

하나님의 뜻은 인간의 뜻과 다르다. 하나님은 간혹 선교사를 처음 의도와는 다른 방향으로 인도하시기도 한다. 내가 목회자로 봉사할 때, 농예(農藝) 선교로 부르심을 받았다고 확신하는 젊은 부부가 있었다. 우리 교회는 이 부부를 과테말라에서 사역하는 선교사에게 보내 여름동안 단기선교를 다녀오게 하였다. 그들은 선교지를 다녀 온 다음 달라졌다. 그들을 향한 하나님의 부르심이 다른 곳에 있음을 깨닫게 되었다. 그들은 머지않아 캘리포니아에 있는 IVF로 가서 사역하게 되었다. 그들은 IVF와 함께 30년 동안 신실하게 사역하였다. 사역에 열매가 많았다. 그들은 사역을 넓게 확장시켰다. 처음에는 샌디에고(San Diego) 지역 대학들로 넓혀간 후, 뉴잉글랜드 지역으로까지 확장시켰다. 지역교회는 그들을 도왔다. 그들의 소명을 확실하게 발견할 수 있게 하였고, 사역을 찾아보게 하였고, 사역을 후원하였다.

4) 교회는 어떤 조직체를 사용할 것인가?

선교단체에 대한 역사적 교훈이 있다. 역사상 대부분의 선교운동은 교단조직의 심장부에서 일어나지 않았다는 점을 인식해야 한다. 선교운동은 대부분 교단조직의 변두리에서 일어났다. 이것이 역사를 공부하면 자주 반복된다. 그러기에 나도 자주 반복하여 설명하고 있다. 북미 선교운동은 건초더미 속에서 기도하던 대학생 기도모임을 통해 시작되었다. 비전을 가지고 선교운동을 일으킨 지도자는 평신도일 경우가 많다. 전체 교회가 선교에 대해 무관심할 때, 목회자나 평신도 지도자가 마음에 강력한 선교비전을 가지고 선교운동을 일으킨다. 그들이 일으킨 선교기관은 위클리프 성경번역선교회, YWAM, OM국제선교회(Operation Mobilization), 프론티어, 중국내지선교회(China Inland Mission, 현 OMF) 등이다.

열린 자세로 자신을 돌아보는 작업은 유익하다. 자신이 속한 교회나 선교단체의 기원을 살펴보는 것도 유익하다. 자신의 교단이나 선교단체가 어떤 선교운동을 통하여 생겨났으며 그 운동은 우리에게 무엇을 가르쳐주는지 살펴보는 것이 좋다. 우리는 주류 교단의 공헌을 무시해서는 안 된다. 동시에 하나님께서 전혀 예상치 못했던 주변 집단(Peripheral groups)을 통하여 어떻게 일하셨는지를 기억해야 한다. 그리고 오늘 새 일을 행하시는 하나님의 역사에 대해 열린 자세를 가져야 한다.

교회를 자신의 말로 정의해 보라. 이것이 중요하다. 나는 교단에 소속된 교회에서 성장했다. 교회에 대해 많은 이야기를 하면서 자랐다. 나는 교단 선교사로 브라질과 포르투갈 그리고 미국에서 교단 교회개척 사역, 교수사역, 목회사역을 하였다. 나는 교단을 존중한다. 그러나 나는 역사가로서 솔직하고 싶다. 하나님은 교단만 사용하시지 않는다. 하나님은 교단 조직체와 교단과 다른 선교조직체를 통하여 다양한 모습으로 일하셨다.

미국해외선교회(American Board of Commissioners for Foreign Missions, ABCFM)는 뉴잉글랜드에 있는 회중교회 학생집단이 주도하여 1810년 설립되었다. 초교파 선교단체로 회중교단, 장로교단, 그리고 개혁교단 출신 선교사들을 파송하였다. 그러나 1837년, 장로교단이 미국해외선교회에서 갈라져 나가면서 장로교단을 선교단체로 선언했다. "우리는 장로교단이 선교적 단체이기에 독자적인 우리 교단 선교부를 만들 것이다." 이것이 공식 교단 조직체 밖에서 형성된 자원적 초교파 선교단체를 거부하는 시발점이 되었다. 그들에게는 교단적인 통제가 중요한 이슈였다.

장로교 선교부는 훌륭한 선교단체였다. 나는 1956년 장로교 선교부 선교사로 브라질에 파송되었다. 하지만 장로교 선교 지도자와 선교사 대부분이 1886년 매사추세츠 노스필드에서 시작된 학생자원운동(Student Volunteer Movement)

출신이었다. 학생자원운동을 일으킨 집회를 누가 인도하였는가? 당시 중학교를 중퇴한 구두장사 D. L. 무디(Moody), YMCA 총무 루터 위서드(Wishard), 프린스턴대학을 방금 졸업한 로버트 윌더(Robert Wilder), 장로교 목사인 아서 T. 피어슨(Pierson)[1]이었다.

학생선교운동이 주도적이었다. 학생자원운동은 251명으로 출발했지만 선교사로 2만 명 이상을 미국과 유럽에서 전 세계선교지로 파송했다. SVM은 반세기 동안 미국 선교운동을 주도하며 위대한 선교 지도자들을 배출했다. 하지만 평신도와 대학생 몇 명이 시작했다. 교단조직 중심에서 시작된 것이 아니다. 요한복음 3장에서 주님께서 성령에 대해 말씀하셨다. "바람이 임의로 불매 네가 그 소리는 들어도 어디서 와서 어디로 가는지 알지 못하나니"(요 3:8). 이 말씀이 바로 선교역사를 관통하는 진리의 말씀이다.

두 조직체에 대한 나의 논지는 분명하다. 하나님의 백성은 두 조직체 안에서 존재해야 한다. 두 조직체는 다양한 형태로 형성된다. 첫 번째 조직체는 회중 혹은 양육 조직체이다. 랄프 윈터는 이 조직체를 포괄적인 의미로 모달리티(Modality)라 부른다. 두 번째 조직체는 선교단체 조직 또는 소달리티(Sodality)라 부른다. 두 조직체는 그리스도의 몸된 교회의 합법적이며 핵심적 부분이다. 우리는 지역교회에서 예배드리는 사람들만 하나님의 교회에 포함되고 선교지나 학교 캠퍼스에서 사역하는 선교단체 모임은 하나님의 교회에 포함되기에는 무언가 부족하다는 신학적인 오류에 빠져서는 안 된다. 선교단체 모임은 하나님의 백성인 교회의 다른 형태이지 무언가 모자란 것은 아니다.

3. 선교조직체

이 강좌의 기본이론들 가운데 두 조직체 이론이 중요하다. 하나님께서 새로운 문화와 새로운 장소로 복음을 전달하기 위해 선교단체 조직체, 즉 소달리티를 사용하셨다. 이를 찰스 멜리스(Mellis)는 '헌신된 공동체'(committed communities)라 부른다. 헌신된 공동체는 하나님께서 특별한 사역, 문화집단, 사

---

1) 아서 T. 피어슨 목사는 저자와 성씨가 같고, 장로교 목사인 것은 같지만, 전혀 친인척 관계는 없는 분이다.

역지로 부르셨다는 사실을 확신하는 사람들의 선교 공동체이다. 이런 헌신된 공동체는 역사에 자주 등장한다. 헌신된 공동체는 교회 생활에 핵심이 되는 선교사역을 대부분 잘 감당하였다. 이들 공동체는 대부분 제도적 교회 외곽 변두리에서 시작되었다.

1) 선교단체 조직체: 건강한 교회의 표시

선교단체는 꼭 필요한가? 일부는 이런 생각을 한다. 언젠가 교회가 온전한 건강을 되찾으면 선교단체 조직체는 더 이상 필요하지 않게 될 것이다. 전혀 그렇지 않다. 건강한 교회는 특수한 선교사역을 감당하기 위해 계속해서 선교단체들을 만들 것이다. 선교사역의 대상은 다양할 수 있다. 지역적 차원에서 특정 집단을 대상으로 하거나, 국제적 차원에서 문화적 거리감이 있는 집단을 대상으로 삼을 수 있다. 문화적 거리감이 있는 해외사역을 시도하는 경우, 교단 선교부와 협력하든지 아니면 초교파적인 선교단체와 협력해야 할 것이다. 두 가지 다 정당한 일이다. 하지만 우리가 알아야 할 것이 있다. 오늘날 일반적으로 가장 창의적이고 효과적인 선교단체는 초교파 단체들이라는 사실을 알아야 한다. 초교파 선교단체들은 전혀 예상치 못했던 곳에서 잘 알려지지 않은 선교 비전가들을 통하여 계속 생겨나고 있다. 나는 이런 연유로 건강한 교회는 교단 선교부 뿐만 아니라 초교파 선교단체와 함께 세계선교에 동참해야 한다고 생각한다. 역사상 조직된 교단 선교부만 선교할 수 있다는 신학을 가진 사람들은 아주 심각한 신학적 논쟁에 휩싸인 경우가 많았다는 사실도 기억할 필요가 있다.

교단선교부도 헌신된 사람들이 주도해서 조직된 경우가 대부분이다. 교단 내 교회에서 해외선교지에 복음을 전파하기로 결심한 사람들이 생긴 후에야 교단 선교부가 조직되었다는 역사적 사실을 기억해야 한다. 미국 장로교는 1837년 선교부를 조직하였다. 이미 ABCFM을 통하여 선교지에 나가있는 장로교 선교사들에게 더 큰 영향력을 행사하려는 목적이 깔린 교단전략이었다. 미국 침례교단은 아도니람 저드슨(Judson)과 루터 라이스(Rice)가 ABCFM을 통하여 선교지인 아시아로 떠난 후에 침례교 선교부를 조직하였다. 라이스 선교사는 본국에 돌아와 아시아에 나가있는 교단 선교사를 후원하기 위해 선교부를 조직해야 한다고 침례교단에 제안하였고, 1814년 미국 침례교 선교부가 조직되었다. 이런 양상은 놀랄 일이 아니다. 사도행전시대부터 있어온 관행이었다. 성령이 사도가 아닌 빌립을 의심하는 사마리아 사람들에게 이끌었다. 예루살렘 교회에서 지도자로 이름이 거론되지 않는 이름없는 성도들이 안디옥으로 갔다. 안디옥에 가서 할례받지 못한 이방인들에게 복음을 전했다. 교회가 세워졌다. 바로 그 안디옥 교회에서 역사상 처음으로 이방인 선교를 위한 의도적인 선교조직체가 생겨났다. 예루살렘 교회에서 이루어진 일이 아니다. 나는 간혹 예루살렘 교회를 상상하여 질문한다. 바나바와 사울을 비롯한 안디옥 교회 지도자들이 이방선교를 시작하기 전에 예루살렘 교회의 윤허를 부탁했을 때, 예루살렘 교회가 어떻게 반응했었어야만 할까? 사도행전에 나오는 예루살렘 교회와 안디옥 교회 사이의 껄끄럽던 관계로 추론해 보면, 예루살렘 교회는 안디옥 교회의 이방선교를 탐탁지 않게 생각했을 것으로 보인다.

  나는 교회나 교단을 모욕하려는 의도가 전혀 없다. 교회는 절대석으로 필요하다. 교회와 교단은 조직에 안정감, 지속성, 그리고 모든 조직에 필요한 권력의 균형을 제공한다. 하지만 우리는 교회조직의 중요성을 인식함과 동시에 우리가 상상하지 못했던 방식으로 교회조직 밖에서 선교단체들을 통하여 역사하시는 성령의 창의성에 열린 마음을 가져야만 한다.

  우리 중 상당수는 16세기 종교개혁의 결과로 조직된 교회 출신일 것이다. 일부 학자들은 루터(Luther)와 칼뱅(Calvin)이 해외선교에 참여하지 않았다고 비판하기도 한다. 그것은 사실이 아니다. 루터의 제자들은 종교개혁 정신을 덴마크, 노르웨이, 스웨덴, 그리고 핀란드로 전파하였다. 칼뱅은 160명의 목회자를 훈련하여 선교사로 프랑스, 헝가리, 폴란드, 그리고 네덜란드로 보냈다. 그러나 아쉬운 점도 있다. 그 선교사역을 계속 지원할 수 있는 선교단체를 조직하지 않았다는 점이다. 그들의 '교회'에 대한 정의는 불충분 했다.

  개혁주의가 가진 교회론이 가진 한계 때문에, 루터교가 다시 타문화 선교를 개시하기까지 200년이 흘렀다. 당시 루터교 외곽에 있던 소수의 경건주의자들이 타문화 선교를 다시 시작하였다. 개혁자들은 유럽에서 생존하기 위해 고군분투하였다. 그들은 주장했다. "말씀이 정확하게 선포되고 성례가 올바르게 집행되는 곳에" 참 교회가 존재한다. 이것은 정당한 교회론임에 틀림없다. 하지만 그 교회론에는 선교적 측면이 빠져있다. 당시 개혁파 교회론은 정적인 기독교왕국(Christendom)을 근간으로 한 교회론이었지 동적인 선교를 지향하는 교회론은 아니었다.

  개신교 종교개혁 이후 로마 가톨릭교회가 전적으로 선교를 시작했다는 사실은 흥미롭다. 당시 선교에 참여한 가톨릭 선교조직으로 예수회(Jesuits), 프란치스코회(Franciscan), 그리고 도미니쿠스회(Dominican)를 들 수 있다. 당시 가톨릭 교회 지도자들이 개신교를 비판하면서, 개신교는 선교활동을 하지 않기 때문에 참 교회가 아니라고 주장했다. 그것은 정당한 지적이라고 본다.

  교회론에서 교회의 본질을 "통일성, 거룩성, 사도성, 보편성"을 가진 교회로 정의한다. 이 정의 가운데 적어도 세 단어가 선교적인 용어이다. "거룩성"은 하나님의 목적을 위해 "따로 구별함"을 의미한다. "사도성"은 사도적인 메시지만을 의미하지 않는다. 헬라어로 사도는 라틴어 어근을 가진 '선교사'와 동일하다. 세상에 "보냄받은" 교회가 참 교회이다. 사도성은 선교적인 단어이다. "보편성"은 "전 인류적인 것"을 의미한다. 교회가 먼저 선교적이 아니라면 그 교회는 결코 전 인류적인 교회가 아니다. 결과적으로, 2세기 교회가 정의한 교회가 보다 더 선교적 교회라고 할 수 있다.

  이런 연유로 우리가 교회론을 신학적으로 정확하게 이해하려면, 우리가 하나가 되도록 부름받았고, 세상에 그 하나됨을 보여주기 위해 노력해야 한다는 것을 알아야만 한다. 여기서 우리는 하나됨을 잘 보여주지 못하고 있다는 사실을 솔직하게 인정해야 할 것이다. 우리는 거룩하도록 부르심을 받았다. 특별한 목적을 위해 부름받았으며 그 선교적 목적을 성취하기 위해 살아가야 할 것이다. 우리는 사도성을 가져야 한다. 사도적 가르침에 충실하고 교회의 "보냄받은" 선교적 본질을 드러내야 할 것이다. 우리는 보편성을 가진 교회로 부름받았다. 가톨릭교회를 의미하는 보편성이 아니라 땅 위에 있는 모든 인류를 다 포함하는 '보편성'을 드러내야 할 것이다.

2) 조직과 특성상의 차이

  2세기 교회에는 두 가지 특성을 가진 리더십이 있었다. 독일 역사학자인 아돌프 폰 하르낙(Harnack)과 2세기 교회생활을 보여주는 문서인 디다케(Didache)를 살펴보면, 2세기 교회에는 두 가지 특성을 가진 리더십이 공존했다고 한다.

  교회가 성장하자 지역교회를 다스리는 지도자들이 생겨났다. 그들을 장로나 감독(bishops)이라 불렀다. 신약성경에 나오는 '에피스코포스'(episcopos)는 이런 교회 지도자들을 지칭한다. 교회 초기에는 교회에 장로가 여러 명 있었는데, 시간이 지남에 따라, 2세기가 되어서는 각 교회마다 교회를 책임지고 돌보는 1명의 담임 목사 역할을 하는 감독이 있었던 것으로 보인다. 여러 장로들은 감독을 도와 함께 교회를 치리하였다. 그들은 살고 있는 주변 지역으로까지 교회 사역을 확대해 나갔다. 이렇게 교회에는 지역교회 목회적 리더십을 발휘하는 지도자들이 있었다.

2세기 교회에 나타나는 다른 한 가지 리더십은 이곳저곳으로 이동하는 리더십이었다. 복음이 전파되지 않은 곳에 복음을 전하고 교회를 설립하는 특수한 사명을 가지고 움직이는 리더십이었다.

우리는 1세기 교회뿐만 아니라 2세기 교회, 아니 전 교회 역사를 통해 교회에는 두 가지 리더십이 존재했다는 것을 알 수 있다. 그러나 지역교회 조직체가 강하여 선교적인 조직체를 흡수하거나 삼켜버리는 경향이 있었다. 선교사들이 선교조직체를 강화시키지 못한 점도 있었다. 그래서 이 두 조직체 사이에는 어떤 긴장감이 있었다. 성경에 보면 신약시대에도 이런 긴장이 드러난다. 우리처럼 선교사 경험이 있는 사람들은 교회를 운영하는 목회적인 리더십과 선교 지향적인 선교적인 리더십 사이에서 오는 긴장을 경험한 적이 있을 것이다. 초대 교회의 이런 긴장은 부정적 결과를 가져왔다. 데이비드 보쉬(Bosch)의 관찰을 들어보자.

> 1세기 말이 되자 교회론에 대한 이해가 달라지기 시작했다. 신약성경에도 나타난 바와 같이 복음전도자, 선지자, 사도들의 선교사역이 위축되고 장로와 집사 등 안정적인 목회 사역자들이 힘을 얻기 시작하면서 긴장관계가 형성되었다. 이런 창조적 긴장관계는 시간이 지나면서 점차적으로 목회적 리더십을 강화하는 쪽으로 결론이 났다.[2]

로마 제국에 교회들이 설립되면서 목회적 리더십은 더욱 확실하게 자리를 잡게 되었다. 윌버트 쉥크(Wilbert Shenk)가 4세기 교회에 대해 지적한 바와 같

---

2) David Bosch, *Transforming Mission: Paradigm Shifts in Theology of Mission* (Maryknoll, N.Y.: Orbis Books, 1991), 201.

이, "교회가 힘을 갖고 안정된 다음부터 선교적인 본질을 상실하고 말았다. 교회는 기독교 왕이 다스리는 나라는 기독교회 되었다고 선언했다. 교회의 책무는 공공질서를 함양하고 시민들의 목회적인 필요를 채워주는 것으로 인식되었다.[3] 이런 현상은 새로운 선교운동을 제도권 교회 주변으로 더 멀리 밀어냈다.

나의 논지는 분명하다. 교회를 위해 이런 두 조직체와 두 종류의 리더십은 역사의 마지막까지 변함없이 필요하다는 것이다. 선교조직체는 임시방편으로 이용하는 조직이 아니다. 시골에 가서 교회를 설립하기 위해 가는 것을 선교로 보는 오래된 관습이 있다. 이때 선교조직체는 교회 건물을 짓는 건설현장의 발판으로 여겨졌다. 건물이 완공되면 더 이상 건설현장의 발판은 필요가 없어지기 때문에 제거한다. 이런 그림은 선교를 오도한다. 우리는 이런 관습적 사고가 잘못임을 인식하여야 한다. 그러나 지난 반세기 동안 주류 교단 선교부들이 위축되거나 폐지되었다. 이제 교회가 여러 나라에 대부분 세워졌기 때문에 우리가 나서 선교할 필요가 없다는 논리를 그 배경으로 삼았다. 이런 상황에 대해 나와 같이 미장로교 선교부 선교사로 일했던 랄프 윈터(Winter)는 지적한다. "건물을 지을 때, 공사를 마친 후 건설현장 발판은 철거할 수 있지만, 건설 회사자체를 해체시키지는 않는다!" 아주 예리한 지적이다. 새로운 교회들과 파트너십을 가지고 여러 가지 선교활동을 하는 것에 대해서는 자세히 설명하지 않는다 하더라도, 우리는 아직도 복음을 들어보지 못한 수많은 미전도 종족들이 있다는 사실을 기억해야 한다.

두 가지 조직체는 어떻게 서로 다른가? 선교조직체는 기동부대처럼 이곳에서 저곳으로 움직이는 이동성이 특징이다. 참여자들에게 선교 목적을 수행하기 위해 간소한 생활과 높은 헌신을 요구한다. 그들은 새로운 곳에 전도하는 사역 중심적 성향이 있고 혁신적이다. 하지만 선교조직체도 다른 조직과 마찬가지로 타성에 젖어 제도화되는 경우가 간혹 나타난다. 하지만 그들은 특히 선교단체가 형성된 초기에는 대단히 혁신적이다. 그래서 새로운 선교단체가 필요하다.

초기 중국내지선교회(China Inland Mission)를 상상해 보라. 그들은 중국 내지

---

3) Wilbert Shenk, "Emerging Church Streams in the Twenty-First Century," in Bush, et al, *Evangelizing Our World Inquiry, Preliminary Findings*. Seoul, World Inquiry International Coalition. 2003.1-20.

로 들어갔다. 당시 상상하기 어려운 결정이었다. 서양인들이 전혀 들어가지 않았던 중국 내지로 향한 것이다. 그들은 서양인들이 수치스럽게 생각하는 중국옷을 입고 중국식으로 생활했다. 이 일로 인해 허드슨 테일러는 주변 사람들에게 몹시도 많은 비판을 받았다. 그러나 그가 옳았다. 중국이 공산화 되고, 1950년대 중국내지선교회가 중국 본토를 떠나게 되었을 때, 그들은 이름을 OMF(Overseas Missionary Fellowship)로 바꾸고 동아시아 나라들을 섬기게 되었다. 중국이 선교사들에게 다시 문호를 개방하게 되자 선교사 150명을 중국에 파송하여 현지에서 사역하고 있다. 오엠국제선교회(Operation Mobilization, OM)도 좋은 실례가 된다. 남태평양 지역 선교는 선교단체들이 초창기부터 배를 이용하였는데, OM은 배를 선교도구로 사용하고 있다. 그것은 아주 창의적인 발상이었다. 이렇게 각각의 선교조직체들은 혁신적인 면이 특징이다. 이런 혁신적인 선교단체들이 아시아, 아프리카, 라틴 아메리카에서 계속 생겨나고 있다. 고무적인 일이다. 우리 서구 선교지도자들은 이런 새로운 선교 단체들로부터 배우려는 자세를 가져야만 할 것이다.

    선교조직체는 카리스마 리더십에 의해 주도되는 경향이 짙다. 은사가 분명하고, 초창기에 매력적이며, 비전을 가진 카리스마적 리더가 운동을 주도한다. 역사상 이런 카리스마적 리더들이 많았다. 존 웨슬리(Wesley), 윌리엄 캐리, 허드슨 테일러, 로렌 커닝햄(Cunningham), 그리고 다른 많은 리더들이 있다. 하지만 리더가 두세 번 바뀌고 나면 사정이 달라진다. 리더십 자질이 떨어지고, 초창기 비전을 상실한 상태에서, 조직을 유지 관리하는 관리자형 리더가 등장할 위험성이 높다. 이것은 선교단체에게 위기상황을 초래한다.

    전에 지적한 바와 같이, 카리스마적 리더의 특징은 동시대 다른 지도자들보다 세상의 잃어버린 영혼들을 향한 하나님의 마음을 듣고, 성령 안에서 비전을 가지고, 그 비전을 다른 사람들에게 소통하여 다른 사람들이 그 일에 참여하게 하는 영향력이 있다는 점이다. 이것이 새로운 선교운동이 시작되는 시발점이다.

    거리감과 의도성은 비례한다. 선교사와 현지 문화 사이에 문화적 거리나 지리적 거리가 멀면 멀수록, 그들을 전도하기 위해서 더 높은 의도적인 노력과 희생이 요구된다. 우리가 같은 말을 하는 동일 문화권에서도 길 건너 이웃에게 전도하려 할 때 어느 정도 의도적 노력이 필요하다. 가까운 이웃에 사는 사람일지라도 인종이나 언어 그리고 문화가 다른 사람에게 전도하기 위해서는 더 집중된 의도적 노력이 요구된다. 더 나아가 네팔처럼 먼 나라에 사는 언어와 문화가 다른 인간집단을 전도하기 위해서는 더 많은 의도적 노력이 필요하다. 인도에서 선교가 이루어진 것은 인도와 미국 등 여러 나라에서 조직된 선교단체들이 함께 선교했기 때문이었다.

나는 지금까지 효과적이며 의도적인 선교를 위해 선교조직체가 필요하다는 점을 논증하였다. 그와 동시에, 우리는 교회 조직체도 선교조직체와 동일하게 필요하다는 사실을 인식해야만 한다. 간혹 교회나 교단 조직체는 선교에 있어서 자신의 정당성을 인식하지 못하는 경우가 있기 때문이다. 하지만 우리는 예수 그리스도를 따르고 예배하기 위해 모이는 교회공동체의 중요성을 망각해서는 안 된다. 선교사역의 중심점은 언제나 복음을 선포하고, 사람들이 회개하고 예수 그리스도를 믿게 하며, '교회'라고 부르는 공동체의 일원이 되어 예배하고 양육받게 하는 것이다. 이런 신앙 공동체는 교회가 있는 사회 속에서 사랑의 봉사를 통해 전도하고, 해외 선교기관들과 협력하여 자신의 문화적 경계를 넘어가는 선교사역에 참여해야 한다. 이런 일련의 과정이 선교 순환 사이클로 계속 반복되어야 한다.

교회 조직체를 간략히 정의해 보자. 교회 조직체는 우리가 지역교회라 부르는 기관과 교회들이 네트워크로 연결된 교단 조직체를 말한다. 성공회를 제외한 대부분의 개신교는 하나가 아닌 다양한 교단조직을 가지고 있다. 교단이 추구하는 목적을 달성하기 위해 지역교회들이 협력하는 방식이 다양하기 때문이다. 역사적으로 교단의 목적은 자신의 신학을 규정하고, 사역자를 훈련하고 자격을 보증하며, 선교사역에 동참하고 협력하는 것이다. 미국에 있는 교단 조직은 시간이 지나면서 여러 가지 목적을 추가하였고, 그리하여 원래 목적이 희미해지는 경향이 있다.

지역교회 소속원은 다양하다. 교회에는 젊은이, 노인, 새신자, 성숙한 신자, 명목상의 신자, 그리고 일부 헌신된 신자들이 공존한다. 건강상의 이유로 병원 침대나 집에서 요양하는 신자들도 있고, 믿음 안에서 성장하여 성숙한 교인으로 성장해 주기 바라는 어린이와 젊은이들도 있다. 간략하게 말해서, 교회는 모든 사람들을 모두 포함하고 있다. 목회자는 이 사실을 잘 알고 있다. 교회는 매주 예배드리고, 성경공부를 하고, 그리스도의 소명에 따라 언제든 봉사하며 살아가는 신앙생활을 격려한다. 건강한 교회는 일부 교인들을 선교사로 파송하고 해외 선교단체와 협력한다.

현 상태의 유지보존은 지역교회의 또 다른 특성이다. 교회는 건물을 관리하고, 프로그램을 운용하며, 교회사역에 대해 교인들이 갖는 우선순위를 조율한다. 교회는 유지관리가 목적이 되고 교회의 중요한 선교기능을 망각할 위험성이 있다. 이런 이유 때문에 모든 지역교회들은 해외 선교조직체와 긍정적이며 적극적인 관계를 유지해야만 한다. 선교단체와 맺는 상호보완적 관계는 교회 본래의 사명은 유지보존이 아니라 선교에 있음을 언제나 기억나게 할 것이다. 이런 연유에서 선교조직체가 교회 조직체(Congregational structures)와 건강한 관계를 유지하면, 보다 많은 교회들에게 갱신과 부흥의 방편이 될 수 있다. 나는 지역교회가 여러 선교조직체들과 상호 보완적인 관계를 갖는 것이 가장 이상적이라고 생각한다. 나는 내가 자란 모교회를 자랑스럽게 생각하며 감사한다. 하지만 내가 비클리 대학생으로 버클리 장로교회에 출석하였는데, 버클리 장로교회는 여러 선교사들과 선교단체와 계속적인 접촉을 가지고 있었다. 나는 버클리 장로교회에서 세계선교를 위한 비전을 키울 수 있었다. 이런 선교사들과의 건전한 접촉을 통해 버클리 장로교회는 선교를 후원할 뿐만 아니라, 여러 교인들이 선교단체를 통해 전 세계에 선교사를 파송하는 교회가 되었다. 선교조직체는 교회들에게 선교적 비전을 고취하여 세계선교를 위해 존재하는 교회의 선교적 본질을 일깨우는 일을 해야 한다.

3) 조직체의 독립성과 상호의존성

지역교회가 활력이 있으면 교회에 출석하는 헌신되지 않은 사람들을 전도하는 E-0 전도와 이웃에 사는 동질문화권 사람들에게 복음을 전하는 E-1 전도에 효과적일 것이다. 그러나 지역교회는 그 상태에서 네팔에 사는 사람을 전도할 길은 없을 것이다. E-2 전도는 문화적 차이가 확연한 사람들에게 전도하는 것이다. E-3는 언어와 문화가 전혀 다른, 문화적 거리가 아주 먼 사람들을 전도하는 것이다. 지역교회가 활력이 있더라도 E-2, E-3 전도는 불가능하다.

내가 출석하던 프레스노(Fresno) 장로교회는 백인 중산층 교회였다. 그런데 도심지에 사는 흑인과 남미계 청년사역을 시도하기 원했으나 방법을 몰라 고심하고 있었다. 그때 나를 포함한 다섯 명이 사역을 시도하였다(의사 두 명, 변호사 한 명, 자동차 판매원 한 명, 그리고 나). 우리는 함께 모여 기도했다. 기도하는데도 길이 보이지 않았다. 마침내 우리는 도심 선교를 전담하는 선교단체와 접촉하여 전후사정을 알게 되었다. 그들은 우리처럼 도심에 살지 않는 사람들은 도심 선교를 할 수 없다고 했다. 결국 우리는 협력선교를 하기로 했다. 도심 선교를 원하는 다른 교회들과 연합하여 도심에서 전도하는 도심 선교조직체를 도우며 함께 사역할 수 있었다.

도심 선교회 사역을 통하여 도심에 사는 상당수의 젊은이들이 매주 있는 성경공부 모임에 출석했다. 이런 귀한 열매는 우리가 선교단체를 협력했기에 얻을 수 있었지, 우리 교회가 단독으로 직접 나섰다면 이룰 수 없었을 것이다. 프레스노 장로교회는 대학생을 전도하는 IVF 사역을 후원한다. 이런 실례를 통하여 내가 강조하고 싶은 것이 있다. 지역교회가 단독으로 할 수 없는 사역이 있다는 것이다. 여러 교회가 협력해도 안 되는 일이 있다. 선교조직체를 통해서 해야 할 사역이 많다는 점이다.

물론 다른 모델도 있다. 교회가 주도하는 도심선교 사역도 있다. 프레스노 도심에 위치한 하나님의 성회 교회가 좋은 모델이다. 그 교회는 도심에 사는 젊은이들을 위한 훌륭한 사역을 하고 있다. 도심 현장에서, 도심 지역교회가 젊은이 사역을 하는 것이 보다 바람직한 모델이라고 할 수 있다.

나의 논지는 분명하다. 교회 조직체나 선교조직체 양자가 서로의 다른 기능을 이해하고 존중해야 한다는 것이다. 선교조직체가 교단 선교부이든 초교파 선교단체이든 상호 존중해야 한다. 조직체 상호간에는 어느 정도의 독립성이 있어야 함과 동시에 상호의존성도 있어야 한다. 나는 교회 조직체와 선교조직체 사이에 나타나는 두 가지 파괴적 경향을 본 적이 있다. 첫 번째 경우, 어떤 교단권력이 오래된 '주류' 교단 선교부를 삼켜버렸다. 그 결과 그 교단 교회의 선교활동은 거의 사라지고 말았다. 1900년에는 해외 파송 선교사의 75퍼센트가 교단 선교부 출신이었다. 오늘은 겨우 5퍼센트에 불과하다. 무엇이 문제인가? 20세기에 일어난 선교성장은 새로운 복음주의 집단들, 남침례교, 오순절파, 그리고 초교파 선교단체들을 중심으로 일어났다. 1956년 당시 내가 선교사로 활동했던 미장로 선교부에 소속된 선교사는 2천 명이었다. 지금은 2백 명도 안 된다.

WCC 세계선교와 전도 위원회에서 사역하는 로널드 펑(Fung)은 오래된 기성

교회들에게 다음과 같이 지적한다.

> WCC 체제에서 보면, 전도하지 않는 교회 문제에 대한 해답은 선교에 참여하는 기독교 공동체에 달려있다. 내가 말하는 선교 공동체는 기성 교단 조직에 소속된 선교부만을 의미하는 것이 아니라 선교하는 조직체를 의미한다. 이런 선교 공동체들, 선교사 협회(missionary societies), 갱신운동들, 교회 내의 작은 선교회들, 전도단들, 선교연구소들, 정의를 위한 행동단체 등은 구체적인 사역을 통해 그리스도를 선포하고, 기성교회들로 하여금 하나님의 충실하고 믿음을 갱신하도록 도전하고 격려한다. 이런 공동체들 가운데, 우리가 관심을 쏟고 있는 세계선교에 가장 적합하게 직접 나서는 기관은 교단 선교부와 선교단체들일 것이다. 탐사자의 눈을 가진 선교사는 일반인들이 보지 못하는 선교지 상황의 놀라움, 불신, 고통, 그리고 영적인 방황을 본다. 이렇게 하나님 나라는 퍼져간다.[4]

일부 선교단체들은 지역교회를 가볍게 생각한다. 교회를 선교비만 지원하는 곳으로 여기고 교회가 하는 다른 중요한 역할을 인식하지 못하여 실수한다. 이런 현상은 선교지에도 나타난다. 선교단체들은 지역교회에 대한 인식이 부족하여 지역교회에 대한 책무를 다하지 못한다. 학자들은 이런 부적절한 상황을 "교회없는 선교활동" 또는 "선교없는 교회사역"의 위험성이라고 지적한다. 우리는 이런 두 가지 위험을 가능한 피해야만 한다. 그러므로 두 조직체 사이에 긍정적인 상호관계가 가장 중요하다. 유기체적 협력이 필요하다.

교회 지도자들이 가진 다른 문제도 있다. 일부 교회 지도자들은 외부에서 온 선교사들은 선교활동을 통해 전도해야 하고, 지역교회는 선교사들이 전도한 사람들만 관리하면 된다고 생각한다. 내 제자 가운데 모잠비크 선교사로 일하고 있는 브라질 선교사가 있다. 그가 브라질의 수도 브라질리아에서 장로교회 담임 목사로 있는 친구 이야기를 해 주었다. 담임 목사는 교회에 제안하기를, 교회 전체 예산 가운데 일정 퍼센트를 정하여 브라질 외곽과 해외 선교를 지원하는 '선교비'로 지정하면 좋겠다고 하였다. 이 제안에 대해 다른 교회 지도자들은 반대했다. 그들이 반대하는 이유가 있었다. 그들은 주장했다. "그런 선교

---

4) R.Fung, Newsletter of the CWME of the WCC, October 1989.

사업은 해외 선교사들이 해야 할 일이지 우리 교회가 해야 할 성격의 일은 아닙니다."

이제 브라질에서도 그런 태도가 바뀌고 있다. 다행한 일이다. 여기에 역사적 교훈이 있다. 교회가 설립될 때부터 언제나 강조할 것이 있다. 교회사역은 선교에 초점을 맞추어야 한다는 것을 처음부터 가르쳐야만 한다.

나는 여러 초교파 선교단체의 이사로 봉사하였다. 모든 선교단체들은 사역하는 곳에 있는 지역교회의 중요성을 잘 인식하고 있었다. 선교단체 이사회의 목표는 선교현지 지역교회를 돕는 것이었다. 현지 리더십을 개발해 주고 교회 개척사역을 돕는 것이었다. 선교단체는 현지교회를 개척할 때 선교단체에 소속된 교회를 개척하지 않고 현지교단에 소속된 교회로 개척하기 원하였다. 이런 사역관계를 통하여 현지교회 내에 부흥이 일어나고, 전도운동이 벌어지며, 신앙성장이 일어나기를 원하였다. 선교현장이 미전도 종족인 경우에는 전도하여 현지 교회를 설립해 주는 것이었다.

일부 집단들은 교회와 선교단체가 하나로 된 조직체로 사역을 시작한 경우도 있었다. 이 모델로는 초기 모라비안들이 가장 좋은 실례가 될 것이다. 초기 감리교도 비슷한 유형이라고 볼 수 있다. 이들은 시간이 지나면서 다른 전통적 교회와 같이 교단 선교부를 만들어 사역하게 되었다. 하지만 불행하게도, 이들 교단의 선교사역은 급속히 쇠퇴하고 말았다.

4) 두 조직체 사이의 긴장상태

두 조직체는 서로 긴장상태에 있다. 긴장 자체는 나쁘다고만 할 수 없다. 긴장은 창조적이고 유익할 수 있다. 우리가 몸을 움직일 때 몸의 근육들은 긴장상태에 있다는 것을 잠시 생각해 본 적이 있는가? 우리가 팔이나 다리를 움직일 때, 근육이 서로 다른 방향으로 움직이며 긴장이 발생한다. 근육의 긴장이 없다면 우리 팔은 몸에 붙어 덜렁거릴 뿐 아무 소용이 없을 것이다. 우리는 근육의 긴장 없이 몸을 움직일 수 없다.

그러므로 긴장은 해로운 것이 아니다. 지나친 긴장은 해로울 수 있지만 긴장이 전혀 없다면 활기가 없을 것이다. 간혹 교회 조직체에 소속된 사람들이 선교단체 사람들에 대해 이렇게 말한다. "선교단체 사람들은 우리 재정도 가져가고 젊고 유능한 교인들을 빼간다. 유능한 젊은이들이 교회에 남아있어야 할 것 아닌가!" 선교조직체에 있는 사람들은 불평한다. "교회는 죽었다. 생명력이 없어!" 서로 비난한다. 양쪽에서 나타나는 이런 태도는 오만과 무지의 소산일 뿐이다.

도슨 트로트먼(Trotman)이 네비게이토 선교회를 창설하던 초기에, 지역교회와는 어떤 관계도 맺지 않겠다고 생각했었다. 트로트먼은 자신이 지역교회에서 청년사역을 하는 두 여성 사역자들을 통해 성경암송을 배웠고, 그 말씀을 통해 자신이 개종했음에도 불구하고, 지역교회는 이미 죽었다고 간주했다. 트로트먼을 전도한 두 여성 사역자 중 한 분은 나의 고등학교 영어 선생님이셨다. 네비게이토 선교회가 성장해 가면서 교회에 대한 인식도 바뀌었다. 오늘날 네비게이토 선교회는 지역교회를 그리스도의 몸으로 인정하고 동역하고 있다.

신약성경은 개인을 제자삼으라고 가르치지 않는다. 모든 민족을 제자삼으라 하신다. 그것은 그리스도의 몸된 교회를 암시한다. 개인적인 기독교를 묘사하지 않는다. 성경은 기독교인 공동체를 보여준다. 우리가 그리스도의 몸된 교회를 세우는 것을 망각하고 개인구원에만 초점을 맞춘다면 효과적인 전도가 이루어질 수 없다. 혼자서 건강한 기독교인의 삶을 살아갈 수 있는 사람은 없다. 우리는 신앙 공동체가 필요하다. 믿음 안에서 격려하고, 돕고, 비판하고, 대결하기도 하는 공동체가 필요하다. 그러므로 우리 모두는 다른 지체들로부터 지원받고 배워야만 한다. 교회 공동체가 상황에 따라 각각 다른 모습을 갖고 있다고 할지라도 우리는 신앙 공동체의 일부가 되도록 부름받았다는 사실을 기억해야만 한다.

긴장을 일으키는 원인이 있다. 긴장에는 우월 콤플렉스와 열등 콤플렉스가 복합적으로 작용한다. 교회 조직체는 전통과, 재정, 큰 사이즈를 자랑하면서 새로 생겨난 선교단체들인 YWAM, OM, 또는 위클리프 성경번역선교회 등을 우습게 생각하려는 경향이 있다. 동시에 선교단체가 가진 열정과 헌신을 부러워하며 은근히 질투한다. 다른 한편, 선교조직체는 자신이 가진 열정과 비전을 자랑스럽게 여기고 교회 조직체에 대해 영적 우월감을 가진다. 동시에 마음속으로 교회 조직체가 가진 전통과 자원들을 부러워하며 은근히 질투한다. 따라서 두 조직체 사이에는 이상야릇한 우월감과 열등감 콤플렉스와 함께 애증관계의 위험성이 존재한다. 이런 정서적 긴장감을 극복해야만 한다. 그러기 위해 먼저 서로를 정당하게 인정해야만 한다.

맥스 워렌(Warren)은 성공회 선교부(CMS) 총무로 수십 년간 봉사했다. CMS는 1799년 웨슬리 부흥운동의 영향을 받은 영국 국교의 교구 목사였던 존 벤(Venn)과 일부 평신도들이 모여 창설했다. 그 후 성공회 추기경이 CMS를 정당한 선교기관으로 인정하기까지 50년이 걸렸다. 하나님과 동행했던 CMS 선교사들은 동아프리카 부흥운동에 결정적인 역할을 하였다. 동아프리카 부흥운동은 우간다, 케냐, 탄자니아, 그 외 아프리카 지역에 30여 년간 요원의 불길처럼 퍼져갔다. 워렌은 교회 조직체와 선교조직체 사이에 있는 긴장관계에 대해 이렇게 말했다. "선교회가 활기차게 사역하려면 필연적으로 긴장이 필요하다는 사실을 수용해야만 한다. 하지만 긴장이 너무 지나치면 행정이 마비된다. 우리는 조직체 안에 권력의 분산과 협력이 모두 필요하다. 우리는 상호 존중하고 충분한 독립성을 인정해야만 한다. 동시에 상호간의 책무를 망각해서는 안 된다." 나는 워렌의 지혜에 동감한다.

5) '고우언'(Go On) 조직체와 '고우'(Go) 조직체

찰스 멜리스(Mellis)는 항공선교회 총재인데 『헌신자 공동체(the Committed Communities): 세계선교의 새로운 물결』이라는 탁월한 책을 저술했다.[5] 이 책에서 그는 '고우'(Go) 조직체와 '고우언'(Go on) 조직체라는 용어를 사용했다. 이 용어는 부흥운동과 선교운동과의 상관관계를 설명하는 용어로, 우리가 설명하는 두 조직체와는 서로 직접 관련되지 않는다. 멜리스는 제안하였다. 부흥운동이나 갱신운동은 더 깊은 믿음의 세계로 들어가려는 '고우언'적인 갈망에서 시작된다. 퓨리터니즘(Puritanism)이 그러하였다. 경건주의(Pietism)도 동일하고, 오순절 운동도 그러하다. 이런 갱신운동들은 선교운동으로 시작되지 않았다. 하지만 그들이 더욱 참된 기독교 신앙생활을 찾아 나아가면서 선교적 본질을 갖게 되었다. 이것이 '고우언'(Go on) 조직체이다.

멜리스(Mellis)는 처음부터 선교적 비전을 가졌던 '고우'(Go) 조직체에 대해서도 설명한다. 여기서 나는 우리가 선교조직체 창설자의 삶을 연구해 보면, 선교

---

5) Charles Mellis, *The Committed Communities: Fresh Streams for World Missions* (Pasadena: William Carey Library, 1976).

비전을 받기 전에 언제나 어떤 성령의 특별한 터치가 있었다는 사실을 발견하게 된다.

역사에 나타난 부흥운동과 선교운동의 상관관계는 분명하다. 선교운동은 부흥운동의 결과로 일어났다. 하나님의 은혜를 새롭게 경험하는 신앙갱신이 없는 선교운동은 역사상 거의 없었다.

도미니쿠스회(Dominican)와 프란치스코회(Franciscan), 13세기의 가톨릭 수도회들, 그리고 16세기 예수회(Jesuits)는 처음부터 선교비전이 확실했다. 이런 선교운동의 특징은 창설자가 깊은 영적 성찰과 영적훈련과정을 통과했다는 점이다. 윌리엄 캐리 선교운동과 허드슨 테일러의 선교운동은 처음부터 선교비전이 확실했다. 하지만 이 운동들은 모두 영국 부흥운동의 연장선에 있었다. 이런 연유로 인해 나는 멜리스의 구분이 근거가 확실한 정당한 구분이라고 확실히 인정하기를 주저한다. 내 주장은 이렇다. 부흥운동이 없는 새로운 선교운동, 즉 의미있는 선교적 돌파는 결코 있을 수 없다.

나는 부흥운동과 갱신운동을 혼용하여 사용한다. 갱신운동은 신앙생활을 미지근하게 하던 사람, 죄에 대한 인식이 부족했던 사람, 헌신이 약했던 사람들이 자신의 죄를 깨닫고 돌이키는 신앙운동이다. 이런 신앙운동은 개인이나 집단의 삶 가운데 성령의 신선한 터치를 불러오고, 하나님의 얼굴을 구하고 하나님의 뜻을 찾게 한다. 이런 신앙갱신 운동은 철저한 신앙훈련과 아울러 자신의 공동체와 온 세계에 하나님의 뜻이 이루어지기를 원하는 갈망을 갖게 한다. 자연스럽게 선교로 연결된다. 선교로 연결되지 못한 모든 신앙갱신 운동은 내향적이 되고, 내부 문제에 휩싸여 침체되고 만다.

6) 제도화 현상과 선교조직체의 흡수통합

제도화(Institutionalization)는 일반적 현상이다. 선교조직체뿐만 아니라 교회 조직체(Churchly structures)도 일반적으로 제도화 되고 초기 선교비전을 상실할 수 있다. 모든 기관에 조직체가 필요하다. 그것은 조직적 성장을 의미한다. 우리가 소속된 교회는 교회 제도적 조직 기관이다. 교회 지도자들은 교회가 제도적 조직기관이라는 용어를 별로 좋아하지 않지만 사실이다. '조직기관'은 조직구조를 가진 집단을 의미한다. 우리는 조직에 소속되어 살아간다. 조직없이 살

수는 없다. 전통은 조직구조를 통해 전달된다. 우리가 물을 한 곳에서 다른 곳으로 이동하기 위해서도 양동이나 파이프와 같은 특정 구조가 필요하다. 그런 의미에서 제도적인 구조가 필요한데, 제도적인 구조가 원래 조직구조를 필요로 했던 원래의 비전을 상실하고 제도 자체를 비전보다 중시할 때 '제도화 현상'이 발생한다. 제도화 현상이 발생하면 특정 집단은 원래의 비전을 상실하고, 기관을 유지하기에 급급해진다. 이런 제도화 현상은 교회뿐만 아니라 선교조직체에서도 일어난다.

맥스 워렌(Warren)은 지적한다.

> 세계 복음화로 이해하는 선교는 무한한 유연성을 필요로 한다. 선교지 상황이 각각 다르기 때문이다. 유연성은 선교지 현장에서, 전문가들이 새로운 일을 위해 선교활동을 조직하면서, 시도하는 일이 실수할 수 있다는 것을 받아들이는 자세를 요구한다. 공식 기관들은 위험을 감수하지 않으려는 내부적 특성이 있다. 나는 조직의 이런 점에서 자원자 정신이 중요하다고 생각한다.[6]

워렌은 고교회파(High Church) 전통을 가진 성공회 출신이었다. 특히 자기 교회가 사제 제도를 가진 것에 대해 자부심이 대단했다. 그는 사제 제도를 거부하지 않았지만 이렇게 말했다. "교회 전통은 그 교회 전통 안에서 하나님께서 그들을 다른 곳에 복음전도를 위해 부르셨다는 것을 믿고 그 일에 헌신된 사람들이 있을 때에만 생명력을 가진다." 교회전통과 선교 사이에 균형을 잡는 것이 중요하다. 이것이 본 장의 논지이다.

4. 일반적 제언

결론적인 몇 가지 타당한 제안을 하고 싶다. 독자들도 역사를 연구하면서 나름대로 역사를 보는 통찰이 있을 것이다.

---

6) Harvey Hoekstra, *Evangelism in Eclipse: World Mission and the World Council of Churches* (Exeter: Paternoster Press, 1949), 44.

타문화 선교는 선교에 집중하는 선교조직체가 없이는 거의 이루어질 수 없다. 나는 절대로 이루어질 수 없다고는 말하지 않겠지만, 거의 이루어지지 않는다. 나는 '선교'를 건실한 교회가 설립되어 다른 곳에 사는 인간집단에게 복음을 전하기 위해 상당한 언어와 문화장벽을 넘어가는 사역으로 정의한다. 역사상 이런 타문화 선교사역은 대부분 특수한 타문화 사역에 집중하는 선교조직체를 조직함으로 이루어졌다.

선교조직체는 교회 교단권력의 중심부에서 일어나는 경우는 거의 없다. 선교조직체는 교단권력의 변두리에서 일어난다. 이 사실을 기억하라. 이 변두리 이론은 우리에게 성령이 일으키시는 창의적이고 새로운 선교운동에 대해 열린 마음을 갖게 할 것이다. 이런 운동은 대부분 갱신운동이나 부흥운동으로 연결된다.

여기서 한 가지 기억해야할 역사적 사실이 있다. 교회 역사상 갱신운동과 선교운동을 일으킨 사람들의 절반 이상이 이름없는 평신도였다는 사실이다. 이것은 쇼킹한 역사적 사실이다. 우리가 가진 교회에게 주신 성령의 은사에 대한 신학을 대폭 수정해야할 역사적 진실이다. 당신은 평신도가 시작한 선교단체를 아는가? 그 중 몇 개만 언급하면, 위클리프 성경번역선교회, 중국내지선교회, 예수전도단 등을 들 수 있다. 가톨릭교회에서 가장 선교적인 수도회 셋이 평신도에 의해 창립되었다. 프란치스코회(Franciscan), 예수회(Jesuits), 그리고 도미니쿠스회(Dominican)이다. 성 프란시스와 로욜라(Loyola)는 수도회를 창설할 때 평신도 신분이었다. 교황은 성 프란시스와 로욜라 수도회를 마지못해 인정했다. 우리는 마더 테레사(Mother Teresa)와 사랑의 수녀회(Sisters of Charity)를 잘 알고 있다. 개신교 내에서도 평신도들이 선교운동의 주창자가 된 경우가 많다. 학생자원운동(SVM)은 북미와 유럽에서 선교사 2만 명을 파송했다. 초기 리더들은 전부 평신도들이었다. 이런 역사적 통찰은 성령의 은사 신학, 몸의 다양성 신학, 그리스도의 몸 신학 등에 엄청난 신학적 함축을 내포한다. 동시에 하나님의 섭리에 대한 우리 이해를 확장한다. 성령께서는 원하시는 곳에 역사하신다. 성령의 역사는 우리가 전혀 예측할 수 없다. 이런 성령에 대한 이해는 우리를 개방한다. 우리 시대 우리의 삶 속에서 하나님께서 하시기 원하시는 새 일에 대해 열린 마음을 갖게 한다.

역사가인 존 T. 맥닐(McNeill)은 켈트족(Celtic) 선교역사를 기록했다. "이들 아일랜드인 성자들은 아일랜드에서 스코틀랜드를 건너, 영국으로 몰려갔다. 유럽 대륙으로 건너가더니 오늘 우리가 아는 독일까지 이르렀다." 맥닐은 켈트족 선교사들이 독일을 복음화하였으며 독일 문화를 변혁시켰다고 기록하였다. "그들은 하늘의 선교비전에 대한 무조건적 순종으로, 교회에서 발급하는 성직자 자격도 없이, 무단 거주자처럼 이교도 족속들에게 갔다. 그들은 복음을 들어야 할 사람들의 마음과 영혼을 사로잡는 방법을 발견하였다."

우리는 선교구조의 중요성에 대해 다루었다. 맥닐은 좋은 결론을 내린다. 조직에서는 무엇보다 생명력이 우선이다. 그 다음이 조직이다. 켈트족(Celtic) 선교사들은 조직이 있었다. 그러나 중요한 것은 구조나 조직이 아니라 생명력이다. 생명력은 무엇으로도 대체할 수 없다.

본 장에서는 교회의 두 조직체에 대해 다루었다. 교회를 위해 두 조직체와 두 종류의 리더십이 역사의 마지막까지 필요하다는 것을 강조하였다. 동시에 교회 조직체나 선교조직체 양자는 서로의 다른 기능을 이해하고 존중해 주어야 한다. 다음 장에서는 사도시대와 속사도시대의 선교 운동에 대해 다루게 될 것이다.

제 4 장

사도시대와 속사도시대의 선교운동

1. 지역적 상황

    요하네스 블라우(Blauw)는 네덜란드 신학자이자. 그는 『교회의 선교적 본질』이라는 탁월한 책을 저술했다.[1] 그의 논지는 아주 간단하다. 구약시대 선교는 '구심적'이었다. 사람들을 주의 성산인 시온산이 있는, 예루살렘으로 오라고 초대하는 것이었다. "오라"(come) 선교였다. 사람들이 왔다. 오순절에 여러 곳에서 사람들이 예루살렘으로 왔다. 이런 점에서 오순절은 구심적 선교의 성취였다.
    오순절 이후 변했다. 선교는 '원심적'으로 바뀌었다. 교회는 보냄을 받았다. 사람들은 시온으로 오라고 초청받은 것이 아니라, 선교사들이 시온에서부터 땅 끝까지 나갔다.
    오늘날 우리는 새로운 구심적 선교를 목도한다. 수많은 민족들이 서구권 도시들로 몰려오고 있다. 이런 현상은 땅 끝까지 선교사를 파송하는 원심적 선교를 대체하지 못한다. 하지만 우리 주변에 있는 수많은 인간집단(People groups)을 선교대상으로 인식하게 한다. 로스앤젤레스에 사는 사람들이 사용하는 외국어만 해도 150개가 넘는다고 한다. 이런 현상은 런던뿐만 아니라 전 세계 대도시에서 흔히 볼 수 있는 현상이다. 전 세계 거의 모든 대도시들에 거주하는 사람

---

[1] 요하네스 블라우, 『교회의 선교적 본질』, 전재옥, 전호진, 송용조 역 (서울: 한국장로교출판사, 1988)을 참조하라. - 역주

들은 수십 개의 언어를 쓰며 살아가고 있다.

  초대교회시대로 돌아가 보자. 당시는 예루살렘과 팔레스타인이 세계교회의 중심이었다. 우리는 일반적으로 세계지도를 그런 관점에서 보는 데 익숙하지 않지만 그렇게 보는 것도 역사를 보는 하나의 정당한 관점이 될 수 있다. 초대교회 평론가인 셀수스(Celsus)는 지적한다. "왜 하나님은 하나님의 영을 세상 중심지가 아닌 후미진 변두리로 보내셨는가? 아마 개그 작가의 상상력이 있어야 하나님의 아들이 예루살렘으로 보내졌다는 사실을 상상할 수 있을 터이니!"[2] 셀수스는 분명 로마인이었다. 하지만 여기서 분명히 알아둘 것이 있다. 국제정세를 따져보면, 당시 팔레스타인은 사람 눈에 띄지 않는 우리가 말하는 '변두리'가 아니었다. 하나님의 섭리 안에서, 구약시대의 이스라엘은 회랑(回廊)으로 당대를 풍미한 두 강대국을 연결하는 교통의 요충지였다. 이집트 나일 강 유역(流域)과 메소포타미아를 연결하는 통로였다. 아주 전략적인 곳이었다. 메소포타미아에는 바빌론과 아시리아(Assyria)가 위치하였다. 두 강대국은 자주 충돌하였고, 그때마다 이스라엘은 전쟁터가 되었다. 그런데 이제 역사적 상황이 변했다.

  첫째, 알렉산더 대왕이 무대에 등장했다. 알렉산더 제국은 그리스부터 인도 국경까지 확장되었다. 물론 이스라엘도 포함되었다. 알렉산더 제국이 붕괴한 이후 로마가 무대에 등장했다. A.D. 64년, 로마 장군 폼페이우스(Pompey)는 이스라엘과 유다를 포함한 중동지역 대부분을 정복하였다. 이런 역사적 배경으로 인하여 우리 주님이 탄생하실 즈음, 예루살렘과 팔레스타인이 차지하는 역사적 상황이 달라졌다. 우리는 우리가 처한 역사적 상황을 연구하는 학자가 되어야 한다. 21세기 역사적 상황은 하루가 다르게 급변하고 있다. 냉전체제가 종식되고 글로벌화가 계속되는 세계의 변화는 날마다 새로운 모습으로 다가온다. 이런 세계적인 변화는 하나님의 우리를 부르시는 방식과 선교를 수행하는 방식에도 변화를 초래한다.

---

2) John Foster, *Beginning from Jerusalem* (New York:Association Press, 1956), 9-10.

2. 다른 상황적 요소들

4세기 말에 이르자, 기독교 중심지는 베들레헴 마구간에서 로마의 라테란 궁(宮)으로 옮겨갔다. 라테란 궁은 한 때 콘스탄틴(Constantine) 대제의 저택이었는데, 콘스탄틴은 로마의 그 궁을 주교에게 기증하였다. 그곳을 통해 강화된 교회의 권위는 점차 교황권(Papacy)으로 발전했다. 어떻게 그런 일이 일어났는가? 여기서 하나님의 섭리적인 활동과 하나님께서 활동하신 역사적 상황을 좀 더 자세히 살펴보자.

1) 예루살렘의 멸망

예루살렘이 무너졌다. A.D. 70년과 A.D. 134년에 일어난 예루살렘과 성전의 파괴는 참혹했다. 유대인들 사이에 기독교에 대한 반감이 증대하였다. 교회는 흩어졌다. 예수님을 메시아로 믿으면서 율법을 준수하던 초기 유대인들은 유대교 내의 분파로 여겨졌다. 하지만 세기 말에 이르자 사정이 달라졌다. 핍박이 시작되었다. 예수님을 메시아로 고백하던 유대인들은 공식적으로 저주받고 추방되었다. 이런 가운데 교회 내에 이방인들이 늘어났다. 이런 상황적 요소들은 기독교회를 유대 문화 안에 머물 수 없게 했다. 유대 문화에서 배척받은 기독교회는 대부분의 유대교 전통들을 거부하였다. 현실적인 면에서 자연스럽게 이방인 교회가 되어갔다. 사도행전 15장에 나타난 이슈는 분명하다. 이방인 개종자들이 지금 유대교 율법을 따라야 할 것인가에 대한 가부문제는 더 이상 물을 필요도 없었다. 만일 이방인 교회가 아닌 유대 기독교가 초대교회를 지배하였다면 율법의 역할에 관한 논쟁은 난제가 되어 기독교 신앙이 이방세계로 퍼져 나가는 데 발목을 잡았을 것이다. 선교학적 관점에서 보면 초대교회가 세계로 넓게 퍼져 나가기 위해서 교회가 유대 문화로부터 자유로워질 필요가 있었다고 여겨진다. 오늘날은 어떠한가? 우리 상황은 초대교회 당시와 유사하다. 현대 개신교 선교운동이 시작된 지난 2세기 동안, 기독교 신앙은 '서양종교' 혹은 '백인들의 종교'로 인식되어져 왔다. 인도네시아를 실례로 들어보자. 기독교는 '네덜란드 종교'라 불린다. 네덜란드 사람들이 인도네시아에 기독교를 소개했다. 한 동안 인도네시아 사람들이 기독교인이 되어 예배드리기 원할 경우 네덜란드 언어로 예배드려야만 했다. 전형적인 서구식 신앙형식을 따라야 했다. 이것은 역사적 아이러니이다. 역사적으로 보면, 화란 개혁교회는 칼뱅의 종교개혁의 결과로 이루어진 교회였다. 개혁교회는 특징이 있다. 성경과 예식서들을 다양한 언어로 번역해야 한다고 주장했다. 그런데 인도네시아를 찾아 온 네덜란드 기독교인들은 자신의 개혁교회 전통을 망각하고 만 것이다. 개혁을 상실한 개혁교회, 이것이 역사적 아이러니가 아니고 무엇인가!

우리는 바로 가르쳐야 한다. 예수님은 안식일 날 회당에 가실 때 말쑥한 양복을 입고 멋진 넥타이를 매시지 않았다. 예수님은 유럽이나 북미를 가신 적이 없다. 예수님께서 태어나신 곳은 아시아, 아프리카, 그리고 유럽이 교차하는 곳이었다. 오늘날 선교사 사회에서 일어나는 변화는 눈부시다. 이제 선교사들의 문화가 변했다. 오늘날 선교사들은 아시아, 아프리카, 그리고 라틴 아메리카에서 급속히 늘어나고 있다. 이들 교회들은 서구 선교사가 전해주었던 선교적인 교회문화적인 틀을 벗고 있다. 그들은 다양하고 새로운 토착문화 형식들을 사용한다. 이것이 건전한 교회의 모습이다. 이런 현상은 초대교회가 유대 문화적 틀에서 벗어나 선교하는 교회가 되었던 것을 기억나게 한다. 오늘날 일어나는 현상 가운데 주목할 것이 있다. 예수님을 메시아로 고백하는 유대인 교회들 가운데서 일어나는 운동이다. 이방인 교회문화를 유대 문화로 되돌리려는 재상황화 운동이 바로 유대인을 위한 선교 운동이다.

오늘 역사하시는 하나님은 초대교회에 역사하신 하나님이시다. 교회를 전통적인 교회문화로부터 자유롭게 하신다. 초대교회 하나님의 백성들을 유대 문화로부터 자유롭게 하신 것처럼, 전통적이며 제도적 교회문화로부터 자유롭게 하신다. 새로운 문화형식으로 예배하고 신앙생활을 영위하게 하신다.

2) 로마 제국

당시 로마 제국을 살펴보자. 1세기 지중해 연안 국가들은 특징이 있었다. 기독교 신앙을 전파하는 데 우호적이었다. 그 중 몇 가지 상황적 요소들을 살펴보자.

첫째, 팍스 로마나(Pax Romana)였다.

로마 제국은 광대한 제국 전체에 장구한 평화를 유지했다. 역사상 유래를 찾을 수 없는 놀라운 일이었다. 여행이 자유로웠다. 여행자는 넓은 로마 제국을 비교적 안전하게 여행할 수 있었다. 해적들도 지중해를 가로질러 항해하는 선박을 공격하지 않았다.

둘째, 로마의 도로망이었다. 모든 길은 로마로 통했다. 로마의 도로망은 여행을 쉽게 했다. 로마는 13만 5천 마일에 이르는 견고한 도로망을 만들었다. 그 중 상당수는 지금까지도 사용된다. 로마가 건설한 유럽을 가로지르는 교통망은 놀라웠다. 19세기 중기 기관차가 발명되기 전까지는 유럽에서 단연 최고였다. 로마의 길을 통해 고대의 전차(戰車)는 하루에 100킬로에서 150킬로를 달릴 수 있었다.

나는 직접 로마의 길을 달려보았다. 스페인을 방문했을 때 깜짝 놀랐다. 20세기 발명품인 자동차를 타고 로마가 건설한 다리를 건너 본 것이다. 다리는 아직도 견고했다. 로마가 닦아놓은 도로망은 상상을 초월한다. 그들은 실로 훌륭한 토목기사들이요 건축자들이었다.

셋째, 로마는 국제무역의 중심지였다. 상선들은 홍해를 지나 인도까지 항해했다. 예수님을 믿는 인도 형제들은 사도 도마가 인도에 와서 선교하였다고 주장한다. 도마가 인도까지 갈 수 있었던 것은 상선들이 항해하고 해상 루트가 있었기에 충분히 가능한 일이었을 것이다. 실례를 들면, 중국의 서안(西安)은 비단길(silk road)을 통해 비단을 중앙아시아와 서부 인도로 수출하였다. 로마시대의 무역상들은 중앙아시아를 가로지르는 무역루트를 통해 무역활동을 하였다. 당시 이런 무역루트들이 동서남북으로 연결되어 있었기에 초기 선교사들은 무역루트를 따라 서쪽 방향으로만 가지 않고, 동쪽과 남쪽으로 가서 선교할 수 있었다.

마지막으로, 로마행정이 균일하고 공평했다. 로마법은 공평했다. 이런 행정적 현상은 로마 제국이 기독교를 박해하기로 결정하기 전까지 기독교 전파에 유리하게 작용하였다. 우리가 잘 아는 바대로 바울은 로마법에 따라 법정에서 로마 시민권자인 자신의 권리를 보호하기 위해 항소할 수 있었다.

3) 코이네 헬라어

알렉산더 대왕이 남긴 유산이 있다. 그는 자신을 헬라 문화의 선교사로 인식하였다. 알렉산더와 그의 군사들은 광대한 로마 제국 전역에 헬라 문화와 코이네 헬라어를 전파하였다. 코이네는 정통파 고전적인 헬라어가 아니었다. 무역상이나 군인들이 사용하는 일상의 언어였다. 위대한 헬라 철학자들은 자신의 철학사상을 코이네 헬라어로 기록하지 않았다. 그러나 코이네 헬라어는 일반 평민들이 지중해 연안지역 모두와 인도 국경에 이르기까지 널리 통용되는 언어였다. 바울은 헬라어로 자유롭게 복음을 전하였다. 로마 제국 어느 도시에 가더라도 유창한 헬라어로 설교할 수 있었다. 신약성경은 엘리트 집단이 사용하는 고전적 헬라어로 기록된 것이 아니다. 일반인들이 사용하는 일상어로 기록되었다는 사실을 다시 기억해야 한다. 코이네 헬라어는 로마 제국에서 가장 널리 사용되던 보편적인 일상어였다. 이것은 오늘날 우리에게도 시사하는 바가 크다. 우리는 일상어의 선교적 가치에 대해 재고할 필요가 있다.

구약성경 형성에 관한 내용도 중요하다. 유대인들은 수천 년 동안 일상어로 된 구약성경을 만들지 않았다. 유대인들이 70인경을 만들 때, 집필자들은 구약의 번역자들임과 동시에 구약 성경을 '선택하는 자들'이었다. 그들은 선택하며 번역했고, 번역하며 선택했다. 그들은 헬라어로 구약을 번역하면서 경외서(經外書, Apocrypha)를 첨가하였다. 그들은 다니엘서와 다른 책에 첨가된 부분들은 포함시키지 않았다. 구약에 나오는 책들의 순서를 바꾸면서도 구약과 동일한 책들을 선택하였다. 개신교 신자들은 70인경이 히브리어로 된 성경을 단순히 헬라어로 번역한 것으로 인식한다. 하지만 기원 전 160년 당시에는 유대 정경이 없었다. 예수님께서 오시기 1세기 전에 만들어진 70인경이 '구약성경'이 되었다. 이렇게 헬라어로 기록된 유대 성경을 헬라파 유대인들과 새롭게 믿기 시작한 이방인들이 읽을 수 있게 된 것이다. 우리가 잘 아는 바와 같이, 사도 바울은 서신에서 70인경을 자주 인용하고 있다.

4) 회당과 디아스포라

회당이 중요하다. 회당은 초대교회 생활에 결정적 영향을 미쳤다. 회당에 대해 우리에게 알려진 바에 의하면, 회당은 바벨론 포로기에 평범하고 느슨한 조직으로 형성되었다. 당시 유대인들은 더 이상 예루살렘 성전에 가서 예배할 수 없었다. 하지만 유대인들은 전통을 유지하고 싶어 했다. 그들은 작은 그룹을 형성하여 토라를 공부하였고, 자연스럽게 회당이 생겨났다.

유대인들은 로마 제국 전역에 디아스포라로 흩어져 살았다. 하지만 그들은 모든 중요도시에 회당을 설립하였다. 특정 지역에 회당을 설립하기 위해서는 경건한 사람 10명만 있으면 되었다. 10명이 되지 않으면 기도처로 모였다. 바울은 빌립보에서 기도처를 방문하여 복음을 나누었다. 이집트 알렉산드리아에는 디아스포라들이 모이는 큰 회당이 있었다. 그곳에서 70인경이 번역되었다. 예수님께서 탄생하시기 1세기 전에 이루어진 일이었다. 신약성경은 인용문 가운데 80퍼센트를 70인경에서 인용하였다.

사도행전에서 언급된 거의 대부분의 도시들에는 회당이 있었다. 그만큼 유대인 디아스포라는 전역에 흩어져 믿음의 공동체를 형성하고 있었다. 그들은 복음이 전파되는 교량역할을 감당하였다. 회당에는 세 종류의 사람들이 속해 있었다.

첫째, 경건한 유대인이 있었다. 성경을 읽고 메시아가 오실 것을 기다리는 사람들이었다. 바울과 동료들은 그들에게 가서 메시아가 이미 오셨다고 선포하였다. 일부는 믿었지만, 대부분은 믿지 않았다. 둘째, 유대교 개종자들(Proselytes)이 있었다. 그들은 이방인으로 성장했지만 유대적인 신앙을 수용하였다. 할례를 받고 율법을 준수하였다. 일부 유대교 개종자들이 복음을 받아들였다. 셋째, 하나님을 경외하는 자들(God fearers)이 있었다. 이들이 복음이 전파되는 데 가장 전략적인 인간집단이었다. '하나님을 경외하는 자'는 사도행전에 나타난 전문용어이다. 그들은 이방인으로 유대적인 신앙을 어느 정도 수용하여, 이방인들이 믿는 다신신앙을 거부하고 유대교의 유일신을 하나님으로 믿는 사람들로, 하나님을 경외하는 사람들(행 10:2)이었다. 그들은 회당에 나와 예배를 드렸다. 유대적인 윤리기준을 따랐지만 할례를 받거나 율법을 준수하지는 않았다. 이런 이유로 그들은 회당의 정식회원이 아니었다. 사도행전에 처음 등장하는 '하나님을 경외하는 자'는 백부장 고넬료이다.

그들은 바울이 방문한 도시교회들에서 핵심적인 역할을 하고 있었다. 하지만 바울은 언제나 유대인들을 먼저 찾아갔다. 그 다음에 이방인들을 찾아갔다. 이것은 신학적이며 전략적인 이유에서 기인하였다. 바울은 회당에 찾아갔다. 메시아가 오셨음을 선포하였다. 일부는 예수님의 복음을 수용하였지만, 다른 사람들은 거절하였다. 회당은 복음에 대한 신자와 불신자로 나뉘었다. 교회는 회당에서 분리되어 새로운 조직체를 갖게 되었다. 바울은 소망했다. 회당들이 모두 예수님을 메시아로 수용하기를 갈망하였다. 하지만 대부분의 유대인들은 바울 복음을 거절하였다. 바울은 고뇌에 잠겼다. 여기서 우리가 기억해야 할 역사적 가정이 있다. 바울의 바람처럼 모든 유대인 회당들이 복음을 수용하였다면, 믿음이 유대인 문화부터 이방 문화로 전파되는 데 큰 어려움을 겪었을 것이다.

나는 제안한다. 우리가 사역하는 문화를 자세히 살펴서 특정 문화 속에 회당과 같이 복음의 교량역할을 할 수 있는 모임을 찾아내는 것이다. 힌두교 문화권에 있는 '박띠'(bhakti)에 관한 연구가 그런 것이다. 그들은 하나님을 경외하는 사람들이었다. 우리는 그들이 가진 생각들에 대부분 동의할 수 없지만, 그들이 하나님을 알고 하나님을 사랑하기 위해 갈급한 사람이라는 사실을 가볍게 생각해서는 안 된다. 인도에 사는 그리스도인들이 박띠운동에 참여한 사람들에게 긍정적인 접근을 통하여 복음을 증거하는 가능성을 타진해 볼 수 있을까?

근자에 내부자 운동(insider movements)이 성행하고 있다. 그들은 자신이 속한 문화권에서 생활하면서 예수 그리스도를 유일한 구주로 인정한다. 하지만 그들은 그들의 전통종교 집단을 떠나지 않는다. 서양화된 교회에도 참여하지도 않는다. 이런 운동이 성령께서 미래에 이루실 새로운 역사를 준비하는 것이라고 할 수 있지 않을까?

5) 쇠퇴하는 로마 문명

로마 문명은 쇠락의 길을 걸었다. 이것은 세속주의에 물든 오늘날 우리 문명에 시사하는 바가 크다. 로마는 내부로부터 썩어 들어갔다. 성적 타락은 극으로 치달았다. 로마는 병든 사회였다. 인구 중 삼분의 일이 노예였다. 노예에게는 인권이 없었다. 하나의 살아있는 인간 도구였다. 주인은 자기 노예의 생명을 살리기도 하고 죽이기도 하였다. 주인이 화가 나서 노예를 죽여도 처벌을 받지 않았다.

대부분의 황제들은 난잡한 성생활로 유명하였다. 귀족들은 매년 아내나 남편을 바꾸었다. 부모가 아이를 원치 않을 경우 버릴 수 있었다. 부모가 특히 여자 아이들을 원치 않으면 길거리에 버렸다. 버려진 아이들은 두 가지 운명의 길 가운데 하나에 빠졌다. 들짐승들의 먹이가 되거나, 몸을 파는 창녀로 길러졌다. 이것이 로마 사회였다.

지도층 인사들 대부분은 옛 로마 신들을 믿지 않았지만 시민의 의무를 지키기 위해 로마 신들에게 제사를 드렸다. 고린도를 비롯한 대도시에서 성전 매춘은 일상이었다. 성전 창기와 관계를 갖는 행위는 풍요의 신들을 경배하는 예배 행위로 여겨졌다.

동방에서 전해 온 '밀의종교'(密議宗敎, mystery religions)를 비롯한 신흥종교 운동은 환생(rebirth) 예식을 전파하였다. 이런 의식은 부자들만 할 수 있었다. '환생예식'을 하려면 황소의 피에 목욕을 해야만 하기 때문이었다. 이런 의식은 많은 비용을 지불해야만 했다.

헬라 철학자들의 인기도 시들어 갔다. 플라톤의 국가론은 여러 면에서 탁월한 저서였다. 그러나 노예제도를 기초로 논리를 전개했다. 플라톤은 여자에 대해 말했다, 사회에는 세 종류의 여자가 있다. 당신이 결혼한 여자, 즐기기 위해서 만나는 정부, 그리고 길거리에 있는 창녀가 있다. 부인들은 남편의 보호를 받았지만 반려자는 아니었다. 로마 사회에서 부부간의 정절을 논하는 것은 전혀 의미없는 일이었다.

6) 기독교가 가져온 변화는 무엇인가?

기독교는 로마 사회에 어떤 변화를 주었는가? 첫째, 기독교는 공동체 안에서 살아가는 전혀 새로운 삶의 모습을 소개했다. 새로 믿는 신자들은 개인구원에만 머물지 않았다. 사랑하는 공동체를 형성하여 특히 가난한 사람들을 돌보았다. 신앙 공동체는 완벽하지 않았다. 이런 공동체의 모습은 바울이 빌레몬과 고린도에 보낸 편지에 보면 자세히 나타나있다. 신앙 공동체인 교회는 달랐다. 교회에서는 노예도 인간대접을 받았다, 이 사실은 바울이 빌레몬에게 보낸 편지에 분명히 드러나 있다. 종이나 자유자나 모두가 동등한 대우를 받았다. 당시 신앙공동체는 모두에게 문을 활짝 열어놓고 있었다.

둘째, 기독교인들의 개인적인 삶이 질적으로 달랐다. 복음이 삶으로 드러났다. 그것은 아름다운 간증이 있다. 초대교회 신학자인 저스틴 마터(Justin Martyr)의 개종에 관한 이야기이다. 철학자인 저스틴은 진리를 찾기 위해 최선을 다했다. 그는 바닷가를 거닐다가 무식한 어부를 만났다. 어부는 유식하고 복잡한 철학자와는 정반대가 되는 사람이었다. 하지만 무식한 어부는 자신의 믿음을 철학자에게 전했다. 저스틴은 전도를 받고 신앙을 받아들였다. 유명한 신학자가 되었고, 후에 순교자의 반열에 올랐다.

여기서 기독교를 경멸한 셀수스가 쓴 글을 다시 읽어보자. 우리는 그가 가졌던 남성 쇼비니즘(chauvinism)에 동의하지 않는다. 하지만 셀수스가 기독교인들을 모욕하기 위하여, 기독교인들을 어떻게 칭찬하는지 살펴 볼 수 있다. 셀수스는 우리에게 신앙이 어떻게 전파되어갔는지를 볼 수 있는 통찰력을 주었다. 그가 기독교인들을 어떻게 칭찬하는지 살펴보자.

> 그들은 베를 짜는 사람, 구두수선공, 세탁부, 그리고 가장 배우지 못하고 촌스러운 사람들이다. 그들은 총명한 주인이나 식견이 높은 원로들 앞에서 감히 입을 열지 않을 것이다. 그러나 그들은 그들처럼 무식한 아낙네들이나 아이들에게 다가 갈 것이다. 주인이나 선생들이 다가가면 그들은 말한다. "그분이 계셔서 여기서는 설명해드릴 수 없어요. 하지만 여자 분과 함께 여자 숙소, 구둣방, 또는 세탁장으로 오세요. 거기로 오면 모든 것을 말씀드릴 수 있습니다. 이런 말로 사람들에게 접근했다. 그들은 이렇게 전도했다.[3]

기독교에 대해 이런 통렬한 비난자의 글 가운데서 빛나는 사람들이 있다. 우리는 평범한 신앙인들의 모습을 볼 수 있다. 그들이 일상의 삶 속에서 전도하는 아름다운 신앙인의 모습을 볼 수 있다.

기독교인들이 가져온 셋째 요소는 믿음이었다. 예수님의 부활과 영생에 대한 확신이었다. 그들은 신앙을 위해서라면 죽음도 불사했다. 장렬한 순교자들의 간증은 수없이 많다. 순교자들은 순교직전에 자신을 핍박하는 자들이나 목격자들을 전도하기도 하였다. 순교 장면을 목격하고 나서 신앙을 가진 사람도 많이 생겨났다.

기독교는 로마 문화에 기적과 능력대결을 소개했다. 예일대학 교수인 람세이 맥뮬런(Ramsay McMullen)은 로마 제국의 기독교에 관심을 가지고 연구했다. 그의 책 『로마 제국의 기독교화 과정 A.D. 100-400』은 로마교회의 성장 동력을 기적과 능력대결에게 찾는다. 역사자료들을 살펴보면, 기적적인 사건들, 신

---

3) Foster, *Jerusalem*, 18.

유, 축사, 그리고 환상에 관한 이야기들로 가득하다. 이런 역사적 기록들은 다소 과장이 섞여있다. 역사를 기록하면서 내용을 윤색하였음이 분명하다. 그럼에도 불구하는 나는 이런 이야기들이 전혀 근거없는 이야기는 아니라고 본다. 분명한 사실에 근거한 이야기로 본다. 여기에 문제가 있다. 세속적인 역사가나 자유주의적인 신앙인들은 이런 이야기들이 일어나지 않을 것이라는 선입견을 가지고 있다는 것이다. 그들은 자신의 선입견을 근거로 이런 기적적인 사건들이 일어나지 않았다고 결론짓는다.

우리는 각각 다른 세계관(worldview)을 가지고 있다. 우리는 하나님께서 기적을 일으키실 수 있으며, 놀라운 기적을 일으키신다고 믿는다. 역사는 이런 하나님의 기적의 역사이다. 그러므로 하나님께서는 오늘도 기적의 역사를 이루실 수 있다. 우리가 이렇게 하나님의 기적을 믿는 관점을 가졌다고 해서 모든 기적을 다 믿는다는 것은 아니다. 기적을 기록한 역사에 과상이 있음을 인정한다. 실례를 들면, 중세시대 교회들은 예수님이 달려 죽으신 '진짜 십자가' 나무 조각들을 많이 가지고 있다고 주장했다. 그들은 십자가 나무 조각들을 유물로 숭배했다. 그 조각들을 다 모으면 십자가를 적어도 10개는 만들 수 있을만큼 많았다. 이 사실을 알아챈 교황이 말했다. "그것은 아주 쉬운 일입니다. 주님께서 기적을 일으키셔서 진짜 십자가 나무 조각들을 여러 개로 만드셨습니다."

우리는 이런 미신적 태도나 과도한 경신성(輕信性)에 대한 맹목적인 반작용으로 인해, 역사 가운데 일어난 하나님께서 일으키시는 기적 자체를 부정하는 실수를 범해서는 안 된다. 역사 전반을 통하여, 특히 결정적인 순간, 주님께서 우리의 상상을 초월하는 기적을 일으키셨다. 이런 관점에서 나는 확신한다. 하나님의 기적적인 역사가 초대교회의 성장과 교회역사에 아주 중요한 요소로 작용했다.

기독교는 지성을 만족시켰다. 저스틴 마터, 어거스틴 등과 같이 삶의 궁극적인 의미를 묻는 사람들에게 지적 만족감을 주었다. 기독교는 매력적인 종교였다. 가난한 자들과 기적을 경험한 사람들만 신앙을 갖게 된 것이 아니다. 기독교는 삶의 의미를 찾는 사람들에게 매력적인 해답을 제공하였다. 이런 지성적인 사람들은 기독교 신앙을 통하여 새로운 역사관을 갖게 되었다. 하나님은 잃어버린 인간을 구속하시기 위해 역사 속에서 능동적으로 활동하신다. 지성인들에게 기독교는 의미있는 삶을 영위하는 세계관을 정립할 수 있게 하였다.

부활의 메시지는 강력했다. 부활의 소망은 인생의 목적, 의미, 그리고 고난의 문제에 대한 근본적인 해답을 제시했다. 부활의 메시지는 신자들에게 부활의 소망 이상의 의미를 갖고 있었다. 부활의 메시지는 역사가 창조의 회복과 완성을 향해 진행하고 있음을 선포했다. 바울은 선언한다. 우리의 삶이 이생뿐이라면, 우리는 모든 사람들 가운데 가장 불쌍한 자이다. 우리가 망상 속에서 살고 있기 때문이다. 부활의 메시지는 강력하다. 초대교회는 부활의 소망을 선포했다. 우리도 부활의 메시지를 선포해야만 한다.

찬송이 중요하다. 내가 목회할 때, 나는 주일예배 때 부르는 찬송가 선곡문제로 교인들을 자주 놀라게 했다. 나는 의도적으로 주일날 교인들이 전혀 예상하지 못했던 찬송을 선정한 적이 많다. 나는 찬송가 가운데 "기쁘다 구주 오셨네"와 "예수 부활했으니"를 특히 좋아한다. 성탄시즌이 아닌데도 주일에 성탄찬송을 부르고, 부활절 시즌이 아닌데도 주일예배에서 부활찬송을 자주 불렀다. 다분히 의도적이었다. 나는 교인들에게 매 주일마다 예수님의 오심과 부활을 찬송하는 것이 진정한 예배임을 상기시키고 싶었다. 교인들이 전혀 예상하지 못했을 때 부활의 메시지를 전하는 것은 효과가 있다. 수신자들이 예기치 못했을 때, 커뮤니케이션은 보다 강력한 힘을 발휘한다.

마지막으로 기독교회는 로마 사회에 높은 윤리기준을 가진 메시지를 주였다. 기독교 메시지를 통하여 은혜와 용서에 대한 확신을 심어 주었다. 우리에게 두 가지 메시지가 다 필요하다. 우리는 율법과 은혜 사이에 있는 긴장 속에서 살아간다. 율법은 지적한다. 하나님은 우리의 삶을 위한 하나님의 가치기준이 있다. 은혜는 선언한다. 하나님은 우리가 실수할 때 용서하신다. 우리가 율법이나 은혜 가운데 한 쪽으로 치우친다면 문제가 발생한다. 율법에 치우치면 형식적인 율법주의자가 된다. 높은 윤리 기준을 지키거나 아니면 추방된다. 은혜에 치우치면 '값싼 은혜'의 함정에 빠지게 된다. 오늘날 교회는 은혜를 너무 쉽게 생각한다. 하나님께서 요구하신 제자도의 삶을 가볍게 생각한다. 하나님께서 우리의 모든 죄를 용서해주시기 때문에 도덕적인 잘못에 대해 심각하게 생각할 필요가 없다는 사고를 부추긴다. 이런 관점을 따르다 보면, 죄에 대한 회개와 회복을 가볍게 여기고 심각하게 받아들이지 않게 된다. 우리는 율법과 은혜 사이의 긴장감을 유지하며 살아가야 한다. 초대교회 성도들도 율법과 은혜 사이의 긴장감을 유지하며 살았기 때문이다.

간략하게 요약한다. 기독교 메시지는 복음을 선포한다. 하나님께서 역사 안으로 들어오셨다. 하나님께서 회개하고 예수를 믿는 사람들을 구원하시기 위해 역사 속에서 확실히 역사하신다. 기독교 복음은 로마 사회에 속한 사람들이 가진 가장 깊은 고민에 대한 해답을 제시했다. 이 사실은 우리에게 도전을 준다. 우리 사회에 속한 사람들이 가진 가장 깊은 고뇌는 무엇인가 묻게 한다. 문제는 우리가 이 문제를 너무 쉽게 생각한다는 것이다. 우리는 너무도 자주 사람들이 묻지 않는 질문에 대한 해답을 제시한다. 이것이 문제이다. 초대교회는 소망이 없는 자들에게 소망을 제시했다. 버림받은 자들에게 팔을 벌리고 사랑과 용서를 제시했다.

무슬림들이 변하고 있다. 오늘날 무슬림들이 주께 돌아오고 있다. 이런 현상은 대부분 능력대결을 통해 이루어진다.

내가 아는 무슬림 친구는 예수님을 믿게 되었다. 그는 고백했다. 그분이 나를 하나님 나라로 인도하실 만큼 나를 사랑해 주셨습니다. "나는 그분을 사랑하지 않고는 견딜 수 없어요." 우리는 논리와 신학적 입장을 중시한다. 하지만 성령의 능력과 하나님의 사랑보다 더 중요한 신학적 논리는 없다.

3. 확장성장의 방법들

1) 공식적인 선교조직체

선교단(Missionary bands)이 중요하다. 선교단을 조직한 것은 교회확장에 가장 중요한 방법 중 하나였다. 바울과 바나바, 바나바와 마가, 베드로와 마가, 바울, 실라, 디모데, 그리고 누가 선교단은 초대교회 확장사에 중요한 역할을 했던 여러 선교단의 일부에 불과하다. 선교단은 최초의 선교조직체였다.

2) 속사도시대의 조직체

마이클 그린(Michael Green)은 초대교회를 연구했다. 그가 연구한 '초대교회의 전도'에 따르면, 2세기에 순회 전도자들이 활동하였다.

역사가 유세비우스(Eusebius)는 기록했다.

> 성도들은 달랐다. 당시 성도들 대다수는… 자신이 가진 소유를 가난한 자들과 나누었다. 복음의 말씀을 들어본 적이 없는 사람들에게 그리스도를 전하기 위해, 복음전도 사명을 위해, 먼 여행길에 오르기도 했다… 그들은 외국에 나가서 믿음의 초석을 놓기도 하였다. 초기사역을 마친 후, 그들은 현지 지도자들을 목자로 임명하고, 새로운 교회를 돌보게 하였다. 그들은 다시 길을 떠나 다른 나라 다른 인간집단을 찾아가 하나님의 은혜로 사역을 계속하였다.[4]

선교단에 대해서는 다른 학자들도 자주 언급한다. 여러 역사 자료들을 살펴보면, 속사도시대에는 두 종류의 사역이 있었던 것이 분명하게 드러난다.

첫째는 안정적인 지역교회 사역이다. 목사나 장로가 중심이 되어 이끌어가는 성장하는 교회 조직체가 있었다. 둘째는 이동하는 순회 선교단 사역이다. 순회 선교단은 복음전도자와 선교사들의 조직으로 선교적 특성이 강했다. 이런 조직들은 즉흥적으로 이루어지기도 하여 간혹 조직이 와해되기도 하였다.

역사에 나타난 두 조직체들 사이에는 긴장이 있었다. 상호 긴장감을 가지고 사역하였지만, 선교를 위해 두 조직체가 모두 다 필요하다.

3) 평신도 선교사역

평신도 선교사역에 대한 인식이 중요하다. 초대교회와 다른 부흥이 일어나던 시대에는 평신도 운동이 활발하였다. 평신도들은 종교 전문직을 가진 사람들이 아니라 인정받지 못하는 집단이기도 하지만 그들의 선교사역은 효과적이었다. 평신도를 지칭하는 헬라어인 '라오스'(laos)가 '백성' 즉 하나님의 백성을 의미하기 때문에, 신학적으로 성직자와 평신도를 따로 구별해 내는 것은 쉽지 않다. 사실 우리가 성직자와 평신도를 따로 구분하는 것은 잘못이다. 우리는 모두가 다 평신도이다. 우리 모두는 하나님의 백성에 속하기 때문이다. 우리가 오늘날 성직자를 구분하여 안수하는 안수의 개념이 성경적으로 타당한 것인가도

---

[4] Michael Green, *Evangelism in the Early Church* (Grand Rapids, MI: Eerdmans, 1970), 169.

확실하지 않다. 하지만 여기서 안수에 대한 토론은 하지 않을 것이다.

안디옥 교회는 초대교회 가운데 가장 위대한 교회 중 하나였다. 로마, 알렉산드리아, 그리고 예루살렘 교회도 위대한 교회였다. 누가 안디옥 교회를 설립하였는지 확실하지 않다. 사도행전은 '신자들 몇 사람'이 설립하였다고 기록한다(행 11:20). 로마교회도 누가 세웠는지 모른다. 우리가 확실히 아는 사실은 베드로나 바울이 로마교회를 세우지 않았다는 점이다. 바울은 로마교회를 방문하기 전에 서신서인 로마서를 썼다. 알렉산드리아 교회는 마가가 세웠다는 전설이 있지만, 우리는 그 전설의 정당성을 확신할 수 없다.

따라서 우리가 모르는 초대교회를 설립한 수많은 사람들이 있었다는 사실을 알 수 있다. 우리가 그들을 알지 못하지만 그들은 여러 곳으로 흩어져, 믿음을 전하고, 교회를 설립하였다. 그들은 선교단으로 조직된 사역자들과 함께 사역하였다. 그들은 평범한 평신도였다. 교회에서 특별한 직분을 가진 사람들이 아니었다. 하지만 그들이 새로운 곳에 갔을 때, 자신의 신앙을 전파하였다. 앤드류 월스(Andrew Walls)는 나이지리아 기독교인들의 전도방법을 기술하였다. 그들이 새로운 지역으로 가면 그들의 생활과 예배를 통해 주변 사람들이 신앙을 갖게 했다. 그들의 삶과 신앙생활은 새로운 지역 사람들에게 매력적이었다. 이런 평신도 선교운동을 통하여 중국 가정교회는 폭발적인 성장을 계속하였다. 동 아프리카와 한국에서 일어난 부흥운동에도 평신도들이 결정적인 역할을 하였다. 역사에는 분명하게 드러난다. 하나님은 '평신도'를 선교를 위해 아주 효과적으로 사용하셨다.

4) 도시선교 전략

초대교회는 도시를 전략적 거점으로 삼았다. 도시선교 전략을 따랐다. 롤랜드 알렌(Allen)은 그의 탁월한 책, 『바울의 선교방법론』에서 지적한다.[5] 바울은 도시선교 전략을 따랐다. 도시에서 도시로 다니며 사역하였다. 바울은 시골로 가지 않았다. 인구, 권력, 그리고 영향력이 많은 거점도시들을 중심으로 선교하였다. 도시에 교회를 설립하였다. 그 교회를 중심으로 하여 주변지역으로

---

5) 롤랑 알렌, 『바울의 선교방법론』, 김남식 역 (서울: 베다니, 1993). - 역주

교회가 퍼져나갔다.

내가 선교사로 섬겼던 브라질에 재미있는 실례가 있다. 나는 장로교 선교사로 사역하였고 '브라질 장로교 선교역사'를 연구하여 박사학위를 받았다.[6]

미국 초기 교회사를 보면 재미있는 사실이 있다. 초기에는 사람들이 서부로 많이 이주하였다. 장로교 목사들은 서부보다는 동부를 선호하여 동부에 남았다. 장로교단은 인구이동을 따라 서부로 이동하지 않았다. 침례교와 감리교는 장로교보다는 신속하게 서부로 이동하였다.

미국 장로교는 미국 초기 교회사를 통해 장로교단의 선교정책에 대해 중요한 교훈을 배웠다. 그리하여 장로교 선교사들이 브라질에 갔을 때, 동부지역에서 서부로 이동하였다. 브라질에서 서부는 미국 서부와 다른 의미를 갖는다. 브라질 사람들은 해변 도시들을 선호하여 해변에 살기를 좋아한다. 선교사들이 동부에서 서부로 이동하는 것은 해변에서 더욱 멀어지는 결과를 초래했다. 브라질에서 선교사들은 미국 텍사스 주보다 두 배나 더 큰 마또 그로쏘(Mato Grosso) 주로 이동하였다. 그곳 전체 인구는 상파울로(Sao Paulo)보다 적었다. 장로교단 최고 선교사를 상파울로에 두지 않고 서부지역 마또 그로쏘에 배치시켰다. 전략적 미스였다. 장로교 선교사들은 계속 서부로 이동하였고, 현지 인구는 계속 동부로 이동하였다. 장로교단 선교부는 브라질의 인구이동상황을 전략적으로 연구하지 않았다. 그 결과로 장로교단의 선교 열매는 미미하였다. 전략에 문제가 있었다. 인구가 늘어나는 도시에 교회를 개척했어야 했는데, 도시를 떠나 서부로 이주하면서 도시선교 전략에서 실패하고 말았다.

오순절 사역자들은 달랐다. 오순절 사역자들은 아마존 강 어귀 도시 벨렘(Belem)을 전략적 요충지로 삼았다. 브라질 하나님의 성회(Assemblies of God)를 조직하였다. 스웨덴 출신인 은사주의적 침례교 선교사 두 사람이 예언을 받고 벨렘으로 갔다. 그곳 침례교회에서 하나님의 성회가 탄생하였다. 그들은 최근까지 해변 도시들에 전략적으로 집중하였다. 전략은 적중했다. 그들은 인구가 가장 많은 대도시들을 집중적으로 전도하여 놀라운 열매를 수확하였다. 이런 해안 거점도시들에서 시작하여 서부 내륙지방으로 이동하였다.

오순절 교단의 도시선교 전략은 탁월하였다. 물론 오순절 교단의 성장이 도

---

6) Paul Pierson, *A Younger Church in Search for Maturity: Presbyterianism in Brazil 1910-1959*. (San Antonio, TX: Trinity University Press). - 역주

시선교 전략에만 전적으로 의존한 것은 아니지만, 브라질의 경우에 도시선교 전략은 매우 중요한 전략이었다. 우리는 도시선교에 대한 소명이 있다. 도시선교 전략에 대한 소명을 인식해야 한다. 우리들 가운데 대다수는 시골이나 소도시에서 성장하였기 때문에 시골생활이 더 편안하게 느껴질지 모른다. 하지만 선교전략적인 사고가 필요하다. 세계 각 곳의 늘어나는 도시들에 대한 선교전략이 미래선교에 대한 가장 큰 선교학적 도전이기 때문이다.

5) 강한 자와 약한 자

하나님은 사람을 선교도구로 사용하신다. 하나님의 선택하심은 특별하다. 하나님께서는 세상의 약한 자들을 택하신다. 강한 자들을 부끄럽게 하신다. 고린도전서 1장을 살펴보자.

> 형제들아 너희를 부르심을 보라 육체를 따라 지혜 있는 자가 많지 아니하며 능한 자가 많지 아니하며 문벌 좋은 자가 많지 아니하도다. 그러나 하나님께서 세상의 미련한 것들을 택하사 지혜 있는 자들을 부끄럽게 하려 하시고 세상의 약한 것들을 택하사 강한 것들을 부끄럽게 하려 하시며 하나님께서 세상의 천한 것들과 멸시 받는 것들과 없는 것들을 택하사 있는 것들을 폐하려 하시나니(고전 1:26-28)

여러분들은 고린도전서에서 본문과 연결되어 계속되는 말씀을 잘 기억할 것이다. 여기서 나는 교회사와 특히 기독교선교역사에서 우리가 간과하는 아주 중요한 역사적 교훈에 주목하고 싶다.

이 말씀은 오늘날 그대로 적용된다. 현대적 상황에 적합한 말씀이다. 이 사실은 복음이 전달되는 대상과 복음이 전달되는 방법을 살펴보면 확실히 드러난다.

콘스탄틴(Constantine)시대 이전까지, 초대교회 역사가 이루어진 첫 3세기 동안을 살펴 보자. 복음은 약한 자라고 여겨졌던 사람들에 의해 강한 자들에게 전파되었다. 복음은 예루살렘에서 로마를 향해 나아갔다. 바울에게서부터 시저(Caesar)에게 전해졌다. 여기에 하나의 논지가 있다. 복음이 모든 사람들을 위한 기쁜 소식이기에, 능력과 섭리의 하나님께서 예수 그리스도 안에서 인간적으로 약한 자가 되셨다. 우리가 예수님의 제자로 부름 받을 때, 강한 국력이나 문화가 아닌 오직 그분의 능력으로만 옷 입도록 부름 받았다.

　복음 전도자의 모습은 콘스탄틴시대에 이르러 변했다. 선교는 강대국 출신 선교사가 약소국으로 가는 것으로 인식이 바뀌었다. 물론 외국에 복음을 전한 선교사들이 자기 나라에서 힘 있는 사람들은 아니었을지라도, 강대국을 배경으로 하여 힘없는 약소국 사람들에게 가서 복음을 전하였다. 선교역사에 나타난 일부 예외적인 경우를 제외하고, 이런 현상은 계속되었다. 현대 선교운동이 가진 딜레마가 여기에 있다. 선교사의 메시지가 식민주의(Colonialism)와 함께 가기 때문이다. 이것은 아주 심각한 문제이다.

　현대 선교운동을 살펴보자. 가톨릭 선교운동은 16세기에 시작되었다. 개신교 선교운동은 18세기에 시작되었다. 복음은 언제나 강자가 약자에게 전달했다. 정치, 경제, 문화, 그리고 군사력에서 강한 나라와 문화에서 힘이 없는 약한 나라 사람들에게 전해졌다. 나는 이런 역사적 배경을 살펴보면서 질문한다. "강자가 약자에게 복음을 전할 때, 복음을 전하는 자와 복음을 수용하는 사람이 인식하는 기독교 복음 메시지 자체에 어떤 왜곡현상이 일어날까?" 이 문제는 심각한 문제이다. 꼭 물어야 할 질문이다. 하지만 우리는 이 질문에 대해 충분한 논의를 하지 않고 있다.

　오늘날 선교 상황은 다시 달라졌다. 우리는 이런 강자가 약자에게 복음을 전하는 선교역학에 변화가 일어나고 있음을 목도한다. 서양 기독교인들만이 해외 선교사가 되는 것이 아니다. 오늘날 문화와 지역적 장벽을 넘어 복음을 전달하는 선교사역은 더 이상 서양 선교사들의 전유물이 아니다. 비서구권 선교사들이 늘고 있다. 아시아, 아프리카, 그리고 라틴 아메리카 출신 선교사들이 타문화 선교운동을 선도하고 있다. 이것은 아주 긍정적인 발전이다. 이런 변화는 복음전도와 복음이 수용자들에게 어떻게 인식될 것인가 하는 면에서 우리가 상상할 수 없는 선교학적 함의를 가진다.

　힘없는 자에게 복음은 복음이 된다. 우리는 고민할 필요가 있다. 초대교회시대와 다른 시대 역시, 힘없는 자들이 복음을 가장 기쁘게 수용하였다는 사실을 깊이 생각해야 한다. 우리가 대부분 서구 중산층의 의식구조를 가지고 있기 때문에 세계에 사는 가난한 자들, 특히 도시 빈민들을 무시하고 회피하는 경향이 있다. 이것이 오늘의 선교에서 다루어야 할 비평적 이슈 가운데 하나이다.

4. 복음전도의 방법들

1) 회당 찾아가기

회당을 찾아가 전도했다. 그린은 초대교회 전도연구를 통해 초대교회 선교전략이 회당전도에 있었다고 지적한다. 이것은 사도행전에 나타난 바울의 전도전략과 같다. 바울과 동료들은 회당에 갔다. 회당은 주요한 만남의 장소였다. 회당에서 여러 종류의 사람들을 만날 수 있었다. 회당에는 주로 유대인, 유대교 개종자들, 그리고 하나님을 경외하는 자들 등 세 종류 사람들이 있었다.

여기서 나는 회당과 관련하여 선교적 제안을 하나 하고 싶다. 선교지에서 이런 질문을 던져보라. 당신이 사역하는 문화 속에, 유대교 회당처럼 복음의 다리 역할을 해줄 수 있는 회당 비슷한 것은 무엇인가? 사람들이 모여 하나님을 찾는 태국의 불교사원, 인도의 박띠(Bhakti)[7] 집단의 힌두교 사원, 중앙아시아의 모스크 등이 초대교회의 유대교 회당과 같은 문화적 유비가 될 수는 없을까? 우리는 '아프리오리'(a priori, 선험적, 선험적 관념)가 교량역할을 해 줄 가능성을 배제하지 않는다. 바울은 특별한 목적을 가지고 회당을 찾아갔다. 우리가 일하는 곳에도 바울의 회당과 같은 문화적 유비가 있을 것이다.

---

7) B.C. 1세기 경, 'Bhakti'(박띠)로 알려진 종교적 운동이 인도 전역에 걸쳐 일어났다. 그것은 신의 은총에 조물주에 대한 전적인 헌신을 이르는 말로 힌두교의 중요한 의미이기도 하다. 박띠의 기원은 북부 인도의 베다전통에서 찾을 수 있지만, 남부 인도에서 최초로 낮은 계층의 성자들에 의해 박띠가 대중적 성격의 종교운동으로 발전하고, 비슈누교의 신학자들에 의해 신학적인 체계를 갖추어 인도전역으로 전파되어, 중세의 박띠 운동은 종교적인 감정을 중시한 복합적 성격을 지닌 종교운동으로 발전하게 되었다. 박띠 운동의 근원에는 종교적인 지식을 독점하고 있었던 사제계급에 대한 대중의 도전이 작용하고 있었다. 왜냐하면 박띠는 사제계급의 전유물이 될 수 없는 종교적 감정이었기 때문이다. 종교적 감정이 토대가 된 대중운동이 전 인도를 뒤흔든 것은 인도역사상 유례가 없는 일이었다. - 역주

2) 하나님께서 행하신 일에 초점 맞추기

그린(Green)은 주목한다. 초대교회의 기본 메시지는 하나님의 역사를 즐겁게 수용하였다. 나는 초대교회 메시지와 다른 메시지를 설교자들로부터 듣는다. 그들은 복음을 전하면서 대부분 우리가 무엇을 해야 하는가를 설명한다. 나는 신학을 공부하면서 여러 해 동안 이 문제로 고민했다. 사도적 설교는 언제나 하나님께서 행하신 일을 선포하는 것으로 시작하고 그 일에 대하여 믿음으로 응답하게 한다. 우리는 기억해야 한다. 기독교인의 삶은 무엇보다 하나님께서 그리스도 안에서 이루신 일에 대해 기쁨으로 응답하는 것이다. 이 기본을 망각하고, 교회 안에서 우리는 너무나 자주 본말을 전도하여, 우리가 무엇을 할 것인가를 먼저 설교하기 시작한다. 우리의 메시지는 무엇보다 하나님께서 행하신 일에 초점을 맞추어야 한다.

3) 가정 복음화

가정 복음화가 효과적이었다. 그린은 그리스-로마(Greco-Roman) 문화에서 가정이 차지하는 사회학적 의미를 이해하는 것이 중요하다고 강조한다. 당시는 대가족 제도였기에 가부장의 권위가 중요했다. 그래서 가부장을 전도하지 않고 일부 가족들을 전도한 경우도 있었지만, 가부장을 전도하면 전 가족이 복음화 되었다. 우리는 성경에서 고넬료 가족 전체와 빌립보 간수 가족 전체가 세례 받은 기록을 발견한다. 신약에서 사용된 에클레시아(ecclesia)는 가정교회를 의미한다. 고넬료 집안이나 루디아 집안이 가정집에서 모여 예배드리는 것을 의미한다. 이런 역사적 통찰은 우리가 사역하는 지역에서 사회구조에 대해 더 많은 관심을 갖게 할 것이다. 사역자의 핵심 지도자, 가부장, 집단의 우두머리, 그리고 사회학자들이 '게이트키퍼'(gatekeeper)라 부르는 전략적 의사결정자를 인식할 수 있어야 한다. 이런 사람들이 문화적 매트릭스 안에 선교사와 복음을 받아들이거나 거부할 수 있는 결정적인 사람들이기 때문이다. 이런 문화이해가 우리가 사역하는 복합적인 문화 상황 속에서 핵심인물을 이해하고 그들에게 복음을 전하는 데 필요하다.

본 장에서는 사도시대와 속사도시대의 선교운동에 대해 탐구하였다. 로마 제국은 신앙을 전파하는 데 우호적이었다. 팍스 로마나, 로마의 도로망, 국제무역, 로마의 행정, 코이네 헬라어 등이 긍정적으로 작용하였다. 회당과 디아스포라도 초대교회에 결정적인 영향을 미쳤다. 로마 문명이 쇠퇴하면서 기독교는 새로운 문화적 변화를 가져왔다. 다음 장에서는 로마 제국 내에서 일어난 선교운동들을 살펴볼 것이다.

The Dynamics of Christian Mission
History through a Missiological Perspective

제 5 장

로마 제국에서의 선교운동

1. 말씀묵상

이제 로마 제국 내에서 일어난 기독교의 확장에 대해 살펴보자. 먼저 기도로 시작하자.

아버지, 예수 그리스도 안에서 당신의 모든 특권을 내려놓고 우리에게 오신 것을 감사드립니다. 먼저 한 인간이 되시고, 마구간에서 시골 소녀의 몸을 빌려 나시고, 종이 되시어 우리와 함께 사시고, 모든 능력을 내려놓고 십자가를 지시며, 우리에게 생명, 구원, 그리고 용서를 주시려고, 우리를 화목하게 하시기 위해, 범죄자가 되서서 죽으셨습니다.

간절히 기도합니다. 주께서 저희들을 도와주시옵소서. 너희 십자가를 지고 나를 따르라 명령하시는 주님을 따르는 제자가 된다는 것이 무엇을 의미하는지 더욱 분명하게 깨닫게 하여 주시옵소서. 예수님의 이름으로 드립니다.

2. 아시아

1) 팔레스타인과 예루살렘의 멸망

예루살렘이 무너졌다. 처음 A.D 70년에 무너지고 A.D. 134년에 다시 철저하게 훼파되었다. 우리가 로마를 방문하면 이름난 관광 명소인 타이투스 개선문(the Arch of Titus)을 구경한다. 개선문은 콜로세움 부근에 있다. 로마 장군들은 그들의 업적을 기념하기 위해 개선문을 세우곤 하였다. 타이투스 장군은 70년에 예루살렘을 정복한 후, 황제가 되었다. 개선문 안쪽 면을 보면 로마 병정들이 성전에서 일곱 가지가 달린 황금촛대인 메노라(memorah)를 탈취하여 전리품으로 삼고 행진하는 모습이 조각되어 있다. 이것이 타이투스 장군의 예루살렘 정복을 상징한다. 이 사건은 기독교 교회에 큰 영향을 주었다.

예루살렘 멸망은 무엇을 의미하였는가? 초대교회는 이 사건을 어떻게 해석하였는가? 여러 가지 의미가 있다. 그 중 한 가지만 지적한다. 교회는 더 이상 유대 문화에 예속되지 않게 되었다. 이것은 긍정적인 면과 부정적인 면을 동시에 수반하였다.

긍정적인 면을 본다면, 교회는 유대주의자들의 반발 없이 자유롭게 이방 문화 속으로 들어갈 수 있게 되었다. 이방인의 사도 바울은 유대주의자들의 문화적 편협함을 반대하였다.

여기에 한 가지 아쉬운 점이 있다. 예수님을 따르는 유대인 제자들이 이방인 교회로부터 점점 더 격리되었다는 점이다. 이 사건은 유대인 가운데서도 분열을 가져왔다. 유대인들은 메시아를 믿는 유대인과 메시아를 믿지 않는 유대인으로 나뉘었다. 유대인 교회들은 점차적으로 율법주의 성향을 강화해 갔다. 그런 유대인 교회들은 3세기나 4세기에 이르러서는 역사에서 사라지고 말았다.

이런 역사적 사건을 선교학적 관점에서 살펴 볼 수 있다. 사도행전 15장에 나난 바와 같이 이방인 교회는 교회가 유대 문화에만 머물지 않게 하기 위해 논쟁했다. 예루살렘 공의회의 결정에 따라, 이방인 교회는 철저하게 이방인 문화를 가진 토착교회가 될 수 있는 자유를 갖게 되었다. 그런데 여기에 역사의 아이러니가 있다. 이 사건 이후 기독교인이 된 유대인들은 더 이상 유대 문화를 따라 신앙을 영위하는 자유를 누릴 수 없게 되었다. 사도행전 15장에서 다루어진 이방 문화 문제들이 이제 거꾸로 유대 문화 문제로 바뀌게 되었다. 이 문제는 그동안 토론되지 않았다. 이방화된 교회에서 유대인들은 어떻게 예수님을 믿을 것인가? 이제 유대인들이 먼저 이방인이 된 후에야 기독교인 될 수 있다는 말인가? 아니면 유대인들은 사도행전 15장 이전처럼 유대 문화 속에서 예수님을 믿을 수 있을 것인가? 우리 시대가 되어서야 기독교인들은 유대인들이 오래 된 유대 문화 형식들을 존중하면서도 예수 그리스도를 메시아로 믿고 따르는 진정한 신자가 될 수 있다는 사실을 인식하게 되었다. 여기서 나는 메시아를 믿는 유대인 운동(Messianic Jewish movement)을 염두에 두고 말한다.

2) 시리아 안디옥

최초의 이방인 교회는 시리아 안디옥 교회에 세워졌다. 스데반의 순교 직후에 세웠다고 본다(행 11:19). 4세기에 이르자 교회는 더욱 성장하였다. 당시 안디옥은 인구 50만 명 정도의 도시였으며, 그 가운데 신앙을 고백하는 신자가 전체 인구의 절반이었다. 기독교 신앙은 주로 헬라어를 사용하는 도시인들을 중심으로 전파되었다. 교회는 계속 성장했다. 당시 교회 성장요소들로는 헬라어의 보급을 통해 커뮤니케이션이 편리해진 점, 도시인들의 특성상 전통에 매이지 않고 새로운 것에 대해 보다 수용적인 점 등을 들 수 있다. 이러한 이유 때문에 기독교 신앙은 헬라어를 모르는 시골사람들에게는 전파되지 않았다. 여기에서 발견할 수 있는 선교학적 통찰은 무엇일까?

브라질 선교현장을 연구한 몇 가지 논문이 있다. 오지에서 도시로 이주한 사람들에게는 특징이 있다. 그들이 도시로 이주했을 때 복음에 대한 수용성이 높다. 사회적 유대관계가 친밀한 시골 마을에 살 때 보다 도시로 왔을 때 복음에 대해 더욱 더 열린 마음을 갖는다. 그들이 도시생활을 시작하고 나서 한 세대가 지나면 복음에 대한 수용성이 더욱 높아지는 것으로 나타났다.

다른 말로 설명하면, 사람들이 새로운 곳으로 이주하였을 때 새로운 아이디어에 대해 더 열린 마음을 갖게 된다는 것이다. 이런 수용성 이론을 우리는 더 발전시켜 볼 가치가 있는 선교학 이론이라고 할 수 있을까? 사실 수용성 이론은 오늘날 도시선교를 이해하려는 우리들에게 중요한 함축을 가진다. 수용성 이론이 우리에게 보여주는 전략적 지혜가 있다. 새로운 도시 이민자가 새로운 도시에 이주하면 곧바로 그들을 찾아가야 한다는 점이다.

한국인 이민자들의 경우가 그렇다. 미국으로 이주한 한국 이민자들의 절반 정도가 신앙인이 되었다(일부에서는 70%까지 보기도 한다). 이런 현상은 한국 내에 기독교인 분포가 25퍼센트에서 30퍼센트인 점과 커다란 대조를 이룬다. 물론 통계가 정확하지 않다고 하더라도, 이런 현상은 한국인들이 미국이라는 새로운 나라와 문화로 이주할 때 복음에 대해 수용성이 높아진다는 것을 보여준다. 이런 현상은 또한 한인이민교회들이 새로운 이민자들이 새로운 미국현지에 잘 적응할 수 있도록 후원하는 공동체를 잘 형성하고 있다는 것을 보여준다. 미국으로 이주한 한국인들은 미국생활에 적응하는 과정에서 한인교회를 통하여 복음을 접하게 되고 문화적인 통로를 통하여 한국에서보다 쉽게 신자가 되는 것이다. 우리는 한인이민교회들을 통해 배울 점이 많다. 이런 선교적인 통찰이 우리에게도 유익한 교훈이 될 수 있을까?

3) 북부 메소포타미아 에데사

소아시아에서 특별한 관심을 끄는 곳이 있다. 티그리스강과 유프라테스강 사이 북부 메소포타미아에 위치한 에데사(Edessa)이다. 전승에 따르면 에데사의 왕 아브가르(Abgar)는 예수님을 에데사로 초청하였다. 우리는 이 전승을 역사적 사실로 믿을 수는 없지만, 중요한 사실은 복음이 에데사에 기독교 역사 아주 초기에 이르렀다는 사실이다. 학자들은 바벨론 포로기에 유대인 회당이 그곳에서 시작된 것으로 믿고 있다. 그곳 회당은 활발하게 성장하여, 예수님 시대에는 잘 조직된 종교기관으로 자리매김을 하고 있었다. 회당은 요즘 말하는 셀(Cell) 그룹 형태로 포로기 동안 바벨론에서 유대신앙을 견지하기 원하는 신자들을 중심으로 활동하였다. 이런 역사적 배경을 감안하면, 기원전 4-5세기에부터 티그리스-유프라테스강 유역에 살던 유대인 디아스포라들 가운데 성행하였던 회당이 복음을 받아들여 복음의 교두보가 되었고 교회형태로 발전하여 에데사 지역 공동체로 널리 퍼져나간 것으로 보인다.

에데사는 선교의 요충지였다. 역사를 장식한 네스토리안(Nestorian) 선교사들은 에데사를 선교사 훈련과 파송의 거점도시로 사용하였다. 그들은 선교사들을 소아시아를 가로질러 중앙아시아, 중국, 인도 등으로 파송하였다. 네스토리안 선교운동은 이슬람교와 외부 세력에 의해 거의 사라졌다. 프린스턴의 사무엘 마펫(Samuel Moffett) 박사는 『아시아 선교운동사』 3권 중 2권을 집필하였다. 마펫의 『아시아 선교운동사』는 네스토리안 선교운동에 관한 탁월한 역사적 고찰을 담고 있다.

4) 인도

학자들은 자신만의 독특한 논지를 가지고 있다. 일부 학자들은 기독교 신앙이 에데사에서 남인도로 전파되었을 것이라는 학설에 동의하지 않는다. 고대 남인도 도마교회의 역사는 적어도 3세기까지 거슬러 올라간다. 일부 학자들은 도마교회가 1세기 사도 도마에 의해 설립되었다고 주장한다. 전승에 따르면, 사도 도마는 52년 남인도에 도착하였다. 당시 항해술의 발달로 소아시아, 북아프리카, 이집트, 아라비아, 그리고 남인도를 연결하는 무역항로를 따라 많은 배들이 항해하였다. 사도 도마가 인도에 갔다면, 1세기에 인도양을 가로지르는 수많은 배들 가운데 하나를 타고 갔을 것이다.

남인도 교회는 시리아어를 사용하였다. 시리아어는 에데사와 중동에서 주로 쓰였다. 시리아어는 히브리어와 아람어와 가까운 언어이다. 히브리어는 구약성경에서 사용한 고대 언어였다. 예수님은 아람어를 사용하셨다.

예수님 당시 사람들은 주로 아람어를 사용하였다. 아람어가 일상어였기 때문이었다. 이런 언어적 상관관계를 연구해보면 해답이 보인다. 남인도 교회는 사도 도마가 직접 설립한 교회이거나 시리아어를 사용하는 선교본부인 에데사에서 사람을 보내 설립한 교회일 것이다.

4세기에는 사도 도마와 같은 이름을 가진 다른 도마가 등장한다. 그는 에데사에서 남인도에 선교사 식민지를 건설하기 위해 많은 사람들과 함께 왔다. 남인도 교회의 역사를 설명하는 두 가지 선교적 접근 가운데 한 가지나 혹은 두 가지 선교운동이 함께 작용하여 남인도 교회를 태동시켰다. 지금 남인도 교회에서 파생된 여러 교회들이 성장하고 있다.

후일 마 도마교회(Ma Thoma Church)가 오래된 남인도 교회에서 갈라져 나왔다. 이것은 성공회 선교사들이 주도한 신앙부흥운동의 결과로 일어났다. 나머지는 로마 가톨릭교회가 되었다. 지금 존재하는 여러 교단들은 원래 교회에서 유래한 교회들이다. 남인도 교회는 서방에서 유래한 여러 다른 교단전통들을 통합한 형태를 보여준다.

5) 최초의 국교 교회인 아르메니아 교회

아르메니아는 초대교회 복음화 운동사에 있어서 독특한 경우이다. 기독교 복음이 아르메니아에 어떻게 들어왔는지를 설명하는 전승들이 많이 있다. 이런 경우 전승들 가운데 어떤 것이 사실인지 구분하기 어렵다. 핵심인물은 그레고리였다. 그는 왕족 출신으로 240에서 332년까지 살았으며 아르메니아 복음화에 기여하였다. 그는 콘스탄티누스 대제가 기독교를 받아들이기 이전에 한 국가를 기독교로 개종시켰던 지도자였기에, 역사는 그를 '계몽자 그레고리' (Gregory the Illuminator)라 부른다.

아르메니아는 터키 북부지역과 러시아 남부지역 사이에 위치한다. 아르메니아는 최근까지도 독립된 국가로 존재하지 않았다. 페르시아가 아르메니아를 정복했을 때, 그레고리는 망명을 갔고 갑바도기아에서 기독교인이 되었다. 갑바도기아는 기독교세가 강한 지역으로 현재 터키 중부지방이다. 4세기에 이르러 아르메니아가 페르시아로부터 독립을 성취하였을 때, 그레고리가 돌아왔다.

아르메니아에 변화와 진통의 시간이 다가왔다. 아르메니아 사람들과 귀족들은 그들의 옛 종교와 전통을 재건하고 국가조직을 갖추고 싶어 했다. 사람들은 그레고리가 왕족이었기 때문에 전통종교를 복원하는 데 리더십을 발휘해 줄 것을 기대하였다. 그레고리는 성대한 전통예식에 따라 여신 아나힛(Anahit) 제단에 헌화하기를 거절하였다. 그 결정적인 순간에 그레고리는 기독교 신앙을 강하게 주장하였다.

그는 감옥에 갇히고 고문을 당했지만 인내하였다. 우리가 자세한 내용을 다 알 수 없지만, 영적 대결을 한 이야기들도 있다. 왕은 그레고리의 인척이었다. 그레고리의 삶과 증거와 인내함을 지켜보던 왕이 기독교인이 되었다. 왕과 그레고리는 귀족들을 설득하여 기독교 신앙을 수용하게 하였고, 기독교가 아르메니아의 국교가 되었다.

현대 복음주의자들인 우리는 질문한다. "국교는 무엇을 의미하는가? 그리스도를 향한 집단적 결정은 무엇을 의미하는가?" 국교는 개인적인 신앙을 의미하지 않지만, 국가적으로 아버지 하나님을 하나님으로 인정하고, 하나님을 따르고 섬기려는 충성대상의 집단적 변화를 의미한다. 국교 초기에는 국민들 각자의 신앙에 대한 이해와 도덕수준이 낮을 것이다. 그럼에도 불구하고 기독교를 국교로 선언한 아르메니아는 국민들을 모두 그리스도의 제자로 삼을 수 있는 기회를 제공하였다. 그레고리는 이 기회를 최대한 활용하였다. 그레고리는 일반 사람들이 사용하는 일상어로 설교하였다. 전승에 따르면, 406년에 이르러 수도승 메숍(Mesob)은 기록할 수 있는 문자 알파벳을 만들어 신약성경을 번역해야 한다고 주장하였다. 드디어 410년에 성경번역을 완성했다. 언어가 성경번역만을 위해 기록된 문자로 사용된 경우로는 두 번째에 속한다.

국교는 아르메니아 국가와 문화를 긍정적으로 수용하고 성경과 기독교 신앙을 합당한 것으로 인정했다. 국교는 아르메니아 사회 전반에 놀라운 활기와 인내성을 불어넣어 주었다. 역사적으로 보면, 아르메니아 사람들은 유대인과 유사점이 많다. 수 세기 동안 자신의 영토에서 추방되어 고향을 떠나 방황하며 핍박을 감내해야만 했다. 우리는 20세기 초에 자행된 아르메니아 민족학살을 기억한다. 아르메이아 사람들은 이런 핍박을 이겨냈다. 오늘날 우리는 세계 각 곳에서 높은 위치에 자리하며 영향력을 행사하는 수많은 아르메니아 사람들을 볼 수 있다.

국교는 장점도 많지만 문제도 많다. 기독교 신앙과 하나의 문화가 너무 가깝게 연합되면 문제가 발생한다. 이런 경우 신앙과 문화를 구분해내기는 쉽지 않다. 대부분의 사람들에게 아르메니아 사람이 된다는 것은 아르메니아 정교회 기독교인이 된다는 것을 의미한다. 이것이 그들의 전통이었다. 스웨덴에서 루터교 신자들, 스페인이나 브라질에서 로마 가톨릭 신자들, 스코틀랜드에서 장로교인, 텍사스 주에서 남장로교인들이 그러하듯, 국교에서 종교는 문화적 포장이 될 수 있다. 이런 문화현상은 어느 교회 또는 어느 교회전통도 문제가 될 수 있다.

국교에는 양면성이 있다. 문화와 신앙이 하나로 동일시되는 데에는 긍정적인 면과 부정적인 면이 있다. 신앙과 문화동일시 현상은 신앙에로의 장벽을 극복할 수 있게 하는 긍정적인 면이 있다. 하지만 신앙을 특정 문화권에 가두어버리는 결과를 초래한다. 실례를 들면, 남인도 기독교인들은 기독교 카스트에 속한다. 이것은 복음을 다른 카스트에 속한 사람들에게 전하는 데 있어서 심각한 문화적 제약을 받게 한다. 이런 현상은 중산층 미국 침례교인이나 장로교인들에게도 나타난다. 신앙을 자신이 속한 하나의 문화에 너무 가두는 문화적 제약을 벗어나게 하기 위해 성령님의 부흥운동이 필요하다. 오늘날 대부분의 사회가 다문화 사회이기 때문에 신앙을 하나의 문화에만 가두어서는 안 된다.

나는 캘리포니아 프레스노에서 목회를 한 적이 있다. 우리 교회에 한 청년이 있었다. 아르메니아 출신 부모 사이에서 출생한 청년이었다. 대학에서 놀라운 개종을 경험한 청년은 장로교회에 출석하였다. 그런데 교회사역을 시작하면서 우리 장로교를 떠나 프레스노에 있는 아르메니아 정교회로 교적을 옮겨갔다. 그는 이유를 묻는 우리에게 이렇게 대답했다. "저는 복음주의 전통을 좋아합니다. 복음주의 신앙을 좋아합니다. 저는 아르메니아 말로 할 수 있습니다. '주님을 찬양합시다!' '주님을 영접하고 주님만 따라갑시다!' 그런데 제가 영어로 이 말을 하면 이방인 미국 복음주의자로 여겨집니다. 제가 아르메니아 사람들에게 아르메니아 말로 이야기하면, 저는 이방인이 아니라 그들과 하나가 됩니다. 아르메니아 말을 쓰면, 이중 언어를 사용한다면서도 영어를 주로 사용하는 사람들 사이에서는 시작할 엄두도 내지 못하는 많은 일들을 할 수 있습니다."

여기에 중요한 선교학적 이슈가 있다. 우리가 문화와 언어문제에 민감해야 한다는 것이다. 문화적으로 이방인이 아니라 내부자(insider)로 받아들여지는 것이 중요하다. 이것은 아무리 강조해도 부족하다. 이 이슈는 종교개혁과 민족주의 관계로 설명할 수도 있는데, 이 내용은 차후에 살펴보기로 하자. 루터(Luther)는 개혁자임과 동시에 독일 민족주의자였다. 낙스(Knox)는 개혁자임과 동시에 스코틀랜드 민족주의자였다.

한국교회의 급속한 성장에 작용하는 중요한 요소가 있었다. 한국인의 민족주의이다. 한국 선교운동사는 중국 선교운동사와 사뭇 다르다. 중국에 처음 복음이 전파될 때, 선교사들은 제국주의(Imperialism)의 옷을 입고 들어왔다. 아편전쟁(Opium War)과 중국과 맺은 불평등 조약이 그렇다. 처음 중국에 도착한 선교사들은 문화적 지혜가 부족하였다. 선교사들이 중국에 들어갈 수 있는 법적 근거는 중국에 영국을 비롯한 서구 열강들이 강제적으로 집행한 불평등 조약이었다. 이런 역사적 배경 때문에 중국인들은 선교사들을 서구 제국주의와 동일시하였다. 이것이 중국 공산당운동이 갖는 지독한 반기독교적 정서를 설명하는 이유가 된다. 그 정서는 지금까지 남아있다.

한국 상황은 달랐다. 일본이 한국을 삼키려는 야욕을 드러내기 시작할 때 미국 선교사들이 도착했다. 1884년, 1885년 개신교 선교사가 한국에 첫 발을 내딛었다. 그리고 1910년 한일합방이 이루어졌다. 1919년 3.1 운동이 일어났다. 수많은 기독교인들이 독립만세운동을 주도하였다. 한국에서 기독교 메시지는 한국적 민족주의와 부딪히지 않았다. 사실 서로 동맹관계를 맺었다. 더 나아가 기독교선교사들은 독립운동을 하는 민족주의자들과 하나가 되어 일본 제국주의에 맞서 싸웠다. 이 점이 중요한 역사적 교훈이다. 최근 풀러선교대학원에서 선교학 박사학위를 마친 김신은 초기 기독교 역사에 나타난 민족주의의 긍정적인 역할에 관한 논문을 썼다.

여기에 선교학적 통찰이 있다. 선교사는 언제나 모든 민족주의가 가진 최선의 열망에 민감해야 한다. 선교사는 건전한 민족주의를 고취해야 한다. 성도들이 애국자가 되도록 격려해야 한다. 긍정적 민족주의는 자신의 문화를 시지하고 자국 백성과 자국의 발전을 위해 최선을 다한다. 우리 기독교인들은 이런 긍정적 민족주의와 함께 하나님 나라를 이루어 간다.

민족주의는 기독교에 대해 부정적일 수 있다. 자신의 문화와 힘을 너무 강조하고 나와 다른 사람들을 적대시할 때 민족주의는 부정적으로 작용한다. 내가 브라질 선교사로 있을 때 지금도 기억하는 불편한 경험이 있었다. 미국 선교사들 가운데 자신은 미국에 대해 민족주의적 태도를 가지면서도 브라질 사람들의 민족주의에 대해서는 아주 비판적인 선교사들이 있었다. 그것은 엄청난 모순이었다. 그들은 이중잣대를 가지고 민족주의를 재단했다. 나는 심기가 불편했다. 내가 판단하기로 당시 북미주 민족주의에는 약간의 위험성이 있었고 브라질 민족주의에는 일부 긍정적인 면이 있었다. 기독교인인 우리는 하나님께서 모든 민족들에게 최상의 것을 제공하기 원하신다고 믿는다. 정치, 경제, 사회생활 전반이 최상의 상태가 되기를 원하신다고 믿는다.

민족주의 이슈는 역사 전반에 자주 등장한다. 실례를 들면, 기독교가 인도네시아 건국에 어떻게 참여해야 할 것인가? 인도네시아 문제는 심각했다. 인도네시아를 식민통치하던 화란인이 '기독교인'이었다. 인도네시아가 독립하고 새로운 국가를 세우기 위해서는 화란인들을 제거해야만 했다. 세계에서 제일 많은 무슬림 인구가 살고 있는 인도네시아에서 현재 기독교 인구는 전체 인구의 15퍼센트에 이른다. 이런 까닭에 무슬림이 대다수인 인도네시아에서 국가 건설에 참여하는 기독교인들의 역할은 상당히 복잡해진다. 그럼에도 불구하고 기독교인들은 자신이 속한 나라의 재건을 위하여 적극적으로 참여해야만 한다. 예수님을 따르는 제자들은 국가건설을 위해 긍정적인 방안들을 찾아내야만 한다. 그것이 하나님 사랑을 표현하는 방편이기 때문이다. 한편으로, 우리는 민족주의나 국가건설을 예수님보다 더 높은 위치에 두는 우상으로 삼아서는 안 된다. 우선순위가 분명해야만 한다.

  선교학적 통찰이 필요하다. 선교사들은 정치와 경제문제에 대해 무관심해서는 안 된다. 선교사가 정치일선에 나서야 한다는 말은 아니다. 우리는 적어도 "하나님은 천국영역 밖의 문제인 정치나 경제문제에는 관심이 없으시고 오직 영혼구원에만 관심을 기울이신다"는 고전적인 선교사 마인드를 넘어 앞으로 나가는 선교사가 되어야 한다는 말이다. 하나님 나라를 중심으로 한 우리의 선교신학은 분명한 우선순위를 가지고 있다. 예수 그리스도의 복음을 전달하여 사람들을 예수님의 제자로 만드는 것을 최우선 과제로 삼고 있다. 하지만 하나님 나라의 신학은 우리가 섬기는 사람들의 복지를 추구하라고 가르친다. 우리는 그들 가운데 그리스도의 사랑을 드러내며 살아야 하기 때문이다.

3. 유럽

1) 로마

  이제 유럽으로 가 보자. 로마는 기독교를 수용한 지 얼마 지나지 않아 서구 기독교의 중심도시가 되었다. 로마교회는 4세기에 이르러 독보적인 교회로 자리매김을 하였다. 325년에 소아시아에서 열린 니케아 회의(The Council of Nicæa)는 최초의 대규모 세계교회 회의였다. 니케아 회의는 멀리 스페인과 북아프리카교회의 감독들까지 불러 모았다. 콘스탄틴은 신학적 이슈를 해결하기 위해 니케아 회의를 소집했다. 그가 신학적 이슈들을 잘 이해하고 있었기 때문이 아니었다. 교회가 하나가 되기를 원했기 때문이었다.

  니케야 회의가 열릴 때만 해도 로마교회의 감독이 그리 두드러지게 높은 위치를 차지한 것은 아니었다. 그러나 4세기 말에 이르자 사정이 달라졌다. 로마

교회 감독이 최고의 위용을 갖추고 다른 모든 감독들 가운데 수장의 자리를 주장하였다.

몇 가지 이유를 생각해 보면 이것은 자연스러운 일이었다. 콘스탄틴은 제국의 보좌를 현재 이스탄불로 알려진 콘스탄티노플(Constantinople)로 옮겼다, 그가 로마를 떠나면서 이탈리아에 힘없는 군주를 남겨 통치하게 했다. "지방태수"(ethnarcs)라 불리던 서방의 통치자들은, 거의 다 로마를 떠나 라벤나(Ravenna)로 옮겨갔고, 이탈리아 다른 지방과 격리되었다. 로마교회의 힘은 더욱 강해졌다. 이런 역사적 상황이 로마뿐만 아니라 제국 서부에서 로마교회 감독을 가장 강력한 최고 권력자가 되게 했다.

야만인의 침략(Barbarian Invasion)은 로마를 위협했다. 로마 제국은 분열하기 시작했다. 이런 위기 상황에서 경건하고 재능이 뛰어난 로마 감독들이 자연스럽게 정치적 공백을 메우면서 지도자들로 부상하였다. 그들 가운데 상당수가 종교적 지도자가 되거나 로마시관원이 되었다. 이제 로마는 제국 내 서부지역에서 가장 영향력 있는 도시가 되었다. 로마교회의 감독들은 가장 특출한 리더가 되었다.

역사가 스티븐 니일(Stephen Neill)은 로마교회의 역사를 다음과 같이 기술하였다. 로마에서 기독교인이 된 초기 성도들은 라틴어를 사용하지 않고 헬라어를 사용하였다. 당시 헬라어를 사용하던 사람들은 낮은 계층 사람들이었다. 당시 귀족들은 라틴어를 사용하였다. 종, 가난한 자, 일반 평민들은 헬라어를 사용하였다. 당시 대부분의 신자들은 낮은 계층에 속한 사람들이었다. 로마교회 내에는 귀족들도 상당수 있었지만, 기독교 신앙성장은 주로 가난한 자들 사이에서 일어났다.

2) 갈리아

갈리아(Gaul)는 현재 프랑스이다. 이레니우스(Irenaeus)는 갈리아의 걸출한 인물이었다. 그는 소아시아 서머나에서 130년경에 출생하여 200년 사망하였다. 그는 세기 중반에 남부 프랑스 지역에 가서 복음을 전하였고 리용(Lyon)의 감독이 되었다. 우리가 역사를 공부하다 보면 리용지방에서 또다른 걸출한 인물이 나오는데 그가 바로 12세기의 탁월한 리더 피터 발도(Waldo)이다. 우리는 발도에 관하여 따로 살펴보게 될 것이다.

당시 감독은 도시의 목회자였다. 교회가 성장하면서 감독은 자연스럽게 도시의 담임목회자가 되었다. 당시 교회는 하나였다. 하나의 교회 내에 여러 개의 회중들로 조직되었다. 이런 교회개념이 성경에 더 가깝다는 생각이 든다. 오늘날 교회는 한 도시 안에 각각 다른 교단형태로 분열되어 있다. '감독'은 간단히 말해 "관리자"를 의미한다. 당시에는 후일에 감독에 첨가된 권위적 의미가 없었다. 도시의 담임 목회자인 이레니우스 휘하에는 도시와 주변 지역에서 다른 여러 회중들을 담당하는 목회자와 성직자들이 있었을 것이다. 그는 이중언어로 사역하였다.

첫째, 라틴어를 사용하였다. 로마 문화에 동화된 사람들은 자연스럽게 라틴어를 사용하였다. 줄리어스 시저(Julius Caesar)는 갈리아를 정복하고 로마 제국에 포함시켰다. 로마 제국의 통치를 받고 로마 문화를 수용한 사람들은 라틴어를 사용하기 때문에 갈리아도 라틴어를 사용하게 되었다.

둘째, 켈트어였다. 이레니우스는 아주 특별한 사람이었다. 켈트족 사람들에게는 그들의 모국어인 켈트어로 사역하였기 때문이다. 우리는 켈트족하면 아일랜드나 스코틀랜드를 떠올리지만, 사실 켈트족은 전 유럽에 흩어져 살고 있었다. 켈트족은 현재 터키에도 살고 있다. 사도 바울이 기록한 갈라디아서에 보면 "G-L-T" 그리고 "C-L-T"가 나오는데, 이것이 바울이 켈트족 사람들에게 쓴 것으로 보인다.

이레니우스가 라틴어뿐만 아니라 켈트어로 목회사역을 감당했다는 사실은 몇 가지를 함축한다. 이레니우스는 소아시아에서 켈트족으로 성장하면서 켈트어를 배웠을 것이다. 그가 켈트어를 사용했다는 것은 지배계층 사람들뿐만 아니라 낮은 계층의 사람들에게도 복음사역을 감당하였음을 의미한다. 로마나 로마인 문화를 수용한 사람들뿐만 아니라 로마 문화에 적응하지 못한 인간집단들까지 품으며 사역했다는 것을 의미한다. 그런 까닭에, 이레니우스는 '인간집단의 원리'라는 중요한 선교학적 원리를 터득하였다. 세상에는 다양한 인간집단(People groups)이 있다는 사실을 수용하고 사역에 모든 인간집단을 포함시켜야 한다는 사실을 터득하였다.

3) 대영제국

대영제국(Britain)에 복음이 전해졌다. 2세기 아니면 3세기에 군인, 무역상, 그리고 정부 관리들이 영국에 복음을 전했다. 외관상 교회는 로마인들과 로마 문화를 수용한 사람들 로마인들이 세운 도시에 사는 사람들만 다니는 곳으로 인식되었다. 복음은 '야만인'이라 불리는 사람들, 거칠고, 사납고, 정복되지 않아 규율이 없는 인간집단에게는 전파되지 않았다. 야만인 선교는 후일 켈트족 선교운동을 통해서 비로소 이루어졌다.

2세기 하드리안 황제는 섬을 가로지르는 성벽을 쌓았다. 성벽은 현재 영국과 스코틀랜드 경계선에 가까운 곳에 세워졌다. 북쪽 '야만인들'인 픽트족(Picts)과 스코트족(Scots)의 침략을 저지하기 위함이었다. 그러나 6세기, 켈트족(Celtic) 기독교선교사들이 복음선교를 위해 아일랜드로부터 스코틀랜드와 영국에 이르렀다. 여기에 재미있는 역사적 교훈이 있다. 우리는 간혹 다른 사람들이 침범하지 못하도록 성벽을 쌓는다. 그러나 그들은 우리에게 다가와 우리를 축복한다. 서양 사람들은 비서구 사람들이 들어오지 못하도록 마음의 벽을 쌓는다. 비서구권 기독교인들이 서양에 들어와서 서양 사람들을 축복할 수 있을까? 나는 그렇게 될 것으로 믿는다.

4. 아프리카

1) 알렉산드리아

이제 아프리카로 가 보자. 먼저 나일강 입구도시 알렉산드리아를 살펴보자. 알렉산드리아는 예수님이 출생하시기 전 팔레스타인을 제외하고 유대인들이 가장 많이 사는 도시였다. 철학자 필로가 알렉산드리아에 살았다. 유대인 철학자인 그는 로고스 개념을 사용하여 유대교 신학과 헬라철학을 연결하는 교량역할을 시도하였다. 기원전 1세기, 알렉산드리아에서 70인경이 만들어졌다. 후일 알렉산드리아는 위대한 두 신학자인 알렉산드리아의 클레멘트와 오리겐의 고향이 되었다. 3세기에 성경은 콥트어로 번역되었다. 콥트어는 아랍 무슬림이 이집트를 정복하기 전까지 이집트가 사용하던 언어였다. 오늘날 6백만 정도의 교세를 가진 이집트의 콥트교회(Coptic Church)는 무슬림 정복 이후에 살아남은 북아프리카 또는 중동 나라 교회들 가운데 가장 큰 교회이다.

2) 튀니스와 알제리

복음은 서쪽으로 퍼져갔다. 현재 우리가 알고 있는 튀니지(Tunis)와 알제리(Algeria)에 복음이 전해졌다. 우리는 어떻게 복음이 전해졌는지 정확한 역사적 기록을 가지고 있지 않다. 우리가 알 수 있는 것은 북아프리카 그쪽 지역에 중요한 세 인간집단이 살고 있었다는 것이다. 첫 번째 인간집단은 로마인과 로마 문화를 수용한 사람들이다. 두 번째 인간집단은 포에니(Punic) 사람들이었다. 그들은 로마인보다 먼저 북아프리카에 도착하여 수도인 카르타고(Carthage)를 건설한 페니키아 선원들의 후예들이었다. 이들 두 집단들은 철천지 원수들이었다. 카르타고는 막강한 군사력을 자랑했다. 카르타고의 장군 한니발(Hannibal)은 로마에 대항하여 싸웠다. 코끼리를 동원하여 지중해 지역을 가로질러 스페인에 이르고 나아가 알프스까지 원정하였다. 한니발은 대단한 전공을 세웠다. 결국 카르타고는 로마군대에 의해 파괴되고 말았다. 하지만 포에니 사람들은 그곳에 남아 두 번째로 큰 집단이 되었다. 세 번째 인간집단은 베르베르족(Berbers)이었다. 그들은 사막에서 원시형태로 살아가는 원주민들이었다.

북아프리카교회에는 유명한 사람들이 있었다. 특히 로마화된 사람들 가운데 유명한 기독교 지도자들이 있었다. 사도 바울과 마틴 루터를 연결하는 가장 위대한 기독교 사상가는 성 어거스틴(Augustine)이었다. 어거스틴은 북아프리카 출신으로 능숙한 라틴어로 글을 썼다. 어거스틴 이전 인물들로는 키프리안(Cyprian)과 터툴리안(Tertullian)을 들 수 있다. 이들은 라틴어로 책을 쓴 초기 신학자들이었다. 그들은 로마나 이탈리아에 살지 않고 북아프리카에 살았다. 그들이 라틴어로 신학작업을 하기 전까지 신학작업은 헬라어로 이루어졌었다. 이방인 교회가 처음 소아시아와 헬라 문화적 배경을 가지고 있었기 때문이었다.

포에니족 사람들 가운데 기독교인들이 있었다. 우리는 베르베르족 가운데 어떻게 믿음이 전파되고 교회가 발전하였는가에 대해 많이 알지 못한다. 분명한 것은 베르베르족 가운데 기독교인 숫자는 아주 미미하였다. 베르베르족 가운데 기독교인들이 더러 있었다면, 그 중 일부가 교회의 지도자로 알려지지 않았을까 생각해 볼 수 있다.

역사적 질문에 답이 없는 경우도 있다. 교회사에서 답을 찾을 수 없는 중요한 역사적 질문이 있다. 그토록 강했던 소아시아 교회와 북아프리카교회들이 이슬람교의 공격을 막아내지 못하고 왜 그렇게 쉽게 압도되고 말았는가 하는 점이다. 이슬람교는 어떻게 그렇게 신속하게 북아프리카를 휩쓸고 1세기에 위대한 기독교 지도자를 배출했던 교회를 말살시킬 수 있었을까?

그 이유를 찾아보자. 북아프리카의 교회는 전체 시민들 가운데 상당히 엘리트 계층에 제한되어 있었다. 기독교는 카르타고 사람들과 베르베르족 사람들에게는 뿌리를 내리지 못하였다. 한 학자는 어거스틴이 베르베르족 사람들에게 그들 부족어가 아닌 라틴어로 예배하도록 강요했다고 주장했다. 이것은 물론 모든 사람들이 자신의 모국어로 복음을 들어야 한다는 오순절 원리에 어긋난다. 이슬람교가 침략해 올 때 기독교인들은 신앙의 활기를 잃고 명목상의 기독교인이 되어있었기에 강압에 굴복하였을 것으로 본다.

이슬람교가 기독교 지역들을 점령한 후, 로마 문화를 수용했던 기독교인들 가운데 대부분은 유럽으로 돌아갔다. 현지에 남은 사람도 있었다. 그러나 교회는 이슬람교의 핍박과 압력을 견디지 못하고 사라졌다. 20세기 말에 이르러서야 신약성경이 베르베르어로 번역되었다. 최근에는 알제리에 사는 베르베르족 가운데 교회가 설립되고 성장하기 시작했다. 이것은 실로 고무적이다.

5. 콘스탄틴과 종교자유

1) 기독교인에 대한 박해

핍박이 계속되었다. 3세기 말에 이르자 기독교 인구는 로마 제국에 사는 인구 중 10퍼센트를 차지하게 되었다. 당시 기독교인들의 신앙과 생활은 상당히 높은 수준이었다. 계속되는 핍박의 물결 때문이었다. 당시 교인들은 3대, 4대, 5대째 내려온 기독교인들이었다. 기독교인을 향한 박해는 로마 제국 전역에서 있었던 것이 아니라 국지적이었으며 지속적이라기보다는 간헐적이었다. 제국의 다양한 지역에서 산발적으로 일어나는 사건이었다. 그러나 3세기 중반 발레리아노(Valerian) 황제의 통치기간과 4세기 초 디오클레시안(Diocletian) 황제의 통치기간에는 극한 핍박이 있었다. 기독교 신앙을 10년 이내에 근절시키려고 강하게 압박했다.

2) 콘스탄틴

정치 권력자들은 서로 경쟁한다. 당시 권력자들은 서로 경쟁하며 싸웠다. 로마 제국의 영토는 넓고 통치하기가 어려웠다. 지역 간의 커뮤니케이션의 문제도 있었다. 영국에 있는 누군가가 소아시아에 사는 지도자와 의사전달을 하려하면 어려움이 많았다. 로마 제국은 네 명의 힘 있는 핵심 권력자들이 있었는데 그들은 서로 제국을 차지하기 위해 싸웠다.

콘스탄틴(Constantine)은 영국에서 출발하여 남쪽으로 행군하였다. 네 장군 중 한 명인 그는 기독교에 적대적인 다른 장군들과 달랐다. 그는 기독교인들에게 호의적이었다. 콘스탄틴의 어머니가 동양 출신으로 헬라어를 쓰는 분이었기 때문이었다. 312년 콘스탄틴은 이탈리아에서 격전을 앞두고 있었다. 미래를 결정하는 결정적인 전투였다. 승자가 제국 서부를 모두 다스리게 될 판이었다. 콘스탄틴은 전쟁을 앞두고 한 환상을 보았다. 그리스도의 상징인 십자가에, "이 군호로 정복하라"가 적혀있는 환상이었다. 그는 그 군호를 달도록 전군에 지시했다. 군호를 자신의 투구에 달았다. 병사들은 방패에 달았다. 격전의 날이 밝았다. 그리스도의 군사가 된 그는 전쟁터로 향했다. 십자가의 군호를 단 콘스탄틴의 군대가 이겼다. 승리의 환호가 터져 나왔다. 그는 기독교의 하나님을 자신의 하나님으로 고백하고 즉시 교회에 애정을 쏟기 시작했다.

콘스탄틴은 그리스도인이 되었다. 하지만 그의 삶은 그리스도의 제자도의 모델이라고 할 수 없다. 그는 잔인했다. 그는 죽음직전까지 세례를 받지 않았다. 그럼에도 불구하고 이탈리아 전투는 서양 교회와 문화에 역사적 변화를 가져왔다. 313년, 밀라노 칙령(Edict of Milan)이 발표되었다. 콘스탄틴과 그를 적대하던 장군들이 기독교인들에게 양심의 자유를 허락한 것이다. 그 결과 기독교는 다른 종교와 동등한 법적 기반을 확립하게 되었다. 기독교 기관들은 역사상 최초로 부동산을 소유할 수 있게 되었다. 323년 콘스탄틴은 로마 제국 최고 권력자인 황제가 되었다.

3) 새로운 역사적 상황: 기독교왕국

역사는 새로운 국면을 맞았다. 교회는 소위 콘스탄틴시대로 접어들었다. 기독교왕국(Christendom) 시대가 도래한 것이다. 기독교는 힘을 갖기 시작했다. 기독교는 더 이상 경멸의 대상이거나 핍박받는 소수가 아니었다. 기독교는 급속히 힘을 얻고 절대다수를 차지하게 되었다. 370년, 황제는 로마 제국의 모든 사람들은 기독교인이 되어야만 한다는 칙령을 선포하였다. 이것은 긍정적인 효과와 부정적인 효과 양면이 있었다. 기독교가 멸시받는 힘없는 소수의 종교로 핍박받을 때, 우리는 힘을 갖고 싶다는 유혹을 받는다. 그러나 기독교가 힘을 가진 절대다수가 되었을 때, 우리는 더 미묘한 유혹에 빠시게 된다. 이 두 가지 유혹 가운데 어느 쪽이 더 위험한지는 분명하다. 후자가 더 위험하다. 기독교가 힘을 가지면 그 힘을 누리고 남용한다. 힘을 잘못된 곳에 사용한다. 기독교 신앙을 우리 자신의 문화나 정치정당과 동일시하는 오류를 범하기도 한다. 자신의 이기적인 욕망을 충족시키기 위해, 신앙이라는 명분을 내세워 다른 사람들을 억압할 수 있다. 역사학도인 우리는 이 사실을 인정하고 고백한다. 역사상 이런 일들은 수없이 반복되었다.

비서구권 복음주의 교회에 힘이 실리고 있다. 이런 현상은 라틴 아메리카, 한국, 그리고 일부 아프리카에서 일어나고 있다. 기독교는 존경받는 종교가 되고 힘이 실리고 있다. 이들 교회들은 미국교회가 계속해서 직면하고 있는 힘 있는 교회의 유혹에 당면하고 있다. 우리는 현실을 직시해야 한다. 기독교 신앙과 문화와의 관계에 관한 이슈들을 진지하게 다루어야만 한다.

리처드 니버(Richard Neibuhr)의 『그리스도와 문화』는 질문한다. "기독교회가 주변 문화들과 어떤 관계를 갖어야 하는가?" 니버는 이 질문에 대해 여러 관점을 제공한다. 그 중 하나는 문화대립적 관점이다. 교회문화가 주변문화에 대해 등을 돌리는 것이다. 역사상 수도원주의와 초기 재세례파가 그런 태도를 취하였다. 펜실베니아 주에 사는 아미쉬(The Amish) 사람들은 문화대립적 모델의 극단적인 경우이다. 그들은 은둔적인 수도원 집단과 같은 태도를 취하고 있다.

일부는 주장한다. 교회가 문화를 지배해야만 한다. 이런 관점은 중세 가톨릭

교회의 관점이었다. 교회는 국가정부와 문화가 교회에 복종해야 한다고 가르쳤다. 목적은 분명했다. 기독교 문화 창달을 위해서였다. 하지만 교회는 제대로 된 기독교 문화 창달을 이루지 못하고 자주 실패했다. 기독교는 토착문화를 무비판적으로 수용하는 데 열중한 나머지 잘못된 이교적 세계관에 세례를 베풀고, 그 가치관들을 기독교 세계관에 포함시키기도 하였다. 그 결과로 노예제도와 민족차별주의 등을 정당한 기독교 세계관으로 인정했다. 그러나 칼뱅주의는 달랐다. 칼뱅주의는 문화와 함께 일하면서 문화를 개혁하기 위해 노력하였다. 나는 이런 개혁주의 전통을 존중한다. 우리가 시도하는 문화변혁이 완벽하지 못할지라도, 나는 우리 모두가 이렇게 문화를 개혁하는 개혁주의적 전통을 따라야 한다고 주장한다. 상황화는 무비판적 상화화가 아니라 비평적 상황화가 되어야 한다.

　교회전통은 역사관에 영향을 준다. 신자들 대다수는 이런 역사관을 가진 교회전통에 속해있다: 성령은 처음 3세기 동안 살아서 적극적으로 활동했다. 교회는 살아있었으며 성장했고, 하나님께서는 놀라운 기적을 일으키셨다. 그리고 콘스탄틴시대가 열렸다. 그 후 16세기까지 교회에서 특기할 만한 일은 일어나지 않았다. 당신이 어떤 교단에 속했느냐에 따라 시기는 달라진다. 교단에 따라 일부는 17세기, 18세기, 19세기, 혹은 20세기가 될 때까지도 특별한 하나님의 역사가 없었다. 할레이(Halley)는 이런 역사관을 가지고 『성경핸드북』을 집필하였다.

　이런 역사관의 함축은 분명하다. 성령께서 첫 3세기 동안만 활발하게 활동하셨고, 그 후로는 죽었다가, 현대 교단이 생겨난 시점에서 다시 부활하신 것으로 보는 역사관이다. 나는 이런 역사관을 가지고 성장했다. 나는 이 책을 읽은 독자들이 이런 역사관에서 벗어나길 바란다. 새로운 역사관을 가질 수 있게 되기를 바란다. 성령께서는 역사 가운데 쉬지 않고 역사하셨다. 우리와 다른 다양한 사람들, 다양한 선교운동들, 다양한 문화전통들을 통하여 역사 가운데 적극적으로 활동하셨다는 사실을 인식하게 되기를 바란다. 우리는 하나님께서 성령을 통하여 쓰신 역사적 인물들을 통해 역사적 통찰을 배우기 원한다.

　콘스탄틴시대의 특징이 있다. 가장 중요한 특징은 기독교왕국이 설립된 것이다. 기독교왕국이란 용어는 국가가 교회를 지원하는 것을 가리킨다. 모든 시민들은 기독교인이고 교회의 교인이 되어야 한다는 것을 가정한다. 이런 국교의 실례를 들면, 스페인이나 이탈리아의 로마 가톨릭교회, 영국의 성공회, 스코틀랜드의 장로교, 또는 독일의 루터교를 들 수 있다. 많은 사람들은 이런 국교체제가 몇 가지 이점을 가지고 있다고 주장한다. 동시에 다른 사람들은 이런 국교체제가 교회의 신앙과 삶에 심각한 왜곡을 불러왔다고 본다. 나도 후자에 동의한다. 거기에 한 가지 첨언한다면, 미국은 기독교를 국교로 법제화하지 않았지만 여러 면에서 사실상 기독교왕국과 유사하다. 사실상의(de fecto) 기독교왕국이었다고 볼 수 있다. 좀 더 구체적으로 설명하면, 미국인들은 미국을 개신교 국가로 가정하고 살아왔다. 미국 대통령이 1900년에 뉴욕에서 열렸던 개신교 선교사협의회(Protestant missionary conference)에서 연설하였다. 2차 세계 대전 중, 영국의 처칠 수상과 미국의 루즈벨트 대통령은 '기독교 문명 구하기'에 관해 연설하였다.

오늘날 같은 일이 반복될 수 있을까. 그렇지 않다. 그런 시대는 확실히 지나갔다. 미국에서 사실상의 기독교왕국시대는 지나갔다. 다른 나라에 세워졌던 기독교왕국은 막을 내렸다. 많은 사람들은 이렇게 기독교왕국이 막을 내리는 것에 우려를 표명하고 부정적인 시각에서 해석하겠지만, 나는 전반적으로 볼 때, 긍정적인 발전으로 본다. 이런 새로운 현상은 우리 모두를 일깨운다. 어느 곳에 예수 그리스도의 교회가 존재하든지, 교회는 선교적 본질을 가진 교회로 선교적 상황에 존재한다는 사실을 인식하게 한다. 교회는 선교를 위해 선교적 상황에 존재한다.

6. 다른 지역들

로마인들이 야만인(Barbarian)이라 부르는 사람들을 살펴보자. 야만인은 로마 제국이 약화되어 갈 즈음에 중앙아시아에서 중부나 남부 유럽으로 흘러들어온 사람들을 지칭한다. 야만인은 분명 품위를 떨어뜨리는 경멸적인 용어임에 분명하다.

당시 주목해야 할 한 인물이 등장한다. 311년경에 출생한 울필라스(Ulfilas)이다. 그는 다뉴브강 북부지역까지 올라가 고트족(Goths)에게 복음을 전하였다. 울필라스의 전도사역은 341년부터 시작하여 사망한 381년까지 40년간 지속되었다. 그는 로마 제국의 영토를 넘어 전방개척지에 죽는 순간까지 복음을 전한 유일한 선교사라고 할 수 있다. 그는 아무런 사회적 신분이 없고 사회적 보호를 받을 수 없는 지역까지 찾아가 복음을 전하였다는 점에서, 해외선교사 전통을 가장 잘 보여주는 인물로 평가된다. 하지만 아쉬운 점이 있다. 그는 신학적으로 삼위일체파가 아니라 이단적인 아리우스파(Arian)였다.

역사적 기록을 살펴보자. 야만적인 고트족은 로마 국경을 급습하여 기독교인 여성들을 납치하여 아내로 삼거나 종으로 삼았다. 그러므로 고트족 사이에는 일부 기독교적 영향력이 퍼져 있었다. 초기에 기독교 신앙은 이런 형식으로 전파되곤 하였다. 침략을 통해 잡혀 온 여자들은 부인, 창녀, 또는 종으로 살아가면서 기독교 신앙을 전파하였다. 남자들은 신앙을 받아들이기도 하였고 그렇지 않다하더라도 기독교 신앙에 대하여 긍정적인 마음을 갖게 되었다.

울필라스는 고트족 언어를 기록할 수 있게 만들어 성경번역을 하였다. 우리가 아는 범위 내에서, 북유럽 언어들 가운데 성경번역만을 위해 기록언어로 축소된 경우는 고트족 언어가 유일하다. 나는 간혹 생각한다. 울필라스야말로 위클리프 성경번역선교회가 성인으로 추앙하고 받들어야 할 인물이 아닐까.

라투렛의 『기독교 역사』는 자세히 기록하고 있다. 당시 페르시아와 로마는 서로를 향해 엄청난 적대감을 내보였다. 로마가 명목상으로 기독교 도시가 되었을 때, 페르시아는 기독교인을 적으로 간주하고 기독교인을 핍박했다. 일주일 사이에, 페르시아에 있던 15명의 감독들을 학살하고 수많은 기독교인들을 죽였다. 짧은 기간에 그토록 많은 피를 흘린 역사는 로마 점령기에 일어난 기독교 수난사 가운데 가장 참혹하였다. 적의 친구는 나의 적으로 간주한다는 말이 있다. 이 논리와 유사한 현대적 논리가 있다.

이 논리에 대한 선교학적 통찰이 필요하다. 일반적으로 무슬림, 특히 아랍인들에게 복음을 전파하는 데 영향을 주는 몇 가지 이슈들이 있다. 무슬림들은 국가와 교회, 문화와 종교를 구분하지 않는다. 무슬림은 자동적으로 인식한다. 기독교인들은 미국이나 다른 서구권 국가들에서 볼 수 있는, 전쟁, 물질주의, 그리고 모든 종류의 부도덕함을 선전한다고 간주한다. 아랍 무슬림을 인도하여 기독교인들을 믿고 존중하게 하는 데 어려움을 주는 다른 문제가 있다. 미국과 미국교회가 내놓고 이스라엘을 국가적으로 후원한다는 점이다. 아랍 친구들은 어떻게 미국이 이스라엘에서 일어나고 있는 부정행위들에 대해 침묵

할 수 있는지 결코 이해하지 못한다. 이스라엘에서 자행되는 아랍 어린이들, 아랍인들의 이웃인 팔레스타인 사람들을 향한 불공평한 처사들에 대해 무시하는 우리를 이해하지 못한다. 이런 이슈들은 무슬림과 아랍사람들에게 중요한 이슈들이다. 무슬림과 아랍인들이 예수님을 따르는 제자가 되는 것을 바라는 사람들은 이런 이슈들을 철저하게 다루어야만 한다.

본 장에서는 로마 제국 내에서 일어난 기독교 운동의 확장에 대해 살펴보았다. 다음 장에서는 속사도 시대의 선교적 이슈들과 수도원 제도에 관하여 다루게 될 것이다.

The Dynamics
of Christian Mission
History through a Missiological Perspective

제 6 장

초기 수도원 운동

1. 속사도시대의 선교적 이슈들

한 세대의 신앙이 다음 세대로 계승되지 못하는 경우가 많다. 신앙이 다음 세대로 이어지면서 명목상의 신앙인이 급증한다. 교회의 신앙은 3-4세대가 지나고 나면 교회가 명목주의(Nominalism)에 빠질 위험이 있다. 선대들은 공적으로 신앙을 고백하고 일부 선교활동에 참여하였지만, 몇 세대가 지나고 나면 사정은 달라진다. 주님을 믿는 신앙에 대한 이해도 부족하고, 헌신도도 현격하게 떨어진다. 유럽이나 북미처럼 역사가 오래되고 전통이 있는 교회일수록 이런 명목주의가 더욱 팽배해진다. 이런 명목주의는 오늘날 우리를 위협하고 있다. 우리가 어떤 신앙적 전통을 가지고 있다고 할지라도 명목주의는 중요한 선교적 이슈가 된다.

교회가 언제나 고민해야 할 세 가지 이슈가 있다. 첫째, 교회는 언제나 신앙적 갱신이 필요하다. 예수님을 향한 첫 사랑으로 돌아가야만 한다. 둘째, 신앙의 핵심요소를 분명하게 규정해야 한다. 셋째, 기독교인의 삶에 대한 이해가 있어야 한다. 예수님을 따르는 제자의 삶은 어떠해야만 하는가? 새로운 선교운동은 둘째와 셋째 이슈에 특별한 관심을 둔다.

1) 몬타누스의 갱신운동

몬타누스주의(Montanism)는 2세기 중반에 일어났다. 이 운동은 오늘의 '은사주의' 운동과 유사하다. 당시 교회는 한 세기를 넘겨 존속해 왔다. 많은 신자들은 교회가 핍박을 받으면 신앙이 뜨거워지는데, 당시 교회는 핍박 속에서 신앙열정도 식어갔다. 초대교회 성도들이 가졌던 그리스도의 재림은 성취되지 않았다. 로마서 16장이 보여주는 바와 같이 초대교회에서는 여성들의 사역이 아주 활발하였던 반면, 당시 교회는 여성들의 사역을 더 이상 격려하지 않았다. 교회는 감독들이 전 영역을 장악하고 점점 더 형식적인 체제를 구축하였다. 몬타누스 갱신운동은 이런 2세기 교회상황에 대한 반작용이었다. 몬타누스 갱신운동은 성령의 은사를 강조했다. 그리스도의 신속한 재림, 남녀 모두에 의한 예언사역을 강조했다. 여성들이 사역 전면에 나섰다. 몬타누스 갱신운동은 그리스도가 재림하실 장소까지 미리 예언하였다. 이 운동은 한편으로 초대교회의 신앙공동체가 가졌던 활기와 자유로운 성령사역으로 되돌아가려고 노력하였다. 하지만 몬타누스 운동은 보다 폭이 넓은 보편적 교회론을 갖지 못하고 편협한 분파주의적 교회가 되고 말았다. 그런 까닭에 몬타누스주의 운동은 몇 가지 아주 긍정적인 측면을 보여주었음에도 불구하고, 공교회에 의하여 이단으로 정죄되고 말았다.

교회는 갱신되어야 한다. 어떤 상황에서도 교회에는 언제나 갱신이 필요하다. 우리가 언제나 물어야 심각한 질문이 있다. 교회를 부흥시키고 갱신하기 위해 성령께서는 어떻게 역사하고 계시는가? 역사상 부흥과 갱신은 다양한 모습으로 나타났다. 핵심은 분명했다. 주님이 교회를 주님과의 첫 사랑을 다시 회복하도록 부르시는 것이다. 그리스도인들에게 하나님을 찾고, 하나님을 알고, 하나님을 위해 살고, 더 나아가 신앙을 나누려는 열정적인 갈망을 갖게 하는 것이었다. 이런 신앙갱신은 계속 반복해서 일어나야만 한다. 이런 신앙갱신의 원칙에 예외는 없다. 우리 각자가 속한 모든 교회와 교단에 부흥과 갱신이 필요하다. 교회가 계속 맞닥뜨려야 할 이슈가 있다. 교회가 어떻게 이런 부흥과 갱신운동을 고무하고, 보편적 교회들 가운데 가장 필요한 교회가 될 수 있느냐 하는 것이다. 교회는 자주 부흥운동이나 갱신운동을 거부하기도 하였다. 부흥운동이나 갱신운동이 보편적 교회를 무시하거나 거부하기도 하였다. 이런 경우 양자 모두가 힘을 잃고 약해졌다.

2) 영지주의와 아리우스주의 운동과 신학적인 상황화 작업

교회는 신앙을 규정해야 한다. 바른 신학을 정립해야 한다. 교회는 첫 3세기 동안 신앙을 규정하는 신학작업을 계속하였다. 신약성경에 나타난 최초의 기독교 신조는 간략하다. "예수는 주시다." 이 신조는 예수님을 하나님으로 고백한다. 70인경에서 사용된 헬라어 단어인 'kurios'는 구약에 나타난 히브리 용어 하나님을 번역한 것이었다. 큐리오스는 예수님을 주님으로 개인적 신앙을 선언하는 것을 의미한다. 더 나아가, 로마 제국 내에 살던 그리스도인들에게 이 신앙고백은 예수 그리스도의 절대권위를 로마 제국 위에 둔다는 선언이기도 했다. 이 신앙고백은 크리스천들로 하여금 혹독한 핍박을 받게 했다. 이런 까닭에, 초대교회의 신앙고백, "예수는 주시다"는 신학적, 개인적, 그리고 정치적 의미를 갖고 있었다.

문제는 신앙과 신학의 상황화 작업이었다. 선교사인 사도 바울은 기독교 신앙을 히브리 문화에서 헬라 문화로 상황화하여 전하였다. 바울은 히브리적 신학을 상황화 작업을 통하여 헬라 사람들이 의미를 이해할 수 있는 범주로 바꾸어 전달하였다. 사도 요한도 요한복음을 통하여 상황화 작업을 하였다. 요한복음은 서두에 헬라 철학에서 중요한 로고스 개념을 차용하여 상황화 작업을 하고 있다. 바울은 예수님께서 자주 말씀하셨던 하나님 나라(Kingdom of God)에 대해 자주 언급하지 않았다. 하나님 나라 개념은 유대적 개념이기 때문에 유대인에게는 의미있는 말이었지만 헬라인들에게는 전혀 다른 의미로 전달되었다. 바울은 하나님 나라 대신 '그리스도의 주되심'을 강조했다. 우리는 바울이 이런 신앙개념을 상황화 작업하는 동안에 성령의 감동을 받았다고 믿는다.

2세기와 3세기에 영지주의(Gnosticism) 운동이 일어났다. 영지주의는 지식(gnosis)을 강조한다. 영지주의 운동은 다양한 형태로 나타났지만 핵심적인 가르침은 동일하였다. 영적인 사람들은 일반 사람들이 전혀 알 수 없는 신비한 구원의 지식을 가지고 있다고 주장하였다. 거기서 한 걸음 더 나아가, 영지주의는 새로운 철학적 근거를 제공하였다. "영은 선하고 물질은 악하다." 이 기본전제는 두 가지 함축이 있었다. 첫째, 구약에 나타난 이 세상을 창조하신 하나님은 악한 신이다. 둘째, 성육신(incarnation)은 날조다. 성령 하나님은 진정한 인간의 모습으로 성육하실 수 없다. 왜냐하면 육신을 포함한 모든 물질이 악하기 때문이다. 이런 영지주의 논리는 예수님을 유령과 같은 형상으로 만들었다. 그들은 주장한다. 예수님은 모래밭에 발자국을 남기지 않았다. 예수님은 우리 인간들처럼 유혹을 받지 않으셨다. 예수님은 십자가에 달려 죽지 않고 구레네 시몬이 십자가에 달려 죽는 것을 지켜보셨다.

영지주의자들은 주장했다. 예수님께서 십자가에 달려 죽지 않고, 부활하지 않으셨기 때문에, 우리 인간들은 구속받지 못한 상태에 놓여있다. 사람들이 구원받을 수 있는 방법은 특별한 지식을 통해서만 가능하다. 극소수 사람들에게만 주어진 영적 지식을 통해서만 가능하다고 주장했다.

영지주의는 교회를 괴롭혔다. 수 세기 동안 교회는 영지주의와 다양한 형태로 힘든 신학싸움을 계속했다. 영지주의는 지금도 영향을 미치고 있다. 최근에 발간된 『다빈치 코드』를 비롯한 여러 책들은 역사를 심각하게 왜곡하였다. 기독교 신앙에 대한 영지주의적 해석이 타당한 것으로 주장하였다. 우리는 심각하게 고려해야한다. 영지주의적 세계관은 성경적 세계관을 정면으로 반대한다. 성경은 하나님의 창조가 보시기에 좋은 선한 것으로 기록하였다. 영지주의는 창조물을 악한 것으로 간주한다. 영지주의나 다른 이단사설이 주장하는 이슈는 상황화 문제이다. 우리가 복음을 한 문화에서 다른 문화로 전달할 때 필요한 상황화 작업에서 합리적으로 고려해야 할 이슈들은 무엇인가?

상황화 작업을 하는 우리는 신실해야만 한다. 성경과 역사를 바로 이해해야만 한다. 성경을 바로 해석하고 교회가 역사상 이런 이슈들을 어떻게 다루었는지 알아야만 한다.

3세기와 4세기 교회는 상황화 작업을 통해 "예수는 주시다"라는 신앙고백의 의미를 보다 철저하게 규정하기 위하여 노력하였다. 이런 상황화 작업은 새로 신앙생활을 시작한 사람들에게 필요한 것으로, 오늘날 우리가 사역하는 곳 어디서나 일어날 수 있다. 4세기 초에 이 이슈에 대한 심각한 논쟁이 일어났다. 감독이며 대학자로 유명한 아리우스(Arius)가 그리스도는 하나님보다 부족하고 인간보다 나은 피조물이었다고 주장했다. 아리우스를 반대하여 아다나시우스(Athanasius)가 분연히 일어났다. 아리우스를 정면으로 반박했다. 그리스도는 완전한 하나님이시며 완전한 인간이라고 주장했다. 325년에 처음 개최된 니케아 교회협의회는 아리우스주의를 거부하고 아다나시우스의 관점을 정당한 신조로 인정하였다. 그럼에도 불구하고 신학적 논쟁은 한 세기 동안이나 계속되었다. 논쟁은 계속되었지만 여러 교회들은 니케아 신조를 보편적 교회의 기본적인 기독론으로 수용하였다. 로마 가톨릭교회, 정교회, 그리고 개신교가 예수 그리스도는 완전한 하나님이시며 완전한 인간으로 고백하였다.

3) 기독교인의 삶에 대한 신학

우리는 어떻게 기독교인의 삶을 규정하는가? 예수님을 따르는 제자된 우리는 어떻게 살아야 하는가? 기독교인의 삶에 대한 신학이 필요하다. 1세기 안디옥 교회의 경우를 살펴보자. 당시 안디옥에서 기독교인이 된다는 것은 예수님을 주로 고백하고, 세례를 받고, 기독교인 공동체의 일원이 되어, 기독 공동체의 가치기준에 따라 살아가는 것을 의미하였다. 그런데 4세기가 되자 상황이 바뀌었다. 로마 제국이 기독교 국가가 되었다. 로마인들 대부분은 기독교인이 된다는 것이 무엇을 의미하는지 이해하지 못한 상태에서 교인이 되었다. 한 세기가 지나기 전에 교인들은 모두 명목상의 기독교인이 되고 말았다.

로마 제국의 이런 상황은 '기독교인'의 정의를 변화시켰다. 기독교인의 의미가 변하고 말았다. 기독교인은 정당한 종교기관인 교회의 회원이 되는 것을 의미하게 되었다. 로마시대 교인들은 유아세례를 받고, 교회에서 성장하고, 교회 예식에 참여하고, 비교적 도덕적인 생활을 하면 그만이었다. 로마시대 이전에는 달랐다. 예수님을 따르는 제자가 된다는 것은 위험을 무릅쓰고, 주변문화에 저항하며 살아가는 것을 의미했다. 로마시대가 되자 기독교인이 되기 쉬워졌다. 기독교인들은 로마의 가치관을 그대로 수용하고 따르면 되었다. 당시 로마 문화는 타락한 문화였다. 노예제도가 있었고 검투사들의 검투를 즐기는 문화였다. 교회가 핍박을 받고 순교하던 시대는 지나갔다. 하지만 명목주의가 급증하는 상황 속에서, 일부 신자들은 보다 철저한 신앙생활을 지켜나감으로써 살아있는 '순교자의 삶'을 추구하였다.

수도원운동은 3세기와 4세기에 걸쳐 시작되었다. 사막은 기도하는 곳이었다. 소아시아와 이집트에서 온 몇 사람들이 사막으로 들어가, 기도하며, 아주 간소하게 살면서, 금욕적인 수행을 시작했다. 그들은 가능한 음식과 음료를 최소한으로 줄여 생활하였다. 독신자로 기도와 헌신의 삶을 살았다. 대부분 수도자의 제자들이 죽지 않고 생명을 유지할 수 있을 정도로 최소한의 음식과 물을 제공하였다. 수도자들은 사람들의 마음을 끌었다. 사람들은 수행자들에게 찾아와 기도를 받거나 가르침을 구했다. 수행자들은 기적을 행하는 사람들로 여겨졌다.

이런 수도원운동은 중요한 질문을 던졌다. "누가 기독교인 삶의 모델인가? 세례 요한인가 아니면 예수님인가, 혹은 두 분 다인가?" 세례 요한이다. 수도승들(Monks)은 세례 요한을 자신의 선구자로 여겼다.

4) 불완전한 교회 문제

다른 중요한 질문이 있다. 완전하지 못한 교회를 어떻게 볼 것인가? 어떻게 수수하고 완전한 교회를 만들 수 있을까? 역사상 교회는 분열을 통해 순수함을 유지하려 하였다. 수많은 기독교인들은 모체 기성교회에서 보다 순수한 교회를 만들기 위해 분열한 경험이 있는 교회에 속해 있다. 물론 역사상 분열하지 않은 로마 가톨릭, 콥트교회, 또는 동방정교회는 예외에 속한다. 교회는 왜 분열하는가? 역사가 오래된 교회에서 새로운 교회가 갈라져 나온 분열의 이유는 분명하다. 대부분 교회의 순수함과 바른 신앙생활을 지켜나가기 위함이었다. 적어도 명분이나 이론적으로는 그러하였다. 나는 이런 분열이 이상적인 해결책이라고 주장하는 것은 아니다. 그러나 우리가 역사를 연구해 보면, 불완전한 교회 문제를 해결하는 쉬운 방식으로, 모교회를 떠나 새로운 교회를 형성하였다는 사실을 알 수 있다. 하지만 새로 형성된 교회라고 해서 물론 완전할 수 없다. 새로운 세대가 등장하면 교회가 설립되었던 신앙적 초심은 실종되고 마는 경우가 대부분이다.

역사에는 간혹 원하지 않았던 새로운 교단이 생겨나는 경우도 있다. 감리교단이 그런 실례가 된다. 웨슬리(Wesley)는 성공회를 떠나고 싶어하지 않았다. 그러나 그들이 전도한 새신자들이 갈 교회가 없었다. 웨슬리와 제자들은 새로운 교단과 교회를 만들 수밖에 다른 방도가 없었다. 웨슬리는 성공회에 대한 충성을 바치고 있다고 주장하였지만, 현실은 달랐다. 웨슬리는 새로운 교단을 만들 수밖에 없었다. 웨슬리는 감리교단을 만들어 새로 전도한 신자들을 돌보고, 웨슬리 운동을 이끌어 갈 새로운 인물들을 선택하여 훈련하여야만 했다. 웨슬리 운동은 새 술과 같았다. 낡은 부대인 성공회 조직은 완고하여 새 술을 담을 수 없었다. 이런 현상은 다른 곳에서도 찾아 볼 수 있다. 초기 오순절파 사람들은 미국, 칠레, 그리고 브라질 교회에서 억지로 쫓겨났다. 오순절파 사람들은 설 자리를 잃게 되었다. 새로운 교단을 만들 수밖에 없었다. 역사상 교단분열의 책임은 모교단에게도 있다. 성령의 새로운 바람을 인식하지 않으려는 완고함이 문제가 된다. 새 술을 담을 새 부대를 허락하지 않는 완고함이 문제가 된다.

교회문제를 해결하는 다른 방식이 있다. 완전하지 못한 교회문제를 해결하는 다른 방식은 교단 내에 머물면서 작은 집단을 형성하는 것이다. 교단 내의 작은 집단을 통하여 깊이 있는 신앙생활을 추구하며, 친교, 양육, 그리고 제자훈련을 계속해 나가는 방식이 있다. 이것이 전형적인 수도원 제도 방식이다. 이런 수도원 제도는 로마 가톨릭, 동방 정교회를 중심으로 성공회와 루더교 전통에서 뿌리를 내렸다. 이와 비슷한 스몰 그룹(small group) 운동으로 경건주의 운동과 청교도 운동을 들 수 있다. 이런 중요한 스몰 그룹 운동은 오늘날 다양한 복음주의 운동으로 나타나고 있다. 사람들은 큰 교단 내에 머물면서, 스몰 그룹을 만들어 보다 깊은 제자도를 추구하였다. 이런 패턴이 갱신운동의 특성이다. 역사상 이런 갱신운동들은 선교에 대한 눈을 뜨게 하여 새로운 선교운동으로 자리매김하였다.

하나님께서 직접 선교운동을 일으킬 사람들을 부르신다. 하나님께서 스몰 그룹에 속한 우리 중 여럿을 불러 보다 깊이있는 제자도와 순종하는 삶을 추구하게 하신다. 이런 삶은 하나님께서 우리를 부르시는 선교에 대한 적극적 반응으로 인도한다. 하지만 교회와 교단에 머물러야 한다. 이렇게 하나님께서 부르시는 선교를 위해 응답하는 사람들은 가능한 교회조직에 머무는 것이 좋다. 교회에 머무르면서 교회가 갱신되고 부흥하는 데 도움이 될 수 있어야 한다. 굳이 종파 분리론자가 될 필요는 없다.

수도원 운동에는 긍정적인 면이 많이 있다. 그러나 로마 가톨릭 수도원 제도는 간혹 부정적인 모습을 보여주었다. 그럼에도 불구하고 권력집단 외부에 있던 주변 집단(Peripheral groups)에 속한 수도승(Monks), 수사(Friars), 그리고 수녀들이 교회갱신에 기여하고 선교의 촉매제 역할을 수행하였다. 개신교단들 가운데도 이와 비슷한 경우가 많다. 교회갱신에 기여하고 선교의 촉매제 역할을 한 사람들은 주변 집단에 속한 경우가 많다.

교단 내에 머물러 갱신하려는 노력이 수포로 돌아가는 경우도 있다. 큰 교단 내에서 분립하지 않고 남아 교단갱신을 추구하는 스몰 그룹들이 실패하는 경우는, 변화를 포기하거나 혹은 다수의견에 타협하는 경우이다. 이런 경우 긍정적인 변화는 일어나지 않는다.

2. 수도원 운동에 대한 일반적 고찰

1) 긍정적인 측면

첫째, 수도원 운동이 미친 긍정적인 측면들을 살펴보자. 수도원 운동은 영적인 깊이, 심층적 제자도, 그리고 영적 갱신을 추구하였다. 수도원 운동은 제도권 교회의 형식주의와 제도존중주의(institutionalism)와 명목주의에 대한 반발로 일어났다. 여기서 괄목할 만한 사실이 있다. 이런 수도원 운동들을 주로 평신도 남녀 지도자들이 시작하였다는 사실이다. 마더 테레사는 평신도였다. 아시시의 성 프란시스도 그가 수도원 운동을 시작할 때는 평신도였다. 평신도로 예수회(Jesuits)를 설립한 이냐시오 로욜라(Loyola)도 마찬가지였다. 개신교 선교운동사도 유사하다. 평신도 지도자가 시작한 개신교 선교운동들은 수없이 많다. 이런 선교운동은 성령께서 인도하신 것이다. 이 사실은 우리에게 중요한 선교학적 통찰을 준다. 우리는 성령님의 섭리적인 역사에 대해 열린 마음자세를 유지해야만 한다. 간혹 예기치 못한 방식으로 일하시는 성령님의 활동에 대해 열린 마음자세를 가져야만 한다.

수도승들(Monks)은 그들이 이해한 복음에 합당한 생활습관을 추구하였다. 아주 간소한 삶의 방식을 따라 살았다. 성 프란시스는 말했다. "나는 가난 마님과 결혼하였다." 프란시스는 무소유의 삶을 추구했다. 무엇이든 자신이 소유하면 그 소유물이 하나님과 자신 그리고 이웃과 자신 사이에 장벽이 된다고 믿었다. 자신이 하나님이나 이웃보다 소유물을 더 사랑하게 될 유혹에 빠질 것을 염려하였다. 나는 프란시스가 삶의 진실을 직시하였다고 본다. 우리 모두도 소유문제로 인해 상당히 고민하고 있기 때문이다.

그래서 초기 수도승들은 자신들이 이해한 하나님 나라에 정합한 삶을 살기 위해 노력하였다. 수도원에서 자주 인용되는 예수님의 말씀이 있다. 젊은 부자 관원에게 하신 말씀이다. "네게 있는 것을 다 팔아 가난한 자들에게 나눠 주라 그리하면 하늘에서 네게 보화가 있으리라 그리고 와서 나를 따르라"(눅 18:22).

초기 수도원 운동은 상당히 민주적 체제로 운영되었다. 일부 수도원은 중세기에 존재한 그 어떤 기관보다 가장 민주적이었다. 그들은 지도자를 직접 선출하였다. 수도승들은 수도원장에게 순복해야 하였지만, 수도원장은 수도승들에게 사안에 따라 상의해서 중요한 결정을 하였다.

마지막으로, 수도원은 선교적이었다. 수도원은 처음 시작될 때부터 선교를 염두에 둔 기관은 아니었지만, 수도원 운동은 간혹 열렬한 선교운동을 일으켰다. 우리가 선교역사를 연구하면서 관찰해 보면, 교회사에 등장하는 대부분의 선교사들이 수도원 출신이었다는 사실을 알 수 있다.

2) 부정적인 측면

우리는 수도원 운동을 자주 이상화한다. 그럼에도 불구하고 수도운 운동에도 부정적 측면이 있다. 교회는 영지주의를 앞문으로 추방하였다. 그러나 영지주의는 수도원 운동 뒷문으로 들어왔다. 수도원주의는 육체를 경멸하는 성향이 있었고 영적으로 결혼생활이 독신생활보다 못한 것이라고 가르쳤다. 이런 수도원 정신은 로마 가톨릭교회에 아주 건전하지 못한 결혼관을 갖게 했다. 영지주의 영향이 강하게 작용했다. 영지주의는 육체에 고통을 가하는 사람이 더욱 영적인 사람이라는 잘못된 개념을 심어주었다. 이런 영지주의 사상은 행함에 의한 구원을 주장하게 하였고, 우리가 구원받는 것은 우리의 믿음과 예수 그리스도 안에서 우리를 받아주시는 하나님의 은혜로만 이루어지는 것이 아니라, 육체를 쳐서 복종케 하여, 간소한 생활습관으로 살면서, 기도에 많은 시간을 드림으로 이루어진다고 믿게 하였다.

수도원 운동은 영지주의 영향을 받았다. 그들은 세상으로부터 격리된 삶을 강조했는데, 하나님을 예배하기 위한 격리가 아니라 자신의 구원을 이루기 위함이었다. 마틴 루터가 법과대학건물로 걸어가던 길에, 번개가 쳐서 거의 죽을 뻔했던 사건이 있었다. 루터는 정신을 잃고 땅에 쓰러졌다. 그가 깨어나면서 처음 한 말이 있다. "성 안나여, 저는 수도사가 되겠습니다." 루터는 당시 성 안나를 동정녀 마리아의 모친으로 믿고 있었다. 루터는 개인의 구원문제로 고뇌하고 있었다. 중세 문화는 루터에게 구원의 길을 다르게 가르쳤다. 구원을 얻기 위해 수도원에 들어가서 기도, 금식, 묵상, 그리고 선행을 행하는 금욕적인 생활을 해야 한다고 가르쳤다. 그런 중세적 가치관에 따라 루터는 수도원에 들어갔다. 루터는 수도원에서 구원을 받는 방법에 대해 성경적으로 그리고 신학적으로 노력하였다. 마침내 루터는 자신의 구원관을 정립할 수 있게 되었다. 그가 내린 결론은 개신교 종교개혁을 불러 일으켰다. 우리는 종교개혁에 관해 차후에 다루게 될 것이다.

클레르보의 성 베르나르드(Bernard)는 시토 수도회의 특출한 리더였다. 시토 수도회는 가톨릭 수도회의 갱신운동이었다. 그는 아마도 12세기 유럽에서 가장 영향력있는 기독교인이었다. 그는 여러 곳을 여행하고 사람들을 폭넓게 사귀었다. 그는 독일에서 목회자로 사역하는 신부와 편지를 나누기도 했다. 그는 교구사제로 몇 년간 사역한 후에, 수도원에 들어갔다. 하나님과 더 깊은 관계를 가지기 위해서였다. 수도원에서 몇 년간 수도한 후, 그는 목회현장으로 돌아가 교인들을 돌보았다. 그러나 베르나르드(Bernard)는 독일 목회자에게 편지를 썼다. 그가 수도원을 떠나 교구 목사로 돌아가면, 구원을 잃어버릴 위험성이 높아진다고 썼다. 베르나르드는 여러 면에서 탁월한 사람이었다. 하지만 베르나르드는 심각한 신학적 결함을 가지고 있었다. 그는 자신의 구원보다 목회에 초점을 맞추면, 자신의 구원을 잃어버릴 수 있다는 구원론을 가지고 있었다. 이런 구원론은 분명히 성경적으로 잘못된 것이다.

수도원 제도의 부정적인 다른 모습은 기독교인들을 외형적 기준에 따라 두 종류로 나눈다는 점이다. 첫째는 영적으로 수련하는 수도사이다. 둘째는 평범한 신자들이다.

수도원 제도는 로마 가톨릭교회에서 성모 마리아 숭배사상을 자극하였다. 성모 숭배사상은 성모 마리아를 예배와 헌신의 초점이 되게 하였다. 어떻게 성모 숭배사상이 생겨났는지를 이해하기 위해 프로이드 정신분석학자가 될 필요는 없다. 베르나르드(Bernard)는 아가서를 기초로 하여 성모 마리아에 관한 설교를 30편 이상 작성하였다. 이런 식으로, 수도원주의는 독신을 강조함과 함께, 성에 대해 건강하지 못한 태도를 갖게 했다. 중세교회에 성모 마리아의 역할을 높였다. 이 이슈는 오늘까지 문제로 남아있다.

수도승의 패러독스가 있다. 대부분의 수도승들은 일상의 생활과 속세를 떠나기 원했지만, 그들은 선교사가 되기도 했다. 모든 수도원들이 속세를 떠나는 것을 강조하던 원래 생각을 고수하지 않았다. 일부 후대에 일어난 수도원 운동들은 강력한 선교적 경향을 갖고 있었다. 특히 켈트족과 프란치스코회(Franciscan)와 도미니쿠스회(Dominican) 수사들(Friars)이 그러하였다. 후일, 예수회(Jesuits)는 선교적 성향이 강했다. 이렇게 선교적인 수도승들은 세상을 떠나 지내는 시간에 기도하고 세상에 나가 복음을 전하기 위한 준비기간으로 사용하였다. 이런 선교적 모델이 훨씬 더 건강한 모델이라고 할 수 있다.

3. 수도원 운동의 역사

수도원 운동의 역사를 살펴보자. 우리가 수도원 제도의 역사에 대한 탐구를 시작하면서 분명히 알아야 할 역사적 사실이 있다. 4세기부터 18세기에 이르는 기독교 교회역사의 삼분의 이가 되는 동안에 파송된 대부분의 선교사들은 수도승들과 수녀들이었다는 것을 인식해야 한다. 물론 예외도 있었다. 12세기에 시작한 발도파(Waldensians), 15세기 영국에서 일어난 롤라드파(Lollards), 루터파(Lutherans), 칼뱅주의자, 그리고 16세기 재세례파(Anabaptists)가 예외에 속한다. 그럼에도 불구하고 14세기에 이르는 동안 교회에서 파송된 선교사들 대부분은 수도승들이었다.

1) 은수자 운동

수도원 운동은 은수자인 안토니오가 시작한 것으로 알려져 있다. 안토니오는 엄격한 금욕주의적 생활습관을 따랐다. 3세기 말경, 그는 홀로 수도하기 위해 사막으로 갔다. 사람들이 그에게 찾아와, 그의 경건한 모습을 보고, 신앙을 갖게 되었다. 여러 사람들이 안토니오를 추종하게 되어 공동체 운동이 되었고 규모가 커져갔다. 처음에는 수도승들은 홀로 살았다. 일부는 동굴에서 살았다. 초기 수도승 가운데 '기둥 위의 성자'라고 불린 시므온 스타일라이트(Simeon

Stylites)가 유명하다. 그는 기둥 꼭대기에서 25년 동안 수행하였다. 제자들이 그에게 물과 식사를 가져왔다. 시므온은 성자의 모범으로 알려졌다. 당시 성자의 모범으로 알려진 은수자 가운데는 오늘날 우리가 볼 때 기상천외한 사람들도 상당수 있다.

2) 초기 수도원 공동체들

은수자들이 모여 공동체를 이루었다. 자연스럽게 남자 수도자들을 위한 공동체와 여자 수도자들을 위한 공동체가 세워졌다. 대부분 이집트 사막에 수도원이 세워졌다. 수도원의 첫째 목적은 예배에 있었다. 그들은 영적 전쟁을 강조했다. 수도자들은 삶을 세상, 육체, 그리고 악과 대결하는 전쟁으로 규정했다. 그들은 자신과 주변 세상을 위해 기도했다. 성적 유혹을 물리치고 승리하기 위해 수도승들은 여자를 멀리했다. 여성의 출입을 허용하지 않았다. 수도승을 만나러 온 자신의 모친이나 친 자매들까지도 가까이 오지 못하게 하였다. 일부 수도원에서는 동물 가운데 암컷이라도 가까이 가지 못하게 하였다. 지금까지 이런 전통을 지키는 수도원이 그리스에 있다. 그 수도원에는 어떤 여자도 들어가지 못한다. 관광객이라도 여성은 허락되지 않는다.

4세기 후반, 수도원 생활은 더욱 발전되었다. 일부 수도자들은 예배드리고, 일하고, 일부는 함께 공부하기도 하였다. 다른 중요한 일은 공동체의 수장이 되는 수도원장을 선출하는 것이었다. 당시 수도원은 독립적으로 운영되었다. 수도회(Monastic order)와 같은 수도원들이 상호 교류하며 같은 규칙을 상호 적용하는 조직기관이 없었다. 모든 수도원은 상호간 독립적으로 운영되었다. 수도원의 초점은 수도원에서 생활하는 공동체 내에서 이루어지는 친교, 예배, 그리고 기도를 통한 영적 전쟁에 있었다.

나는 이집트 콥트교회 감독인 마르코스 안토니오스(Markos Antonios)를 잘 안다. 그는 내가 지도한 학생이었다. 그는 여러 해 동안 케냐에서 선교사로 활동한 감독이었다. 그는 에티오피아에서 여러 해 동안 의사로 활동하였으며, 아디스아바바(Addis Ababa)에 있는 의과대학에서 교수로 가르치기도 하였다. 마르코스는 대학생들을 위해 성경공부를 인도하였다. 수많은 학생들이 몰려들었다. 지금은 800여명에 이른다고 한다. 그는 그곳에서 주일학교를 시작했다. 고대 에티오피아 교회를 위해 주일학교 교재를 발간하여 제공하면서 에티오피아 교회가 부흥되기를 소원하였다. 그러나 공산정부가 들어서면서 사정이 달라졌다. 공산정부는 그가 하는 교회사역을 금지하였다. 그는 교회 현장을 떠나야 했다. 그는 말했다. "저는 수도원으로 가서 수도승으로 서원을 하였습니다. 제가 오래 전부터 하고 싶었던 일이었습니다. 저는 사막으로 갔습니다. 1년간 사막에서 지내면서 기도했습니다. 그 시간이 얼마나 행복한 시간이었는지 몰라요!"

수도원 생활은 서구문화와 다르다. 서양적 사고방식으로는 사막에 가서 1년씩이나 기도한다는 것을 상상하기 어렵다. 이집트 감독인 마르코스는 달랐다. 그는 사막에서의 수도생활이 너무 좋아서 사막을 떠나고 싶지 않았다고 했다. 이것이 사막 영성이다. 우리 개신교 신자들은 영성에 대해 더 알아야 하고 배워야 할 것들이 많다. 우리가 사막에 가서 직접 수도생활을 하지는 않는다 할지라도 그들의 영성에서 배울 점이 있다.

나는 결혼을 놀라운 축복으로 믿는다. 결혼은 멋진 것이다! 나는 결혼을 통해 남편이 되고 부모가 된 것이 내 인생의 가장 멋진 경험이었다. 하지만 하나님께서는 부르시는 각자에게 각각 다른 삶을 살게 하신다. 나는 이집트 감독 마르코스를 통하여 많은 것을 배웠다. 주님을 사랑하고 예배하기 위해 나와 다른 신앙 여정을 걸어 온 그의 삶이 무척이나 신선하게 느껴졌다.

UCLA 교수였던 린 화이트(Lynn T. White)는 중세 기독교를 연구했다. 그의 논문 "중세 기독교의 의미"는 수도승에 관한 중요한 정보를 담고 있다.[1] 초기 수도승들은 처음으로 지적 노동과 육체적 노동을 함께 하였다. 이론과 실제를 겸비한 지적인 노동자들이었다. 우리 중 일부는 지식인과 노동자가 분리된 사회에서 사역한 경험이 있을 것이다. 학위를 가진 사람이 양복을 입고 넥타이를 매고 출근하면, 손에 흙을 묻히지 않고 서류작업만 하는 사회가 있다. 그런 문화가 그리스-로마 문화였다. 종들이 힘을 쓰는 노동을 하고, 신사는 지적인 일을 하며, 귀족 여자들은 일하지 않았다. 화이트는 기록했다. 수도승들은 중세 지식인들 가운데서 자기 손톱에 흙을 묻히고 노동을 한 최초의 지성인들이었다. 이것은 서양문화에 끼친 큰 공헌이었다.[2]

---

1) Lynn T. White, "The Significance of Medieval Christianity", Thomas, George, ed. *The Vitality of the Christian Tradition* (Harper & Brothers, 1944).
2) 랄프 윈터는 린 화이트의 중세 기독교 연구를 바탕으로 두 조직체 이론을 발전시킬 수

성 보나벤투라(St. Bonaventure) 이야기는 아주 흥미롭다. 그는 초기 프란치스코회(Franciscan) 신학자 가운데 한 사람으로, 영혼이 하나님께 나아가는 신앙여정에 관한 유명한 책을 저술하였다. 교황은 기뻐했다. 그의 영예를 높여 추기경에 앉혔다. 교황의 사자가 성 보나벤투라가 살고 있는 집에 도착하여 붉은 추기경 모자를 수여하려 할 때, 성 보나벤투라는 뒤뜰에서 설거지를 하고 있었다. 교황의 사자가 그에게 다가가 붉은 추기경 모자를 수여하였다. 모자를 받은 그는 옆에 있는 나무에 모자를 걸어두고, 계속 설거지를 하였다. 얼마나 놀라운 이야기인가! 이런 모습은 수도원 제도가 가진 훌륭한 영성을 보여주는 가장 멋진 장면이다.

3) 누르시아의 성 베네딕트

성 베네딕트(Benedict, 480-543)는 20세에 속세를 떠나 수도원 생활을 시작했다. 529년, 서방에는 수도원 제도가 3세기 동안 존속하고 있었으나 쇠락하고 있었다. 일부 수도원은 타락하고 퇴폐적이었다. 성 베네딕트는 수도원을 조직하는 은사가 있었다. 그는 중부 이탈리아 몬테카시노(Monte Casino)에 수도원을 설립하였다. 그 수도원에서 공동생활을 지도하는 규칙을 제정하였다. 이 베네딕트 규칙에 대하여 한 역사가는 "그리스도의 군대의 주둔지로 영원하고, 자제하며, 자급하는 것"이라고 기록하였다.[3] 그들은 자신을 '군사들'이라 불렀다. 그들은 수도원을 떠나서는 안 되었기 때문이었다. 수도원 공동체는 자급하도록 기안되어 있었다. 그들은 수도원장에게 복종해야 했다. 하지만 수도원장도 중요한 일에 관하여는 수도승들과 의논해야만 하는 체제를 갖고 있었다. 수도원장을 '아봇'(abbot)이라 불렀는데, 이 말은 아람어로 아버지를 뜻하는 '아바'에서 유래한 말이었다.

예배가 첫째였다. 수도승의 의무는 예배였다. 매일 일곱 차례로 시간을 나누어 4시간씩 예배를 드렸다. 수도승들은 매일 여러 시간씩 노동을 하였다. 들에

있었다. - 역주

3) One writer has called them "a permanent, self-contained, self- supporting garrison of Christ's soldiers". Williston Walker, *A History of the Christian Church* (New York: Scribner, 1959 Revised Edition), 127.

나가서 하는 육체적 노동과 도서관에서 하는 지식적 노동을 함께 하였다. 이런 수도원의 노동문화는 서양문화에 지대한 공헌을 하였다. 그들은 농장에서 농작물을 심고 가꾸면서, 새로운 농사방법을 개발하고 발전시켰다. 수도승들이 했던 도서관 일은 고대 문서들을 복사하는 일이었다. 그 결과로 우리는 고대세계의 다양한 지적 활동에 관한 내용을 수도원을 통해 전수받게 되었다. 수도원은 수도자들을 위해 학교를 설립하였다. 그런데 샤를마뉴(Charlemagne)는 자신의 영토에 켈트족 수도승 3천을 데려와 학교를 설립하였다. 이런 학교설립 운동들이 발전하여 대학을 형성하는 배경이 되었다.

수도승은 간소하게 살았다. 음식과 의복이 간소했다. 수도승의 복장은 당시 일반 평민들이 입는 검소한 복장이었다. 오늘날 우리가 수도승의 예복을 보면 색다른 이국적 느낌을 갖지만, 그 옷은 당시 일반 사람들이 입던 평상복이었다.

4. 수도원 쇠퇴의 원인

1) 물질적 풍요

수도원에는 지식있는 노동력이 풍부했다. 그래서 자연스럽게 부유해졌다. 그런데 그것이 문제였다. 우리가 수도원 쇠퇴의 원인을 탐구하면서 맥가브란을 생각한다. 맥가브란은 유명한 선교학 용어를 남겼다. 맥가브란의 "구원과 생활향상으로 인한 전도장애 이론"(Redemption and lift)이 수도원의 쇠퇴를 잘 설명한다. 수도원이 설립되어 시간이 흐르자, 상당수의 수도원은 경제적 풍요를 누리게 되었다. 수도승들은 새로운 곳으로 가서, 땅을 개간하고, 농사를 짓고, 수확을 얻어 부를 쌓아갔다. 나는 한 번 포르투갈에서 가장 큰 교회가 있었던 알꼬바사(Alcobaca)라는 작은 도시를 방문한 적이 있다. 그 교회는 13세기 프랑스에서 온 시토파 수도승들이 설립한 교회였다. 수도승들은 사과와 배를 비롯한 과일 재배법을 가지고 왔다. 수도원은 포르투갈에서 가장 맛있는 과일을 생산해내는 생산지로 유명해졌다. 시토파 수도회(Cistercians)는 영국에서 양털 모직물 산업을 발전시켰다.

수도원이 부유해진 원인은 양질의 노동력 이외에 두 번째 요인이 있었다. 여러 귀족들이 토지와 다른 재산을 수도원에 헌납하였다. 귀족들이 사망한 이후 그들의 영혼을 위해 수도승들이 기도해주는 조건으로 재산을 헌납하였다. 이런 풍습은 중세교회의 연옥에 대한 가르침과 관련된다. 중세교회는 사람이 죽으면 영혼은 연옥에 가게 되는데, 반드시 수도승들의 기도로 도움을 받아야 연옥에 있는 영혼이 천국에 갈 수 있다고 가르쳤다. 이런 까닭에, 수많은 귀족들이 토지와 다른 재산들을 수도원에 헌납한 것이다. 그 결과 수도원은 더욱 부유해졌다. 수도원의 물질적 풍요는 타락을 불러왔다.

멜크(Melk) 수도원도 부유한 수도원의 다른 실례가 된다. 다뉴브 강을 내려다보는 수도원 건물들은 최고급 대리석을 사용하여 지어졌다. 검소하고 엄격한 생활을 하던 초기 수도승들이 상상할 수 없이 화려한 수도원이었다.

2) 봉건제도

수도원은 간혹 정치세력의 중심지가 되곤 하였다. 봉건제도가 발전하자, 수도원은 점점 더 많은 땅을 소유하게 되었다. 수도원장들은 정치 권력자들의 중개인 역할을 하게 되었다. 정치적인 야심을 가진 귀족들은 정치력을 키우기 위해 여러 수도원장들과 정치적 동맹관계를 맺으려 하였다. 수도원장도 일종의 봉건 영주였다. 그러므로 사회질서를 유지하기 위해 정치적 동맹관계가 필요하였다. 그러나 이런 정치적인 타협을 통해 수도원은 본래의 의미를 상실해 갔다. 수도원은 더 이상 신앙적 경건을 추구하는 곳이 아니라 정치권력을 추구하는 집단으로 변해갔다.

오스트리아 잘츠부르크(Salzburg)에 가면, 산 위에서 시내가 내려다보이는 전망 좋은 곳에 자리한 군주-추기경의 궁전을 방문할 수 있다. 이 궁전에는 중세기 죄인을 심문하던 고문실이 있다. 군주-추기경의 여자인 정부(情婦)를 위한 궁은 도심에 있는 성당 앞에 자리하고 있다. 당시 군주-추기경은 이렇게 살았다. 추기경의 삶은 다른 중세 군주들의 삶과 다른 것이 없었다. 자신의 뜻을 관철시키기 위해서 정치권력을 이용하고 고문을 서슴지 않았다. 이런 모습은 봉건제도가 활발하던 중세교회 전반에 두루 나타났다. 군주-추기경은 수도원 원장은 아니었지만, 수도원장을 비롯한 여러 중세 교계 지도자들의 전형적인 삶을 보여주는 실례가 된다.

3) 귀족 출신의 아들들

수도원은 귀족 출신의 아들이 모이는 곳이 되었다. 귀족의 장남은 법과 관습에 따라 모든 재산을 유산으로 물려받지만, 차남은 군인이 되곤 하였다. 그러나 막내아들은 자신이 설 자리를 찾을 수 없었다. 귀족들은 이런 아들들을 수도원으로 보냈다. 이것은 수도원 생활에 대한 아들의 의지와 상관없이 이루어졌다. 이런 풍습은 수도원의 영적 생활에 심각한 타격이 되었다. 귀족의 장남이 아닌 아들들은 수도원 생활을 통하여 영적인 인물이 되기보다 타락과 방탕에 빠지기도 했다.

4) 자기중심적 신학

자기중심적 신학은 건전하지 못하다. 자신의 구원에 초점을 맞춘 자기중심적 신학은 수도원 생활의 바람직하지 못한 모습이다. 이것은 수도원 운동의 쇠퇴를 불러왔다. 나는 수도사의 전형으로 마틴 루터에 대해 언급하였다. 하지만 참된 기독교인의 삶을 추구하고 교회를 갱신하려는 사람들이 시작한 수도원 운동은 중세 문화에 긍정적인 영향을 끼쳤다. 그들이 이해했던 신앙은 나름의 한계를 가지고 있었지만 우리는 그들에게 많은 빚을 지고 있다. 하지만 우리가 언급한 여러 이유들 때문에 수도원 운동은 쇠퇴하였다

5. 갱신의 방법

수도원 제도를 새롭게 갱신하는 일반적인 방법은 더 철저한 규율을 가진 새로운 수도원 공동체를 설립하는 것이었다. 수도승들은 간혹 오래된 수도원을 떠나 사막으로 들어가 새로운 공동체를 형성하였다. 동기는 간단했다. 수도원에 들어오던 초심으로 돌아가기 위해서였다. 이런 신생 공동체들은 서로 연합하여 귀족들과 지역 감독들의 간섭을 피하려고 노력하였다. 이런 순수한 신앙 운동은 긍정적인 형향을 주기도 했다.

기독교인의 영향력이 미치지 못하는 지역에 세워진 새로운 수도원들은 선교

적이 되었다. 그들은 새로운 신앙공동체를 형성하여 주변에 선교적 영향력을 끼쳤다. 수도원의 생활양식, 그들의 영적인 능력, 그리고 그들의 영적 권위는 주변 사람들의 마음을 끌었다. 이런 방식으로 일부 수도원은 선교 공동체가 되었다.

선교운동?

수도원 운동은 어느 정도 선교운동이라고 할 수 있을까? 랄프 윈터는 수도원 운동의 선교적 측면에 대해 칭찬했다. 우리 개신교는 윈터의 의미있는 칭찬을 잘 기억해야 한다. 우리는 수도원 운동에서 배울 점이 많다. 그럼에도 불구하고 나는 선교운동으로서의 수도원 운동에 대해 약간 비판적이다. 총체적 관점에서 보아 그렇다. 수도사의 첫째 목표는 세상에 나가 복음을 전하는 것이 아니었다. 수도사의 첫째 목표는 세상에서 자신을 격리하여 자신의 영적 생활을 영위하는 것이다. 수도원 제도를 연구한 멜리스(Mellis)의 용어를 빌려 설명하면, 수도원은 "선교하러 나가는"(go out) 공동체라기보다 "현상을 유지하는"(go on) 혹은 영적으로 "깊이 들어가는"(go deeper) 공동체였다.

수도원 운동은 다른 공동체 운동에 영향을 주었다. 수도원 주변에 사는 일반 사회인들에게 기독교인의 삶의 모범을 보여주는 신앙공동체들이 형성되었다. 이렇게 신앙공동체들은 더욱 기독교인다운 삶의 방식을 따르는 사람들의 중심지가 되고, 교육을 강조하여, 사람들을 개화시키고, 복음을 전하고, 사람들을 양육하였다. 중세시대 대부분의 사제들은 문맹자들이었고 주기도문, 예배인도, 그리고 아베 마리아를 라틴어로 겨우 하는 정도였다. 설교를 할 수 있는 사제는 거의 없었다. 수도승은 당시 최고로 높은 교육을 받은 사람들이었다. 수도승 가운데 일부는 사람들에게 설교하고 가르치기 위해서 수도원을 떠나기도 하였다. 수도승들이 더 깊이 있는 신앙인의 삶을 살기 위해 속세를 떠나왔다는 사실이 중요했다. 그들은 속세로 돌아와 자신들이 속세를 떠나 이해한 복음을 전하였다.

수도사들은 간혹 이동하는 선교사 집단으로 활동하였다. 교회 지도자들이 새로운 지역을 복음화하기 위해 선교사들을 보내기 원할 때, 갈 수 있는 사람은 누구였는가? 수도승 외에는 없었다. 596년 그레고리 대제(Gregory the Great)는 영국에 선교사들을 보내기로 결정하였다. 스코틀랜드로부터 내려오는 켈트족의 영향을 막아보려는 생각도 일부 하면서, 영국 교회에 권위를 다시 주장하려는 속셈도 일부 하였다. 그레고리 대제는 영국에 수도승들을 선교사로 파송하였다. 수도승들은 어거스틴의 지도하에 캔터베리 근교에 도착하였다. 이렇게 시작된 영국 선교가 로마 감독들이 시작한 최초의 형식을 갖춘 선교활동이었다. 이 최초의 선교활동이 마지못해서 파송된 수도승들에 의해 이루어졌다는 것이 아이러니하다. 역사는 사실 이런 아이러니로 가득하다.

6. 갱신운동의 교훈

1) 제도화의 위험

모든 갱신운동은 제도화의 위험에 직면한다. 이것은 우리가 속한 갱신운동에도 적용된다. 제도화 현상은 개척자의 초기비전을 추구하기보다 기관이나 제도를 유지하는 것이 더욱 중요한 가치가 될 때 일어난다. 모든 갱신운동은 이런 제도화의 위험과 공존한다. 우리는 이런 제도화의 부정적인 면을 경계할 필요가 있다.

2) 권력남용

갱신운동은 물질적인 풍요와 정치권력에 빠지는 위험에 노출된다. 우리는 권력이 심각하고 새로운 유혹이라는 사실을 알고 있다. 이런 위험은 선교단체들이라고 해서 예외일 수 없다. 권력남용은 갱신운동이 가진 정치권력과 재정능력을 지혜롭게 사용하지 못할 때 일어난다.

3) 대중적 인기

운동은 대중적인 인기를 얻으면 타락할 위험이 있다. 새로운 운동에 참여하는 사람들은 자신이 속한 사회통념에 저항하고, 일부 사회적 가치관과 방향을 거부하며, 새로운 가치관을 따르기 위해 180도 선회하는 자들임을 인식해야 한다. 그들은 새로운 운동을 선택함으로 큰 희생과 위험을 감수해야 한다. 그럼에도 불구하고 한 세대가 지나고 나면 달라진다. 2세대들은 부모세대들이 겪어야 했던 위험부담과 철저한 신앙적 결단을 통하지 않고 새로운 운동의 일부로 태어났다. 운동 2세대들은 1세대들과 경험적으로 다르다. 2세들은 1세대의 가치관을 따를 수 있지만, 1세대들이 경험했던 신앙적 철저함과는 전혀 다르다. 이런 제도화 경향은 세대가 내려가면서 심화된다. 부모로부터 물려받은 신앙은 처음에는 좋지만, 오래가지 않는다. 신앙은 계속해서 성령의 능력으로 계속 새롭게 갱신되어야 한다. 신앙갱신이 없으면 헌신과 신앙적 활력이 감퇴한다. 이것이 역사적 딜레마이다. 매 세대마다 성령의 새로운 역사가 필요하다. 이것이 교회의 역사전체를 통하여 성령의 새로운 역사에 대한 딜레마이다.

본 장에서는 수도원 운동과 속사도시대의 선교적 이슈들에 대해 다루었다. 다음 장에서는 켈트족 교회와 선교운동에 대해 다루게 될 것이다.

제 7 장

켈트족 교회

1. 말씀묵상

요한복음 17장은 예수님의 기도가 담겨있다. 이 기도문은 일부 사람들에게는 친근하고 다른 사람들에게는 별로 친근하지 않다. 이 기도문을 자주 인용하는 사람들이 있고, 무시하는 사람들도 있다. 이 말씀은 주님께서 십자가 지시기 전에 드린 훌륭한 기도이다. '대제사장적 기도'라 불린다. 이 기도에서 예수님은 자신의 제자들과 우리를 위해 기도하신다.

내가 비옵는 것은 이 사람들만 위함이 아니요 또 그들의 말로 말미암아 나를 믿는 사람들도 위함이니 아버지여, 아버지께서 내 안에, 내가 아버지 안에 있는 것 같이 그들도 다 하나가 되어 우리 안에 있게 하사 세상으로 아버지께서 나를 보내신 것을 믿게 하옵소서 내게 주신 영광을 내가 그들에게 주었사오니 이는 우리가 하나가 된 것 같이 그들도 하나가 되게 하려 함이니이다 곧 내가 그들 안에 있고 아버지께서 내 안에 계시어 그들로 온전함을 이루어 하나가 되게 하려 함은 아버지께서 나를 보내신 것과 또 나를 사랑하심 같이 그들도 사랑하신 것을 세상으로 알게 하려 함이로소이다 (요 17:20-23)

이 말씀은 우리 주께서 십자가를 지시기 전에 하신 능력의 말씀이다. 그러므로 이 기도는 우리에게 대단한 권위를 준다.

하나됨은 가장 큰 딜레마이다. 역사 전반에 나타난 교회의 딜레마이다. 우리는 이 사실을 부인할 수 없다. 나는 우리가 어떻게 우리의 하나됨을 표현하는 방식을 선택할 것인지 제안하는 것이 아니다. 주님의 기도는 우리가 이미 예수 그리스도 안에서 하나됨을 선언하고 있다. 이 사실은 우리가 인정하든지 안 하든지 상관없이 진리이다.

사실은 분명하다. 누구든 예수 그리스도를 주님으로 고백하는 사람들은 모두 하나이다. 그리스도 안에서 형제이며 자매이다. 어느 교단에 속했든지 상관이 없다. 기성 개신교 교단이든, 오순절 교단이든 새로 일어나는 초교파 교단이든, 동방이나 서방에 있는 고대 교회이든 전혀 상관이 없다. 우리가 예수님을 구세주와 주님으로 고백하면 우리는 예수 그리스도 안에서 하나이다.

하나됨은 선물이다. 나는 이 하나되는 선물을 우리가 부름받은 사역지가 어디이든 가지고 가서 나누어야 한다고 주장한다. 그 하나됨이 우리 삶과 사역에서 어떻게 나타나야 하는지 다 알지 못한다. 나는 어떤 조직적 하나됨을 주장하는 것은 아니다. 내가 주장하는 것은 우리가 평생 그리스도 안에서 하나됨을 드러내기 위한 방법들을 찾아내야 한다는 것이다. 주님께서 선포하신 하나됨은 우리가 우리 힘으로 이룩한 것이 아님을 기억해야 한다. 그것은 주님의 십자가와 부활에 이미 포함되어 있었다. 하나됨은 우리에게 주신 주님의 선물이다. 다시 주님의 말씀을 살펴보자. 하나됨의 목적을 살펴보자. 예수님은 기도하셨다. 제자들이 하나 되어 "세상이 믿게 하려 함"이었다. 그러므로 우리는 세상이 예수 그리스도를 믿고 그의 제자들이 될 수 있도록 행동하고 살아야만 한다.

이 역사적 고찰을 통하여, 우리는 선교와 하나됨이 함께 가지 못하고 자주 나뉘었음을 발견하게 될 것이다. 선교에 집중한다는 미명하에 선교하는 사람들은 기성교회에게 등을 돌리는 경우가 자주 있었다. 우리 중 일부도 하나님께서 부르신 선교사역에 집중하기 위해 등을 돌린 경우가 있을 것이다. 나는 교회와 선교가 하나 되었을 때 세상을 향한 우리 증거가 가장 강해진다고 확신한다. 우리가 하나됨을 인식하고. 우리의 하나됨과 선교를 위한 소명이 하나가 되었을 때, 교회가 전체적으로, 그리스도의 몸 전체가 세상을 향해 하나됨을 가장 분명하게 드러내게 될 것이다. 하지만 이런 하나됨은 자주 보여지지 않는다. 이것이 우리의 딜레마이며 우리를 향한 도전이다.
함께 기도하자.

아버지, 먼저 당신을 주님과 구세주로 알게 하시고, 당신의 제자가 되도록 저희들을 불러주셔서 감사합니다. 저희를 예수 그리스도의 몸으로 부르셔서 속한 교회를 통하여 그리스도의 몸을 드러내게 하신 것을 감사합니다. 특정 지역교회를 통하여 몸의 일부가 되게 하신 것을 감사하오며, 모든 언어와 문화와 종족을 포함하고 다양한 교단 전통을 포함하는 주님의 몸 전체로 불러주신 것을 감사합니다.

주님, 저희에게 주신 하나됨의 선물을 감사합니다. 그러나 저희들은 이 선물을 어떻게 적절하게 드러내야 하는지 알지 못합니다. 저희를 주님께 더 가까이 이끄시고, 저희를 주께로 가까이 이끄시는 것처럼, 저희도 서로에게 더 가까이 다가가게 하옵소서. 주께서 서로를 위해 주신 사랑을 잘 표현할 수 있도록 도와주소서. 그리하여 다른 사람들을 주님 나라로 이끌 수 있게 하옵소서. 예수님 이름으로 기도합니다.

2. 서론

우리는 역사상 가장 흥미로운 선교사들과 선교운동에 관해 탐구할 것이다.

성 패트릭(Patrick)과 켈트족(Celtic) 선교운동에 관해 살펴볼 것이다. 우리는 켈트족이라 하면 일반적으로 스코틀랜드와 아일랜드를 연관시킨다. 하지만 켈트족은 훨씬 넓은 지역에 퍼져 살아가는 사람들이다. 그리스도가 오시기 7백 년 전에 오스트리아에 살았던 켈트족 대장장이가 있었다. 기원전 수백 년 전에 오스트리아 잘츠부르크 외곽에 소금광산을 시작한 켈트족 사업가가 있었다.

기원전 500년, 켈트족은 프랑스 남부와 스페인 북부 지방에 살고 있었다. 그들이 살던 지역은 지금의 독일, 스위스, 그리고 오스트리아 지역이다. 그들은 기원전 390년 로마를 약탈했다. 갈라디아 교회는 아마 켈트족 교회였을 것으로 짐작된다. 갈라디아와 켈트의 자음인 "C, L, T"와 "G, L, T"에는 유사성이 있다. 터키의 수도 앙카라는 원래 켈트족 도시였다. 스페인 북방지역인 '갈리시아'(Galicia)도 켈트족 지역이었음이 틀림없다.

2세기 중엽, 이레니우스(Irenaeus, 212년 사망)는 소아시아 출신으로 프랑스 남부지방으로 내려왔다. 그는 켈트족 언어를 사용하였고 남부 갈리아(Gaul)에 사는 켈트족과 로마화된 침략자들을 대상으로 선교활동을 하였다. 이레니우스는 켈트족 언어로 선교활동을 하였지만 갈리아 교회는 로마 시스템으로 조직되었다.

3세기에 이르자 기독교 신앙은 로마가 통치하던 지역인 영국에까지 이르렀다. 142년 세워진 하드리안 성벽(Hadrian's Wall)은 스코틀랜드에 살고 있던 켈트족이 남쪽으로 침공해 내려오는 것을 저지하기 위해 세워졌다. 이것은 역사의 아이러니이다. 후일 기독교인이 된 켈트족 선교사들이 하드리안 성벽을 넘어 남부지방으로 내려와 효과적인 선교활동을 하였다.

외견상으로 보면, 1세기 기독교 신앙은 로마의 통치를 받았던 영국 국경 내에 머문 것처럼 보인다. 영국 내에는 강한 교회가 있었지만, 교회는 주변 부족들에게까지 퍼져나가지 못했다. 내가 "로마화한 브리튼 사람들"(Romanized Britons)이라 지칭하는 집단은 로마에서 온 사람이나 혹은 로마 문화에 동화된 사람들을 의미한다. 그들은 지배적인 집단이었고 라틴어를 사용하였다.

3. 패트릭(Patrick)

나는 교회역사에 나타난 인물들 가운데 패트릭을 가장 흥미로운 인물 중 하나로 본다. 그는 위대한 로마 가톨릭 성자로 알려져 있다. 패트릭은 위대했고 성자다웠지만, 그와 로마 가톨릭교회와의 관계는 아주 빈약했다. 그는 로마 가톨릭보다 로마에 있는 동방교회의 영향을 더 많이 받은 것으로 보인다. 이런 경향은 다음 두 가지로 알 수 있다. 부활절을 기념하는 날짜와 머리를 자르는 수도승의 관습에서 나타났다. 이 두 가지 면에서 패트릭은 동방교회의 방식을 따랐다.

우리는 패트릭과 그가 일으킨 선교운동에 대해 좀 더 살펴보기 원한다. 여러 면에서 패트릭은 우리의 모델이 되기에 적합한 사람이기 때문이다. 이 책에서 중요하게 다루는 논지 가운데 하나는 핵심 지도자 이론이다. 핵심 지도자는 새로운 선교운동을 일으키는 데 가장 중요한 역할을 한다. 내가 말하는 핵심 지도자는 하나님과 깊은 관계를 경험하고 세상을 향해 선교적 심장이 요동치기 시작한 사람들을 말한다. 패트릭이 그런 사람이었다. 우리가 그의 삶을 살펴본다면 이런 질문을 던질 수 있다. 하나님께서는 그를 어떻게 연단하셨는가? 하나님께서 어떻게 그를 부르시고 너무나 특별하게 사용하셨는가? 그의 삶은 선교를 위해 특별한 방식으로 쓰임받은 위대한 신앙 인물들에게 배울 수 있는 수많은 교훈을 준다.

1) 탄생과 어린 시절

패트릭은 390년경에 사제의 손자이며 부제(副祭)의 아들로 태어났다. 당시 영국교회 지도자들은 결혼하였다. 그는 부유한 가정에 태어났다. 우리는 패트릭 가족의 신앙이 어떠했는지 정확히 아는 바가 없지만, 패트릭의 신앙은 별로 강하지 않았다. 패트릭이 16세가 되었을 때 엄청난 일이 일어났다. 노예상에게 붙잡혀 아일랜드로 종으로 팔려갔다. 패트릭은 귀족집안의 귀한 아들이었다. 그는 기독교 가정 분위기에서 성장했다. 부모는 지극히 평범한 신앙을 가진 사람이었다. 그런 패트릭이 외국에 잡혀와 종살이를 하게 되었다. 그는 새로운 언어를 배워야 했고 문화가 다른 사람들과 같이 생활해야만 했다. 6년 동안 양을 치는 고독한 세월을 보냈다. 당시 그는 인생이 그렇게 끝난 줄 알았을 것이다.

이런 광야경험은 위대한 지도자들이 통과해야 할 중요한 시련이다. 이런 광야경험은 미래의 지도자들에게 보통 있는 일이다. 성경의 인물 모세가 그러하였다. 그런 일이 패트릭에게도 일어났다. 그가 종으로 잡혀가기 전에 말했다. 그는 신앙적인 가르침에 아무 관심이 없었으며, 하나님을 믿지 않았고, 사제들이 어리석다고 말했다. 그러나 패트릭은 이제 부모님이 믿었던 하나님께로 돌아왔다.

나의 매일 일과는 양을 치는 것이었다. 나는 일하면서 계속 기도했다. 하나님의 사랑과 하나님을 경외함이 나를 둘렀다. 나는 더 깊은 신앙의 경지로 들어갔다. 신앙이 자라났고 영적 각성이 일었다. 그래서 어떤 날

나는 백번이나 기도를 올렸다. 밤이 되어서도 기도를 계속했다. 밤에도 백번 가까이 기도를 올렸다. … 나는 일찍 일어나 새벽에 기도했다. 눈이 오나, 비가 오나, 그리고 서리가 내려도 기도했다. 그렇게 기도할 때에만 나의 영혼이 불타고 있었기 때문이다.[1]

고난을 통과한 다른 많은 사람들처럼, 패트릭은 사막경험을 통해 신앙의 눈을 떴다. 하나님께서 그에게 새로운 사역의 문을 열어주셨다. 그 문은 아주 넓은 문이었다.

패트릭은 도망쳤다. 더 이상 노예생활을 계속할 수 없었다. 그 이후 패트릭이 어떻게 살았는지에 대한 역사적 기록이 분명치 않다. 그러나 그가 부활절을 지키는 날자와 삭발을 한 수도승 복장을 했다는 점에서 동방교회 신앙전통을 따랐기 때문에, 패트릭이 동방교회의 전통을 지키는 어느 영적 지도자 밑에서 수학했을 것으로 보인다. 혹시 이레니우스의 영향을 받은 것은 아닐까? 영국에서 사제로 봉사한 후인 430년 경, 패트릭은 꿈에서 한 사람을 보았다. 그 사람은 패트릭에게 간청했다. 아일랜드로 돌아와 달라고 부탁했다. 이 꿈은 바울이 환상 중에 본 마게도니아 사람의 부름을 상기시킨다. 그 사람은 바울에게 마게도니아로 와 달라고 부탁했다(행 16:9).

오늘날 우리는 서양교회가 새롭게 열리는 것을 보고 있다. 하나님께서 일꾼들을 계속 부르시고, 꿈과 환상을 통해 자신을 드러내고 계시기 때문이다. 우리 서양 기독교인들은, 삶과 신앙에 대한 합리적이고 이성적인 세계관에 따라, 이런 꿈이나 환상에 대해 무시하는 경향이 있었다. 하지만 이제 우리는 하나님께서 자신을 인간에게 드러내시는 다양한 방법들에 대해 더욱 개방적이 되려고 노력하고 있다. 우리는 은사주의 운동을 통해 배우고 있다. 아시아, 아프리카, 그리고 라틴 아메리카 출신 형제자매들, 더 나아가 성경으로부터 배우고 있다. 우드베리(Woodberry) 박사는 이슬람교에서 기독교로 개종한 개종자 700명을 분석하였다. 그들이 기독교로 개종하는 데 결정적 영향을 준 것은 대부분 꿈과 환상이었다.

---

[1] Thomas Cahill, *How the Irish Saved Civilization* (New York: Double-day, 1995), 102.

2) 패트릭의 아일랜드 사역

당대 인물들은 패트릭을 높이 평가해 주지 않았다. 우리는 당시 사람들이 패트릭을 어떤 기준에서 평가했는지 모른다. 사제로서의 준비가 부족했다고 보았는지, 아니면 패트릭의 배경 가운데 부정적으로 평가받을만한 것이 있었는지 모르지만, 우리가 확실하게 아는 것이 있다. 패트릭은 자신을 아주 쓸모없는 인간으로 보았다는 점이다. 패트릭은 가족과 친구들의 반대에도 불구하고 아일랜드로 떠났다. 그곳에서 죽을 때까지, 한 번도 고향에 돌아오지 않고 30년 동안 살았다. 아일랜드에는 기독교인들이 일부 살고 있었다. 우리가 아는 역사 자료에 의하면, 당시 아일랜드는 이교도 국가였다. 켈트족 민간신앙은 풍요에 초점을 둔 다신교 신앙이었다. 풍요를 기원하는 제사는 성전 매춘과 깊이 연관되어 있었다. 예배자들은 예배행위의 일부로 남창이나 여창을 이용하였다. 켈트족 민간신앙은 이런 풍요를 기원하는 제사와 함께, 간혹 유아희생제물(infant sacrifice)을 바치기도 하였다. 사람들은 남신과 여신의 축복을 확실히 받아내기 위해 자기 첫 아들을 제물로 바치기도 하였다. 패트릭은 선교사역의 초기부터 강적을 만났다. 아주 잔인하고 육욕적인 이교사상과 맞닥뜨려야 했다. 켈트족은 야만인의 사람사냥을 즐겼다. 죽인 원수의 해골바가지를 음료수 잔으로 사용하였다.

패트릭의 사역은 431년부터 460년 간 계속되었다. 그의 사역방식은 독특했다. 패트릭은 지역 영주나 왕을 찾아가 신앙을 전하는 접근방법을 사용하였다. 효과적인 방식이었다. 하지만 이런 방식은 이교신앙을 가진 마술사와 이교 사제들과의 능력대결이나 능력충돌을 동반하였다. 일부 독자들은 '능력대결'(Power encounter)이라는 용어가 생소할지 모른다. 능력대결은 성경에도 나타난다. 갈멜산의 엘리야와 바울이 빌립보에서 귀신들린 여인을 고친 사건 등을 실례로 들 수 있다. 능력대결은 인간 차원에서 힘겨루기를 하는 것이 아니라, 참되신 하나님과 거짓 신의 대결, 즉 마귀와 악령과의 정면대결을 의미한다.

오늘날 전 세계교회들은 능력대결을 진지하게 받아들이고 있다. 역사적으로 보면, 능력대결은 종교개혁 동안 개혁자들의 신학적 범주에서 삭제되었다. 당시 중세교회는 과도한 미신적 관습에 젖어 있었기 때문에 그에 대한 반작용으로 개혁자들이 능력대결을 신학적 범주에서 삭제하였을 것이다. 언제나 과도

한 것은 좋지 않다. 능력대결만을 과도하게 주장하는 것도 좋지 않다. 하지만 우리는 그 반대로 과도한 이성주의 신앙에 자주 빠지지 않았는가.

3) 독특한 수도원 패턴

패트릭의 사역은 특출하였다. 두 번째 특징도 중요하다. 그는 수도원을 창립했다. 패트릭 수도원은 베네딕트 수도원과 강조점이 달랐다. 패트릭은 가장 열심있는 개종자들을 수도원 공동체로 불러들여 선교사로 훈련시켰다. 수도원에 머물지 않고 밖으로 나가 전도하도록 훈련시켰다. 아주 철저하게 영적으로 무장시켰다. 모든 면에서 선교적 열정이 스며들게 했다. 더 나아가 성경공부를 특히 강조했다. 그것은 성공적이었다. 패트릭의 제자들은 밖으로 나가 선교하였다. 패트릭 수도원과 같이 선교를 강조하는 새로운 수도원을 세웠다. 이렇게 수도원들은 선교본부가 되었다. 여성들을 위한 수도원도 설립되었다. 기독교 신앙이 들어오기 전, 켈트족 문화에서 여성은 주도적인 역할을 감당하였기 때문에, 기독교인이 된 후에도 여성들이 교회에서 중요한 역할을 감당하였다. 수녀원장과 같은 경우에는 남자보다 높은 권위를 행사하였다.

패트릭과 제자들은 아일랜드 전역에 수도원을 설립하였다. 그 후에, 패트릭의 후예들은 우리가 잘 아는 바와 같이 스코틀랜드로 건너갔고, 영국으로 내려갔으며, 다시 대륙으로 돌아왔다. 그 대륙이 지금의 독일이다.

한 세기 동안, 수도원과 수도원장들은 아일랜드 교회의 중심이었다. 이것은 로마 가톨릭의 교구 구조를 사용하는 감독들과 다른 효과적인 수도원 중심적인 제도였다.

켈트족 수도원은 급속히 성장했다. 선교 지향적이었기 때문이었다. 새로운 지역에 수도원을 세워 선교본부로 삼았다. 이 모델은 오늘날 우리가 말하는 모달리티(Modality)/소달리티(Sodality) 패턴을 잘 아우른 아주 건전한 모델이었다. 켈트족 수도원은 아주 복음적이고 선교적이었기 때문에, 교회는 필요한 인재들을 수도원에서 찾았다. 7세기에는, 로마 가톨릭교회가 영국과 아일랜드 교회의 상부권위를 주장하면서, 감독들은 교구제도를 통해 통치권을 행사하기 시작했다.

우리는 패트릭이 리더를 선발하고 훈련하는 새로운 방식을 만들었다는 점에 주목해야 한다. 감리교 운동이나 초기 오순절 운동처럼 급속히 성장하는 신앙운동에는 특징이 있다. 리더를 선발하고 훈련하는 새로운 리더십 개발양식이 필요하다는 점이다. 이 점에서 패트릭은 탁월함을 선보였다.

4) 패트릭의 신앙

우리는 지리학적 관점에서 패트릭의 소명을 살펴 볼 수 있다. 패트릭은 영국사람으로 아일랜드를 세상 땅 끝으로 간주하였다. 패트릭은 땅 끝으로 가서 복음을 증거하기 위해 아일랜드로 갔다. 패트릭은 생각했다. 아일랜드 이상은 없다. 그 다음은 망망대해만 놓여 있을 뿐이다. 바울이 스페인을 땅 끝으로 간주했던 것처럼, 패트릭은 아일랜드를 땅 끝으로 보았다. 다른 말로 설명하면, 바울과 패트릭은 모두 역사의식과 복음전도 전략이 있었다. 당시 그들은 우리가 아는 만큼의 지리학적 지식을 가지지 못했지만, 바울과 패트릭은 역사와 선교 전략에 관해서는 많은 지식을 가지고 있었다.

오늘날 우리는 패트릭을 로마 가톨릭 성자로만 생각하지만 사실은 그렇지 않다. 패트릭은 로마 가톨릭과 별 관계가 없는 사람이다. 그는 로마 가톨릭교회에 속한 사람이 아니었다. 패트릭은 철저하게 복음적인 인물이었다. 그의 신학과 신앙은 복음 선교에 초점이 맞춰져 있었다. 그의 신앙을 좀 더 깊이 살펴보자.

첫째, 패트릭은 하나님의 은혜와 자비를 강조했다. 그의 설교와 저술은 하나님의 은혜와 자비를 강조하고 있다. 패트릭은 자신이 은혜로 구원받은 죄인이라는 사실을 기억했다. 그는 개인적으로 수많은 고난과 역경을 통과하였지만, 설교의 핵심은 언제나 그리스도 안에서 하나님께서 행하신 일들에 대한 인식과 기쁜 감사였다. 패트릭의 설교는 철저히 그리스도 중심적이었다. 하나님께서 그리스도 안에서 이루신 일들을 강조하였다. 그의 가장 깊은 바람은 그리스도 안에서 계시된 하나님의 자비를 선포하는 것이었다. 이것이 그가 개인적으로 경험한 체험적 신앙이었다. 이런 신학적 관점과 함께, 패트릭은 자신의 인생이 자기 계획이 아닌 하나님의 섭리와 능력에 의해 결정된다는 강한 확신을 가지고 있었다.

이것은 놀라운 신앙이었다. 16살 어린 나이에 강제로 붙잡혀 수년간 종살이를 경험한 불행한 사람이 가질 수 있는 신앙자세가 아니었다. 패트릭은 자신의 고생한 과거를 돌아보면서 하나님의 손길이 함께하였음을 보았다. 선교를 위해 자신을 훈련하신 손길을 보았다. 우리는 그의 신앙고백을 어떻게 받아들일 것인가?

로버트 클린턴 박사는 풀러신학대학원 교수로 리더십의 등장과 연단과정을 연구하였다. 그는 리더십 강의를 통해 강조한다. 하나님께서 역사 가운데 핵심 인물들을 부르시고 연단과정을 통해 다듬어 가시는 방법을 이해하라. 이런 리더십 관점은 하나님께서 우리를 어떻게 부르시고 역사하셔서, 복음의 일꾼으로 다듬어 가시는 방법을 볼 수 있는 안목을 제공한다.

패트릭의 인생전반에 나타난 특징들은 대부분 우리가 아는 위대한 인물들과 공통적이다. 평범한 신앙이었던 패트릭은 고난을 통해 다듬어졌다. 다른 사람들이 그를 버리고 포기했을 때, 극한 고난과 갈등 속에서 하나님을 깊이 만나고 경험하였다. 그는 긴 광야기간을 거쳤다. 그리고 영국에서 18년 동안 평범한 사역자로 주님을 섬겼다.

우리는 기억한다. 하나님의 위대한 일군들이 어렸을 적에 깊은 신앙체험을 하고 무언가 특출한 면을 보여주다가 한 동안 별 볼일 없이 지내는 경우가 있다. 그때 그들은 질문한다. 하나님께서 나를 버리셨는가? 그들의 사역이 무르익어 꽃피기까지 수년이 걸리기도 한다. 다소의 사울의 경우와 허드슨 테일러의 경우가 그러하였다.

패트릭이 하나님의 부르심에 따라 먼 나라에 가서 복음을 전한다고 하였을 때 다른 사람들은 비웃었다. 패트릭 이후에도 이렇게 비웃음을 당한 사람들이 있었다. 윌리엄 캐리가 동료 침례교 목회자들에게 선교단체를 조직하여 자신을 파송해 달라고 제안할 때, 한 늙은 목사가 꾸짖었다. "젊은이, 자리에 앉게. 하나님께서 이교도들을 개종시키려 하신다면, 자네나 나 같은 사람 없이도 얼마든지 하실 것이네." 이런 자세는 계속 반복되고 있다. 개척자나 비전을 가진 사람들은 다수들의 반대에 부딪혀 버림받는 것이 대부분이다.

패트릭은 복음의 능력을 확신하였다. 그는 이교사상과 정면으로 부딪혔다. 패트릭은 성경에 능통하였으며 자주 인용하였다. 그는 로마서를 가장 사랑했다. 로마서는 교회갱신과 부흥에 중요한 영향을 미쳤다. 로마서나 로마서의 일부 말씀이 교회갱신을 일으키는 계기가 되었다. 이 사실은 흥미롭다. 루터가 로마서 1장에서 발견한 복음은 종교개혁 운동을 일으키는 계기가 되었다.

어느 작가는 패트릭에 대하여 이렇게 말했다. "패트릭은 영국교회가 사용하던 라틴어 성경을 잘 알고 있었다. 그는 기회가 있을 때마다 라틴어 성경을 인용하였다. 성경 말씀들은 그의 마음에 영감을 불어넣어 주고 그의 사상을 주관했던 것으로 보인다."[2] 핸슨(Hanson)은 언급했다. "패트릭에게 성경말씀들은 평범한 가정언어였다. 그의 성경해석은 정확했고 현명하였다. 그는 성경말씀의 핵심을 정확하게 짚어냈다. 구약에 있는 하나님의 약속을 믿었다. 새 언약 안에서 그리스도가 우리의 죄를 구속하셨다고 선포했다. 하나님의 자신을 내어주심과 사랑, 믿음과 성결에 대한 하나님의 명령, 하나님의 섭리와 신실하심, 신자들 마음속에서 역사하시는 성령님의 임재를 강조했다."[3] 패트릭은 철저한 복음주의자였다.

나는 성경말씀이 사람의 마음과 생각에 영감을 불어넣는다는 것을 기억한다. 내가 신학생이었을 때, 선교에 관심있는 학생들과 수양회에 참석하고 있었다. 강사는 크리스티 윌슨 박사, 사무엘 즈위머 박사였다. 즈위머 박사가 소천하기 몇 달 전에 오신 수양회였다. 주말을 이런 대단한 인물들과 함께 지낸다는 것은 대단한 경험이었다.

윌슨은 즈위머 박사와 함께 같은 방을 썼다. 후에 윌슨 박사가 말했다. "즈위머 박사께서 병이 나서 밤새 기침을 하여 잠을 잘 수 없었습니다. 밤중에 깨어나, 잠을 자지 못하던 즈위머가 시편을 계속 반복해서 암송하는 것을 보았습니다."

즈위머는 20세기를 빛낸 가장 훌륭한 선교사 중 하나였다. 밤중에 잠에서 깨어난 즈위머는 잠을 이룰 수 없었다. 즈위머의 마음은 시편기자의 기도로 가득했다. 하나님께 드리는 자신의 기도를 시편을 통해 계속 반복하였다. 기도로 마음의 위안을 삼았다. 평생 성경과 함께 생활한 사람만이 할 수 있는 일이었다. 패트릭이 바로 그런 사람이었다.

역사는 세월이 지나면서 과장된다. 역사적 신화로 기록된 패트릭과 진짜 패트릭은 전혀 달랐다. 진짜 패트릭은 아주 인간적이고, 자신을 거부하고, 겸손으로 가득한 사람이었다. 자기가 시도했던 모든 일들을 성공시킨 위대한 인물과는 전혀 다른 인물이었다.

패트릭의 인간적인 모습에는 상당한 인간미가 있다. 하지만 시도하는 모든

---

2) R.P.C. Hanson, *The Life and Writings of the Historical St. Patrick* (Oxford: Oxford University Press, 1983), 45
3) ibid., 49.

일마다 성공하는 사람들의 위대한 이야기는 우리를 위축시킨다. 격려보다는 대단한 열등감만 안겨준다. 그보다 중요한 것은 그런 이야기들이 진실이 아니라는 점이다. 그리스도를 섬기는 사람들에게 허락된 놀라운 축복이 있다. 하나님께서 흠이 있고, 불완전한 사람들을 사용하신다는 믿음이다. 핸슨은 언급했다. "패트릭은 정직하고 성결한 사람이었다. 용기가 필요할 때는 용기가 있는 사람, 교회 감독으로는 지혜로운 사람, 종으로 어렵게 사는 소녀 기독교인들에 대해 깊은 동정심을 가진 사람이었다. 탄복할 만한 믿음으로 충만한 사람이었다. 나이든 감독으로 그는 고향을 떠났다. 반대와 오해를 극복하고 아일랜드 사람들을 개종시키는 선교사역을 위해 전적으로 헌신하였다.[4] 패트릭은 실로 훌륭한 인물이다! 모델 선교사이다!

패트릭이 남긴 마지막 고백은 감동적이다. 그의 고백은 그가 가졌던 선교정신과 일치한다.

> 나는 기도한다. 하나님을 믿고 경외하는 사람은 누구나 패트릭이 쓴 이 글을 받아볼 수 있기를. 패트릭, 죄인, 모든 사람들이 아는 바와 같이 무식한 놈, 아일랜드에서 사람이 되었다. 내가 이룬 작은 일들이 나의 무식함으로 이룩된 것이라거나 하나님의 기뻐하시는 뜻과 일치한 사역이라는 말은 아무도 하지 마시라. 그러나 잘 판단해 보라. 그리고 그것은 하나님의 선물이었다고 확신할 수 있기 바란다. 이것이 죽기 전에 남기는 나의 고백이다.[5]

패트릭은 역사상 가장 탁월한 선교사 가운데 하나였다. 그의 마지막 고백은 분명하다. 그가 한 일이 무엇이든, 그것은 하나님께서 하신 일이었다.

패트릭은 우리에게 훌륭한 신앙유산을 남겼다. 이제 패트릭의 기도문을 함께 낭송하면서 패트릭의 삶에 대한 스케치를 마친다.

> 그리스도시여, 오늘 나를 보호하여 주소서. 독으로부터, 불에 타는 것, 물에 빠지는 것, 상처받는 것으로부터 지켜주소서. 그리하여 내게 풍성한 상이

---

4) Hanson, *Historical St. Patrick*, 49.
5) Saint Patrick: *Confession et Lettre a Coroticus*, R.P.C. Hanson, translator (Paris: Editions du Cerf, 1978), 133.

있게 하소서. 나와 함께 하시는 그리스도, 나를 앞서 가시는 그리스도, 내 뒤에 계시는 그리스도와 내 안에 계시는 그리스도, 내 아래 계시는 그리스도, 내 위에 계시는 그리스도, 내 우편에 계시는 그리스도, 내 좌편에 계시는 그리스도, 내가 누울 때 계시는 그리스도, 내가 앉을 때 계시는 그리스도, 내가 일어날 때 계시는 그리스도로 축복하여 주옵소서. 오늘 저는 성삼위의 전능하신 능력으로 일어납니다.[6]

아일랜드 수도승들은 하나님과 말씀을 사랑했다. 그들은 하나님께 대한 사랑을 성경본문을 베껴쓰는 것으로 표현했다. 글자에 아름다운 장식을 하는 것으로 사랑을 표현했다. 아일랜드 수도원에서 장식성경이 많이 나왔다. 우리는 장식성경을 보면서 그것을 예술작품으로 보지 않는다. 하나님의 말씀을 존중하고 말씀에 대한 그들의 사랑과 관심을 보여주는 방편으로 여긴다.

4. 아이오나 섬의 콜롬바

패트릭이 소천하였을 때, 아일랜드는 거의 복음화 되었다. 대부분의 사람들은 깊은 개인적 신앙을 갖고 있었다. 다른 사람이 볼 때는 상당히 피상적인 신앙으로 보였을 것이다. 그럼에도 불구하고 아일랜드 전도는 놀라운 업적이었다. 그 이후 패트릭의 영적 후예인 아이오나 섬의 콜롬바(Columba of Iona)가 스코틀랜드 선교운동의 지도자가 되었다.

콜롬바는 스코틀랜드로 갔다. 당시 42살이었다. 그의 뒤 배경을 살펴보면 심한 죄를 범하고 영적으로 실패한 경험이 나온다. 하지만 그는 달라졌다. 563년 콜롬바는 12명의 제자들과 함께 아일랜드를 떠나 스코틀랜드로 가는 작은 배에 올랐다. 이 모습은 아일랜드 수도승들이 노가 없는 작은 배를 타고 바다로 나가 하나님께서 그들을 어디로 인도하시는지 시험하는 것으로 보인다. 나는 이런 선교전략을 추천하는 것은 아니다. 그들은 모험심이 많은 사람들로 자신들을 그리스도를 위한 순례자, 페레그리니(Peregrini)[7]라 불렀다. 그들은 하나님

---

6) Cahill, *How the Irish Saved Civilization*, 118.
7) 페레그리니(Peregrini)는 선교를 수행하기 위한 순례자, 방랑 전도자, 또는 유랑민을

께서 원하시는 곳으로 그들을 데려가실 것으로 믿었다. 그들 중 일부는 북 아메리카에 이르렀다는 증거가 있다.

콜롬바는 아이오나 섬으로 갔다. 스코틀랜드 북서쪽 해변에서 가까운 곳이었다. 콜롬바와 일행들은 힘을 합하여 그 혹한이 몰아치는 작은 섬에 수도원을 세웠다.

린디스판과 선교거점이 된 수도원들

아이오나 수도원은 선교 베이스가 되었다. 수도원을 선교거점으로 하여 켈트족 선교사들은 섬을 가로지르는 곳에 여러 수도원들을 설립하였다. 마지막 종점은 북동쪽 영국 해변인 린디스판(Lindisfarne)이었다. 수도원들은 선교거점이었다. 수도승들은 북쪽 스코틀랜드 산족들에게 갔다. 우리는 콜롬바의 사역에 대한 역사적 자료들을 충분히 가지고 있지 못하지만 콜롬바와 동료 선교사들은 패트릭이 사용했던 선교전략을 그대로 사용하여 전도하였다.

이런 방식으로, 기독교 신앙은 로마화한 영국에서부터 아일랜드로 전파되었다. 한 세기가 지난 다음, 켈트족 수도승들은 복음을 스코틀랜드와 영국으로 전했다. 이런 신선한 복음의 생명력이 뿜어져 나와 로마 문화를 따르지 않았던 원주민들과 부족들에게 복음이 전파되기 시작했다.

5. 어거스틴의 영국선교

그레고리 대제(Gregory the Great)는 590년부터 605년까지 로마의 감독이었다. 역사가들은 그를 마지막 교부이자 첫 번째 교황이라 부른다. 그는 로마교회의 탁월한 지도자였다.

그에 대해 전해 내려오는 이야기가 있다. 그는 로마 시장에서 상품으로 내놓은 노예 소년을 보았다. 그가 노예들에 대해 물었을 때, 이런 대답을 들었다. "얘들은 모두 앵글족(Angles)입니다." 그레고리가 말했다. "앵글족이 아니라 앤

의미한다. - 역주

젤(천사)이다." 전설에 따르면, 이 경험은 그레고리에게 영국 섬들에 선교사를 보내는 동기를 제공하였다.

　그레고리는 선교사를 모집하였다. 지역 수도원에서 선교사를 선발하였다. 어거스틴이 선교사들의 지도자로 임명되었다. 그러나 선교사들은 가야하기 때문에 갔다. 그리고 돌아올 궁리만 하였다. 그레고리는 그들에게 가라고 고집했다. 마지못해 떠난 선교사들은 596년에 영국으로 다시 돌아갔다. 어거스틴은 초대 켄터베리 주교직을 맡았으며, 켄터베리는 영국과 성공회 교회의 중심지 역할을 지금까지도 하고 있다.

　일부 학자들은 그레고리가 선교사들을 영국으로 보낸 것은 켈트 교회의 사역을 방해하고 켈트 교회를 로마교회에 예속시키기 위한 목적을 두고 한 일이라고 주장한다.

　일부 학자들은 동의하지 않는다. 그러나 어거스틴과 동료 수도승들이 영국에 도착하였을 때, 그들은 도착 후 첫 날 밤을 교회에서 보냈다. 그들은 전방개척 선교를 위해 나가지 않았다. 그들은 교회가 이미 세워져 있는 영국으로 갔다. 그것은 기본적으로 교회의 조직을 강화하고 지도력을 행사하기 위하여 갔을 것이다.

1) 교회론적 이슈들

　첫째, 문제는 교회론에 있었다. 켈트족과 로마교회는 문화적 차이가 있기도 했지만, 핵심적 이슈는 켈트족 선교운동이 독립적으로 남을 것인가 아니면 로마교회의 권위아래 예속될 것인가 하는 교회조직과 권위에 관한 이슈였다. 영국에 살고 있던 감독들과 수도승들은 고대 로마 출신과 켈트족 출신이 섞여 있었다. 켈트족 지도자들이 어거스틴을 만나러 왔을 때, 그는 자리에서 일어서지 않았다. 그들을 동등한 지위를 가진 사람들로 인정하지 않은 것이었다. 자신을 더 높은 위치에 두었다. 그것은 영국교회와 로마교회 사이에 권력싸움이 있었다는 것을 선명하게 보여주는 장면이다.

　어거스틴의 목표는 분명했다. 켈트족 교회를 로마교회의 권위 아래 굴복시키고 영국교회를 하나로 통일하는 것이었다. 그렇게 하는 것이 유익한 이유도 충분했다. 기독교 교회가 하나되는 것은 바람직한 일이었다. 하지만 선교적으로 보면 사정이 달라진다. 켈트족 교회들이 로마교회보다 훨씬 더 선교적이었다. 영국에 있는 부족들을 복음화하는 면에서는 로마 선교사들보다 훨씬 더 열정적이었다.

둘째, 동방교회의 영향이다. 로마교회의 권위 이슈 이외에 다른 이슈가 있었다. 켈트족 교회와 로마 선교사들 사이에는 세 가지 주요한 차이가 있었다. 첫째, 부활절 날짜를 어떻게 정할 것인가? 둘째, 수도승의 머리는 어떻게 깎을 것인가? 셋째, 교회는 어떻게 다스려져야 할 것인가? 이런 차이는 오늘날 우리에게는 하찮은 것으로 여겨진다. 하지만 당시 선교사들에게는 아주 중요한 문제였다.

켈트족 교회는 부활절 날짜를 동방 교회력에 따라 계산하였다. 켈트족 수도승들은 동방교회의 관례에 따라 머리를 삭발하였다.

아일랜드와 스코틀랜드에 있는 켈트족 교회와 소아시아에 있는 교회들 사이에 연관관계가 있었음이 분명하다. 상기한 두 가지 관례는 서방교회의 관례와 달랐다. 이것은 보다 근본적인 권위 문제에서 서방교회와 달랐다는 것을 상징적으로 보여준다.

로마는 교회정치에 있어서 교구제도를 주장하였다. 감독들은 로마에 충성했다. 켈트족 기독교에서는 수도원이 중요한 역할을 하였다. 수도원은 교회생활과 교회권위의 가장 중요한 핵심이었다. 그러나 로마교회는 교구를 담당하는 감독이 핵심권력을 갖고 있는 권력구조를 갖고 있었다. 로마교회도 수도원을 운영하고 있었지만, 교회의 권위는 교구제도에 있었다.

이렇게 켈트족 교회가 로마교회와 달랐던 원인은 켈트족 교회에 동방교회의 영향력이 작용하고 있었기 때문이었다. 또 다른 원인은 켈트족 선교운동이 로마교회와 고립된 상황에서 일어났기 때문이었다. 로마는 거리상 멀었다. 켈트족들은 로마교회의 방식이 자기들에게는 적합하지 않다고 여겼을 것이다.

셋째, 문화적 차이가 있었다. 둘 사이에는 기본적인 문화적 차이가 있었다. 켈트족과 앵글로색슨족은 오늘날까지도 잘 지내지 못하고 있다. 켈트족 교회는 소박한 독립교회를 선호하였다.

넷째, 그리스도에 대한 헌신과 선교사역에 대한 철저한 헌신에서 달랐다. 역사적으로 보면, 당시 그리스도에 대한 헌신과 경건한 생활 그리고 철저한 선교적 헌신을 보여준 교회는 북서유럽의 켈트족 교회와 소아시아에 있던 네스토리안 뿐이었다. 네스토리안들은 중앙아시아 대륙을 가로질러 복음을 전했다.

나는 켈트족 기독교인들이 요즘 새롭게 등장한 은사주의자들과 비슷한 면이 있다고 본다. 그들은 오래된 전통적 교회를 성급하게 판단하고 새로운 운동을 시작하였다. 그들은 보다 철저한 제자도를 삶으로 실천하고 싶어 하였다.

2) 지연된 영국의 개종

영국의 개종과 영국교회의 통일은 지연되었다. 원인은 로마 가톨릭교회가 자신의 교권을 강요하였기 때문이었다. 또한 영국과 아일랜드 사이에 수세기 동안 존재하는 적대감도 문제를 더욱 복잡하게 하였다. 결국 664년, 요크(York) 근교인 휘츠비(Whitby) 종교회의에서 켈트족 지도자들은 로마 가톨릭의 협박에 못 이겨 로마교회의 권위를 수용하였다. 드디어 모든 영국군도의 교회가 통일되었다. 그러나 역사가 카힐(Cahill)이 지적한 바와 같이, 유럽에서 수 세기동안 이루어진 탁월한 성경연구와 신학적 연구는 켈트족 중심지인 아일랜드와 요크에서 이루어졌다.

6. 콜롬바누스

1) 프랑크인 교회

콜롬바누스(Columbanus)는 세 번째 위대한 켈트족 선교사였다. 그는 원래 이름이 콜롬바였는데 아이오니아의 콜롬바와 구별하기 위해 콜롬바누스라고 불렸다. 그는 40세가 되던 590년 유럽대륙으로 갔다. 유럽대륙에는 기독교인들이 살고 있었고, 전반적으로 기독교화 되었다고 간주 했다. 후에 프랑스 왕국을 세운 프랑크인들은 명목상의 기독교인들이었다. 그들의 왕인 클로비스가 왕의 군대와 함께 세례를 받은 496년부터 신앙인이 되었기 때문이었다. 클로비스는 기독교인을 아내로 맞이했다. 프랑크인들은 명목상의 기독교인으로 살면서 아주 형편없이 낮은 수준의 신앙생활을 유지하고 있었다.

콜롬바누스와 동료들은 수도원을 설립하기 시작했다. 수도원은 신앙의 요람이 되었다. 수도원은 동쪽에서 오는 야만인들을 전도하는 전도의 중심지일 뿐만 아니라, 이미 그곳에 살고 있던 명목상의 기독교인들에게 영적 갱신을 제공하는 중심지가 되었다. 오늘날 이와 비슷한 현상이 유럽과 북미에 벌어지고 있다. 비서구권 신앙인들이 유럽과 북미로 건너와 살아있는 신앙인의 참모습을 보여줌으로 서구 전통적인 교회와 세속화된 서구문화에 강한 도전을 주고 있다.

잠시 유럽교회 상황을 간략하게 그려보자. 유럽대륙에 있는 교회들은 교구제도로 조직되어 있었고, 감독이 최고 권력자로 다스리고 있었다. 교구 주교들은 주로 로마화한 사람들과 중부유럽에서 건너와 로마 문화에 동화된 야만인들만 보살폈다. 당시 기독교는 로마 문화화한 기독교였다. 그럼에도 불구하고 다른 부족들이 몰려왔다.

로마화한 사람들과 부족민들 사이에는 긴장감이 있었다. 서로 불신과 적개심이 있었다. 오늘날 우리도 비슷한 현상을 본다. 이민자들이 늘어나면 서로 불신과 적개심이 생긴다. 특정한 사람들이 복음을 듣고 신앙을 수용하지 못하는 이유는 신학적인 경우도 있지만 문화적인 경우가 많다. 우리는 문화적 이유 때문에 복음을 듣지 못한 사람들을 위한 대변인이 될 수 있다. 그들은 소리친다. "나는 당신의 종교적 메시지를 듣고 싶지 않소. 당신이 나와 다른 문화를 가진 사람이기 때문이오. 내가 느끼기로는, 만일 내가 당신이 전하는 복음을 듣고 수용하면, 내가 내 문화를 배반하고 내가 아닌 무언가 다른 사람이 될 것 같소. 그래서 싫소!" 이것이 바로 심각한 선교학적 이슈이다. 이런 문제를 어떻게 접근해야 할까!

2) 콜롬바누스의 사역

새로운 부족들을 어떻게 접근할 것인가. 프랑스 지역에 살던 교인들이 활발한 신앙생활을 하고 있었다고 하더라도, 프랑스 교회 감독은 부족들을 잘 도울 수 없었다. 콜롬바누스는 달랐다. 그는 부족들을 잘 도울 수 있었다. 콜롬바누스와 동료들은 지배계층 문화에 속한 사람들이 아니었고, 영적으로 높은 생활양식을 가지고 있었기 때문이었다. 두 가지 놀라운 일이 벌어졌다. 콜롬바누스는 부족들에게 효과적으로 전도하였다. 지배계층 교회에 속한 명목상의 그리스도인들이 영적인 상담을 받기 위해 콜롬바누스를 찾아왔다. 프랑크인 교회 안에 영적 갱신운동이 일어났다. 콜롬바누스의 선교조직체(소달리티)를 통해 갱신운동이 일어난 것이다.

이런 일들은 오늘도 일어나고 있다. 선교단체들의 활동은 눈부시다. 교회를 갱신한다. 전통적인 교회에서 성장한 사람들은 선교단체 사역을 통해 개종과 갱신을 경험한다. 미국에서 활동하는 선교단체로 CCC, IVF, 그리고 YWAM 등을 들 수 있다. 여기서 나는 전통적인 교회를 폄하하는 것은 아니다. 하나님께서 우리에게 강력한 메시지를 전달하시고 우리의 주위를 끌기 위해, 친숙한 분위기를 떠나 새로운 분위기로 이끌어, 선교단체들을 통해 새로운 신앙경험을 하게 하신다는 점이다. 그렇게 콜롬바누스와 수도승들은 적어도 두 가지 역할을 행하였다. 첫째, 그들은 미전도 종족인 야만인들을 전도하였다. 둘째, 로마화한 문화 속에서 살아가는 명목상의 기독교인들을 위한 신앙갱신의 방편이 되었다.

3) 추방된 콜롬바누스, 이탈리아로 가다

콜롬바누스의 선교는 훌륭했다. 이것이 문제를 야기했다. 콜롬바누스와 지역을 관할하는 감독의 사이는 별로 좋지 않았다. 감독은 황실과 연계되어 있었다. 황실은 명목상으로는 기독교를 표방하였지만 실재로는 이교도 속념(俗念)에 사로잡혀 있었다. 콜롬바누스가 통치자들의 부도덕을 꾸짖었을 때, 황실은 그를 프랑스 밖으로 추방시켜버렸다. 콜롬바누스는 스위스로 갔다가 마침내 북부 이탈리아에 도착했다. 그곳에서 수도원을 시작했다. 로마에서 멀지 않은 곳에 콜롬바누스의 수도원이 세워졌다.

그것은 실로 놀라운 일이었다. 켈트족 기독교가 다시 이탈리아로 되돌아가다니! 당시 사회는 혼돈 속에 있었다. 혼란한 시대였다. 오래된 사회-정치구조가 몰락의 길을 재촉하고 있었다. 타락과 파멸의 시기였다. 이런 처참한 상황 가운데 수도승의 모습은 더욱 빛이 났다. 수도승들은 절제된 기독교인의 삶과 높은 도덕성을 보여주었다. 그들은 희생적이었다. 전혀 자신의 유익을 구하지 않았다. 수도승들은 매력적인 사람들이었다. 주변에 사람들이 몰려들었다. 수도승들은 전도자들이었다. 그들은 영적 갱신을 불러왔다. 새로운 영적인 물결이 몰려왔다.

결론적으로, 켈트족 선교운동은 세 가지 중요한 특징이 있었다. 첫째, 그리스도를 향한 깊은 헌신을 보여주었다. 둘째, 배움을 사랑했다. 셋째, 선교적 열정이 살아 있었다. 켈트족 선교운동은 모범적이다. 켈트족 모델은 모든 선교운동에 있어야 할 탁월한 특성들을 보여주고 있기 때문에 훌륭한 모델이 된다.

본 장에서는 모범적인 켈트족 선교운동에 대해 살펴보았다. 다음 장에서는 야만인의 세계에 대해 다루게 될 것이다.

제 2 부

변화와 개혁의 시도

제8장 야만인 세계

제9장 이슬람교와 바이킹의 침략

제10장 수도원의 부흥과 십자군 운동

제11장 중세 평신도 운동

제12장 수사들의 선교운동

The Dynamics
of Christian Mission
History through a Missiological Perspective

제 8 장

야만인 세계

1. 서론

역사연구는 선택적이다. 우리가 장구한 역사와 광범한 지역을 연구할 때, 여러 가지 역사적 흐름을 볼 수 있지만, 우리가 하는 역사연구에는 한계가 있다. 역사적 흐름 가운데 몇 가지 줄기만 따라가며 연구할 수밖에 없다. 우리의 관심은 중요한 선교운동들의 역학과 특징들을 중심으로 역사를 탐구하는 것이다.

문화가 서로 대립할 때, 그리고 기독교가 그 문화적 대립의 일부분이 되면, 특별한 선교학적 문제들을 야기한다. 특정 사람들이 기독교 신앙을 수용하거나 배척하는 결정을 내리는 데 있어서 정치와 문화적 요소들이 중요하게 작용한다.

496년 클로비스 왕은 자신의 군대에 속한 군인 3천명과 함께 세례를 받았다. 당시 유럽에는 아리우스주의에 대한 신학적 논쟁이 벌어지고 있었다. 아리우스주의는 예수님을 하나님 보다 못하고 사람보다 나은 존재로 가르쳤다. 325년 니케야 회의는 예수님을 온전하신 하나님 그리고 온전한 사람으로 선언하였다. 그럼에도 불구하고 여러 교회들이 아리우스주의를 따르며 대립하고 있었다. 교회는 두 파로 나뉘어져 있었다. 클로비스 왕의 왕비가 정교회 입장을 따르는 가톨릭 교인이었기 때문에, 클로비스는 아리안주의가 아닌 정통교회에서 세례를 받았다. 이것이 그의 신앙정도를 보여주는 일이라고 말할 수는 없지만,

적어도 그가 공식적으로 기독교 신앙에 충성을 보여준 것이라고 평가할 수 있다. 이런 식으로, 클로비스 왕과 로마 가톨릭교회와 대부분의 서방교회들은 친밀한 관계를 유지하였다. 그가 만일 아리우스파 교회에서 세례를 받았다면 그런 친밀한 관계를 유지할 수 없었을 것이다.

클로비스와 그의 군대는 중앙아시아를 가로질러 프랑스 지방으로 들어온 침략군들 가운데 한 무리였다. 다른 이주민들은 걸어서 들어왔다. 그리고 여러 부족들이 유럽으로 건너왔다. 프랑크족, 고트족, 서(西)고트족, 롬바르드족, 흉노(匈奴)족, 그리고 다른 민족들이 서부 유럽 여러 지역에 정착하였다. 서고트족은 중앙아시아에서 중부유럽으로 이주하였다가, 그 후에 이베리아 반도(Iberian Peninsula)로 물밀듯이 내려갔다.

롬바르드족도 중앙아시아에서 중부유럽으로 들어온 민족이다. 그들은 이탈리아로 내려가 정착하였다. 그 결과, 이탈리아 북부지방은 '롬바르디'(Lombardy)라 불린다. 그곳에는 수 세기 동안 '야만인' 침략전쟁이 여러 차례 있었다. '야만인'이라는 용어는 라틴어를 구사하지 못하는 침략자들에게 로마사람들이 붙여준 것이다.

유럽은 변하고 있었다. 로마 제국은 힘을 잃고 혼돈 속으로 무너져 막을 내리고 있었다. 그동안 로마 제국은 기독교와 동일시하였다. 그것이 로마 사람들이 가진 명목적 신앙이었다. 중요한 질문이 제기되었다. 로마에 쳐들어오는 침략자들이 기독교에 대해 어떤 태도를 가질 것인가? 침략자들은 기독교를 그들이 부정하고 정복하려는 로마 문화의 일부로 보고 적대적인 태도를 가질 것인가? 그렇지 않으면 기독교를 그들이 수용할 수 있는 문화의 일부로 볼 것인가?

기독교와 문화의 관계설정이 문제이다. 오늘날 우리에게도 기독교와 문화의 관계는 아직까지 해결되지 않은 핵심 이슈로 남아있다. 우리는 잘 알고 있다. 지난 2세기 동안 일부 사람들이 기독교를 수용하지 않았던 이유는 선교운동이 서구문화와 긴밀하게 연관되어 있었기 때문이었다. 서구인들은 이런 문화적 요소를 인식할 필요가 있다. 나는 지금 서구 선교사 문화가 중대한 변환기를 지나고 있다고 본다. 초대 교회는 이방세계를 전도하기 위해 유대 문화로부터 자유로워질 필요가 있었다. 시간이 얼마 지나지 않아서, 초대 교회는 더 이상 유대신앙이나 유대인 공동체의 일부로 인식되지 않았다. 교회는 스스로 자신의 문화적 정체성을 확립하였다. 우리는 새로운 시대로 접어들고 있다. 이제 기독교 복음은 서구의 옷을 벗고, 더 이상 서구문화의 일부가 아니라, 서구문화와 상관없이 정당성을 인정받을 수 있는 신앙으로 인정받게 될 것이다. 이제 복음은 여러 곳으로 확산되고, 각 문화가 가진 가장 정당한 가치들을 증진시키면서 세계 속의 기독교를 이룰 것이다. 사람들은 더 이상 기독교인이 되기 위해 서양사람들처럼 옷을 입어야 할 필요를 느끼지 못할 것이다. 이것이 지금 비서구권에서 급성장하는 교회들에서 일어나고 있다. 전형적인 서구교회 형식과 상당히 다른, 새로운 교회형식들이 등장하고 있다.

선교사들은 자주 오해를 받는다. 너무 심하게 비판을 받기도 한다. 내가 생각하기로는, 선교사들이 서구문화와 자신을 동일시했기 때문에 불필요한 비판을 받았다고 본다. 그런 비판은 정당한 비판이다. 우리는 그런 비판을 겸허히 수용해야 한다.

나는 유명한 케냐 기독교 평신도 지도자를 알고 있다. 그는 사업가이며 케냐 성서공회 이사장이었다. 그는 월드비전의 이사였다. 그가 나의 집무실로 들어올 때, 정장에 양복 조끼까지 입고 있었다. 그는 어디를 가든 국제적인 신사였고 헌신된 기독교인이었다. 그는 부족민 가운데 처음 기독교로 개종하신 할아버지가 어떻게 기독교인이 되었는지 설명해 주었다. 할아버지는 스코틀랜드 장로교 선교사를 통해 복음을 받아들였는데, 아프리카 이름을 포기하고 유럽이름을 새로 받아들여야 했다. 전통적인 아프리카 옷을 포기하고 유럽식 양복을 입어야 했다. 아프리카 관습들은 이교도적인 것으로 인식하였고, 유럽 문화와 관습은 기독교적인 것으로 인식하였다. 신앙은 서구문화와 동일시되었다. 이것은 선교적인 문제이다. 신앙을 서구문화와 동일시하는 것은 신앙을 이해하는 데 있어서 심각한 복음의 왜곡을 불러 올 뿐만 아니라 복음을 전도하는 데 불필요한 문화적 장벽을 만든다. 이것은 서양인들과 새로 기독교인이 되려는 비서구권 사람들 모두에게 문제가 된다. 다른 한편으로, 잘못된 문화인식은 화를 자초하기도 한다. 어떤 서양 선교사가, 가혹한 문화관습인, 여성 '할례'(Circumcision) 문화에 대해 반대하는 설교를 하였는데, 그 선교사는 그 결과로 죽임을 당해야 했다. 복음과 문화의 관계는 심각한 문제이다. 신앙과 문화의 관계는 복합적이다.

기독교는 서양문화를 넘어서야 한다. 서구 문화적 옷을 벗어야 한다. 오늘날 기독교 신앙과 서구문화와의 동일화 현상을 극복할 수 있는 세 가지 새로운 요소들이 있다. 첫째, 기독교선교운동의 국제화이다. 둘째, 사회과학의 역할이다. 사회과학이 발달하면서 비서구권 문화들을 분석하고 인정하게 하였다. 셋째, 서구사회들이 기독교 신앙에서 점점 멀어지는 현상이다. 이런 모든 요소들이 오늘의 교회를 서구문화로부터 더욱 자유롭게 하고 더욱 세계적인 교회가 되게 하고 있다. 이것이 오늘 일어나고 있는 선교운동에 있어서 가장 의미심장한 새로운 방향일 것이다.

중국의 가정교회들은 새로운 모델을 제공한다. 중국교회는 핍박 가운데 그들만의 예배스타일, 리더십 선택방식, 그리고 리더십 훈련모델을 개발하였다. 중국이 서양교회와 격리되어 지냈기 때문에 보다 중국토양에 적합한 토착적이며 성경적인 예배스타일과 리더십 개발과 훈련모델을 발전시킬 수 있었다.

남미 안데스에 사는 두 인간집단 가운데 다른 모델을 볼 수 있다. 이들은 스페인 군대에 의해 완전히 정복되지 않은 사람들이다. 께추아족(Quechuas)과 아이마라족(Aymaras)은 에콰도르, 페루, 그리고 볼리비안의 안데스 산맥 고산지대에 살고있다. 스페인 사람들은 지난 4세기 반 동안 이 두 부족에게 그들의 문화가 열등하기 때문에 사라지게 하고, 스페인 문화와 스페인 가톨릭으로 바꾸어야 한다는 이야기를 들어왔다. 이들에게 개신교 선교사들이 찾아와 스페인어로 사역을 시작하였다. 그들은 스페인어를 알고 있었지만 반응은 신통하지 않았다. 그런데 몇몇 선교사들이 부족언어와 문화를 배우기 시작하였고 께추아족과 아이마라족 몇 사람이 복음을 수용하고 기독교인이 되었다.

토착선교 방법은 효과적이었다. 지난 25년 동안 교회는 놀랍게 성장했다. 선교사들이 토착언어뿐만 아니라 토착문화 형식들인, 토착음악, 토착적 악기들, 그리고 토착적인 예배형식들을 사용하자, 교회성장은 믿을 수 없을 정도로 껑충 뛰어올랐다.

초기 켈트족 선교사들은 그들이 사역하던 선교현장의 문화와 일상어인 방언들을 인정하였다. 그들이 예배모범을 일상어로 번역하여 사용하였기 때문에, 그들의 전도사역은 효과적이었다.

다른 이슈는 통일성과 다양성 사이의 관계에 있다. 우리는 그리스도의 몸 안에서 모두가 하나이며, 동시에 다양한 문화를 존경한다. 이런 상황에서 우리는 신앙의 통일성을 어떻게 드러내는가? 로마 가톨릭과 동방 정교회 그리스도인들, 그리고 일부 성공회 신자들은 교회에 특정한 조직이 꼭 필요하다고 믿는다.

로마 가톨릭은 정통교회의 일부가 되기 위해서는 교황권에 복종하는 것이 선결조건이다. 하지만 개신교는 교회구조, 예배방식, 커뮤니케이션, 그리고 리더십 스타일에 다양성이 필요하다는 견해에 동의한다. 세계교회는 더욱 놀랍게 다양해지고 있다. 그러므로 다양성과 통일성 문제는 오늘날 교회가 직면한 큰 도전이다. 우리 앞에 놓인 도전은 우리가 교회의 다양성을 격려하면서도 우리의 통일성을 확인하는 것이다.

이것은 우리가 다양한 문화권에 복음을 적합하게 하기 위해 상황화 작업을 하면서, 복음의 핵심을 규정하기 위한 성경적이며 신학적 성찰을 해야 한다는 것을 의미한다. 우리는 특정 관습이 우리에게 도움이 된다고 해서 복음의 핵심이 아닌 것에 대해 '핵심적'이라고 인정할 수는 없다.

교회는 역사를 지나오면서 이런 선교학적 이슈들에 직면하였다. 하지만 오늘날 예배와 복음전달 방식에 대한 다양성을 인식하고, 그리스도의 몸 안에서 통일성을 인정하기는 과거보다 쉽다. 과거에, 대부분의 전통문화는 종교적 일치가 사회정치적 조화를 위해 핵심적이라고 추정하였다. 이런 고전적 사고는 무슬림 국가들과 인도의 힌두교 정당의 편협한 해석 가운데 아직도 존재한다.

이것은 종교개혁 당시에 있었던 종교적 편협성을 이해하는 데 도움을 준다. 개혁자들까지도 사회적 통일을 위해 종교적 일치가 핵심적이라고 추정하였다. 오늘날 세속화된 서구 국가들은 종교, 윤리, 그리고 인종적 다양성을 중요한 가치로 인정한다. 하지만 그런 다양성은 종교적 상대주의를 함의한다. 기독교인인 우리는 주님을 중심으로 드려지는 예배 스타일이 다른 것을 정당하게 인정한다고 하더라도, 주되신 예수 그리스도의 유일성을 지켜야할 소명이 있다.

따라서 우리가 다른 인종집단에게 나아가면서 당면하는 선교사역 문제 가운데 하나는 현지인들에게 그들만의 방식으로 복음을 전달하고, 그들만의 방식으로 하나님을 예배하고, 현지인들이 우리 선교사들을 그대로 따라해야만 한다는 느낌을 갖지 않도록 하는 것이다.

이것은 어려운 이슈였다. 우리가 살펴볼 시대의 교회는 상황화 문제를 잘 이해하지 못했다. 동방교회는 여러 분파로 나뉘었다. 이집트 교회와 소아시아 교회 대부분은 콘스탄티노플 교회와 신학적 문제로 인하여 갈라졌다. 대부분의 경우, 교회는 성자 예수 그리스도에 대한 인성과 신성에 대한 신학적 정의에 따라 갈라졌다. 적어도 이런 신학적 문제가 표면적 이슈였다. 우리는 표면적 이슈들 이외에 권위, 정치, 그리고 개성들이 교회가 분리되는 데 작용하였을 것으로 짐작한다.

11세기에 이르자, 콘스탄티노플 중심의 동방교회와 로마 중심의 서방교회는 갈라져 서로를 파문하였다. 신학적 문제는 로마교회가 정립한 니케야 신조를 수정하는 것이었다지만, 핵심적 내용은 신학적이라기보다 교회권위와 정치권력에 관한 것이었다. 동방교회는 로마교회의 감독을 교회 전체의 수장으로 인정하지 않았다. 로마교회의 감독은 교황의 지상권(至上權)을 고집하였고, 결과적으로 교회는 분리되고 말았다.

2. 서유럽

1) 켈트족 교회

부흥운동은 변두리에서 일어난다. 이 책의 기본 논지를 다시 반복한다. 부흥운동/갱신운동과 선교운동은 일반적으로 기성교회의 변두리에서 일어난다. 우리가 교회를 설명하기 위해 큰 원을 그린다면, 감독은 원 중앙에 위치한다. 갱신운동은 언제나 원둘레인 주변에서 시작된다. 간혹 제도적 교회는 새로운 갱신운동을 거부하고 몰아냈다. 간혹 갱신운동을 제도적 교회가 흡수하여 교회 안으로 받아들이기도 하였다. 간혹 그들은 얼마정도의 갱신을 하는 데 도움을 주다가, 제도적 교회에 흡수되고 제도화하고, 결국 그들의 독특한 특성을 상실하기도 하였다.

켈트족 교회는 7세기에 로마 가톨릭 교회에 흡수 통합되고서도, 선교적 열정, 배움에 대한 열정, 그리고 깊은 경건생활을 2-3세기 동안 유지하였다. 그런 까닭에, 8세기, 9세기, 그리고 10세기에 서방 교회에서 가장 학식이 높은 사람은 로마교회에 있지 않고, 켈트족 전통을 가진 영국교회에 있었다.

바이킹은 약탈하고 강탈하였다. 아일랜드, 영국, 그리고 프랑스에 있던 도시와 교회, 그리고 수도원을 강탈하고 파괴하였다. 그 후에 이들에게 기독교 신앙을 전파해준 선교사들은 켈트족 전통을 가진 영국에서 나왔다.

켈트족 전통은 수도원에서 살아남았다. 수도원에서 깊은 경건과 배움에 대한 사랑이 선교적 열정과 하나가 되었다. 이것은 우리에게 중요한 교훈을 제공한다. 켈트족 지도자들은 배우지 못한 광신자들이 아니었다. 그들은 당시 서방 세계에서 가장 높은 지적 수준을 가진 사람들이었다. 그들은 성경을 연구하였고 깊은 헌신을 학문에 첨가하였다. 그들의 생활은 그들의 신앙을 반영하는 경건한 생활이었다.

그러므로 서유럽에서, 켈트족은 당시 선교와 활력의 주요한 원천이었다. 영국에 이른 기독교의 세 가지 흐름이 있다. 옛 로마, 로마 가톨릭, 그리고 켈트족 기독교이다. 그 가운데 켈트족 계통의 영향이 가장 탁월하였다.

켈트족 수도승들은 선교사가 되어 복음을 전파하였다. 그들은 영국과 스코틀랜드로부터 프랑스를 가로질러 중부 유럽에 이르렀다. 그들은 야만인 족속들을 만나 복음을 전하였다. 그 야만인 족속은 중앙아시아에서 독일지방으로 들어온 사람들이었다.

라틴계 기독교인들은 야만인 언어들은 아무짝에도 쓸모없다고 생각한 것에 반하여, 켈트족들은 일상어인 야만인들의 언어들을 귀중하게 생각하였다. 우리는 여러 번 오순절 언어정신을 주장하였다. 오순절은 각 사람들이 하나님이 행하신 능력의 역사를 그들이 가진 모국어로 들어야 한다는 것을 보여주는 상징이다. 켈트족 기독교인들은 오순절 정신을 잘 이해하고 있었다.

실례를 들면, 코사(Xhosa)는 남아프리카에서 사용되는 훌륭한 언어들 가운데 하나이다. 만일 내가 코사를 사용하는 형제에게 가서, "당신이 영어를 할 줄 알기 때문에, 우리가 성경을 코사로 번역할 필요가 없습니다." 이렇게 말한다면 나는 코사문화를 무시하고, 그를 한 인간이나 그리스도 안에서 형제로 존중하지 않은 것이다. 서로의 모국어를 존중해 주어야 한다. 이것이 중요하다는 인식은 영적으로나 심리학적으로 진실한 것이다.

우리는 켈트족으로부터 선교적 열정과 선교적 기동성이 계속 유지되고 있음을 발견한다. 그들은 자신을 '그리스도를 위한 순례자'라고 불렀다. 어디든 갈 준비가 되어 있었다. 그들은 자기 가족과 친구들을 다시 보지 못한다는 사실을 알고, 어느 곳으로 가는지도 알지 못하고 선교사로 갔다. 그들은 하나님께서 인도하시는 곳이라면 어디든 가겠다는 열린 마음을 가지고 있었다. 이것은 그들을 좀 별스러운 영적 훈련으로 빠지게도 하였지만, 훌륭한 선교열매들을 맺게도 하였다.

켈트족이 추구한 극단적 금욕주의는 우리의 마음을 무겁게 한다. 실례를 들면, 간혹 수도승은 얼음장처럼 차가운 물속에 들어가 묵상하였다. 이런 수련의 목적은 정욕을 극복하기 위함이었다. 그들이 추구하는 경건은 너무 엄격하였지만, 그 엄격함이 수많은 젊은이들이 수도승과 수녀가 되게 하는 매력이 되었다. 당시 사회는 인생의 목적을 잃고 혼돈 속에서 방황하고 있었다.

최근에 북미 대학생들을 인터뷰한 기사를 보았다. 대학생들에게 그들의 목표를 물었다. 많은 학생들은 장사를 해서 부자가 되고 싶다고 했다. 교육자가 되겠다는 숫자는 줄었다. 공학, 컴퓨터, 그리고 과학 분야로 진출하겠다는 학생들은 비슷하거나 약간 줄었다. 미국 대학생들이 가진 제일 중요한 목표는 부자가 되는 것이었다. 그 인터뷰에 많은 기독교인들이 참여했을 것이다.

켈트족이 유럽대륙으로 이동하던 역사적 시대와 우리 시대가 가진 유사점들이 있다. 사회적 혼돈, 부패, 그리고 쇠퇴하는 시대이다. 켈트족 수도승들의 이상과 높은 영적 수준은 수많은 사람들을 매혹시켰다. 수년 전에, 미국 NCC는 "보수적인 교회들이 성장하는 이유"에 대한 연구를 하고 그 결과를 책으로 발간하였다.[1] 저자는 자유주의적인 관점을 갖고 있었지만, 보수주의적인 교회들이 성장하는 이유는 교인들에게 다른 교회보다 더 많은 것을 요구하기 때문이라고 결론지었다. 우리는 그와 같은 현상을 켈트족 기독교인들에게서 발견한다. 영적 훈련 수준을 낮추지 말고 더 높여야 한다. 이것이 우리가 배워야 할 교훈이다.

2) 윌리브로드

8세기 후반과 9세기 초반을 아름답게 수놓은 두 켈트족 선교사가 있었다. 첫째는 윌리브로드(Willibrord)였다. 그는 658년경부터 739년까지 살면서 현재는 네덜란드의 일부가 된 프리슬란트 사람들(Frisians)에게 전도하였다. 둘째는 독일선교를 한 보니파스(Boniface)였다.

수도승들은 교회를 설립하였다. 하지만 아직도 수도원이 영적 생활과 권위의 중심이었다. 윌리브로드와 보니파스는 로마 가톨릭교회의 권위 아래 있었

---

1) Dean M. Kelly, *Why Conservative Churches are Growing* (New York: Harper & Row, 1977).

기 때문에 선교하는 감독으로 임명을 받았다. 그래서 그들은 특정지역에 연관되거나 특정 지역 감독의 권위아래 예속되지 않았다. 우리는 앞서 살펴본 어느 정도 독립적인 선교조직체의 중요성을 다시 기억한다. 두 사람은 지역 감독의 권위 아래서 활동하는 것보다 훨씬 더 독립성을 가지고 선교활동을 전개할 수 있었다. 선교사가 어느 정도의 독립성을 가지고 선교활동을 하는 것에 관한 이슈는 선교운동 전반에 걸쳐 중요한 이슈로 보인다. 바울과 바나바는 할례받지 못한 이방인들에게 세례를 베풀고 이방선교를 계속하기 위해 예루살렘 교회로부터 어느 정도의 독립성이 반드시 필요했었다. 윌리엄 캐리는 후일 인도에서 보다 융통성이 있는 선교활동을 위해 자신이 조직한 침례교 선교회를 떠나야 한다는 사실을 깨달았다.

이 선교사 모델에서, 우리는 선교사 감독이 수도승들과 한 무리가 되어 복음이 전해지지 않은 곳에 가서 교회를 설립하는 것을 발견한다. 그는 사제들과 목회자들이 함께 사역하게 하였다. 그는 교회설립과 함께 새로운 수도원들도 설립하였다. 새로운 목회 지도자들은 수도원의 헌신자 공동체(the Committed communities)에서 나왔다. 이 현상을 랄프 윈터의 용어를 빌려 설명하면, 우리는 소달리티가 모달리티를 설립하지만 소달리티가 새로운 소달리티를 설립하는 모델을 발견한다. 더 간단하게 설명하면, 우리는 선교조직체가 교회를 설립하지만 선교조직체가 새로운 선교조직체를 설립하는 모델을 본다.

역사적으로, 대부분의 개신교 선교단체들은 자기 교단 교회를 개척한다. 초교파 선교단체인 경우, 선교단체가 선교지에 자신의 교단을 만든다. 실례를 들면, 서아프리카 복음교회는 SIM(Serving in Mission, 전 수단내지선교회)가 설립하였다. 아프리카 내지선교회는 아프리카 내지교회를 설립하였다. 나는 이 사실을 비판하는 것은 아니다. 선교단체가 자기에게 맞는 교단을 설립하는 것은 하나의 효과적인 전도방법이었다. 하지만 이런 전략은 여러 지역에 너무 다른 교단들을 많이 만들어 혼란을 주기도 하였다. 여기서 다시 상기하고 싶은 중요한 이슈가 있다. 우리 주님께서 요한복음 17장에서 기도하신 그리스도의 몸된 교회의 하나됨을 어떻게 보여줄 것인가?

이것은 유럽에서 자주 토론되었던 중요한 이슈를 다시 떠올리게 한다. 북미 아프리카계 선교사들과 라틴 아메리카 복음주의자들이 세속화된 유럽에 가서 선교활동을 한다면, 유럽에 있는 기성교단(루터교, 개혁교회, 또는 로마 가톨릭)과 함께 사역하면서 교회부흥을 도모할 것인가 아니면 그들이 유럽에 있는 전통적 교단과 다른 새로운 자유 교단교회를 설립할 것인가? 이 질문에 대한 쉬운 대답은 없다. 토론은 지금도 계속되고 있다.

기성교회들과 동역하는 여러 선교단체들도 있다. 외국 출신 선교사들이 현지 국가 지도자와 지역 지도자와 함께 교회를 성장시키는 일을 할 수 있는지 보여준다. 라틴 아메리카 선교회, OC 국제 선교회(International), 예수전도단 등이 좋은 실례를 보여주고 있다.

다시 윌리브로드에게 돌아가 보자. 그는 네덜란드와 벨기에 지역으로 파송되었다. 교황은 그를 대주교로 임명하고, 프랑스 교회를 다스리는 프랑크족 감독으로부터 독립성을 부여하였다. 일반적으로 프랑스 교회의 권위는 프리슬란트 사람들이 살고 있는 지역을 포함할 것이다. 하지만 윌리브로드는 프리슬란트 선교에 독립성을 가질 수 있었다. 이것은 그의 선교에 유익하게 작용하였다.

3) 보니파스

다른 탁월한 선교사는 보니파스(Boniface)였다. 그는 722년 로마교회의 감독으로 임명받았다. 우리는 당시 역사적 상황을 잘 이해해야 한다. 10년 후에, "해머"(the hammer) 샤를 마르텔(Charles Martel)이 무슬림을 뚜르 전투에서 물리쳤다. 무슬림 군대는 막강했다. 그들이 스페인을 침입하고 중부 프랑스를 약탈하던 때 무적함대처럼 보였다. 역사가들은 지적했다. 만일 무슬림 군대가 뚜르 전투에서 승리하였다면, 유럽 전역은 성당 대신 회교성원(聖院)의 뾰족탑인 미나렛들(minarets)로 가득했을 것이다. 오늘날 무슬림은 이민자들로 유럽을 새롭게 점령하고 있다. 유럽은 세속화되었고 전통적 교회들은 허약하다. 문제는 이런 유럽이 새로운 무슬림의 출현과 도전을 어떻게 맞이할 것인가 하는 점이다.

당시 유럽은 혼돈 속에 있었다. 이슬람교가 스페인을 지배하면서, 남부유럽은 혼동과 불안정한 시기를 맞고 있었다. 보니파스는 동쪽으로 갔다. 오늘날 중부 독일지역으로 들어가 그들을 복음화시켰다. 윌리브로드처럼, 그는 로마교회의 후원을 받고 있었다. 선교사 감독으로 독립성을 가지고 활동하였기에 효과적인 사역을 감당할 수 있었다.

역사 가운데 등장한 여러 다른 인물들과 같이, 보니파스도 선교적인 고심을 하였다. 기독교를 받아들이기 이전의 전통종교 의식들 가운데 어떤 것을 정당한 것으로 수용할 것인가 생각하였다. 선교사가 새로운 문화 속으로 들어가 복음을 전하고 교회를 개척할 때, 선교적 질문이 생긴다. 선교사와 새로운 기독교 공동체는 현지문화의 어떤 부분들을 폐지하지 않고 예배에 존속시키고, 어떤 부분들은 거부할 것인가? 이것은 아주 결정적인 이슈이다. 이 질문에 대해서는 성경도 언제나 분명한 방향을 제시해주지 않는다.

601년, 교황 그레고리 대제(Gregory the Great)는 적응의 원리(principle of accommodation)를 교시했다. 로마 가톨릭교회는 대부분 이 원리를 따랐다.

> 현지 사람들의 이교도 사원들은 파괴할 필요가 없고, 그 가운데 있는 우상들만 파괴하면 된다. 만일 신전이 잘 지어졌으면, 사탄을 숭배하는 예배를 하지 못하게 하고 참된 하나님을 예배하도록 개작하는 것이 좋은 생각이다. 그리고 사람들은 그들의 습관에 익숙해져 있기 때문에, 사람들이 소를 잡아 사탄에게 희생 제사를 드리기 위해 모일 때, 문화적 대체를 위해 그 날을 축제일로 정하는 것이 합리적으로 보인다. 사람들은 소를 잡을 때 사탄을 숭배하기 위함이 아니라 하나님을 경배하고 그들이 음식으로 먹기위해 잡는다는 것을 배워야만 한다. 그들이 축제음식을 먹을 때, 그들은 모든 선한 것을 주시는 하나님께 감사를 드려야만 한다.
>
> 만일 우리가 그들에게 이런 눈에 보이는 기쁨을 허락하면, 그들은 진정한 내면의 기쁨으로 이르는 길을 더 쉽게 발견할 수 있을 것이다. 높은 산을 오르기 위해 준비한 사람이 한 번 껑충 뛰어서 산꼭대기에 오를 수 없듯이, 거친 마음에서 모든 악습을 단번에 다 잘라낼 수는 없을 것이다. 산을 오르듯 한 걸음 한 걸음씩 올라가야 할 것이다.[2]

적응의 원리에는 지혜가 있다. 하지만 라틴 아메리카에서 선교사로 사역한 경험이 있는 사람은 로마 가톨릭교회가 이 원리를 너무 심하게 허용하여, 심각한 혼합주의에 빠지게 하고, 복음의 핵심을 잃어버리게 하였다는 사실을 인정할 것이다. 과다루페(Our Lady of Guadalupe)를 모시는 바실리카 양식의 교회당이

---

2) Stephen Neill, *A History of Christian Missions* (New York: Penguin Books, 1969), 68.

멕시코시티 외각에 세워졌다. 그 교회당이 세워진 장소는, 콜럼버스 이전에 멕시코에서 그 지역을 담당하는 가장 중요한 여신을 모셨던 사당(祠堂)이 서있던 자리였다. 이 예배당은 멕시코에서 가장 영향력있는 로마 가톨릭교회이다. 이 교회에서는 예수 그리스도가 아니라 과다루페(Our Lady of Guadalupe)가 예배의 초점이다. 과테말라 치치까스테낭고(Chichicastenango) 교회에 출석하는 원주민들은 교회를 가는 길에 전통적인 이방 신들에게 초에 불을 붙여 경배한다. 교회당 안에 들어가서는 같은 초에 불을 붙여 기독교 성인들을 경배한다. 우리는 질문한다. 이런 예배습관 속에 얼마나 참되고 성경적인 기독교 신앙이 들어있는가? 내 판단으로는, 옛 습관에 대한 단절이 부족하고 옛 습관에 대해 너무 많은 연속성을 허락한 것이 문제로 보인다.

개신교도들은 다르다. 개신교는 너무도 자주 단절을 강조한다. 아프리카에서 일어난 실례를 살펴보자. 어떤 선교사들이 현지교인들에게 예배 중에 드럼을 사용하지 못하도록 금지시켰다. 드럼은 기독교 이전에 토속신에게 예배드리면서 사용하였기 때문에 이교도적이라고 간주되었다. 과테말라에서는 목금(木琴) 실로폰을 자주 사용한다. '라틴 아메리카 미션'을 설립한 해리 스트라찬은, 1920년대에 중앙아메리카에서 사역하는 다른 개신교 선교사들에게 분개하며 말했다. "왜 이 사람들은 예배드리면서 목금 실로폰을 사용하지 않습니까? 목금 실로폰은 좋은 악기입니다." 이것은 논쟁의 여지가 있는 말이다.

하나님을 예배하고 복음을 전달하기 위해 어떤 문화형식들을 유지시키고 사용할 것인가? 어떤 문화형식들을 잘라낼 것인가? 우리는 성경을 통해 인도받는다고 말하기는 쉽다. 그 말이 맞는 말이기도 하지만 적합한 해답을 찾기 위해 현지인 기독교 공동체는 성경말씀과 한 동안 씨름해야만 한다. 나는 외부자인 선교사가 이 분별과정에 참여하여, 상담과 안내를 할 수 있다고 생각한다. 하지만 궁극적으로는, 토착 기독교 공동체가, 성경 말씀이 제공하는 정보에 근거하여, 성령의 인도를 받고, 결정해야만 한다. 외부자가 혼자서 내리는 결정은 대부분 잘못된 결정이 될 것이다. 우리는 이 이슈가 교회 역사 전반에 걸쳐 반복되고 있음을 알 수 있다.

보니파스가 맞닥뜨린 다른 이슈는 능력대결이었다. 그가 가이스마르(Geismar)에 갔을 때 가장 유명한 사건이 일어났다. 그곳 사람들은 성스러운 참나무를 숭배하고 있었다. 그들은 그들이 믿는 신들 가운데 하나가 참나무에 살고 있다고 믿었다. 그들은 누구든지 참나무를 만지면 죽을 것이라고 확신하였다. 보니파스는 도끼를 가지고 참나무를 찍어버렸다. 참나무는 힘없이 쓰러졌다. 보니파스는 멀쩡했다. 그는 사람들에게 나무를 잘라 작은 채플을 짓는 데 쓰자고 하였다. 놀라운 사건이었다. 그것은 사건을 통해 진리를 보여준 실재적 교육이었다. 얼마나 설득력있는 교육인가! 우리는 갈멜산에 선 엘리야의 메아리를 듣는다. 선교현장에서 능력대결은 종종 일어난다. 이런 종류의 능력대결은 보니파스가 했던 사역의 일부였다.

보니파스의 사역에는 다른 특별한 점이 있었다. 여성 공동체와 남성 공동체를 선교를 위해 동원하고 활동하는 것이었다. 우리가 아는 한, 이렇게 사역한 사람은 보니파스가 처음이었다. 우리는 이미 켈트족 교회에서 여성들이 중요한 역할을 하였음을 살펴보았다. 그런 까닭에, 선교사역에 여성을 포함시키는 것은 보니파스에게는 아주 자연스러운 일이었을 것이다. 그가 전방개척지에 남자들과 수도원을 설립하였을 때, 여성들을 위한 수녀원도 설립하였다. 이들 수도원과 수녀원은 주변 사람들에게 무언가 다른 공동체를 보여주고, 기독교인의 생활을 구체적으로 보여주는 모델이 되었다. 이것은 전도의 강력한 도구가 되었다. 당시 독신 여성 선교사 그룹이 중부 독일에 전도하러 간다는 것은 굉장한 용기를 필요로 했을 것이다.

보니파스는 나이가 들어 독일로 돌아갔다. 그는 754년경에 순교하였다. 중부유럽에 조상을 둔 나와 같은 많은 사람들은 우리가 보니파스의 영적 후예들이라고 말할 수 있다.

3. 네스토리안 운동

이제 동방으로 눈을 옮겨, 네스토리안(Nestorian) 교회를 간략하게 살펴보자. 네스토리안 교회 이름은 5세기 콘스탄티노플의 대주교인 네스토리우스(Nestorius)에게서 왔다. 교회가 예수님의 두 가지 본성에 관한 정의문제로 싸우는 과정에서, 네스토리우스는 이단으로 정죄받고 면직되었다. 이것은 신학적 문제라기보다 정치권력 싸움에서 비롯된 것이었다. 그의 추종자들은 결국 정통 기독론을 수용하였다. 하지만 네스토리안 운동은 네스토리우스가 태어나기 오래 전에 시작되었다. 우리는 1세기나 2세기에 메소포타미아의 에데사(Edessa)에서 그 운동을 발견한다.

  로마 제국이 기독교인들을 핍박하고 있을 때, 당시 페르시아 제국에 속한 에데사에는 기독교 공동체가 놀랍게 번성하고 있었다. 로마 제국에서 핍박이 일어나 수많은 기독교인들이 살해당하던 때, 로마 제국에서 핍박받던 기독교인들은 신앙이 자유로운 페르시아로 도망하였다. 로마에서 드디어 신앙의 자유가 주어졌을 때, 동방교회에 소속된 기독교인들의 선교열정은 뜨겁게 타올랐다. 역사는 그들의 선교적 공헌을 기록한다. 초기 사제들과 감독들은 새로운 곳으로 전도하기 위해 갔다. 그들은 목수로 일하기도 하고, 장사를 하기도 했지만, 목적은 복음을 전파하는 것이었다. 다른 말로 하자면, 그들은 텐트 메이커 선교사들이었다. 이렇게 페르시아에 있던 동방교회들은 선교적 열정을 보여주었다.

  2세기 동안, 다양한 신약성경 조각들이 기독교인들 사이에 회람되었다. 신약 정경은 3세기에 잘 인증되고 널리 회람되었다. 4세기에 이르러, 소아시아에 기독교 학교가 설립되었다. 이론적으로, 모든 감독들은 학생들이 성경을 공부하고, 특히 시편을 공부할 수 있도록 학교를 운영해야 했다. 학교를 졸업하려면 시편을 모두 암송할 수 있어야 했다고 한다. 학교는 성경에 대한 대단한 관심을 보여주었다. 당시는 신약보다 구약을 더 강조하였을 것이다. 이것이 후일에 약점으로 작용하였을 것이다.

  4세기와 5세기에 기독교에 적대적인 핍박이 일어났다. 중동지방에 살고 있던 기독교인들의 실수는 아마도 교회에서 당시 일상어인 페르시아어를 사용하지 않고 시리아어를 사용한 것이다. 페르시아어는 페르시아 제국의 공식 언어로 자국어였다.

  로마 제국이 기독교 국가가 된 이후, 콘스탄틴은 페르시아 황제에게 기독교인들에게 호의를 베풀어 달라고 요청하였다. 이것이 발단이 되어 페르시아에 기독교인에 대한 비극적인 핍박이 일어났다. 두 제국은 계속해서 적대관계에 있었기 때문이었다. 따라서 로마 제국이 기독교인들을 핍박하였을 때, 페르시아 제국은 기독교인들에 대해 신앙의 자유를 허용하였다. 로마 제국이 명목상 기독교 제국이 되었을 때, 페르시아 제국은 핍박을 강화하였다.

  431년 콘스탄티노플의 대주교 네스토리우스는 정죄를 받고 면직되었다. 신학적 이슈뿐만 아니라 개인적인 경쟁관계가 작용하였다. 후일 네스토리안 지도자들은 칼케돈 기독론(Chalcedonian Christology)을 지지하였다. 이 신학은 동방 정교회, 로마 가톨릭, 그리고 개신교회가 모두 그리스도론으로 채택한 기독론이다. 그럼에도 불구하고 네스토리안교회는 분리된 채로 남았다. 콘스탄티노플측은 네스토리안교회를 분파적이라고 간주하였다. 수 세기 동안, 시리아어를 사용하는 네스토리안들은 켈트족 교회와 같이, 가장 열정적인 선교를 수행한 교회의 모범이었다. 그들은 메소포타미아 느시블리스(Nsiblis)에 학교를 설립하고, 성경연구, 영적 생활훈련, 그리고 선교를 강조하였다. 6세기에는 학생 숫자가 1천명이 넘었다.

네스토리안들은 직업을 가지고 선교했다. 상인, 은행원, 그리고 의사로 일하면서 복음을 전하였다. 물론 수도승과 사제들도 선교에 참여하였다. 기록에 의하면, 한 네스토리안 여인은 중앙아시아 부족 족장과 결혼하여 전 부족을 신앙으로 인도하였다. 6세기에, 네스토리안은 인도에 갔다. 중앙아시아 훈족(Hung) 선교는 성공적이었다. 훈족은 복음화되었고, 훈족 언어는 글자로 만들어져, 새로운 영농기법을 전수하는 데 사용되었다. 네스토리안은 전 세계로 퍼져나갔다. 그들이 아라비아, 티벳, 그리고 아프가니스탄에서 활동했다는 증거자료들이 있다.

네스토리안 선교 가운데 가장 유명한 것은 중국선교이다. 1623년 발견된 기념비에는 네스토리안이 중국에 도착한 기록을 묘사하고 있다. 네스토리안인 알로펜(Alopen)이 635년 서안에 도착하였다. 교회와 수도원이 설립되었고, 기독교 문서들이 발간되었으며, 경교운동은 황제의 허락을 받았다. 네스토리안 선교사들은 한국 국경까지 갔을 것이다. 전승에 따르면 그는 죽임을 당했다고 한다. 네스토리안 선교는 10세기에 이르러 거의 사라졌으나, 11세기에 다시 부활하여 13세기까지 활동한 후에 소멸하였다.

네스토리안들이 중국에서 소멸한 이유는 무엇일까? 몇 가지 이유가 있다. 첫째, 네스토리안 선교의 과도한 상황화(over-contextualization)에 문제가 있었다. 십자가와 부활에 대한 적절하지 못한 강조와 함께 종교 혼합주의에 이르게 하는 과도한 상황화 전략이 문제로 드러났다. 선교사들은 기독교 메시지를 중국문화에 너무 많이 수용하여 조화시키려 하였고 기독교 신학의 핵심요소들을 일부 상실하게 되었다. 둘째, 토착적인 현지 리더십이 부재하였다. 외국 선교사들이 교회를 계속해서 지배하였고 적절한 토착 리더십이 부족하였다. 셋째, 선교운동이 너무 황실에 철저히 의존되어 있었다. 황실의 도움으로 성행하였던 네스토리안 운동은, 당(唐)나라(618-907) 왕조가 무너진 10세기에 거의 소멸되고, 14세기에 이르러 황실의 핍박을 받자 소멸되었다. 특기할 만한 일이 있다. 네스토리안 운동은 성경암송을 대단히 강조하였는데 성경을 중국어로 번역하지는 않았다. 넷째, 네스토리안 운동은 다른 나라 교회들과 격리되어 있었다. 13세기에 프란치스코회(Franciscan)가 중국에 도착하였을 때, 그들은 네스토리안들을 이단적인 분파주의자들로 보았다.

네스토리안 운동은 중앙아시아 여러 민족들에게 퍼졌다. 그 가운데 위구르족(Uighurs)이 있다. 8세기에 위구르 언어는 선교사들을 통하여 글자를 갖게 되었고, 몽골족에게 전달되었다. 13세기에 이르러, 몽골족 케라이트(Keraits, 몽골에서는 '케레이드' 라고 부름)는 대부분 기독교인이 되었다. 한동안 네스토리안들은 이슬람교와 공존하였다. 그들은 이슬람 지도자들을 의사와 학자들로 섬겼고, 헬라 철학서적들을 상당수 아랍어로 번역하기도 하였다. 그럼에도 불구하고 중앙아시아 지역에 있던 기독교 신앙은 결국 이슬람교의 압력과 14세기 티무르 대량학살(the massacres of Tamerlane) 등으로 소멸되었다.

지금까지 토론을 요약해 보자. 우리는 두 가지 놀라운 선교운동과 위대한 두 민족을 보았다. 켈트족 운동과 네스토리안 운동이다. 이 두 운동은 주변운동이었다. 제도적 교회 중심부에서 일어난 운동이 아니었다. 상당히 분파적인 선교운동이었다. 네스토리안의 경우는 이단적 집단으로 정죄되었다. 그러나 우리는 이 두 선교운동에서 놀라운 배합을 본다. 영적 훈련, 선교 열정, 경건, 그리고 배우는 자세가 배합되어 있다. 얼마나 훌륭한 배합인가! 다음 장에서는 이슬람교와 바이킹의 침략에 대해 살펴볼 것이다.

제9장

이슬람교와 바이킹의 침략

1. 서론

기독교왕국이 무너졌다. 그것은 결정적인 패배였다. 기독교왕국은 이슬람교와 바이킹의 침략 전쟁에서 철저하게 패배하였다. 7세기부터 9세기까지 두 번의 결정적인 패배가 있었다. 쓰라린 아픔이었다. 기독교왕국이 그토록 넓은 영토를 빼앗긴 경우는 20세기에 공산주의와 세속주의가 출현하기 전까지는 전혀 상상할 수 없는 일이었다. 첫째, 이슬람교는 아직도 세계 각 곳에서 강력하게 성장하고 있다. 세속주의와 함께 기독교에 도전하는 가장 강력한 세력이다.

2. 마호메트와 이슬람교

1) 기본 신앙

첫째, 알라가 유일한 신이다 그리고 마호메트는 알라의 예언자이다. 이슬람교의 가장 근본적인 신앙은 이처럼 간단하다. 그들은 구약 선지자들과 예수님도 역시 선지자로 믿지만, 마호메트를 가장 위대한 마지막 선지자로 신봉한다.

둘째, 알라의 뜻은 꾸란(Qur'an)에 적혀있다. 꾸란은 라마단 기간에 알라가 마호메트에게 계시하고 하늘에서 내려 보낸 것이다. 꾸란은 만들어진 것이 아니다. 꾸란은 알라가 가지고 있는 서책의 진본을 땅에서 복사한 것으로, 아랍어 이외의 다른 언어로 번역할 수 없는 책이다. 무슬림은 기독교의 신구약을 원형이 훼손된 모순투성이로 본다. 꾸란에는 사람이 구원을 받는 데 필요한 모든 것이 기록되어 있다. 꾸란을 기초로 사회를 조직하고 인도하는 모든 규칙들이 인간의 올바른 삶을 구체적으로 규정한 샤리아 법(Shari'a, law)에 있다. 오늘날 세속주의에 대항하는 근본주의자들의 반작용 가운데, 여러 이슬람교 국가들에서 샤리아를 소개하는 이슬람 근본주의 운동이 있다. 이슬람 근본주의자들의 목표는 꾸란으로 돌아가 샤리아 법이 개인, 사회, 국가, 경제 모두를 규정하게 하자는 것이다. 다른 말로 하자면, 이상적인 사회는 이슬람교를 중심으로 한 신정정치 사회라는 것이다.

셋째, 모든 사람이 부활하고 마지막 심판을 받는다고 믿는다. 선량한 무슬림은 파라다이스로 가게 될 것이고, 나쁜 무슬림과 불신자들은 심연(深淵)의 끝없이 깊은 구렁에 빠질 것이다. 파라다이스에 가면 남자들은 어여쁜 처녀들이 와서 행복하게 섬겨줄 것이다.

2) 기본적 신앙생활

이슬람은 믿음과 실천으로 이루어진다. 수니파에서 다섯 기둥은 샤리아에 근거한 것으로 무슬림에게 있어 가장 중요한 의무이다. 첫째, 신앙고백이다. 알라 이외에 다른 신은 없으며 모하메트는 알라의 예언자라고 선언한다. 둘째, 기도이다. 하루에 다섯 번씩 메카를 향해 알라에게 기도해야 한다. 셋째, 자선이다. 자선은 의무로 상공업에 종사하는 부자들의 재산 2.5퍼센트나 농민들의 연 생산의 10-20퍼센트를 가난한 사람들과 나누어야 한다. 넷째, 단식이다. 이슬람력 9월, 라마단 한 달 동안 일출부터 일몰까지 음식 및 음료의 섭취와 어떠한 성행위를 해서는 안 된다. 일몰 후에는 먹을 수 있다. 다섯째, 메카 순례이다. 이슬람력 12월에 이루어지며, 경제적 신체적 능력이 있는 무슬림은 일생에 한 번은 성지순례를 해야 한다. 성지순례는 본인이 직접 할 수도 있고 대리인을 보낼 수도 있다.

무슬림의 신앙과 실천을 살펴보면, 마호메트는 자신이 이해한 진리를 실천하기 위해 대단한 희생을 기꺼이 감당한 신실한 사람으로 보인다. 이것은 기독교인들에게 역사적 딜레마를 제시한다. 어떻게 교회가 강했던 여러 지역에서 이슬람교가 그렇게 급속하게 퍼져나갔으며, 왜 교회가 그토록 손쉽게 붕괴하였는지를 탐구하는 기독교인들을 딜레마에 빠지게 한다.

복음주의 학자들인 더들리 우드베리, 조셉 커밍은 기독교와 무슬림 사이에 접촉점을 찾기위해 노력한다. 실례를 들면, 꾸란은 예수님을 긍정적으로 묘사하고 있다. 이슬람교는 기독교 성경이 훼손되기는 하였지만, 신약성경을 거룩한 성경으로 간주한다.

역사와 문화가 문제이다. 이슬람과 기독교 사이에 놓인 수많은 장벽들은 역사적이며 문화적인 문제들이다. 예를 들어, 십자군 운동과 식민주의가 문제가 된다. 우리는 여기서 이슬람과 기독교 사이에 놓인 문제들을 검토할 시간이 없다. 하지만 우리는 이런 역사와 문화적 이슈를 잘 파악하고 있어야 한다.

오늘날 이슬람 근본주의가 성행하고 있다. 이슬람 근본주의자들이 팽배해지는 가운데서도 기독교선교가 이루어지고 있다. 무슬림 국가들 가운데 예수님을 따르는 제자들의 모임이 비밀리에 모이고 있다. 바로 무슬림에 상황화한 '내부자 운동'(insider movements)이 퍼져 나가고 있다. 그들은 모스크에 가서 이사(꾸란에서 사용하는 예수님)의 이름으로 기도한다. 내부자 운동은 선교현장에 따라 다양한 형태로 나타난다. 동시에 예수님을 따르는 무슬림들에게 참혹한 핍박이 따르기도 한다. 몇몇 경우에는 순교의 피를 흘리게 한다.

3. 정복

1) 정복한 영토

지도가 달라졌다. 무슬림 정복이 있기 훨씬 전인 420년 지도를 보면, 아라비아 사람들은 거대한 중동 지역을 통치하고 있었다. 이슬람교의 정복 자체가 놀라운 사건이었다. 동로마 지역에 살던 사람들은 동로마 제국에 대항하는 반란을 일으키기 위한 준비가 무르익어 가고 있었다. 서로마 제국이 좀 약해지기는 하였지만, 로마 제국은 대부분의 영토를 다스리고 있었다. 여러 부족들이 중부 유럽에서 몰려들었다. 프랑크족, 색슨족, 알레마니족(Alemanni, 독일인은 지금도 포르투갈어로 '알레마니'라 불린다), 롬바르드족, 서코트족, 그리고 다른 여러 종족들이 몰려왔다. 약해진 서로마 제국에 '야만인들'이 압도적 다수가 되어갔다.

7세기 초에만 해도, 동로마 제국은 크고 강력했다. 이집트, 소아시아, 대부분의 중동 지역, 그리고 북아프리카 일부를 지배하였다. 그러나 단 몇십 년 만에 사정이 달라졌다. 동로마 제국은 수많은 영토를 잃고 종이호랑이로 전락하고 말았다.

이슬람교가 역사에 등장했다. 마호메트가 메카에서 메디나로 이주한, 622에 있었던 헤지라(The Hegira)는 이슬람교의 시발로 간주된다. 10년 후인 632년, 마호메트는 죽고 그의 후계자들이 여러 지역 정벌에 나서게 되었다. 그들은 635년에 다마스쿠스를 정복하였고, 2년 후에는 예루살렘을 정복하였다. 1년 뒤에, 안디옥, 두로, 그리고 지중해 연안 도시들을 점령하였다. 그 후 10년 이내에, 이슬람교는 북아프리카를 정복하고, 소아시아로 쳐들어갔으며, 673년에서 678년 사이에 거의 전역을 정복하였다. 그럼에도 불구하고 콘스탄티노플은 정복하지 못하였다. 당시 동로마 제국의 수도는 상당히 작은 지역만을 통치하고 있었다. 콘스탄티노플은 1453년까지 살아남았지만, 세력은 아주 약화되었다. 715년까지 무슬림 정복자들은 스페인과 포르투갈의 거의 대부분을 장악하였다. 732년, 이슬람 군대는 남부 프랑스 뚜르(Tour) 전투에서 패하고 퇴각하였다. 우리가 교회역사의 비극적인 십자군 운동을 생각할 때, 우리는 그것을 이슬람교와 서로마 제국간의 장구한 갈등의 역사 가운데 일부분으로 보아야만 한다. 우리는 16세기에 터키족들이 비엔나(Vienna) 문 앞에 당도하였고, 20세기에 들어서면서 발칸제국 대부분을 점령하였다는 사실을 기억해야 한다.

2) 기독교인의 운명

이들 지역에 살고 있던 기독교인들은 어떻게 되었을까? 일부는 떠났다. 로마와 가깝게 지내던 사람들은 이탈리아로 돌아왔다. 나머지는 무슬림 땅에 기독교인으로 남았다. 무슬림 국가들 가운데 가장 큰 교회는 이집트의 콥트교회이다. 교인숫자는 6백만에서 8백만을 헤아린다. 그들은 이집트에 남아, 콥트어를 예배 공식 언어로 사용하고 있다. 그들은 무슬림 정복자들이 들여온 새 언어인 아랍어를 사용하지 않고 옛 콥트어를 사용하고 있다.

다른 교회들도 중동 여러 지역에서 살아남았다. 특히 레바논과 시리아 지역에서도 살아남았다. 그들은 네스토리안을 포함하여, 시리아어를 사용하는 사람들이었다. 북아프리카교회와, 이집트 서부 교회들은 몇십 년 내에 흔적이 없이 사라져버린 것으로 보인다.

무슬림 정복자들은 기독교인들을 그대로 두었다. 핍박하지도 않았고, 이슬람으로 개종하라고 강요하지도 않았다. 그들은 기독교인들을 다른 종교를 믿는 사람들과 다른 범주로 구분하여 '성경을 믿는 사람들'로 간주하였다. 하지만 기독교인들은 특별세를 내야 했고, 기독교 신앙을 전파하는 것은 금지되었다. 결국 기독교인들은 이슬람교로 개종하거나 이슬람 문화에 동화하였고, 그 결과로 여러 곳에 있던 교회들이 사라지기 시작했다.

4. 대부분의 교회들이 사라진 이유들

1) 교회의 분열

무슬림이 교회를 없애버린 것이 아니었다. 우리는 무슬림이 교회를 없앴다고 생각해서는 안 된다. 기독교회는 혹독한 압박 속에서도 살아남았다. 그런데 교회는 전도할 수 없었고, 사회적 불이익을 당해야 했고, 높은 세금을 지불해야만 하였다. 교회는 점차적으로 짓눌려 죽어갔고 사라지게 되었다.

교회분열이 문제였다. 교회가 소멸한 다른 중요한 이유는 교회분열이었다. 북아프리카와 중동지역교회들은 다른 교회들과 교류하지 않고 독자적인 입장을 취했다. 거기에는 세 가지 이유가 있었다. 그들은 주변이 이슬람 지역으로 둘러싸여 있었기 때문에 다른 세계교회들과 격리되어 있었다. 로마교회 감독이 전 세계교회의 수장이라는 선언도 북아프리카와 중동 교회들을 심정적으로 멀어지게 하였다. 그들은 로마교회가 우월하다는 선언을 결코 인정하지 않았다. 그들은 로마 주교나 콘스탄티노플 교황의 권위를 수용하지 않았기 때문에, 양쪽 집단으로부터 분리를 조장하는 이단아로 간주되었다. 더 나아가 4세기와

5세기에 벌어진 신학적 논쟁은 교회를 분리시켰고 이들 교회를 격리된 채로 방치하였다.

분열과 격리가 문제였다. 이런 분열과 격리는 북아프리카와 중동 교회들을 불안정한 상태로 몰아넣었다. 후에 로마에서 선교사들이 이들 지역에 왔을 때, 선교사들은 남아있는 교회들을 교황의 권위 아래 포함시키려 함으로 갈등을 조장하였다. 이것은 교회의 분리가 교회의 생존과 선교에 막대한 지장을 초래한 경우라고 볼 수 있다.

2) 피상적인 복음전도와 제자도

복음은 깊이 뿌리내려야 한다. 피상적은 복음은 생명력이 약하다. 일부 지역에서 사람들은 아주 피상적인 기독교인이 되었고 제자훈련을 받지 못했다. 북아프리카의 경우, 인간집단 운동을 통하여 수많은 사람들이 기독교인이 되었지만 적절한 양육이 없었다. 피상적인 신앙은 강한 도전을 견디어 낼 수 없었다.

3) 외국 엘리트 종교

북아프리카교회는 엘리트 교회였다. 로마 엘리트와 로마화한 사람들과 동일시한 교회였다. 카르타고 사람들과는 가깝게 지내지 않았고, 베르베르족과는 더 멀리했다. 북아프리카에는 세 부류의 인간집단이 모여 살고 있었다. 로마인은 상류층이었고, 로마 제국 아래 현지인들을 지배하러 왔던 최근 식민지 개척자들이었다. 카르타고 사람들은 중간계층이었다. 페니키아에서 온 사람들로 카르타고를 건설하고 베르베르족을 지배하였다. 베르베르족은 원주민들로 사회적 하류계층이었다.

역사적 기록들은 당시 상황을 보여준다. 대부분의 신학과 교회 예식은 로마인들의 언어인 라틴어로 되어 있었다. 카르타고 사람들의 언어로 된 자료는 아주 적었다. 베르베르족 언어로 된 것은 거의 찾아볼 수 없었다. 이것이 당시 교회가 처했던 사회계층을 보여준다. 위대한 신학자인 터툴리안, 어거스틴, 그리고 키프리안은 모두 북아프리카 출신 학자들이었다. 그들은 모두 라틴어를 하는 사람들이었다. 4세기 북아프리카교회는 심각한 균열이 있었다. 그 원인이 무엇일까? 우리는 그 원인이 인종적 차이 때문이었을 것으로 추정할 수 있다. 무슬림 정복 이후, 로마화한 사람들은 대부분 다른 사람들을 남겨 두고, 이탈리아로 피신하였다. 결과적으로, 사회 계층화와 전체를 복음화하지 못하고 특정 계층인 로마인들만을 대상으로 존재하였던 교회의 선교전략이 북아프리카교회 소멸의 주요 요소일 것이다.

1980년대에 이르러서야 베르베르족 언어들 가운데 한 부족어로 신약성경이 번역되었다. 근자에 우리는 알제리에 사는 베르베르족 가운데 놀라운 부흥운동이 일어나고 있다는 소식을 듣고 있다.

4) 교회와 제국의 압제

교회와 성지가 하나가 되있을 때 문제가 발생힌다. 교회가 소멸된 다른 이유는 교회가 동로마 제국과 강한 일체감을 가졌기 때문이다. 이것은 일부 역사적 요인이라 할 수 있다. 동로마는 교황권이 강력하였고 서로마는 약하였다. 로마 주교와 서로마 제국은 동로마 제국에 비하여 훨씬 더 독립적이었다. 로마 사회에서 교회와 제국은 하나로 간주되었고 이런 일체감을 상호 강화하였다. 이런 국교정신은 부족사회들 가운데서도 나타난다. 부족들은 모두가 같은 종교를 믿고 살아야만 한다고 믿기 때문이다. 그런 경우 종교의 주된 역할은 그들만의 리더십 패턴으로 부족이나 국가의 현 상태를 유지하는 일이다.

정치와 종교의 분리 개념은 현대적 개념이다. 정치와 종교의 분리 개념에서 교회는 국가의 월권에 반대하는 목소리를 높일 수 있다. 이런 정신은 구약 성경에 나타난 선지자 전통에서 찾아 볼 수 있다. 우리는 중세기간 교회와 정치를 분리하는 정신을 일부 찾아볼 수 있지만 그렇게 흔하지 않은 개념이었다. 이 분리 개념은 현대적 개념임이 확실하다.

동방교회는 교황신학을 발전시켰다. 황제는 왕이신 그리스도를 대표하고, 교황은 대제사장 되시는 그리스도를 대표한다는 신학이었다. 하지만 황제가 왕이신 그리스도를 대표한다면, 교회는 제국의 권력남용에 대하여 언급할 수 있는 근거를 상실하게 된다. 왕이신 그리스도를 대표하는 황제의 잘못을 누가 감히 지적할 수 있단 말인가.

나는 바바리아(Bavaria)에 있는 아름다운 퓌센의 '백조의 성'(Neuschwanstein)을 방문한 적이 있다. 알프스 산자락에 위치하고 월트 디즈니의 성의 모델이 되기도 했던 이 성은 "미친 왕" 루드비히(Ludwig)가 건설하였다. 왕은 열렬한 로마 가톨릭 신자였다. 그러나 그의 왕실 벽화는 로마 가톨릭적인 교회와 제국의 관계를 보여준다고 하기 보다는 비잔틴식으로 동로마 제국의 개념을 보여준다. 벽화에 등장하는 왕은 왕 되신 그리스도를 묘사하고 있다. 이 벽화는 루드비히가 로마 가톨릭 관점에서 교회와 국가 관계를 설정한 것이 아니라 자신이 가진 사상을 드러내는 것이다. 다른 말로 하자면, 그는 왕이 교회를 통치하는 개념을 가지고 있었다. 왕인 자신이 교회를 통치하기 원했다.

동로마 제국에서 교회와 국가의 친밀한 동일화는 제국의 압제에 반발하는 것은 교회의 압제에 반발하는 것과 같다는 것을 의미했다. 현대 유럽교회 역사가인 제임스 니콜라스(James Hastings Nichols)는 지적하였다. 17세기, 18세기, 19세기 영국에서, 성공회는 국가와 국가의 계층 제도에 대해 철저한 동일시 정책을 시행하였다. 교회에서도 성직자 계급제도를 실시하였다. 그러나 영국 성공회를 반대하는 사람들이 있었다. 그들은 청교도 운동과 감리교 운동을 일으켰다. 청교도 운동과 감리교 운동을 통하여, 국가가 정치권력을 남용하는 것에 반대하는 사람들은 자신의 영적인 안식처를 찾을 수 있었다. 그리하여 정치권력의 탄압에 저항하던 사람들도 교회를 떠나지 않아도 되게 되었다. 프랑스에서는, 칼뱅주의를 따르는 프랑스인 개신교도들인 위그노들(Huguenots)은 혹독한 핍박을 받았다. 이것은 다른 경우였다. 프랑스에는 오직 하나의 교회만 존재했다. 교권을 가진 자들은 정권과 결탁하고 동일시하였다. 그런 까닭에, 정치권력이 저지른 월권에 저항하여 항의하려는 사람들은 교회를 떠나야만 했다. 그렇게 교회를 떠난 사람들은 반(反) 기독교인이 되었다. 이것이 영국과 프랑스 두 나라에 나타난 중요한 역사적 차이였다.

우리는 무슬림 정복을 통해서도 유사점을 발견할 수 있다. 소아시아, 중동, 그리고 북아프리카의 많은 그리스도인들은 무슬림 정복자들을 부패한 기독교 국가로부터 자신을 해방시켜주는 해방자로 보았다. 동로마 제국과 페르시아 제국의 그칠 새 없는 전쟁은 양쪽 모두를 고갈시켰다. 이것은 권력공백을 야기하였다. 지친 제국을 향해 강력한 무슬림 신앙이 칼로 무장하고 돌진해왔다. 제국은 무슬림의 무력 앞에 정복당하였다. 무슬림의 무력 앞에도 이집트의 콥트교회는 북아프리카에 유일하게 살아남았다. 콥트교회가 살아남은 이유 중

하나는 그들이 그들만의 지방어인 콥트어 성경을 가지고 있었기 때문이다. 이것은 중요한 선교학적 통찰을 제공한다.

이슬람은 심각한 문제로 남아있다. 이슬람은 오늘날 기독교인들과 서구 문명에게 심각한 도전을 던지고 있다. 하지만 여러 무슬림 문화들 속에서 그리스도를 믿는 신자들이 늘어나고 있다. 더들리 우드베리 박사는 주장한다. 역사상 이 시대처럼 수많은 무슬림들이 그리스도께 돌아오는 경우는 전례가 없었다. 이런 현상이 있다하여 이슬람 문제를 과소평가해서는 안 된다. 오히려 우리에게 예수 그리스도의 복음을 전달하는 새로운 방법들을 찾도록 독려한다. 무슬림 문화가 가진 많은 긍정적 특성들을 존중하면서도 "길이요, 진리요, 생명이 되신" 예수님의 복음을 타협하지 않는 방법들을 찾아야만 할 것이다.

5. 바이킹의 침략과 결과

1) 신성 로마 제국

신성 로마 제국이 생겨났다.[1] 찰스 대제 혹은 샤를마뉴(Charlemagne) 대제는 샤를 마르텔(Charles Martel)의 손자였다. 그는 732년 무슬림 침략군을 물리치고 현재 프랑스와 독일 땅을 통일하였다. 800년 크리스마스 날, 교황은 그를 "신성 로마 제국의 황제"로 왕관을 씌워주었다. 역사가들은 황제 즉위식에 관해 여러 가지로 해석하였다. 상당수의 역사가들이 언급하였다. 찰스 대제가 신성로마 황제가 되고 싶어 하였으나 교황이 왕관을 자기 머리에 씌워주는 것은 원하지 않았다. 그 대신, 찰스 대제는 교황의 손에 들려진 왕관을 받아 자기가 직접 머리에 쓰고 싶어 하였다. 후대 역사가들은 교황이 샤를마뉴 신성 로마 황제에게 왕관을 씌워준 사실을 발견하였다. 이것은 로마 교황이 황제의 왕관을 씌울 수도 있고 벗길 수도 있다는 교황권을 바탕으로 하여 이루어진 즉위식이었다. 이

---

1) 신성 로마 제국은 샤를마뉴 대제 대관식(800) 때부터 1806년에 이르는 동안 처음에는 프랑크족 황제가, 나중에는 독일인 황제가 통치한 영토를 말한다. '신성 로마 제국'이라는 이름은 1254년 이후부터 쓰이기 시작했다. 1034년부터 콘라트 2세가 통치하는 영토를 가리켜 '로마 제국'이라는 이름이 쓰였고, 1157년부터는 '신성제국'이라는 이름이 쓰였다. - 역주

런 권력쟁탈전으로 인하여, 유럽 나라들에는 교회와 국가 사이에 패권다툼이 수 세기 동안 계속되었다.

여기서 중요하게 작용한 개념(concept)은 '신성 로마 제국'이 이전 '로마 제국'의 합법적 후계자가 된다는 점이었다. 여기에는 여러 사람들이 지적하듯 문제가 있었다. 신성 로마 제국은 거룩하지도 않았고, 로마인도 아니었고, 제국도 아니었다는 데 문제가 있다. 그런데도 신성 로마 제국은 유럽에서 여러 형태로 천 년 이상 지속되었다. 이 허구적 개념은 결국 1차 세계대전 이후에 종지부를 찍었다.

2) 교회와 사회의 타락

로마 제국은 신성 로마 제국 훨씬 이전에 사라지고 없었다. 찰스 대제는 자신이 통치하는 영토 내에 있는 교회에 문예부흥을 불러 일으켰다. 그는 영국 요크에서 알쿠인(Alcuin)을 불러왔다. 알쿠인은 켈트족 교회전통을 가진 지도자로 교회를 개혁하였다. 그는 학문을 강조하고 효율적인 행정을 도모하였다. 하지만 찰스 대제가 사망한 814년 이후, 그의 아들들은 제국의 여러 부분들을 물려받았다. 제국은 찰스 대제 후세들이 유지하다 그 중 한 사람이 888년 사망하자 분열되고 말았다. 이것은 커다란 권력공백을 야기하였다.

당시 서유럽은 혼란과 암흑기로 접어들었다. 우리는 어둠이 짙어지면 새벽이 온다는 사실을 기억한다. 혼돈의 시기는 부흥의 서곡이 되기도 한다. 위대한 역사가인 아놀드 토인비(Toynbee)는 제안하였다. 우리는 세계 역사에 나타난 위대한 문명들을 도전과 응전의 관점에서 탐구할 수 있다. 토인비의 역사이론은 아주 간단하다. 한 문명이 새로운 도전에 대해 긍정적인 반응을 하지 못하면, 그 문명은 쇠퇴한다. 특정 문명이 새로운 도전들에 대해 계속 긍정적으로 반응하는 한, 그 문명은 살아남아 전진한다. 토인비는 문명의 흥망성쇠에 있어서 '도전과 응전'의 요소를 가장 핵심적 요소로 보았다.

3) 일하시는 하나님

역사에 나타난 하나님은 일하시는 하나님이시다. 우리는 전 역사를 통하여 보아왔다. 상황이 가장 어두울 때, 바로 그때가 하나님께서 새로운 일을 시작하시기 위해 준비하는 때이다. 자신의 인생여정을 되돌아보면 알 수 있다. 우리 교회나 선교단체의 역사를 돌아보면 알 수 있다. 전혀 의미가 없는 어둠의 시기가 있다. 극한 어려움과 압제의 시기가 있다. 그런 어둠의 때를 맞을 때가 있다. 그때에 진지하게 물어보라. 바로 그때가 하나님께서 무언가 새 일을 행하시기 위해 준비하시는 때가 아닌지. 성령의 새롭고 폭발적인 역사를 보여주시기 위해 하나님께서 준비하시는 때가 아닌지. 실례를 들어보자.

한국교회는 압제와 어둠 속에 신음하고 있었다. 일본의 강점기를 거치면서 1910년부터 1945년 동안 혹독한 시련을 겪었다. 독립의 기쁨도 잠시 뿐이었다. 1950년 북한 공산당은 전쟁을 일으켰다. 전쟁은 가공할 기세로 나라를 초토화하였다. 수많은 생명을 앗아갔다. 이런 비극 속에서도 교회는 살아남았다. 어둠의 시기를 지나 여명의 시기가 왔다. 한국교회는 전쟁 이후에 전대미문의 성장을 이루었다. 전 세계를 향해 선교하는 교회가 되었다.

중국교회는 혹독한 핍박을 받아야 했다. 공산당과 홍위병은 교회에 상상할 수 없는 박해를 가했다. 중국교회는 어둠의 터널을 통과해야만 했다. 하나님은 그 어둠 속에서 살아 역사하셨다. 중국교회의 성장은 놀랍기만 하다. 중국교회는 해외 선교사들에 의해 성장된 것이 아니다. 하나님께서 우리가 알지 못하는 새로운 일을 하신 것이다. 나는 친구를 따라 산 속으로 낚시를 간 적이 있다. 몬타나주에 있는 산 속에 '드라이 크리크'(dry creek)가 있었다. 그것은 전혀 생소한 경험이었다. 그 부근에는 흐르는 물을 전혀 찾을 수 없었다. 그런데 갑자기 산 속에서 물이 흐르는 드라이 크리크가 있었다. 산 속에도 지하수가 아래로 흐르고 있었다. 그 지하수가 밖으로 흘러나오는 곳이 드라이 크리크였다. 그곳에서 사람들은 낚시를 즐기고 있었다.

하나님의 역사도 그와 같다. 물이 흐를 때, 지면으로 흐르기도 하고, 지하수가 되어 지층 밑에서 흐르기도 한다. 우리는 지하수를 보지 못한다. 하나님의 역사가 눈에 잘 보이지 않을 때가 있다. 강물이 말라버린 것처럼, 하나님이 멀어지고 사랑이 느껴지지 않을 때가 있다. 그럼에도 불구하고 예수님을 따르는 우리는 알고 있다. 하나님은 살아계시고 역사하시는 분이시다. 우리가 사역하면서 메마른 골짜기를 지나고 있다면, 우리는 하나님께서 생명수의 강물을 다시 흐르게 하실 것을 믿으며 신실하고 충성스럽게 그 길을 걸어야 한다. 이것이 우리가 할 일이다. 생명수가 솟아나는 드라이 크리크를 기억하라!

4) 봉건제도

유럽은 이제 봉건제도에 빠졌다. 봉건제도는 대부분의 사람들을 극심한 곤경에 빠뜨렸다. 사회는 두 계층으로 나뉘었다. 귀족계층과 농노(農奴)계층이었다. 귀족들은 지주와 군인계층으로 통치자들이었다. 농노들은 거의 노예처럼 일하는 하류계층이었다.

농노들은 농지에 살아야했다. 그들에게도 약간의 자유가 있었지만, 농지를 떠날 수는 없었다. 귀족과 기사들이 농노들을 보호하여 준 것에 대한 보답으로 농노들은 수확의 일부를 바쳤고 주인 영주를 위해 일을 하여야만 했다.

건축양식은 사회를 상징한다. 가장 흔한 건축물은 요새와 생활공간을 조합한 성곽이었다. 성곽 주변에는 농노들의 오두막집이 있었다. '중산층'은 제조업과 무역이 발달하고 도시가 형성되면서부터 생겨났다.

전쟁은 끊임없이 계속되었다. 귀족들은 자신의 영토를 보호하거나 넓히기 위해 싸워야 했다. 봉건제도 하에서 정치와 경제적 안정을 확보하기 위한 유일한 방법은 다른 힘 있는 귀족들과 동맹을 맺는 것이었다. 당시는 귀족이 대부분의 감독들을 임명하였고, 정치권력과 종교권력을 함께 주무르고 있었다. 더 나아가, 많은 수도원들은 엄청난 땅을 소유하고 있었다. 그 결과 교권을 가진 교회 지도자들은 봉건제도에 사로잡혀 군주나 제후처럼 활동하였다.

정치적인 정략적 혼인이 팽배하였다. 결혼과 다른 계약관계들을 통한 정치적 동맹은 어느 정도의 정치 경제적 안정을 유지하기 위해 사용되었다. 감독들도 정치적으로 결정되었다. 대부분의 감독들은 그들이 가진 영적 자질 보다는, 정치권력과 사회적 안정을 유지하는 데 도움을 줄 수 있는 능력에 따라 선택되었다. 당시 상당한 영토를 가진 사실상의(de facto) 지배자들이 있었다. 수도원들이 많은 토지를 소유하게 되자, 수도원장이 정치권력을 휘두르게 되었다. 여기서 우리는 질문한다. 교회가 가졌던 부와 권력이 봉건제도와 함께 찾아 온 사회적 쇠퇴와 영적 쇠퇴, 그리고 교회의 영적 생활에 어떤 영향을 주었는가?

5) 바이킹의 파괴

9세기에, 유럽은 바이킹의 계속적 침략을 받았다. 바이킹은 옛 스칸디나비아 사람들로, 현재 덴마크, 스웨덴 그리고 노르웨이 지역 출신이었다. 바이킹의 비극적 침략은 유럽에 혹독한 고난이었다.

바이킹은 이교도들이었지만, 아시아에서 중부유럽으로 흘러들어 온 다른 부족들과는 전혀 달랐다. 아시아에서 들어 온 부족들은 로마제도를 수용하고 기독교인이 되었다. 그러나 바이킹은 기독교 신앙을 거부하였다. 그들은 잔인했다. 약탈하고, 강간하고, 불태우고, 어디를 가든지 강탈하였다.

바이킹은 도시와 성채들을 습격하였다. 수도원과 교회들을 약탈하였다. 그들은 사제들을 죽이고 수도승을 노예로 만들었다. 바이킹은 프랑스에서 성직자들 3분의 1을 죽였다. 바이킹은 서유럽 강까지 배를 타고 휩쓸였고, 러시아와 지중해까지 진격했다. 그들은 시칠리아 섬을 포획하였다.

수도원은 불에 탔다. 영국과 아일랜드에 있던 수많은 수도원들은 켈트족 전통에 따라 배움의 요람이었다. 그런 수도원들이 불에 타고 파괴되었다. 789년, 바이킹은 영국 북동쪽 해변에 있는 요크 근교의 린디스판(Lindisfarne)을 공격하였다. 린디스판은 영국 복음화의 핵심거점 가운데 하나였다. 바이킹은 린디스판을 열네 번씩이나 노략질하였다. 그들은 아이오나(Iona)를 여러 번 공격하여 함락시키고 파괴하였다.

바이킹은 학교를 파괴하였다. 요크에 있는 알쿠인(Alcuin) 학교는 중세 최고의 학교였다. 9세기에 알쿠인 학교가 파괴되었다. 다른 켈트족 선교 센터들도 같은 운명을 맞았다. 이렇게 학문과 선교의 요람들이 무너졌다.

6) 교회의 쇠퇴

사정은 더욱 악화되었다. 846년 무슬림은 로마를 약탈하고 성 베드로 성당을 불태웠다. 교회는 힘없이 무너져 내렸다. 9세기 말, 누군가가 화성에서 지구를 방문하여 당시 상황을 살펴보았다면, 예수 그리스도의 교회가 살아남아, 스스로 전 세계로 퍼져나갈 가능성은 전혀 상상할 수 없었을 것이다. 교회는 유약하고, 빈사(瀕死) 상태에서 죽어가는, 겁먹은 소수자의 무리였다. 무슬림은 동쪽에서 쳐들어 왔으며, 수 세기 동안 침략을 계속하게 될 것이다. 무슬림은 남쪽에서 시칠리아를 통해서도 침략하였다. 바이킹은 북쪽에서 침략해 왔다. 당시 교회는 대부분 부패하여 힘이 없었다.

당시 이탈리아의 삼분의 일을 교황이 다스렸다. 교황이 다스리던 영토는 이탈리아 반도의 가운데 부분 삼분의 일 정도였다. 당연히, 교황은 더 이상 최고 종교 지도자는 아니었다. 그는 작은 군주로 사회적 지배자일 뿐이었다. 이런 상황은 1870년까지 계속되었다. 교황은 더 이상 그가 가진 영적 자질 때문에 선출되지 않았다. 교황은 그가 가진 권력자들과의 인맥과 자신이 교황의 영토를 통치하겠다는 정치적 야망을 바탕으로 선택되었다.

교황권의 영적 색채는 처참하리만큼 쇠하였다. 교황권은 타락의 극치를 향해 나아갔다. 그리고 역사가들이 '창부정치'(pornocracy)라 불리는 시대로 접어들었다. 당시 교황은 추잡한 성적 부도덕 속에서 벗어나지 못했다.

암살이 속출했다. 교황들은 한 달이나 삼 개월 만에 암살되곤 하였다. 교회의 이름으로 추악한 일들이 벌어졌다. 교회의 중심부인 로마는 타락과 폭력의 본거지였다.

다시 한 번, 새로운 생명의 물줄기가 흘렀다. 서방에서 흘러오는 생명의 물줄기는 두 곳에서부터 흘러왔다. 옛 켈트족 전통에서 남은 가닥과 예수님의 철저한 제자가 되기 원하는 사람들에 의해 세워진 새로운 수도원이 생명의 물줄기였다.

6. 여명의 불꽃

1) 알프레드 대왕

알프레드 대왕(Alfred the Great)은 여명의 불꽃이었다. 871년부터 899년까지 영국을 통치한 그는 신실한 그리스도인이었다. 덴마크 바이킹을 물리치고 국민을 하나로 통합하였으며 교회를 재건하였다. 그는 영국에 종교와 지성의 르네상스시대를 열었다. 혼돈의 시대에 그는 교회조직을 개혁하고 학문을 증진시켰다. 그는 역사상 가장 탁월한 인물 중 하나로 인정받을 만하다.

영국이 선교의 본산지가 되었다. 영국 선교사들은 스칸디나비아 나라들에게 복음을 전파하였다. 켈트족 교회는 바이킹의 침략으로 결정적인 타격을 받았지만, 영국 교회는 켈트족 교회 전통에 따라 선교적 열정과 생명력을 지속하면서 선교의 본산지 역할을 하였다. 귀중한 것은, 영국이 스칸디나비아 나라들에게 복음을 증거하면서 군사적인 위협을 가하지 않았다는 점이다. 이런 점에서 영국 선교사들이 앞서 무력을 사용했던 신성 로마 제국 선교사들보다 훨씬 효과적인 선교사역을 하였다고 볼 수 있다. 로마 제국은 신성 로마 제국에 대해 정치, 경제, 그리고 군사적으로 대립하던 나라들에게 로마 제국의 기독교를 거절할 충분한 이유들을 제공하였다. 이런 역사적 배경은 오늘의 선교에 중요한 교훈을 제시한다.

2) 스칸디나비아의 개종

스칸디나비아는 인간집단 운동의 영향으로 개종하였다. 황실과 황족들이 주도한 운동이었다. 일반적으로, 통치자가 먼저 신앙을 수용한 후에 백성들에게도 따르라 하였다. 간혹 무력을 사용하기도 하였다. 이런 과정은 바람직하지 못하였지만 대부분의 유럽 사람들은 초기에 이런 방식으로 기독교인이 되었다.

노르웨이 올라프 I 세(Olaf Tryggvason)의 경우는 가장 유명한 케이스이다. 그는 원래 신분이 좋이었는데 자유롭게 된 후에 바이킹 리더가 되었다. 그가 바이킹 침략군으로 활동하는 동안에 영국 은수자를 만났다. 홀로 외로이 하나님을 찾기 위해 출가한 사람이었다. 은수자는 바이킹 침략군 리더를 신앙으로 인도했다. 세례를 베풀었다. 995년 트리그바슨(Tryggvason)이 노르웨이 왕이 되었을 때, 그는 온 나라 백성들을 5년 이내에 명목상의 기독교인이 되게 하였다.

아르메니아의 경우도 별반 다르지 않았다. 왕과 주변 지도자들이 함께 온 나라 백성들을 기독교인이 되게 하였다. 올리프 II 세(Olaf Haraldsson)는 사명을 완벽하게 수행하였다. 그는 이교 신전들을 파괴하고, 교회를 세우고 교구조직으로 만들어 감독들을 임명하였다.

해랄드슨(Haraldsson)은 지혜로운 선교학자였다. 그는 선교학이라는 용어를 사용하지 않았지만 훌륭한 선교학자였다. 대부분의 문화 속에서, 대중 음악가와 소리꾼들이 지혜와 가치를 한 세대에서 다음 세대로 전수하는 역할을 한다.

해럴드슨은 기독교인들에게 복음과 기독교 가치관을 전통적인 노래와 민요로 전달하는 것을 강조하였다. 사회적으로 존경받는 사람들을 교회 리더십에 앉혔다. 그리하여 신속하게 국가적 교회를 조직하였다. 이들이 신앙을 수용한 이후, 맥가브란이 주장하는 '제자화 과정'(discipling process)이 계속 진행되어야 했고, 사실 그렇게 진행 하였다. 교회는 로마 가톨릭교회와 긴밀한 관계를 유지하지 않았다. 그리하여 개신교 종교개혁이 일어났을 때 노르웨이와 다른 스칸디나비아교회들이 쉽게 루터교로 전환할 수 있었다.

나는 미네소타 미네아폴리스에 있는 루터교 신학교 학생들에게 설교한 적이 있다. 노르웨이 루터교 출신들이 설립한 학교였다. 신학교 교정에서 나는 거대한 켈트족 십자가를 보았다. 그 십자가는 아일랜드와 스코틀랜드에서 장로교와 로마 가톨릭교회를 연상시키는 십자가였다.

도대체 왜 루터교 신학교 캠퍼스에 거대한 켈트족 십자가가 서 있을까? 십자가에는 글씨가 새겨져 있었다. 노르웨이에 있는 십자가를 복제한 것이었다. 나는 생각했다. 그러면 그렇지! 10세기와 11세기에 켈트족 전통을 가진 선교사들은 영국에서 노르웨이로 가서 복음을 전했다. 켈트족 선교사들은 대단한 선교적 열정으로 노르웨이를 복음화하였다. 그런 역사적 배경 때문에, 미네아 폴리스에 있는 루터교 신학교정에 켈트족 십자가가 우뚝 서 있는 것이다. 그 십자가는 켈트족교회의 선교적 열정을 보여주는 귀한 흔적이다.

오늘날, 다른 유럽교회와 같이 노르웨이교회의 활동적 그리스도인은 국민의 5퍼센트에서 8퍼센트에 머물고 있다. 그럼에도 불구하고 수십 년 동안 노르웨이교회는 미국교회와 비교할 때 국민 1인당 선교사 숫자에서 두 배나 되는 해외 선교사를 파송하였다.

우리는 노르웨이교회를 폄하해서는 안 된다. 왕이 주도한 인간집단 운동에 의해 교회가 형성되었기에 노르웨이에는 살아있는 교회가 없다고 단정해서는 안 된다. 노르웨이에는 명목상의 그리스도인들이 많이 있지만, 아직도 생기가 넘치는 교회를 자랑하고 있다. 노르웨이교회는 다른 교회와 마찬가지로 물론 새로운 부흥이 필요하다.

켈트족 선교 열정은 살아남았다. 유럽 교회와 국가들이 보유했던 좋은 시설들을 파괴한 바이킹의 침략 이후에도 켈트족의 선교 열정이 살아남았다는 사실은 대단히 흥미롭다. 켈트족의 선교적 열정과 학문에 대한 사랑은 놀라운 영향력을 발휘하였다. 나는 개인적으로 노르웨이 침례교 집안 배경을 가지고 있다. 그래서 켈트족 선교 정신을 자랑스럽게 여긴다. 소중하게 간직하고 있다.

본 장에서는 기독교왕국에 결정적인 패배를 안겨준 이슬람교와 바이킹의 침략에 관하여 연구하였다. 다음 장에서는 수도원의 부흥과 십자군 운동에 대해 살펴 볼 것이다.

The Dynamics
of Christian Mission
History through a Missiological Perspective

제 10 장

수도원의 부흥과 십자군 운동

1. 수도원의 부흥

909년 프랑스의 한 성직자가 다음과 같이 기록하였다.

> 도시 인구는 감소했다. 수도원은 불에 타 폐허가 되었으며, 시골은 적막하게 되었다. 하나님을 경외하지 않고 율법을 알지 못하고 살았던 옛 사람들처럼, 지금 모든 사람들은 자기 눈에 보기 좋은 데로 살아가고, 하나님의 법이나 인간의 규율을 무시하고, 교회의 명령을 수용하지 않는다. 강한 자는 약자를 억압하고, 세상은 가난한 자들을 향한 폭력으로 가득하며, 교회의 물건들을 약탈하는 자들로 가득하다… 바다의 고기들처럼 사람들은 다른 사람들을 잡아먹는다.

아름답지 못한 그림

유럽은 아름답지 못한 그림이었다. 신성 로마 제국이 쇠하고 바이킹의 침략이 있은 후, 유럽의 몰골은 처연하였다. 그런 상황에, 새 수도원이 클뤼니(Cluny)에 설립되었다. 현재 프랑스 브르고뉴(Bourgogne) 지방에 해당한다. 이 수도원은 교회와 국가에 대단한 영향력을 가질 수 있었다. 한 세기 안에, 우리는 새로운 시대가 열리는 여명을 보게 될 것이다. 어떤 면에서도 완벽한 시대는 아니지만, 상당히 더 안정감이 있고 참된 신앙과 생활에 대한 가능성이 있는 시대가 열릴 것이다.

첫째, 이러한 새로운 수도원들은 부흥운동에서 비롯되었다. 우리는 이런 운동을 신앙갱신 운동으로 보아야 한다. 대부분의 개신교도들은 수도사들의 경건생활과 공동체 생활이 너무 이질적으로 느껴지기 때문에, 수도원 운동을 부흥운동으로 보는 인식이 부족하다. 추가해서 설명하자면, 여러 세기 동안 로마 가톨릭교회가 지배했던 나라에서 살았던 사람들은, 가톨릭교회의 일부 부정적인 면을 경험하였을 것이다. 그럼에도 불구하고 그들이 가졌던 부흥을 향한 진정한 갈망을 인식하는 것이 중요하다. 이런 부흥과 갱신을 향한 갈망은 역사상 여러 수도원 운동으로 나타났다. 일부의 경우, 교회 내에서 일어난 갱신운동은 교회 전체에 광범위한 영향을 미치는 데에는 성공하지 못하였더라도 부분적으로만 성공적인 경우도 있었다.

이런 수도원 부흥의 원천은 원색적인 기독교인의 삶을 향한 갈망이었다. 수도원 창설자들은 그들이 그리스도께 헌신된 삶을 살기 위하여, 세상과 기성교회의 틀을 떠나야 한다고 믿었다. 간혹 그들은 교회 전체를 갱신하기 위해 노력하고, 더 나아가 사회를 개혁하려고 하였다. 맥스 워렌(Warren)의 '권력의 분산'(diffusion) 개념은 보여준다. 교회 안에서의 권력은 두 개의 초점이 있다. 감독을 중심으로 한 주교 관구와 대수도원장을 중심으로 한 수도원이다. 대부분의 사람들은 감독을 중심으로 한 교구조직에 포함되어 있다. 간혹, 교구조직에 소속된 성직자와 평신도들이 영적 수준이 낮아지고 영적 헌신이 약화되기도 한다. 주교관구 시스템과 견줄 수 있는 시스템이 수도원이다. 수도원에서 생활하는 수도승과 수녀들은 철저한 영적 훈련을 따르고 하나님을 향한 참된 갈망을 보여주었다. 그런 까닭에, 그들은 더욱 참된 기독교인의 생활모습을 보여주는 모델이 되었다.

2. 클뤼니 수도원의 설립

909년 아니면 910년 클뤼니(Cluny) 수도원이 설립되었다. 그때까지, 수도회

제도는 없었다. 수도원들은 독자적으로 운영되었고, 상호 조직적인 연결도 없었으며, 외부 권위 아래 예속되어 공동으로 지켜야 할 규칙이 없었다. 그들은 간혹 베네딕트 규칙을 따르기도 하였지만, 그들이 상호 조직적인 연결이 없었기 때문에, 주교나 귀족들이 수도원을 쉽게 지배할 수 있었다. 귀족들이나 주교의 관심은 일반적으로 정치, 경제, 그리고 군사적인 것이었고, 이런 관심은 수도원의 원래 목표와는 상당히 달랐다. 그런 까닭에 수도승들이 원래 목표를 유지하기가 어려웠다.

전에 언급한 바와 같이, 두 요소들이 수도원의 부패와 쇠퇴의 원인이 되었다. 귀족들은 간혹 그들의 장남이 아닌 아들들을 수도원으로 보냈다. 그들은 장남이 아니기 때문에 부모의 유산과 작위를 물려받을 수 없었다. 귀족들은 적당한 신랑감을 찾지 못한 딸들도 수녀원에 보냈다. 대부분 깊은 신앙이 없는 자녀들이었다. 그들은 수도원이나 수녀원에서 혼자 지내는 것이 일이었다. 둘째, 수도원은 농사를 잘 지었고 부유한 귀족들의 기부를 받아 부유해졌다. 물질적 풍요는 수도원에 세상 사회와 같은 부패를 불러왔고 쇠퇴를 맞게 했다.

이제 수도회 제도의 발전이라는 무언가 새로운 일이 일어났다. 클뤼니 수도원이 설립된 이후, 이미 있던 다른 수도원들이 클뤼니 수도원의 리더십 아래로 들어왔다. 클뤼니 수도원의 대수도원장으로 선출된 사람이 전 수도원 제도의 수장이 되었다. 자연스럽게 서유럽 전역에 있던 수백 개의 수도원이 이런 네트워크로 서로 연결되게 되었다.

이런 수도회 제도에 소속되어 있던 수도사의 집들(monastic houses)은 귀족이나 지역 주교들이 함부로 쉽게 지배할 수 없었다. 이론적으로, 수도회 제도는 교회의 권위 아래 존재했다. 하지만 당시 교황 중심적 권위는 상당히 타락한 상태였고, 물리적으로도 멀리 떨어져 있었다. 당연히 클뤼니 수도원 제도는 교회에 새로운 개혁의 바람을 불러 일으켰으며 사회적 영향력도 커져갔다.

1) 설립자 아키텐느 공작

중부 프랑스에 살던 아키텐느(Aquitaine) 공작이 클뤼니 수도원을 설립하였다. 자신의 영혼을 구원하고 하나님께 영광을 돌리려는 마음으로 수도원을 시작하였다. 그는 하나님의 영광을 위해 건물을 짓는 데 땅과 제물을 드렸다. 조건이 있었다. 수도승들이 그의 영혼을 위해 기도해주어야 한다는 것이었다. 이것은 연옥에서 풀려나기 위해 많은 기도가 필요하다는 신앙을 반영하는 것이었다.

2) 수도승이 선출하는 대수도원장

당시 교황권은 극도로 쇠락하고 있었다. 공작은 수도원을 건설하면서, 수도승들과 성 베네딕트 규칙을 준수하고 외부의 간섭은 전혀 받지 않도록 하기로 약조하였다. 공작은 강력히 주장하였다. 대수도원장은 세상적인 군주, 백작, 또는 감독이 수도승들의 뜻을 무시하고 세울 수 없다고 못을 박았다. 다른 말로 하자면, 클뤼니 수도원은 세상권력과 지역교권으로부터 독립적인 기관이 되어야 한다는 것이었다. 그의 요청은 수락되었다. 클뤼니는 교황의 보호아래 예속되어 있어야 했다. 당시 교황들은 극도로 부패하였지만, 다행하게도 물리적으로 멀리 떨어져 있었다는 점이 아이러니이다. 이 점은 클뤼니 수도원에게 긍정적으로 작용하였다. 수도원은 충분한 자유를 누리면서 원래 목표를 달성하기 위해 영적 훈련과 신앙생활에 매진할 수 있었다.

3) 수도원 운동의 성장

수도원 운동은 성장했다. 수도원들은 상호 연관관계를 맺고 싶어 했다. 이렇게 수도원들이 연합회를 조직하는 것은 클뤼니 수도원의 설립목적과는 관계없는 일이었다. 기성교회를 갱신하고 부흥시키는 일은 더더욱 설립목적과 관계없는 일이었다. 하지만 교회의 갱신과 개혁 그리고 부흥을 열망하는 사람들이 몰려들었다. 수년 내에, 여섯 수도원이 클뤼니 수도원과 클뤼니 대수도원장의 지도 아래 들어오겠다고 했다. 994년부터 1048년까지 지도력을 발휘한 5대 수도원장 재임 기간 중에, 클뤼니는 수백 개의 수도원을 거느리는 수장이었다. 이들 수도원은 클뤼니에 의해서 설립되었거나 개혁되어 수도원장 휘하에 예속된 수도원들이었다. 예속된 수도원의 원장은 클뤼니 수도원장이 임명하였으며 클뤼니 수도원장에게 보고해야 했다.

4) 수도회 제도

클뤼니는 수도원 제도로 발전하였다. 수도원 제도를 통해 모든 수도원과 수도사의 집들이 하나의 중심 권위아래 연결되었다. 클뤼니 수도원 제도는 선교공동체였다. 우리는 13세기에 이르러 선교적 열정이 강한 새로운 두 제도를 만나게 된다. 로마 가톨릭교회의 놀라운 선교적 두 날개인, 프란치스코회(Franciscan)와 도미니쿠스회(Dominican)였다. 16세기에 다른 제도인 예수회(Jesuits)가 만들어졌다. 이들 세 제도들, 프란치스코회, 도미니쿠스회, 그리고 예수회는 로마 가톨릭교회의 가장 위대한 선교적 날개들이었다.

당시는 '국가' 개념이 서서히 생겨나던 시기였다. 중세기 동안 여행은 어렵고 위험하였다. 사람들은 대부분 자기가 태어난 고향에서 40리 밖으로는 절대 나가지 않았다. 대부분의 사람들은 자기 주변 환경을 벗어난 외부에 대해서는 전혀 몰랐다. 당연히, 국가개념이 생겨나가 어려운 시기였다.

변화가 시작되었다. 수세기가 걸리는 변화가 시작되었다. 십자군 운동(the Crusades)은 변화의 중심에 있다. 십자군은 변화를 가져왔다. 프랑스와 독일 여러 곳에서 온 군인들과 순례자들은 함께 행군하며 일부 공통점이 있다는 것을 발견하였다. 민족주의 개념도 이때 생겨나기 시작했다. 민족주의는 15세기와 16세기에 이르러 더욱 강력한 개념으로 발전했다.

이론적으로 보면, 교회는 유럽 전체를 아우르는 하나의 교회였다. 그 한 교회 개념이 넓은 지역에 흩어진 수도원들을 '한 수도원 제도'라는 응집력 있는 개념을 형성하는 데 도움을 주었다. 이탈리아의 몬테 카시노에 있던 수도원의 모체인 베네딕트 수도원까지도 클뤼니 수도원 제도의 일부가 되었다. 로마 자체에도 클뤼니 수도원이 설립되었다.

5) 부와 영향력

수도회 제도는 부유해졌다. 여러 사람들이 첫째 기증자가 했던 것처럼 여러 수도원에 땅을 기부하였다. 부유하게 된 수도원에서 간소한 생활을 유지하기는 매우 어렵게 되었다. 풍요는 수도생활에 커다란 위험요소가 되었다. 클뤼니 수도회는 부와 영향력을 갖게 되면서 약해져 갔다. 설립한 후 2세기가 지나자 심각하게 쇠퇴하였다.

6) 교회개혁과 사회개혁

클뤼니는 처음에 영적 생활을 강조하였다. 수도원에서 참된 기독교인의 삶을 추구하기 원하는 사람들을 위한 곳이었다. 초기 개인적 영적 생활을 강조하던 클뤼니의 전통은 시간이 지나면서 변해갔다. 교회개혁과 사회개혁에 대한 관심을 갖게 되었다. 신앙개혁 운동은 사회개혁 운동으로 발전한다. 역사를 연구해 보면, 여러 시대를 통하여, 그리스도의 제자들이 하나님과 더 깊은 신앙생활을 추구하다가, 교회를 갱신하고 부흥을 일으키고 사회를 개혁하는 방향으로 진행해 가는 것을 볼 수 있다. 나는 그런 갱신운동들이 먼저 교회를 확실하게 갱신한 후에야 비로소 사회개혁을 하게 된다는 사실을 발견하였다. 교회개혁이 없는 사회개혁은 없다. 교회가 사회변혁에 대해 여러 이야기를 하면서, 교회 자체 내에 그리스도를 향한 신앙과 헌신이 없다면, 교회의 목소리는 아무런 효과가 없다.

나는 개혁에도 적절한 순서가 있다고 본다. 먼저 성령에 의한 개인적인 갱신의 필요를 인식해야 한다. 새로운 신앙적 삶이 이루어져야 한다. 새로운 신앙생활은 사회로 흘러들어가 자선사역과 사회개혁으로 나타난다. 먼저 성령님이다. 다음이 개인적 신앙갱신이다. 그 다음이 교회갱신과 부흥이다. 그 다음이 사회개혁이다.

7) 힐데브란트

11세기 말, 클뤼니 수도원이 설립된 지 한 세기 반이 지날 즈음, 클뤼니 소속 수도승인 힐데브란트(Hildebrand)가 교황 그레고리 7세(Pope Gregory VII)로 선출되었다. 그는 1073년부터 1085년까지 교회를 다스렸다. 그는 개혁을 원했다. 그의 개혁은 두 가지 이슈에 초점을 맞추었다. 첫째, 그는 성직자들에게 독신주의를 강요하고 싶어 하였다. 둘째, 평신도 귀족들이 주교를 임명하는 관행을 막고 싶어 하였다. 힐데브란트는 두 가지 목표를 다 이루지 못하였다. 하지만 부분적인 성공은 거두었다.

교회는 수 세기 동안 사제들에게 결혼하지 말고 독신으로 살아가라고 가르쳤다. 그래서 사제들은 법적으로 결혼할 수 없었다. 그럼에도 불구하고 사제들은 법적으로는 결혼하지 않은 채 사실혼 관계를 유지하거나 여러 첩들을 두고 살았다. 우리가 생각하는 '도덕성'과는 반대로, 교회는 사제들의 결혼을 법적으로 허락하는 것이 다른 두 가지 대안, 즉 사실혼 관계를 유지하거나 첩들을 두는 것보다 더 나쁘다고 생각하였다. 교회의 관점에서 문제를 설명하면 다음과 같다. 만일 사제들이 법적으로 결혼을 하고 재산을 갖게 되면, 그의 자녀들이 법적으로 유산을 상속하게 될 것이다. 사제들이 법적으로 결혼을 하지 못하였다면, 그의 자녀들은 법적인 권리를 갖지 못하고, 상속권을 가지지 못함으로 사제의 재산은 다시 교회로 귀속될 것이다. 그래서 사제들의 결혼문제는 영적인 문제라기보다 부분적으로 재산 소유권문제였다.

힐데브란트가 사제들의 독신생활을 강하게 주장한 이유는 재산 소유권 문제만은 아니었다. 그는 사제의 결혼문제를 도덕적 이슈로 보았다. 우리가 동의하든지 하지 않든지, 그는 결혼하지 않고 독신으로 지내는 것을 이상적이라고 믿었고, 독신생활을 강요하려 하였다.

힐데브란트가 교황으로 있으면서 다룬 다른 이슈가 있다. 주교 서임(敍任)에 관한 것이다. 주교를 서임할 때 주교직을 상징하는 심벌을 준다. 이 예식은 일반적으로 지역 귀족이 진행하는데, 귀족이나 공작이 서임식에서 주교직을 상징하는 심벌을 주교에게 하사한다. 이 예식은 세상 군주가 교회를 능가하는 권위를 가지고 있음을 함축한다. 주교를 서임하고 해임하는 권한을 가지고 있음을 암시한다. 힐데브란트는 이런 관례가 상당한 부패를 조장한다고 보았다.

그는 그런 관례를 없애려고 하였다. 그것은 일종의 전쟁이었다. 그는 그 전쟁에서 완전한 승리를 하지 못했다. 그의 악습 반대운동은 진실한 운동이 간혹 자신의 약점을 보지 못하고, 너무 지나친 요구를 하면, 활동을 계속할 수 없게 된다는 것을 상징적으로 보여주었다.

그 상황에서 힐데브란트는 역사상 가장 높은 교황권을 주장하였다. 우리가 그의 주장에 동의하지 않는다 할지라도, 우리는 그가 살았던 역사적 맥락을 이해하고, 그의 주장에 깔려있는 이유들을 발견할 수 있어야 한다. 힐데브란트는 말했다.

하나님께서 설립하는 교회는 오직 로마교회뿐이다.

로마 교황만이 전 세계적이라고 불릴 수 있다.

로마 교황만이 주교를 면직시키거나 복직시킬 수 있다.

교황은 제후가 발에 입을 맞추는 유일한 사람이다.

교황은 황제를 폐할 수 있다.

교황을 심판할 수 있는 사람은 없다.

로마교회는 정도에서 벗어난 적이 없으며 결단코 정도에서 벗어나지 않을 것이다.

교황은 악한 자에게 충성한 백성들의 죄를 용서할 수 있다.[1]

교황은 권위를 주장하였다. 백성들이 악한 군주에게 한 충성맹세를 해방시킬 수 있는 권위를 주장하였다. 당시는 이런 일이 비일비재하였다. 교회와 국가가 갈등관계에 있을 때, 교황은 특정 군주의 영토 내에서 성찬식을 하지 못하도록 금하기도 하였다. 그것은 무엇을 의미하는가? 로마교회 신학을 기억하라. 하나님의 은혜는 오로지 교회 성찬식을 통해서만 받을 수 있다. 은혜가 성찬식을 통해서 주어지는데, 교회의 성찬을 받지 못한 사람은, 지옥에 떨어질 운명에 처하게 되었다. 당시 성찬에 대한 로마교회 신학을 바탕으로 생각해 보자. 교황이 특정 군주가 통치하는 지역에서 성찬 금지령을 내리면, 세속 군주는 얼마나 큰 압박감을 느꼈을지 짐작할 수 있다.

힐데브란트의 목표는 훌륭했다. 그는 교회의 순수함을 재건하려 하였다. 하지만 그의 주장들은 교황 요구사항들을 무리하게 팽창시켰다. 그가 내린 명령문들은 여러 상황에서 자주 인용되었는데 교회와 국가간 모두에게 손해가 되는 정도였다. 힐데브란트는 결국 승리하지 못했다. 자신의 뜻을 관철하지 못했다. 그럼에도 불구하고 교회 내에 일부 개혁이 일어났다. 교회와 국가 간에 있었던 갈등은 수 세기 동안 계속되었다.

---

1) R. Clouse, R. Pierard, and E. Yamauchi, *Two Kingdoms: the Church and Culture Through the Ages* (Chicago: Moody Press, 1993), 158.

3. 시토파 수도회

설립자 로버트 샹파뉴

11세기 말에 이르자, 클뤼니 수도원이 쇠퇴하였고 부패가 성행하였다. 이런 어려운 상황은 새로운 수도회 제도를 탄생하게 하였다. 1098년 설립된 시토파 수도회(Cistercians)였다. 그해 로버트 샹파뉴(Robert Champagne)가 클뤼니 수도원을 떠났다. 수도원이 보다 더 엄격하지 않았기 때문이었다. 그는 20명의 동료들과 새로운 수도원을 창설하였다. 그는 남부 프랑스 디종(Dijon) 근교인 시토(Citeaux)에 수도원을 설립하였다. 어떤 면에서 보면, 시토파 수도회는 초기 클뤼니 수도원의 부활과 같았다. 수도승들은 가난하게 살기로 작정하였고 극도로 간소하게 생활하였다.

새로운 수도원에는 적은 소수의 무리가 관심을 가지고 들어왔다. 그러나 1112년이 되자 변화가 일어났다. 베르나르드(Bernard)라는 청년이 동료 30명과 함께 수도원에 들어왔다. 그는 역사에 클레르보 출신의 베르나르드로 알려져 있다. 그는 상당한 귀족 출신이었으며, 그 시대에 가장 영향력있는 교회 지도자가 되었다. 베르나르드의 인격의 힘과 영향력 때문이었다. 시토 수도회 운동은 철저하였다. 금욕주의적 고행과 신비적인 경건으로 성장했다.

수도승들은 규정식을 먹었다. 싱싱하거나 말린 야채, 기름 조금, 소금 조금, 그리고 물로 식사했다. 그들은 공동 기숙사에서 잠을 자고, 언제나 촛불을 켜놓고, 언제든지 일할 수 있도록 옷을 다 입고 잠을 잤다. 하루에 6시간씩 기도해야 했다.

베르나르드는 묵상의 사람이었다. 그의 신앙에서 중요한 것은 그리스도의 관조(觀照, contemplation)였다. 그는 수많은 찬송시를 남겼다. 우리가 잘 아는 "구주를 생각만 해도 내맘이 좋거든," "오 거룩하신 주님, 그 상하신 머리"는 베르나르드가 쓴 것이다. 그는 성모 마리아에 대한 철저한 헌신을 보여주었고, 아가서를 배경으로 성모를 찬양하는 찬송가를 몇 곡 남겼다. 그는 여러 면에서 아주 부족한 사람이었다. 그는 적들에 대하여는 무자비하였다. 그는 십자군 운동을 강력히 지원하였다. 그는 수도원을 떠나 교구 목회로 돌아 온 사제들에게, 구원을 잃을 위험이 있다고 경고하는 편지를 보냈다. 그럼에도 베르나르드는 그 시대에 유럽에서 가장 영향력있는 인물이었다. 그는 자신이 이해한 신학에 따라 하나님을 섬기기 위해 노력한 사람이었다. 걸출한 인물이었다.

베르나르드는 클레르보에서 전에 자기가 지도하던 수도승 가운데 한 사람이 교황이 된 것을 알고, 교회를 어떻게 개혁할지를 제안하는 편지를 보냈다. 그가 보낸 의견 가운데 일부는 채택되었다. 부분적인 성공이었다. 교권 중심에 있는 교황에게 조직을 어떻게 관리하고 어떤 개혁이 필요하다는 것을 말하는 것은 상대적으로 쉽다. 문제는 개혁이 권력의 중심부가 아닌 힘없는 사람들에게 달려있는 경우가 많다. 하지만 책임을 가진 책임자 입장에서 보면 개혁은 더 어렵고 복잡한 문제가 된다. 베르나르드의 제자였던, 새로운 교황도 예외가 아니었다.

베르나르드는 교회를 높였다. 그가 가졌던 철저한 중세 정통신학에 따라 교회에 충실하였다. 파리의 신학자, 피터 아벨라르(Peter Abelard)가 새로운 속죄론을 주창하였을 때, 베르나르드는 그를 정죄하였다.

베르나르드가 가진 영향력이 결정적이었다. 그 덕분에, 시토 수도원 운동은 상당한 교회개혁을 이룰 수 있었다. 교회생활에 정결함을 크게 진작시켰다.

포르투갈 알코바샤(Alcobaca)에 있던 수도원은 수도원 운동의 전형적인 모습을 보여주는 매혹적인 상징이다. 수도원 곁에는 포르투갈에서 가장 큰 교회당이 우뚝 서 있다. 알코강과 바샤강이 하나로 모이는 작은 마을에 가장 큰 교회가 들어선 것이다. 시토 수도원의 영적 전통을 이어받아, 포르투갈에서 가장 귀한 신앙의 열매가 맺힌 것이다.

교회당은 간소하다. 꾸밈이 없다. 시토파는 클뤼니 수도원과 다르게 검소함을 강조하였다. 시토파 교회당에는 다른 포르투갈 교회당에서 발견할 수 있는 정교한 석상들이 없었다. 성당의 후정에 전임 통치자들의 정교하게 조각된 석관(sarcophagi)이 있을 뿐이었다. 시토파 수도회의 검소함이 성당의 특징이었다.

교회와 나란히 수도승이 생활하는 은둔처인 수도원 안뜰을 에우는 회랑(回廊)이 있었다. 거기서 주방으로 들어갈 수 있게 되어 있었다. 수도원 제도는 식사가 간소했다. 싱싱하거나 말린 채소, 소금 조금, 기름 조금이 전부였다. 주방 자체도 검소했다. 그런데 2세기가 지나자 상황은 달라졌다. 13세기에 이르자 수도원 주방은 화려하게 변했다. 조리대가 엄청 커졌다. 식탁 위에서 황소를 잡을 수 있을 만큼 커다란 조리대가 두 개나 놓였다. 엄청난 벽로(壁爐)가 생겼다. 벽난로가 얼마나 큰지 내가 들어가서 마음대로 움직일 수 있을 정도였다. 위에는 굴뚝 두 개가 높이 솟아 있었다. 거기서 수도승은 소를 잡아 통으로 구워먹을 수 있었다. 수도원은 강물을 돌려 강물이 수도원 주방을 통과하게 하였다. 언제나 흐르는 강물을 쓸 수 있었다. 그곳에서 살아있는 물고기와 장어들을 키울 수 있었다.

주방 한 켠에 포도주 저장실이 있었다. 일반 교회 본당만한 크기였다. 그곳에 포도주가 가득 쌓여있었다. 다른 쪽은 수도원의 식당이었다. 식당에는 문이 두 개 있었다. 하나는 큰 문이고 다른 하나는 작았다. 만일 수도승이 너무 살찌게 되면, 좁은 문으로 들어가면서 살을 빼야겠다는 생각을 해야만 했다. 훌륭한 수도원은 유쾌한 곳이지만, 화려한 수도원은 수도원의 원래 의미를 다시 생각하게 한다. 맥가브란이 지적한 "구속과 생활향상으로 인한 전도장애"가 얼마나 적절한 이론인지 탄복하게 한다. 화려함에는 위험이 따른다. 우리는 북미 교회의 위험을 알고 있다. 오순절 운동에도 위험이 따른다. 처음에는 가난한 자들 가운데 효과적인 선교사역을 감당하였지만, 풍요롭게 되자 부패하였다. 오순절 운동은 변해갔다. 그들이 수행자를 위해 휴식공간을 지을 때, 화장실 시설물을 전부 금으로 도금한 사실을 기억한다. 우리 복음주의자들은 다시 물어야 한다. 참된 그리스도인의 생활은 전정 어떠해야 하는가. 나는 알코바샤(Alcobaca)에 있는 시토 수도원을 방문했던 기억을 평생 잊지 못할 것이다. 바로 거기에 오늘 우리를 향한 선교학적 통찰이 있다.

4. 다른 수도원 개혁운동

생 빅토르 의전수도회

수도원 개혁운동에서 성직자의 영적 훈련이 중요하다. 여기서 우리는 성직자의 영적 훈련에 관한 부분을 심도있게 살펴본다. 한 수도회는 생 빅토르 의전수도회(Canons Regular of St. Victor)라 불린다.[2] '의전'은 수도회의 수도승들처럼

---

2) 의전수도회(儀典修道會, 라틴어 canonici regulares, 영어 canons regular) 사제들로 구성되어 전례생활을 주목적으로 하여 고유한 회칙에 따라 공동생활을 하는 수도회, 중세에서 발달한 성대서원수도회의 한 형태이다. 대성당에서 공주(共住)하는 사제들에게

규칙을 따르고 영적 수련을 한다는 것을 의미한다.

수사신부(canons)는 대성당의 성직자였다. 전통적으로, 신부들은 그들이 원하는 데로 시골마을이나 도시근교에 살았다. 그렇게 생활하는 것이 독신생활 규칙을 피해가기 쉬웠다. 그래서 일부 주교들은, 교회를 개혁하기 위해 성당의 사제들에게 공동생활을 통해 절제된 생활을 강조하였다. 간혹 다른 교구에 속한 사제들도 공동체 생활을 하면서 비슷한 규칙을 따랐다. '규칙'을 따르는 공동체 생활은 영적, 지적, 그리고 도덕적 훈련에 유익하였다. 이것이 교회의 새로운 추세가 되었다. 이것은 수도원 제도가 세속적인 성직자 사회에 미친 영향이라고 할 수 있다.

오늘날에도 로마 가톨릭교회 내에는 '수도자 참사회원'(修道者 參事, regular)과 '재속 참사회원'(secular)이 있다. 수도자 참사회원은 수도회 제도의 회원으로 규칙을 따르는 성직자를 말한다. 재속 참사회원은 수도원 제도와 연관되지 않은 사제를 말한다. 재속 참사회원인 사제는 주교의 권위 아래 있으며, 지역교회나 다른 사역을 부여받은 사제를 말한다. 수도자 참사회원인 사제는 그들이 속한 공동체나, 수도회 지도자의 권위 아래 사역하는 사제이다. 주교는 수도회에서 파견되어 교회사역을 하는 수도자 참사회원 사제들에게 임무를 부여할 수 있다.

그런 까닭에 12세기와 13세기에, 우리는 성직자들 가운데 더욱 철저한 영적 훈련과 질서에 대한 관심을 보게 된다. 기대하는 만큼 완벽하다고 할 수는 없지만, 적어도 커다란 진보를 보였다. 내가 프린스턴신학교에서 수학할 때, 조지스 바로이스(Georges Barrois) 교수가 있었다. 그는 프랑스인으로 도미니쿠스회(Dominican) 수도승이며 사제였다. 성지연구의 권위자로 프랑스어로 고고학 전문서적을 저술하기도 하였다. 최고의 학자였다.

그는 미국 워싱턴에 교수로 왔다. 교수생활을 하면서 로마 가톨릭교회에 대한 불만이 더 많아졌다. 그래서 마음을 정하고 장로교에 출석하기 시작했다. 그는 어느 주일날 나에게 말했다. "내가 성찬을 받으면서, 이제 돌아갈 수 없

공동의 회칙에 따라 생활하며 사유재산을 버릴 것을 권유한 성 아우구스티노의 정신에 따라 11세기 후반부터 12세기 초에 대주교좌 성당을 중심으로 널리 조직되었다. 중세기에 가장 큰 의전수도회로는 성 아우구스티노 의전수도회(Canonici Regulares St. Augustini)와 프레몬트레회(Praemontratenses) 등이 있는데 중세가 끝나면서 쇠퇴한 다른 의전수도회들과는 달리 현재까지 많은 회원을 가지고 있다. 이들은 현대에 와서 전례생활 외에 다방면의 교육과 사목, 사회사업 등에 종사하고 있다. - 역주

는 강을 건너고 말았다는 것을 알았다." 그 후 프린스턴신학교에서 두 번째 박사학위를 하였다. 그의 첫째 박사학위는 바티칸에서 하였다. 그는 프린스턴신학교에 교수로 남았다. 그는 가톨릭에 대해 철저하게 반대하지는 않았다. 로마 가톨릭교회 내에 여러 친구관계들을 유지하고 그것을 기뻐했었다. 그럼에도 불구하고 그는 더 이상 가톨릭 사제로 머물 수는 없다고 느꼈다.

바로이스 박사는 최고의 학자였고, 중세 신학과 역사의 권위자였으며, 또한 구약학자이기도 하였다. 그는 말했다. 중세교회 대부분의 사제들은 설교하지 않았다. 사제들 대부분은 문맹이나 문맹에 가까웠다. 라틴어로 주기도문과 아베 마리아를 암송하거나 예배를 겨우 인도할 수 있는 정도였다. 학문적 수준은 아주 낮았다. 13세기에 들어 유럽에 유명한 대학들이 생겨나고, 위대한 신학자들이 배출되었지만, 교회와 일반사람들에게 미친 그들의 영향력은 거의 미미하였다. 그런 까닭에, 중세교회는 본질적으로 사람들에게 성찬식을 제공하는 종교기관이었다. 대부분의 사람들이 교회와 교회의 가르침을 믿었지만, 이해수준은 낮았고 신앙행동도 미미했다.

사실이었다. 성직자들뿐만 아니라 평신도들 모두 부족했다. 그런 까닭에, 사제들 사이에 배움이나 신앙훈련의 개선은 하나의 발전이었다.

5. 십자군 운동의 원인들

1) 종교적 원인

신학이 문제였다. 아무래도 십자군은 비극이었다. 역사에 나타난 가장 비참하게 일그러진 기독교선교형태였다. 여기서 우리는 십자군 운동을 좀 더 깊이 탐구한다. 우리가 십자군 운동을 연구할 때, 제일 먼저 중세신학을 이해하여야만 한다. 특히 구원론을 알아야만 한다. 중세 구원론에 따르면, 사람은 어떻게 구원받는가를 정확하게 인식해야 한다.

나는 이 책 초반부에 언급했다. 우리는 '기독교인'의 정의를 우리 자신에게 계속해서 물어야 한다. 참된 기독교인이란 무엇인가? 참된 기독교인에 대한 중세교회의 정의는 세례를 받아 서유럽에 있는 참 교회 제도인 로마 가톨릭 교인이 되고 교회에 순종하는 것이었다. 교회는 정기적인 성례를 가르쳤다. 정기적으로 성찬에 참여하는 사람은 자연히 천국에 들어갈 것이다.

당시에는 세례가 목표였다. 세례를 받고 참 교회에 소속하는 것이 중요했다. 그래서 세례를 받게 하기 위해 모든 수단과 방법을 가리지 않았다. 우리는 이런 신학적 배경을 바탕으로 십자군을 이해한다. 물론. 십자군 운동이 일어난 배경은 좀 더 복잡하다.

중세신학은 죄에 대한 두 가지 형벌이 있다고 가르쳤다. 영원한 형벌과 일시적인 속세의 형벌이 있다고 했다. 예수님께서 영원한 형벌을 치루셨지만, 속세의 형벌은 각자가 감당해야 한다. 속죄를 위해 고행을 하지 않으면 연옥의 불 속에 들어가서 값을 치러야만 한다. 고백성사를 통해 사제에게 죄를 고백하면, 신부는 어떤 고행을 해야 할지 처방을 내려주었다. 성도는 사제의 처방에 따라 자선행위를 하거나, 특정 성지를 찾아 성지순례를 하거나, 몇 번 동안 기도를 해야 하거나, 성인이나 순교자의 성골(聖骨) 혹은 성물(聖物)을 경배해야만 했다. 고행을 충분하게 하지 않으면, 남아있는 분량은 연옥에 가서 채워야만 한다고 믿었다.

나는 연옥개념이 언제 생겨났는지 모른다. 하지만 죄와 형벌에 관한 신학, 영원한 형벌과 속세의 형벌에 관한 신학이 정립된 이후 연옥의 역할이 생겨났다. 사람들이 아무리 속세의 형벌을 고행을 통해 치러낸다 하더라도 완벽하게 다 값을 치렀다고 확신할 수 없었다. 그래서 남은 고행을 치를 수 있는 연옥이 꼭 필요했다.

성지순례가 필요했다. 이것이 십자군 운동에 나타난 정신이다. 중세 전반을 통하여 사람들은 성인들의 유골을 모신 특별한 성당을 순례하고 경배했다. 특히 예수님께서 달리셨던 십자가의 흔적을 귀중하게 생각했다. 당시 유럽에 흩어져 있던 '진짜 십자가' 조각들을 다 모으면 십자가 10개를 만들 수 있다고 믿었다. 어떻게 진짜 십자가가 10배로 늘어났을까? 교황은 진짜 십자가 나무가 저절로 늘어나 기적적으로 배가되었다고 설명했다. 다른 유물로는 성모 마리아의 가슴에서 나온 젖과 베드로 사도의 분골 등이 있었다. 교회는 강조했다. 이런 유물들을 경배하는 것은 당신이 연옥에서 보내야 할 시간을 단축시켜 줄 것이다. 루터시대에, 색스니의 선제후 프레데릭(Frederick)은 성물들을 성체 안에 있는 교회에 많이 모아들였다. 그가 모은 성물들만 경배하면 적어도 연옥에서 보내야 할 2만 년을 단축시킬 수 있었다 한다. 얼마나 놀라운가! 자연히, 이스라엘 성지순례는 다른 어떤 고행보다 가장 뛰어난 것이었다.

무슬림 세력은 기독교인들에게 수 세기동안 성지순례를 허용하였지만, 십자군 운동이 시작되면서 사정이 달라졌다. 더 이상 허락하지 않았다. 셀주크 투르크족(Seljuk Turks)은 기독교인들에게 성지순례를 허락하지 않았다. 이렇게 성지순례를 못하게 된 까닭에, 신학은 고행을 대신할 선행으로 십자군 운동에 참여하는 것을 독려하게 되었다.

2) 경제적 원인

경제적 원인도 있었다. 970년부터 1040년 사이에 48년 동안이나 기근이 들었다. 1085년부터 1095년까지, 사정은 더욱 나빠졌다. 세기 말에 이르자, 빈곤과 사회불안이 극으로 치달았다. 당시 유럽에는 인구가 너무 많고, 넘치는 사람들을 감당할 수 없었다. 귀족 자녀들 가운데 장남이 아니기 때문에 유산이나 사회적 직위를 이어 받지 못하는 자녀들도 골치 아픈 문제였다. 그들은 수도원에 들어가거나, 전쟁에 나가거나, 혹은 탐험가로 사는 것 가운데 한 쪽을 선택해야만 하였다. 혼돈과 불안이 가득한 시대였다.

3) 교회 분열

동기는 분명했다. 십자군 운동의 목표는 터키 무슬림이 지배하는 콘스탄티노플 중심의 동방교회를 탈환하는 것이었다. 그러나 십자군 운동은 동방교회의 몰락을 불러왔다. 반대효과가 나타났다. 제4차 십자군 원정대는 콘스탄티노플을 공격하여 동로마 제국을 약화시켰다. 그 결과, 1453년 동로마 제국은 터키인의 공격에 망하고 말았다.

교회는 분열하였다. 1054년, 교회는 공식적으로 동서로 나뉘어 있었다. 교회 분열에는 신학적 이슈들이 관련되어 있었다. 성령론이 문제였다. 성령은 성부와 성자 양위로부터 나오는가, 아니면 오직 성부로부터 나오시는가? 표면적으로는 신학적 문제를 들고 나왔지만 근본문제는 다른 곳에 있었다. 로마의 주교가 전체 교회의 수장이라는 주장에 관한 문제였다.

콘스탄티노플은 결코 수용하지 않았다. 로마 교황의 권위를 인정하지 않았다. 콘스탄티노플은 제2의 로마로 선언하였다. 논리는 간단했다. 콘스탄틴 대제가 로마 제국의 중심지를 자신의 이름을 붙인 콘스탄티노플로 옮겼기 때문이다. 그러므로 콘스탄티노플의 교황이 전 세계교회를 다스리는 수장이 되어야만 한다. 어느 누구도 양보하지 않았다. 서로의 주장을 인정하지 않았다. 1054년 갈라진 이후, 서로 하나가 되기를 바랐지만 하나가 되지 못하였다. 후일에 모스코바는 그들이 세 번째 로마라고 주장하였다. 이렇게 교권은 하나가 되지 못하였다.

1096년 십자군 운동이 시작되었다. 동로마 제국의 황제인 알렉시우스 1세가 교황 우르반 II세로부터 도움을 요청했다. 터키인들과 전쟁을 하는 데 도와달라고 했다. 교황은 십자군이 동로마교회를 도와 터키군을 물리치면, 교회가 자신의 리더십 아래 예속될 것으로 생각했다.

십자군 운동의 배경은 복잡하다. 십자군 운동의 이유들로는 종교, 경제, 그리고 교권 이슈 등이 다양하게 얽혀있다.

6. 일련의 십자군 정벌

1096년 교황 우르반(Urban) 2세는 콘스탄티노플의 지원요청을 수락했다. 프랑스 클레르몽에서 행한 교지에서, 교황 우르반 2세는 십자군 제1차 정벌을 선언하였다. 교황은 사람들에게 터키인들을 몰아내고 성지를 탈환하기 위하여 성지로 가라고 부추겼다. 그는 마지막 부분에 힘을 주었다. "하나님이 그것을 원하신다." 교지를 듣던 청중들도 소리쳤다. "하나님이 그것을 원하신다!" 교황의 마음은 진정이었다. 진심으로 교회와 사회를 개혁하려 하였다. 그는 개혁을 위해 교회의 권력을 강화해야 한다고 믿었다.

교황 우르반은 제1차 십자군 정벌에 참여하는 모든 사람들에게 무조건적인 면죄부(Indulgence)를 제공하였다. 전에 언급한 바와 같이, 교회는 사람들에게 죄에 대한 영원한 형벌과 일시적 형벌이 있다고 가르쳤다. 예수님께서 영원한 형벌을 담당하셨지만, 우리는 고행을 통해 세상적 형벌을 감당해야 한다. 고행이 충분하지 않으면 나머지는 연옥의 불구덩이에서 감당해야 한다고 가르쳤다. 면죄부는 연옥에서 보내야 하는 시간 전부나 일부를 탕감받을 수 있는 증표였다. 무조건적인 면죄부는 모든 세상적 형벌을 용서받을 수 있는 증표이기에, 이 면죄부를 가진 사람은 연옥을 거치지 않고 이 땅에서 바로 천국으로 직행할 수 있다고 믿었다. 바로이스(Barrois)는 당시 사정을 설명하면서, 중세 사람들은 지옥보다 연옥을 훨씬 더 무서워하였다고 지적한다. 합리적으로 교회에 속해 있는 교인들은 지옥에 가지는 않지만 연옥에 간다. 연옥은 모든 사람들이 가야 하는 곳이었다. 이런 까닭에, 무조건적 면죄부에 대한 약속은 십자군들에게는 감동적인 배려였다. 후에 우리는, 16세기에 자행된 면죄부 판매가 루터의 종교개혁에 시발점이 된 것에 대해 탐구할 것이다.

제1차 십자군은 무장한 성지순례였다. 군인들과 함께 군인과 맞먹는 숫자의 일반시민들이 함께 갔다. 우리는 십자군 운동 하면 성지를 탈환하기 위해 군기를 휘날리며 행군하는 군대를 연상한다. 영화나 책들은 십자군 운동을 이렇게 미화하였으나, 실상은 서구역사의 천박한 일련의 사건이다.

십자군 운동은 상당부분 대중적인 광신이었다. 십자군 운동의 리더 가운데 하나인 은자 피에로(Peter the Hermit)를 따르던 군중(mobs) 십자군은 유대인을 공격하여 수천 명을 살육하였다. 피에로를 따르던 십자군은 성지에 도착하기 전에 거의 전멸하였다.

수차례의 십자군 정벌이 계속되었다. 첫째 정벌은 성공적이었다. 예루살렘을 탈환하였다. 주민들을 죽였다. 봉건제도에 대한 유럽형 모델이 정립되고 성채들이 세워졌다. 여기서 우리가 기억해야 할 사실이 있다. 십자군이 쳐들어오기 전, 무슬림들이 예루살렘을 통치하던 5백 년 동안, 기독교인들은 존중받았으며 도시 절반이 기독교인들의 공간으로 비교적 자유롭게 살았다. 이것은 십자군의 행태와 완벽한 대조를 이룬다. 십자군은 예루살렘에 들어와 시민들을 무차별 살육하였다. 무슬림이든 기독교인이든 닥치는 대로 죽였다. 제4차 정벌에서 십자군은 콘스탄티노플의 보물들을 약탈하였다. 동로마교회를 위해 라틴계 교황을 세우고 로마교회에 예속시켰다. 이 사건은 동방교회를 서방교회로부터 멀어지게 하였고, 동방제국을 약화시켜 터키인들의 침략을 받고 망하게 하였다. 우리가 아는 바와 같이, 결국 무슬림은 힘을 재규합하여 서구인들을 몰아냈다.

십자군 운동의 결과와 유산

십자군 운동은 선교운동에 시사하는 바가 있다. 십자군 운동이 남긴 몇 가지 결과는 선교에 적합하다. 한편, 십자군은 기독교선교를 가장 변태적으로 보여주는 역사적 실례로 최악이다. 그들은 나쁜 신학이 선교를 얼마나 왜곡할 수 있는지 확실히 보여주었다. 십자군 운동의 결과와 유산은 무엇인가?

첫째, 교회 내에서 일어난 십자군 정신이다. 전쟁에서 무력을 사용하는 십자군 정신은 커다란 부작용을 일으켰다. 무력을 비기독교인들을 위해서만 사용하는 것이 아니라 반대파 기독교인들에게 사용하게 된 것이다. 교회는 일부 정치 군주와 연합하고, 정통이 아닌 유럽 사람들에 대항하여 십자군을 발동한 것이라고 선언하였다. 그 결과 종교재판 제도가 생겨났다.

전투적 수도원 제도가 생겨났다. 실례로 세 개를 들 수 있다. 이런 전투적 수도원 운동은 십자군 운동에서 유래하였다. 그들은 무력을 사용했다. 무기로 칼을 사용하는 수도원에는 수도승과 평신도도 포함되어 있었다. 게르만족 기사(騎士)들은 동프러시아 정복에 참여하였다. 1119년 템플 기사단(騎士團)은 전투적 수도원 제도로 설립되었고 점차 막강한 힘과 부를 갖게 되었다. 1307년 그들이 가진 재산을 노린 프랑스 왕은 그들을 야만스럽게 제압하였다.

15세기, 프랑스 군주, 해양탐험가 헨리는 포르투갈 템플 기사단의 재산을 취한 그리스도 수도회 제도의 수장이었다. 헨리의 열정은 항해술을 연구하는 것이었다. 그는 항해술을 연구하기 위해 포르투갈 남부 해변 사그레스(Sagres)에 항해술을 연구하는 항해학교를 세웠다. 이렇게 포르투갈과 스페인 사람들에 의해 탐험의 시대가 열렸다. 1942년 콜럼버스(Columbus)는 신대륙을 발견하였다. 1498년 바스코 다 가마(Vasco da Gama)는 희망봉을 돌아 인도에 도착하였다. 1500년 카브랄(Cabral) 제독은 브라질을 발견하였다. 그리고 얼마 지나지 않아 마젤란은 세계 일주를 하였다. 마젤란은 아쉽게도 중간에 죽임을 당했다. 그들은 모두 항해술을 사그레스 해양학교에서 배웠다. 헨리는 수도사적인 사람이었다. 수도사처럼 살았다. 그의 생활습관과 목표와 탐험은 모두 십자군의 연장선상에 있었다. 그들은 십자가를 달고 항해하였으며 사제와 동승하였다. 인도제국의 풍요를 찾아 항해하면서 이슬람을 정복하려 하였다. 그들은 '황금과 영혼들'을 찾기 위해 미 대륙으로 항해하였다.

십자군 운동의 장점도 있다. 십자군 운동은 지적, 경제적, 그리고 정치적 발전을 가져왔다. 도시가 성장하고 무역이 발달하였다. 유럽에 상업을 하는 새로운 계층인 '중산층'이 생겨났다. 쇠퇴기에 접어든 봉건제도를 종식하게 하였고 무역을 더욱 활성화시켰다. 전에 고향을 떠나본 적이 없는 수많은 사람들에게 외국을 여행하는 경험을 통해 사고방식을 확장하였다. 이런 식으로 십자군 운동은 민족주의를 고양하고, 더 나아가 국제성을 발전시켰다. 추가로 네스토리안 기독교인들이 보관하고 있던 고전문학을 아랍어로 번역하였다. 당시 아랍어는 십자군 운동의 영향으로 다시 유럽에서 사용되고 있었다.

물론 종교적으로 보면, 십자군 운동은 재난이었다. 우리가 본 바와 같이, 로마를 향한 동방교회의 증오를 더욱 불타게 하였다. 그들은 이슬람과 기독교 사이에 더 큰 쐐기를 박았다.

선교전략적인 면에서 십자군 운동은 비극이었다. 중동에서 십자군 운동이 끝나고 오랜 시간이 흐른 후, 가톨릭은 그들을 스페인 밖으로 몰아내기 위해 싸웠다. 그라나다에 있는 성당에는 인상적인 그림이 있다. 남부 스페인의 마지막 무어인 통치자가 페르디난드와 이사벨라에게 항복하는 장면을 그린 것이다. 페르디난드와 이사벨라의 결혼은 스페인을 통일시켰다. 그 해가 1492년이었다. 콜럼버스가 항해한 해와 같다.

십자군 운동은 다른 곳보다 포르투갈에서는 보다 약하게 지속되었다. 13세기 영국의 십자군이 무어(Moor) 사람들을 거기서 멈추게 하고 몰아낸 위업(偉業)을 경축하기 위해 수도 리스본의 오래된 구획에 대성당을 세웠다.

이 십자군 정신은 스페인과 포르투갈에 아직까지 살아있다. 이 십자군 정신이 미주라는 새로운 세상으로 옮겨갔다. 16세기 라틴 아메리카에 전달된 기독교 신앙은 스페인과 포르투갈 민족주의와 봉건주의에 물든 기독교였다. 상당히 광신적이며 무자비한 가톨릭주의였다.

본 장에서는 수도원의 부흥과 십자군 운동에 대하여 살펴보았다. 다음 장에서는 중세 평신도 운동에 대해 연구할 것이다.

The Dynamics
of Christian Mission
History through a Missiological Perspective

제 11 장
중세 평신도 운동

1. 말씀묵상

중세 이태리 찬양은 탁월했다. 그 가운데 찬송가에 편입된 곡이 있다. "온 천하 만물 우러러"로 우리에게 잘 알려진 익숙한 찬송이다. 그 내용 중에서 일부를 살펴보자.

> 온 천하 만물 우러러 다 주를 찬양하여라
> 저 금빛 나는 밝은 해 저 은빛 나는 밝은 달
> 하나님을 찬양하라
>
> 힘차게 부는 바람아 떠가는 묘한 구름아
> 저 돋는 장한 아침 해 저 지는 고운 저녁놀
> 하나님을 찬양하라
>
> 저 흘러가는 맑은 물 다 주를 노래하여라
> 저 조화 많은 밝은 불 그 빛과 열을 내어서
> 하나님을 찬양하라

저 귀한 땅은 날마다 한없는 복을 펼치어
땅 위의 꽃과 열매들 주 영광 나타내어서
하나님을 찬양하라

주 은혜 받은 만민아 다 꿇어 경배하여라
성삼위 일체 주님께 존귀와 영광돌려라
주를 찬양 할렐루야

다음 찬송시는 저자가 소천하기 직전에 썼다.

아무도 피할 수 없는 자매
몸의 죽음 인하여 주를 찬양하라

죄 중에 죽는 자 화 있고
주의 존귀한 길 따른 자 복있으라
둘째 사망권세가 결코 이기지 못하리

이 글은 우리가 잘 아는 아시시의 성 프란시스가 쓴 것이다. 프란시스는 역사에 나타난 가장 매력적인 인물이다. 그는 그리스도를 향한 자신의 사랑과 헌신을 잘 표현하였다. 그의 찬송시는 하나님의 창조물을 향한 사랑과 감사를 드러낸다. 세상 여러 곳에서 사람들은 하나님의 아름다운 창조물을 파괴하고 있다. 이것은 비극이다. 우리는 우리가 가진 창조신학을 새롭게 조명할 필요가 있다.

겨울이 오면, 나는 중부 캘리포니아 고산지대에 있는 호수를 생각한다. 산 속에 친구의 산장이 있어 나와 아내는 그곳에서 한두 주간을 보내곤 했다. 산장에는 전화도 없고 전기도 들어오지 않는다. 수돗물만 나온다. 작은 두 개의 샛강에서 호수로 물이 흘러들어온다. 나는 낚시를 즐겼다. 송어가 잘 잡혔다. 나는 산장에서 하나님의 높고 위대하심을 찬양했다.

나는 사람을 좋아한다. 그러나 내가 멀리 떠나 하나님의 창조물에 둘러싸여 고요한 시간을 가질 때, 나는 특별한 상쾌함을 경험한다. 우리는 프란시스에게 배울 것이 많이 있다. 하나님의 창조물이 가진 아름다움을 감사하는 영성과 신학을 배워야 한다. 하나님의 아름다운 창조물은 창조주 하나님의 아름다움을 반영하기 때문이다.

나는 몇 년 전에 케냐를 방문했다. 그때 나는 세렝게티(Serengeti) 북부 끝자락에 있는 거대한 국립공원인 마사이 마라(Masai Mara)를 방문하였다. 대단한 곳이었다. 전혀 새로운 경험이었다. 감탄 속에서 새로운 생각이 스쳐갔다. "창조주의 창의성과 다양성에 대한 얼마나 놀라운 증거인가!" 우리는 프란시스에게 귀를 기울여야만 한다. 배워야 한다. 그는 우리에게 가난한 자와 함께하는 것과 가난을 가르쳐 준다. 예수 그리스도를 향한 사랑과 헌신을 가르쳐준다. 진솔한 삶의 자세를 가르쳐 준다. 더 나아가 창조주를 향한 그의 사랑에서 유래한 창조물을 향한 그의 사랑도 가르쳐준다. 프란시스는 참으로 위대한 스승이다.

기도하자.

> 하나님, 우리에게 배울 수 있는 소중한 역사적 인물들을 보내주셔서, 우리를 격려해 주신 것을 감사합니다. 역사적 인물들은 당신의 창조적 능력의 새로운 측면, 하나님의 은혜, 창조물에 주신 생명력과 예수 그리스도 안에서 우리에게 주신 새로운 생명을 알게 하여 주셨습니다. 이제 저희를 가르쳐 주옵소서. 우리가 아주 다른 역사적 시기, 아주 다른 문화 속에서 살았던 사람들, 당신을 사랑하고, 섬기기 원했으며, 주변 사람들에게 당신의 사랑을 나누려했던 사람들을 살펴볼 때, 필요한 지혜를 주시고, 필요한 가르침을 베풀어 주소서. 예수님의 이름으로 기도합니다. 아멘.

선교운동에 핵심리더가 중요하다. 모든 새로운 선교운동은 핵심리더가 시작한다. 이것이 이 책의 중요한 논지들 가운데 하나이다. 핵심리더는 하나님과 깊은 교제에 들어간 경험을 바탕으로 세상을 향한 하나님의 선교적 마음을 느끼고, 세계선교를 향한 비전을 다른 사람들에게 전달한 사람들이다. 선교운동은 이렇게 핵심리더를 통하여 일어난다. 우리는 본 장에서 매력적인 핵심리더들을 살펴 볼 것이다. 나는 여러분들에게 부탁한다. 그리스도인으로 살아가면서 선교역사를 통해 하나님께서 특별하게 사용하신 핵심리더들에 관한 연구를 자주 할 수 있기 바란다. 그들의 삶을 탐구하여 그들의 영성을 형성한 요소들을 발견하기 바란다. 그렇게 함으로써 당신은 자신에 대한 중요한 영적 교훈들을 배우게 될 것이다. 본 장에서 다루는 핵심인물들에 대해 우리는 심층적 연구를 할 시간은 없을 것이다. 그들의 삶과 영성을 완벽하게 다룰 수는 없을 것이다. 그러나 질문을 하기 원한다. 하나님께서 왜 그들을 독특하게 사용하셨는가? 그들의 영성과 지성계발을 위해 하나님께서 사용하신 요소들은 무엇인가?

인물을 연구하면서 기억해야 할 것이 있다. 우리는 부흥운동과 선교에 관해 탐구한다는 사실이다. 핵심인물 가운데 일부는 평신도였고, 일부는 성직자들이었다. 일부는 고등교육을 받았고, 일부는 교육을 받지 못했다. 이런 사실들은 증언한다. 하나님께서는 사람을 구별하지 않고 하나님의 뜻에 따라 부르신다. 하나님의 길은 우리 길과 달라서 우리는 하나님의 뜻을 미리 예상할 수 없다. 우리는 성령의 놀라운 역사에 대해 열린 자세를 가져야 한다. 역사 가운데, 특히 선교운동사에 이런 성령의 놀라운 역사가 없다면, 역사는 딱딱하고 메마른 광야길이 될 것이다.

2. 서론

중세기 교회는 막강한 힘을 갖고 있었다. 동시에 타락한 교회였다. 12세기와 13세기 교회는 강하고 타락한 이중적 모습을 갖고 있었다. 기독교 신앙과 생활에 대한 이해는 아주 얕았다. 대부분이 피상적인 기독교인들이었다. 만일 당신이 그 시대를 살아가면서, 교회를 부흥시키기 원한다면, 무엇을 해야 할 것인가? 13세기 당시 북부 프랑스 노르망디(Normandy) 지역에 살던 사제들의 생활을 연구한 사가(史家)는 기록하였다.

> 우리는 성 저스트 성당의 부감독을 방문하였다. 사제는 주변 평판이 좋지 않았다. 숨겨진 부인이 있었고, 그 부인은 아이를 기르고 있었다. 그는 또한 다른 여러 아이들을 갖고 있었다. 그는 교회에 거주하지 않았다. 그는 공을 치고, 짧은 옷을

입고 말을 타고 다닌다.[1]

대주교는 여러 번 반복해서 기록했다. 사제들은 여러 여자들을 거느렸고, 아이들이 많았다고 지적했다. 다른 사제들은 술을 너무 많이 마시고, 술집에 가고, 술집에서 주정하며 싸우기도 했다. 그 가운데 가장 심한 것은 성적 타락이었다. 참으로 탐욕적이며 지저분한 그림이었다.

교구제도로 구성된 교회는 일반적으로 상당히 타락했었다. 진정한 영성은 여러 수도회 제도에 속한 수도승이나 평신도가 인도하는 신앙집단들 가운데 있었다. 제도적 교회는 권력에 탐닉하고 있었다. 권력을 유지하기 위해 방어적 입장을 취하고 있었다. 교회의 신학은 성찬에 집중되어 있었다. 하나님의 은혜는 교회의 성찬을 통해서만 주어진다고 주장하였다. 로마 가톨릭교회 이외에는 구원이 없다고 강조했다. 오직 감독과 감독이 임명한 사람에게만 설교권이 있었다. 당시 감독들은 정치적 배경을 바탕으로 임명되었다. 설교권은 있었지만 대부분 설교 할 줄 몰랐다. 극소수의 사제들만 설교할 수 있었다. 사제들 대부분은 무식한 문맹자들이었다. 역사적 기록을 보면, 한 무리의 사제들에게 예배의 성체성사 내용 가운데 한 줄을 라틴어로 말해보라고 도전하였을 때, 아무도 할 줄 아는 사람이 없었다는 기록이 있다.

교회 상황이 이러하였다. 대부분의 사람들은 기독교 신앙을 신봉하였지만, 그들은 신앙생활에 대한 기본적인 이해가 없었기에 바른 믿음생활을 하지 못하였다. 평균수준이 낮았다. 그럼에도 불구하고 사람들은 기독교에 종교적 충성심을 두었다. 교회는 높은 신앙생활을 기준으로 내걸었지만, 교회 리더들은 대부분 실천하지 않았다. 일부 예외는 있었다. 일부 수도원도 예외에 속했다.

기독교인의 생활과 가르침이 수준 이하였기에, 좀 더 깊은 신앙생활을 원하는 사람들이 생겨났다. 특히 겸손한 사람들 가운데 더 깊은 신앙으로 들어가려는 열망이 있었다. 참된 기독교신앙을 갈구하는 사람들에 대해 교회는 위협감을 느꼈다. 이런 갱신운동은 교회와 귀족사회에 위협으로 다가왔다. 성례전에 대한 신학을 강화시켰다. 가톨릭교회의 가장 나쁜 사제라 할지라도, 그가 안수를 받았기 때문에 성례를 집례할 수 있으며, 그 성례를 통하여 하나님의 은혜가

---

1) James Bruce Ross and Mary Martin McLaughlin, eds., *The Portable Medieval Reader* (New York: Viking Press, 1949), 78.

사람들에게 주어진다고 하였다. 가톨릭교회는 평신도에 대해서는 엄격했다. 아무리 거룩한 평신도일지라도 성례를 집례 할 수는 없다. 사제가 얼마나 나쁜 사람인지는 전혀 상관이 없이, 그가 안수를 받았기 때문에, 하나님의 은혜는 오직 사제를 통해서만 주어지는 것이다. 세례만은 예외였다. 위기 상황에는 평신도도 세례를 베풀 수 있었다. 당시 가톨릭교회의 가르침은 일치하지 않았다. 평신도는 아주 거룩하게 살 수 있고, 헌신된 삶을 살지만, 구원의 은혜를 나누는 것으로 인정된 성찬을 베풀 수 없었다.

당신이 만일 그런 교회의 일원이라면 어떻게 할 것인가? 성직자나 평신도로서 그런 교회를 갱신하고 부흥시키려 한다면 무엇을 할 것인가. 그것이 딜레마였다.

우리가 역사를 연구해 보면 부흥운동과 선교운동의 상관관계가 보다 명확하게 드러난다. 부흥운동과 선교운동은 거의 교권의 변두리에서 일어난다. 언제나 그렇다고 할 수는 없지만 거의 평신도들이 주도한다. 우리가 본 장에서 탐구하는 네 가지 선교운동들 가운데 둘이 평신도의 주도하에 태동하였다. 우리가 사도행전 2:17절에 나오는 말씀, "내 영을 모든 육체에 부어주리라"는 말씀을 그대로 받아들인다면, 평신도를 들어서 선교운동을 일으키는 성령의 역사에 대해 놀랄 필요는 없을 것이다. 교회는 성도들이 가진 모든 은사를 마음껏 발휘할 때 언제나 가장 건강하고 활력이 넘친다.

첫째, 우리가 살펴볼 선교운동은 교회가 거부하고 몰아낸 운동들이다. 그 가운데 하나가 오늘까지 명맥을 유지하고 있다. 다음 장에서는 교회가 수용했던 두 선교운동을 탐구할 것이다. 당시 교회가 기꺼이 수용했다기보다 마지못해 수용하였지만 바람직한 일이었다. 이 두 선교운동은 중세교회의 가장 중요한 선교조직체가 되었다.

우리는 질문을 던져야 한다. 만일 기성교회가 갱신운동이나 부흥운동을 거부하면, 그 운동의 활력이 더 오래 지속되면서 교회와 사회에 더 큰 영향을 미치는가? 아니면, 결과적으로 그런 선교운동을 교회가 포용하는 것이 더 좋은가? 나는 이 두 가지 질문에 대해 아직도 정확한 해답을 모른다. 역사적 자료가 분명하지 않기 때문이다. 프란치스코회(Franciscan)와 도미니쿠스회(Dominican)는 로마 가톨릭교회에 의해 수용되어 교회의 일부가 되었다. 이 두 선교운동은 제도화 과정, 쇠퇴기, 그리고 갱신기를 지나면서 여러 세기 동안 교회에 긍정적 영향을 미쳤다.

로마 가톨릭교회는 발도파(Waldensians)를 거부하였다. 그럼에도 불구하고 발도파는 12세기와 13세기 중부 유럽에 강력한 영향을 미쳤다. 하지만 발도파는 엄청난 핍박을 받고 거의 무너졌다. 현재 발도파는 이탈리아의 아주 작은 교단으로 남아있다. 외국에는 몇 개의 교회가 있을 뿐이다. 발도파는 초기 모라비안 교도(Moravians)에게 영향을 미쳤다. 모라비안 교도는 개신교 선교운동에 중요한 기폭제 역할을 하였다. 발도파도 일부 살아남아 선교운동에 기여하였다.

우리는 대부분 부흥운동에서 유래한 교단 출신인데, 원래 갱신과 부흥운동이 모교단에서 거부되어 새로 교단이 조직된 것이었다. 오순절 운동도 대부분 그런 전차를 밟았다. C& MA 교단과 감리교도 그러하였다. 역사적 현실은 확실하다. 모든 운동은 제도화 과정을 거쳐 원래의 비전과 활력을 상실하는 위험에 빠진다. 이것은 운동이 어떻게 시작되었든지 마찬가지이다. 어떤 기관이든 제도화의 늪에 빠진다. 이런 제도화의 위험에는 예외가 없다.

3. 카타르파 운동

카타르파(Cathari) 운동은 대단했다. 카타르파 운동은 겉으로 보기에는 기독교 운동처럼 보였으나 진정한 기독교 운동은 아니었다. 카타르는 '씻음받은 사람들'을 의미했다. 카타르는 알비파(Albigensians)라고도 불린다. 나는 이 운동에 대해 가볍게 다루려 한다. 기독교 이단 운동이기 때문이다. 이 운동은 역사적으로 이원론적인 운동이었다. 영지주의와 마니주의(Manichaeism)와 같은 이원론 철학과 연관된 운동이었다.

이원론은 물질과 영혼을 구별한다. 영혼은 선하고 물질은 악하다. 육체는 물질이니 악하다. 이것이 영지주의의 기초가 되는 전제였다. 영지주의를 수용하면, 몸을 대하는 두 가지 다른 관점을 가질 수 있다. 한 가지 관심은 모든 육체적 욕구를 거부하는 것이다. 거룩하게 되기 원하는 사람은 가능한 적게 먹고 마셔야 했다. 생명만 부지할 수 있는 정도로만 식음을 해야 했다. 독신생활을 해야하고, 결혼을 해서는 안 된다.

하지만 이원론에 반기를 드는 사람도 있었다. 소수의 무리는 주장했다. "육신은 악한 것이 아니라, 중립적이다. 육신은 하나님과의 관계에 아무런 영향이 없어 어떻게 해도 좋다."

카타르파 운동은 육체적 욕구를 거부했다. 철저한 도덕적 생활을 요구하였다. 카타르파는 두 계층을 포함하고 있었다. 첫째는 '퍼팩티'(perfecti)라 불리는 소수 엘리트였다. 그들은 독신생활을 하였다. 음식규례도 철저했다. 고기, 우유, 그리고 달걀을 먹지 않았다. 재산을 소유하지 않았고, 전쟁에 참여하지 않았다. 그들은 일반인들에게는 수도승처럼 보여 쉽게 구별되었다.

다른 계층은 '신도들'이었다. 그들은 일상적인 가정생활을 하였지만, 죽기 전에 구원을 얻기 위해 퍼펙티가 되기를 소망하였다. 그들은 도덕적인 생활을 하였고 열정적으로 복음을 전하였다. 그들은 예수 그리스도에 대한 역사적 신앙을 믿지 않았고, 성육신 교리를 부정하였다. 하지만 그들의 삶은 참된 그리스도의 가르침을 반영하고 있었다. 그들을 지도하던 지도자들보다도 삶이 오히려 더 훌륭하였다. 주위 사람들은 그들을 흠모하였다. 프랑스 남부 지방을 중심으로 여러 도시로 퍼져나갔으며 급속히 성장하였다. 하지만 국교교회와 국가, 여러 차례의 십자군 운동이 그들을 근절하고 말았다. 이단들의 생활이 이상적인 그리스도의 삶처럼 보이는 경우가 있다. 카타르파가 역사상 처음은 아니다. 그리스도의 육체로 오심을 부정하는 이단들의 생활이 정통신앙을 가진 대다수보다 더 이상적 그리스도인의 생활에 근접할 수도 있다.

4. 12세기 초에 일어난 운동들

12세기는 변화의 세기였다. 서유럽 사회는 변화의 소용돌이에 휩싸였다. 경제 질서가 변했다. 물물교환을 주로하던 시장에서 무역이 활발해졌다. 섬유산업이 발달하고 직물유통이 활발해졌다. 귀족과 농노로 나누어졌던 사회에 중산층이라는 새로운 계층이 생겨났다. 이런 상황에서, 반가톨릭 정서가 일어났다. 순회 설교자들은 교황권과 로마 가톨릭교회구조에 대해 공격하기 시작하였다. 로마 가톨릭의 행태가 성경의 가르침과 일치하지 않는다는 것이었다. 설교자들은 라틴어로된 성경을 읽었거나 지방어로 번역된 성경을 읽었을 것이다. 그들은 교회가 가진 막강한 부를 공격하였다. 교회 성례를 일정부분 거부하였다. 일부 설교자들은 주장하였다. 도덕적으로 타락한 성직자가 집례하는 성례는 무효다. 이런 순회 설교자들 가운데, 네덜란드의 탄첼름(Tanchelm), 스위스 로잔의 헨리, 이탈리아의 아놀드, 그리고 벨기에의 피터가 있었다. 그들 중 일부는 사제였고, 평신도 설교자도 있었지만, 그들의 설교내용과 관심은 서로 비슷하였다.

그들은 이단자로 몰렸다. 화형을 당하거나 교수형을 당하였다. 우리는 그들이 주장했던 내용을 그들이 반대했던 권력자들이 남긴 기록을 통해 접한다. 그러하기에 순회 설교자들에 대한 주장에 일부 왜곡이 가미되었을 것이다. 순회 설교자들은 그들의 반대자들이 주장하는 것보다는 훨씬 더 정통적인 신앙을 가졌을 것이다. 그들은 성경으로 돌아갈 것을 주장하였다. 교회와 사회가 성경을 따를 것을 주장하였다. 그들은 주변에서 보는 기독교인들의 생활이 신약성경에서 보여주는 성도의 생활과 아주 다른 것을 발견하고 지적하였다. 순회 설교자들은 좀 더 성경과 가까운 기독교를 지향하였다. 그 대가는 죽음이었다.

5. 교회 내부자 부흥운동

평신도들이 일으킨 운동 가운데 교회조직 내에 남아 유명해진 운동들이 있다. 사람들은 그들을 '조합'(confraternities)이라 불렀다. 그들은 평신도들이 형제자매의 사랑으로 뭉쳤다. 함께 예배하고, 돕고, 훌륭한 신앙행위에 대한 축제를 위한 모임이었다. 이런 모임의 흔적은 아직까지 남아있다. 스페인은 성 고난주간을 지키는 퍼레이드를 하는데, 자선사업을 위한 조합회원들이 십자가상이나 마리아상을 들고 행진하는 풍습이 있다. 그들은 자선을 위한 길드(guilds)로 함께 모여 참회와 경배찬양을 드렸다. 그들은 라틴어 찬송이 아닌 지방어로 찬송하였다. 이것은 특기할 만한 일이다.

그들이 행한 다른 활동들은 다른 교회들이 하는 예식과는 달랐다. 성령의 감동이 있어 은혜로웠다. 영적인 충만함이 있었다. 추종자들은 온건했다. 교회에 반대하지 않았고 이단적이지도 않았다. 하지만 그들은 기성교회 구조가 그들이 원하는 활동을 충분히 지원해 주지 못한다고 생각했다. 찬송, 참회, 그리고 예배가 충분하지 못하다고 생각했다.

그들은 고행자들이었다. 고행을 통해 자신의 죄를 참회하는 사람들이었다. 자신이 참회하는 모습을 보이기 위해 자신의 몸을 채찍으로 치고 거리를 걸었다. 역병이나 재앙이 있는 동안에는 더욱 심했다. 이런 참회운동은 일부 건전하지 못한 행태도 있었지만 죄를 인식하고, 회개하고, 하나님을 깊이 체험하는 영적 생활을 보여주었다. 다른 그룹은 베긴회(Beguines)라 불렸다. 기본적으로 여성 수도자들이 모인 집단이었지만, 베긴회에는 남자도 포함하고 있었다. 대부분은 여성 평신도들이었다. 아주 가난한 사람도 있었고, 일부 부자도 섞여 있었다. 일부는 가정을 가지고 생활하면서 영적 규율을 지켰다. 다른 사람들은 수도자들이 함께 모여 공동생활을 하였다. 그들은 영구불변한 청빈서약을 하지는 않았지만, 보다 참되고 진정한 영적 생활을 갈구하였다. 이런 그룹들은 가난한 자들과 병자들을 위한 사역을 하였다.

이런 그룹에 속한 사람들은 성경의 가르침으로 돌아가기를 갈망하였다. 당시 성경이 널리 보급되고 있었기 때문이었다. 이들은 노방전도나 시장전도를 하면서 일상어로 설교하였다. 이들은 일반시민들 가운데 유명세를 얻어갔다. 이들은 평신도였기에 교회에서는 설교할 수 없었다. 교회에서는 설교자로 안수받은 사제와 감독들만 설교 할 수 있었기 때문이었다. 사제들은 제도권 교회 내에서 성경적인 복음을 설교하지 않았다. 그런 까닭에 일반 사람들이 성경 메시지를 듣기 위해서는 제도적 교회 밖에서 평신도들의 설교를 들어야만 하였다. 이것이 역사적 아이러니라고 할 수 있다.

중세시대에는 이런 평신도 운동이 많이 일어났다. 평신도 복음운동은 개신교 종교개혁으로부터 시작된 것이 아니다. 그 이전부터 있었다. 우리가 충분한 역사적 자료들을 모두 다 가지고 있지 않다고 해서 평신도 복음운동을 무시할 수는 없다. 그런 여러 지하 운동들이 일반인들에게 영적인 생명수를 공급하였다.

간혹 이런 지하운동들은 하찮고 아무것도 이룰 수 없을 것으로 보이기도 한다. 하지만 하나님께서는 그들을 통해 전혀 새로운 일들을 시작하신다. 지하운동은 자라나 마침내 땅을 뚫고 솟구친다. 이런 특성을 인식하고 이해하는 것이 중요하다. 왜냐하면 언젠가 당신도 아무것도 성취하지 못하는 지하 기도운동의 일부가 될 수 있기 때문이다. 무언가 성취되지 않을 때 절망감에 빠지게 된다. 계속하기 어렵게 된다. 그러나 하나님께서는 역사의 추운 겨울동안 그런 집단들을 사용하시는 방법이 있다. 우리는 중국에서 기도하는 작은 무리들을 기억한다. 그들은 핍박을 받고 있었다. 문화혁명 동안 그들은 비밀리에 모여 예배드렸다. 그런 지하운동이 가진 생명의 물줄기가 갑자기 땅 위로 솟구쳤다. 우리는 이런 현상을 역사의 여러 시기에 자주 본다.

6. 발도파 운동

발도파(Waldensians) 운동은 유럽사회가 변화의 소용돌이가 일 때 일어났다. 여기서 우리는 선교운동이 일어나는 역사적 상황이 중요하다는 것을 가르쳐준다. 오늘 우리 사회도 변화의 몸살을 앓고 있다. 정치, 경제, 사회, 그리고 문화적 변화가 여러 곳에서 일어나고 있다. 이런 문화적 변화는 성령께서 새로운 형태의 교회를 만들어 가시는 모습을 보여준다. 변화하는 세상에서 우리에게 친숙한 교회형식보다 일부 새로운 교회형식이 더 효과적일 가능성이 높다. 우리는 여러 곳에서 이렇게 새로운 교회의 모습이 이미 이루어지고 있다는 것을 본다. 성령께서는 새로운 일을 행하신다. 우리는 성령께서 미래에 이루실 새로운 교회 모델에 대해 열린 마음을 가져야만 한다.

1) 초기 역사

서유럽은 급변하고 있었다. 봉건사회가 무너지고 있었다. 봉건사회를 상징하는 건축물은 성곽이었다. 이제 봉건사회가 보다 상업적인 사회로 변하고 있었다. 부르주아 계급, 도시인, 상인, 그리고 소규모 제조업자, 중산층이 일어나고 있었다. '중산층'은 농노와 귀족 사이에 있는 집단을 지칭하였다. 농노들은 농산물을 생산하였고, 귀족들은 통치하고 싸웠다. 직물 제조업이 시작되었다.

제조업의 발달과 함께 물물교환, 상거래, 그리고 판매가 생겨났다. 사람들이 모여 그런 상거래를 하기 위한 장소가 필요하게 되었다. 처음에는 사거리에서 상행위가 이루어졌다. 마을이 커지고, 도시가 생겨났다. 여기에 중요한 질문이 있다. 변화가 일어날 때, 교회는 변화에 대해 어떻게 반응할 것인가? 새로운 시대를 위해 교회는 어떻게 변모해 가야 할 것인가?

피터 발도는 1140년경 프랑스 남부지방인 리용(Lyons)에서 태어났다. 그는 의류상을 운영하여 상당한 부를 쌓았다. 그는 고리대금업을 하였다. 당시 일상적인 일이었다. 돈을 빌려주고 상당한 이자를 받았다. 교회는 고리대금업을 죄로 정죄하였다. 중세 사회에서 유대인들이 이자를 받고 돈을 빌려주는 것을 허용하였기에, 그들이 유용하고 필요한 사람들이 되었다. 하지만 기독교인들에게는 이자를 받는 것이 허용되지 않았다.

전승에 의하면 발도는 성 알렉시오(St. Alexis)의 전설을 들었다. 알렉시오는 말했다. 참 그리스도인은 자기가 가진 모든 것을 포기하고 벌거숭이로 벌거숭이 그리스도를 따라야 한다. 순례자가 되고, 이 땅에서는 고향이 없어야 한다. 이 말씀이 그의 가슴에 각인되었다. 그는 영적인 순례 길을 계속 걸었다. 발도는 자신이 쓰는 프랑스 지방어로 신약을 번역하도록 자금을 지원하였다. 그는 철저한 신앙생활을 추구하였고, 수도원에서 금과옥조로 사용하는 예수님의 말씀을 따랐다. 예수님은 부자 청년에게 말씀하셨다. "가서 네가 가진 모든 것을 팔아 가난한 자에게 주고 와서 나를 따르라." 1176년 발도는 그 말씀을 문자적으로 받아들였다. 그는 자기가 가진 모든 것은 주께 드렸다. 그는 자기 부인과 딸들이 필요한 것을 제공한 후, 예수님을 전적으로 따랐다. 밖으로 나가서 어디서든지 설교하였다. 자신의 생명을 유지하기 위해 구걸하며 연명하였다.

당시에는 설교자들이 별로 없었다. 그래서 수많은 사람들이 발도를 따르기 시작하였다. 사람들이 그의 설교에 반응하고 추종자들이 생기기 시작하자, 발도는 제자들을 둘씩 짝을 지어 내보내어, 그들이 이해한 성경적인 믿음을 간략하게 전하게 하였다. 1179년 그는 감독에게 설교권을 허락해달라고 요청하였으나, 거부되었다. 거기에는 두 가지 이유가 있다. 첫째, 발도는 사제가 아닌 평신도였다. 당시 교권을 가진 감독이 보기에 발도의 설교가 너무 급진적이라고 판단하였기 때문에 심기가 불편하였을 것이다. 설교권을 허락받지 못했지만, 발도는 설교를 계속하였다. 1184년 설교권을 거부한 지 5년 후, 교회는 발도와 추종자들을 이단으로 정죄하였다. 그럼에도 불구하고 발도파는 남부 프랑스와 이탈리아, 그리고 중부유럽 지역으로 퍼져나갔다.[2] 발도파 운동은 여러 측면에

---

2) 발도파는 가톨릭의 7 성사(七聖事) 가운데 일부와 연옥(煉獄) 개념을 배척함으로써 로마 가톨릭교회의 가르침에서 이탈했다. 이들의 견해는 단순화한 성서주의, 엄격한 도덕, 당시 교회의 부패상에 대한 비판에 근거했다. 이 운동은 급속히 스페인, 프랑스 북부, 플랑드르, 독일, 이탈리아 남부, 심지어 폴란드와 헝가리까지 퍼져나갔다. 로마 교황청은 파문에서 적극적인 박해와 처형으로 돌아섬으로써 이 운동을 막으려 하였다. - 역주

서 개신교 이전의 종교개혁이었다.

2) 발도파의 신앙과 예배의식

발도파의 신앙과 의식은 초기 설교자들과 유사하였다. 그들은 성경 중에서도 신약을 삶의 법칙으로 받아들였다. 그들은 성경을 가능한 문자적으로 해석하려 하였다. 그들은 산상수훈을 문자적으로 따르려 하였다. 결코 맹세하지 않았고 피를 흘리지 않았다. 종교적 박해에 저항하지 않았다. 그들은 평화주의자였다. 발도파는 둘씩 짝을 지어 가난한 자들에게 복음을 전하고, 신자들이 제공하는 헌금으로 생활하였다. 그들은 처음에는 돈을 전혀 가지고 다니지 않는 정책을 따라 살았으나, 나중에는 그 정책을 바꾸었다. 그들은 성경암송을 강조하였고, 특히 신약성경 대부분을 지방어로 암송하였다. 남부와 중부유럽에 사는 평범한 사람들에게 복음을 전하였다.

발도파 초기에는 로마 가톨릭교회의 교리에 충성하였으나, 시간이 지남에 따라 바뀌었다. 그들은 더 나아가 교회와 교황권이 타락하였다고 지적하였다. 그들은 가톨릭교회가 일반인들이 알아듣지 못하는 라틴어를 사용하는 것을 비판하였다. 그들은 신약성경에 나타난 세례와 성만찬 이외의 모든 가톨릭 성례전을 거부하였다. 교회의 성직자 계급제도도 거부하였다. 우리는 역사에 나타난 부흥운동이나 선교운동이 신학적 재발견과 동반하고 있음을 관찰하였다. 발도파의 경우가 그러하였다. 발도파는 신약성경의 메시지와 신약교회가 가진 단순한 형식을 재발견하였다. 발도파의 메시지는 단순하고 강력하였다. 수많은 사람들이 줄을 지어 발도파의 메시지를 수용하였다.

선교운동은 새로운 리더십 패턴을 동반한다. 새로운 리더를 선택하고 훈련하는 새로운 방식을 동반한다. 발도파는 옛 사제제도를 거부하고 남녀 평신도를 내 보내 설교하게 하였다. 발도파는 2세기 몬타누스주의(Montanism) 이후로는 최초로 여성들을 사역에 참여시킨 교단이었다. 이들 남녀 평신도들은 세례를 베풀고 성찬을 집례하였다. 발도파는 가톨릭교회와는 전혀 다른 사역관을 가지고 있었다. 설교와 교회제도에 대해서도 가톨릭교회와 달랐다. 발도파 전도자들은 그들만의 독특한 복장 대신 상인복장으로 위장하고 여행하였다. 가톨릭교회의 박해를 피하기 위함이었다.

발도파에는 두 가지 지도자 계층이 생겨났다. 오늘날 용어로 보면 소달리티와 모달리티 리더십이라고 볼 수 있다. 그들은 알비파의 퍼펙티(perfecti)와 '신자'와도 유사하였다. 첫째, 전적으로 전도사역이나 선교사역을 감당하기 위해 순회하며 설교하는 계층이 있었다. 신자들과 떠나 생활하며, 언제나 생명을 잃을지 모르는 위험에 노출된 사람들이었다. 둘째, 이동하지 않고 지역에 남아, 함께 모여 예배하고, 말씀을 따라 신자로 살아가는 계층이 있었다.

발도파는 이탈리아에서 급속히 전파되었다. 이탈리아에서는 발도파와 유사한 후밀리아티(Humiliati)가 조직되었다. 그들은 겸손하게 살아가는 사람들이었다. 1184년 교황은 후밀리아티도 정죄하였다. 그 중 상당수가 발도파로 전향하였다. 12세기 중반에 이르자 발도파는 오스트리아, 보헤미아, 그리고 모라비아에 자리하게 되었다. 발도파는 14세기에 독일, 헝가리, 그리고 폴랜드로 전파되었다. 제후들과 치안판사들까지도 발도파가 되어 좋은 평판을 받았다. 그들은 극심한 박해를 받았다. 1211년, 발도파 8명이 스트라스부르그(Strassburg)에서 화형에 처해졌다. 15세기부터 17세기까지, 그들은 핍박을 피해 북부 이탈리아 산속으로 피난하였다. 그들은 산속에서 공동체를 이루고 학교를 세웠다. 가톨릭의 핍박으로 수천 명이 목숨을 잃었으며, 발도파 운동은 거의 흔적을 찾아볼 수 없게 되었다.[3]

오늘날 발도파는 개신교 개혁교단과 가까운 관계를 유지하고 있다. 이탈리아에 있는 발도파 교회는 수천 명의 교인이 있는데, 감리교회와 합병하였다. 19세기 후반 발도파 이민자들이 우루과이에 도착하였고, 아르헨티나로 갔다. 그곳에서 미국으로 온 발도파는 프랑스와 스위스에서 온 발도파 이민자들과 함께 텍사스, 유타 등지에 작은 공동체를 세웠다. 오늘날 발도파 교회는 우루과이와 아르헨티나, 그리고 미국에 남아있다.

---

3) 13세기에 많은 발도파 구성원들은 정통신앙으로 돌아왔다. 13세기 말에 이르러, 일부 지역에서는 극심한 박해 때문에 발도파 자체가 자취를 감추었다. 남은 구성원들은 살아남기 위해 그들만의 독특한 복장을 포기했다. 15세기 말경 이들은 대부분 프랑스와 이탈리아 국경의 코티안 알프스 계곡에 모여 살았다. - 역주

3) 발도파의 후기 역사

18세기 초, 우리는 발도파에 대한 매력적인 이야기를 발견한다. 프랑스 파리에서 발도파 옷을 입은 상인 에티엔느 드 라 포르쥬(Etienne de la Forge) 이야기이다. 그는 열렬한 기독교인이었다. 그는 가난한 자에게 옷과 함께 복음 전도지를 나누어 주었다. 자비와 복음전도에 대한 관심을 보여주었다. 간혹 파리 대학교 학생들이 찾아와 그와 함께 생활하기도 하였다.

포르쥬와 함께 살았던 한 젊은이가 있었다. 그는 처음에 사제가 되기 위해 공부하다가 법학을 전공하였다. 그 후 로테르담의 에라스무스(Erasmus)와 같은 인문학자가 되기 위해 파리로 돌아갔다. 당시, 그 젊은 청년에게 특별한 종교적 관심은 찾아 볼 수 없었다. 그는 1533년부터 1534년 사이에 9개월 동안 포르쥬와 함께 생활하였다. 우리는 그 동안 두 사람 사이에 어떤 대화들이 오고 갔는지 알 수 없다. 하지만 그 청년은 결정적인 영향을 받고 다른 곳으로 이주하였다. 그 후 얼마 지나지 않아, 발도파 지도자인 포르쥬는 화형을 당하였다. 프랑스 개신교 초기 순교자가 되었다. 몇 달이 지난 후, 그 청년은 자신을 개신교 복음주의자라고 선언하였다. 그는 1536년 『기독교 강요』라는 유명한 책을 출간하였다. 그 젊은이는 칼뱅이었다.

칼뱅과 포르쥬가 나누었던 대화를 좀 더 자세히 살펴보고, 포르쥬가 칼뱅에게 어떤 영향을 주었는지 알 수 있다면 얼마나 놀라운 일이겠는가! 하지만 우리는 자세한 내막을 모른다. 하지만 나는 이렇게 말하고 싶다. 우리가 역사책에 등장하는 위대한 인물에 대해 더 깊이 알고 보면, 그들에게 결정적인 영향을 주었던 이름 없는 사람이 배후에 있었다는 사실을 발견하게 된다.

7. 위클리프와 롤라드

위클리프는 당시 영국에서 가장 박식한 사람이었다. 피터 발도는 정규교육을 거의 받지 못한 실업가였지만, 위클리프는 전혀 다른 인물이었다. 영국에서 가장 탁월한 학자였다. 그는 히포의 어거스틴(Augustine of Hippo)으로부터 강한 영향을 받았다. 위클리프가 옥스퍼드에서 사역했던 5년간은 상당히 조용한 기간이었다. 그는 1372년 박사학위를 받았다. 그가 교회와 사회에서 일어나고 있는 현상을 보았을 때, 그는 성경과 교부들의 신학을 깊이 연구하기 시작하였다. 여기서 교부들은 기독교 초기 3세기나 4세기의 신학자들을 지칭한다.

역사적 상황은 혼미하였다. 로마의 감독이라는 지위를 가진 교황은 모든 교회를 통치하는 최고 권위를 가지고 있었다. 그러나 1309년 교황 클레멘스 5세는 정치적인 이유로 바티칸으로 가지 못하고 프랑스 국경 아비뇽에 머물렀다.[4] 아비뇽은 당시 국경 지대였던 남부 프랑스에 위치하였다.

여기서 역사적 문제를 하나 언급하고 싶다. 당대의 사가들은 교황청이 아비뇽으로 옮겨 온 이후, 아비뇽에 창녀들의 숫자가 급증하였다고 기록하였다. 그것은 참으로 치사한 거짓말이다. 교황청은 1377년까지 아비뇽에 머물렀다. 교황청은 그리고리 11세 때에 이르러 로마로 돌아 올 수 있었다. 그러자 즉시 반대파에서 다른 교황을 선출하여 아비뇽에 머물게 하였다. 이제 자신이 유일한 그리스도의 대리인이라 자처하는 교황 둘이 생겨났다. 잠시 동안 교황이 셋인 적도 있었다. 1417년 오랫동안 계속된 가톨릭교회 협의회를 통하여 로마 교황만을 유일한 교황으로 인정하는 결정이 내려지기까지 교황청의 혼란은 계속되었다.

1) 강조점

로마교회는 참 교회는 한 교황을 모신 교회 하나뿐이라고 가르쳤다. 교회는 개인이 구원받기 위해서는 교회조직의 회원이 되어야만 한다고 가르쳤다. 이런 까닭에 사람들은 교황에 복종해야만 했다. 하지만 이제 교황이 둘이나 된 상황에서 어느 교황에서 복종할 것인가? 두 교황이 각자 자신이 유일한 그리스도의 대행자라고 주장하는 상황은, 아주 심각한 영적 딜레마를 조장하였다.

---

4) 영국과 프랑스 사이에 벌어진 100년 전쟁 당시, 프랑스 왕 필립 4세는 교회의 전쟁비용 부담 문제로 교황 보니파스 8세와 대립하였다. 그는 교황을 아냐니의 한 성에 감금한 후에 석방하였으나, 교황은 몇 주 후 사망하였다. 교황 사후 필립 4세는 클레멘트 5세를 교황으로 선출하게 하고, 프랑스 리용에서 교황 즉위식을 거행한 후, 교황청을 프랑스의 아비뇽으로 옮겼다. 추기경 28명 중 25명을 프랑스인으로 임명하였다. 교황청은 1309년 3월 9일부터 1377년 1월 13일까지 약 70년간 프랑스 아비뇽에 머물렀다. 이것을 교황청의 아비뇽 유수라 한다. - 역주

상황은 점점 더 심각해졌다. 이런 상황에서 개인은 어떤 결정도 내릴 수 없었다. 어느 교황을 따를 것인가 하는 문제는 종교적 문제가 아니라 정치적 이슈였다. 군주가 어느 교황을 따르느냐에 따라 백성들은 그 결정에 따라야만 하였다. 논리적으로 백성의 구원문제는 그 결정에 달려있었다. 이런 상황은 교회와 교황의 권위를 약화시켰다. 거기에 다른 문제가 가중되었다. 교황청이 두 개가 되었기에, 교회에 내는 세금도 두 배로 늘어난 것이었다. 혼란에 혼란이 가중되는 상황이었다.

이런 혼란한 상황 가운데, 위클리프는 점차 급진적인 관점을 갖게 되었다. 그가 문제해결을 위해 내린 결론은 흥미롭다. 위클리프는 성경으로 돌아가자고 주장하였다. 그는 수많은 중세교회의 기본 사상을 공격하였다. 이런 위클리프의 주장은 거의 모든 사람들의 감정을 상하게 하였다. 그는 참 교회는 가시적인 교회가 아니라, 하나님께서 선택하신 자들로 이루어진 불가시적 교회라고 주장하였다. 참 교회는 하나님의 선택으로 이루어지기 때문에, 가시적 교회나 교회의 사역자, 교황이나 감독이 참 교회에 소속된 사람을 결정할 수 없다고 주장하였다. 위클리프는 구원이 전적으로 하나님의 선택에 달려있기 때문에 가시적 교회와의 관계나 사제의 중재에 달려있지 않다고 믿었다. 그는 수도승과 수사(Friars)에 대해서도 비판적인 입장을 취했다. 그는 후일 하나님께 선택된 자 모두가 사제라고 주장하였다. 위클리프는 만인제사장설을 주장한 개혁자들 보다 먼저 신자들의 사제됨을 주창하였다. 그는 사제와 감독의 직분은 존중해야 하고 그들은 양무리의 본이 되어야 한다는 입장을 유지하였지만, 신약성경에는 사제와 신자의 구분이 없다고 하였다. 그는 십일조를 강요하는 성직자는 존중할 가치가 없다고 하였다. 성인숭배, 성인이나 순교자의 성골, 그리고 성지순례를 비판하였다. 위클리프는 미사 중에 떡과 잔에 그리스도의 진정한 임재가 있다고 믿었지만, 화체설에는 반대하였다. 그는 특정 상황에서 평신도가 성찬이나 미사를 집례할 수 있다고 가르쳤다. 그는 일곱 성사를 거부하지 않았지만, 견진성사(confirmation)는 필요하지 않다고 보았다. 면죄부(Indulgence)와 죽은 자를 위한 미사는 거부하였지만, 연옥신앙은 존속시켰다. 그는 예배 형식보다는 지적 순수함이 더 중요하다고 선언하였다. 그는 정성을 다하는 예배에 나타난

극단적 형식주의는 참된 예배를 방해한다고 확신하였다.[5]

위클리프는 국가와 교회의 권위를 주장하는 중세사상을 공격하였다. 그는 하나님께서 은혜의 통치권을 사람에게 주셨지, 교황이나 성직자들에게 주신 것이 아니라고 하였다. 당시 전통적인 사상은 하나님께서 교회의 교황과 국가의 황제에게 권위를 주셨다고 하였다. 교회에서 권위는 아랫사람들에게 위임되었다. 교황은 감독에게, 감독은 사제에게, 그리고 사제는 일반 백성들에게 권위를 주장하며 순종을 요구했다. 국가에서도 권위는 상명하복으로 위임되었다. 황제는 제후에게, 제후는 행정장관에게, 그리고 행정장관은 백성들에게 권위를 주장하며 순종을 요구했다. 교회와 국가는 모두 하나의 권력계통을 가지고 있었으며, 신적 강제력을 가지고 있다고 믿었다.

중세 권력구조를 도표로 그려보면 다음과 같다.

하나님

교황	황제
감독	제후
사제	행정장관
백성	백성

중세사상은 이것이 하늘에 있는 계급제도의 바른 모델이라고 가르쳤다. 이것은 불변의 진리이기에 다른 관점은 허락되지 않았다. 다른 관점은 모두 이단으로 정죄하였다.

이런 중세사상을 거부한 사람은 위클리프 혼자만이 아니었다. 위클리프 보다 이전에 파리에 사는 파두아의 마르실리우스(Marsilius)를 포함하여 여러 사람들이 거부하였다. 그들은 하나님께서 백성들에게 권위를 주셨기 때문에 교회와 국가의 권위가 아래로부터 위로 위임되어야 한다고 주장하였다. 우리는 이런 사상이 중세기에 얼마나 급진적인 사상이었으며, 그런 사상이 왜 위험한 것으로 간주되었는지 미루어 짐작해 볼 수 있다.

---

5) Kenneth S. Latourette, *A History of Christianity* (San Francisco: Harper San Francisco, 1975 Revised Edition), 663.

2) 위클리프 사상을 따른 학생들

위클리프는 결론을 도출했다. 존경할 가치가 없는 교황, 감독, 그리고 사제들을 몰아내야 한다. 하지만 어떻게 해야 할 것인가에 대한 방법을 제시하지는 않았다. 학생들이 위클리프의 사상과 가르침에 따르기 시작했다. 그는 추종자들을 설교자로 내보냈다. 그들을 '롤라드'(Lollards)라 불렀다. 그 이름이 어떻게 유래되었는지에 대한 역사적 기록은 분명하지 않다. 초기 롤라드 설교자들은 위클리프의 제자들이었지만, 후일에는 가난한 자들 가운데서 롤라드 설교자들이 많이 나왔다. 그들은 일반인들이 입는 복장을 입고 후원금을 받아 생활하였다. 그들은 이렇게 신약에 나타난 사역자 형식을 따랐다. 그들은 영국 지방언어로 성경말씀을 선포하였다.

3) 성경 번역

위클리프의 가장 위대한 업적은 성경을 영어로 번역한 것이다. 위클리프는 동료들과 함께 성경을 번역하였다.

당시 국가의식이 꿈틀거리고 있었다. 자기 문화와 언어를 소중하게 생각하게 되었다. 지방어(vernacular language)에 대한 관심이 높아졌다. 위클리프가 성경을 영어로 처음 번역을 한 것은 아니다. 종교개혁 이전부터 성경의 일부를 지방어들로 번역한 다른 사람들이 있었다. 그럼에도 불구하고 라틴어가 중심이었다. 라틴어가 신학을 포함한 문학적 언어였다. 당시 지방어 성경에는 교회의 교리에 맞추어 본문을 해석한 '주해'가 포함되어 있었다. 성경에 주해를 삽입한 것은 성경을 개인적으로 해석하지 못하도록 하기 위해서였다.

위클리프와 동료들은 성경 전권을 지방어인 영어로 번역하였다. 일반 사람들이 성경을 자기의 언어로 읽고 들을 수 있도록 하기 위해서였다. 위클리프는 모든 교회에 영어로 번역된 성경이 비치되기를 원하였다. 그는 시골에서 쟁기 맨 소를 끄는 소년 모두가 성경을 자신의 언어로 읽을 수 있게 되기를 소원하였다. 이런 생각은 아주 급진적인 생각이었다. 그는 학교에서 평신도들에게 성경을 암송하라고 격려하였다. 성경공부와 기도회를 모일 때에도 성경을 암송하라고 하였다. 이런 모임은 다른 부흥운동들도 격려하였고, 차후 청교도들도 그렇게 모였다. 당시 대부분의 사람들이 문맹이었기 때문에 모두가 성경을 읽을 수 있게 하자는 위클리프의 아이디어는 사회를 변혁시키는 급진적인 함축을 내포하고 있었다. 당시 학교는 귀족들과 새롭게 부상하는 중산층 자녀들만 갈 수 있었다.

1382년 위클리프는 성경을 번역했다는 이유로 이단으로 몰려 정죄를 받고 출교 당한 후 1년 반 만에 죽었다. 귀족들 가운데 정치력이 있는 사람들이 위클리프의 정치적 입장을 동조하여 그를 보호하였다. 그들은 위클리프의 종교관에 동의한 것은 아니었지만, 위클리프는 침대에서 죽었다. 그는 장사된 후에 욕을 당했다. 교황 클레멘트 8세는 위클리프의 무덤을 파헤쳐 관과 뼈를 스위프트 강둑에서 불태웠다. 시인 토마스 풀러(Thomas Fuller)는 이 일에 대해 이렇게 읊었다. "스위프트강은 재를 아본강으로 실어갔고, 아본강은 세버언강으로, 세버언강은 템스강으로, 거기서 영국 해협으로, 거기서 대서양으로, 거기서 온 세상으로 흘러갔도다." 그것은 진정 놀랍고 참된 묘사이다.

4) 롤라드 설교자들

위클리프의 롤라드 운동은 계속되었다. 지하운동으로 드러나지 않게 1세기 반 동안이나 지속되었다. 우리는 그들이 얼마만한 성공을 거두었는지 모른다. 역사적 자료가 부족하기 때문이다. 일부 학자들은 롤라드 운동이 수많은 추종자를 얻었다. 롤라드 운동에 참여했던 수많은 사람들은 순교자의 반열에 올랐다. 위클리프는 14세기 말에 죽었다. 위클리프가 죽은 후 한 세기 반이 지나기 전, 케임브리지 대학 학생들은 루터의 글을 읽고 있었다. 이것을 보면, 케임브리지 대학생들 사이에 참된 기독교 신앙생활에 대한 관심이 높았음을 알 수 있다. 일반인들도 더 깊은 신앙에로의 길을 갈망하고 있었다.

롤라드 운동의 영향은 계속되었다. 지하로 숨었지만 영향력은 여전히 남았다. 그 영향은 1534년에 일어난 영국의 종교개혁에 영적이고 신학적인 여러 요소들을 제공하였다. 우리는 영국의 종교개혁이 먼저 정치적 요소들에 의해 촉발된 것을 알고 있다. 하지만 당시 여러 집단들은 개혁을 원하고 있었다. 참된 신학적 개혁, 구조적 개혁, 그리고 영적 개혁을 갈망하고 있었다. 이런 영적 관심들은 청교도주의로 이어졌다.

본 장에서는 중세 평신도 운동에 대해 살펴보았다. 중세 평신도 운동은 놀라운 선교적인 공헌을 하였다. 다음 장에서는 수사들의 선교운동에 관하여 탐구할 것이다.

The Dynamics of Christian Mission
History through a Missiological Perspective

제 12 장

수사들의 선교운동

중세에도 수사들(Friars)의 영성은 살아 있었다. 하지만 대부분의 사람들이 중세를 그렇게 보지 않지만, 1367년 오순절에 쓴 아래의 시는 수사들의 살아있는 신앙을 잘 보여준다.

오소서, 오 사랑의 하나님, 이 영혼을 찾아주소서,
당신의 뜨거운 열정으로 만나주소서.
가까이 오소서, 오 위로자시여, 내 맘에 오소서,
당신의 거룩한 불꽃을 붙여주소서.
오 맘껏 타오르게 하소서, 세상 열심이 먼지 되고
그 불꽃에 재가 되게 하소서.
그리하여 당신의 영광이 내 눈에 비춰게 하소서.
그리하여 나를 두르고, 내 길을 비추어 주소서.
그리하여 사랑 깊어지고 영혼 갈급하게 하소서
인간의 말 권세를 뛰어 넘게 하소서
성령이 내주하시기까지, 그 누가 그 은혜를 알리요.

1. 서론

교황들에게 문제가 있었다. 13세기 교황 가운데 적어도 세 사람은 개인적 순결에 심각한 문제가 있었다. 당시 사람들은 교황들을 불신하였다. 단테의 신곡에 보면 지옥에서 교황들이 짐승처럼 누워있다. 당시 교황청은 악명 높은 부패와 타락의 소굴이었다. 이런 현상은 최근까지 계속되었다. 훌륭한 추기경들 가운데 한 사람이 불평한 바와 같이, 교황은 리용에 거주하던 단 몇 년 만에 도시를 거대한 집창촌으로 만들었고, 아비뇽, 콘스탄틴, 그리고 로마에서도 교황이 머무는 동안 같은 악명을 떨쳤다. 다른 고위 성직자들도 악하기는 마찬가지였다. 1274년 그레고리 10세는 "그들은 기독교왕국 파멸의 원인"이라고 불평하였다. 그는 대의원 총회에서 자기가 가진 모든 권위를 동원하여 리에쥬(Liege)의 감독 헨리를 권좌에서 폐위시켰다. 헨리는 30년 이상 감독직을 유지한 대단한 경력을 가진 인물이었다. 그의 첩들 가운데는 여자수도원장 둘과 수녀가 포함되어 있었고, 그는 자랑스럽게 22개월 동안에 14명의 아이를 낳았다고 하였다. 그럼에도 불구하고 그는 교황 인노센트 4세의 특별한 배려로 감독직에 있었다.[1]

하층 성직자들의 탄원이 계속되었다. 성 보나벤투라(Bonaventure)는 그들의 무지와 부도덕성을 완강하게 하소연하였다.

다른 저술가도 기록하였다.

> 이탈리아 교구담당 사제에게 수백 번 들었을 것이다. 순결하지 못할 바에는, 적어도 조심이라도 해야지, 그들의 부도덕을 정당화하려 하고, "영국 성당들의 일부는 무지한 상납금이나 부도덕한 사제들의 상납금으로 지어졌다."[2]

1222년 자체 조사결과, 짤츠부르크(Salzburg) 성당 17개 교구담당 사제들 가운데 5명이 미사 내용 가운데 한 문장도 바르게 읽을 수 없다는 사실이 드러났다. 그들은 매일 우물거리는 미사를 인도하며 수년을 지내왔었다.

존 거슨(John Gerson)은 교회를 대신하여 교황에게 큰 소리로 부르짖었다. "교

---

1) G. G. Coulton, *Ten Medieval Studies* (Boston: Beacon Press, 1959), 76-77.
2) Ibid., 76.

황님이시여, 하나님의 법을 아는 사제를 언제 제게 주신 적이 있었습니까?"[3]

이것이 13세기 가톨릭교회의 비극적인 모습이었다.

베르나르드가 클레르보에 들어온 지 한 세기 후, 시토수도회의 대수도원장은 여러 곳을 여행하며 부자로 살았다. 그것은 시토수도회의 이상과는 완전히 모순된 행위였다. '이단자' 알비파(Albigensians)와 발도파가 성직자나 수사들보다 훨씬 더 그리스도의 이상에 가깝게 생활하였다.

바로 그때, 유럽은 변하고 있었다. 봉건적 농경사회에서 상업의 발달, 새로운 도시형성, 그리고 중산층이 부상하고 있었다. 새로운 전문경영자들인 중산층은 농노와 귀족들보다 더 비판적이었다. 그들은 사회적 현상유지로는 만족하지 못하고, 새로운 사회적 문제들을 지적하였다.

우리는 발도와 위클리프 운동을 미리 살펴보았다. 그들은 새로운 갱신운동을 시작하였으나, 가톨릭교회는 그 운동을 거부하였다 이 장에서 우리는 성 프란시스와 성 도미니쿠스를 살펴볼 것이다. 그들도 갱신운동을 주도했고 교회는 그 운동을 수용하였다.

역사에 나타난 리더연구는 중요하다. 리더를 연구하면서 던지는 질문이 더 중요하다. 무엇이 그런 탁월한 리더를 리더가 되게 하였는가? 우리는 선교운동을 일으킨 리더를 '선교학적 전문경영자' 관점에서 살펴보는 것은 언제나 흥미롭다. 나는 '선교학적 전문경영자'를 이렇게 정의한다. 선교적 비전이 당대의 기성교회와 선교단체의 비전보다 앞서 간 사람, 그 비전을 실천하기 위하여 새로운 선교운동을 일으킨 사람으로 정의한다. 역사에는 수많은 선교 운동가들이 있다. 사무엘 밀즈(Mills)는 최초의 북미 해외선교운동을 일으킨 선교운동가였다. 그는 여러 다른 선교단체를 조직하였다. 허드슨 테일러(Taylor)와 카메론 타운젠드(Townsend)는 대단한 선교 개척자였다. 그들은 개척선교를 주장하고 실천하였다. 랄프 윈터(Winter)도 미전도 종족 선교운동을 일으킨 선교 지도자였다. 이들은 모두 새로운 선교사상을 제시하고 새로운 선교단체를 설립하여 자신의 비전을 다른 사람들에게 소통하였다.

비브 그릭(Viv Grigg)도 선교 지도자이다. 그는 수백만 명이 극한 가난에 빠져 살아가는 아시아 도시들의 그늘을 보았다. 그의 비전은 헌신된 젊은 크리스

---

3) ibid., 113.

천 팀을 보내, 슬럼가의 악조건 속에서 생계를 유지하고 살면서, 가난한 자들에게 전인적인 사역을 하는 것이었다. 그 극한 가난의 상황 안에서 복음을 나누고 교회를 개척하는 비전을 가졌다. 마더 테레사(Mother Teresa)와 로렌 커닝햄(Cunningham)도 다른 탁월한 모델들을 보여주었다.

하나님께서 그런 사역을 위해 우리 가운데 몇 사람을 부르실 수 있다. 우리에게 역사적 안목은 중요하다. 역사를 통해 하나님께서 어떤 사람을 사용하셔서 새로운 조직체를 만들고, 사역을 위한 새로운 비전을 따르고, 다른 사람을 불러 사역에 참여하게 하였는지를 살펴보는 것이 중요하다. 너무도 자주 기성교회는 새로운 비전과 새로운 선교방법을 거부하였다. 누군가가 말했다. 교회가 새로운 일을 시도하려면 언제나 말리는 말이 있다고. "우리는 전에 그렇게 해본 적이 없는데!"

하지만 새로운 개념은 새롭다는 사실 때문에 숙고해야 할 최선의 이유가 된다. 새로운 아이디어라고 해서 모두 다 하나님께서 주신 것은 아니다. 하지만 성령께서는 새로운 일을 즐겨하신다. 그분의 창의성은 다함이 없다.

이제 13세기 상황 속으로 들어가 보자. 발도파 운동은 성장하였고 유럽은 변하고 있었다. 전통적인 수도원들은 옛날 봉건사회에 적합한 형태였고 새로운 도시와 도시중심 사회에는 맞지 않았다. 초기 수도원들은 사람이 살지 않은 외진 곳에 위치하였다. 수도원 설립자는 광야로 나가 간소한 처소를 짓고, 땅을 개간하고, 그들이 먹을 농산물을 재배하였다. 그래도 도시로 이주한 수도원이 둘 있었다. 옛 수도원에는 유산을 받지 못한 귀족 자녀들이 많이 들어와 생활하였지만, 새로운 수도원 운동에는 중산층이나 하류계층 자녀들이 더 많이 들어왔다.

가톨릭교회는 발도파(Waldensians)와 알비파(Albigensians)를 난폭하게 대하였다. 십자군을 일으켜 제거하려 하였다. 1209년부터 1229년 사이에 프랑스 남부 랑그도크(Languedoc)에 사는 알비파를 제거하기 위해 일어난 십자군은 수많은 목숨을 앗아갔다. 일부 마을에서는 주민들을 모두 학살하기도 하였다.

루이 9세(Louis IX)는 성 루이스로 알려진 경건한 왕이었다. 훌륭한 가톨릭 신자였다. 그는 이단으로 규정된 국민들을 처단하기 위해 군사행동을 취하였다. 그리고 얼마 지나지 않아 종교재판이 시작되었다. 미국에는 그의 이름을 딴 '세인트루이스'라는 도시가 있다.

우리가 여기서 주목해야 할 것이 있다. 새로운 운동이 참된 성령의 주도로 시작되지만, 간혹 역사적 신앙에서 벗어나는 경우가 있다. 그러므로 분명한 성경적 기준을 확실히 하는 것이 필요하다. 그래야 기성교회가 그런 운동들을 잘못된 이유로 거부하거나 수용하지 않게 될 것이다.

실례를 들면, 몇 년 전에 이런 일이 있었다. 브라질 주요 교단인 장로교와 침례교단이 모든 은사주의 집단들을 축출하였다. 그들은 급속히 성장하였다. 미국 하나님의 성회는 로렌 커닝햄(Cunningham)이 교단 산하에 젊은이 선교단체인 예수전도단(YWAM)을 설립하겠다는 비전을 허락하지 않았다. 커닝햄이 예수전도단을 초교파단체로 하겠다고 고집하였기 때문이었다. 상기한 세 가지 운동의 경우, 새로운 운동은 번영하였다. 다른 한편, 유럽과 미국의 기성교단 가운데 다른 극단에 빠진 경우도 있다. 그들은 성경의 기준을 벗어난 신학과 윤리적인 나약성을 주장하였다. 오늘날 우리는 세계 여러 곳에서 일어나는 비전통적인 교회형식들을 보면서, 성경적 기준의 중요성을 재삼 확인한다. 역사적 신앙의 핵심을 어떻게 이해하는지 살펴보기 위해, 우리에게 철저한 성경연구가 더욱 중요함을 깨닫는다.

1229년, 교회 공의회는 규칙을 선언하였다. 평신도는 시편을 제외한 어떤 성경부분도 소지해서는 안 된다는 규칙이었다. 규칙은 성경이 이단사설의 원천이라고 단언하였다. 놀랍지 않은가! 동일한 공의회는 상용어로 된 성경번역을 금지하였다. 하지만 하나님께서는 이런 상황에서도 중요한 두 가지 운동을 일으키셨다.

13세기 교황권은 정치적인 면에서 하늘을 찌르고 있었다. 그런 막강한 권력의 시대는 다시 돌아오지 않을 것이다. 당시 교회와 사회를 개혁했던 두 갱신운동인 도미니쿠스회와 프란치스코회 운동은, 전혀 교황의 계획에 포함되어 있지 않았다. 이 두 운동은 어떻게 보면 우연히 일어났다. 그들은 '탁발 수도회'라 불렸는데, 이것은 삭발을 하고 시주를 받아 연명하는 수도방식을 지칭하는 호칭이었다. 이런 주변 운동들은 성령의 역사로 일어났다. 그들은 성령의 부르심에 반응하여 당시 교회와 사회가 필요로 하는 시급한 일들을 해결하려고 노력하였다.

2. 가난한 가톨릭 신자 수도회

탁발 수도회 이전에 일부 선구자들이 있었다. 그 중 하나는 '가난한 가톨릭 신자 수도회'(The Poor Catholics)였다. 이 운동은 1207년 프랑스 남부에서 시작되었다. 교황은 이 운동을 기쁘게 생각하여 허락하였다. 그들의 목표는 발도파와 유사한 생활습관인 청빈, 검소, 모든 재산의 포기를 실천하여 발도파를 다시 건전한 가톨릭으로 회귀시키는 것이었다. 이 수도원 운동은 금, 은, 그리고 토지를 수도원에 헌납하는 것을 받지 않고 거절하였다. 그들은 검소하게 살았다. 1209년 그들은 여섯 번째로 큰 수도원으로 성장하였지만, 교황들의 의심을 받고, 기사들은 가만히 있지 않았다. 당시 권력자들은 이단자들을 거룩하고 모범적인 삶을 보여 설득하기보다는 칼로 쉽게 다스렸다. 1237년, 가톨릭교회는 가난한 가톨릭 신자 수도회에 전통적인 수도회 규칙에 따라 살도록 명령하였고, 더 이상 설교하지 못하도록 설교를 금하였다. 그들은 자기 수도원 내에서 생활할 수 있지만, 그들의 메시지를 수도원 밖으로 전하지는 못하게 하였다. 이렇게 가난한 가톨릭 신자 수도회는 교권의 희생물이 되고 말았다.

3. 도미니쿠스회

1) 성 도미니쿠스

기독교 역사에 성 도미니쿠스(Dominic)로 잘 알려진, 도미니쿠스 데 구스만은 1170년 스페인 카스티야(Castille)에서 태어났다. 그의 아버지는 영주였고 어머니는 귀족 출신이었다. 그는 개혁적인 감독의 지도를 받으며 훌륭한 교육을 받은 경건한 사람이었다. 그는 자기 교구 내에서 행정과 도덕적인 개혁을 실천하기 원했다. 그러므로 도미니쿠스는 훌륭한 영적 훈련을 받았고, 아우구스티누스 교단의 수사로 살았다. 수사는 성당에서 사역하는 사제였다. 일부의 경우, 개혁하기 원하는 감독은 수하에 있는 사제들에게 수도회에 준하는 엄격한 규칙에 따라 살게 하였다. 아우구스티누스 교단의 수사들은 위대한 신학자인 아우구스티누스의 영적 훈련 방식을 따라 살았다. 그런 까닭에 도미니쿠스는 사제공동체에 속해 있었으며, 영적 수련, 도덕적 순결, 그리고 하나님에 대한 깊은 지식을 추구하는 감독의 지도를 받았다.

2) 프랑스 선교

1206년 도미니쿠스는 감독의 프랑스 선교에 동행하였다. '이단자'들을 개종하려 하였다. 그들은 집을 짓고 신앙 공동체를 만들었다. 그들은 이단자들을 개종시켜 바로잡아 교회로 돌이키기 위해 성결, 사랑, 그리고 청빈서약을 하였다. 그들은 무력사용을 거부하였다. 하지만 2년 후 상황이 달라졌다. 권력자들이 그 지역에 있는 이단자를 처치하기 위한 십자군을 출병시켜 수많은 사람들이 죽임을 당했다. 작은 도미니쿠스 공동체는 강제로 해체되고, 그와 감독은 스페인으로 강제로 송환되었다.

감독은 죽었다. 하지만 도미니쿠스는 꿈을 포기할 수 없었다. 그는 다시 프랑스 남부로 돌아갔다. 툴루즈(Toulouse)에 사는 한 부자가 도미니쿠스의 동료가 되었고, 집 한 채를 숙사로 주었다. 다른 사람들이 몰려와 한 식구가 되었다. 현지 감독은 호의적으로 대해 주었다. 감독도 고민이 많은 상태였다. 교권주의자들의 군사적 접근은 결코 도움이 되지 않았기 때문이었다. 수도사로 살아가는 도미니쿠스의 접근방법은 신앙회복을 위해 사람들에게 성경말씀을 나누는 것이었다. 당시 상황에서는 놀랄만큼 급진적인 방법이었다.

3) 설교자 수도회

현지 감독은 도미니쿠스에게 도움을 제공하였다. 1216년 교황은 마지못해 새로운 수도회를 허가하였다. 그들의 목표는 하나님의 말씀을 설교하여 사람들을 개종시키는 것이었다. 그런 까닭에 그들은 '설교자 수도회'(Order of Preachers)로 알려지게 되었다. 가톨릭 신부의 명함을 받으면, 신부의 이름 뒤에 "OP"라는 글자가 있는 경우, 그는 분명히 도미니쿠스회 신부이다. 그들의 설교는 신학연구와 성경연구를 바탕으로 이루어졌다. 사랑, 동정, 그리고 봉사생활로 숙성된 설교였다.

도미니쿠스는 수도회가 설립된 후 몇 년 이내에 소천하였다. 하지만 그의 놀라운 비전과 전략은 계속되었다. 수도회가 설립된 직후, 도미니쿠스는 제자들을 유럽 전역의 전략적 거점들에 보냈다. 제자들을 보낸 목적은 여러 도시들에 선교거점을 확보하고, 다른 사람들을 훈련하여 다른 중요한 전략적 거점들로 보내는 것이었다.

4) 유럽 선교

도미니쿠스 수도회 출신 1기 유럽 선교사들은 모두 16명이었다. 하지만 그들은 카스티야, 랑그도크, 노르망디, 프랑스, 영국, 그리고 독일 등 서유럽의 7곳에서 온 사람들이었다. 그들은 군대처럼, 이동성을 갖추고 사역하였다. 도미니쿠스는 그들을 파리, 볼로냐, 로마, 그리고 스페인, 그리고 톨레도 등지로 흩어져 사역하게 하였다.

파리와 볼로냐는 중세 대학이 처음으로 세워진 두 도시이기에 중요한 거점이었다. 스페인은 도미니쿠스 자신의 고향지역이었고, 로마는 가톨릭교회의 중심이었다.

5) 수도회 조직들

수도회는 여러 나라로 퍼져나갔다. 설립 후 4년 만에, 수도원은 8개 나라에 조직되었고, 60개의 숙사가 세워졌다. 도미니쿠스회는 1220년 청빈서약을 채택하였다. 여기서 중요한 수도회 전략을 짚고 넘어가자. 그들은 한적한 시골과 사회와 격리된 은신처로 가지 않았다. 그들의 전략은 새로 생성되고 있는 도시로 가는 것이었다. 특히 대학이 있는 전략적 도시로 가는 것이었다.

그들은 같은 수도회에 소속되어 있었기 때문에, 함께 전체적인 전략을 수행하기가 훨씬 수월하였다. 숙사 여러 개가 모인 각 지방은 선출된 대표자가 최고 수장인, 소수도원 원장이 되었고, 그는 교황에게만 지시를 받는 위치에 있었다.

교황은 약간의 지원만 하고, 그들에 대해 간섭하지 않고 두었다. 그 동안 도미니쿠스회는 다른 여러 지역으로 가서 사역하는 자유를 마음껏 누렸다. 그들은 지역 감독과 마을 사제들에게 대안을 제공하였는데, 그것은 초기 켈트족 수도승과 같은 방식이었다. 초기 켈트족 수도승들은 프랑스에 복음전도 사역을 하였고 갱신운동을 일으켰다.

　도미니쿠스회는 그들의 소수도원장에게 절대적으로 복종하였다. 그들은 기동력을 갖춘 그리스도의 군사들이었다. 워커(Walker)는 초기 베네딕트 수도사들이 바로 그리스도의 군사와 같았다고 하였다. 하지만 대부분의 베네딕트 수도사들은 주둔지 막사를 결코 떠나지 않았던 군인들이었다. 도미니쿠스회는 달랐다. 그들은 수도원을 병참본부로 보았다. 기도와 연구를 통해 세상에 나가 사역하기 위하여 준비하는 곳으로 인식하였다. 그들은 수도원에 사는 수도승처럼 살았지만, 그들의 사역지는 불신 세상이었다. 그들의 목표는 교회와 기독교 신앙으로 사람들을 얻기 위해 효과적으로 가르치고 설교하는 것이었다.

6) 도미니쿠스 이후의 역사

　도미니쿠스는 1222년 사망하였다. 하지만 그가 쌓아놓은 기초는 튼튼했다. 도미니쿠스 수도회는 계속 번성하였다. 그때까지, 수도회에는 숙사 60곳이 있었다. 21년이 지난 다음, 수도회원 중 한 사람이 추기경이 되었다. 1276년에 도미니쿠스 수도회원이 교황이 되었다. 세기가 끝나기 전, 404개의 숙사가 생겨났다. 그들은 학습을 강조하였고 다른 어떤 수도원보다 신학연구를 강조하였다. 그들은 새로 등장하는 대학교 교수들과 설교자들이 연구를 해야 한다고 생각하였고, 성경과 자신의 신학전통을 모두 알아야 한다고 생각하였다. 도미니쿠스회에게 학습이 너무 중요하였기에, 모든 숙사에는 신학박사가 상주하고 있었다. 당시 '박사'(doctor)는 '스승'을 의미하였다. 각 숙사에는 수도회에 새로 들어오는 수사나 사제들의 교육을 책임지는 스승이 있었다.

　도미니쿠스회는 대학에서 중요한 역할을 감당하였다. 중세 신학자 가운데 가장 탁월한 인물 가운데 한 사람이 알베르투스 마그누스(Albertus Magnus)였다. 그는 아리스토텔레스의 철학을 서유럽에 소개한 인물이었다. 당시 옛 신학은 플라톤의 철학에 기반을 두고 있었다. 그래서 한 동안 아리스토텔레스의 사상을 하나의 위협으로 여겼었다. 마그누스는 새롭고 과학적인 아리스토텔레스 철학을 아우구스티누스 사상과 통합하기 시작하였다. 마그누스의 탁월한 제자인 토마스 아퀴나스(Thomas Aquinas)는 스승의 사상을 훨씬 더 발전시켰고, 중세 신학의 지성적 기초를 굳건히 하였다.

도미니쿠스회는 탁월한 사람과 일반적인 사람들이 섞여있었다. 에크하르트(Eckhart)와 타울러(Tauler)는 신비주의자로 깊은 기도생활을 하였고, 영향력 있는 저술들로 실력을 발휘하였다. 그들은 개신교 개혁자들에게 영향을 주었다. 사보나롤라(Savonarola)는 불같은 열정으로 가득한 플로렌스의 수도사였다. 그는 플로렌스에서 한동안 성공적인 개혁을 이루기도 하였다. 그는 군주와 백성들의 타락에 대하여 강한 어조로 비판하였고, 결국 화형을 당하고 말았다.

다른 도미니쿠스회들은 이에 미치지 못했다. 15세기 스페인에서 시작된 종교재판을 지도하도록 토마스 데 토르케마다(Torquemada)가 선택되었다. 도미니쿠스회 회원들은 당시 교회에서 가장 많이 배운 사람들이었다. 그러므로 그들은 당시 성행하던 이단을 판별하는 데 가장 적당한 사람들이었다. 도미니쿠스회는 철저하게 초기 정신을 배신하였다. 종교재판은 초기 이상을 완전히 뒤집는 일이었다. 도미니쿠스회 사제 가운데 악명 높은 또 한 사람은 요한 테첼(Tetzel)이었다. 그는 16세기에 면죄부를 통하여 독일 여러 지방에서 돈을 벌어 마인츠의 알베르투스에게 진 빚을 갚고, 로마의 성 베드로 성당을 짓는 데 사용하였다. 루터는 테첼의 면죄부 장사에 저항하여 분연히 일어섰다. 그 사건이 개신교 종교개혁을 촉발시켰다.

그런 까닭에 우리는 일부 탁월한 도미니쿠스회 수도사를 보았고, 그와 반대되는 사람들도 보게 되었다. 역사를 살펴보면 특별한 것이 있다. 모든 운동은 초기 이상을 배신하는 위험에 처하게 된다는 사실이다. 그런 일이 많은 개신교 운동들에게도 일어났다. 실례를 들면, 초기 감리교 운동에서 요한 웨슬리는 노예소유자에게 리더십을 허락하지 않았다. 그럼에도 불구하고 19세기 초, 북미로 건너 온 감리교 설교자들 가운데 노예소유자가 많았다.

도미니쿠스 수도회는 로마 가톨릭교회에 놀라운 공헌을 하며 오늘까지 지속되고 있다. 도미니쿠스 수도회는 프란치스코회, 예수회와 함께 훌륭한 선교활동을 펼친 수도회가 되었다.

4. 프란치스코 수도회

1) 성 프란시스

프란치스코회의 기원은 상당히 다르다. 하지만 도미니쿠스회와 프란치스코회는 유사점이 더 많지만 다른 점도 상당하다. 다른 점은 무엇인가? 우선 창설자가 다르다. 지오반니 베르나르도네(Giovanni Bernadone)는 '프란시스'로 더 잘 알려져 있다. 그 이유는 확실하지 않지만, 그의 부친이 프랑스에서 잠시 살았기 때문일 것이다. 그는 평신도였고 배움이 많지 않았다. 지오반니는 1182년 출생하였다. 부친은 의류업을 통해 상당한 부를 쌓았다. 당시 이탈리아 수준으로 보더라도 상당히 부유한 계층에 속한 사람이었다. 그런 까닭에 그의 부친은 변화하는 사회를 상징하는 중산층을 대표하는 인물이었다는 점에서, 피터 밤도와 유사하였다. 프란시스는 모험심이 많은 로맨틱한 사람이었다. 그는 환락에 빠져 살았다. 그는 가까운 귀족들을 반대하는 아시시의 평민 전투에 참가했다가 1년 동안 옥살이를 하였다. 그는 다른 군사적 전투에 참여하였다가 마지막 순간에 되돌아 왔다. 그는 문제가 많은 젊은이였다. 그가 만일 오늘날 살아 있다면, 우리는 지오반니를 "자기 자아를 찾기 위해서 발버둥치는 젊은이"라고 할 것이다.

우리 중 일부는 기독교 가정에서 성장하였고, 신앙을 한 번도 떠나지 않았고, 섹스, 마약, 또는 알코올에 빠지는 파괴적인 생활을 한 적이 없는 사람도 있을 것이다. 그런 바른 생활을 살 수 있었다는 것은 실로 감사한 일이 아닐 수 없다. 하지만 그렇게 나쁜 생활에 빠져 본 경험이 없는 사람은 파괴적인 생활습관에 빠졌던 사람들을 정죄하는 경향이 있다. 우리는 간혹 생각한다. 하나님께서 그런 나쁜 과거가 있는 사람들을 부르셔서, 변화시키고, 놀랍게 사용하신다는 사실을 받아들이기 어려워한다. 하나님께서는 이런 사람 저런 사람을 모두 사용하신다. 교회에는 두 종류 사람이 모두 필요하다. 서로가 서로에게 배워야 할 것이 많다. 양자 모두에게서 하나님의 놀라운 은혜의 능력을 볼 수 있다. 하지만 죄인 가운데서 하나님의 은혜가 더욱 빛난다. 존 뉴턴은 "나같은 죄인 살리신 그 은혜 놀라와"를 썼다. 그는 흑인들을 종으로 실어 나르는 배의 선장이었다. 그는 얼마나 큰 죄인이었던가!

우리는 성실하고 경건한 사제였던 도미니쿠스를 이해한다. 그리고 그와 대조적인 인물 프란시스를 본다. 프란시스는 도미니쿠스와는 전혀 다른 사람이었다. 하나님께서는 두 인물을 모두 사용하였다. 하나님께서는 두 사람이 신앙으로 들어온 길과 과정이 달랐지만 놀랍게 사용하셨다. 이것은 성령의 창의성을 보여주는 강력한 증거이다. 이 책에서 내가 강조하는 것이 있다. 아주 다른 배경을 가진 사람들 안에서 창의성을 발견하는 것이다. 그것은 성령의 놀라운 창의성과 발로이다. 교회 역사, 특히 선교운동사에 그런 놀라운 성령의 역사가 빠진다면 무슨 맛이 있겠는가!

이제 프란시스를 살펴보자. 그는 포목상을 하던 부잣집 외아들이었으나 삶의 목표가 없이 방황하던 젊은이였다. 그는 전투에 참전하여 포로가 되어 1년간 감옥에서 지내게 되었다. 아버지가 보낸 보석금으로 풀려났지만 건강은 악화되었고 1204년 대부분을 침대에서 지냈다. 우리는 그가 당시 무슨 생각을 하였는지 다 알지 못한다. 그는 여러 위기 상황을 겪으며 점진적인 개종경험을 한 것으로 보인다. 그가 살았던 아씨시 근처에 나환자촌이 있었다. 당시 이탈리아 중부지방에는 나환자들이 많았다. 그는 나환자들을 소중히 여기고 여러 도움을 제공하였다. 당시 나병은 그리 희귀한 병이 아니었다. 단지 불결한 질병 정도로 여겨졌었다.

우리는 언제나 픽션에서 사실을 정확하게 구분해 낼 수는 없다. 하지만 프란시스에 대한 아름다운 전승이 있다. 프란시스가 하나님을 알기 위해 탐색의 시간을 보내는 어느 날, 그는 아시시 평원으로 말을 타고 나갔는데, 나환자촌 부근에서 어느 나환자와 정면으로 마주치게 되었다. 그는 나환자를 보고 놀랐지만 말에서 내려와 그 사람에게 다가가 돈을 쥐어주고 평화의 키스를 해주었다. 그는 다시 길을 가다 뒤를 돌아보았다. 그런데 그 나환자는 사라지고 없었다. 그는 그 나환자와의 만남을 통해 자신이 예수 그리스도와 키스를 한 것으로 확신하였다. 이 사건은 나환자와 가난한 자들에 대한 그의 태도를 완전히 바꾸어 놓았다. 그는 삶 전체를 통하여 이 만남을 가장 소중히 여겨 마음에 간직하였고, 임종을 맞으면서도 이 기억을 떠올렸다. 그것은 프란시스의 신앙체험에 있어서 분명한 기준점이었다.

2) 프란시스의 소명

　프란시스는 로마로 순례여행을 갔다. 그가 로마에 있을 때 한 꿈을 꾸었다. 그는 꿈에서 성당을 보수하라는 하나님의 음성을 들었다. 그는 환상 가운데, 바티칸 건물들이 기초부터 무너져 내리는데, 자신이 건물을 무너지지 않도록 붙잡고 있는 것을 보았다. 그는 아시시로 돌아가 성당을 보수하기 위해 아버지 가게로 가서 값비싼 포목을 꺼내와 폴리뇨 시장에 내다 팔았다. 그는 그 돈을 성당보수를 위해 사용하였다. 당시 주변에는 낡은 성당들이 많이 있었다. 아버지와 갈등이 일어난 것은 당연한 결과였다. 아버지는 프란시스가 성당수리를 위해 벽돌을 구걸하러 다니고, 거지들과 어울려 살아가는 것을 못마땅하게 생각하여, 상속권을 주지 않겠다고 선언하기 위해 집정관에게 데려갔고 주교관에서 재판이 열렸다. 주교는 프란시스가 가지고 있는 돈을 아버지께 돌려주라고 권유하였다. 프란시스는 순명하였다. 가지고 있는 돈을 모두 돌려주었을 뿐만 아니라, 많은 사람들이 보는 앞에서 옷을 벗어 옷과 함께 자기 모든 소유를 모두 다 아버지께 돌려주었다. 프란시스는 말했다. "저는 빈 몸으로 이 세상에 왔습니다. 저는 아버지의 유산과 아버지께서 주신 모든 것을 포기합니다. 이제부터 저는 하나님께로 방향을 돌려, 그분을 하늘에 계신 저의 아버지라고 부르겠습니다." 그는 벌거숭이가 되어 재판정을 걸어 나갔다. 누군가가 그에게 걸칠 옷을 주었을 것이다. 이 사건은 1206년이나 1207년에 일어났을 것이다.

　프란시스의 행동은 오늘 우리의 관점에서 보면, 분명히 좀 낯설게 느껴진다. 그럼에도 불구하고 그는 예수 그리스도를 사랑하고 있었다. 그의 말을 빌리자면, "나는 청빈이라는 부인과 결혼했다"고 하였다. 그때까지 프란시스의 청빈 사상이 얼마나 잘 정리되었는지는 확실하지 않다. 여하튼 그는 극심한 가난 속에서, 돈이 하나님과 사람 사이, 개인과 다른 사람 사이를 가로막는 장벽이 될 수 있다고 생각했다. 그는 무소유를 생각했다. 그가 가진 소유는 하나님과 자신, 자신과 다른 사람들 사이에 장벽을 만들 것으로 생각했다. 그것이 프란시스의 청빈철학이었다.

　그는 가난한 자들을 도우며 성당보수를 하면서 2년을 보냈다. 1208년이나 1209년 어느 날 미사 드리는 가운데, 그는 그리스도께서 사도들에게 하신 말씀을 봉독하는 소리를 들었다. 그는 가야했다. 하나님 나라와 회개의 복음을 전파하기 위해 가야했다. 돈 없이, 여러 벌 옷도 없이 가야했다. 그는 그에게 주어지는 음식을 먹어야했다. 그는 절대 빈곤 속에 살면서, 가능한 예수님을 가깝게 닮아가야 했다. 그는 교회 성직자 계급제도나 교회에 대해 반대하지 않았다. 그는 사제들을 그리스도의 대행자로 여기고 존중하였다. 그 당시, 프란시스는 평신도였다. 우리는 그가 언제 안수를 받았는지 모른다.

3) 수도회의 시작

프란시스 주변에 사람들이 몰려들기 시작하였다. 대부분 가난한 자 출신으로, 헌신적인 사람들이었다. 시작은 그리 좋아 보이지 않았다. 오늘날 관점에서 보면 히피 출신들이 모여서 무슨 일을 하는 정도로 보였다. 그들의 복장은 촌스러웠다. 가난한 시골 사람들이 입는 가장 간편한 복장이었다. 오늘날로 보면 청바지나 티셔츠 정도라고 할 수 있을 것이다.

초기 프란시스파는 조직도 전혀 없었다. 프란시스의 목표는 간단했다. 복음서대로 살고, 도움이 필요한 사람들을 돕고, 절대 청빈으로 살고, 아무것도 소유하지 않으며, 무슨 음식이든지 주어지는 대로 먹는다. 프란시스와 동료들은 주변을 돌아다니며 사람들을 돌보았다. 농장에서 일손을 거들거나 다른 도움이 필요한 일들을 하였다. 누가 음식을 주면, 감사하게 받아먹었다. 음식을 주지 않으면, 그대로 가야할 길을 갔다. 마지막 방법으로 그들은 음식을 구걸하였다.

프란시스와 그의 제자가 되어 설교하는 방법을 배우기 원하는 젊은이에 관한 멋진 이야기가 있다. 프란시스가 말했다. "나를 따라 오너라!" 그들은 길을 나섰다. 그들은 밭에서 추수하고 있는 일꾼을 만나, 그의 일손을 도와주었다. 그 후, 그들은 무거운 짐을 운반하느라 힘들어하는 한 여인을 만나 도와주었다. 그들은 2륜 짐마차가 도랑에 빠져 힘들어 하는 사람을 만났다. 도랑을 빠져나와 다시 길을 갈 수 있도록 도와주었다. 그들은 이 마을 저 마을로 다니며 비슷한 일을 하면서 사람들을 도와주었다. 하루를 마치는 저녁시간에, 젊은이가 물었다. "선생님께서는 저에게 설교하는 방법을 가르쳐주시기로 하지 않았습니까?" 프란시스는 대답했다. "나는 하루 종일 설교하는 방법을 가르쳤다."

다른 말로 하자면, 도미니쿠스회의 철학은 수도회에서 설교하는 방법을 배워야 했다. 초기 프란치스코회의 철학은 그리스도의 제자로 살아가는 것이었다. 그들은 삶으로 그들의 메시지를 나누었다. 이렇게 방식은 달라도 두 수도회는 서로 정 반대라고 할 수는 없다. 두 기관이 출발점은 달랐지만, 둘 다 검소하고, 사랑하며, 동정을 베푸는 생활습관을 강조하였기 때문이다.

원래 프란치스코회 규율은 간단하였다. 수도사들은 복음서에 따라 살고 아무것도 소유하지 않는다는 정도였다. 그들은 둘씩 짝지어 나가서, 회개를 전하고, 찬양하고, 농부들을 돕고, 나환자들과 버림받은 사람들을 돌보았다. 그들은 모범을 보이고 일하기 위해 모두가 장사를 배웠다. 그들에게 먹을 것이 없을 때, 그들은 구걸하며 생활하였다.

4) 수도회의 선교활동

중세 수도회들 가운데 프란치스코회가 선교적으로 가장 탁월하였다. 성 도미니쿠스는 추종자들에게 지상명령을 읽어주었다. 도미니쿠스회는 곧 비단길을 따라 중국에까지 선교사들을 파송하였다. 프란시스는 직접 이집트로 가서 십자군 운동이 벌어지는 동안 이슬람교 군주들인 술탄들에게 설교하였다. 그것은 대단히 용기있는 행동이었다. 프란시스의 설교를 들은 술탄은 그를 성인으로 여기고 정중하게 영접하여, 말씀을 듣고, 그가 다음 길을 잘 가도록 도와주었다. 프란시스는 다른 프란치스코회 수도승들을 무슬림에게 가서 전도하도록 파송하였다. 무슬림 지역에 선교사로 갔던 사람들은 대부분 순교하였다. 그들의 선교적 열정은 기독교왕국을 벗어나고, 유럽을 벗어난 다른 나라들로 나가게 하였다. 그들의 비전은 유럽에만 머물렀던 도미니쿠스회의 비전을 훨씬 능가하였다. 프란치스코회는 13세기 말까지 중동, 북아프리카, 그리고 중국으로 갔다. 당시 상황을 감안하면 놀라운 선교적 업적이었다.

5) 수도회 인가

교황은 드디어 수도회를 인가하였다.[4] 1216년 프란치스코회는 '작은 형제회'

---

4) 1209년 프란치스코는 형제들을 위해 간단한 회칙을 써 주었다. 그리고 12명의 동료들과 함께 로마로 가서 교황을 알현하여 자신들의 수도회를 인가해 줄 것을 요청하였다. 교황 인노첸시오 3세는 처음에는 프란치스코가 제출한 회칙의 생활양식이 너무나도 이상적이며 엄격하다고 하여 인가를 거절하였다. 그러나 그날 밤 꿈속에서 쓰러져가는 성 라테라노 대성당을 프란치스코가 어깨로 부축하여 세우는 것을 보고 프란치스코가 교회를 쇄신시킬 인재라는 것을 깨닫고 다음날 회칙과 수도회를 정식 승인하였다. - 역주

(Order of Little Brothers)로 조직되었다. 당시 실세였던 우골리노(Ugolino) 추기경이 그들의 후견인이 되어주었다. 우골리노는 후일 교황이 되었다. 로마교회는 발도파를 처리하는 과정에서 중요한 교훈을 얻었을 가능성이 높다. 피터 발도가 발도파 운동을 시작한지 반세기 만에, 로마 가톨릭 수도회 제도 2개가 일어났고, 모두 다 선교적 열정과 교회를 갱신하려는 갈망을 보여주었다. 그들은 중세교회가 사용하는 패턴에 따라 개혁을 추진하였다. 그들은 신학적인 개혁이나 구조적 개혁을 말하는 것이 아니었다. 그들은 더 좋은 설교와 더 좋은 가르침, 순결한 생활습관 그리고 검소함을 원하였다. 두 기관의 기풍은 서로 달랐다. 우리가 아는 바와 같이, 도미니쿠스회는 설교자 수도회였기에 학습, 가르침, 그리고 설교를 강조하였다. 프란치스코회는 작은 형제회이었기 때문에 도움이 필요한 모든 사람들에게 형제같은 사랑을 보여주려 하였다. 두 기관은 모두 오늘날 우리가 본 받아야할 영성과 생활습관을 가지고 있었다.

프란시스는 조직가가 아니라 비전가였다. 그는 특유한 카리스마로 사람들을 주위로 이끌었다. 하지만 그는 조직가가 아니었다. 수도회가 성장하자, 다른 사람들이 수도회의 행정권을 잡았고 프란시스는 리더십에서 점점 멀어졌다. 그는 1226년 40대의 아직 젊은 나이에 소천하였다.

1224년 프란시스는 하나님의 사랑을 깊이 체험하였다. 그리고 신비로운 경험을 통해 성흔(stigmata)을 받았다. 그가 죽기 전에 몸에 십자가의 상처를 받은 것이다. 신비주의자의 역사에는 그런 성흔(聖痕)을 받은 사람들의 입증된 경우들이 있다. 나는 성흔을 자세히 설명할 수 없지만, 그 사실에 대해서는 확실한 역사적 증거들이 있다고 한다.

우리가 살펴 본 바와 같이, 프란치스코 수도회 제도의 첫 번째 규칙은 아주 간단하다. 두 번째 규칙은 1221년에 만들어졌다. 세 번째 규칙은 1223년에 만들어졌다. 수도회의 자발적 특성은 변하였다. 그들은 종신서약을 하고 구걸을 특별한 경우에만 하지 않고 일상화 하였다. 그런 변화는 다른 사람들의 태도를 변화시켰다. 하지만 제도가 커지면서 옛날 방식을 그대로 유지했더라면 어떻게 되었을지 알 수 없다. 옛날 구조는 이탈리아 시골에서는 잘 운영될 수 있는 구조였지만, 제도가 커지고 도시로 들어가고, 먼 곳으로 선교사를 보내면서, 새로운 수도회 구조를 필요로 한 것은 당연한 결과였다.

그러므로 프란치스코 수도회는 사람들이 돌아다니며 다른 사람을 돕고 복음을 전하는 간소한 기관에서, 더욱 복잡해진 신학자들의 기관으로 변하였다. 그것은 수도승들이 새롭게 변화하는 서유럽 사회에 영향력을 갖기 위해 피할 수 없는 변화였다. 그들이 선교사를 고대문화를 자랑하는 북아프리카와 중동 무슬림, 그리고 중국으로 보내기 위해서 그런 변화는 꼭 필요한 것이었다.

아마 우리도 그런 딜레마를 경험하고 있다. 우리 가운데 여럿은 편안한 복음주의 공동체 출신들이고, 기독교 신앙을 가진 1세대로 살아간다. 우리가 성숙해지면서, 우리는 더 많이 공부해야 하고 우리의 신앙과 경험에 대한 성찰이 필요하다는 것을 느꼈다. 특히 복음을 문화가 다른 사람들에게 어떻게 전달할 것인가에 대한 질문을 하게 되었다. 아무리 그렇다고 해도, 우리가 그런 질문을 하고 연구를 하면서도, 우리는 우리를 이곳까지 인도한 예수님과의 살아있는 관계를 희생시킬 수는 없다. 우리 모두는 그런 긴장감을 가지고 살아간다. 그것은 초기 프란치스코회 수사들이 느낀 긴장감과 같다. 이것은 주님과의 관계를 유지하는 것을 더욱 중요하게 만든다. 하지만 민초들, 가난한 자, 그리고 우리가 가졌던 기회를 갖지 못한 사람들과도 좋은 관계를 유지해야만 한다. 이것은 우리로 사역하는 세상의 리얼리티를 잘 이해하도록 도와줄 것이다.

프란치스코회가 논쟁을 하고 분리되기 오래 전부터, 수도승들은 아무것도 소유할 수 없었지만, 일부 사람들은 규정을 느슨하게 하여 수도원이 돈과 재산을 기부받기 원했다. 그런 프란치스코회는 프란시스의 원래 이상과는 달리 아주 부유해졌다. 다른 극단이 있었다. 그들은 원래의 이상을 따르자고 주장하는 '열심당' 또는 '신령파'였다. 일부는 지배적인 집단에게 '이단자'로 몰려 화형을 당하였다. 중도파도 있었다. 오늘날 활동하는 프란치스코 수도회 가운데, 카푸친(Chpuchin) 작은 형제회가 프란시스의 이상에 가장 충실하게 활동하고 있다.

프란치스코회와 도미니쿠스회(Dominican)는 수많은 사람들에게 영향을 주었다. 그들은 기독교인의 삶과 경건의 모델을 제공하고, 복음을 효과적으로 전하고, 많은 사람들의 신앙을 강하게 만들었기 때문이었다. 그들은 또한 교회조직에 대안을 제시하였고, 감독의 영향력을 약화시켰다. 이런 면에서, 그들은 6세기와 7세기 프랑스 북부에서 활동하던 콜롬바누스의 사역과 유사하다. 그들은 감독이 아닌 교황의 직접적인 권한 아래 있었기 때문에, 교황의 권위를 강화시켰다. 그들은 여러 곳을 다니며 설교하고, 어느 곳에서든 사람들의 고해성사를 들어주었기 때문에, 그들은 대부분 부패하고 무지한 지역 사제들을 대신하는 건전한 대안을 제공하였다. 그런 까닭에, 13세기 프란치스코회와 도미니쿠스회는 교회와 신앙을 갱신하고 부흥하는 영향력을 제공하였다.

6) 2회 클라라 수녀회와 3회 프란치스칸들

프란치스코회와 도미니쿠스회는 혁신적이었다. 우리가 아는 한, 그들은 2회 클라라 수녀회와 3회 프란치스칸들을 조직했던 첫 번째 수도회들이였다. 1회 수도회는 남자, 사제, 그리고 평신도 형제들로 구성되었다. 2회 클라라 수녀회는 독신, 청빈, 정결, 그리고 순명의 종신서원을 한 여성들로 구성되었다.[5] 수녀원은 수 세기 동안 사역하며 존재해 왔다. 그들은 켈트족 운동에도 중요한 역할을 하였다. 하지만 우리가 아는 한, 그들은 수도회의 일부로 소속되어 있던 것은 아니었다. 클라라(Clare)는 부자 여성이었는데 프란시스의 추종자가 되었고 "가난한 클라라 수녀회"(Poor Clares)를 조직하였다. 그들은 프란치스코회에 속한 수녀회 지부로, 2회 수녀회로 조직되었다. 그 수녀원은 선교와 교육사역에 있어서 큰 영향을 주었다. 수녀들은 수 세기 동안 가톨릭 학교의 직원으로 근무하였다. 도미니쿠스회도 그와 유사한 그룹들이 있었다.

3회 프란치스칸들은 보다 더 혁신적이었다.[6] 그것은 정상적으로 결혼한 남자들과 여자들로 구성되었으며 자신들의 장사나 사업을 하였다. 그럼에도 불구하고 그들은 자신을 프란치스코 수도회나 도미니쿠스 수도회의 일부로 여겼다. 그들은 수도회의 영적 훈련 규칙을 따랐고, 교회의 권위 아래, 수도원을 그들 자신의 영적 생활과 훈련의 주된 원천으로 보았다. 이들 3회 프란치스칸들 가운데 일부는 정치권력을 사용하기도 하였다.

3회 프란치스칸들 중 일부는 교회들을 설립하였다. 다른 사람들은 자기 가

---

5) 프란치스칸 2회인 클라라 수녀회는 아시시 성 프란시스의 정신을 따라 성교회 안에서 거룩한 복음을 그대로 본받음을 생활양식으로 하고, 산 위에서 기도하신 그리스도를 모방하는 기도생활로써 하나님의 영원한 계획인 그리스도 신비체의 완성을 위해 봉헌된 관상 수도회이다. 성 클라라 수녀회, 또는 가난한 자매 수도회라고 불린다. 클라라 수녀회의 생활양식이란 교회생활, 형제애, 청빈, 관상이다. - 역주

6) 프란치스칸 3회는 3회 재속회들과 프란치스칸 3회 수도회들을 말한다. 이들 단체는 창설자가 프란치스코의 이상과 삶을 창립정신으로 하고 있기에 3회 가족들이라 불리우고, 프란치스칸 가족 협의회의 회원이다. 전 세계적으로 프란치스코의 정신을 따르는 가족 수도회들은 셀 수 없이 많다. - 역주

문을 넘어서는 영향력을 발휘하였다. 나는 18세기 3회 프란치스칸들이 설립한 브라질 올린다(Olinda)에 있는 교회를 방문한 적이 있다. 중세 위대한 성인들 가운데 시에나(Siena)의 성 카트린느(Catherine)가 있다. 그녀는 도미니쿠스회의 3회 프란치스칸들에 속한 여성으로, 헌신적인 신앙인이었다. 그녀는 교회 내에서 갱신과 부흥이 일어나기를 간절히 바랐다. 그녀는 교황에서 편지를 써서, 간혹 꾸짖기도 하면서 개혁을 주창하였다. 그녀는 14세기 아비뇽에 있던 교황청을 로마로 돌아오게 하는 데 열심히 노력하였다. 그녀는 평생 독신으로 지냈으나, 수녀원에서 생활하지는 않았다. 그녀는 가족들과 같이 자기 집에서 생활하였다. 그러면서도 묵상, 기도, 그리고 편지쓰기, 고행 등 수도사적 생활습관을 따라 살았다.

여기서 우리 개신교도가 배워야 할 것이 있다. 초기 개신교 선교단체들은 3회 프란치스칸들과 유사하였다. 캐리가 인도로 갔을 때, 그를 지원하던 영국의 후원자들은 선교부의 일부로 간주되었다. 그들은 단지 선교비만 보내는 것이 아니라, 그들은 논리적으로 캐리와 캐리의 동료들과 같이 선교에 헌신되어야만 하였다.

랄프 윈터는 개신교에 수도원 정신을 되살리려 하였다. 세계선교부를 위한 장로교 수도회를 조직하려 하였다. 그런 수도회 조직에서, 미국 기독교인들은 더 많이 세계선교를 위해 지원하고 기도하기 위해 생계를 유지하는 정도로 검소하게 생활하면 좋을 것이라고 생각하였다. 일부 선교를 지향하는 학생집단의 목표는 선교사로 갈 사람과 선교사를 보낼 학생들을 모집하는 것이다. 가는 사람이나 보내는 사람이 모두 동등하게 세계선교에 헌신되어야 한다는 생각이었다. 본국에 남아 후원하고 기도하든가, 아니면 다른 문화나 다른 나라로 가든지, 모두에게 동등한 선교적 헌신이 필요하다는 것이다. 이것은 3회 프란치스칸들 개념에 해당한다.

로마 가톨릭교회에 소속된 '오푸스 데이(Opus Dei) 그룹'은 3회 프란치스칸들과 유사하다. 하지만 그들의 과업이 다른 것으로 보인다. 그들은 신학, 성례전, 그리고 정치에 있어서는 극보수적 입장을 갖고 있고, 프란치스코회나 도미니쿠스회와 연관을 갖지 않는다. 영국 성공회 그룹들 가운데 일부는 로마 가톨릭 수도원 제도와 유사한 제도가 있다. 영국에는 성공회 프란치스코회도 있다.

중세기 선교사상 가운데 배워야 할 개념들이 있다. 특히 풍부하고 쾌락적인 복음주의 교회가 배워서 다시 살려야 할 중세 개념들도 있다. 일부 자신을 '복음주의'라고 부르는 일부 교회들은 희생에로의 부르심보다는 형통에 초점을 더 확실하게 맞춘다. 이것은 복음에 대한 비극적인 배신행위이다. 당신은 이제 어떻게 할 것인가? 계속해서 형통지향적 복음주의를 따를 것인가 아니면 희생적 복음주의를 따를 것인가? 주님의 십자가는 무엇이라 말씀하고 있는가?

독일 루터파 수녀원 가운데 다름슈타트 자매회(The Sisters of Darmstatt)가 있다. 세계 제1, 2차 대전을 겪으면서 독일 자매들의 회개와 회심으로 시작되었다. 그들의 사역은 기도의 집, 봉사, 그리고 전도였다. 개신교 전통을 가진 크리스천들이 프랑스 떼제(Taize)에서 운동을 시작하였다. 그들은 아주 에큐메니칼한 특성이 있었고, 수도원 생활과 유사한 영적 훈련 규칙을 따랐다. 교회를 갱신하고 세상을 변화시키기 위해, 하나님께서는 우리 중 일부에게도 이와 유사한 선교 공동체로 또는 그런 생활자세로 부르실 것이다.

나는 적어도 20억에 이르는 도시 빈민들을 위한 사역을 생각한다. 어떻게 하면 도시 빈민 사역이 효과적인 사역이 될 수 있을까? 예수님의 부르심을 받은 사람들이 가난한 자들 가운데 자신이 가난한 자 되어 검소하게 살면서 삶으로 다가가 선교하지 않는 한 효과적인 사역은 일어나지 않을 것이다. 그들이 그렇게 할 때, 그들은 전인적으로 사역하며 복음을 나눌 수 있게 될 것이다. 일부는 독신으로 부르심을 받아 살 것이다. 나는 독신생활이 결혼생활보다 영적으로 더 우월하다고는 믿지 않는다. 그럼에도 불구하고 하나님께서 일부 사람들을 사역을 위하여 잠시 혹은 평생 동안 독신으로 부르실 수 있다. 우리 개신교는 그 사실을 인식할 필요가 있다.

결혼한 부부에게도 다른 가능성이 있다. 그들이 선교사로 사역하는 동안, 사역을 위해 일시적으로 혹은 평생 동안 아이 갖는 것을 보류할 수도 있다. 우리는 일부 로마 가톨릭 수도회로부터 교훈을 배워야 한다. 우리는 수도회에 대해 다른 개신교 신학적 관점에서 접근하게 될 것이다. 하지만 주님의 선교를 위해 독신생활을 하며 희생했던 그들의 삶을 통해 배워야 할 교훈이 있다.

우리는 아시아, 아프리카로 갔던 초기 개신교 선교사들을 통해 이런 희생적 자세를 보게 된다. 그들은 선교지로 떠나면서 수개월 내에 여러 명이 죽을 것이라는 사실을 알고 있었다. 그들은 대부분이 이 땅에서 다시는 사랑하는 가족을 다시 만날 수 없고, 고향산천을 다시 볼 수 없다는 사실을 알고 떠났다.

5. 중앙아시아와 중국 선교

13세기 14세기 탁발 수도회(托鉢修道會, Mendicant Orders) 선교사들은 중앙아시아를 가로질러 여러 곳으로 흩어져 선교하였다. 프란치스코회는 러시아와 중국해(China Sea) 사이에 17개의 선교기지를 세웠다. 도미니쿠스회는 페르시아에서 활발하게 활동하였다.

베네치아 무역상인 두 형제 니콜로 폴로(Nicolo Polo)와 마태오 폴로(Matteo Polo)가 있었다. 그들은 물건을 사고팔기 위해 장거리 여행을 하며 돈을 벌었다. 그들의 최초의 동쪽 여행은 1260년에 이루어졌다. 그들은 1269년 기독교인 교사들을 보내달라는 중국 황제의 친서를 가지고 중국에서 유럽으로 돌아왔다. 1271년, 도미니쿠스회 소속 선교사 두 사람이 폴로와 함께 중국으로 돌아가는 길에 동행하였으나, 얼마 지나지 못해서 다시 돌아오고 말았다. 둘 중에 마페오 폴로의 아들 마르코 폴로(Marco Polo)가 그들을 따라갔고, 후일에 유명한 『동방견문록』(*The Travels of Marco Polo*)을 썼다. 당시 그들이 매료되었던 세계는 다름 아닌 몽골제국, 특히 쿠빌라이 칸(Qubilai Khan)이 지배하던 중국이었다. 당시 중국은 몽골의 징기스칸에 의해 정복되고 징기스칸의 손자 쿠빌라이 칸이 다스리던 '원(元) 제국'이었다.[7] 마르코 폴로 사건은 참 흥미롭다. 동시에 선교적 질문을 불러일으킨다. 복음을 전하라고 부름받은 교회보다 일부 무역상들이 위험을 무릅쓰고 적극적으로 세계를 향해 나가는 것은 무슨 의미일까? 일종의 교회에 대한 심판은 아닐까?

당시 가장 성공적인 선교사로 몽테코르비노의 요한(John de Monte Corvino)을 들 수 있다. 그는 프란치스코회 소속 선교사로 1294년 중국에 도착하였다. 그는 네스토리안들이 먼저 중국에 들어와 사역하고 있음을 발견하였다. 당시 네스토리안들을 거의 사라져 가고 있었지만, 그들은 반대를 무릅쓰고 사역하고 있었다. 그의 사역은 한동안 상당히 성공적이었다. 1305년, 그는 교회를 세웠고 6천 명의 교인이 있었다. 그는 신약성경과 시편을 타타르어(Tartars)로 번역

---

7) 마르코 폴로에 따르면, 그는 쿠빌라이를 위해 17년 동안 봉사하면서 중국 각지를 돌아보았으며, 중국 남부에서 출발해 인도양을 가로 질러 1294년 다시 고향으로 돌아왔다. 고향에 돌아온 마르코 폴로는 제노아(Genoa) 해전에 참가했다가 포로가 되어 감옥에 갇혔다가, 거기서 작가 루스티켈로(Rustichello)를 만나게 되었고, 마르코 폴로의 경험담을 루스티켈로가 받아 적은 것이 『동방견문록』이다. - 역주

하였다. 당시 타타르인들은 중국 북부지방을 지배하고 있었다. 더 많은 프란치스코회 선교사들이 파송되었지만, 선교지에 도착한 사람은 얼마 되지 않았다. 1342년 중세 최후의 선교사가 중국에 도착하였다. 그는 11년 후에 다시 본국으로 돌아갔다. 1368년 선교사들에게 안전을 보장해주던 몽고 제국이 무너졌다. 그 후에 중국에는 외국인에 대해 반감을 가진 명(明) 제국이 등장했다.[8] 중국에 교회를 세우려던 계획은 수포로 돌아갔고, 중국에서 교회는 다시 사라지고 말았다. 중국에 기독교 신앙이 전파된 과정을 들어보면 매혹적인 이야기들이 많이 있다. 우리가 앞으로 좀 더 깊이 있게 다루겠지만, 16세기에 탁월한 예수회 선교사 마테오 리치가 중국 베이징에 도착하였다. 1807년에는 개신교 선교사 로버트 모리슨(Robert Morrison)이 중국에 입국하였다. 대부분의 학자들은 평가한다. 이들의 선교적 도전도 역시 실패하였고, 중국교회는 1960년대와 70년대 문화혁명을 통해 완전히 사라졌다고 평가한다. 지금 우리는 중국교회가 생존해 있을 뿐만 아니라, 극심한 핍박을 견디고 놀랍게 성장한 것을 목도하고 있다. 하지만 핍박 속에서 이루어진 중국교회의 성장문제는 따로 좀 더 자세하게 다루어야 할 주제로 보인다.

6. 레이몬드 룰

1232년 저명한 가문에서 출생한 레이몬드 룰(Raymond Lull)은 탁월한 비전가였다. 그는 당대의 젊은 프란시스와 도미니쿠스였다. 귀족이었던 그는 개종하기 전까지 방탕하게 살았다. 그런데 개종경험은 극적으로 삶의 방향을 변화시켰다. 그는 부인과 자녀들을 위한 최소한의 재산을 남겨두고, 남은 재산을 가난한 자들에게 모두 나누어 주었다. 그 이후 그의 삶은 모든 사람들을 그리스도께 인도하는 것을 최우선으로 여겼다. 그는 교회가 몽골사람과 무슬림들을 전도해야 한다고 재촉하였다. 그는 널리 다니며 사역하였고, 교황들에게 선교사 학

---
[8] 몽골이 건국한 원나라 왕조가 14세기에 들어와 제위상속을 둘러싸고 다툼이 일어났다. 천재지변과 전염병이 발생하고, 1351년 홍건족의 난이 일어났다. 주원장(1328-1398)이 남경을 근거로 하여 장강 유역을 통일하고 1368년 명나라를 건국하였다. 주원장은 31년간 제위하였다. - 역주

교를 세우라고 부탁하였다. 선교사 학교를 수도원 학교와 같이 세워 선교사들이 아랍어를 비롯한 아시아 언어들을 배울 수 있게 하라고 권고하였다.

룰은 타종교에 대항하는 기독교 변증을 위한 책을 썼다. 오늘날 수준으로 보면, 전혀 상황화가 된 책은 아니었지만, 비기독교인들에 대한 복음전도를 철저하게 강조하였다. 그는 아랍어를 배웠다. 1311년, 그는 빈(Vienne) 공의회에서 가톨릭교회로 하여금 아랍어와 다른 언어들로 선교사 훈련을 하려는 자신의 제안을 수용하라고 설득하였다. 교회는 그 제안서를 정식으로 수용하였다. 하지만 그 결정을 끝까지 진행하지는 않았다. 룰은 세 번이나 북아프리카를 방문하여 무슬림에게 설교하였다. 마지막 북아프리카 튀니지에서 무슬림선교를 하다 83세에 돌에 맞아 순교했다.

룰과 비슷한 사람이 있다. 17세기 개신교도인 바론 폰 벨츠(Baron Von Welz)이다. 그는 독일에 있는 루터파 교회를 찾아가 세계선교를 시작하자고 간청하였다. 교회 지도자들은 그를 광신자로 여기고 진주를 돼지에게 던지려는 사람이라고 혹평했다. 우리가 지금까지 살펴본 바와 같이, 먼 곳에 사는 사람들을 위한 선교는 대부분의 교회 지도자들에게 우선순위가 아니었다. 그것은 로마 가톨릭교회도 그러하였고 개신교도 그러하였다. 하지만 우리에게는 룰과 폰 벨츠같은 인물을 기억하는 것이 중요하다. 그들이 이룬 업적은 없지만, 그들은 광야에 외치는 자의 소리였다. 들어주는 사람도 없고 주목을 받지 못했지만, 그들은 하나님과 성경에 나타난 선교명령에 충실한 사람들이었다. 그들은 땅에 떨어져 죽은 한 알의 밀알과 같았다. 시간이 지난 후에야 그들의 비전은 열매를 맺게 되었다.

우리는 새로운 선교운동의 지도자로 유명해진 사람들에게만 살펴 볼 것이 아니라, 무시당하고 주목을 받지 못했던 사람들에게도 관심을 가질 필요가 있다. 우리도 후자에 속할지 모르기 때문이다. 자기 당대에 하나님의 말씀을 전한 사람들이 모두 '성공하는 것'이 아니다. 하나님의 사람들에게 그들의 메시지가 들려졌는가 하는 면에서 보면 실패자일 수 있다. 하지만 사역의 성패는 우리가 내리는 것이 아니라 오직 하나님께서 내리실 수 있다. 우리의 첫째 사명은 충성을 다하는 것이다. 선교에 대한 장애물은 언제나 있다. 아마도 역사적 상황이 기독교선교를 어렵게 하였다. 하지만 어려운 상황에 처할 때 기억해야 한다. 여러 장애들이 있었음에도 불구하고, 모든 시대마다 선교사명에 충성하는 사람들이 언제나 있었고, 교회가 잘 듣지 않더라도 교회에게 선교명령에 순종하라고 권고하는 사람들이 있었다. 룰과 폰 벨츠가 바로 그런 사람들이었다. 그들을 기억해주는 사람들이 많지 않다 하더라도, 적어도 우리는 그들을 기억하며 경의를 표해야 할 것이다.

본 장에서는 수사들의 선교운동에 대해 연구하였다. 중세에도 수사들의 영성이 살아있어서 다양한 선교운동을 시작하였다. 우리는 그들의 눈부신 활동을 살펴보았다. 다음 장에서 우리는 종교개혁을 위한 준비과정을 다루게 될 것이다.

제 3 부

종교개혁시대

제13장 종교개혁 운동을 위한 준비

제14장 루터와 칼뱅의 종교개혁 운동

제15장 재세례파의 급진적 종교개혁 운동

제16장 가톨릭 종교개혁과 선교운동

The Dynamics
of Christian Mission
History through a Missiological Perspective

제 13 장

종교개혁 운동을 위한 준비

1. 서론

　종교개혁은 서서히 싹트고 있었다. 개신교 종교개혁이 일어나기 한 세기 반 전부터, 서유럽 여러 나라들은 교회 내의 개혁을 바라고 있었다. 그 중 일부는 교회 행정과 도덕적 개혁을 원하였다. 다른 사람들은 더 깊은 영성을 추구하였다. 여러 사람들이 새롭게 성경을 공부하면서, 성경신학이 지배적인 중세교회의 신학과 다르다는 사실을 발견하였다. 우리는 콘스탄틴 대제가 기독교인이 되던 4세기 초에 성령의 역사가 없어졌다는 교회 역사적 관점을 수용하지 않는다. 교회전통과 신학전통이 우리와 상당히 다르다고 할지라도, 우리는 성령이 살아계시고 역사전반에 걸쳐 일하신다는 사실을 인정해야만 한다. 왜냐하면 그런 운동들에는 우리가 배울 수 있는 교훈들이 있기 때문이다.

　하나님께서는 엄청난 격동의 시대를 통하여 무언가 새로운 시대를 준비하고 계셨다. 지금 우리가 살아가는 시대도 변화가 일어나는 그런 격동의 시대일 수 있다. 우리 시대에 세속주의, 서구의 뉴에이지 사고방식, 라틴 아메리카의 강신술에 대한 환멸이 커지고 있다. 이것은 아마도 영적인 기근을 보여주는 징후일 것이다. 하나님께서 아마 우리 시대에 무언가 새로운 세상을 준비하고 계시는 것이다.

　나는 역사의 '지하수'에 관해 언급하였다. 그 은유를 언제나 기억할 필요가 있다. 겉으로 보기에는 작은 변화가 일어날 때라도, 지하에는 강렬한 사상이 지하수처럼 흐르고 있다. 무명인들 가운데서 엄청난 역사가 일어나고 있다. 지하수가 지층 밖으로 터져 나올 준비를 하고 있다. 바로 그런 시대가 14세기와 15세기였다.

눈에 보이지 않는 지층에 영적 생활을 갈망하는 지하수가 흐르고 있었다. 종교개혁을 향한 준비가 착착 진행되고 있었다.

2. 개혁의 필요성

1) 교회와 수도원 제도의 쇠퇴

탁발 수도회인 프란치스코회와 도미니쿠스회가 설립된 지 한 세기가 지났다. 그들은 쇠퇴하였다. 초기 활력은 거의 사라지고 말았다. 제도적 교회는 부하고 탐욕에 차있었다. 성적타락은 상상을 초월했다. 당시 작가들은 교황청에서 벌어진 성적 난교파티에 대해 기록하였다. 하지만 개신교 종교개혁의 기본동기는 중세교회의 도덕적 타락 문제가 아니라 신학적 문제였다. 종교개혁은 루터의 성경연구로부터 출발한다. 루터는 성경연구를 통해 기본적인 성경적 메시지를 재발견하였다. 그것은 오직 믿음으로 받는 은혜로 얻는 구원이었다. 그동안 중세신학과 예식에는 구원에 관한 성경적 복음은 왜곡되고 사라지고 없었다. 종교개혁의 위대한 가치는 은혜의 복음을 재발견한 것이다. 당시 권력자들의 부패와 과중한 교황세금도 이슈였지만, 그것이 종교개혁의 핵심적 요인들은 아니었다.

2) 교황청

1309년 프랑스 대주교들이 권력을 잡았다. 이탈리아 대주교들과의 권력다툼에서 승리한 것이다. 교황청은 로마에서 프랑스 론(Rhone) 강변 도시인 아비뇽으로 옮겨졌다. 교황청은 1377년까지 프랑스에 머물렀다. 이 기간을 로마 가톨릭교회의 '바벨론 유수'라고 부른다. 이 사건은 교황권의 기본개념과 대치되는 것이었다. 교황은 로마의 대주교를 의미하였기 때문이었다. 1378년부터 1409년까지는 교황이 둘이나 있었다. 로마에 교황이 있었고, 아비뇽에도 있었다. 상황은 더욱 악화되어 1409년부터 1417년까지는 교황이 셋이나 있었다. 우리가 위클리프에 대해 탐구하면서 살펴본 바와 같이, 이런 당시 상황에서 새로운 정치이론이 등장하기 시작하였다.

1324년 새로운 정치이론이 정립되었다. 파리 대학의 이탈리아인 학자 마르실리우스(Marsillius)가 새롭게 등장했다. 그는 교황과 황제의 권력은 모두 백성에게 부여된 하나님의 주권에 기초하고 있으며 교회나 국가는 각각 서로 다른 영역을 간섭할 수 있는 권리가 없다고 하였다. 이것은 당시 사정을 고려해보면 대단히 급진적인 정치사상이었다. 이 사상은 지금도 일부 지역에서는 위험한 정치사상으로 간주되고 있다. 마르실리우스는 헌법은 모든 성인 시민들이 모인 총회에서 제정되어야 한다고 주장하였다. 그는 불행하게도 여성의 권익에 대해서는 주장하지 않았다. 하지만 그것은 시작이었다. 그는 하나의 제국 대신, 여러 개의 자치 주로 나누어야 한다고 거듭 주장하였다. 당시 그의 정치사상은 교회와 국가가 가르치는 내용과 상충되었다. 당시 사람들은 교회와 국가 시스템은 하늘에서 하나님께서 만드신 질서를 반영하고 있다고 믿었다. 권력 계급조직은 하나님의 재가를 얻은 것으로 믿었다.

마르실리우스는 교회의 마지막 권위는 오직 신약성경에서 나온다고 주장하였다. 신약성경은 교회가 따라야 할 모델을 제공하고 있으며, 교회는 백성들에게 결코 순종을 강요해서는 안 된다고 하였다. 감독과 사제는 동등하며, 어떤 사제나, 교황이라 할지라도 다른 사람보다 상위의 권위를 주장해서는 안 된다. 사도 베드로는 다른 사도들보다 높은 계급을 갖지 않았고, 아마도 로마에는 오지도 않았을 것이다. 그는 교회와 국가에 일종의 대략적인 민주주의를 주장한 것이다. 그는 기독교인 신자들의 전체 모임인 총회만이 교회에 법적인 권위를 가져야 한다고 하였다. 당시 이와 비슷한 정치사상을 채택한 학자들이 더러 있었다. 그들도 비슷한 내용으로 저술활동을 하였다.

3) 가톨릭교회의 분리와 세금제도

당시 교회가 부과하는 세금은 악명이 높았다. 교황이 둘이 되고 나서부터 세금은 두 배로 올랐다. 더 나아가, 우리가 잘 아는 바와 같이 1408년부터 1417년 사이에는 교황이 셋이 되었다. 갑절의 세금을 내던 국민들 사이에 불평이 높아졌고 당연히 교황의 명성과 권위는 추락하였다. 전제 공의회가 여러 번 모여 제정 군주제를 도입하여 교황제도의 개혁문제를 해결하려 하였으나 성과는 없었다. 새로운 교황이 임명된 후 사정은 더 나빠졌다. 교황은 전체 공의회가 제안했던 교황권에 대한 일부 제한조건을 무시하였다.

4) 존 후스

이 상황에서 체코의 개혁자 존 후스가 역사에 등장한다. 그는 철저한 애국지사였다. 당시 지금은 체코의 일부가 된, 보헤미아가 독일로부터 정치적 독립을 추구하고, 로마로부터 종교적 자유를 원하던 시기에 지도자로 등장하였다. 그는 라틴어와 지방어로 설교하였고, 유명한 설교자가 되었다. 그는 베들레헴 채플에서 불같은 설교를 하였다. 그는 대학에서 교수로 가르쳤으며 29살에 학장이 되었다.

보헤미아 왕의 누이가 영국 왕과 결혼하였다. 그 결과 학생들은 프라하에서 영국으로 유학을 가게 되었고, 그들은 위클리프의 사상을 그들의 조국으로 가지고 돌아왔다. 위클리프의 사상은 후스에게 결정적인 영향을 미쳤다. 그는 위클리프보다 훨씬 더 보수적이었고 화체설을 계속 믿었다. 화체설은 성례에서 떡과 잔이 실제로 그리스도의 살과 피가 된다는 교리이다. 하지만 후스는 교황의 군사를 동원한 무력사용에 대해서는 반대하였다. 돈이 죄를 사할 수 없기 때문에, 돈으로 산 면죄부를 거부하였다. 그 결과로 후스는 출교당하고 말았다. 1415년 콘스탄츠 공의회가 열렸다.[1] 공의회는 교황문제와 다른 교회의 분열문

---

1) 독일 콘스탄츠에서 열린 중세 그리스도교회 최대의 공의회(제16회)로서, 1414~1418년 사이에 개최되었다. 신성 로마 제국 황제 지기스문트가 제안하여 교황 요한 23세가 소집하였는데 300명 이상의 주교, 100명 이상의 대수도원장, 다수의 고위 성직자들, 신학자, 교회법학자, 통치자들이 참석하여, 유럽에서의 대분열(동·서 교회의 분열: 1378~1417)을 종식시키고 이단을 추방함으로써, 교회개혁에 박차를 가했다. 이때 교회는 로마계 그레고리우스 12세, 아비뇽계 베네딕투스 13세와 피사의 공의회파 요한 23세의 3파로 나뉘어, 각기 자신의 정통성을 주장하면서 이른바 교황 정립(鼎立)시대를 맞아 교회 사상 최대 혼란을 겪고 있었다. 이에 교회의 일치를 최대의 목표로 삼은 공의회는 우여곡절 끝에 "공의회가 분열된 전 교회를 대표하며, 그 권능은 하나님으로부터 직접 온 것"임을 선언하고

제들을 해결하고 이단을 추방하려 하였다. 그들은 후스를 소환하여 명제 30개를 축조 심사하였다. 후스는 소환될 때 신성 로마 제국의 지기스문트 황제는 후스에게 신변의 안전과 자유를 보장받았다. 황제의 통행권에 법왕의 개인적 보증이 첨부되었다. 그러나 이들 보증은 무시되었고, 후스가 도착하자 법왕과 추기경들의 명령으로 체포되어 음침한 감옥에 갇히게 되었다. 공의회는 먼저 위클리프 사상을 정죄하고 그의 시체를 다시 파서 불에 태워야 한다고 결정하였다. 지기스문트 황제는 자신의 안전보장에 대한 약속을 철회하였다. 후스는 공회의에 끌려나와 무거운 쇠사슬에 매인 채로 황제 앞에 섰다. 긴 심문을 통하여 후스는 확고부동하게 진리를 주장하고 굽히지 않았다. 그는 거리낌 없이 교권의 부패를 규탄하였다. 그에게 자신의 교리를 취소하든지 죽음을 택하든지 둘 중외 하나를 선택하라고 했을 때, 그는 순교자의 운명을 수락하였다. 후스는 이단판결을 받고 1415년 7월 6일 화형을 당하였다. 공의회는 선언하였다. "우리가 이단자에게 한 약속까지 지킬 필요는 없다."

공의회는 교황청의 타락에 반대하는 공의회의 권력을 발휘하려 하였다. 공의회는 자신의 권위를 보호하려 하였다. 공의회의 목표는 좋았지만 결과는 좋지 않았다. 교회를 개혁하려던 공의회가 아이러니하게도 진정한 개혁자를 화형에 처한 것이었다. 후스가 공의회가 생각하던 교회 개혁보다 훨씬 더 많은 개혁을 원하였기 때문이었다.

5) 계속되는 후스파 운동

후스의 추종자들은 두 그룹으로 나뉘었다. 하나는 더 귀족적이고 보수주의적인 그룹이었다. 다른 그룹은 가난한 자들 사이에서 성장하였고 더욱 급진적이었다. 일부 발도파가 그들과 합병하였다. 1453년 그들은 후스파 형제단(Unitas Fratrum)을 조직하였다. 그들은 다음 세기까지 이단으로 정죄되어, 지하교회로 남아 핍박을 받았다. 1722년 드디어, 그들 중 일부가 니콜라스 루드비히 폰 진젠도르프(Nicholas Ludwig von Zinzendorf) 백작 영토에 들어가 모라비안

베네딕투스 13세를 폐위시키고, 그레고리우스 12세를 설득하여 자진 퇴위케 했으며, 요한23세는 강제로 폐위시켰다. 그리고 후임으로 마르티누스 5세를 선출함으로써 유럽 교회의 대분열을 종식시키고 난국을 수습했다(두산백과사전 참고). - 역주

운동의 핵심세력이 되었다. 우리가 아는 바와 같이 그들은 개신교 선교운동의 기폭제가 되었다.

3. 생명의 징후

1) 르네상스

15세기가 밝아왔다. 15세기는 르네상스(재탄생)시대를 열었다. 서유럽 문화가 새롭게 거듭나는 과정을 겪게 되었다. 로마와 플로렌스에서 볼 수 있는 르네상스 예술과 건축물은 경이롭다. 예술은 탁월한데 신학은 그렇지 못하였다. 우리는 당시 신학도 예술처럼 예술적이었다면 얼마나 좋았을까 상상한다. 로마의 성 베드로 성당은 웅장하다. 미켈란젤로의 조각들은 굉장하다. 콜로세움 뒤에 있는 교회에 있는 모세상, 플로렌스에 있는 다윗상, 시스티나 예배당 등은 놀랍기 그지없다. 역사상 하나님의 역사와 인간의 몸을 미켈란젤로보다 더 장엄하고 영광스럽게 묘사한 예술가는 없을 것이다.

여러 면에서, 르네상스는 엄청난 성취였다. 르네상스시대는 역사상 그 어느 때보다 더 예술적으로 탁월한 작품들이 집중되었던 시대였다. 동시에 철학적 변화가 일어난 시대였다. 우리가 마드리드의 프라도(Prado)나 파리의 루브르(Louvre) 박물관과 같은 유럽의 유명한 갤러리에 가서 보면 어떤 특징들을 발견할 수 있다. 초기 작품들에 묘사된 인간의 몸은 약간 환상적이며 천상의 분위기를 띠고 있다. 이것은 실재가 천상에 존재한다고 믿었던 플라톤주의를 반영한다.

르네상스는 철학사상에 변화를 가져왔다. 아리스토텔레스가 가장 중요한 철학자가 되었다. 그 결과 예술적 표현도 바뀌었다. 예술은 이제 이 땅의 삶과 느낌을 표현하는 도구가 되었다. 고대 헬라시대를 제외하고, 당시보다 더 인간의 모습을 그처럼 아름답고 강렬하게 묘사했던 시대는 찾아 볼 수 없을 것이다. 르네상스시대는 놀라운 예술적 탁월함을 발산하였다.

르네상스는 서유럽 문화적 뿌리를 되살리려고 시도하였다. 일부 사람들의 문화적 뿌리는 헬라와 로마의 고전적인 이교적 고가구들에서 찾을 수 있었다. 다른 사람들은 문화적 뿌리를 성경, 그 중에서도 신약성경에서 찾았다. 특히 알프스 남쪽 이탈리아는 이교 문화가 깊이 뿌리내리고 있었다. 알프스 북쪽인 독일과 다른 나라들에는, 성경을 더 깊이 연구하기 시작한 여러 학자들이 있었다. 하지만 교황청은 성경연구와는 거리가 멀었다. 그러므로 성경연구의 중심이 될 수 없었다. 당시 교황들은 기본적으로 가장 힘있는 명문가문을 가진 이탈리아 군주 출신들이었다.

2) 기독교 인문주의

성경으로 돌아가자는 구호는 놀라운 힘을 발휘하였다. 많은 사람들이 성경연구를 시작하게 되었다. 그 가운데 기독교 인문주의자들이 신약은 헬라어로 구약은 히브리어로 연구하기 시작하였다. 당시 스페인에서는 수도승 가운데 더 깊은 영성을 추구하는 '계몽된 사람들'(Illuministas)이 있었다. 그들을 통해 이탈리아에 기도하는 곳, 작은 예배당들이 세워졌다. 이런 식으로, 교황청의 이교 사상 가운데서도, 희미한 불빛이 여기저기서 비춰왔다. 그것은 그들이 성경자료로 돌아가려고 하면서 참된 영적 생활에 더 관심을 갖게 되면서 시작되었다.

당시 사용하던 '휴머니스트'(Humanist)는 오늘날 우리가 사용하는 휴머니스트와는 다른 의미를 가지고 있었다. 그들은 철저한 기독교인으로 기독교 문화의 원천을 재발견하려 하였다. 로이힐린(Reuchlin)이 그런 학자였다. 그는 독일에서 가장 탁월한 헬라학자로 알려졌으며, 그는 구약을 더 잘 이해하기 위해서 유대인 주석들을 공부하는 것이 중요하다고 생각했다. 그런데 도미니쿠스회 회원인 독일 퀼른의 종교재판관은 그를 이단이라고 비난하였다. 로이힐린이 유대 문서들을 통해 성경에 대해 배우려했기 때문이었다. 그것은 엄청난 아이러니였다. 그런 판단은 도미니쿠스 정신과는 정반대였기 때문이다.

두 번째로 유명한 인문학자는 로테르담의 에라스무스였다. 그는 저술도 많이 하였고 여행도 많이 하였다. 그는 유머와 풍자를 사용하여 교회의 위선과 부패를 비판하였다. 하지만 그의 가장 큰 학문적 업적은 1516년에 출간된 헬라어 신약성경 개정판이었다. 그는 당시 최고의 학적권위를 가지고 헬라어 성경을 출간하였다. 루터도 이 성경을 사용하였다. 하지만 에라스무스는 루터같이 되고 싶어하지 않았다. 그는 타고난 순교자가 아니라고 말하기도 하였다. 다른 학자들이 후일 에라스무스와 루터의 관계를 이렇게 설명하였다. "에라스무스는 알을 낳았고 루터는 그 알을 부화시켰다."

세 번째로 중요한 인물은 히메네스 데 시스네로스(Ximenes de Cisneros) 추기경이었다. 그는 마드리드 근교에 있는 알칼라 데 에나레스(Alcala de Henares)에 대학을 세우는 일을 지원하였다. 15세기 말, 그는 여러 나라 말로 성경을 연구하고, 6개 번역본을 포함한, 여러 말 대조성서(Complutensian Polyglot)를 만들기 위해 여러 학자들을 불러왔다. 그는 중세신학에 충실하였고 루터나 칼뱅처럼 신학적 개혁을 추구하지는 않았다. 하지만 그는 행정개혁과 도덕개혁 그리고 성경연구를 원하였다. 학생들은 그가 세운 대학에 성경을 연구하기 위해 몰려왔다. 그들 중 일부는 본질적으로 가톨릭보다는 신교적인 신학적 입장에 이르게 되었다. 하지만 대부분이 로마 가톨릭교회에 머물렀다. 알칼라도 성경연구에 심혈을 기울인 지도자로 알려졌다.

프랑스 남부 지방의 자쿠에스 레페브르(Lefevre)는 아마도 당시 최고의 성서학자였을 것이다. 그는 신약연구를 역사-문법적 석의(釋義) 방법을 사용하여 연구해야 한다고 주장하였다. 여기서 우리는 당시 중세 성경연구가 대부분 우화(寓話)적 방법을 사용하였다는 사실을 기억할 필요가 있다. 그것은 성경을 읽는 독자가 자기 속에 있는 의미를 가지고 본문을 읽고, 다시 본문 속에서 자신이 가졌던 의미를 찾아내는 것을 의미하였다. 루터는 성경을 독자가 원하는 형식으로 마음대로 만드는 '공작용 찰흙'으로 만들어버리는 우화적 석의방법을 비난하였다.

우화적 접근방법에 대한 실례가 있다. 성경에서 잘 알려진 선한 사마리아인 비유에 대한 우화적 해석이다.

비유는 인간의 질문에 대한 대답이다. "나의 이웃이 누구입니까?" 예수께서 하신 대답은 분명하였다. "너희는 '누가 나의 이웃이냐?' 묻지 말라. 필요한 자의 이웃이 되라." 그는 유대인들에게 유대인이 아닌 사마리아인을 이 스토리의 영웅으로 만들어 사용하셨다. 예수님의 요점은 확실하다. 도움이 필요한 사람은 누구든 도와주라는 것이었다.

우화적 방법론을 사용하면 의미가 달라진다. 중세 성경학자들은 우화적으로 가르쳤다. 여행자는 인간 종족을 말하는데, 강도를 만나, 매를 맞고, 반쯤 죽은 상태로 길 가에 버려졌다. 그것이 타락이었다. 제사장과 레위인은 도움을 줄 수 없는 율법과 선지자들을 나타낸다. 스토리에 나오는 사마리아인은 예수님을 나타낸다. 예수님은 강도만난 자에게 (성령의) 기름을 바르고, 여관(교회)에 데리고 가서, 여관 주인(교황)에게 돌보아달라고 부탁하였다. 그는 여관 주인에게 돈을 지불하고(성례) 다시 돌아올 것을 약속하였다(재림).

이것은 중세 알레고리적 해석이 성경이 말하는 능력의 말씀을 가로챘음을 보여주는 비극적 실례이다. 레페브르의 지적은 정확했다. 그는 성서학자들이 헬라어 본문으로 돌아가야 하며 성경 스스로가 말하게 해야 한다고 주장하였다.

그는 성경을 더 깊이 연구하였다. 1512년 그는 바울 서신에 관한 주해서를 번역하여 출판하였다. 루터는 레페브르의 로마서 주석을 서재에 놓아두고 읽었다. 루터는 그 주석책의 빈칸에 자신의 생각을 적어가면서 로마서를 연구하였다. 레페브르는 몇 제자들을 거느리고 있었는데, 그는 제자들에게 이렇게 말했다. "하나님께서 하나님의 교회를 성경대로 개혁하실 것이야." 그는 교회개혁이 곧 이루어질 것으로 믿었다. 그의 제자들 가운데는 로마 교황이 되어 로마 가톨릭교회를 내부에서부터 개혁하려 한 사람도 있었고, 제네바의 개혁자로 초기 개신교 순교자인 윌리엄 파렐도 있었다.

3) 경건생활

당시 참된 경건생활을 추구하는 집단들이 있었다. 그 중 한 집단은 '공동생활 형제단'(Brethren of the Common Life)이라 불렸다. 그들은 남성 숙사와 여성 숙사를 모두 포함하고 있었다. 형제단은 게라트 후르테(Gerhard Groote, 1340-1384)의 사역을 시발로하여 조직되었다. 그는 네덜란드에서 제일 유명한 설교자가 되었다. 추종자들은 반(半)-수도원적으로 생활하였지만 종신서원은 하지 않았다. 그들은 학문연구, 기도, 그리고 가르침에 집중하였다. 사랑받는 경건서적인 『그리스도를 본받아』(The Imitation of Christ, 1995 - CLC 刊)를 쓴 토마스 아 켐피스(Thomas a Kempis)도 그 공동체의 회원이었다. 이들 공동체는 독일과 네덜란드에 널리 퍼져갔다.

다른 공동체들도 유사하게 영성을 강조하였다. 한 공동체는 스스로를 '하나님의 친구들'(Friends of God)이라 불렀는데 독일, 스위스, 그리고 네덜란드로 퍼져나갔다. 리더 중 한 사람이 토마스 아 켐피스의 친구였던 베젤 강스포르트(Wesel Gansfort)이었다. 강스포르트는 교황이나 의회보다 성경의 권위를 높게 생각하였다. 그는 오직 하나님만이 죄를 용서할 수 있으며 우리는 믿음으로 구원받는다고 가르쳤다. 그는 가톨릭교회, 성직자 계급제도, 그리고 고해성사를 최소화하였다. 그는 면죄부를 비판하였다. 그의 저술들은 종교개혁이 시작된 다음에야 출간되었다.

4) 국가의 등장

거대한 변화가 몰려왔다. 변화는 정치적 차원에서 일어나고 있었다. 경제적 변화와 사회변화 속에서 국가가 등장하고 있었다. 이것은 사회의 모습이 변화하면, 교회의 모습도 변화하게 된다는 것을 깨닫게 해주었다. 우리는 결코 과거를 단순하게 반복해서는 안 된다는 사실을 언제나 기억해야 한다.

신앙은 변하는 환경에 맞게 새롭게 상황화 되어야 한다. 하나의 관점에서 보면, 우리는 개신교 종교개혁을 새롭게 등장하는 새로운 유럽에 가장 적절한 교회의 새로운 모습, 기독교 신앙의 재상황화로 볼 수 있다. 루터가 만일 12세기나 13세기에 태어났더라면, 그는 개혁운동을 성공시킬 수 없었을 것이다. 루터의 개혁은 오직 16세기에만 가능하였을 것이다.

당시 일어나고 있던 정치적 변화는 민족주의의 발흥이었다. 많은 사람들이 자신의 정체성이 색슨족이 아니라 게르만 민족이라고 생각했다. 그런 생각이 퍼져갔다. 노르망디나 브리타니(Brittany) 출신이 아니라, 프랑스 출신이라고 했다. 이런 과정의 일부는 지방어 사용이 늘어나는 것이었다. 라틴어는 모든 유럽 학자들이 서로 소통할 수 있는 학자들의 언어였다. 하지만 종교개혁이 일어나자 신앙서적들이 지방어로 나오기 시작하였다. 이것은 민족주의가 성장하고 있음을 보여주는 증표였다.

1450년부터 1550년 사이, 왕권과 국가정신이 놀랍게 성장하였다. 1500년에 이르자, 영국, 프랑스, 그리고 스페인이 각각 군주 아래 통일되었다. 프랑스는 찰스 대제시대부터 통일되지 않았다가 통일되었다. 스페인도 통일된 적이 없었는데 이제 통일이 되었다. 1492년 페르디난드(Ferdinand)와 이사벨라가 결혼하고 무어족을 축출하면서, 스페인은 왕관과 가톨릭교회 아래 통일되었다. 영국도 역시 통일되었다. 독일은 상황이 아주 달랐다. 독일은 여러 귀족 가족들이 다스리는 여러 다른 정치집단에 따라 나뉘어 있었다. 그런 상황은 루터 자신과 루터의 개혁 운동이 생존할 수 있는 중요한 요소가 되었다.

5) 기술의 발전

이 시대에 기술은 눈부시게 발전하고 있었다. 중요한 발명품들이 나왔다. 이동용 타이프와 인쇄기가 발명되었다. 인쇄술의 발달은 사상 전달을 훨씬 신속하게 하였다. 유럽에는 1450년에 1만 5천 권의 책이 있었다. 1500년에 이르자, 책은 900만 권으로 늘어났다. 인쇄기술은 놀라운 혁명이었다.

종교개혁은 이렇게 서서히 싹트고 있었다. 개혁의 필요성이 높아지고 있었다. 가톨릭교회와 수도원이 쇠퇴하고 교황청 문제는 더욱 심각해졌다. 후스 운동은 종교개혁의 씨앗이 되었다. 르네상스시대가 열리며 유럽사회는 상상할 수 없을 정도로 변해갔다. 인문학의 발달로 성경연구가 더욱 활발해졌다. 정치 경제적 변화는 새로운 국가개념을 만들어냈고 교회의 모습도 변해야 했다. 기술의 발달은 눈부셨다. 인쇄술의 발달은 사상전달을 신속하게 하였다. 이렇게 종교개혁을 위한 준비가 끝났다.

본 장에서는 종교개혁을 위한 준비과정을 기술하였다. 개혁의 필요성과 르네상스, 기독교 인문주의, 국가의 등장과 기술의 발전은 엄청난 변화의 물결이 되어 개혁을 기다렸다. 다음 장에서는 종교개혁에 관해 구체적으로 다루게 될 것이다.

The Dynamics
of Christian Mission
History through a Missiological Perspective

제 14 장
루터와 칼뱅의 종교개혁 운동

1. 서론

개신교 종교개혁은 여러 관점에서 분석해 볼 수 있다. 사회, 정치, 경제, 교회론, 그리고 신학적 관점에서 분석해 볼 수 있다. 이런 모든 분석은 유익하다. 하지만 선교학적 관점에서 분석해 볼 필요가 있다. 선교학자인 우리는 종교개혁 운동을 바로 이해하기 위해, 기독교 신앙을 16세기 새로 부상하는 유럽 상황에 재상황화 하는 것으로 분석할 수 있다. 우리는 사회적 형태가 변하면, 교회적 형태도 변해야 한다는 것을 이미 숙지하였다. 그런 현상이 16세기 서구 유럽에서 일어난 것이다.

상황화의 특징은 복음에 대한 새로운 이해를 동반한다. 적어도 새로운 문화적 상황에 보다 적절하게 여겨지는 신앙의 새로운 측면을 강조한다. 새로운 상황에 더 잘 맞는 새로운 교회조직이 만들어지기도 한다. 교회 정치도 전과 달라진다. 평신도들이 교회를 인도하고 다스리는 데 있어서 보다 중추적인 역할을 한다. 새로운 방식으로 소통하고 새로운 음악이 개발된다. 복음을 전달받는 사람들의 문화에 맞게 적응한다. 우리는 이런 상황화가 선교지 상황에서 자주 일어나는 것을 알고 있다. 이런 현상이 종교개혁에서도 나타났다. 개신교 종교개혁을 형성한 여러 운동들에 각각 정도가 다르게 나타났다. 루터가 첫 번째 이룩한 업적은 라틴어로 드려지던 미사를 독일어 미사로 번역한 것이었다. 칼뱅의

『기독교 강요』는 프랑스어로 처음 기록된 문학작품이었다.

　루터의 성경번역은 독일어가 표준화되는 데 도움을 주었다. 이제 라틴어 예식서가 독일어로 번역되었다. 설교도 사람들이 사용하는 일상어로 들을 수 있게 되었고, 성경이 번역되었으며, 신학서적들이 일상어로 출간되었다. 라틴어가 아닌 지방어(vernacular language)로 바뀌었다. 이런 현상은 루터주의가 북쪽 지방으로 퍼져나가면서 독일뿐만 아니라 스칸디나비아 국가들에도 일어났다.

　교회정치구조도 급속히 변하였다. 루터교와 성공회 보다 칼뱅주의자와 재세례파 가운데 교회정치제도는 급격히 변하였다. 중세시대에는 교황, 감독, 그리고 사제로 이어지는 성직자 계급제도와 수동적인 평신도 제도가 잘 맞는 제도였다. 당시 교회제도는 황제, 제후, 행정장관, 그리고 백성으로 이루어지는 국가권력 체제를 모방한 것이었다. 당시에는 어떤 형태의 민주주의 형식이 등장하기에는 아직 일렀다. 하지만 스위스 제네바는 시민들로 이루어진 의회가 도시를 다스리고 있었다. 당시 새롭게 등장한 중산층은 옛 성직자 계급제도에 대한 불만이 많았다. 프랑스를 비롯한 다른 나라에서 칼뱅주의가 중산층 가운데 급속하게 전파된 것은 우연한 일이 아니었다. 칼뱅주의는 평신도 장로를 포함한 새로운 교회정치 체제를 등장시켰다. 평신도들은 새롭게 성장하던 재세례파 운동에서 더욱 핵심적인 역할을 감당하였다.

　우리는 새로운 교회조직과 정치체제와 함께, 복음에 대한 새로운 이해가 생겨났음을 발견한다. 신학은 교회기관 중심에서 보다 더 개인적으로 발전하였다. 옛 신학은 교회에 대한 충성에 초점을 맞추었다. 교회가 성례전을 통하여 개인에게 구원을 가져다준다고 약속하였다. 성례전은 구원의 핵심적 요소이며 로마 가톨릭교회의 사제들만이 집례할 수 있다고 가르쳤다. 그런 까닭에, 로마 가톨릭교회에 어느 정도 충성하기만 하면, 물론 연옥에서 지내는 긴 기간을 지내야 하지만 구원을 얻게 된다고 가르쳤다.

　옛 신학은 초점이 제도적 교회와 개인이 무엇을 하는가에 맞추어져 있었다. 루터는 신학적 초점을 하나님께 맞추었다. 루터는 예수 그리스도 안에서 하나님께서 이루신 일에 초점을 맞추고, 인간이 하나님의 구원하시는 은혜를 믿기만 하면 구원에 이를 수 있다는 확신을 주었다. 교회나 개인이 구원을 위해 특정한 일을 해야할 필요는 없다고 하였다. 새로운 루터신학은 훨씬 더 개인적이었다. 각 개인이 이런 신앙을 가질 수 있었다. 나는 그리스도 안에서 나에게 오신 하나님, 하나님의 은혜를 선물로 내게 허락하신 하나님, 그 선물을 내게 주시며 받아들이기만 하라고 하시는 하나님을 믿을 수 있다. 교회는 본질적으로 중요한 기관으로 남았지만, 그 역할이 달라졌다. 교회는 복음을 선포하고 가르쳐야 하며, 서로 사랑으로 돌아보는, 믿음의 공동체가 되어야 했다. 교회 예배에 평신도가 보다 적극적으로 참여하였다. 새로운 음악이 작곡되고 회중찬양이 도입되었다. 수도승만 예배 중에 찬양하던 관습은 더 이상 존속되지 않았다.

그런 까닭에, 우리는 종교개혁에서 새로운 신학적 이해, 새로운 예배 형식, 교회구조와 정치체제의 변화, 평신도 역할의 증대, 일상어와 서민문화에 대한 긍정적 관점이 모두 작용하고 있음을 알 수 있다. 이 모든 것은 상황화의 특징들이다.

무엇보다 개신교 종교개혁은 진리를 발견하게 하였다. 성경적 복음진리를 밝히 드러내었다. 개혁신학이 중세신학과 종교의식에 밀려 노호하게 된 것은 비극이라고 할 수 있다. 변화하는 문화 속에서 성경 메시지에 대한 바른 개인적 이해는 훨씬 더 적합한 신앙으로 나타났다.

나는 유명한 선교학자가 종교개혁에 관해 강의하는 것을 들은 적이 있다. 그의 강의는 종교개혁의 다양한 측면을 설명하였다. 종교개혁의 인류학, 사회학, 그리고 문화변혁적인 측면들에 대해 자세히 언급하였다. 그러나 그는 신학적 측면에 대해서는 한 마디도 언급하지 않았다. 나는 하도 어이가 없어 입을 닫을 수 없었다. 종교개혁이 신학, 성경의 권위, 그리고 복음에 대한 재발견이 아니라면, 정당한 운동이라고 할 수 없기 때문이었다. 종교개혁의 핵심은 신학에 있다. 특히 상황화 신학적 관점에서 종교개혁을 탐구하는 것이 유익하다.

우리는 모든 부흥운동, 즉 가톨릭 운동이나 개신교 운동, 오순절이나 성공회 운동 모두가 2세대나 3세대에 이르면 생명력과 방향성을 상실하게 된다는 사실을 인식해야 한다. 어떤 경우에는 보다 빨리 쇠퇴하는 경우도 있다. 첫 1세대는 새로운 운동을 일으킬 때 교회나 사회의 관습에 저항하는 어려운 결정을 내려야만 한다. 180도 다른 방향으로 돌려야 하는 어려움이 있다. 2세대나 3세대는 그리고 그 이후 세대들은 이미 시작된 부흥운동에 안주하며, 별 저항을 받지 않고 단순하게 정해진 계통을 따르기만 하면 된다. 그런 까닭에, 형식은 유지되지만, 영적 활력은 쇠잔한다. 루터에게 믿음은 바른 정통교리를 믿는 것이었다. 무엇보다 믿음은 하나님과 하나님의 약속에 대한 개인적 신뢰를 의미하였다. 한 세기 후, 가톨릭에 반대하고 칼뱅주의까지도 대항하는 논쟁을 했던 루터교 신학자들은 믿음을 '바른 신조에 대한 신앙'으로 간략하게 정의하였다. 이것은 루터의 경험과 이해에 대한 배반이었다.

이런 일은 모든 성령의 운동에 일어난다. 뉴잉글랜드 청교도도 처음에는 성결에 관심을 보이다가 나중에는 존경받기를 좋아하였다. 한 기독교인 친구가 내게 말했다. "저는 교회에서 오랫동안 지냈습니다. 저는 음악없이 말씀만 들었습니다. 하지만 그때 음악이 들렸습니다." 매 세대는 새로운 복음의 음악을 다시 들어야만 한다. 그리하여 복음이 개인적으로 내재화되어야 한다. 루터는 신학은 중요한 것이지만 우리가 바른 신학에 의해 구원받는 것이 아니라, 예수 그리스도 안에 있는 개인적인 신앙에 의해 구원받는다는 사실에 동의할 것이다.

나는 선교사로 브라질 신학교에서 가르친 적이 있는데 한 번은 평신도를 위한 저녁 강의를 한 적이 있었다. 그 과목에 참여하는 대부분은 개신교 교회에서 복음을 듣기 전 로마 가톨릭교회의 나쁜 점만 보았다. 그런 까닭에 가톨릭교에 대한 그들의 인상은 아주 부정적이었다. 나는 중세사를 가르치면서, 성 프란시스의 생애와 사역에 대해 설명하였다. 한 형제가 손을 들고 말했다. "그런데 교수님, 성 프란시스가 구원 받았을까요?" 나는 그 질문을 심각하게 받아들여 대답하였다. "물론입니다. 우리 가운데 누구도 어떤 사람이 구원을 받았다거나 받지 못했다고 확실하게 판단할 수는 없습니다. 하지만 나는 성 프란시스는 구원받았다는 쪽이 승산이 있다고 믿습니다." 학생은 대답했다. "그런데 교수님, 그는 우상을 숭배했습니다. 그는 성모 마리아에게 기도했습니다." 나는 말했다. "그렇습니다. 그러나 그는 예수님을 사랑했습니다." 성 프란시스가 예수님을 중심으로 믿은 것은 확실하다.

문제는 이렇다. 우리는 바른 신학으로 구원받는가, 아니면 예수님을 믿음으로 구원 받는가? 우리는 신학적으로 철저한 개신교 신자일 수 있다. 적어도 나는 그러하다. 그러나 우리가 가진 정통신학이 우리를 구원하는 것이 아니다. 예수 그리스도를 믿음으로 구원받는 것이다. 나보다 신학적 지식이 부족한 사람이지만, 나보다 예수 그리스도를 더 사랑하고 의지하는 사람이 있을 수 있다. 나보다 더욱 정교한 신학을 가진 사람이지만 나보다 예수 그리스도를 적게 믿는 사람이 있을 수 있다. 신학의 목적은 우리가 하나님의 뜻을 이해하려 할 때 하나님에 대한 우리의 생각을 도와주는 것이다. 하지만 신학은 무엇보다도 우리를 예수님께로 인도하고 우리가 그분을 따르도록 도움을 주는 것이다.

2. 루터

나는 여기서 중세교회사를 다 다루지 않고, 루터와 칼뱅만 간략하게 다룰 것이다. 루터나 칼뱅은 우리가 더 깊이 공부할 충분한 가치가 있는 인물들이다. 먼저 그들의 삶과 사역을 간략하게 기술하고 선교에 미친 그들의 영향을 설명할 것이다.

루터는 1483년 출생하였다. 그의 아버지는 한스 루터는 농부였는데 광산업자가 되었다. 루터 가족은 경제력을 갖게 되었고, 사회적 신분이 상승하였다. 아버지는 아들에 대한 대망을 가지고 있었다. 독일은 여러 나뉜 정치집단으로 나뉘어져 있었으며, 각각의 영주가 있었다. 각 집단은 적어도 한 명 이상의 법률가가 필요하였다. 그런 까닭에 가족이 명문가와 잘 연결되지 않은 경우, 법학을 전공하는 것이 사회적으로나 경제적인 신분상승의 지름길이었다.

1501년 마틴 루터는 에르푸르트 대학(University of Erfurt)에 진학하였고, 1505년 석사(M.A.) 학위를 받고 나서, 법대에서 법학을 전공하고 있었다. 어느날 부모님을 찾아 뵙고 친구와 함께 대학으로 돌아가는 길에 폭우가 쏟아졌다. 심한 벼락이 치더니 함께 가던 친구가 벼락에 맞아 루터의 눈 앞에서 쓰러져 죽었다. 루터는 심한 공포를 느꼈다. 그는 살기 위해 기도했다. "성 안나여! 도와주소서. 이번에 저를 구해주시면 수도사가 되겠나이다." 1505년 7월 2일 이었다. 루터의 기도는 무엇을 의미하는가? 루터는 전통적인 중세의 경건한 가정에서 자라났었다. 그가 어렸을 적 들은 이야기가 갑자기 생각난 것이었다. 한 왕자가 구걸하는 수도승이 되었다. 그는 야윈 모습에, 누더기 옷을 입고, 이 집 저 집을 다녔지만 아주 훌륭한 성인이었다. 그 수도사가 기억에서 떠올랐다. 루터는 당시 신학적 전통에 따라 양육되었다. 확실하게 구원받는 길은 수도사가 되어 기도, 헌신, 그리고 독신생활을 하는 데 있다고 믿었다. 그의 결정은 오랫동안 계속된 영적 갈등의 결과였을 것이다. 가까운 친구가 갑자기 벼락을 맞아 죽었다. 엄청난 충격이었다.

루터는 명문대학에서의 법학공부를 그만두었다. 법학서적을 다른 사람에게 주고 에르푸르트에 있던 '아우구스티누스 수도원'에 들어갔다. 자신의 구원을 찾기 위해서였다. 그가 들어간 수도원은 중세 수도원 중에서도 훌륭한 곳이었다. 규율이 엄하고 학구적인 수도원이었다. 루터는 수도사로 입문한 지 2년 만인 1507년 4월 3일 청빈, 정결, 순명의 3대 서약을 하고 신부로 서품 받았다. 다음 해인 1508년 그는 비텐베르그 대학 철학교수로 임명되었다. 비텐베르그 대학은 경건한 가톨릭 신자이며, 독일에게 가장 강력한 권력을 가진 영주, 작센(Saxony)의 선제후인 프레데릭(Frederick)이 최근에 설립한 대학이었다. 루터는 1509년 신학사(B. Th)를 받고, 1512년 박사학위를 받았다. 박사가 된 루터는 시 교회에서 설교하는 책임과 대학교수로 가르치는 역할을 감당해야 했다. 그는 이 책임을 아주 성실히 수행하였다.

루터는 1510년 말에서 1511년 4월까지 수도원의 임무인 성지순례를 위해 걸어서 알프스 산을 넘어 로마에 갔다. 독일에서 교황청이 있는 로마로 먼 길을 걸었다. 루터는 로마에서 사제와 감독들 사이에 성행하는 부패와 타락상을 보고 환멸을 느꼈다. 1515년 루터는 수도원에서 학감직에 임명되었고, 그 수도원 산하에 있는 11개의 수도원 총 감독이 되었다. 이것은 루터가 주변 사람들에게 총명하고 탁월한 젊은 인재로 인정받고 있었음을 보여준다.

독일 학자인 뵈머(Boehmer)는 독일어로 '젊은 루터', 영어 번역으로는 『종교개혁에로의 길』이라는 탁월한 책을 썼다. 아래 인용문은 뵈머가 그의 책에서 루터에 관해 언급한 내용이다.

> 루터는 재능을 인정받았고 그의 책임은 더욱 무거워졌다. 그의 영적 딜레마도 깊어갔다. 그는 하나님과의 평화를 전혀 느끼지 못하였다. 자신의 죄책감만 더욱 커져갔다. 그의 딜레마는 두 가지 신학용어에 초점이 맞추어져 있었다. 하나는 은혜였고, 다른 하나는 의/칭의 문제였다. 그는 하나님의 은혜는 사람이 하나님의 은혜를 받기에 합당한 모든 일을 다 한 후에야 주어진다고 배웠다. 교회를 개혁하기 원하고, 교회가 높은 도덕과 윤리수준에 따라 살기 원했던 사람들도 이런 교리를 지지하였다. 그러므로 그들은 복음의 말씀에 따라 살아야하는 인간의 책임을 강조하였다. 의도는 좋았지만, 이런 사상은 복음과 전혀 대치되는 사상이었다. 그 사상은 구원의 출발점이 하나님에게 있지 않고 인간에게 있다는

것이었다. 그것은 신자들에게 영적 딜레마에 빠져 전혀 헤어 나올 수 없게 하였다. 자신이 "하나님의 은혜를 받을 수 있을 만큼 자기가 할 수 있는 모든 일을 다 했다"고 주장할 수 있는 사람은 아무도 없기 때문이었다. 더 나아가, 성경에서 말하는 은혜를 부정하는 것이었다. 루터는 영적인 갈등을 계속하면서 고해성사를 매일하였다. 하루에 한 번 이상 고백하기도 하였다. 그는 금식하며 기도했고, 자신에게 채찍질을 하였지만, 마음에 평화를 가질 수 없었다. 그는 후일에 기록하기를, 사랑하라고 요구하고 그 사랑을 이룰 수 없게 만든 하나님을 증오하는 자신을 발견하였다고 하였다. 루터의 고해성사를 들어주던 늙은 수도사는 말했다. "마틴 형제여, 하나님은 당신에게 분노하고 계시지 않습니다. 당신이 하나님께 분노하고 있는 것입니다." 루터는 너무도 철저하게 정직하였기 때문에 자신에게 제시된 쉬운 해결책을 수용할 수 없었다.

두 번째 문제는 루터의 의/칭의에 대한 개념이었다. 루터는 1513년부터 1515년까지 시편을 연구하였다. 그는 시편에서 반복되는 구절을 발견하였다. "오 하나님의 의로, 나를 구원하소서." 문제는 여기에 나오는 '의'를 어떻게 정의하느냐 하는 것이었다. 만일 '의'가 내가 받을만한 것을 받는 것이라며, 하나님의 의는 나를 구원할 수 없을 것이다. 그 의는 나를 정죄할 뿐이다. 루터는 시편 전반에서 반복되는 이 구절을 놓고 깊은 고민에 빠졌다. 루터는 결국 바울의 로마서를 읽게 되었는데, 로마서에도 하나님의 의/칭의에 대해서 역시 언급하고 있었다. 뵈머는 다음과 같이 기록하였다.

시편과 바울서신에 자주 나타난 이 문학적 표현에 관하여, 루터는 하나님의 사법적 칭의에 익숙해져 있었다. 자신의 무가치함을 느끼며, 그는 하나님을 너무도 두려워하였다. 루터는 이 이유 때문에 칭의라는 단어자체를 싫어하였다. 그는 그 단어를 피해 도망쳤다. 루터는 사실 그때까지 바울의 로마서를 깊이 있게 연구하지 않았다. 로마서에서는 하나님의 의 개념이 아주 중요한 역할을 하고 있기 때문이었다. 루터는 그럼에도 불구하고 성경에 사용된 하나님의 의라는 개념이 철학자들이 사용하는 용어와 다를 수 있다는 어렴풋한 생각을 하였다. 루터는 성경이 말하는 하나님의 의에 대해 연구하기로 결심하였다. 그리고 유명한 로마서 1:16, 17을 탐구하였다. 로마서에 나타난 복음은 특징이 있었다. "복음에는 하나님의 의가 나타나 믿음으로 믿음에 이르게 하기 때문에, 복음은 모든 믿는 자들에게 구원을 주시는 하나님의 능력이다."

루터는 로마서 1장을 연구하면서 마음이 더욱 무거워지고 더 어두워지는 경험을 하였다. 그는 마음속으로 중얼거렸다. "복음도 역시 징벌하시는 하나님의 의를 계시하는 것뿐이고, 십계명과 원죄로 이미 무거운 짐을 지고 있는 사람들을 더욱 더 괴롭히고 고통스럽게 하는 방법만 보여주는구나." 루터가 이런 생각에 잠겨있기 전에도 그의 마음속을 지배하는 감정이 있었다. 의를 요구하는 잔인한 하나님에 대한 격렬한 증오심이었다. 하나님은 언제나 인간에게 사랑을 요구하시나, 실제로 창조물인 인간은 하나님을 사랑할 수 없게 만드셨다는 것을 생각하면 증오심이 더욱 들끓었다.

루터는 수도원 망루에 있는 그의 작은 방에서 격정에 쌓여 있었다. 상처받고 혼돈된 마음으로, 사도 바울의 로마서를 읽었다. 사도 바울이 본문을 통해 전하고자 하는 본 뜻이 무엇인지 알아내기 위한 갈망으로 본문을 원어로 읽고 또 읽었다. 여러 밤낮을 고민하는 가운데, 본문의 문맥을 보다 자세히 분석해보고 싶은 생각이 났다. 복음에 하나님의 의가 나타났다. 오직 의인은 믿음으로 말미암아 살리라. 루터는 드디어 결론에 이를 수 있었다. 사도 바울이 말하는 의는 사법적으로 심판하는 하나님의 의라기보다, 하나님의 용서하시는 의로, 하나님의 자비로 하나님께서 우리를 의롭게 하시는 것이다. 기록된 바 오직 의인은 믿음으로 말미암아 살리라.

그 다음, 루터는 이렇게 말했다. "그 경험은 내가 천국의 열린 문으로 들어가고, 내가 새로 거듭나는 것과 같았다. 성경 전체가 갑자기 전혀 새롭게 다가왔다. 나는 기억나는 대로 성경 전체를 살펴 비슷한 표현들을 모두 찾아 모으기 시작했다. '하나님의 역사'는 하나님께서 우리 안에서 역사하시는 것이다. '하나님의 능력'은 그 능력을 통해 우리를 강하게 하시는 능력이다. '하나님의 지혜'는 그 지혜를 통해 우리를 지혜롭게 하시는 것이다. 지금까지 그토록 증오했던 '하나님의 의'라는 용어가, 이제는 내게 너무도 귀하고 감미롭게 느껴졌다. 사도 바울의 로마서 말씀이 내게 천국 문으로 들어가는 참된 진리가 되었다."[1]

---

1) Heinrich Boehmer, *Road to Reformation*, J. Doberstein and T. Tappert, translators,

이것은 루터의 놀라운 신학적 발견이었다.

루터는 이렇게 하나님의 의에 대한 신학적 이해에 있어서 철저한 변화를 경험하였다. 한 작가는 그것은 신학에 있어서 '코페르니쿠스적 혁명'이라고 기술하였다. 신학적 관점이 변하였다. 기본 초점이 인간 주도적인 인간 행위에서 하나님 주도적인 하나님의 행동으로 변한 것이다. 신학이 인간 중심의 신학에서 하나님 중심의 신학으로 변한 것이다. 루터의 새로운 신학적 사고는, 우리가 공로를 세우지 않아도 우리에게 거저 주시는 하나님의 은혜에 대한 성경적 의미를 재발견하였다. 루터는 하나님의 의에 대한 새로운 신학적 이해를 갖게 되었다. 하나님의 의는 우리가 믿음으로 받는 하나님의 선물이다. 이것은 루터의 신학적 패러다임을 완전히 바꾸어 놓았다.

루터는 말했다. "구원은 하나님과의 새로운 관계이다. 하나님의 약속에 대한 믿음을 기초로 하기에 구원은 우리의 공로와 상관이 없다." 구원받은 인간은 온전히 용서받았지만, 아직 죄인이다. 기쁜 소식, 복음의 개요는 분명하다. 우리가 하나님을 절대적으로 믿을 수 있으며, 우리 죄를 용서하는 하나님의 말씀을 의지할 수 있다는 것이다.

우리는 루터가 언제 이런 신학적 발견을 하였는지 정확한 햇수는 잘 모른다. 우리가 아는 것은 1517년, 도미니쿠스회 소속 수도사인 요하네스 테첼(Tetzel)이 강 건너 인근 지역에 와서 면죄부를 팔기 시작했다. 전에 언급한 바와 같이, 전체 면죄부는 대단한 위력을 가졌다. 이 면죄부를 자신이 사거나, 남을 위해 사면, 그 사람의 모든 죄의 일시적 형벌이 용서받고 연옥에 있는 영혼이 즉시 석방된다고 하였다. 중세사상은 이러하였다. 예수님께서 우리 죄의 영원한 형벌을 치르셨고, 각 개인은 일시적 형벌을 치러야만 하는데, 이 세상에서 충분한 고행을 하든지, 아니면 죽은 후에 연옥에서 시간을 보내야만 한다. 중세사상에 따르면, 이것은 연옥의 불 가운데서 수천 년을 고통하며 보내는 것을 의미하였다. 교회는 교황이 권위를 가지고 성인들이 쌓아놓은 넘치는 공적을 일반 죄인들에게 전가할 수 있다고 가르쳤다. 그리하여 죄인이 연옥에서 보내는 시간의 전부나 일부를 탕감할 수 있다고 하였다. 바로이스(Georaes Barrois)에 따르면, 전형적인 중세 가톨릭 교인들은 지옥보다도 연옥을 더 무서워하였다.

(Philadelphia: Muhlenberg Press,1946), 110.

교회에서 성장한 신실한 믿음의 자녀들은 지옥을 피할 수 있으나, 모든 사람들이 연옥에서 일정한 시간을 지내야한다고 믿었다. 루터의 영주, 선제후 프레데릭은 전 유럽에서 성인과 순교자의 '유품들'을 수집하였다. 누구든 그 성물(聖物)들을 경배하면, 경배자가 연옥에서 보내야 할 2만 년 이상을 면제받을 수 있었다. 얼마나 놀라운가! 중세 신앙에 있어서 '유품들'은 아주 중요했다. 유품에는 여러 성인들의 뼈들, 근거없는 진짜 십자가 조각들, 유리병에 넣어진 성모 마리아의 젖, 또는 가시 면류관의 남은 조각들이 포함되어 있었다.

그런 까닭에, 연옥으로부터 해방된다는 약속은 누구도 거부할 수 없는 제안이었다. 이런 상황에서 능력있는 세일즈맨 테첼(Tetzel)이 나타나 면죄부를 팔기 시작하였다. 그의 판매 전략은 탁월하였다. "동전이 금고에 떨어지는 순간, 당신이 사랑했던 그분의 영혼이 즉시 연옥에서 해방되어 천국으로 날아갑니다!"

당시 교황 레오 10세는 독일지역에서의 면죄부 판매를 마인쯔(Mainz)의 대주교였던 알브레히트(Albrecht, 1490-1545)에게 위임하였다. 그는 여러 성직을 겸임한 자로서 면죄부 판매 수입으로 교황에게 진 빚을 갚도록 내락 받았다. 알브레히트는 원래 평신도였고, 감독이 되기에는 너무 어렸으나, 마인쯔의 대주교가 되고 싶어 하였다. 알브레히트는 엄청난 돈을 지불하였고, 교황은 알브레히트를 대주교로 승인하였다. 그는 독일의 푸거 집안 은행에서 돈을 빌렸기 때문에 그 돈을 다시 갚아야만했다. 그는 면죄부를 팔아 필요한 자금을 만들기로 합의하였는데, 반은 알브레히드 빚을 갚는 데 쓰고, 나머지는 로마에 건립 중인 성 베드로 대성당을 짓는 비용으로 쓰기로 하였다. 이제 우리는 장엄한 성 베드로 대성당 건물이 어떻게 건축되었는지 알게 되었다. 성당 건축비 일부는 면죄부를 팔아 모은 자금으로 충당된 것이다. 이 사실은 개신교 종교개혁을 촉발시켰다.

프레데릭은 자신의 영토에서 도붓장사치인 테첼이 면죄부를 판매하는 것을 허락하지 않았지만, 사람들은 강을 건너 테첼에게 가서 면죄부를 사곤하였다. 루터가 이 사실을 발견하였다. 자기 교구에 속한 신자들이 강을 건너가 면죄부를 사들고 돌아오는 것을 보았다.

루터는 격노했다. 이런 면죄부는 루터가 복음에 대해 믿게 된 모든 신앙을 부정하는 행동이었다. 당시 루터는 신자들에게 말씀을 가르쳐야 할 책임을 갖고 있었다. 그리하여 루터는 면죄부 이슈에 대한 신학적 논쟁을 일으키기 위해, 95개조 반박문을 작성하였다. 반박문은 그리 급진적이거나 선동적이지 않았다.

무엇보다, 루터는 참된 기독교인은 하나님의 징계를 피해서는 안 된다고 주장하였다. 하나님께 자신을 유익하게 하기 위한 것이기 때문이었다. 루터는 만일 교황이 연옥에 있는 불쌍한 영혼을 해방시키는 능력이 있다면, 그 일을 하는 데 돈을 받지 말아야 한다고 제안하였다. 이것은 교황을 무척 난처하게 하였다. 루터는 반박문을 라틴어로 작성하여 비텐베르그 교회 문에 붙였다. 그것은 학문적 토론을 하는 정상적인 방법이었다. 루터의 반박문은 곧 바로 독일어로 번역되어 널리 유포되었다. 이것은 건초더미에 성냥불을 던진 것과 같았다. 당시 독일인들은 로마에 높은 세금을 내야 했기에 분노가 독일인들 가운데 널리 퍼져있었다. 이제 루터가 로마 가톨릭교회의 모든 신학적 근거에 도전장을 낸 것이었다.

한 수사가 루터에게 편지를 보냈다. "마르틴 형제여, 당신이 옳습니다. 그러나 당신은 이제 오래 살지 못할 것이기 때문에, 수도원 독방에 가서 이렇게 기도하시오. '하나님, 죄인인, 제게 자비를 베푸소서.'" 테첼은 말했다. "나는 이 이단자 루터를 2주일 내에 화형에 처하게 할 것이다." 루터가 살아남을 것이라고 본 사람은 거의 없었다. 하지만 하나님의 섭리 가운데, 그리고 역사적 상황 때문에, 루터의 개혁운동은 성장하였다.

루터는 처음에 교황도 자기를 후원할 것이라 생각하였다. 당시 루터는 교황 레오 10세 보다 가톨릭 교리를 훨씬 더 많이 알고 있었다. 레오 10세는 부패로 악명 높은 메디치가(家)에 속해 있었다. 레오 10세는 이렇게 말했다고 한다. "하나님께서 우리에게 교황권을 허락하셨으니, 이제 교황권을 즐기자."

루터는 즉시 '색슨 후스'(Saxon Huss)라 불렸다. 영국을 정복한 게르만 민족을 의미하는 '색슨'과 14세기 보헤미아의 종교 개혁가 '후스'를 결합시킨 별명이었다. 루터는 처음에 그 별명을 거부하였다. 후스를 이단자로 보았기 때문이었다. 하지만 루터는 후스의 글을 읽고 나서 결론에 이르렀다. 후스는 이단자로 알려졌지만 그가 옳았다.

1520년 루터는 세 편의 유명한 논문을 작성하였다. 3대 본문 중 하나는 "독일 크리스천 귀족에게 보내는 글"이었다. 그 논문에서 루터는 교황이 교황권을 행사하기 위해 쌓아놓은 세 가지 부벽(扶壁)이 있는데, 이제 그가 그 세 가지 부벽들을 무너뜨리기 시작할 것이라고 하였다. 첫 번째 벽은 세속적 계급 위에 있는 영적 계급이다. 모든 신자들이 사제들이기 때문에, 이제 그런 주장은 가치가 없다. 이것은 교황만이 성경을 해석할 수 있다는 주장을 무너뜨렸다. 루터는 교황만이 아니라 세속적 권위를 가진 사람들도 의회를 소집하여 교회를 개혁할 수 있다고 주장하였다. 루터는 세 번째 벽을 허물었다. 루터는 사제들의 결혼, 탁발 수도회(Mendicant Orders)의 구걸 금지, 창녀촌의 폐쇄, 그리고 엄청난 감세와 교회 직분자 감축을 포함한 포괄적인 교회 개혁 프로그램을 제시하였다. 루터는 모든 신자들이 사제들로 부름받았다고 하였다. 루터는 민족주의적 기고문을 통해 독일 지도자들이 의회를 조직하여 교회를 개혁해야 한다고 주장하였다. 루터는 말했다. "우리는 로마의 착취에 대항하여 분연히 일어서야만 한다." 루터의 그 독일어 기고문은 독일인들 가운데 널리 퍼져 나갔다.

두 번째 논문은 "교회의 바벨론 감금"이다. 루터는 주장하였다. 이 글은 "독일 크리스천 귀족들에게 보내는 글"을 발표한 지 2개월 후에 나온 글이다. 이 글은 당시 가톨릭교회의 잘못된 성례관을 신학적으로 반박한 글이다. 루터는 실제적인 교회의 바벨론 감금은 교황이 프랑스 아비뇽이 있었던 것이 아니라 성례전에 관한 교회의 가르침이라고 하였다. 성례의 유일한 가치는 하나님의 약속에 대한 증거로, 성례는 그리스도와 사죄에 참예하는 하나님의 약속으로 인도하는 것이다. 성례는 믿음을 강화한다. 루터는 가톨릭의 7가지 성례 가운데 2가지 성례인 세례와 성만찬만을 인정하였다. 그는 성지순례와 공덕(功德)은 인간이 만든 것으로 믿음으로 거저 받는 사죄의 약속에 대한 대체물이라고 지적하였다. 루터는 화체설에 회의를 보였고 성만찬이 하나님께 드려지는 희생이라는 교리를 거부하였다. 그는 다른 로마 가톨릭 성례는 성경적 근거가 없다고 주장하였다.

세 번째 논문은 "크리스천의 자유"였다. 루터는 이 논문에서 기독교인 삶의 모순을 서술하였다. "크리스천은 가장 자유로운 만물의 주인이며, 아무에게도 예속되지 않는다. 크리스천은 가장 충성스러운 만물의 종이며, 모든 사람에게 예속한다." 크리스천은 믿음으로 의롭게 되었기 때문에 자유롭다. 율법 아래 있지 않고, 그리스도와 새로운 개인적 관계 안에 있기에 자유롭다. 그는 하나님의 뜻에 따라 사랑에 매여 살아야 하기에 이웃을 섬기는 종이다. 그러므로 루터에게 있어서 복음의 핵심은 믿음을 통해 오는 죄사함이다. 그것은 그리스도와 함께 하는 개인적으로 살아있는 변혁적 관계이다.

이런 식으로, 1520년 루터는 성경의 핵심 메시지를 바탕으로 자신의 기본 신학을 정립하기에 이르렀다.

　1521년, 루터는 보름스(Worms)에 출두명령을 받았다. 루터는 유럽에서 가장 강력한 황제와 제국의 최고회의 앞에서 자신의 사상을 철회하거나 변호해야만 하였다. 그는 안전보장을 받았다. 하지만 그는 보헤미아의 개혁자 후스도 콘스턴스(Constance)로 갈 때 비슷한 약속을 받았음에도 화형에 처해졌음을 잘 알고 있었다. 루터는 보름스 의회에서 자신의 사상이 성경에 위배되지 않고 확실한 이유가 없기에 철회할 수 없다고 하였다. 그는 선언하였다. "성경과 명백한 이성에 의해 확신되지 않는 한 나는 교황들과 종교 회의들의 권위를 수락하지 않겠소. 양심을 거스르는 것은 옳지도 않고 안전하지도 않소. 하나님이여, 나를 도와주소서! 아멘." 이것은 역사에 나타난 위대한 한 순간이었다.

　루터의 개혁운동은 신속하게 퍼져갔다. 하지만 중세 패턴에 따라 전파되었다. 중세시대에는 특정 지방이나 국가에 사는 모든 사람들이 같은 종교를 가져야한다고 생각하였다. 당시 종교적 다원주의 개념은 존재하지 않았다. 사람들은 종교적 일치가 없이는 정치나 사회적 일치가 있을 수 없다고 추정하였다. 특정 지역이 로마 가톨릭으로 남을 것인지 루터교가 될 것인지는 백성이 아닌 군주가 결정하였다. 어떤 군주들은 깊은 신앙심으로 종교를 결정하고 다른 사람들은 정치적 득실에 따라 결정하였다. 사람들은 그 결정을 따르든지 아니면 도망쳐야 했다. 이것은 가톨릭이나 루터교나 모두에게 적용되는 규율이었다. 이런 과정을 거쳐, 독일 각 지방들은 루터파가 되든지 로마 가톨릭으로 남았다. 극소수 지방은 칼뱅주의를 따랐다.

　루터는 초기 저작에서 참된 신자들의 교회, 신자들의 공동체를 주장한 것으로 보였다. 그는 국교가 되어야 하는지에 대해서는 일부 양면성을 보이기도 했다. 교회의 문제는 기독교왕국 모델에 있었다. 이 모델에 따르면, 각 개인은 세례를 받고 교회 회원이 되었다. 이것은 우리가 오직 개인 신앙에 의해 의롭다함을 받는다는 기본 개념을 부정하였다. 하지만 루터는 아주 보수적인 사람이었다. 루터 추종자들이 루터사상을 루터가 바라는 것보다 더 진취적으로 실행하였다. 그는 재세례파를 관찰하고 나서 그런 운동은 사회구조를 파괴할 것으로 보고 염려하였다. 루터는 일부 이런 사회적인 관심과 일부 정치적 당위성에 따라, 군주가 특정지역의 백성들의 종교를 결정하는 것을 수용하였다. 그리하여 독일 여러 지방에 루터교를 국교로 하는 교회가 설립되었다. 국가가 감독을 임명하고, 모든 국민들은 세례를 받아야 했다. 이것은 12세기 동안 계속된 기독교왕국 모델을 유지하는 것이었다.

가톨릭 군주들은 처음에 개신교 종교개혁을 무력을 동원하여 짓밟아버리려 하였다. 하지만 터키족이 공격해 왔다. 터키족은 서유럽으로 진행하면서 오스트리아의 빈의 입구에 도착해 있었다. 가톨릭 군주들은 터키족을 물리치기 위해 강한 가톨릭 국가라도 개신교와 동맹이 필요하였다. 그런 까닭에, 인간적인 관점에서 보면, 터키족의 공격이 개신교 종교개혁을 구조하였다.

일부 학자들은 루터와 칼뱅이 선교적 비전을 갖지 않고 재세례파의 선교활동을 지지하였다고 비난하였다. 그 관점은 틀렸다. 스칸디나비아로 간 루터교 선교사들은 중세 기독교왕국 선교패턴을 따랐다. 그들은 군주를 새로운 루터교 신앙으로 인도하고, 루터교 모델에 따라 교회를 개혁하였다. 우리는 칼뱅주의자들도 기독교왕국 모델을 따랐고, 프랑스를 비롯한 일부 지역에서는 회중교회를 형성하였음을 보게 될 것이다. 재세례파는 기성교회에서 나온 성인 개종자를 중심으로 회중교회를 형성하였다. 그것은 그들의 교회에 대한 이해와 교회의 사회와의 관계를 설정하면서 그들의 선교방법을 결정하였기 때문이다.

루터교 선교사 대부분은 루터의 학교 제자들이었다. 그들은 루터운동을 덴마크, 노르웨이, 스웨덴, 그리고 핀란드로 전파하였다. 그들 가운데 가장 탁월한 사람은 수사 출신으로 덴마크에 루터교를 국교로 삼은 요하네스 부겐하겐(Bugenhagen)이었다. 노르웨이 국왕이 루터에게 노르웨이에도 선교사를 파송해 달라고 부탁하였다는 증거자료도 있다. 당시 노르웨이는 덴마크 지배를 받고 있었다. 루터교가 덴마크 지배의 수단으로 여겨졌기 때문에, 그곳에서의 종교개혁은 더디게 진행되기도 하였지만, 그곳도 결국 종교개혁을 수용하게 되었다.

여기서 우리는 11세기에 영국 출신 켈트족 선교사들이 스칸디나비아를 복음화했던 사실을 기억할 필요가 있다. 스칸디나비아 교회들도 이제는 국교가 되었고, 로마와는 느슨한 관계만 유지하고 있었다. 결국, 스칸디나비아 국가들인, 덴마크, 스웨덴, 노르웨이, 그리고 핀란드는 루터교를 국교로 수용하였다.

스웨덴 왕 구스타부스 바사(Gustavus Vasa)는 1523년부터 1560년까지 권좌에 있었다. 그는 고문관과 함께 성경의 권위와 왕궁관리 하에서 교회재산의 공유화를 기본으로 하는 개혁 프로그램을 시작하였다. 16세기 초 서유럽에서 경작할 수 있는 땅의 3분의 1 이상을 로마교회가 소유하고 있었다. 이것은 교회가 소유한 땅은 세금을 내지 않았기에, 교회가 국가에서 가장 강한 경제력을 가지고 있다는 것을 의미하였다. 그런 까닭에 교회의 종교개혁은 정치와 경제에 간여할 수밖에 없었다. 교회가 개혁되면, 그 땅은 누가 차지할 것인가? 힘있는 귀족들은 경제적 동기로 교회 땅을 차지하려고 하였다. 존 낙스는 스코틀랜드에서 교회 땅을 가지고 공교육의 기초로 삼으려 하였지만, 귀족들이 교회 땅을 대부분 다 차지하고 말았다. 낙스는 다른 개혁자들과 같이, 신학과 교회구조와 함께 사회, 교육, 그리고 경제적 이슈들에 대해 숙고하고 염려하였다. 이런 이슈들은 신학과 분리될 수 없는 이슈들이다.

스웨덴은 사회개혁을 어느 정도 성공적으로 이루었다. 교회개혁은 어느 정도 사회개혁과 맞닿아 있다. 루터와 함께 비텐베르그에서 공부했던 올라부스 페트리(Olavus Petri)는 널리 다니며 설교하였다. 그와 왕의 고문관 안드레아스는 신약성경을 스웨덴 말로 번역하였다. 스웨덴어 성경이 스웨덴어로 출간된 최초의 문학작품이었다. 종교개혁은 스웨덴어로 된 복음주의적 작품들이 나올 수 있도록 자극하였다. 이런 문학작품들이 현대 스웨덴 문학의 기초가 되었다.

우리는 이런 문학적 패턴을 다른 곳에서도 볼 수 있다. 첫째, 신약성경의 번역이 있고 나서, 지방어로 쓴 다른 복음주의적 문학작품들이 뒤따랐다. 핀란드에서 종교개혁을 주도한 지도자는 아그리콜라(Agricola) 대주교였다. 그는 핀란드어 문학의 아버지로 여겨진다. 그도 루터와 함께 비텐베르그에서 공부하였다. 우리는 핀란드에도 같은 패턴이 반복되고 있음을 본다. 아그리콜라는 신약성경을 번역하였고, 1548년 출간하였다. 다른 복음주의적 문학작품들이 뒤를 이었다.

이렇게 루터교 선교사들은 문화적 장벽을 넘어 북유럽 나라들로 갔지만, 중세 기독교왕국 모델을 따랐다. 그들은 군주를 설득하고 개종시켜, 교회를 개혁하고 변화시켰다. 이것은 백성들 대부분이 새로운 신학사상을 이해했거나 수용했다는 것을 의미하지 않았다. 하지만 이런 기독교왕국 패턴은 교회 지도자들에게 사람을 가르치고 교회를 재조직하는 기회를 제공하였다. 이런 방식은 지역에 따라 다르지만 성공적으로 추진되었다. 우리가 아는 바와 같이, 한 세기 후 경건주의는 종교개혁을 한 걸음 더 발전시켰다.

루터는 아주 복잡한 인물이었다. 학자들은 루터가 여러 이슈들에서 양면적인 모습을 보여주고 있는 자료들을 제시할 수 있을 것이다. 그는 간혹 자신의 감정에 따라 말하기도 하였다. 루터의 저술들과 "탁상 담화문"(table talk)은 도서관을 채우고 있다. 루터는 한 번은 유대인과 터키인을 매도하기도 하였고, 다른 한 번은 그들을 개종시켜야 한다고 말하기도 하였다. 한 번은 농군에게 좋은 환경을 제공하는 일을 후원하였지만, 그들의 반란은 공공연히 비난하였다. 그에게 가장 중요한 일은 교회의 개혁과 복음 선포였다. 그는 자신의 목표를 위협하는 그 어떤 것에 대해서도 강하게 맞서 싸웠다. 루터의 열정은 그를 간혹 난폭하게 하였다. 그럼에도 불구하고 우리는 루터의 위대함을 인정해야 한다. 루터는 한 사람의 크리스천, 신학자, 그리고 개혁자로서 훌륭하였다. 한 걸음 더 나아가, 루터는 탁월한 성경번역을 통해, 독일인들에게 표준어를 제공해 주었다.

3. 칼뱅(Calvin)

은사가 중요하다. 우리가 칼뱅의 생애를 살펴보기 전에, 나는 한 가지 중요한 주장을 하고 싶다. 신자들이 신자들에게 주어진 은사를 발견하고 은사를 사역에 사용하며, 은사를 사용하도록 격려받으면, 교회의 복음전도와 긍휼사역 및 사회변혁이 보다 효과적이 된다. 역사는 전반을 통해 이런 수많은 실례들을 보여준다. 초기 칼뱅주의, 초기 재세례파 운동, 그리고 전반적인 갱신과 부흥운동이 그러하였다. 이 주제에 대해서는 복음주의 부흥운동에서 좀 더 자세히 다루게 될 것이다.

이것이 오순절주의가 성공한 가장 중요한 이유들 가운데 하나이다. 오순절 운동은 사람들에게 은사를 발견하고 사역에 사용하라고 격려하였다. 부흥운동에서의 은사는 지금까지 교회 내에서 이루어지는 사역에 초점을 맞추었지, 사회 전반에 초점을 맞추지는 않았다. 하지만 일부 지역에서 긍정적인 변화의 징조가 있다. 중앙아메리카의 예를 들면, 오순절 운동은 수천의 어린이들을 위해 훌륭한 초등학교들을 설립하여 사회를 변화시키는 데 사용하였다.[2] 여러 성령의 은사들이 교회 안에서 사용되지만, 다른 성령의 은사는 우리가 살아가는 사회에서 하나님의 관심을 보여주는 데 사용되어야 한다는 사실을 인식해야 한

---

2) cf. Douglas Peterson, *Not by Might nor by Power, A Pentecostal Theology of Social Concern in Latin America* (Oxford: Regnum, 1996).

다. 개혁교회들인, 칼뱅주의, 청교도, 경건주의 교회들 가운데 은사의 두 가지 측면이 잘 균형잡힌 모습으로 나타났다. 우리는 너무도 자주 한쪽으로 치우치는 경향이 있다.

이제 칼뱅을 만나기 위해 제네바로 가 보자. 1536년, 개신교 종교개혁이 19년 동안 놀랍게 퍼져나갔다. 쯔빙글리(Zwingli)는 취리히가 개혁사상을 수용하게 하였다. 중부유럽에는 여러 개혁자들이 활동하고 있었다. 그 가운데 한 사람이 윌리엄 파렐(Farel)이었다. 그는 레페브르(Jacques Lefevre)의 제자였다. 불타는 전도자 파렐은 제네바에 도착하였다. 당시 제네바는 변화의 소용돌이 속에서 소란스러웠다. 파렐은 공개집회를 열고 개신교 사상을 설파하였다. 여러 해 동안, 제네바는 사보이 공작(Dukes of Savoy)의 통치를 전복시키고 그들이 임명한 감독을 물러나게 하면서 갈등하였다. 여러 의회들이 도시를 통치하는, 단호하면서도, 더 민주적인 정치전통이 시작되고 있었다. 드디어 성인남자 시민들로 구성된 총회를 조직하게 되었다. 제네바에는 여러 형태의 반가톨릭 시위가 일어났고, 우상 파괴 폭동에서 절정에 달했다.

1536년, 마침내 제네바 정부는 종교개혁을 수용하고 프로테스탄트로 돌아섰다. 이것은 종교적인 결정이기 보다 정치적인 결정이었다. 제네바 정부는 그들이 '하나님의 말씀과 이 거룩한 복음주의 법칙에 따라 살기로' 결정하였다. 그것은 새롭게 시작할 수 있는 놀라운 기회였다. 하지만 '개혁한다는 것'은 무엇을 의미하는가? 개혁의 명확한 내용이 없었다. 제네바는 인구 1만 명의 도시였다. 그들은 기독교인의 신앙과 생활에 대해 거의 알지 못했다. 이슈는 제네바가 선언한 '하나님의 말씀과 이 거룩한 복음주의 법칙에 따라 살기로' 결정한 내용을 어떻게 실천하느냐 하는 문제였다.

이제 잠시 제네바를 접어두고, 칼뱅에게로 시선을 돌려보자. 그는 1509년 7월 10일 프랑스 파리 북부의 작은 마을 누아용(Noyon)에서 태어났다. 그의 아버지는 교회 감독의 비서로 교회재정을 관리하였다. 그의 아버지는 평민이었지만, 감독과 귀족들과 좋은 인간관계를 갖고 있었다. 아버지는 아들 칼뱅의 총명함을 보고 교회를 위해 훌륭한 인물이 되어주기를 바랬다. 아버지는 14세 된 칼뱅을 파리에 있는 대학으로 유학하게 하였다.

칼뱅은 고향 귀족 자제들과 함께 동반하였다. 그는 감독으로부터 성직록(聖職祿, benefice) 두 개를 받았다. 성직록은 사람들이 교회에 헌납한 토지에서 나오는 수입이었다. 감독이 제공한 성직녹은 칼뱅이 경제적으로 독립할 수 있었다는 것을 의미한다. 칼뱅이 만일 25세가 되기까지 사제로 안수를 받았다면, 그는 그 성직녹을 평생 받을 수 있었을 것이다. 우리는 이 사실을 기억할 필요가 있다.

얼마 후, 칼뱅의 아버지는 감독의 신임을 잃게 되었다. 그것은 젊은 칼뱅의 미래가 더 이상 밝지 못하게 되었음을 의미하였다. 그래서 아버지는 1528년 칼뱅을 오를레앙(Orleans) 대학으로 보내 법학을 배우게 하였다. 그 대학 교수 가운데 한 분이 비밀스럽게 루터교를 따랐다. 우리는 칼뱅이 그 교수로부터 신앙적인 영향을 얼마나 받았는지 잘 모른다. 아버지가 돌아가신 후, 경제적으로 자립하고 있던 칼뱅은 파리로 다시 돌아왔다. 칼뱅은 고전을 공부하여 인문학자가 되고 싶어 했다. 1533년 칼뱅은 처녀작으로『세네카의 관용론 주석』을 썼다. 하지만 칼뱅은 당시 종교적 이슈에 대해서는 별 관심을 보이지 않았다. 그럼에도 불구하고 루터 사상과 다른 개혁자들의 사상은 인구에 회자되고 있었고, 많은 사람들이 개혁을 원하고 있었다. 1529년 레페브르의 제자였던 루디 드 베르깽(Louis de Berquin)이 개신교 사상을 가졌다는 이유로 화형에 처해졌다. 1533년 중반에서 1534년 초까지 칼뱅은 발도파 옷을 입은 상인 에티언느 포르쥬(Forge) 집에 머물렀다. 칼뱅이 포르쥬 집을 떠나고 얼마 되지 않아, 그도 화형을 당하였다. 칼뱅이 그 집에 머물면서 무슨 이야기를 나누었는지 기록된 자료가 없어, 우리는 미루어 짐작할 뿐이다.

칼뱅은 루터와 달랐다. 칼뱅은 아주 사적인 인물이었기에 자신의 개종경험에 대해 자세한 글을 남기지 않았다. 그가 쓴 책 가운데, "갑자기 개종했다"고 기록하였다. 그는 "하나님의 섭리에 의해, 그리고 성경을 통해서 말씀하시는 하나님의 뜻에 순종함으로 이렇게 되었다"고 하였다. 우리가 아는 것은 그때가 1534년 25세가 되기 전이었다는 사실 뿐이다. 칼뱅은 나이 든 레페브르를 방문하였다. 그를 방문하고 누아용으로 돌아 온 칼뱅은 경제적으로 그를 후원해 준 성직녹을 포기하였다. 이것은 그의 신앙과 인생관에 커다란 변화가 일어났음을 분명히 보여준다. 그는 사제 서품을 거부하고 교회에서 받던 사례비를 포기하였다. 우리는 칼뱅이 그 이후 2년 동안 어디서 살았는지 잘 알지 못한다. 아마 파리를 떠나 피신하였고, 박해받는 개신교 신자들을 가까이 경험하였을 것이다. 1536년『기독교 강요』(Institutes of the Christian Religion) 초판이 출간되었다.

이 책은 가명으로 출판되었다.『기독교 강요』는 초기 교부들의 신학에 기초한 칼뱅의 역사적 신앙 이해를 해설하였다. 칼뱅이『기독교 강요』를 쓴 두 가지 이유가 있다. 첫째는 성장하는 프랑스 개신교 운동을 지도하기 위해서였다. 둘째는 칼뱅이 서문에 기록한 바와 같이, 왕에게 개신교는 정부를 전복시키려는 자들이 아니라, 그들은 초기 교부들이 가르치고 믿었던 신앙을 따르는 자들이라는 것을 보여주기 위해서였다.

당시 칼뱅은 알려진 유명인이 되었다. 칼뱅은 영적인 자문을 구하는 여러 사람들과 서신왕래를 하고 있었다. 그 중 한 사람이 페라라(Ferrara)의 공작부인이었다. 그녀를 방문하고 프랑스로 돌아오는 길에, 칼뱅은 제네바에서 하룻밤을 머물게 되었다. 당시 제네바는 개신교로 선언한 지 얼마 되지 않은 상태였다. 파렐(Farel)은 친구를 통해『기독교 강요』를 쓴 칼뱅이 제네바에 유숙한다는 소식을 들었다. 당시 칼뱅은 아는 사람이 별로 없는 제네바에서 여행의 피로를 풀기 위해 어떤 여관에 들어가 잠자리에 들려하였다. 그런데 한 사람이 그를 찾아왔다. 제네바에서 개혁운동을 하던 파렐이었다. 파렐은 칼뱅에게 겸손한 태도로 제네바에 머물며 개혁운동의 지도자가 되어 도와달라고 간청하였다. 칼뱅은 자기가 본래 내성적이고 겁이 많은 성격이라 어렵다고 거절하였다. 자신은 복잡한 문제에 개입하기 싫어하며 스트라스부르그로 가서 조용하게 연구생활에 몰두하겠다고 하였다. 파렐은 요나의 예를 들면서 칼뱅의 결심을 촉구하였다. "당신은 휴식 외에는 아무것도 관심이 없군요! 하나님의 부르심에 귀를 기울이지 않는 한, 하나님은 축복하지 않을 것이오. 나는 당신의 휴식과 연구를 저주하기 바라오!" "만일 당신이 제네바에 머물지 않는다면, 하나님께서 당신을 확실히 심판하실 것이오!" 칼뱅은 당시 상황을 설명하면서, "그때 나는 파렐의 무서운 엄명이 무서워 견딜 수 없이 떨렸다. 그의 음성은 마치 높은 보좌에서 들려오는 하나님의 음성 같았다." 그때 "하나님께서 나를 불구덩이 속으로 밀어 넣으셨다!"고 하였다.

칼뱅은 요직을 맡지 않았다. 그가 맡은 직함은 제네바 교회의 목사직뿐이었다. 그렇다 할지라도, 그가 가진 지성과 인격의 힘(force)은 제네바 개신교 운동의 핵심적 인물이 되게 하였다. 그의 이름이 시청관리들에게 알려지지 않은 때, 시청관리는 그를 "그 프랑스 사람"으로 기록하였다.

칼뱅과 파렐은 제네바에서 함께 사역하였다. 하지만 그들은 시의회와 성찬

집례문제로 의견충돌이 일어났다. 성찬을 어떻게 집례하고, 누가 성찬에 대한 결정권을 갖느냐 하는 문제였다. 칼뱅은 세속 정치가들은 성찬식에 대해 어떤 결정도 할 수 없다고 주장하였다. 그 결과 칼뱅과 파렐은 제네바에서 추방되었고, 칼뱅은 스트라스부르그에 가서 프랑스 개신교 망명자들 500명을 목회하였다. 그곳에서 칼뱅은 그들과 함께 찬양하고 목회를 즐겼다. 칼뱅은 이돌레트 뷰렌(Idollet von Buren)과 결혼하였는데, 부인이 곧 죽었다. 후일 사람들이 칼뱅을 조롱하면서 아들도 하나 없는 사람이라고 할 때, 칼뱅은 이렇게 대답하였다. "나는 수많은 영적 자녀들이 있습니다."

제네바는 혼란이 가중되었다. 상황이 심각한 지경에 이르고, 칼뱅을 지지하는 세력이 다시 득세하였다. 제네바 지도자들은 대표단을 스트라스부르그로 파견하여, 칼뱅에게 다시 제네바로 돌아와 달라고 간청하였다. 칼뱅은 과거 불행했던 순간들을 기억하며 제네바로 돌아가는 것을 두려워하였다. 그러는 동안 파렐로부터 편지를 받았다. "칼뱅, 제네바의 돌들이 오라고 부르짖을 때까지 기다리겠느냐?" 칼뱅은 편지를 받고 눈물을 흘렸다. 하나님의 강한 부르심을 느꼈기 때문이었다. 칼뱅은 다시 제네바로 향하였다.

칼뱅의 업적 가운데 탁월한 것은 목사와 평신도가 함께 참여하는 교회 정치구조를 만들었다는 데 있다. 그 결과 교회구조가 장소에 구애받지 않고 이동할 수 있게 되었다. 정부가 적대적으로 대하는 경우에는 한 곳에 머물 필요가 없었다. 칼뱅주의 교회들은 세속정부의 재가에 의존하지 않았다. 칼뱅주의자들의 모임은 스페인이 통치하는 로마 가톨릭 국가인 네덜란드에도 생겨났다. 칼뱅주의 교회는 왕이 로마 카톨릭을 선호하는 프랑스에도 생겨났다. 평신도가 참여하는 교회정치 시스템은 칼뱅주의를 영국 청교도 가운데서 성장하게 하였고, 스코틀랜드 장로교 내에서도 성장하게 하였다.

세속 정부와 독립된 교회정치 방법은 독립적인 교회활동을 가능하게 하였다. 그것은 루터교나 로마 가톨릭교회는 상상할 수 없는 방법이었다. 중국, 에티오피아, 큐바에서 성장하는 가정교회들은 독립적인 교회활동의 중요성을 보여준다. 무엇보다 교회구조에 평신도를 포함하는 것이 얼마나 중요한지를 확실히 보여주고 있다. 칼뱅주의가 교회론에 가장 크게 공헌한 것은 교회구조 지도층에 평신도를 포함시킨 것이다. 그것이 칼뱅주의 운동에 생명력을 부여하여 핍박 가운데서 살아남게 하였고 정부가 교회에 대해 적대적인 환경에서도 성장하는 동력이 되었다.

당시 제네바 인구는 불어났다. 1만 3천 명의 시민과 7천 명의 피난민들이 있었다. 제네바는 영향력있는 도시가 되어 유학생들이 늘어났다. 제네바는 교육을 강조하였고, 피난민들 가운데 다양한 기술을 가진 탁월한 사람들이 있었다. 제네바는 경제적으로 크게 발전하였다.

칼뱅은 많은 사람들이 언급한 바처럼 완고하고 율법적인 사람은 아니었다. 그의 주변에는 친구들이 많았다. 그 가운데 파리 대학의 높은 위치에 있던 친구들이 많았다. 당연히 칼뱅의 친구들은 뛰어난 젊은이들을 파리 대학으로 이끌었다. 존 낙스는 어느 주일 오후에 칼뱅의 집을 방문하였는데, 칼뱅이 잔디밭에서 볼링을 치고 있었다고 말했다. 주일날 볼링을 치는 칼뱅 이미지는 주일을 철저하게 계율적으로 지킬 것으로 우리가 짐작하는 칼뱅 이미지와는 전혀 다른 모습이다.

여기서 우리는 칼뱅이 참여한 미카엘 세르베투스(Servetus)의 화형 사건을 다룰 필요가 있다. 세르베투스는 오만한 스페인 신학자였다. 그는 백혈구와 혈액의 순환을 연구한 의사였다고 역사에 기록되어 있다. 그는 유대인에게 예수의 가르침을 전파한 신학자였으며, 당시 최고 교리였던 삼위일체설을 부인한 신학자였다. 그는 1553년 남프랑스 가톨릭 종교 재판소에 회부되어 사형을 선고받았으나 탈옥에 성공하였다. 그는 칼뱅에게 2대 원리인 '오직 신앙, 오직 성경'에 대해 장문의 비평 글을 써 보내기도 하였다. 탈옥 후 그는 유대인들에게 참된 신앙을 전파하기 위해 제네바에 나타났다. 그는 제네바에서 칼뱅을 추방하고 리더십을 차지하려 하였다. 제네바 관리들은 그를 심문하였고, 칼뱅은 그를 반대하는 증언을 하였다. 칼뱅은 그를 가톨릭 영토로 보내어, 그곳에서 화형을 당하게 할 수도 있었지만, 자신에게 맡겨진 일에 책임을 지지 않고 책임을 전가하는 것을 용납할 수 없었던 칼뱅은 세르베투스 문제를 자기가 맡아서 처리해야 된다고 생각하였다. 칼뱅은 세르베투스가 다른 영혼들에게 이단적 사설을 전파하여 영생에 이르게 하지 못하게 하는 위험한 인물로 판단하고 살려두어서는 안 된다고 생각했다. 칼뱅은 세르베투스에게 좀 더 편안한 죽음을 허락하려 하였지만, 제네바 지도자들은 만장일치로 사형을 선고하고, 1553년 10월 27일 화형에 처하였다. 세르베투스의 처형 소식이 온 유럽에 퍼지자 각지의 가톨릭 신자들과 개신교도들이 흡족해 했다는 기록이 있다.

당시에는 많은 사람들이 사소한 죄만 있어도 사형 당하던 시대였다. 오늘의 관점에서 보면 이해하기 어려운 시대였다. 많은 죄명은 종교적인 것이었다. 오늘 우리는 종교적 이유로 가하는 어떤 박해도 거부하지만 나는 우리가 당시 상황을 잘 이해할 필요가 있다고 본다. 세르베투스가 제네바에서 처형되었지만, 스페인의 종교 재판소에서 처형한 사람은 수백 명에 이른다는 사실을 알아야 한다. 여러 해가 지난 후, 제네바에 기념비 하나가 세워졌다. 거기에 "요한 칼뱅의 충성스런 영적 제자들인 우리는, 세르베투스를 화형시킨 것을 회개하며 이 기념비를 세운다"는 비문이 새겨져 있었다. 우리는 언제나 우리가 저지른 과거의 실수를 인정하고 회개해야 한다. 더 나아가, 16세기 개신교는 결백하다고 할 수 없지만, 개신교는 이단자를 화형에 처한 것이 성경에 위배되는 행동이었다는 것을 로마 가톨릭보다는 훨씬 빠르게 인정한 것으로 보인다.

제네바와 칼뱅주의의 강조점은 교육에 있었다. 1536년, 제네바가 종교개혁을 수용한 바로 그 해에 시 정부는 모든 어린이들을 위한 의무교육 기관을 설립하는 개혁안을 통과시켰다. 우리가 아는 한, 어린이 의무 교육법은 역사상 처음있는 일이었다. 후일 뉴잉글랜드 청교도들도 의무교육 기관을 설립하였다. 그와는 대조적으로 로마 가톨릭의 포르투갈은 1954년까지 의무교육을 실시하지 않았다. 그때에도 대주교는 의무 교육안에 반대하였다고 한다. 칼뱅은 또한 1559년 제네바에 아카데미를 설립하고 유럽의 유명한 교수들을 초빙하였다. 유럽의 우수한 학생들이 몰려들었다. 그 아카데미는 후일 제네바대학이 되었다. 칼뱅은 생피에르 성당 옆에 있는 작은 예배당에서 학생들에게 신학과 성서학을 강의하였다. 여러 지역에서 몰려온 우수한 학생들 가운데, 존 낙스를 비롯한 여럿은 영국 여왕 '블러디 메리'가 통치하던 1553년부터 1558년 사이에 영국에서 도망쳐 나온 사람들이 칼뱅의 지도를 받았다.

칼뱅의 영향력은 그의 저술들을 통해 퍼져나갔다. 1559년 『기독교 강요』 마지막 증보판이 출간되었다. 칼뱅은 목회자 160명을 훈련시켜 프랑스로 보냈다. 선교사로 프랑스로 간 많은 칼뱅의 제자들이 순교하였다. 드디어 프랑스 인구의 3분의 1일 개신교도가 되었다. 그후 프랑스에 핍박이 심해져 교회들을 파괴하였다. 칼뱅주의 선교사들은 네덜란드와 벨기에, 헝가리, 그리고 폴란드로 갔다. 그러므로 칼뱅이 선교적 관심이 없었다고 주장하는 것은 잘못이다. 정 반대로, 칼뱅은 선교사들을 훈련시켜 유럽 여러 나라들로 파송하였다.

칼뱅은 선교에 적극적이었다. 아마도 성격차이 때문이든지 아니면, 그가 개혁주의 2세대였기 때문이었는지 몰라도, 칼뱅은 루터보다 선교에 있어서 훨씬 더 공격적이었다. 1555년부터 1558년까지 브라질로 파송한 프랑스 위그노 선교(The French Huguenot mission)는 유럽 이외의 국가에 보낸 첫 번째 개신교 선교 사역이었다.[3] 브라질 선교는 칼뱅의 재가를 받은 프랑스 칼뱅주의자들이 발기하였다. 그들은 과나바라(Guanabara) 만(灣)에 있는 섬에 도착하였다. 지금은 리오 데 자네이로가 과나바라 만의 가장자리에 세워졌다. 그들은 칼뱅주의 식민지를 세우고 거기서부터 선교하려 하였다. 하지만 포르투갈 정복자들이 가만두지 않았다. 그들은 칼뱅주의 지도자 일부를 죽이고 그들을 구멍 난 배에 태워 프랑스로 돌려보내고 말았다.

4. 프로테스탄트 운동에 대한 평가

프로테스탄트 운동을 어떻게 평가할 것인가? 이제 우리는 선교학적 관점에서 프로테스탄트 운동을 평가한다. 개신교 운동의 천재성은 자유에서 도드라지게 드러난다. 성령의 창조성을 마음껏 발휘하게 하였고, 성령에 인도함을 받은 인물들, 새로운 교회형식을 만드는 것, 그리고 새로운 방법을 통하여 복음을 전하는 것에 자유를 주었다. 16세기 사람들은 중산층의 부상, 도시화, 그리고 상업의 발달로 변화하는 사회에 걸맞은 교회를 찾고 있었다. 하지만 로마 가톨릭교회는 그런 변화를 수용하려 하지 않았다.

개신교운동은 기독교 신앙표현의 자유를 보여주었다. 여러 모양의 교회가 형성되었고, 로마 가톨릭교회가 거의 허락하지 않았던 상황화의 가능성을 활짝 열었다. 이런 다양성은 물론 대립과 분열을 조장하기도 하였다. 개신교도는 이 사실을 꼭 인식해야만 한다. 우리는 어떻게 신앙표현의 합법적인 다양성을 격려하면서 동시에 전체 그리스도의 몸 안에서 통일성을 확인할 수 있을까? 개신교는 분파적이며 별 이유도 없이 계속해서 나뉜다는 비난은 정당한 비판이다. 브라질에는 침례교를 칭하는 속담이 있다. "침례교는 고양이처럼 싸운다.

---

3) 위그노(Huguenot)는 프랑스 프로테스탄트 칼뱅파(派)교도에 대한 호칭이다. 위그노라는 이름의 기원은 확실하지 않다. - 역주

싸우고 나면 언제나 고양이 새끼가 생긴다!" 여기서 고양이 새끼는 새로 생기는 교회를 말한다. 건전한 개신교운동은 덜 통제하는 통제 스타일로 인하여 새로운 방법을 자유롭게 적용하고 새로운 비전에 따른다. 개신교는 로마 가톨릭보다 변화에 좀 더 자유롭게 대처하는 것이 사실이다.

개신교의 만인제사장설이 이런 자유를 부추겼다. 하지만 우리는 솔직할 필요가 있다. 전형적인 개신교 교회들에게 만인제사장설은 그저 종이에 적혀있는 교리에 불과하였다. 아직도 만인제사장설은 실천이 안 되고 있다. 왜 그런가? 우리도 역시 교권주의(clericalism)에 빠져있기 때문이다.

개신교운동에도 위험요소들이 있다. 극도의 개인주의, 전체 교회사에 대한 인식부족, 역사에 나타난 하나님의 다른 사역방식에 대한 인식부족 등이 위험요소들이다.

우리는 자기방식을 고집하려는 경향이 있다. 내가 드리는 예배형식, 지도자 훈련방식, 그리고 믿음의 형식을 절대적인 것으로 착각하기도 한다. 그리하여 우리가 다른 지역에 세우는 교회가 우리 교회의 복사판이 되어야 한다고 생각한다. 실례를 들어보자. 인도네시아에서 사역하는 루터파 선교사들의 사역을 통해 루터교 신자가 된 21세기 인도네시아 신자가 있다고 하자. 루터파 선교사들은 21세기 인도네시아 기독교인들이 16세기 유럽에서 독일 루터파가 교회를 자신의 상황에 맞게 상황화한 것처럼, 인도네시아 상황에 맞게 신앙을 상황화하는 것을 허용할 것인가? 그렇지 않으면 21세기 인도네시아 신앙인들이 16세기 루터파 신앙형식을 그대로 반복해야만 할 것인가? 이런 이슈들은 반복해서 일어난다. 오늘 칼뱅이 만일 브라질 내륙지방 도시에 나타나 개혁운동을 시작한다면, 그가 16세기 제네바에서 한 것과 동일한 교회구조, 교회정치, 예배와 신학을 그대로 주장할까? 칼뱅은 브라질에서 어떻게 목회자를 훈련시킬 것인가? 내가 믿기로, 칼뱅은 자신의 신앙원칙을 지키면서 무언가 새로운 방식으로 다르게 접근할 것으로 본다.

우리는 개신교 문제를 직시할 필요가 있다. 일부 개신교는 파벌을 만들고 가톨릭교회처럼 편협해지기도 하였다. 개신교도 가톨릭처럼 특정 문화에 갇힐 수 있다. 나는 아프리카 나이지리아에서 사역하는 선교사 이야기를 들은 적이 있다. 선교사는 나이지리아 사람들에게 드럼은 이교도적이기 때문에, 예배 중에 드럼을 사용해서는 안 된다고 하였다 한다. 그런데 일부 선교사들이 나이지리아에서 보이스카우트와 같은 운동을 시작하였는데, 그들은 행진하면서 드럼을 쳤다. 신실한 나이지리아 기독교인은 드럼을 치는 문제를 어떻게 해결해야 하는가? 선교사들은 이미 아프리카 드럼은 이교도적이라고 정죄하지 않았던가. 선교사들은 낡은 휘발유 드럼통을 사용하고 고무를 머리에 묶어 그것을 드럼으로 사용하였다. 외관상으로 보기에는 미국 드럼을 사용한 것이고, 미국 드럼은 허용되었었는데, 아프리카 드럼은 이교도적이라니! 이 일을 어떻게 할 것인가? 우리는 성급한 판단을 내릴 때가 많다. 특정 악기에 대한 평가나 선교지 관습들을 평가하면서 그것이 우리 문화에서 어떻게 인식되는가를 먼저 생각하는 위험이 있다. 그 관습이 복음의 수신자인 현지문화에서 어떤 의미를 갖는지 묻지 않는다. 우리 개신교 선교사들은 너무도 자주 성급한 판단을 내려 실수한 적이 많다.

로마 가톨릭교회는 선교지 전통문화와 종교 위에 로마교회 구조의 예배의식을 덮어씌우려는 경향이 있었다. 가톨릭은 선교지 전통 문화와 종교의식의 요소들을 흡수하고 수용하였다. 이런 정책은 심각한 혼합주의를 생성하였다. 라틴 아메리카에서, 전통신들과 아프리카 우상인 남신과 여신들에게 가톨릭 성인의 이름으로 세례를 베푼다. 많은 가톨릭 교인들의 마음과 신앙생활 가운데, 그들은 초점은 자기가 좋아하는 성인, 특히 성모 마리아에 맞추어져 있다. 예수님에게는 별 관심을 두지 않는다. 그런 까닭에 로마 가톨릭교회는 옛 종교문화와 기독교 신앙 사이에 연속성을 너무 강조하였다.

개신교는 가톨릭과는 정 반대 방향으로 갔다. 복음과 비서구권 문화 사이에 단절을 강조하였다. 서구 선교사들은 서양형식들이 본래부터 기독교적이라고 믿고, 비서구 문화권 선교지에 서구문화와 형식을 자주 강요하였다. 서양 선교사들은 당연히 선교지 교회에서 전통종교 형식은 전혀 사용하지 않았다. 구약성경은 이스라엘 주변 이방민족들의 여러 형식들과 희생 제사방식을 수용하였다. 하지만 구약성경은 이런 이방 문화형식들에 새로운 의미를 부여하였다.

우리 개신교는 간혹 새로운 종교 혼합주의에 빠지기도 한다. 기독교인의 삶과 '아메리칸 드림'을 혼돈하기도 한다. 교회는 예수님을 믿으면, 당신은 부자가 되고 성공한다고 가르친다. 그 메시지는 성경적이 아니다. 첫째, 그것은 거짓된 약속이다. 그 보다 더 악질적이다. 그 메시지는 복음을 왜곡하고 예수님을 우리 자신의 이기주의를 돕는 종으로 전락시킨다. 나는 베드로와 바울이 예수님을 섬기면서 아주 큰 부자가 되었다고 생각하지 않는다. 그들은 전혀 부를 축적하지 않았다.

그럼에도 불구하고 건전한 개신교주의는 융통성이 있다. 새로운 교회 형식을 발견해 내고 평신도 리더십을 격려한다. 오늘날 여러 문화들 가운데 세계교회는 전혀 새로운 모습을 보여주고 있다. 이런 현상은 더욱 중요한 이슈가 될 것이다.

5. 개혁가와 선교

개혁가는 선교에 관심을 가졌는가? 일부 학자들은 개신교 개혁가들이 자신의 영토를 벗어난 해외선교에 대해 관심을 갖지 않았다고 주장한다. 이런 비난은 옳지 않지만, 어느 정도 정당성을 인정할 수도 있다.

루터는 선교적 관심을 보이지 않았다고 비난받았다. 하지만 루터는 유대인 선교의 필요성에 관한 책을 저술하였고, 터키인들까지도 선교해야 한다고 주장하였다. 당시 터키족은 서유럽을 침공하고 있었고, 그들이 오스트리아의 수도 빈을 정복하려는 순간이었다. 당시 터키족은 적이었다.

일부 비평가들은 개혁가들의 선교를 근거없이 비판하였지만, 개혁가들의 선교관은 훨씬 더 긍정적이었다. 일부 학자들은 재세례파 선교를 높이 평가하면서, 루터파, 칼뱅주의자, 그리고 성공회는 선교에 전혀 관심을 보이지 않았다고 주장한다. 그것은 틀린 말이다.

루터교는 옛 중세 선교패턴을 따랐다. 군주를 먼저 설득하여 개종시키려 하였다. 군주를 따라 백성들이 신앙을 갖게 될 것으로 믿었다. 루터교는 그런 선교 패턴에 따라 여러 독일 영지들과 스칸디나비아에서 선교하였다.

칼뱅주의자들은 두 길로 나누어 갔다. 서부 독일과 중부 유럽지방에 일부 사람들이 칼뱅의 개혁운동에 동참하였다. 하지만 칼뱅은 제네바에서 목회자들을 많이 길러냈다. 그들은 대부분 영국, 스코틀랜드, 그리고 프랑스 등지에서 온 사람들이었다. 칼뱅은 그들을 훈련하여 고향 나라로 다시 보내면서 선교사로 파송하였다. 칼뱅주의 교회는 네덜란드에서 스페인에 대항하는 강력한 저항세력으로 등장하였다. 처음에는 종교적 자유를 위해 싸우다가 독립을 위한 성공적인 전쟁으로 확대되었다. 칼뱅주의 운동은 한때 프랑스 인구의 3분의 1을 차지하기도 하였다. 헝가리, 폴란드, 그리고 독일에도 칼뱅주의 교회들이 생겨났다. 스코틀랜드 개혁자 존 낙스(Knox)는 제네바에서 칼뱅과 함께 수학하였다. 영국 교회 내에서 시작된 청교도 운동도 칼뱅주의 영향을 많이 받았다. 더 나아가 우리가 전에 언급한 바와 같이, 칼뱅은 1555년 브라질로 선교사를 파송하는 데도 일조하였다.

이렇게 하여, 헝가리, 폴란드, 그리고 독일 일부 지역에도 칼뱅주의 운동이 일어났다. 영국에서 일어난 청교도 운동은 적어도 영국교회 내에서 일어난 칼뱅주의 종교개혁 운동과 같았다. 제네바에서 칼뱅에게 교육받은 존 낙스는 스코틀랜드 종교개혁을 이끌었다. 이런 이유에서 칼뱅주의는 루터주의와 재세례파와는 다르게 선교적인 운동이었다.

한편으로 보면, 재세례파는 자국 내에서는 활발한 전도활동을 전개하였다. 그들은 성인 개종자들을 얻는 것이 목적이었다. 로마 가톨릭, 루터란, 혹은 칼뱅주의자라 할지라도 기독교왕국 모델에서 벗어나 재세례파로 따로 모이기만 하면 된다고 생각했다. 재세례파는 국교에 반대했다. 그들은 국교에 속한 루터교, 가톨릭, 칼뱅주의자들을 정당한 교회로 인정하지 않았다. 신교든 구교든 국교에 속한 사람들을 성인 개종자로 만들어 국교와 독립된 재세례파 교회가 되기를 원하였다.

그러므로 루터와 칼뱅이 선교에 대해 관심을 가지지 않았다고 말하는 것은 옳지 않다. 하지만 우리는 왜 16세기와 17세기 개신교에 선교운동이 더 활발하지 못했는지 물어야만 한다.

한 가지 이유는 신학에 있다. 교회론에 대한 부족한 신학에서 문제를 발견할 수 있다. 전통적인 개신교 교회론은 참 교회를 "말씀이 바로 선포되고 성례가 바로 집례되는 곳"으로 정의하였다. 개혁자들은 로마 가톨릭주의에 대항하면서 그들이 말씀과 성례전을 성경적으로 이해한 바에 따라 교회를 정의하였다. 개혁자의 교회론은 그들이 규정할 수 있는 최선의 교회론이라고 볼 수 있지만, 부족했다. 교회의 선교적 측면이 결여되어 있었기 때문이다.

2세기 학자들은, 교회를 '통일성, 성결성, 보편성, 그리고 사도성을 가진 교회'로 정의하였다. 여기에 나타난 교회의 네 가지 속성 가운데 세 가지가 중요한 선교적 함의를 가지고 있다. 교회가 만일 보편적이 되려면, 선교적이 되어야 하는 것은 너무도 자명하다. 그렇지 않다면 보편적 교회가 될 수 없다. '성결성'의 근본적 의미는 '목적을 위해 따로 구별함'을 말하고, 그 목적은 민족들을 향한 선교이다. 우리가 전에 살펴 본 바와 같이 '사도성'은 라틴어 어근을 가진 단어로 헬라어의 '선교사'와 동의어이다. 특정 목적 또는 선교를 위해 보냄받은 자를 의미한다. 그러므로 교회가 만일 사도적 교회가 되려 한다면, 교회는 교리적으로만이 아니라 실재적으로 선교적이 되어야만 한다. 사도적 교회는 세상에 보내진 교회이다. 그러므로 교회가 '통일성, 성결성, 보편성, 그리고 사도성'을 갖춘 교회가 되려면, 선교적 교회가 되어야 한다.

개혁자들은 교회론에서 사도성을 회복하기 원하였지만, 그들이 정의한 참 교회에는 '보냄받은 교회'의 모습이 포함되지 않았다. 나는 이런 부적절한 교회론 문제가 지금까지도 계속되고 있다고 본다. 개혁주의 전통에 서 있는 우리에게도 직접 영향을 미치고 있다. 전형적인 신학교 교육과정에도 이 문제는 확연히 드러난다. 신학교육 과정에 선교과목이 전혀 포함되어 있지 않은 경우가 많다.

비난 속에도 진실이 있을 수 있다. 16세기 로마 가톨릭교회 지도자들은 개신교를 비난하였다. "개신교는 참 교회가 아니다. 개신교는 선교적인 교회가 아니기 때문이다." 16세기 가톨릭교회에 대해 우리는 동의하지 못할 내용이 많이 있을 것이다. 하지만 한 가지 분명한 사실이 있다. 그들은 당시 개신교보다 훨씬 더 많은 선교활동을 하였다. 우리 개신교 신학자들은 교회론을 정립하는 데 분발할 필요가 있다. 교회의 목적의 중심에 선교를 바로 놓아야 할 것이다. 스위스 신학자인 에밀 브루너는 지적하였다. "불이 타기에 존재하듯, 교회는 선교하기에 존재한다."

16세기 개신교가 선교활동에 미미할 수밖에 없었던 다른 이유가 있다. 당시 개신교는 생존을 위해 싸워야만 했다. 살아남기 위해 수십 년간 정치, 군사적인 전쟁을 수행해야만 했다는 사실을 인식할 필요가 있다. 수십 년 동안, 개신교 운동은 유럽에서 개신교 운동을 말살시키려는 로마 가톨릭의 공격과 핍박을 견뎌내야만 했다. 개신교가 생명을 부지하게 되었을 때, 개신교 지역은 군사, 경제, 그리고 역적으로 거의 탈진 상태에 있었다. 어떤 지역에서는, 인구의 3분의 1이 죽임을 당하기도 하였다.

더 나아가, 개신교 국가들은 당시 해상권을 가진 나라가 없었다. 15세기 말에서부터 16세기 전반에 걸쳐, 유럽에서 힘을 가지고 세계로 나간 나라는 스페인과 포르투갈뿐이었다. 개신교 국가들인 네덜란드와 영국이 해외로 뻗어나간 것은 시간이 한참 지난 다음에 일어났다. 하지만 개신교 선교가 시작될 즈음에는 개신교 운동은 개신교 스콜라철학의 등장으로 활력을 상실하고 말았다. 실로 비극적인 일이었다.

17세기 개신교 신학은 논쟁으로 얼룩졌다. 특히 루터파는 격렬한 신학적 논쟁에 참여하였다. 신학적 논쟁은 정통교리에 초점이 맞추어져 있었다. 루터는 믿음은 진리, 정통교리, 개인적 신뢰로 이루어진다고 주장하였다. 신에 대한 신뢰를 의미하는 '피두키아'(Fiducia)는 믿음의 라틴어 단어이다. 이것은 개인적 신뢰를 의미한다. 1세기가 지난 후 대부분의 루터파 신학자들은 믿음을 간단하게 정통교리에 대한 신뢰로 정의하였다. 개인적 신뢰를 의미하던 부분은 거의 사라졌다. 이런 신앙에 대한 상당히 메마르고, 학자적인 관점은 기독교인들이 더 높은 영적 수준에 이르려는 동기를 부여하지 못했다. 선교에 대한 관심도 끌지 못했다. 이런 기독교인의 삶과 선교에 대한 관심은 후일에 등장하는 경건주의의 몫이었다.

랄프 윈터는 16세기와 17세기 개신교에 선교활동이 미미했던 마지막 이유를 지적하였다. 개신교는 신학적 이유를 들어 수도원 제도를 거부하였다. 루터는 수도원에 대한 나쁜 경험을 가지고 있었다. 수도원이 믿음이 아닌 선행을 통해 구원을 받는다는 구원론으로 기우는 신학적 경향이 있다고 보았다. 그리하여 루터는 수도원 운동에 대해 매우 부정적인 입장을 갖게 되었다. 그는 루터교 지경에서 수도승이나 수녀들에게 수도원을 떠나라고 강제하지는 않았지만, 그들에게 떠나는 선택권을 주었다.

우리가 선교역사를 탐구하며, 지난 12세기를 살펴본 결과 거의 모든 선교사들이 수도원운동 출신이었음을 발견하였다. 일부 수도원은 부하고 타락한 곳도 있었고, 다른 수도원은 선교공동체로 경건하였다. 개신교 영토에서 일어난 수도원의 해체는 당시 존재하던 유일한 선교조직체를 철저하게 파괴하였다. 수도원을 대체할 수 있는 기관은 없었다. 2세기 후에 등장하는 개신교 선교운동이 일어나기 전까지 수도원을 대체할 선교기관은 찾아 볼 수 없었다.

우리가 수도원의 해체에 대해 논하면서, 루터가 결혼한 이야기를 들어 볼 필요가 있다. 루터는 아주 훌륭한 수도사였다. 그는 결혼을 해야겠다는 특별한 감정이 없었다. 그에 대한 역사적 자료를 살펴보면, 루터는 독신서약을 충실히 지켰으며 정상적인 사람이었다. 종교개혁이 진행되면서 수도사들이 수도원을 떠날 수 있게 되었다. 이것은 심각한 문제를 야기하였다. 전직 수녀들을 어떻게 할 것인가? 전직 수녀들은 돌아갈 가족이 없었다. 당시 전통적인 사회에서 독신 여성들이 설 자리가 마땅하지 않았다. 무엇보다 수녀들에게 신랑을 찾아주어야만 했다. 이것이 루터의 목회적 사역 가운데 하나가 되었다. 전직 수녀인 카타리나 폰 보라(Bora)는 루터가 소개한 남자를 강하게 거절하였다. 루터는 격앙된 어조로 말했다. "이 사람과도 안 한다면, 누구랑 결혼하겠소?" 그녀는 대답했다. "저는 당신이 아니라면 결혼하지 않겠습니다." 루터는 그녀의 의견을 받아들여 결혼하였다. 얼마나 아름다운 러브 스토리인가!

　루터의 결혼과 가정생활은 루터의 삶과 사역의 가장 매력적인 면을 보여주었다. 루터는 어린이를 위한 요리문답을 썼다. 어린이를 위한 노래도 지었다. 루터의 사랑 이야기는 헐리우드 로맨스처럼 시작되지는 않았지만 멋진 러브 스토리임에 틀림없다.

　본 장에서는 루터와 칼뱅의 종교개혁에 대하여 다루었다. 이들 종교개혁은 변하는 16세기 유럽 상황에 기독교 신앙을 재상황한 운동이었다는 관점에서 분석하였다. 다음 장에서는 재세례파의 급진적인 종교개혁에 대해 살펴볼 것이다.

제 15 장
재세례파의 급진적 종교개혁 운동

1. 말씀묵상

누가복음 9장은 가장 탁월한 복음서 말씀을 제시한다. 동시에 가장 어려운 복음서 말씀이기도 하다. 이 말씀은 마태복음과 마가복음에 반복되고 있다. 이 말씀은 제자들이 예수님을 하나님의 아들, 그리스도로 고백한 직후에 나온다. 예수님은 제자들에게 자신이 버린 바 되어 죽임을 당하고 제 삼일에 살아날 것이라고 말씀하셨다. 그 후 모든 사람들에게 말씀하셨다. "아무든지 나를 따라오려거든 자기를 부인하고 날마다 제 십자가를 지고 나를 따를 것이니라 누구든지 제 목숨을 구원하고자 하면 잃을 것이요 누구든지 나를 위하여 제 목숨을 잃으면 구원하리라"(눅 9:23, 24).

내가 신학생이었을 때, 나는 이 말씀으로 설교를 준비하고 싶었다. 한참 동안 연구한 후에, 나는 본문을 설교할 수 없다고 생각했다. 나는 아직 준비가 되지 않았다. 나는 내가 오늘도 본문을 설교할 준비가 되지 않았다고 생각한다. 여러 해가 지난 후, 나는 우리 가운데 어느 누구도 그 본문말씀으로 설교할 준비가 된 사람은 없을 것이라는 생각을 하였다. 이 말씀은 신약성경에 나타난 가장 어려운 말씀 가운데 하나이다. 이 말씀은 우리에게 설교하라는 말씀이라기보다 우리에게 이렇게 살라는 말씀으로 여겨진다. 우리가 이 말씀대로 산 후에라야만 이 말씀을 바르게 설교할 수 있을 것이다.

이 강좌 전반에 걸쳐, 우리는 이 말씀을 따라 살았던 사람들의 삶을 탐구하였다. 그들은 자기 십자가를 지고, 어디든 인도하심에 따라, 어떤 상황에서라도 십자가에 달리신 분을 따르는 것이 무엇을 의미하는지 알았던 사람들이었다. 우리가 선교의 가장 기초적인 이슈를 다룬다면, 이 십자가는 선교가 무엇인지를 모두 설명한다.

선교는 문화, 인간집단, 그리고 신학적이며 선교학적 이슈들을 이해하는 것이다. 이 모든 것들이 중요하지만 그것만으로는 결코 충분하지 않다. 선교에서 가장 중요한 것은 우리 삶의 주인이 되는 권리를 부정하는 것이다. 그것이 십자가를 지고 예수님을 따르는 것이다. 어디든 예수님이 인도하시는 대로 따라가는 것이다.

십자가를 지자. 이 말씀을 마음에 새기자. 나는 우리가 역사를 탐구하면서 이 말씀을 마음에 품고, 이 말씀이 우리를 인도하여, 우리가 가장 원하는 지점에 이르고, 우리가 예수님의 사람이 될 수 있기를 바란다. 예수님이 인도하는 곳이라면 그 어디든 따르기 원한다. 그가 비록 우리를 십자가로 인도할지라도 따르기 원한다. 함께 기도하자.

> 아버지 하나님, 저희들이 오늘 주님 앞에 나와 기도합니다. 우리의 삶 속에 들어와 역사하여 주시옵소서. 그리하여 우리가 주님께 더 가까이 다가갈 수 있게 하시고, 하나님과 동등됨을 취할 것으로 여기지 않으시고, 자신을 비워 인간이 되시고, 기꺼이 십자가에 달려 돌아가신 주님을 따르게 하옵소서. 주님께서 저희를 선교로 인도하실 때 저희가 더욱더 주님께 가까이 다가가게 하소서. 예수님의 이름으로 기도드립니다. 아멘.

2. 서론

재세례파는 16세기 종교개혁 당시 '급진적 개혁노선'을 따른 개신교 종파운동을 말한다. 여기서 '급진적'이라함은 기본에 철저하다는 뜻으로 "사건의 근본 뿌리에 접근한다"는 의미를 갖고 있다. 1962년, 하버드 신과대학 교수인 조지 윌리엄스는 『급진적 종교개혁』이라는 책을 출간하였다. 이 책은 소위 좌익(左翼)이라 불리는 16세기 급진전 개혁운동의 모든 것을 다룬 방대한 백과사전적인 저술이었다. 당시는 종교적 혼란기였다. 중세교회로부터 분리되어 나온 수백 수천의 종교운동들이 새로운 신앙형식을 찾고 있던 시대였다. 하나의 획일적인 교회구조가 분리되어 가면서, 참 교회와 신앙을 새롭게 정의하려는 시도들이 끝없이 일어났다.

'급진적 종교개혁'은 소위 '고전적 종교개혁'이라 불리는 세 부류인 루터파, 칼뱅주의, 그리고 성공회 운동을 제외한 모든 운동을 포함하고 있었다. 여러 개혁운동들은 루터와 칼뱅의 교회개혁이 충분하지 않다고 느꼈다. 그들은 신약성경에 나타난 바와 같이 '문제의 근본뿌리'로 철저하게 돌아가야 한다고 생각하였다.

이들 급진적 개혁운동에 가담한 일부는 정통 신학을 갖지 않은 집단도 있었다. 소수는 그리스도의 신성을 거부하는 신학적인 일신론자였다. 일부는 성령께서 그들에게 직접 말씀하신다고 믿고 그 말씀에 성경보다 높은 권위를 부여하였다. 그들의 신학은 매우 주관적인 성향을 보이게 되었고 이상한 교리에 빠지게 되었다. 일부는 농민반란을 격려하고 군대화 하였다. 우리는 여기서 그런 다양한 집단을 다루지는 않을 것이다.

우리는 여기서 '복음주의 재세례파'에 초점을 맞추려 한다. 당시 복음주의 재세례파에는 여러 집단들이 포함되어 있었다. 그 가운데 오늘날 대표적인 집단은 메노파이지 침례교단이 아니다(역사적 자료에 의하면, 침례교단은 16세기 재세례파 전통에서 나온 것이 아니라, 17세기 영국 청교도운동의 좌익으로 일어난 운동이었다).

'재세례파'는 "다시 세례받은 자"를 의미하였다. 이 용어는 반대파 사람들이 그들을 지칭하는 용어였다. 그들은 유아세례뿐만 아니라 로마 가톨릭교회에서 받은 세례도 무효라고 주장하고, 다시 세례를 받아야 한다고 했다. 유아세례를 거부하고 성인 개종자들에게만 세례를 베풀었기 때문이었다. 물론, 그들은 자신을 재세례파로 보지 않고, 정상적인 세례파로 보았다.

1) 루터파와 칼뱅주의 내에서의 긴장

16세기는 격동의 시기였다. 종교, 사회, 정치적 동요가 계속되었다. 가장 급진적인 '믿음으로 받는 의' 개념이 새롭게 등장하였다. 루터와 칼뱅은 모두 그들의 사상과 개혁운동 내부에서 긴장감을 느꼈다. 그들은 중세 기독교왕국 관점을 유지하였다. 그리하여 특정 지역에 사는 모든 사람들은 정부가 공인한 교회의 일원이 되어야만 했다. 하지만 그들은 국교에 소속된 사람들 모두가 개인적으로, 믿음으로 의롭다함을 받은 신자라고 인정하지는 않았다. 바로 거기에서 문제가 생기고 긴장감이 고조되었다. 루터의 기본동기는 교회에 바른 성경적인 신학을 재정립하는 것이었다. 그는 새 교단을 시작하려 하지 않았다. 칼뱅은 종교개혁 2세대 지도자였다. 그는 제네바에서 개혁운동을 시작하였다. 그것은 루터가 95개조 반박문을 비텐베르그 성당 정문 벽에 붙인 지 19년이 지난 후였다. 그때가 되자, 프로테스탄트가 확실히 분리되었고, 로마 가톨릭교회는 어떤 신학적인 개혁이나 구조적 개혁에 대해서도 저항하고 있었다. 칼뱅의 첫째 목표는 교회를 신학적으로 훈육하는 것이었다. 그 후에 칼뱅은 억지로 개혁하기로 결정한 지 얼마 안 되는 제네바 시의 리더가 되었다. 그것은 칼뱅이 설교와 저술 그리고 가르침을 통하여 목회적 리더십과 아울러 신학적 리더십을 제공해야 하였음을 의미하였다.

일부 학자들은 주장하기를 루터는 믿음에 의한 구원을 믿었고, 칼뱅은 선행을 강조하였다고 한다. 전혀 그렇지 않다. 루터와 칼뱅은 신학적인 차이가 별로 없다. 일부 학자들은 주장하기를 칼뱅은 예정론을 믿었고, 루터는 예정론을 믿지 않았다고 한다. 그것도 틀린 말이다. 루터도 칼뱅과 같이 선택과 예정교리를 철저하게 신봉하였다. 믿음으로 말미암은 의는 루터에게만 아니라 칼뱅에게도 중요한 교리였다. 하지만 칼뱅은 기독교인의 생활과 교회 내에서의 권징(勸懲)을 더 강조하였다.

그러나 루터와 칼뱅의 종교개혁에는 긴장이 있었다. 두 사람 모두 중세사상에 따라 특정 지역에 사는 모든 사람들이 교회 교인이 되어야 한다고 주장하였다. 그들은 교회의 공동체적 특성을 강조하였다. 16세기에 기독교인이 된다는 것은 단순하게 개인적인 문제가 아니었다. 각 개인은 넓은 공동체의 일원으로 인식되었고, 그 공동체는 기독교 공동체이어야 하였다. 유아세례를 실행하던 대부분의 개신교파는, 유아세례 행위를 하나님께서 개인을 출생하면서부터 그리스도의 몸된 기독교인 공동체 안으로 부르신 것을 인정하는 행위로 보았다. 나는 여기서 신학적 관점에서 논쟁하려는 것은 아니다. 나는 그 관점에 동의하지만 다른 신학적 배경을 가진 사람들에게 내용을 설명하려는 것이 나의 의도였다. 유아세례는 구약에 나오는 언약개념에 근거하고 있다. 실례를 들면, 장로교회 세례식에서 사용되는 용어는 '언약의 자녀'이다. 그러므로 유아세례 개념을 이해하기 위해서 구약의 언약개념이 중요하다.

이와 같이 루터와 칼뱅은 유럽에서 1300년 가까이 사용되어 온 기독교왕국 모델을 수용하였다. 루터는 간혹 믿는 자들의 교회, 참 신자들의 모임에 대해 언급하였다. 루터가 국교와 영토교회를 선택한 것은 아마 당시의 정치적 상황을 고려한 것으로 보인다. 하지만 그는 국교에 속한 모든 사람들이 개종한 사람이 아니라는 것은 잘 알고 있었다.

우리가 잘 아는 바와 같이, 종교개혁의 핵심교리는 개인적 신앙을 의미하는, 믿음으로 말미암은 의였다. 하지만 이 교리는 특정 영토에 사는 모든 사람들을 교인으로 삼는 정책과 맞지 않았다. 우리는 특정 지역에 있는 모든 사람들이 의롭고 구원받는 믿음을 가졌다고는 결코 말할 수 없다. 그리하여 루터와 칼뱅은 '가시적 교회'와 '불가시적 교회'를 구분하여 설명하였다. '가시적 교회'는 교회에서 세례받은 모든 사람들을 포함한다. '불가시적 교회'는 진정으로 의롭다함을 얻은 믿음을 가진 사람들로 형성된다. 그것이 그들의 신학적 해결책이었다.

그리하여 칼뱅과 루터는 세례받은 모든 사람들이 선택된 자에 포함되는 것은 아니라고 인식하였다. 교회는 죄가 있고 불완전한 모임이라고 인식하였다. 둘은 교회와 국가 사이에 가까운 관계를 원하였다. 그들은 국가를 하나님께서 세우셨기 때문에 교회는 국가를 존중해야 한다고 믿었다. 하지만 칼뱅은 교회가 국가에 대해 선지자적 사명을 감당해야 한다고 생각하였다. 칼뱅은 루터보다 교회가 국가로부터 더 독립적이 되어야한다고 생각했다. 이것은 칼뱅과 루터가 처한 상황이 달랐기 때문이다.

칼뱅은 개혁이슈를 더 깊이 다루었다. 그는 모두가 선택받은 자는 아니라 할지라도, 교회와 국가에 더 높은 도덕수준을 요구해야 한다고 생각했다. 이 사상은 제네바에 긴장을 고조시켰다. 제네바에는 성도덕상의 자유주의자들이 있었다. 그들은 보다 자유로운 성생활을 원하였다. 당연히 칼뱅은 그런 자유주의에 강하게 반대하였다. 여기에 이슈가 있다. 교회와 정부는 불신자들에게 어느 정도까지 기독교 신앙생활을 강요할 수 있는가? 이 문제는 물론 후기 기독교왕국 시대인 서구적 다원화 사회에서, 오늘 우리가 당면하는 문제이기도 하다. 이 문제는 루터파와 성공회가 잘 해결하였다. 우리가 앞으로 더 자세히 살펴보겠지만, 루터파와 성공회는 소규모 헌신된 신자들의 모임을 조직하였다. 그것은 기독교인의 생활을 다른 신자들 보다 더 철저하게 살아보려는 신자들의 모임이었다. 이것이 바로 청교도 운동과 경건주의 운동이었다.

루터와 칼뱅이 처한 상황은 기성교회 목회자인 우리가 처한 상황과도 별반 다르지 않다. 교인들 가운데 예수님과의 깊은 개인적 신앙을 가지고 주님을 섬기기 위해 철저하게 헌신된 신자들이 있다. 하지만 모든 교회마다 개인적인 신앙이 약한 사람도 있다. 교회에서 자라나 신앙을 가졌다고 하나 연약한 사람도 있다. 신앙이 2대나 3대까지 내려간 사람도 있다. 그들의 신앙은 의심스러울 정도가 되기도 한다. 이렇게 대부분 지역교회들의 역학관계는 루터와 칼뱅이 직면했던 상황과 상당히 유사하다. 비록 우리가 교회와 국가가 연합된 기독교 왕국 모델로 법제화된 사회적 상황에서 살지는 않더라도 루터와 칼뱅의 상황과 유사점은 많이 찾아볼 수 있다.

나는 남아프리카에서 본 강의를 한 적이 있다. 그때 남아프리카 교계 지도자들이 당면했던 주요 이슈는 정부와 교회에 관한 신학을 바꾸는 문제였다. 남아프리카교회와 정부는 기독교를 표방하였지만 인종분리 정책을 지원하고 있었다. 데이비드 보쉬와 니코 스미스와 같은 신학자들이 그 이슈를 다루고 있었다. 당시 그들은 그들이 속한 교회 지도자들로부터도 배척을 받고 있던 처지였.

우리가 예수 그리스도 안에서 개인적인 신앙을 가져야 한다고 할 때, 우리는 믿음이란 신자들을 제자도의 여정으로 인도하는 것을 의미한다고 주장한다. 그리고 제자도는 개인생활, 어려운 자들을 돕는 자선사역, 그리고 하나님 나라의 가치관이 더 확실하게 반영되는 사회를 만들기 위해 사회변혁에 참여함을 말한다. 애석하게도 우리는 하나님 나라를 반영하는 사회변혁에 참여하는 일을 잘못하고 있다.

2) 재세례파의 보다 급진적인 접근

재세례파는 새로운 해결책을 제시하였다. 재세례파의 기본적 특징은 참 교회에 대한 이해에 있었다. 그들은 개인적인 신앙을 고백하고 세례받은 성인신자들만 참 교회의 구성원이 된다고 믿었다. 그들은 성경의 권위를 강조하였으며, 특히 신약을 신앙적 권위로 보았다. 그들의 목적은 신약에 나타난 그 교회로 돌아가는 것이었다. 그들은 사도시대로부터 내려온 전통과 관습을 거부하였다.

그런 까닭에 재세례파는 루터와 칼뱅이 교회를 충분히 개혁하지 못했다고 생각했다. 루터는 변화에 대해 좀 더 보수적인 사람이라 관용적이었다. 당시 성행하던 교회전통과 관습에 대한 루터의 원칙은, "성경에서 확실히 금지하지 않는 전통과 관습은 수용할 수 있다"는 입장이었다. 칼뱅은 달랐다. 그는 보다 더 급진적이었다. 칼뱅의 원칙은, "우리는 성경에서 확실하게 허용하는 교회전통과 관습만 수용한다"는 입장이었다. 재세례파는 칼뱅보다 더 멀리 나갔다. 중세교회 전통을 거부하였다. 그들은 참 교회를 성인세례 교인이 모인 공동체로만 보았다. 그들은 교회를 사회공동체와 전혀 동일시하지 않고, 국가나 사회에서 분리시킬 뿐만 아니라, 여러 측면에서 반문화적(countercultural) 집단이 되게 하였다.

재세례파가 유아세례를 거부한 것은 논리적이었다. 다른 전통은 국교에 속한 사람들이 모두 구원받는 믿음을 가지고 있지는 않다고 하더라도 교회와 국가를 한 공동체의 두 가지 측면으로 보았다. 그럼에도 불구하고 그들은 교회는 국가와 완전히 겹친다고 보았다. 그들은 교회와 국가가 상호 지지하는 긍정적인 관계 속에서, 사회를 양면을 가진 성례 단위로 보았다. 이 관점에서 보면, 그처럼 중요한 성례 단위를 산산 조각내려는 것은 엄청난 죄악이었다.

다른 한편, 재세례파는 교회와 국가에 대한 전혀 다른 급진적 관점을 갖고 있었다. 교회는 국가와 분리된, 성인 신자들의 공동체였다. 교인의 자녀들은 교회공동체의 일부이기는 하지만 성인이 되어 개인적인 신앙을 고백하기까지 정식회원이 될 수 없었다. 국가는 교회로부터 분리된 기관으로 기독교인의 삶에 중립적이거나 적대적이라고 보았다.

그러므로 재세례파는 국가와 별 관계를 맺지 않았고, 가능한 한 독립적 공동체로 자신을 국가로부터 격리하였다. 그들이 성인세례를 베풀 때, 처음에는 머리에 물을 부었고, 후에는 침례로 바꾸었다. 초기에는 세례 방식이 관수(灌水)거나 침수거나 전혀 문제 삼지 않았다.

그들은 신약성경을 아주 문자적으로 수용하고 산상수훈을 따라 살려고 노력하였다. 그들은 맹세하지 않았고, 전쟁에 참전하지 않았다. 일부 시골에 사는 평민 집단들은 오늘 우리가 말하는 '은사주의 현상과 예언'을 하기도 하였다. 일부 지역에서는 재세례파 인간집단 운동(People movements)이 일어났다. 일부 집단은 많은 선교사들을 파송하였다. 그 가운데는 훈련되지 않은 평신도들도 있었고, 잘 훈련된 사람들도 있었다. 일부는 신학학위를 가진 사람도 있었다. 그런 까닭에, 재세례파 운동은 다양한 스펙트럼을 보여주었다. 교육정도와 사회계층, 그리고 지성적인 면에서 다양한 사람들이 참여하였다.

재세례파는 높은 도덕성을 강조하였다. 그들은 루터와 칼뱅과 같이 믿음으로 의롭게 됨을 굳게 믿었지만, 구원받는 믿음은 언제나 높은 도덕 수준과 선행으로 인도한다고 주장하였다. 루터와 칼뱅도 구원받은 믿음은 삶을 변화시킨다고 주장하였다. 루터는 "사랑 안에 살아있는 믿음"을 지지하였다. 기본적인 요소들은 같았지만, 차이점은 어느 쪽을 강조하느냐에 따른 강조점에 있었다. 국교교회 보다는 독립된 신앙공동체 안에서 성도들에게 높은 도덕수준을 강조하는 것이 훨씬 쉬운 일이었다. 이것은 구원받은 신앙이 선행으로 나아가야 하느냐는 신학적인 문제라기보다는 교회에 대한 이해에 있었다. 국교처럼 모든 사람들이 다 교인이라면, 그들은 아주 높은 도덕수준을 따르지 않을 것이 분명하다. 영토중심 교회에서 교회권징은 어려운 일이었다. 하지만 재세례파는 달랐다. 그들은 높은 도덕수준을 교인들에게 강요하였고, 그 수준에 따르지 못하는 사람들은 출교하는 권징을 사용하였다. 그럼에도 불구하고 그들이 너무 높은 도덕기준과 선행에 초점을 맞추었기 때문에, 일부 루터파와 칼뱅주의자들은 그들은 비판하기를 저들은 믿음으로가 아니라 행위로 구원받는 것을 믿고 있다고 하였다.

한편으로 보면, 재세례파 공동체들은 16세기 개신교 수도원과 같았다. 그들은 '이중 결단'을 한 사람들이었다. 기독교 신앙과 생활을 아주 철저하게 실천하는 사람들이었다. 그들은 매일 자기 십자가를 지고 예수님을 따르는 것이 무엇인지 알기 원하는 사람들이었다. 많은 사람들이 실제로 그렇게 살았다. 죽음까지도 두려워하지 않았다. 그런 까닭에, 몇 가지 측면에서 그들은 초기 수도원 공동체와 유사한 점이 많이 있다. 그러나 재세례파는 결혼하였고 극단적인 금욕주의를 따르지는 않았다. 하지만 그들은 검소하게 살았다.

재세례파는 파괴적인 집단으로 간주되어 자주 핍박을 받았다. 당시 국가 사회는 모든 사람들이 포함된 하나의 성례 단위로 간주되었기 때문에, 만일 어느 특정 집단이 기성교회로부터 분리해 나가면, 그런 분열행위는 사회조직을 분열시키는 것으로 간주되어 엄한 반감에 시달려야 했다. 이것은 아직도 여러 선교지에서 이슈가 되고 있다. 실례를 들면, 멕시코 치아파스(Chiapas) 주에서 개신교도가 성인에게 경배하고, 술을 마시고, 신앙에 위배되는 다른 관습을 행하는 가톨릭 민속축제에 참여하는 것을 거부하였을 때, 그 개신교도들은 공동체를 해치는 사람들이라는 비난을 감수해야 했다.

재세례파가 파괴적인 집단으로 보인 두 번째 이유가 있었다. 1534년 급진적 집단 가운데 하나가 네덜란드와 독일 국경 도시인 뮌스터(Munster)로 가서 재세례파와 동일시하였다. 다른 집단들도 함께 참여하였다. 그들은 뮌스터를 새 예루살렘으로 선언하고 그들과 동의하지 않는 사람들은 몰아냈다. 그들은 일부 다처제를 수용하고, 선한 자들의 공동체를 세우고, 반대자들을 처형하였다. 가톨릭과 루터파는 그들을 대항하여 싸웠고, 뮌스터를 정복하고, 지도자들을 죽였다. 그 사건은 독일 재세례파의 파국이었다. 하지만 뮌스터 사건은 재세례파 원리에 대한 배반이었다.

재세례파 소개는 이 정도로 하고, 이제 그들의 역사 속으로 들어가 보자.

3. 취리히에서 시작된 재세례파 운동

16세기로 돌아가자. 루터가 95개 조항을 성당 벽에 붙인 지 몇 년이 지난 후였다. 당시 여러 새로운 사상이 소개되었다. 그 가운데 가장 중요한 사상은 믿음으로 말미암은 의, 성경의 권위, 그 이외 지방어로 소개된 여러 새로운 사상들, 그리고 만인제사장설이다. 많은 사람들은 옛 중세교회 방식을 거부하고 새로운 교회구조와 신학을 주장하였다. 루터 혼자만 아니라 여러 리더들이 있었다. 그 가운데 쯔빙글리가 루터에 근접한 인물이라고 할 수 있다.

루터는 수사에서 개혁자가 된 중세시대 인물이었다. 그와 동시대 사람인 쯔빙글리는 인문학자들 밑에서 수학하였기 때문에 기독교 인문학자라고 할 수 있다. 1519년, 그는 취리히에서 사제로 서품을 받고 루터의 저술들을 읽기 시작했다. 쯔빙글리는 자신이 루터에게 어떤 빚도 지지 않았다고 했다. 그와 루터는 성품이나 경험이 아주 다르다. 1522년부터 1525년까지, 쯔빙글리의 지도하에 취리히 시 지도자들과 시민들은 여러 번의 토론을 통하여 종교개혁을 수용하기로 결정하였다. 쯔빙글리는 성경의 권위를 강조했다. 성경이 명령하는 것과 성경에서 권위를 부여하는 말씀을 교회가 지켜야한다고 가르쳤다.

쯔빙글리는 교회를 개혁하기 위해 시 정부와 함께 사역하였다. 그는 1523년 토론에서 미사와 성상을 즉시 폐지하라고 주장하였다. 시 지도자들은 그렇게까지 멀리 나가는 것을 허락하지 않았다. 하지만 도시의 다른 젊은 지도자들은 교회개혁이 충분하지 않다고 생각하였다. 그들 가운데 유명한 가문 출신인 콘라드 그레벨(Conrad Grebel)과 펠릭스 만츠(Felix Manz)가 있었다. 이들은 두 가지 이슈를 던져주었다. 첫째는 "교회를 개혁하는 데 있어서 정부의 역할은 무엇이어야 하는가?" 이 질문의 역사적 상황을 이해하는 것이 중요하다. 루터는 철저한 로마 가톨릭 신자인 작센의 선제후 프레데릭의 보호를 받았다. 그는 루터가 어떤 사람인지 몰랐다. 하지만 그는 자신의 대학교와 교수들에 대한 자부심이 대단하였다. 그래서 그는 루터를 제거해버리려는 사람들에게 루터를 내어주지 않았다. 로마 가톨릭 군주가 루터를 보호했다는 사실은 아이러니하다. 루터가 그때 정부의 보호를 받지 못했더라면, 루터는 즉시 형장의 이슬로 사라졌을 것이다. 칼뱅도 물론 시 정부에서 시를 개혁주의로 선언하는 것을 통해 시 정부의 협력을 받았다. 쯔빙글리는 개혁주의를 선언한 시 정부와 함께 동역하였다. 하지만 '개혁'이란 무엇인가? 우리는 개혁의 의미를 다시 생각해 볼 필요가 있다. 성경을 따르는 개혁자가 시 정부가 허락한 한계보다 더 멀리 가려고 할 때 어떻게 되는가? 누가 개혁의 결정권을 가질 것인가? 정부는 교회개혁을 위한 적절한 도구인가? 더 나아가, 특정 이슈에 대한 성경말씀과 정부정책이 상호 다를 때, 어느 쪽을 따라야 할 것인가?

두 번째 이슈는 유아세례 문제였다. 그레벨과 만츠는 성경을 읽고 나서 성경에는 유아세례의 근거가 없다고 결론지었다. 신학박사였던 발타자르 휘프마이어(Balthasar Hubmaier)도 동조하였다. 그는 가까운 발트슈트(Waldshut)의 목사였다. 그는 유아세례를 거부하고 쯔빙글리와 함께 그 문제를 토론하였다. 가까운 두 마을 사제들은 유아세례를 그만 두었다.

그레벨은 루터, 칼슈타트, 그리고 뮌쩌 둥 모든 개혁자들에게 편지를 보내 도움을 요청하였다. 그레벨과 만츠의 기본논지는 만일 하나님의 말씀이 유일한 권위라면, 정부는 교회개혁의 타당한 도구가 될 수 없다는 것이었다. 그들은 아무 응답도 받지 못했다. 1525년 1월 17일, 두 사람은 쯔빙글리와 유아세례 문제로 공개적인 토론을 하였다. 다음 날 시 관리는 모든 부모들에게 자녀들이 세례를 받게 하라고 명령하고 그레벨과 만츠에게 유아세례에 관한 토론을 중지하라고 요구하였다. 그들은 이 결정을 하나님의 말씀에 위배된 것으로 받아들였다. 그리하여 1월 21일, 몇 사람이 만츠의 집에서 모여 기도하고, 어렸을 때 받았던 유아세례를 무시하고, 그레벨은 조지 블라우록(Blaurock)에게 다시 세례를 베풀었다. 블라우록이 "내가 어렸을 적 받은 세례는 세례가 아니었다. 이제 신앙과 지식에 근거한 참된 세례를 베풀어 달라"고 하였기 때문이었다. 그 다음에 블라우록이 거기 참석한 15명의 사람들에게 세례를 주었다. 이것은 그들이 유아세례의 정당성을 거부하고 성인 세례만을 정당한 세례로 인정하였음을 의미하였다.

4. 재세례파의 확산과 박해

성인 세례를 받은 사람들이 모여 교회를 조직하였다. 그들은 몇 사람을 안수하였다. 그리고 재세례파 운동은 취리히, 바젤, 그리고 스위스의 갈렌시로 급속히 퍼져나가기 시작하였다. 1525년 중반, 재세례파는 스위스 전역에 퍼져 있었다. 휩프마이어(Hubmaier)는 부활절까지 발트슈트에서 3백 명에게 세례를 베풀었다. 그는 거기서 도망쳐야 했고 모라비아로 갔는데, 거기서 3천 명에게 세례를 베풀었다. 거기서 일어난 놀라운 반응은 적어도 1세기 전에 일어난 후스파 운동(Hussite movement)의 영향이 일부 있었던 것으로 보인다. 재세례파 운동은 독일어를 사용하는 스위스로부터 오스트리아, 독일, 스트라스부르그, 그리고 네덜란드로 퍼져나갔다. 15세기에 깊은 영적 생활을 추구했던 여러 운동들이 새로운 길을 열어주었다. 메시지를 전달한 사람들은 학자에서부터 일반인, 상인, 정규교육을 받지 못한 사람들에 이르기까지 다양하였다. 그것은 진정한 인간집단 운동이었다.

쯔빙글리는 취리히에서 종교개혁을 계속하다가, 전쟁에 참전하였는데 안타깝게도 47세 나이로 전사하였다. 그는 성례전에 있어서 그리스도의 임재에 관한 이해에서 루터와 달랐다. 그는 성례의 교제적인 성격을 강조하였고 재세례파와도 아주 다른 입장을 견지하였다. 쯔빙글리는 성례가 어떤 상징적인 종교의식이 아니라 하나님의 로고스이신 그리스도께서 우리 가운데 함께 하시며 스스로를 드러내시는 행위로 보았다.

핍박이 일어났다. 1527년 만츠는 취리히에서 물수장으로 순교하였다. 그레벨은 역병으로 사망하였다. 루터파와 로마 가톨릭 지역에서 여러 명이 순교하였다. 핍박하는 사람들은 침례를 선호하는 재세례파를 처형하는 방법으로 물수장이 적당하다고 여겼고, 많은 사람들이 그렇게 순교하였다. 그것은 비극이었다. 재세례파의 죄명은 '정부를 반대하는 폭동'이었다. 그들은 민사상의 범죄자로, 정부를 혼란시켜 통일성을 깨뜨리는 자들로 여겨졌다. 재세례파 운동은 통합되었지만, 중심 지도자나 중심조직이 없어, 분열될 위험을 내포하고 있었다. 하지만 1527년 2월, 독일과 스위스 국경에 있는 쉴라잇하임(Schleitheim)에 재세례파 그룹들이 모여 쉴라잇하임 신앙고백(Schleitheim Confession)을 채택하였다.

첫 세 가지 조항은 교회의 회원권, 세례, 주의 성찬, 권징, 그리고 사회적 추방에 대해 다루었다. 재세례파는 아주 높은 권징기준을 유지하였고, 그들의 수준에 이르지 못하는 사람들은 공동체에서 강제로 추방시켰다. 다른 조항들은 세상과의 분리, 디모데전서에 나타난 기준을 기초로 한 목회자의 리더십, 그리고 교회와 국가와의 관계를 다루었다. 그들은 폭력을 사용하지도 않고 정부의 보호도 수용하지 않았다. 그들은 어떤 맹세도 하지 않았다. 그들은 아주 간략한 신조를 가졌기 때문에 교육을 받지 못한 사람들도 내용을 이해하고, 전파하고, 필요하다면 그것을 위해 목숨을 버릴 수 있었다. 쉴라잇하임에 모였던 사람들은 대부분 몇 개월 아니면 몇 년 이내로 순교하였다.

5. 메노파

오늘까지 계속되고 있는 가장 탁월한 재세례파 운동은 메노파(Mennonite)이다. '메노파'라는 이름은 네덜란드 로마 가톨릭 사제였던 메노 시몬스(Menno Simons)로부터 왔다. 그는 성경과 종교개혁 사상을 공부하고 나서 종교개혁은 바른 길이지만 루터와 칼뱅의 세례문제는 잘못이라고 확신하였다. 1535년 뮌스터 시가 함락됨으로써, 지도자들이 많은 재세례파 원리들을 금지하여 재세례파 운동은 파산되었다. 시가 함락된 직후, 시몬스는 세례를 받고 운동에 가담하였다. 그는 사역자가 되어 순회사역을 하면서 북유럽 지방을 널리 다니며 사역하였다. 그리고 역사에 남는 인물이 되었다.

그는 도망자가 되어 네덜란드, 독일, 그리고 덴마크로 갔는데, 그곳에서 루터교 귀족이 그를 보호해 주었다. 그는 순회사역을 하면서 자주 귀족 집으로 피난하여 보호를 받았다. 그는 남은 평생을 재세례파 집단들을 방문하여, 가르치고, 설교하고, 전도하고, 글을 썼다. 그는 여러 교회들을 조직하였다. 그는 재세례파 신학 서적을 많이 저술하였고, 네덜란드와 독일북부 지방에서 재세례파 운동의 가장 탁월한 리더가 되었다. 그리고 메노파 교회는 그의 이름을 따와서 사용하였다.

메노파 교회는 활력을 잃었지만 아직도 네덜란드에 작은 그룹으로 남아있다. 메노파는 후일 프레데릭에 의해 프러시아로 와서 농업을 개발해 달라는 부탁과 초청을 받았다. 그들에게는 군대가 면제되었다. 다른 사람들은 비슷한 상태로 러시아로 갔다. 러시아에서 캐나다로 갔고, 결국 미국에 도착하였다. 메노파는 브라질과 파라과이에도 남아있다. 여러 나라로 흩어지는 과정에서 여러 그룹으로 나뉘게 되었다.

프러시안 메노파를 살펴보면 흥미롭다. 일부 프러시안 독일계 메노파가 독일에 돌아와 부패한 세속주의에 대해 지적하고, 그런 세속주의 환경에서는 자녀들을 기르고 싶지 않다고 하였다. 일부는 러시아로 돌아가고 싶어했다. 그들은 그곳에서 수십 년간 메노파가 핍박을 받았지만, 그곳에 세속주의 물결에 휩쓸리지 않고 세속사회와 분리된 생활을 하기가 더 쉬울 것으로 여겼다.

내가 브라질 선교사로 있을 때, 미국 캔사스 출신 선교사를 만났다. 그는 자랑스럽게 말했다. "저는 메노파입니다. 저의 가족 족보를 거슬러 올라가면, 캔사스에서 캐나다, 거기서 러시아, 거기서 프러시아, 그리고 네덜란드까지 올라갑니다."

메노파는 모든 기독교인들에게 흥미로운 질문을 불러일으킨다. 세상에서 분리되어 살아간다는 것은 무엇을 의미하는가? 교회와 기독교인들은 세상과 어떤 관계를 맺으며 살아가야 하는가? 거룩하고 구별된 삶을 산다는 것이 정치, 상업, 그리고 기술개발에 참여해서는 안 된다는 것을 의미하는가? 그것은 구별된 옷을 입어야 한다는 뜻일가? 아니면 무엇일까? 세상과 구별된다는 것은 기본적으로 다른 목표, 다른 가치관, 그리고 다른 생활습관을 갖는다는 것일까? 우리가 아는 극단적인 경우는 아미쉬(Amish)이다. 그들은 옛날 생활습관을 유지하고 그들이 '영국인'이라 부르는 사람들과는 아주 격리된 상태로 살아간다. 그들은 그들 특유의 복장을 입고, 말이 끄는 마차를 타고, 자기들끼리만 혼인한다. 그들은 자동차를 사용할 수 없고, 전화는 일을 위해 헛간에 놓거나 공중전화를 사용할 수는 있지만, 집에 전화를 놓아서는 안 된다. 그들의 종교는 주로 그들의 생활습관에 모든 초점이 맞추어져 있는 것으로 보인다. 또한 생활습관을 허용되는 것과 허용되지 않는 것으로 나누는 수많은 규칙들이 있다. 하지만 오늘날의 메노파 대부분은 주변 사람들과 별 차이 없이 생활한다. 차이점은 검소한 것과 평화주의자로 사는 것이다. 그들이 삶으로 보여준 평화는 인상적이다.

우리는 재세례파를 어느 정도까지 선교운동이라고 볼 수 있을까? 적어도 루터파 운동보다는 더 선교적이었고, 칼뱅주의 운동보다 더 선교적이었다. 하지만 그 차이는 일부 학자들이 지적한 것보다 크지 않다. 루터와 칼뱅은 기독교왕국 모델로 국가와 교회를 하나로 보며 사역하였다. 재세례파는 기독교왕국 모델을 거부하였다. 그런 까닭에, 루터와 칼뱅의 전도대상자는 정치 지도자였고, 그들의 사역은 기성교회의 신학과 구조를 바꾸는 것이었다. 하지만 프랑스와 네덜란드처럼 적대적인 지역으로 가서 핍박을 받았던 칼뱅주의 선교사들은 달랐다. 그들은 로마 가톨릭의 통치를 받고 있는 곳에서 그들만의 공동체를 설립하였다. 재세례파는 다른 선교관을 가지고 있었다. 그들은 성인 신자들의 공동체로 보았다. 그들의 선교는 누구든 전도할 수 있는 사람을 전도하는 것이었다. 가톨릭이든, 루터파이든, 또는 칼뱅주의자이든 가리지 않았다. 그들에게 자기들이 이해한 기독교인의 생활, 성인 세례와 헌신, 그리고 그들의 신앙공동체를 소개하였다. 재세례파에게는 전 유럽을 선교지로 보았다. 여러 면에서 재세례파는 일반인들에게 평판이 좋은 운동이었다. 그들은 초기 감리교나 후기 오순절파처럼 안수받은 목사들뿐만 아니라 평신도들이 나서서 복음을 전하였다.

루터파나 칼뱅주의자는 이것을 '개종주의'(proselytism)라 불렀지만, 재세례파는 사람들에게 참된 신앙을 갖게 하는 '복음전도'라고 불렀다. 따라서 재세례파 선교운동은 교회와 국가와의 관계를 다르게 보고, 기독교인의 신앙생활을 다르게 보았으며, 당연히 선교에 대해서도 다르게 보았다. 그들은 유럽의 경계를 넘지 않고 사역하였기에 루터파나 칼뱅주의자보다 더 타문화적 선교를 하였다고 할 수는 없다.

이런 이유들 때문에, 교회에 대한 우리의 관점은 우리가 선교를 이해하고 보는 선교관에 대단한 영향을 미친다. 복음주의자들은 대부분 자신의 교회론을 충분히 숙고하지 않는 경향이 있다. 하지만 교회론에 따라 선교의 목표와 방법은 결정적으로 달라진다. 우리는 교회를 확실히 믿는다. 우리는 사람들이 믿음의 공동체 안의 일부가 되기 전까지는 진짜로 복음화되지 않았다고 본다. 믿음의 공동체는 어떤 모습이어야 할까? 어떻게 통제되어야 할까? 다른 신앙공동체와는 어떤 관계를 가져야 할까? 우리가 오늘날 신실하게 사역하기 원한다면, 이런 중요한 질문들을 던져야만 한다.

우리가 평생 연구해야 할 신학적이며 선교학적인 질문이 있다. 교회에 대한 성경적 관점을 찾아내는 것이다. 그 안에서 자신의 위치와 역할을 발견하는 것이다. 그것이 바로 16세기 교회가 고민하며 노력했던 중요한 질문이었다.

6. 교회와 선교에 대한 이해

우리는 재세례파와 루터파를 비교하여 보았다. 우리가 어떤 교회론을 가지고 있느냐에 따라 우리의 선교에 대한 이해가 결정될 것이다. 초대교회 신앙은 더 개인적이었는데 4세기 이후에는 주로 제도적인 교회의 신앙으로 바뀐 것을 우리는 이해한다. 프란치스코회와 도미니쿠스회가 네스토리안에게 갔다. 그때, 그들은 네스토리안이 참 교회 밖에 있었기 때문에 하나님 나라와 기독교 신앙 밖에 있다고 생각했었다. 그들의 신학은 분명했다. 로마 가톨릭교회 밖에는 구원이 없다는 관점에서, 아무리 개인적인 신앙이 좋다하더라도, 그 개인이 로마 가톨릭교회 회원이 아니라면 아무 쓸모가 없는 신앙이라고 보는 것은 과장이 아니었다. 우리는 16세기 유럽에서 루터파와 칼뱅주의자들이 가톨릭의 신학, 예배, 그리고 교회조직을 개혁하는 선교운동을 탐구하였다. 루터파와 칼뱅주의자들은 개혁교회를 통하여, 사람들은 개인적으로 살아있는 신앙을 갖게 되기를 소망하였다. 재세례파는 그들의 선교를 명목상의 기독교인들을 참된 개인적 신앙을 갖게하는 것으로 이해하였다. 나는 루터파, 칼뱅주의자, 그리고 재세례파의 목적은 서로 다르다고 생각하지 않는다. 그러나 그들의 선교방법은 달랐다.

나는 세계에서 제일 큰 로마 가톨릭 국가에서 개신교 선교사로서 이러한 문제에 직면해야만 하였다. 당시 인구 가운데 95퍼센트가 자신을 가톨릭 교인이라고 주장하였지만, 그 가운데 10퍼센트 미만이 1년에 1번 교회에 출석하였다. 나는 내게 맡겨진 선교가 무엇인지 알고 있었다. 자신을 가톨릭신자라고 부르지만 전혀 복음을 모르고, 예수님께 헌신하는 것이 무엇인지 알지 못하는 사람들에게 복음을 전하는 것이 나의 선교적 사명이라고 이해하였다.

본 장에서는 급진적인 종교개혁을 원하였던 재세례파 운동에 관하여 기술하였다. 다음 장에서는 가톨릭 종교개혁과 선교에 대하여 살펴볼 것이다.

제 16 장
가톨릭 종교개혁과 선교운동

1. 말씀묵상

내가 성경말씀 중에서 귀하게 생각하는 구절이 있다. 첫째는 출애굽기 19장 말씀이다. 독자들도 동의할 것으로 믿는다. 출애굽 사건은 고대 하나님의 백성인 이스라엘을 형성하는 결정적인 사건이었다. 이스라엘은 출애굽 사건을 통하여 해방되었고, 자신의 정체성을 갖게 되었으며, 그들은 시내산에서 어떻게 살아야 하는지에 대한 삶의 지침을 받게 되었다. 신약성경 저자들은 십자가와 부활을 새로운 출애굽 사건으로 보았다. 새로운 하나님의 백성이 탄생하는 출애굽보다 큰 사건으로 보았다. 새로운 하나님의 백성은 모든 인간집단, 언어, 그리고 문화집단에서 속한 남녀들을 포함할 것이다. 십자가와 부활 안에서, 새로운 하나님의 백성은 죄와 사망으로부터 해방되어, 미래를 향한 삶의 지침을 받는다. 이제 하나님께서 백성들에게 하시는 말씀을 들어보자.

> 세계가 다 내게 속하였나니 너희가 내 말을 잘 듣고 내 언약을 지키면 너희는 모든 민족 중에서 내 소유가 되겠고 너희가 내게 대하여 제사장 나라가 되며 거룩한 백성이 되리라 너는 이 말을 이스라엘 자손에게 전할지니라(출 19:5, 6).

이 출애굽 주제를 베드로 사도는 베드로전서 2장에서 다시 언급한다.

그러나 너희는 택하신 족속이요 왕 같은 제사장들이요 거룩한 나라요 그의 소유가 된 백성이니 이는 너희를 어두운 데서 불러 내어 그의 기이한 빛에 들어가게 하신 이의 아름다운 덕을 선포하게 하려 하심이라 너희가 전에는 백성이 아니더니 이제는 하나님의 백성이요 전에는 긍휼을 얻지 못하였더니 이제는 긍휼을 얻은 자니라(벧전 2:9, 10).

만일 옛 하나님의 백성이 인종적으로 유대민족을 중심으로 이루어졌다면, 새로운 하나님의 백성은 예수 그리스도 한 분 안에서 이루어진다. 인종, 문화, 언어가 아닌 한 가지 사실, 즉 예수 그리스도께서 죽으시고 다시 부활하셨고, 우리가 그분의 초청을 듣고 믿음으로 응답함으로 이루어진다. 신약성경의 메시지는 하나님의 백성을 보편화시켰다. 그렇다고 보편적 구원이 이루어진다는 뜻은 아니다. 모든 인종, 언어, 그리고 문화에 속한 남녀가 새로운 하나님의 백성이 될 수 있는 초청을 받았다는 점에서 보편적이다. 이 새로운 하나님의 백성을 만드신 하나님의 목적은 어둠에서 그의 기이한 빛으로 불러내신 하나님의 놀라운 역사를 선포하기 위함이다. 이것은 교회의 주요한 목적을 보여준다.

옛 하나님의 백성은 제사장의 나라가 되어야 했다. 제사장은 중간에 서서 한 편으로는 하나님의 손을 잡고 다른 한편으로는 사람의 손을 잡는다. 제사장은 하나님과 사람 사이를 연결하는 사람이다. 라틴어로 '제사장'은 폰티펙스(Pontifex)로 다리를 놓는 사람을 의미한다. 우리는 제사장의 나라가 되어야 한다. 이 제사장 개념에 대한 선교적 함축은 강력하다.

나는 독자들에게 다음과 같은 질문을 하면서 신구약 성경을 모두 다시 읽어 보라고 권한다. 이 말씀은 세계를 향한 선교에 대해, 우리가 이해하는 기독교인의 삶의 본질에 대해, 그리고 교회의 목적에 대해 무엇이라고 말하고 있는가? 누가가 자신의 복음서 마지막 장에서 보여주는 바와 같이, 복음은 예수님께서 오셨고, 십자가에 죽으셨고, 또한 죽음에서 일어나셨다는 것뿐만이 아니라, 용서와 화해의 메시지가 모든 민족에게 선포되는 것이다. 모든 인간집단에게 선포하는 것이다. 인종적, 문화적, 이데올로기적, 정치적, 그리고 국가 간 장벽들로 분열된 세상에, 예수 그리스도께서 오셨다. 이들 장벽을 제거하고, 우리를 그리스도의 몸으로 부르시기 위해, 세상에 나아가 화해의 사자가 되기 위해 오셨다. 이제 우리가 해야 할 일은 모든 문화, 지역, 인종, 그리고 국가적 경계를 향해 계속해서 복음을 선포하는 것이다. 이것이 우리 삶을 지배하는 개념이 될 것이다. 함께 기도하자.

하나님 아버지, 이제 다시 저희는 주께서 이런 확장되고, 다문화적이며, 다언어적이며, 다인종적인 하나님의 백성의 일부가 되라고 부르셨습니다. 기도하기는, 저희가 균형감각을 유지할 수 있게 하옵소서. 한편으로 하나님의 백성이 되라고 불러주신 소명에 깊이 감사하고, 다른 한편으로는 아직도 하나님의 백성이 되라고 불러야 할 수많은 영혼들이 있다는 사실을 인식하게 하옵소서. 주께서 저희에게 새로운 선교의 지경을 계속해서 넓혀가는 책임과 특권을 주시고, 당신의 도구가 되게 하옵소서. 하나님 나라에 더 많은 사람들을 불러 모으시는 하나님의 사역에 동참하게 하옵소서. 저희 각자의 지경을 계속 넓혀주시어, 저희 비전이 넓어지게 하시옵소서. 저희를 주께로 더 가까이 이끄시고, 저희가 충성하려 하오니 저희를 인도하여 주옵소서. 이 모든 말씀을 예수님의 이름으로 기도합니다. 아멘.

2. 서론

이제 우리는 16세기 가톨릭 종교개혁과 선교운동에 대해 탐구할 것이다. 이 주제에 도움이 되는 책이 있다. 제2차 바티칸 공의회 이전에 출판된 로마 가톨릭교에 관한 가장 탁월한 책은 야로슬라브 펠리칸(Jaroslav Pelikan)의 『가톨릭교란 무엇인가』이다.[1] 우리는 여기서 가톨릭 종교개혁을 살펴보고, 다른 장에서는 개신교 선교운동을 다루게 될 것이다. 이 책의 전반부는 초기와 중세교회사를 중심으로 다루었다. 대부분의 개신교 신자들은 초기와 중세교회사에 일어난 중요한 선교운동들에 대해 잘 모르기 때문에 이 주제를 연구할 필요가 있

---

1) Jaroslav Pelikan, *The Riddle of Roman Catholicism* (New York: Abingdon, 1969).

다. 하지만 우리 모두는 거의 다 개신교 종교개혁과 그 이후 개신교회 내에서 일어난 갱신과 부흥운동의 후예들이다.

많은 역사가들은 가톨릭의 '반(反) 종교개혁'에 대해 언급한다. 하지만 이 용어가 정확하다고 할 수 없다. 로마 가톨릭교회 내에서 일어난 종교개혁을 개신교주의에 반대하는 역작용으로만 볼 수는 없기 때문이다. 그런 관점은 온당하지 않다. 루터 이전에도 이미 로마 가톨릭교회 개혁을 갈망하던 여러 운동들이 있었다. 하지만 그들이 바랐던 개혁은 행정적, 도덕적, 그리고 영적인 개혁이었지만 신학적인 개혁은 아니었다. 프랑스와 이탈리아에는 성경공부 모임이 활발하게 이루어졌고, 스페인과 이탈리아에는 더 깊은 영적 생활을 갈망하는 기도운동이 있었다. 불행하게도, 교황청과 성직자 계급제도는 그런 운동의 영향을 전혀 받지 않았다. 하지만 개신교 종교개혁 운동이 일어난 후 사정은 달라졌다. 가톨릭교회 내에서 개신교 종교개혁 운동에 반응하여 우리가 말하는 '가톨릭 종교개혁 운동'이 일어났다. 반종교개혁이라는 용어는 개신교주의에 대한 부정적 반응을 강조하기 위해 사용되었는데, 나는 '가톨릭 종교개혁'이라는 용어를 사용하는 것이 더 정확하다고 주장한다. 가톨릭 종교개혁은 행정적, 도덕적, 그리고 교육적인 개혁을 포함하고 있기 때문이다.

1) 가톨릭 종교개혁의 특징

우리가 살펴본 바와 같이, 가톨릭 종교개혁은 신학적 개혁은 포함시키지 않았다. 가톨릭 종교개혁은 사실상 편협한 중세교회의 신학적 강조점을 재확인하였다.

조지스 바로이스(Georges Barrois) 박사는 전직 도미니쿠스회 사제 출신으로 프린스턴신학교 교수였다. 그는 가톨릭 종교개혁의 과정을 신학적으로 '좁히는' 과정으로 기술하였다. 중세교회 내에서 수용할 수 있는 신학적인 폭은 넓었다. 일부는 우리가 성경적이라고 간주할 수 있고 전통적인 로마 가톨릭의 선례주의와 다른 신학적 입장을 가질 수 있었다. 중세 신학에서 가장 중요한 것은 교회와 교황권에 대한 충성이었다. 교회와 교황에 충성하는 한, 신학적 문제에 있어서는 융통성이 있었다.

바로이스는 지적했다. 16세기에 이른 로마 가톨릭교회는 개신교주의에 반대하기 위해 신학적으로 수용할 수 있는 교리의 한계 폭을 엄청나게 좁히고 말았다. 로마 가톨릭교회 내부에서도 루터가 채택한 여러 사상들을 주장하는 사람들이 이미 있었다. 그들은 약간의 위험을 감수해야 하였지만 가톨릭교회에 남았다. 하지만 가톨릭교회에서 루터 문제가 불거진 이후 사정이 달라졌다. 가톨릭교회는 폭을 넓히려 하지 않았고 개신교 사상을 수용하려 하지 않았다. 오히려 더 심하게 제재하기 시작했다. 가톨릭은 개신교 운동을 반대하기 위해 신학적 입장을 더 좁혀나갔고 '오직 믿음으로 의롭게 된다'는 어떤 신학적 가능성도 부인하기에 이르렀다. 교회는 오직 믿음과 선행으로만 의롭다 함을 받는다고 주장하였다. 가톨릭교회는 7성례의 정당성과 필요성을 비롯하여, 교황의 지상권, 성직자 계급제도를 재확인하였다. 그리고 어떤 개신교도라도 파문하였다. 이것은 1545년부터 1563년까지 계속된 트렌트 종교공의회에서 주로 일어났다. 트렌트 종교공의회는 주로 개신교 종교개혁에 반응하였다. 로마교회는 20세기 중반까지 계속해서 개신교에 대해 심하게 반대하는 입장을 취했다.

1854년 성모 마리아의 무원죄잉태설 교리를 교회의 공식적인 가르침으로 규정하였다. 1864년 12월 '오류에 대한 교서목록'(Syllabus of Error)을 발표하였다. 사람들은 성모 마리아가 원죄 없이 잉태하였다고 믿어야 했다. 처음에는 그것이 좋은 로마 가톨릭이 되는 것이라고 공표하였다. 오류에 대한 교서목록은 절대적 교리에 포함되는 수준은 아니지만, 그것은 정치와 종교를 분리하는 현대적 정종분리, 종교적 자유, 보편적 교육, 그리고 민주적 정부 개념을 거부하였다. 그 후 1869년부터 1870년까지 제 1차 바티칸 공의회가 열렸다. 바티칸 공의회는 교황무오설을 선언하였다. 교황이 신앙과 도덕에 관하여 교리로서 교황의 성좌(ex catedra)에서 선포하는 것은 신적인 무오성이 있다는 교서를 발표하였다.[2]

교황 요한 23세의 등장은 전혀 예상 밖의 결과였다. 그는 변화를 줄이는, 관리인 성격의 교황으로 인식되었다. 그가 제2차 바티칸 공의회(1962-1965)를 소집하자 거의 모든 사람들이 놀랐다. 그의 목표는 현대에 맞게 교회를 개방하는

---

[2] 바티칸 공의회가 채택한 신조에는 "로마교황은 그의 사도적 지상권(至上權)에 의하여 온 교회의 목자(牧者)와 교사의 직분을 수행함에 있어 베드로에게 허락된 바 하나님의 특별한 도우심을 힘입어, 온 교회가 지켜야 할 신앙과 행위상의 모든 교리를 제정할 때에 그는 절대 무오하며 따라서 그가 제정한 것은 그 자체가 변경될 수 없다"고 쓰여 있다. - 역주

과정을 시작하는 것이었다. 동시에 어느 정도, 개신교를 포함한 다른 기독교 교회들에게 문호를 개방하는 것이었다.

제2차 바티칸 공의회는 개신교 옵서버를 초청하였고 일부 이슈들에 있어서 개신교의 조언을 구하기도 하였다. 그때 시작된 개방 과정은 오늘까지 계속되고 있지만, 우여곡절 속에서 이루어지고 있다. 제2차 바티칸 공의회는 교회론에 조금도 손을 대지 않았지만 자세와 방향을 바꾸었다. 실례를 들면, 제2차 바티칸 공의회는 처음으로 성서공회를 승인하였다. 개신교를 "나뉜 형제들"이라 불렀다. 성모 마리아와 성상 사용을 감소시켰다.

내가 프린스턴신학대학원에서 박사과정을 밟고 있던 1965년, 유명한 가톨릭 신학자인 한스 큉이 방문하여 강좌를 연 적이 있었다. 내가 아는 한 처음으로 로마 가톨릭 신학자를 초청한 것이었다. 프린스턴 교수들 가운데 한 분이 흥미로운 이야기를 들려주셨다. 한스 큉은 박사논문을 쓰면서 트렌트 공의회의 칭의론과 탁월한 개신교 신학자인 칼 바르트의 칭의론을 비교하였다. 큉의 결론은 확실하였다. 양쪽 모두 동일한 믿음에 의한 칭의론을 가르치고 있다. 큉은 논문을 바르트에게 보냈고, 논문을 읽은 바르트는 회신을 보냈다. "친애하는 한스 큉님, 당신은 믿음에 의한 의를 주장하는 나의 칭의론을 이해하고 있습니다. 하지만 만일 16세기 트렌트 공의회가 동일한 생각을 하였다면, 왜 지금까지 아무도 그 사실을 발견하지 못했을까요?"

그것은 로마 가톨릭교회가 변할 수 있고 변한다는 사실을 완곡히 표현한 것이었다. 우리는 변화가 모두 다 좋다고만 할 수는 없다. 하지만 확실히 오늘의 가톨릭교회는 상당히 달라졌다. 50년 전과 비교해 보면, 교리와 생활면에서 많이 달라졌다. 아직까지 신교와 구교 사이에는 많은 상이점들이 있지만, 오늘날 상당히 긍정적인 변화를 보이고 있다. 나는 우리가 이런 사실을 의식하는 것이 중요하다고 생각한다.

라틴 아메리카의 로마 가톨릭은 위기에 처해있다. 복음주의적 개신교, 주로 오순절주의가 급속히 성장하고 있다. 인구성장률의 갑절로 성장하고 있다. 진정한 가톨릭 신자로 '살아가는' 사람들은 극소수에 불과하다. 브라질 가톨릭교회는 처음으로 성경을 보급하기 시작하였고, 일부 지역에서 은사주의 운동이 성장하고 있다. 그럼에도 불구하고 성직자 계급제도는 로마 가톨릭교회의 쇠퇴를 막지 못하고 있다. 1968년 한 미국 예수회 지도자는 이렇게 기록하였다.

"우리 로마 가톨릭교회는 남미 사람들을 '기독교화' 하였다. 하지만 남미 대륙은 아직 그리스도께 개종하지 않은 채로 남아있다. 우리는 오순절주의자들로부터 배워야만 한다."[3]

모든 로마 가톨릭이 그에게 동의하지는 않을 것이다. 그럼에도 불구하고 이 서술은 주목할 만한 가치가 있다.

로마 가톨릭교회는 상당히 심도있게 자신을 성찰하는 과정을 밟고 있다. 그 과정은 오랜 시간이 소요되는 과정이 되겠지만, 그렇게 되고 있다. 얼마나 심도 있는 변화가 일어날지는 다 알 수 없다. 하지만 의미있는 변화가 될 것이다. 최근 세계 루터교 연맹과 로마 가톨릭교회는 믿음에 의한 칭의 성명서에 합의하였다.

이제 다시 가톨릭 종교개혁으로 돌아가자. 내가 언급한 바와 같이, 가톨릭 종교개혁은 개신교적 성향을 거부하고 교리적으로 편협해졌다. 동시에 성경공부를 부추기기 시작하였다. 가톨릭교회가 인정하는 학자들만 미사를 위해 성경을 연구하는 것이 아니라 평신도들도 성경을 연구하기 시작하였다.

1542년 종교재판은 재조직되어 강화되었다. 행정적인 개혁과 도덕적 개혁이 있었다. 사제들 사이에 성행하던 부도덕과 부패가 감소하였다. 가톨릭 종교개혁은 교육개혁을 불러왔고 설교를 강화시켰다.

2) 두 가지 주요 도구

가톨릭 종교개혁에는 두 가지 주요 도구가 있었다. 첫째는 1545년부터 1563년까지 계속된 트렌트 공의회였다. 루터는 공의회를 요청하였는데, 당시 공의회가 소집되었고, 공의회는 교황청과 예수회가 주도하였다.

예수회와 도미니쿠스회 그리고 프란치스코회는 가톨릭 종교개혁의 또 다른 주요 도구였다. 그들은 교회에 설교, 교육, 선교를 강화시켰다. 중세 기준에 따르면, 교회청이 갱신되었다. 르네상스시대에, 일부 교황들은 군대를 이끌었고, 사생아들을 생산하였으며, 개인적 이익을 위해 교황권을 남용하였다. 트렌트 공의회 이후, 그런 악습들이 사라졌다. 대부분의 교황들은 가톨릭의 이상적인

---

3) Klaiber, Jeffrey," Pentecostal Breakthrough," *America*, CXXII 4 Jan 31, 1970, 99.

경건생활에 따라 살았다.

3) 교황권의 갱신

교황권이 강화되었다. 교회의 관리와 행정도 향상되었다. 경건에 대해 더 많이 강조하게 되었다. 하지만 종교개혁 신학과는 전혀 타협이 없었다. 트렌트 공의회는 어떤 개신교 교리도 용납하지 않았다. 성경만이 유일한 권위를 갖는다는 개념도 거부되었다. 권위는 성경과 전승에 있다고 주장하였다. 로마 가톨릭교회만 성경을 해석할 권리를 갖고 있다고 하였다. 칭의는 오직 믿음으로만 이루어지지 않고, 믿음과 선행으로 이루어진다고 하였다. 7성례는 다시 한 번 "사효론"(ex opera operato)이라는 중세 신학적인 방법으로 규정되었다.[4] 이것이 교회의 공식적인 가르침이었다. 하나님의 은혜는 수용자가 의도적으로 은혜를 거부하지 않는 한 성례만을 통하여 자동적으로 주어진다고 가르쳤다. 7성례는 세례성사, 견진성사, 성체성사, 고해성사, 혼배성사, 병자성사, 신품성사를 말한다. 극단적인 경우 이루어지는 세례를 제외하고, 모든 성례는 감독으로부터 안수 받은 사제만 집례할 수 있었다. 감독은 교회에게 복종해야 했다. 이것이 사도적 계승이라고 믿었다. 이것은 사람들이 로마 가톨릭교회를 통해서만 구원하는 은혜를 받을 수 있다는 것을 의미하였다.

3. 새로운 세계의 등장

새로운 세계가 등장하고 있었다. 만일 15세기 말에 화성에서 지구를 찾아온 방문자가 지구 문명과 사람들을 둘러보았다면, 서유럽의 작은 지역 사람들이 갑자기 일어나 지역의 경계를 넘어 군사, 경제, 정치, 그리고 문화적으로 세상을 수 세기 동안 지배하게 될 줄은 전혀 상상하지 못했을 것이다. 이것이 15세

---

4) 로마 가톨릭에서는 성사의 효과를 사효적 효과(Effectum ex opere operato)와 인효적 효과(Effectum ex opera operantis) 두 가지로 구분한다. 사효적 효과는 '거행된 성사 자체를 통해 받는 성사의 은혜'이며, 인효적 효과란 '성사에 참여하는 이의 노력과 정성과 열심에 따라 받게 되는 하느님의 은혜'이다. - 역주

기 말에 이루어진 역사적 사건이었다. 새로운 세계질서가 태동하고 있었다.

1) 유럽의 폭발적 성장

유럽이 폭발하였다. 유럽의 영향력은 국가의 경계를 넘어 확장되어 갔다. 지난 1천 년 동안 이슬람은 강한 군사력과 문화를 자랑하였다. 중국 문명이 여러 면에서 높은 수준에 있었다. 이제 세상이 달라졌다. 유럽인의 기술과 문화가 세계를 지배하는 방향으로 세계 문명사가 흘러가고 있었다.

오늘날 유럽 문명은 더 이상 활력을 주지 못하고 있다. 이제는 글로벌화가 핵심단어가 되었다. 우리 모두는 글로벌화가 기술, 통상, 정치, 그리고 사회적 발전을 의미한다는 것을 잘 모르고 있다. 하지만 분명한 사실이 있다. 우리가 새 시대를 맞았다는 사실이다. 나는 다가온 새 시대가 기독교선교에 무성석인 면보다는 훨씬 더 긍정적인 요소들이 많다고 생각한다.

2) 새로운 요소들

교회는 새로운 환경에 직면하여야 했다. 우리가 역사적인 한 시대를 마감하고 새 시대를 열기 위한 엄청난 변화의 시기를 맞을 때, 우리는 언제나 이런 질문을 던져야만 한다. "이런 변화가 기독교선교에 대해 어떤 의미를 갖는가? 우리가 선교를 수행하는 방식에 대해 어떤 변화를 요구하는가?" 우리는 이런 이슈들과 평생 싸워나가야 할 것이다. 첫째, 당시 세상에 다가온 새로운 변화의 요소들을 살펴보자.

교회가 유럽 지경을 넘어 확장되어 가자, 극동지역의 강한 종교체제의 도전을 맞게 되었다. 인도와 무슬림 지역의 종교체계는 만만하지 않았다. 오늘날 우리가 다루는 선교학적 이슈들이 등장하기 시작하였다. 우선 교회는 부족 인간집단에 대해 어떤 태도를 취할 것인가 깊이 생각해야만 하였다. 그들의 문화를 파괴하고, 그 과정에서 부족 인간집단도 거의 전멸시키고 말 것인가? 유럽인들은 유럽 문화를 '개화된 것'으로 보았고, '미개한' 원시문화에 속한 사람들에게 강요하였다. 부족민들의 문화를 존속시킬 것인가, 말살시킬 것인가, 아니면 어느 정도 변화시킬 것인가? 더 나아가 이런 결정을 어떻게 내릴 것인가? 누가 내릴 것인가? 수용자 문화 속에 있는 문화적 요소들을 기독교 신앙생활과 소통에 포함시켜야 할 것인가? 유럽 문화와 유럽교회가 유럽 국경을 넘어 새로운 지역으로 확장되면서, 이런 이슈들이 생겨났다. 오늘날 우리도 그와 같은 선교적 이슈들을 가지고 고심하고 있다.

3) 유럽 문화의 일부인 교회문화

교회는 유럽 문화에 속해 있었다. 나는 먼저 한 아프리카 친구 이야기를 한 적이 있다. 그 친구의 할아버지는 부족민들 가운데 최초로 기독교인이 된 사람이었다. 당시 할아버지는 기독교인이 되면서 케냐 이름을 버리고 유럽인 이름을 갖고 서양 양복을 입어야 했다. 유럽 이름과 양복이 '기독교인'을 상징하였기 때문이었다. 그것이 당대에는 일반상식이었다.

유럽 문화는 기독교 문화로 간주되었다. 기독교 신앙은 유럽 '문명'과 동일시되었다. 대부분의 유럽인들은 그들의 신앙과 문화를 구분하지 않았다. 그들의 논리는 암묵적이었다. "우리 유럽인들은 기독교인이다. 우리 문화는 기독교적이다. 그러므로 우리가 하는 것은 모두 기독교적이다. 당신이 그리스도인이 된다면, 당신은 우리처럼 옷을 입고, 우리처럼 예배드려야만 한다." 유럽인의 마음자세는 사도행전 15장과는 정반대였다. 수많은 비서구권 출신 그리스도인들은 그런 문화적 가정이 그들에게 얼마나 큰 상처를 안겨 주었는지 증언할 수 있을 것이다.

처음 3세기 동안 교회는 약한 자로부터 강한 자로 전해졌다. 이제는 상황이 반대가 되었다. 강한 자로부터 약한 자로 나가게 되었다. 우월한 '기독교' 문화로부터 열등한 사람들에게 나가게 되었다. 사도 바울은 예루살렘에서 로마로 가면서 자신을 그렇게 보지 않았다. 바울은 유대 문화가 로마 이교사상보다 우월하다고 믿고 있었지만, 그는 제국의 별 볼일 없는 작은 지방도시에서 제국의 심장부로 가고 있음을 인식하였다. 그는 창조주 하나님의 메시지를 가지고 갔다. 창조주께서 인간이 되시고, 종의 형상을 입으시고, 십자가를 지셨다는 메시지를 전했다. 힘없는 약한 문화로부터 가장 강한 문화로 복음의 옮겨가는 과정은 예수 그리스도의 메시지에 잘 부합하였다. 예수 그리스도는 하나님의 본체이시나 자신을 비워, 인간이 되시고 십자가를 지셨다. 얼마나 놀라운 메시지인가! 이제 유럽인들이 기독교 복음을 아시아, 라틴 아메리카, 그리고 아프리카로 전하게 되었다. 유럽 선교사들은 강대국 문화를 가지고 힘없는 약소국가로 나갔다. 우리는 이 역사적 사실이 어떻게 복음을 왜곡시켰는지 물어야 한다. 강자의 복음이 약자에게 진정한 복음이 될 수 있을까?

선교지에서는 현지 토착교회 리더십에 관한 질문이 대두된다. 현지 부족 가운데 목회자는 얼마나 빨리 세워야 할 것인가? 남자만 목사나 사제가 될 수 있는가? 현지 교회는 얼마나 빨리 자율적인 교회가 될 수 있는가? 남미에서는 2세기가 걸렸다. 스페인과 포르투갈은 2세기가 지난 후에야 라틴 아메리카 현지인들을 사제로 임명하고 수도원에 들어 올 수 있게 허락하였다. 처음 2세기 동안 사제들은 모두 유럽인들뿐이었다. 1794년, 스페인 사람이 남미에 발을 내딛은 지 3세기가 지났을 때 유럽인의 피가 섞이지 않은 현지인 사제를 처음으로 안수하였다. 그것이 남미 가톨릭이 약화된 이유 가운데 하나이다. 참된 토착교회의 기준 가운데 하나는 교회가 토착적인 리더십을 가지고 있느냐에 달려있다. 그런 기준에서 보면, 남미에 있는 로마 가톨릭교회는 결코 진정한 의미에서의 토착교회라고 말할 수 없다. 남미 가톨릭교회에는 사제들이 너무나 부족하다. 아직도 유럽에서 수많은 사제들이 오고 있다. 더 나아가, 식민지시대에도 스페인이나 포르투갈에서 사제들을 충분히 보내주지 않아서 사제들이 턱없이 부족했었다.

토착교회 리더십이 필요하다. 토착교회 리더십의 중요성을 인식하고 나면, 다른 질문이 생겨난다. 토착교회에서 안수를 받을 수 있는 조건은 무엇인가? 토착교회 리더는 신학교육을 완전히 유럽 스타일로만 받아야 하는가? 토착교회 목사나 사제는 선교사들과 어떤 관계를 가져야 하는가?(라틴 아메리카 로마 가톨릭교회는 오랫동안 선교사들의 통제 아래 있었다.) 라틴 아메리카 교회는 모교회인 스페인, 포르투갈, 또는 로마교회와 어떤 관계를 가져야 하는가? 토착교회에는 어떤 예배 형식과 신학구조가 바람직할 것인가?

선교지에서 새로운 질문이 생겨났다. 유럽에서 로마 가톨릭 선교사들이 그들의 메시지를 아시아나 라틴 아메리카로 가서 전할 때, 여러 가지 질문이 생겨났다. 그들은 그들이 아는 유럽식 교회를 재생산하는 것을 전형적인 선교사역으로 보았다. 유럽 스타일의 신학, 사제의 선발과 훈련방식, 예배 형식을 유지하였다. 라틴 아메리카로 온 초기 로마 가톨릭 선교사들에게 그것은 자연스러운 선교방식이었다. 그보다 후에 일어난 개신교 선교사들도 그러하였다. 유명한 영화인 '미션'(Mission)은 대단하다. 이 영화는 파라과이와 남부 브라질에서 사역하던 초기 예수회 선교사들의 모습을 보여준다. 거기서 우리는 일부 상황화한 선교를 발견하지만 그리 충분하지 않다. 예수회 선교사들은 여러 면에서 훌륭하다. 하지만 영화는 파라과이 정글에서 과라니 부족이 유럽인들이 사용하는 악기를 연주하며, 라틴어로 예배드리는 모습을 보여준다. 영화는 중요한 선교학적 질문을 던진다. 선교지에 세워지는 새로운 교회는 얼마나 많은 신학과 예배, 교회구조를 유럽에서 수입해야만 하는가? 새로운 교회는 얼마큼 현지 문화적 상황에서 교회 구조, 예배, 신학을 수용할 수 있을 것인가?

세 번째 문제가 있다. 서유럽 문화로 무장한 교회에 선교운동이 일어나 아시아, 아프리카, 그리고 라틴 아메리카로 선교사를 파송하였다. 유리한 점도 있었다. 유럽이 세계로 진출하면서 일어난 선교운동은 선교사들에게 교통편을 제공하고, 어느 정도의 안전을 보장해 주었다. 하지만 불리한 점도 있었다. 선교사들은 두 가지 큰 전쟁을 치러야 했다. 선교사는 유럽에서 명목상의 그리스도인들이 가진 이교사상과 싸워야 했고, 선교 현지 원주민들이 가진 이교사상과도 싸워야 했다. 그 가운데 유럽에서 명목상의 그리스도인들이 가진 이교사상과 싸우는 것이 선교 현지에서 원주민들의 이교사상과 싸우는 것보다 훨씬 더 어려웠다.

선교사들에게는 유혹이 있었다. 선교사의 안전을 서구 열강이 가진 무력에 의존하려는 유혹이었다. 선교사는 이런 유혹을 어떻게 다루어야 할 것인가? 이것은 대단히 큰 이슈가 되었다. 특히 중국에서 그러하였다. 다른 문제도 있었다. 서구문화와 선교사의 정체성, 그리고 기독교 신앙 문제였다. 선교사들과 현지인들은 서구 문화와 서구식 신앙생활을 답습해야만 하는가?

오늘날 바람직한 현상이 있다. 오늘날 대부분의 사람들은 더 이상 기독교를 서양종교로 보지 않는 시대로 들어왔다. 아프리카, 아시아, 그리고 라틴 아메리카 선교사들이 미전도 종족에게 가서 복음을 전하고 있다. 비서구 선교사들의 숫자가 계속 늘고 있다. 비서구적 교회형식이 생겨나고 있다. 하지만 유럽과 북미에서 선교사 운동이 시작되었을 때, 기독교 신앙과 서구문화는 거의 동일시되었다. 이것은 아이러니였다. 왜냐하면, 예수님은 아시아에서 태어나셨고, 아프리카를 방문하셨으나, 유럽이나 북미를 방문하신 적은 전혀 없다. 그럼에도 불구하고 많은 서구 선교사들 때문에 예수님은 유럽인이나 북미 사람으로 인식되었다.

나는 선교사들을 비판하는 것이 아니다. 나는 질문한다. 선교사들은 어떤 다른 선택을 할 수 있었을까? 역사적으로 안전하고 유리한 입장에 있는 우리는 쉽게 말할 수 있다. 선교사들은 비서구권 문화에 대해 좀 더 민감하게 대처했어야 한다고. 하지만 우리는 선교사들을 너무 심하게 비판하는 자세는 자제해야 한다. 우리는 당시 선교사들이 거의 모든 면에서, 그들의 문화와 역사적 상황 속에 갇힌 문화적 포로였음을 인식해야 한다. 우리가 그들을 특정 이슈로 인하여 비판하더라도, 우리는 그들의 위대한 업적을 또한 인정해야 한다. 그들은 선교지로 떠날 때, 이 땅에서 다시는 사랑하는 가족과 고국산천을 다시 보지 못할 각오로 떠났다.

4) 탐험가 정신

15세기 말, 유럽은 탐험과 '발견'의 시대로 접어들었다. 유럽인들은 배로 대양을 건넜고, 배로 세계를 주항(周航)하였다. 포르투갈 남부 연안도시 사그레스(Sagres)에는 해양학교의 잔재가 남아있다. 그것은 15세기 해양 탐험가인 헨리 공작이 세운 해양학교였다. 당신이 만일 리스본 북단 고속도로 변에 있는, 바탈라하(Batalha)에 있는 아름다운 성당에 간다면, 그의 무덤을 볼 수 있을 것이다.

헨리는 거의 수도사적으로 생활한 신실한 기독교인이었다. 그는 평생 독신으로 살았고, 항해술에 비상한 관심을 가졌다. 15세기, 그는 항해학교를 설립하였다. 그의 학교는 최고의 항해사를 길러냈으며, 새로운 항해술과 항해기기들을 개발하고 발전시켰다. 위대한 탐험가들이 그 학교에서 공부하였다. 바스코 다 가마(Vasco da Gama), 페드로 까브랄(Pedro Cabral), 크리스토퍼 콜롬버스(Christopher Columbus), 그리고 마젤란(Magellan)이 수학하였다.

헨리의 항해학 연구는 세계 역사에 중요한 영향을 미쳤다. 그가 항해학을 연구한 동기는 네 가지 요소에 의해 영향을 받았다. 첫째, 그는 과학적 사고를 하는 사람이었다. 둘째, 그는 포르투갈 황실의 영향력을 세계로 확장시키고 싶어했다. 당시 탐험은 십자군 운동의 연장선 상에서 인식되었다. 이슬람교는 정면 공격으로 기독교 십자군을 물리쳤으나, 탐험은 배로 아프리카를 돌아 동화에 나오는 인도제국의 보화를 발견하는 새로운 수단이었다. 이슬람교의 선수를 쳐서 허를 찌르는 공격이었다. 넷째, 그들은 그들이 가는 곳 사람들을 기독교화하려 하였다.

서양에서 출간된 교과서에는 콜럼버스와 다른 탐험가들이 항해한 배에 십자가 깃발이 펄럭이고 있다. 당신은 그런 그림을 본적이 있는가? 라틴 아메리카 사람들이 관찰한 바대로, 그들은 '금덩어리와 영혼들'을 위해 항해하였다. 사제와 수도승들이 배에 동승하였다. 당신이 만일 살바도르, 바히야(Bahia), 브라질의 오래된 도시들을 방문한다면, 커다란 벽화를 보게 될 것이다. 1500년에 까브랄의 도착을 그린 대단한 벽화를 만나게 될 것이다. 그 벽화에는 포르투갈 사제들, 군인들, 그리고 항해사들이 도착한 직후에 축하하는 장면이 생생하게 묘사되어 있다. 당시 현지인들은 그들을 지켜보고 있었다.

이렇게 스페인과 포르투갈의 이룬 탐험의 목적은 종교적으로나 경제적으로 이슬람의 허를 찌르는 것이었다. 로마 가톨릭의 선교활동은 그런 상황에서 이루어졌다. 이런 상황을 이해하면 우리는 오늘날 라틴 아메리카에서 벌어지는 교회와 정부와의 복잡한 문제들을 잘 파악할 수 있다. 라틴 아메리카가 당면한 오늘의 많은 문제들은 16세기 스페인과 포르투갈에 의한 식민지 정책에 뿌리를 두고 있다.

4. 로욜라와 예수회

로마 가톨릭 선교 운동은 탐험과 동반하여 일어났다. 콜럼버스가 항해한 1492년, 무어족의 마지막 통치자는 패배하고 아이베리아(Iberia)에서 추방되었다. 스페인과 포르투갈 양국은 로마 가톨릭신앙을 공유하고 있었다. 당시 양국 국민들과 지도자들은 양국이 모두 진정한 가톨릭이라고 생각하였다. 그것이 대단히 폭발적인 로마 가톨릭 선교활동의 원동력이 되었다. 가톨릭선교의 다른 원인은 로마교회 역사에 탁월한 리더십을 발휘하였던 이냐시오 로욜라(Loyola, 1491-1556)였다. 그는 스페인 북부 지방에서 온 바스크 사람(Basque)이였다. 그들은 지금까지도 독립하기 위해 노력하고 있다. 그는 팜플로나 전투에서 부상당한 군인이었다. 그는 상처가 깊어 더는 군인생활을 할 수 없게 되었고,

수도원에 들어갔다. 홀로 기도하며 묵상하였다. 그는 루터가 경험했던 것과 같은 심각한 영적 갈등을 통과하였다. 하지만 그는 루터와는 전혀 다른 결론에 도달하였다. 루터는 성경말씀을 깊이 연구하여 복음에 대한 새로운 이해를 갖게 되었고, 로마 가톨릭과 분립하였다. 로욜라는 루터와는 정반대 방향으로 움직였다. 그는 교황에게 더욱 헌신하는 방향으로 나가갔다. 그는 철저한 영적 생활을 수행하였고, 로마 가톨릭 수도원 가운데 가장 규율이 엄격한 조직을 설립하였다. 그가 설립한 예수회는 교황에게 전적인 헌신을 바치는 수도원이었다.

로욜라는 독일의 수사 토마스 아 켐피스가 쓴 『그리스도를 본받아』를 읽었다. 그는 사제에게 가서 철저한 고해성사를 하고, 자기가 가진 옷을 나누어 준 후에, 순결과 청빈서약을 하고, 금욕주의적인 수도자 생활을 시작하였다. 그는 금식하고, 기도하고, 병자들을 돌보고, 걸식하였다. 그런 생활을 계속하며 영적 수련을 하였다. 그들이 취한 영적 수련은 군대훈련을 영적 생활에 적용한 것이었다.

로욜라는 무슬림에게 전도하기 위하여 팔레스타인으로 갔다. 그는 그곳에서 송환되어 돌아와 알카라(Alcala)로 가서 가난한 자들에게 설교하기 시작하였다. 그의 상관은 그를 믿지 못하고 의심하여, 감옥에 가두었다. 그에게 3년 동안 설교금지 명령이 내려졌다.

여기서 우리는 다시 발견한다. 로마 가톨릭 수도원 제도들 가운데 가장 위대한 3개 가운데 2개가 평신도가 설립한 수도원이었다. 로욜라가 예수회를 설립할 당시 그는 평신도였다. 프란시스가 프란치스코회를 설립할 당시 그는 평신도였다. 우리는 이 사실을 언제나 기억해야만 한다. 새로운 선교집단이 생겨날 때, 그 집단은 교회적 자격이나 학문적 자격이 거의 없는 사람이 주도하여 생긴다.

로욜라는 진심이 거부되고 감옥에 갇혔음에도 불구하고, 교회에 충성을 다하였다. 그는 결국 파리대학에 가서 1528년부터 1535년까지 수학하였다. 로욜라는 칼뱅을 직접 만나보지 못했지만, 자신이 당대의 존 칼뱅이었다. 그는 젊은 이들 가운데 핵심 리더들을 주변에 모았다. 프란시스 사비에르(Francis Xavier)도 그 가운데 하나였다. 1534년 칼뱅이 개종한 해에, 로욜라와 여섯 명의 동료들이 예수회를 조직하였다. 그들은 성지나 교황이 보내는 어느 곳이라도 선교사로 가기로 결심하고 서약하였다. 사비에르는 프랑스에 있는 다른 학생들에게 말했다. "당신의 작은 야망을 버리고 나와 함께 아시아로 가자!"

예수회를 조직한 지 6년 후, 교황은 예수회를 수도원 제도, 교회의 군대로 윤허하였다. 그들은 이렇게 서원하였다. "우리는 믿음을 전파하고 영혼의 선함을 위해 교회에게 순종하기로 서원한다." 교황이 보내는 곳이라면 어디든지, "터키족이나 다른 이교도들에게도, 인도나 이단자들의 땅이라도, 개신교도나 신실한 기독교인들에게라도 가기로 서원한다."[5] 얼마나 놀라운 선교적 비전인가! 우리는 예수회에 동의할 수 없는 부분이 많지만, 초기부터 시작된 그들의 선교적 비전만큼은 인정해 주어야 한다. 그들은 교회의 수장인 교황이 자신을 마음대로 하도록 자신을 드렸다. 그들은 선교사로 어느 곳이라도 가고, 어느 일이라도 감당해야 한다는 것을 알고 있었다.

일부 개신교 신자들은 가톨릭교회의 편협한 신앙을 추구했던 예수회 선교사들이, 실제로 선교지에 믿음이 있는 교회를 세웠는지 궁금해 할 것이다. 그들은 그런 교회들을 설립하였다. 훌륭한 교회와 신자들을 남겼다. 일본의 경우, 극한 핍박 가운데서도 수천 수만의 가톨릭 성도들이 믿음을 지켰다. 그들은 기독교 신앙에 충실하였다. 여기서 우리는 그들이 얼마만큼 성경을 알고 충실했는지 심판하지는 않을 것이다. 여기서 우리는 사역적인 역학관계를 본다. 중국내지선교회 출신으로 중국에서 사역하고 미국 트리니티신학대학원에서 가르친 탁월한 복음주의 학자인 허버트 캐인(Herbert Kane)은 예수회 선교사 프란시스 사비에르에 대해 강렬한 어조로 말했다. 사비에르는 주님을 사랑한 위대한 선교사였다고 평하였다.

나는 여기서 예수회 선교신학을 주창하려는 것은 아니다. 내가 원하는 것은 예수교 선교의 사역적인 역학관계를 이해하는 것이다. 그들은 복음과 교회를 그들이 이해하는 한 철저하게 신봉하던 남자들의 집단이었다. 개신교는 신학적으로 예수회와 일부 핵심적 부분에서 차이가 있겠지만, 예수회 선교사들은 그들의 신앙에 따라 교회의 뜻에 따라, 교회가 보내는 어느 곳이든 가서, 그리스도를 섬기며, 자신을 희생할 각오를 하고 있었다. 나는 이 점이 인상에 깊이 남는다.

그러므로 우리가 로마 가톨릭교회의 선교에 대해 감정이 교차한다고 할지라도, 본 장에서 가톨릭 선교에 대해 간략하게 기술하고자 하였다. 일부 탁월한

---

5) Kenneth S. Latourette, *A History of Christianity* (San Francisco: Harper-San Francisco, 1975 Revised Edition), 847.

예수회 선교사들로부터 배워야 할 선교적 교훈이 있기 때문이다. 그들은 개신교 선교사들보다 2세기 전에 중요한 선교적 이슈들과 씨름하였다.

오늘날 개신교와 로마 가톨릭의 상호관계가 달라지고 있다. 내가 아는 개신교에 대해 우호적인 가톨릭 친구가 이렇게 말했다. "나는 로마 가톨릭교회가 루터의 파문을 철회하였을 때, 종교개혁을 향하여 충분히 다가갈 것으로 믿습니다." 언제가 그 날이 다가 올 것이다. 첨언하면, 1920년대, 로마 가톨릭 작가는 루터를 결혼하기 위해 참 교회에 반역한 나쁜 수사로 묘사했었다. 가톨릭교회는 루터를 아주 부정적으로 보았다. 그러나 1920년대 독일 사제인 조세프 로르츠(Joseph Lortz)가 『독일에서의 종교개혁』이라는 루터에 관한 새 책을 썼다. 그는 그 책에서 루터를 잘못된 길을 갔지만, 성실한 사람으로 묘사하였다. 로르츠의 관점에서 루터는 충실한 그리스도인이었다. 그런 까닭에, 지난 반세기 동안 가톨릭교회 안에서 루터에 대한 견해가 상당히 긍정적으로 놀아서고 있다. 내가 전에 언급한 바와 같이, 최근 세계 루터교 연맹과 로마 가톨릭교회가 서로 우리는 믿음으로 의롭게 된다는 성명서에 합의하였다. 나는 그것이 트렌트 공의회의 반전으로 본다.

모든 역사적 운동들은 가장 위대한 생명력을 보여줄 때, 그들이 가졌던 원래의 비전과 가치에 따라 이해되고 평가되어야만 한다. 비극적으로 우리가 아는 모든 운동들은 점차 비전을 상실하고, 어떤 경우에는 원래의 비전에 등을 돌리기까지 한다. 이것은 다양한 개신교 집단 내에서 태동했던 참된 성령의 운동들에서도 역시 일어났다. 우리는 도미니쿠스회가 결국 원래의 비전을 배반하고 '이단자'들에 대해 칼과 무력을 사용하였음을 알고 있다. 그런 현상은 청교도주의에서도 볼 수 있다. 청교도주의는 원래 영국 성공회 내에서 일어난 갱신운동이었는데, 갱신보다는 점차 사회적 지위와 성공을 지향하게 되었다. 더 나아가, YMCA는 19세기 미국에서 가장 위대한 선교운동으로 시작되었는데, 결국 기독교적 특성을 거의 다 상실하고 말았다. 우리는 이런 운동들을 그들이 가졌던 원래의 비전에 따라 이해하고 평가하기 원한다. 그들이 활발히 활동했던 시기와 쇠퇴하던 시기를 통하여 우리가 배워야 할 교훈을 찾을 수 있기 바란다. 우리가 초기 예수회, 프란치스코회, 그리고 도미니쿠스회를 살펴보면, 선교에 대한 확실한 책무와 함께 상당히 높은 헌신과 영적 수련이 있었음을 알 수 있다. 우리 모두는 이런 역사적 실례들을 통하여 얻을 수 있는 유익이 많다.

5. 특정 선교현장

1) 프란시스 사비에르

이제 우리는 16세기 초 예수회와 다른 로마 가톨릭 선교사들의 구체적인 선교활동을 살펴볼 것이다. 프란시스 사비에르는 아시아로 갔고, 그는 아시아에서 평생을 보냈다.

사비에르는 인도 코로만델 해안도시 고아(Goa)에 먼저 도착하였다. 그는 자신의 선교방법을 기술하였다.

> 주일 날 나는 남녀노소 모든 사람들을 모이게 하였다. 그리고 그들의 언어로 기도문을 반복하게 하였다. 그들은 기도문을 읽으며 기뻐하였고 모임에 기쁨으로 참석하였다 … 나는 제1계명을 읽어주면 그들이 따라했다. 그리고 나서 우리는 함께 기도했다. 하나님의 아들 예수님, 저희에게 무엇보다 주님을 사랑할 수 있는 은혜를 허락하옵소서. 저희가 이 은혜를 구했을 때, 우리는 주기도문을 함께 암송하였다. 그리고 한 목소리로 기도했다. "예수 그리스도의 어머니, 거룩하신 마리아여, 당신의 아들로부터 저희가 제1계명을 지킬 수 있는 은혜를 받아주소서." 다음은 아베 마리아를 부르고, 같은 방식으로 남아있는 9개 계명을 동일한 방식으로 반복하였다.
>
> 우리가 신조의 12조항을 높이기 위해 주기도문과 아베(Ave)를 말한 것과 같이, 그렇게 우리는 10계명을 높이기 위해 주기도문과 아베를 10번 드리며, 하나님께서 우리에게 10계명을 잘 지킬 수 있는 은혜를 주시도록 간구한다.[6]

우리는 그의 신학과 방법론에 동의하기 어렵다. 하지만 사비에르는 인도에 강한 로마 가톨릭교회 공동체를 남겼다. 그 교회는 지금까지 잘 유지되고 있다.

사비에르는 후일 일본으로 갔다. 그는 일본에 로마 가톨릭교회를 설립하는 데 공헌하였고, 교인 숫자는 30만에 이르고 있다. 일본 가톨릭교회는 엄청난 핍

---
6) Stephen Neill, *A History of Christian Missions* (New York: Penguin Books, 1969), 150.

박을 받았다. 수천 명의 순교자를 냈다. 많은 사제 선교사들도 함께 순교의 제물이 되었다. 핍박으로 일본 가톨릭교회는 거의 무너졌다. 하지만 지하조직으로 살아남아 지금까지 계속되고 있다. 사비에르는 중국에 가고자 하였으나 꿈을 이루지 못하고 죽었다. 그는 진정 비전의 사람이었다. 그가 쓴 찬송가 가사 속에 그의 마음속을 볼 수 있는 실마리가 잘 드러나 있다.

사랑합니다. 나의 하나님, 천국을 원해서가 아니요,
당신을 사랑하는 자 영생을 얻기에도 아니라.

사랑하는 나의 예수님, 당신이 십자가 위에서 나를 안으시고,
날 위해 못과 창 견디시고, 그 모든 수욕 당하셨네.

은혜로운 주 예수님,
왜 저도 주님 사랑하지 않으리.
지옥 피해 천국 얻기 위함 아니요

오직 주님만 나의 하나님, 영원하신 나의 왕 되시니
나 어떤 일 만나도, 주 사랑하고, 더욱 사랑하리라
귀하신 이름, 찬양하여라.[7]

2) 중국 선교

마테오 리치(Ricci)는 탁월했다. 그는 1583년 중국에 도착한 이탈리아 출신의 예수회 선교사였다. 리치는 중국에 교회를 세우려는 세 번째 선교사 집단을 대표한다. 첫째는 7세기 초에 중국에 교회를 세운 네스토리안들이었다. 둘째는 13세기 프란치스코회가 중국에 도착하여 사역하였다. 셋째, 마테오 리치가 도착한 것이었다.

당시는 유럽인이 중국에 들어가는 입국허가만 받는 것도 아주 어려웠다. 중

---

7) Fred Bock, ed., *Hymns for the Family of God* (Nashville: Paragon Press, 1976), 509.

국은 자민족 문화에 대한 자긍심이 강하고, 자신의 문화가 다른 어느 문화보다 우월하다고 생각하였다. 거기에는 그럴 만한 이유도 있었다. 리치는 천재였다. 그는 중국의 학자만큼 중국어와 고전을 배우는 것을 자신의 사역으로 여기고, 중국 사상가들을 연구하기 시작하였다. 그는 자신이 유용한 사람이 되기 위해 시계 만드는 방법과 지도 만드는 방법도 익혔다. 그는 중국의 수도에서 10년을 보냈고, 사람들은 그를 존경하고 그의 메시지에 귀를 기울였다. 그가 중국 문화와 전통을 존중하는 놀라운 태도를 먼저 보여주었기 때문이었다. 그는 중국어로 된 기독교 문서들과 핵심적인 중국 로마 가톨릭교인들을 남기는 데 성공하였다.

리치는 가장 중요한 선교학적 이슈를 던져 주었다. 하나님을 중국어로 무엇이라 부를 것인가? 어떤 이름을 사용할 것인가? 이것은 기독교가 새로운 문화로 들어갈 때 언제나 당면하는 핵심적인 선교학적 이슈이다.

실례를 들면, 하나님을 "알라"라 부르는 것이 정당한가? 많은 사람들은 '알라'를 하나님에 대한 이슬람 칭호로 알고 있다. 그러나 아랍 그리스도인들은 모하메드보다 먼저 하나님을 '알라'라고 불렀다. 헬라어로 기록된 신약성경은 하나님이라는 칭호를 어디에서 가져왔던가? 헬라 이교사상에서 가져오지 않았던가! 그들이 사용한 '데오스'는 기독교 특유의 용어가 아니었다. 구약성경에 나타난 하나님의 이름, 엘로힘은 어디에서 왔는가? 히브리인들에게 야훼는 새로운 단어였지만, 엘로힘과 아도나이는 친숙하였다. 그 칭호들은 주변나라 이방 종교들에서 사용하던 칭호였다. 나의 요점은 분명하다. 신구약 성경도 그렇고, 역사 전반을 통하여, 하나님의 백성들은 하나님이라는 칭호를 주변 문화에서 차용하여 사용하였다. 하지만 그 칭호에 새로운 의미를 부여하였다. 하나님에 대하여 우리가 어떤 칭호를 사용하던지, 하나님께서는 예수님 안에서 성육신 사건을 통하여 궁극적으로 자신을 보여주셨다.

우리가 새로운 문화권으로 들어갈 때, 우리는 하나님의 칭호를 무엇이라고 할 것인지 결정해야만 한다. 이것은 아주 심각하고 어려운 이슈이다. 한국교회는 놀라운 간증을 들려준다. 한국 형제자매들이 내게 말해주었다. 한국 개신교가 성공한 이유 중 하나는 신에 대한 칭호를 '하나님'으로 선택하였기 때문이라고 한다. 한국에서 하나님 개념은 한국교회 성장에 큰 도움이 되었다.

리치는 하나님에 대한 칭호문제로 다른 로마 가톨릭 수도회와 갈등을 일으켰고, 결국 로마 교황청이 나서게 되었다. 문제는 하나님에 대한 칭호로 '티엔쥬'(天主)를 사용할 것인가 '샹띠'(上帝)를 사용할 것인가, 아니면 간단하게 '티엔'(天)을 사용할 것인가 하는 것이었다. 우리는 여기서 이 이슈를 더 깊이 다루지 않는다. 여기서 지적하고 싶은 것은 한 가지 분명한 사실이다. 리치는 아주 심각한 선교학적 이슈에 직면하였다는 점이다. 리치의 어려움은 그 문제에 대한 결정을 중국 가톨릭교인들에게 맡기지 않고 로마 교황청에서 결정하였다는 데 있었다. 로마 교황청의 결정은 중국교회에 대한 편견을 갖고 내린 아주 편파적인 결정이었다.

　방글라데시의 경우도 흥미롭다. 방글라데시 출신 무슬림 개종자는 내게 말해 주었다. 방글라데시에는 무슬림 인구가 대다수를 이루고 있는데, 그 가운데 힌두교 배경을 가진 기독교인들이 모이는 작은 교회가 있었다. 방글라데시에서 성경을 번역하던 선교사는 힌두교 배경을 가진 기독교인들을 위해 성경을 번역하면서 하나님에 대한 힌두교 칭호들을 사용하였다. 성경이 출간되어 나왔고, 무슬림들은 번역 성경에 사용된 하나님에 대한 힌두교적 칭호들을 읽고 다신교적 분위기를 느꼈다. 무슬림은 철저하게 일신교인데 반하여 힌두교는 철저한 다신교이기 때문이었다. 그러므로 힌두교 신들의 칭호를 차용하여 번역한 방글라데시 성경번역본은 무슬림들에게 불쾌감을 안겨주었다. 그들에게 기독교 메시지를 왜곡할 위험성을 내포하고 있었다.

　성서공회는 최근에 무슬림을 위해 새로운 성경번역을 하였다. '인질'(Injil) 신약성경으로 이슬람 칭호로 하나님을 번역하고 성경의 표지도 이슬람 서체를 사용하였다. 내 친구가 현지 상황을 전해 주었다. "나는 무슬림들이 그 성경을 사서, 가슴에 안고, 성경책에 키스하고, 읽기 시작하더군요. 그 성경은 하나님에 대해 이슬람 칭호를 사용하였기 때문에 무슬림들에게 더 가까이 다가갈 수 있었을 것입니다." 그 이슬람 스타일 번역본은 베스트셀러가 되었다. 성경번역자들은 이런 이슈들에 직면하고 있다. 이 이슈가 바로 중국에서 사역하던 리치의 이슈였다. 그는 이 이슈 때문에 로마 교황청과 씨름해야 했고, 그 전쟁에서 그는 패하였다. 여기서 중요한 질문이 생겨난다. 그런 중대한 결정은 누가 내려야 하는가? 내부자가 할 것인가 아니면 외부인이 할 것인가?

　세상에는 수많은 언어들이 있다. 그 가운데 서로 가까운 언어군이 있다. 그러므로 성경번역가들이 하나님을 지칭하는 용어를 선택할 때 주의를 기울여야만 한다. 내가 생각하기로는, 세 가지 중에서 하나를 선택하여야 할 것이다. 첫째, 토착용어를 사용하는 것이다. 토착용어에는 전이할 수 없는 여러 가지 이교적 함축이 내포되어 있을 것이다. 둘째, 외부에서 외래어를 차용하는 것이다. 영어나 혼합어 중에서 차용할 수 있다. 셋째, 토착민들이 아는 주변 언어에서 차용하는 것이다. 토착민들이 어렴풋이 알고 있으나 토착용어가 가진 이교적 함축이 없는 주변 언어를 차용하는 것이다. 이것이 성경번역가들이 고민하며 선택해야 할 이슈들이다. 역사상 성경번역가들은 상기한 세 가지 선택을 시기에 따라 각각 다르게 하였다.

리치는 두 번째 이슈는 조상제사(ancestor veneration) 문제였다. 이것 또한 심각한 선교학적 이슈이다. 아시아와 아프리카에서는 특히 그러하다.[8] 조상제사는 자신의 조상의 은덕에 감사하고 가족의 연대감을 표현하는 문화형식이다. 서양 사람들은 너무 개인적이지만, 아시아와 아프리카 형제자매들은 가족개념이 다르고 강하다. 그들은 가족 속에 여러 대의 조상들을 포함시킨다. 조상제사의 문제는 여기에 있다. 그들은 조상제사를 드리면서 조상에 대한 존경과 감사를 표현하는 것인가 아니면 조상을 숭배하는가? 기독교인들은 간혹 조상을 숭배하는 예배행위로 보일 수 있는 조상제사에 참여하는 것이 옳은 일인가? 이 문제에 대한 결정은 누가 내려야 하는가? 성경은 무어라 말하고 있는가?[9]

조상제사 문제는 아주 심각한 이슈이다. 우리는 이 주제를 다룰 때 아주 신중할 필요가 있다. 나는 여기서 이 이슈에 대한 마지막 결정권은 지역 신앙공동체에 있다고 주장한다. 조상제사 문제뿐만이 아니라 유사한 다른 문제들에 대한 궁극적 결정권은 해당 문화 속에서 활동하는 지역 신앙공동체에 있다. 토착교회 지도자들은 이 문제에 대한 하나님의 계시를 이해하기 위해 성경을 연구해야만 한다. 그리고 조상제사 행위가 자기 문화에서 어떤 의미를 갖는지 분석해

---

8) 학자들은 자신의 의도에 따라 조상제사를 조상존경(ancestor veneration)과 조상숭배(ancestor worship)로 구분한다. 여기서 조상숭배는 조상제사 관습을 예배행위로 규정하여 십계명을 위반하는 것으로 간주한다. 근자에는 조상존경을 더 많이 사용한다. - 역주

9) 구약성서 본문들과 고고학적 유물들은 고대 이스라엘에서 죽은 조상들을 위한 제사가 드려졌다는 사실을 긍정하고 있으며, 그 의식들은 비교적 규칙적으로 수행되었음을 증언하고 있다. 구약성서는 조상숭배를 어떤 형태로 진술하고 있으며, 조상숭배를 어떻게 판단하고 있는가를 살펴 죽은 조상과의 교제가 구약성서 시대 이스라엘 사람들의 삶 속에 어느 정도 반영되어 있는가? 이희학, 『구약성서와 조상숭배』(서울:프리칭아카데미, 2007)을 참조하라. - 역주

야 한다. 외부자인 선교사는 현지 지도자들이 바르게 결정할 수 있도록 방향을 제시하고 도움을 제공할 수 있다. 선교사는 현지 지도자보다 교회 역사를 보는 넓은 시각과 동일한 문제를 다른 곳에서는 어떻게 해결하였는지를 더 많이 알고 있을 것이다. 타문화권에서 사역하는 선교사는, 서구권 선교사이든 비서구권 선교사이든, 선교적 이슈들에 대해 보다 많은 경험과 넓은 이해를 가지고 있을 것이다. 그럼에도 불구하고 나는 현지 문화 속에서 살아가는 현지 기독교인 공동체가 궁극적인 결정을 내려야 한다고 믿는다.[10]

리치가 직면한 세 번째 이슈는 공자 문제였다. 중국 기독교인들이 공자를 어떻게 이해해야 하느냐 하는 문제였다. 공자를 종교 지도자로 볼 것인가 아니면 무언가 유익을 줄 수 있는 철학자로 볼 것인가? 이 문제를 어떻게 보느냐에 따라 선교적 함축은 달라진다.

무엇보다 질문이 중요하다. 바른 질문을 던져야 한다. 우리의 영석 성장과 사역의 효율성은 정확한 질문을 던지는 것이다. 다른 사람들에게 바른 질문을 던지게 하는 것이다. 우리는 질문하는 사람이 되어야 한다. 우리가 하나님의 뜻에 맞게 우리 자신과 교회를 만들어 가려면 우리는 물어야 한다. 우리 자신에 대하여, 하나님에 대하여, 성경에 대하여, 그리고 우리 문화에 대하여 진지한 질문을 던져야 한다. 하나님의 뜻이 어디에 있는지 발견하기 위해 바른 질문을 던져야 한다.

3) 라틴 아메리카

라틴 아메리카의 로마 가톨릭 선교는 아주 다양한 모습을 보여주고 있다. 대부분 좋지 않은 모습들이 더 많지만, 로마 가톨릭 선교를 모두 부정적으로 보아서는 안 된다. 우리는 예수회 선교를 비롯하여 다른 가톨릭 선교활동을 언급하겠지만, 그들은 토착민들을 식민주의자들로부터 보호하기 위해 애썼다. 하지만 그들의 활동은 일반적으로 냉혹하였다. 정복자들은 사제들과 같은 배를 타

---

10) 이 주제에 대한 선교학적 관점이 중요하다. 폴 히버트의 "비평적 상황화(Critical Contextualization)" 이론은 저자의 논지를 보다 확실하게 설명하고 있다. 폴 히버트 & 다니엘 쇼 & 티트 티에노우 공저, 『민간종교 이해』, 문상철 역 (서울: 한국해외선교회출판부, 2007)을 참조하라. - 역주

고 함께 도착하였다. 그들은 금덩어리와 영혼을 찾고 있었다. 하지만 우선순위는 금덩어리에 있었다. 그들이 얼마나 금덩어리를 밝혔는지를 설명하는 가공할 만한 이야기들이 많이 있다. 일부 사제들도 금덩어리를 찾아 나서기도 하였다. 가톨릭 선교는 이렇게 혼합된 동기로부터 출발하였다.

브라질 작가인, 비아나 무그(Viana Moog)는 몇 년 전 『포르투갈 개척자의 기수』(旗手)라는 훌륭한 책을 저술하였다. 여기서 기수는 브라질 내륙지방으로 그들의 깃발을 들고 들어간 포르투갈 사람들을 지칭하였다. 그들의 목적은 쉽게 운반할 수 있는 재화를 찾아내어 포르투갈로 가져가는 것이었다. 개척자들은 내륙지방으로 들어가 새로운 공동체를 만든 사람들이었다. 무그의 논지는 분명하였다. 라틴 아메리카에 들어온 스페인과 포르투갈 정복자들의 목표는 새로운 공동체를 형성하는 것이 아니라 땅과 사람을 착취하여, 그들이 벌어들인 부를 유럽으로 실어가기 위함이었다는 것이다. 그는 처음 '브라질 사람'이라 불렸던 사람은 새로운 브라질 땅에 뿌리를 내리고 살아가는 사람을 지칭하는 것이 아니라, 브라질 식민지에서 많은 부를 축적하고 그 부를 포르투갈로 가지고 돌아온 사람을 지칭하는 단어라고 지적하였다. 무그는 그들을 북미의 청교도와 대조하였다. 청교도의 목적은 하나님께 영광을 돌리고 세상에 모범이 되는 "언덕 위에 세운 도성"을 건설하는 것이었다. 나는 북미의 청교도 정착민들을 이상화할 의도는 없다. 하지만 브라질 작가인 무그는 청교도가 새로운 땅에 대해 브라질 정복자와는 전혀 다른 관점을 가지고 있었다고 지적하였다. 새 땅에 대한 전혀 다른 두 가지 관점이 있었다는 것이다.

그의 논지는 분명하다. 식민지 개척자와 가톨릭교회의 동기 가운데 재물을 획득하려는 목표는 현지 땅과 현지인들을 착취의 대상으로 보는 태도를 갖게 하였다는 것이다. 물론 예외의 경우도 있었지만, 일반적으로 착취하는 태도를 갖고 있었다. 오늘날에도 여러 문제들의 근본 뿌리에는 그런 태도가 아직도 남아있다.

스페인과 포르투갈에 성행하던 부패한 중세 봉건제도도 문제였다. 그런 봉건제도가 라틴 아메리카로 옮겨왔다. 유럽의 왕이 선택한 소수의 봉건영주들이 권력을 가지고 엄청난 땅을 소유하였다. 소수의 권력자들이 권력집단을 형성하였다. 그들은 결코 권력을 포기하지 않았다. 이것이 현재 중앙아메리카에서 갈등하는 문제의 근본이다.

집단세례도 문제였다. 사람들은 중세 로마 가톨릭에 대한 이해도 부족하고, 성경적인 신앙에 대한 이해도 없는 상태에서 너무 신속하게 세례를 받았다.

탐험가들은 자기들이 인도에 이르는 새 길을 발견했다고 생각하였다. 그들은 토착 현지인들을 '인도인'으로 오해하여, 인디언이라고 불렀다. 인디언들을 강제적으로 '전도구'(傳道區, reducciones) 또는 '엔꼬미엔다'(encomiendas)라 부르는 공동체를 만들어 살게 하였다. 지주는 땅에 대한 권리를 가질 뿐만 아니라, 그 땅에 사는 토착민들에 대한 권리를 갖고 있었다. 그것은 일종의 노예제도와 같았다. 하지만 영화 "미션"에 나타난 바와 같이, 일부 예수회와 같은 종교 공동체들은 토착민들을 잘 돌보았다. 이렇게 토착민을 잘 돌보는 것에 대해 개척자들과 로마 가톨릭 제도 모두가 적대적 감정을 자극하였다. 그런 이유로 인하여 교황은 예수회 제도를 해체하였다. 예수회는 차후에 다시 재조직되었다.

16세기 라틴 아메리카의 '기독교화'와 식민지화는 경제적 착취와 성직착취로 얼룩졌다. 토착민들은 수천 명씩 죽어나갔다. 칼로 죽임을 당하기도 하고, 병이나 과로로 많이 죽었다.

1529년 멕시코에서 사역하던 초기 프란치스코 선교사가 기록하였다. "나와 함께한 형제와 나는 멕시코 한 지역에서 20만 명이 넘는 사람들에게 세례를 베풀었다. 사실 숫자가 너무 많아, 나는 정확한 숫자를 알려줄 수 없다. 우리는 하루에 1만 4천 명에게 세례를 베풀었다. 어떨 때는 1만 명, 어떨 때는 8천 명에게 세례를 베풀었다."

그런 가톨릭의 성례신학을 생각해 보라. 당신이 만일 세례를 받고 정당한 교회의 회원이 되어 그 교회에 적당하게 순종하면, 당신은 천국에 가게 될 것이다. 이런 성례신학의 관점에서 보면, 왜 그런 집단세례가 법이 될 수 있는지를 이해할 수 있다.

토착민들에 대한 태도는 극도로 부정적이었다. 일부 사람들은 토착민들이 영혼을 가지고 있는지 그렇지 않은지 논쟁을 벌이기도 하였다. 일부 신학자들은 아리스토텔레스를 따라, 특정 인종집단은 종으로 창조되었다고 믿었다. 그것은 유럽인들에게는 아주 편리한 교리였다. 16세기 한 역사가가 토착민들에 대해 기록한 내용을 들어보자.

토착민들은 게으르고 사악하며, 우울하고, 소심하며, 거짓말을 하며, 무능한 사람들이다. 그들의 결혼은 신성한 성례가 아니라 신성 모독적이다. 그들은 우상을 숭배하고, 선정적이며, 남색을 좋아한다. 그들이 가장 좋아하는 것은 먹고, 마시고, 우상을 숭배하고, 짐승처럼 음란한 짓을 한다.[11]

물론 그런 비통한 인종차별주의 관점은 토착민들을 학대하는 근거를 제공하였다. 다른 한편으로 보면, 스페인 선교사 가운데 위대한 두 사람은 인종적으로 전혀 다른 태도를 취하였다. 그 가운데 한 사람이 도미니쿠스회 출신의 안토니오 데 몬테시노스(Antonio de Montesinos)였다. 1511년 그는 "나는 광야에서 외치는 소리이다"라는 본문으로 설교하였다. 그는 유럽인들이 저지른 죄악을 예리하게 지적하였다. 그가 지적하는 유럽인들의 죄악들을 들어보라.

나에게 말해 주시오. 당신은 도대체 무슨 자격과 근거로 이들 인디언들을 잔혹한 노예상태에서 벗어나지 못하게 하고 있소? 왜 당신은 그들에게 먹을 것을 충분히 주지 않고 병들었을 때 돌보아주지 않으며, 그토록 억압하고 착취하는 것이오? 당신은 그들이 병들고 죽을 때까지 과로한 일을 시키고, 매일 그들의 고혈을 짜내는 돈 벌이만 하다가 그들을 죽이고 있소, 그들도 인간이 아니오? 그들에게도 이성적인 영혼이 있지 않소? 당신은 당신을 사랑하는 만큼 그들을 사랑해야 할 것 아니오? 이런 상태로 방치한다면, 당신은 무어인이나 터키인들보다 더 구원받기 어려울 것이오.[12]

대단한 설교이다. 얼마나 용기있는 설교인가!
전형적인 사제였던 바돌로메 데 라스 까사스(Bartolome de Las Casas)는 신천지에 도착하였다. 그는 현지인들에 대해 별 관심이 없었으나, 급진적인 개종을 경험하였다. 그는 토착민들의 챔피언이 되었다. 그는 토착민들에 대해 너무 이상적이라고 할 수도 있고, 조금 생색을 내는 것도 같다. 그의 소리에 귀를 기울여 보자.

---

11) Quoted in Neill, *A History of Christian Missions*, 146.
12) ibid., 170.

하나님께서 이 순진한 사람들을 악하지 않게 만드셨습니다. 그들은 그들이 섬기는 자연 신들과 그들이 섬기는 기독교인들에게 최상의 충성과 순종을 드립니다. 그들은 가장 유순하고, 인내심이 많고, 평화로우며 정숙합니다. 그들은 싸우기를 좋아하지 않고, 악의가 없으며, 불평하거나 화를 내지 않습니다. 그들은 세상적인 부도 없고 부자가 되려는 욕심도 없습니다. 이 사람들이 참되신 하나님을 예배하기만 한다면, 이들은 참으로 세상에서 가장 행복한 사람이 될 것입니다.[13]

라스 까사스는 종이 되는 운명을 타고난 사람이 있다고 주장하는 사람들과 논쟁하였다. 그도 인종적 우월감을 드러내는 말을 하기도 하였고, 어딘지 모르게 건방진 태도가 있었다는 사실은 부인할 수 없지만, 그는 인디언들에 대한 처사가 아주 잘못 되어 있다는 것을 인식하였다. 그는 수년 동안 인디언 처우개선을 위해 노력하였고, 부분적인 성공을 거둘 수 있었다.

물론 나도 북미 개신교도로서 라틴 아메리카 로마 가톨릭교회 눈 속에 들어 있는 티끌을 지적하고 비판하기 전에 내 눈 속에 있는 들보를 알아야 할 것이다. 누가 뭐라 하든, 북미 개신교는 대부분 노예제도를 지원하지 않았던가! 비판과 판단은 우리가 먼저 받아야 할 것이다.

오늘날 라틴 아메리카의 가장 큰 약점은 높은 종교혼합주의다. 대부분의 경우, 거대한 민속종교의 하부구조 위에 전통적인 가톨릭신앙이 얇게 덮여 있을 뿐이다. 오늘날 브라질에는, 수많은 사람들이 강신술에 빠져있다. 그것은 하이티 사람의 부두교(Voodoo)와 유사하다.[14] 그 사람들 대부분은 내륙지방의 가난한 자들로, 그들의 신앙은 몇 성인들에 초점을 맞추고 있으며, 성모 마리아가 제일의 기능적인 신으로 추앙받고 있다. 그들 대부분은 기성 가톨릭교회와 연관이 없는 제도화되지 않은 가톨릭주의를 따른다.

라틴 아메리카 전반에 퍼진 전통적인 속담이 있다. 사람들은 평생에 세 번 교회에 간다. 그리고 세 번 교회에 가야한다. 사람들은 세례받고, 결혼하고, 장례

---

13) ibid., 170.
14) 부두(voodoo)의 원명은 보둔(vodun)이며, 일반적으로 부두교로 불린다. 보둔은 '영혼(soul 또는 spirit)'을 뜻하는 서아프리카 단어이다. 보둔은 서아프리카의 다호미(Dahomey)에서 18세기와 19세기에 살았던 요로바족에게로 그 뿌리가 거슬러 올라간다. 노예가 되어 강제로 서인도제도의 하이티와 다른 섬들로 이주하게 된 이들은 자신들의 토속 종교를 들여왔다. 오늘날의 부두교는 아이티와 도미니카 섬의 유럽 식민통치 기간에 탄생되었다. - 역주

지내기 위해 교회에 가야한다. 나는 브라질 내륙지방에서 선교사로 사역하면서 생생한 현장을 경험하였다. 가난한 사람들은 자녀들에게 세례를 받게 하지 못한다. 그들은 성찬에 참여할 때 내는 비용을 감당할 돈이 없기 때문이다. 더 나아가 결혼식도 하지 못한다. 브라질에서 결혼은 민사상의 행동이다. 사람들은 경제적인 이유 때문에 교회에서 결혼식을 하지 못한다. 브라질 내륙지방의 경우 장례식도 하지 못한다. 나는 교회에서 장례행렬이 나가는 것을 많이 보지 못했다. 브라질의 가난한 사람들은 일반적으로 가톨릭교회 문화와 이질감을 느낀다. 그런 현상을 라틴 아메리카의 각 나라마다 다른 양상을 띠고 있다. 이런 배경 때문에, 라틴 아메리카에서는 주로 오순절 계통의 복음주의 교회들이 성장하고 있다. 1900년에 5만 명에서 오늘날은 7천만 명을 헤아리고 있다. 성장 속도는 인구성장 속도의 2배 정도이다.

라틴 아메리카 로마 가톨릭교회의 다른 부정적인 측면은 사제들이 턱없이 부족하다는 점이다. 가톨릭교회는 처음 2세기 동안 현지인 사제를 두지 않았다. 유럽인들만 수도원 제도에 들어가거나 사제로 서품 받을 수 있었다. 유럽인과 현지인 사이에 태어난 혼혈족인 메스티조(mestizos) 몇 사람이 안수를 받았다. 그것은 1794년 리마 페루에서 유럽인 피가 섞이지 않는 사제 3분이 서품받은 이후로 된 일이었다. 우리가 아는 한, 그들이 라틴 아메리카에서 최초의 현지인 사제들이었다.

독신주의 문제도 장애가 되었다. 가톨릭교회는 성직자가 되기 위해 독신생활이 중요하다고 가르쳤다. 독신생활은 모든 성직자들이 준수해야 하는 높은 영적 상태라고 하였다. 하지만 중세교회처럼 지켜지지 않았다. 독신생활 이슈는 특히 쉽지 않은 문제였다. 현지 문화는 결혼하고 가족을 갖지 않은 남자를 온전한 남자로 인정해 주지 않기 때문이었다. 이것은 심각한 문제를 야기하였다. 나는 독신서약을 지킨 사제가 전혀 없었다고 말하는 것은 아니다. 하지만 대부분의 라틴 아메리카 나라들에서, 대부분의 사람들은 사제들이 독신생활을 한다고 믿지 않는다. 나는 마또 그로쏘(Mato Grosso) 아뀌다우아나(Aquidauana)에 사는 장로교 장로를 알고 있다. 그의 할아버지가 사제였다. 그 장로가 말했다. "저의 할아버지는 아주 존경할 만한 분이셨습니다. 그분은 아내를 한 분 두셨고, 가족도 하나였고, 가정에 아주 충실하신 분이었기 때문에 존경받으셨습니다."

이런 요소들이 사제부족 현상을 부추겼다. 1930년대 한 프랑스 사제가 쓴 책을 보면, 브라질의 가장 시급한 문제는 사제의 부족현상이라고 하였다. 그때부터 그 문제는 더 심각해졌다.

가톨릭 사제였던 존 콘시디네(Considine)는 1940년대에 『4만 명을 향한 부름』이라는 책을 저술하였다. 그는 라틴 아메리카의 사제 공백을 매우기 위해서는 적어도 사제 4만 명이 더 필요하다고 추산하였다. 당시 미국에는 가톨릭 신자 매 9백 명에서 1천 명에 사제 1명이 있었다. 하지만 오늘 브라질에는, 가톨릭 신자 1만 5천 명에서 1만 8천 명에 사제 1명이 있다. 그리고 그 사제들도 대부분 외국인들이다. 우리가 말할 수 있는 것은, 인구는 늘고 있는데 사제 숫자는 줄고 있다. 문제는 더 심각해지고 있다.

나는 다른 한 가지 심각한 이슈를 지적하고 싶다. 20세기 중반까지, 라틴 아메리카의 로마 가톨릭교회는 현상유지의 보루로 여겨졌다. 교회는 사회의 힘있는 자들과만 철저하게 동일시하였고, 그 과정에서 빈부의 격차는 더욱 심해졌다. 교회는 거대한 토지를 가진 지주로 보였고, 독재적인 지배권을 행사하였다.

1968년 콜롬비아 메델린에서 모인 라틴 아메리카 로마 가톨릭 감독회의에서, 교회의 초점이 변하기 시작했다. 우리는 그 날을 해방신학의 탄생일로 여긴다.

해방신학의 신학적이며 이념적 측면에 대해 사람들이 어떻게 생각하든지, 그것은 라틴 아메리카 로마 가톨릭 리더십에게는 급진적 변화였다. 그들은 말했다. "우리는 사회의 현상유지에만 동조해서는 안 된다. 우리는 가난한 자들과 동조해야 한다."

해방신학은 로마 가톨릭 사상에 중대한 변화를 가져왔다. 해방신학은 교회를 향해 부정과 가난한 자 문제에 초점을 맞추라고 강조하였다. 해방신학은 막스주의를 사회경제의 도구로 사용하였기 때문에 심각한 결함을 가지고 있었다. 해방신학은 힘있는 사람들의 마음속에 교회가 그들을 배신하였다는 인식을 심어주었다. 그리하여 라틴 아메리카 교회 내부에 커다란 혼란과 과격한 분열을 조장하였다. 해방신학은 가난한 자들을 전도하는 데에는 실패하였다. 교회 요한 바오로 2세는 교회를 새로운 감독을 임명하는 데 있어서 더 보수적인 방향으로 이끌게 하였다.

4) 드 노빌리와 인도

탁월한 예수회 선교사 가운데 17세기 초 인도로 간 드 노빌리(de Nobili)가 있다. 그는 인도에서 다양한 인간집단을 발견하였다. 후일 맥가브란이 문화적 동질집단을 심각하게 수용한 것과 유사한 것이었다. 그는 소수의 가톨릭교회가 인도의 카스트 가운데 낮은 계층과 동일시하고 있음을 볼 수 있었다. 교양이 높은 계층인 브라만(a Brahmin)은 그런 낮은 계층 교회에 나오지 않을 것이었다. 그러므로 드 노빌리는 브라만을 전도하기 위하여, 브라만처럼 살면서 문화적인 브라만이 되었다. 브라만의 관점에서 낮은 계층의 교회와 접촉을 끊어 사회적으로 오염되지 않도록 자신을 구별하였다. 그는 개종자들에게 카스트 제도가 우상숭배에 연관되지 않는 한 카스트 제도와 규율을 지켜도 좋다고 가르쳤다. 노빌리는 물론 교회의 통일성을 확실히 인정하였지만, 카스트 제도가 강한 인도에서 브라만을 전도하기 위해 그 문화집단에 전적으로 동화되는 것이 선교전략이 될 수 있다고 믿었다. 그가 이렇게 인도문화에 동일시하는 과정에는 여러 가지 문제들이 있었지만, 그는 기본적으로 인도 문화를 연구하고 브라만을 가톨릭주의로 전도하기 위하여 브라만 문화와 동일시한 것이었다. 그리하여 그는 상당부분 브라만 문화집단의 '내부자'가 되었다.

맥가브란이 주장하여 유명해진 동질집단 원리는 오늘까지도 논쟁거리가 되고 있다. 우리는 교회를 카스트나 다른 사회적 범주에 따라 나누는 것을 인정하고 격려할 것인가? 얼마나 깊이있게 동질집단 전략을 수행할 것인가? 드 노빌리의 선교전략은 로마 교황청에서 문제시되었고, 결국 거부되고 말았다. 하지만 이 선교학적 이슈는 오늘 우리와 가까이 남아있다. 오늘의 선교지에서 고민해야 할 중요한 이슈로 남아있다.

6. 새로운 선교체 조직

16-17세기 가톨릭 선교는 정부의 지원으로 이루어졌다. 스페인과 포르투갈 정부는 로마 가톨릭 선교를 지원하고 감독하였다. 대부분의 선교사들은 예수회(Jesuits), 도미니쿠스회(Dominican), 또는 프란치스코회(Franciscan) 출신들이었

다. 이것은 선교사들이 각각 다른 상부기관을 가지고 나뉘어 있었음을 의미한다. 그들은 정부기관에서 파송된 자인가 아니면 교회에서 파송된 자인가? 정부는 항해할 배를 준비해 주었고, 항해에 필요한 모든 경비를 조달해 주었다. 사제들에게 가라고 명령하고 새로운 땅을 왕과 교회의 이름으로 점유하라고 지시하였다. 왕과 교회는 동전의 양면과 같았다. 이런 선교는 로마 가톨릭 내부에서도 문제가 되었다. 질문이 일어났다. 정부가 선교사를 보내는 것이 온당한 일인가? 정부는 여러 나라에서 이루어지는 교회를 감독할 수 있는 정당한 기관인가?

스페인과 포르투갈 정부는 권력을 유지하기 위하여, 라틴 아메리카와 다른 나라에서 감독을 임명하는 권한을 가지고 있었다. 그들은 자신의 이익을 추구하기 위하여 감독의 힘이 강화되어 왕권에 도전하는 것을 막기 위하여 감독을 많이 임명하지 않았다. 다른 한편으로, 교회는 더 많은 사제를 임명하고 사목을 감독하기 위해, 더 많은 감독을 임명하는 것이 이익이었다. 그런 까닭에, 가톨릭 정부와 교회 사이에는 긴장이 있었다.

각각 다른 가톨릭 수도회들 사이에는 경쟁이 심각하였다. 눈에 보이지 않는 경쟁이 프란치스코회, 예수회, 그리고 도미니쿠스회가 있었는데, 이런 내부적 갈등은 상당히 파괴적이었다. 1622년, 교황은 선교를 위하여 '믿음전파를 위한 성회'(Sacred Congregation for the Propagation of the Faith)라는 선교단체를 조직하였다. 이 단체는 가톨릭선교에 일부 긍정적인 변화를 가져왔다. 여러 선교지와 선교지 사람들에 대한 더 많은 연구가 이루어졌다. 선교단체의 초대 총무였던 프란치스코 인골리(Francisco Ingoli)는 토착문화에 대해 훨씬 더 긍정적인 태도를 취하였다. 그는 보다 많은 현지인 수사, 사제, 그리고 감독이 필요함을 알게 되었다.

1663년, 유럽에 있는 로마 가톨릭의 중심이 프랑스로 옮겨가기 시작하자, 프랑스 파리에 해외선교협회(Society for Foreign Missions)가 조직되고, 가톨릭 선교사들을 훈련하기 위한 신학교가 설립되었다. 프랑스는 로마 가톨릭 선교사를 보내는 중심 국가가 되었다. 이런 추세는 프랑스 혁명이 일어나기 전까지 계속되었다.

우리는 여기서 로마 가톨릭 선교에 관한 간략한 개관을 마친다. 북미에서 사역한 가톨릭 선교는 제외하였다. 지금 미국이라 불리는 북미지역에 프랑스 예수회 출신 선교사들이 사역하였다. 그들 중 일부는 극심한 핍박에 시달렸다.

프란치스코회 신부인 후니페로 세라(Junipero Serra)는 멕시코에서 사역을 시작하였고, 동료들과 함께 캘리포니아 연안을 따라 북상하였다. 이들 프란치스코회 선교사들은 18세기에 캘리포니아 해안선을 따라 미션(the missions)을 설립하였다. 캘리포니아의 여러 도시와 마을들은 프란치스코회 선교사들 위한 이름을 갖게 되었다. 로스앤젤레스, 샌 패르난도, 샌 가브리엘, 샌디에고, 샌프란시스코, 산타 바바라, 샌루이스 오비스포, 그리고 여러 다른 도시들이 가톨릭 이름을 갖게 되었다. 이들 프란치스코회 선교사들은 이 지역 미국 역사에 엄청난 영향을 미쳤다.

로마 가톨릭 선교사들의 활동은 놀랍다. 이들은 라틴 아메리카 뿐만 아니라 북미 여러 지역으로도 갔다. 아시아 여러 나라로도 갔다. 우리는 이들이 개신교 선교사가 독일에서 인도로 가기 2세기 전에 이런 광범위한 선교활동을 하였다는 사실을 인정해야만 한다.

본 장에서는 가톨릭교회의 종교개혁에 대해 다루었다. 다음 장에서는 청교도주의와 경건주의 운동에 대하여 다루게 될 것이다.

제 4 부

부흥과 개신교 선교시대

제17장 청교도 운동과 경건주의 운동

제18장 모라비안과 감리교 선교운동

제19장 윌리엄 캐리와 개신교 선교단체의 등장

제20장 미국 선교운동의 시작

제21장 아메리카 전방개척 선교운동과 새로운 리더십 패턴들

제22장 부흥운동의 역학

The Dynamics of Christian Mission
History through a Missiological Perspective

제 17 장

청교도 운동과 경건주의 운동

1. 서론

    17세기에 시작된 선교운동들이 있었다. 본 장에서는 17세기에 시작되고 18세기에는 크게 성장하여 선교의 꽃을 피웠던 네 가지 선교운동들을 살펴볼 것이다. 이 운동은 개신교 선교에 동기를 불어넣고 여러 선교단체들을 태동시켰다.
    일부 사람들은 선교적인 사람들에게 '하나님의 전위대'라는 용어를 사용한다. 멜리스는 '헌신자 공동체'(the Committed communities)라 불렀다. 당신은 나름의 용어로 그들을 지칭할 수 있을 것이다. 선교운동을 시작했던 사람들은 성경을 더 깊이 읽고, 하나님의 말씀을 집중하여 듣고, 하나님을 더욱 충성스럽게 순종하려는 개인이나 집단이었다. 그들은 세상을 향한 하나님의 비전을 따르는 개척자들이었다. 편협한 문화적 자세와 답답한 교회현실을 뛰어넘어 하나님의 비전을 따르려는 사람들이었다. 그들은 다른 사람들을 선교에 동참하게 하였다. 우리는 이런 사람들의 일부를 만나보았고, 앞으로 더 많은 사람들을 만나게 될 것이다.
    자신에게 물어보라. "역사의 무대에서 대부분의 사람들은 뒷짐을 지고 구경만 하는데, 왜 특정한 사람들만 새로운 역사적 돌파를 이루기 위해 하나님께 쓰임 받았을까?" 새로운 선교적 돌파를 위해 쓰임받는 사람들은 어떤 특징을 가진 사람들인가? 딕 힐리스(Dick Hillis)는 2차 대전 이전에 중국내지선교회(China

Inland Mission) 선교사가 되어 중국으로 갔다. 현지에서 수천 명에게 전도하였고, 목회자를 훈련하였다. 중국 공산당이 그를 추방하였을 때, 그의 선교사역은 모두 끝난 것처럼 보였다. 그러나 그가 미국으로 돌아왔지만, 선교를 향한 그의 관심은 약해지지 않았다. 그는 빌리 그래함의 영향을 받고 대만으로 갔다. 그의 사역은 놀랍게 발전하였다. 새로운 선교단체를 조직하였다. 그 단체는 20여 개국에서 효과적인 사역을 하고 있다.

왜 특정 인물들이 선교비전을 갖게 되고 그 비전이 계속 확장되는지를 물어야 한다. 하나님께서는 그들을 엄청난 방법으로 사용하시기도 하신다. 왜일까? 나는 이 질문에 대한 나름의 해답을 가지고 있다. 그들이 성경을 읽고 기도하면서 하나님의 음성을 듣는 방법과, 그들이 다른 사람들이 자신의 선교비전에 대해 무어라 하든 상관하지 않고, 하나님의 소명에 순종하려는 의지에 달려있다. 하지만 그들은 하나님의 음성에만 귀를 기울이는 것은 아니다. 그들은 세상을 보는 선교적인 안목이 있다. 세상의 필요들과 대부분의 사람들이 보지 못하는 가능성을 보는 안목이 있다. 나는 평생 역사를 연구하면서, 처음에 불가능하게 보이지 않았던 선교운동을 본 적이 없다. 역사적 자료들을 다 뒤져보라. 우리는 새로운 선교운동의 개척자들을 발견하고 그들을 선교의 주춧돌로 놓는다. 그들이 위대한 인물이기 때문에 당연히 그렇게 해야 할 것이다. 하지만 그들이 사역하던 동시대 사람들은 그들을 전혀 다르게 보았다. 몽상가나 별볼일없는 광신자로 치부하였다.

이제 우리는 창조적 소수, '하나님의 전위대'가 주도한 네 가지 선교운동을 탐구할 것이다. 그들은 개신교 세계선교운동의 모체가 되었다. 네 가지 선교운동은 청교도 운동, 경건주의 운동, 모라비안 운동, 그리고 18세기 복음적 부흥운동들이다. 후자의 경우는 웨슬리 운동을 포함하고 있지만 웨슬리 운동보다 그 범위가 훨씬 넓었다. 본 장에서는 처음 두 가지 선교운동을 먼저 탐구한다.

우선 이 운동들이 소수자의 운동이었다는 사실이 중요하다. 우리가 하나님을 순종하고 이해하는 면에서 이해의 폭을 넓혀가려고 시도하는 우리들 다수는 각 교단이나 선교부에서 소수자에 속한다. 우리가 무언가 새로운 신앙적 시도와 선교적 시도를 하려고 할 때, 심한 고독감을 느끼게 된다. 이것이 비전가나 개척자들의 전형적인 모습이다.

이들 네 부흥운동에는 몇 가지 공통적인 특징이 있었다. 종교개혁의 연장선

상에서 일어났다는 점이다. 네 부흥운동들은 대부분 종교개혁의 영향을 받아 일어났다. 내가 만나 본 신학자 가운데 가장 박식한 학자로 프린스턴의 오토 파이퍼(Otto Piper)가 있다. 1930년대에 그는 히틀러 정권에 의해 강압적으로 그가 가르치던 대학 강단과 독일을 떠나야 했다. 그는 깊은 학식과 겸손함을 모두 갖춘 경건한 사람이었다. 학덕을 겸비한 학자였다. 당시 많은 사람들이 경건주의 운동을 비방하는 가운데, 파이퍼는 말했다. "경건주의 운동은 종교개혁을 가져왔던 기본정신의 연장선 상에 있다." 경건주의 운동은 타락해 가는 종교개혁을 보여주기보다는, 반대로 17세기 독일 루터교가 대부분 잃어버린 루터의 핵심사상을 되찾게 하였다. 그것은 개인적 신뢰로서의 믿음과 그 결과로 이루어지는, "사랑 안에서 행동하는 믿음"으로 인도하는 기독교인의 삶에 초점을 맞추고 있었다.

더 나아가, 전통적인 개혁교회들인, 성공회, 루터교, 그리고 칸뱅주의 교회 내에서 일어난 이들 부흥운동들은 16세기에 배척받은 재세례파 운동의 특별한 장점을 받아들이게 하였다. 재세례파와 같이, 그들은 경건과 제자도, 이들의 강조점에서 자라난 세계를 향한 선교에 가장 큰 관심을 두었다.

이들 부흥운동은 현대적인 사회 개념과 종교의 자유, 인권, 그리고 민주주의 발전에 강한 영향력을 주었다. 철학자인 존 로크(John Locke)는 서구문화 형성에 지대한 영향을 미쳤다. 그가 주장했던 사회계약 이론은 영국 문화에 직접적인 영향을 주었고, 미국 문화에도 간접적인 영향을 미쳤다. 그는 청교도가 아니었지만 청교도주의 영향을 받았다. 이런 부흥운동들은 독일, 영국, 그리고 미국의 교육체계에도 지대한 영향을 주었다.

이들 네 부흥운동은 각각 다른 교단적 배경과 다른 장소에서 일어났지만 몇 가지 중요한 가치를 공유하고 있다. 중요한 공통점은 이들 부흥운동이 모두가 자신을 '기독교인'이라고 생각하고 모두가 국교에 소속된 상황에서 일어났다는 점이다. 하지만 당시 기독교인들은 거의 모두가 철저한 제자로 사는 것에 대한 관심을 전혀 가지지 않았다. 이런 까닭에, 이들 부흥운동의 두 가지 강조점은 개종의 중요성과 참된 그리스도인의 삶에 대한 열망이었다. 이것은 물론 재세례파의 강조점이기도 하였다.

이들 부흥운동은 개인적인 성경연구에도 초점을 맞추었다. 모든 개신교 신자들은 성경을 믿음의 유일한 법칙으로 수용하고, 신학의 원천으로 인정하였다. 하지만 이들 부흥운동은 그보다 더 깊이 파고들었다. 성경은 신학자들에게만 신학적 원천을 제공하는가 아니면 오늘 여기에 사는 우리들에게 성경을 통해 들려주시는 하나님의 말씀인가? 성경에 쓰어진 말씀이 나에게 개인적으로 주어진 말씀이 되는가? 이들 부흥운동은 추종자들에게 성경을 보다 더 개인적으로 연구하고 사용할 것을 강조하였다.

다른 중요한 초점이 있다. 정도의 차이는 있었지만 평신도 사역을 강조하였다는 점이다. 개혁주의 교리 가운데 '만인제사장설'은 핵심적인 교리였지만, 대부분 종이에 기록으로만 남아있었다. 우리가 잘 아는 바와 같이, 갱신과 부흥운동에서 드러난 특징은 모든 신자들이 가진 은사를 인정하는 것이다. 이들 네 부흥운동에서 신자들이 가진 은사 문제가 각각 다른 방식으로 중요한 초점이 되었다.

결국, 각 사람이 선교에 대한 강한 열망을 갖게 되었다. 그들에게 선교는 복음전도와 자선사역 그리고 사회 소외계층을 돌보는 것이었다. 그 후에, 그들은 다른 대륙을 향한 해외선교를 시작하였다. 더 나아가, 복음주의 부흥운동은 사회변혁을 위한 중요한 사회운동들을 촉발시켰다.

이들 부흥운동을 분석하면서 내가 이 책에서 주장하는 역사이론을 사용하는 것이 유익하다. 신학적 재발견 혹은 신학적 돌파이론, 핵심 지도자의 역할, 새로운 지도자 선택과 훈련 패턴 이론, 영적 생활양식 이론, 역사적 상황 이론, 그리고 새로운 선교조직체를 설립하는 소달리티(Sodality) 이론을 바탕으로 부흥운동을 분석하면 보다 분명한 역사적 통찰을 얻을 수 있다. 청교도, 경건주의, 모라비안, 그리고 18세기 복음주의 부흥운동들은 모두 다 이런 역사이론의 다양성을 보여주고 있다. 나는 이들 네 가지 운동이 갱신과 부흥운동이 갖추어야 할 조건을 모두 갖추고 있다고 본다. 좀 더 자세히 살펴보면, 이들 부흥운동 가운데 하나만 국교에 남았고, 나머지 세 운동은 기성교회에서 떨어져 나갔다. 그 것은 제도적 교회가 그들을 수용하지 못하고 밀어낸 결과이기도 하고, 그들이 의지적으로 떠나고 싶어 했기 때문이기도 하다.

2. 청교도주의

이런 여러 이슈들을 감안하면서, 이제 청교도주의를 간략하게 살펴보자. 청교도주의를 탁월하게 설명해 주는 J. I. 파커(Packer)의 『경건을 향한 추구』(A Quest for Godliness)가 있다.[1] 하지만 우리는 영국에서 일어난 성공회 종교개혁을 깊이 탐구하지 못하였다. 하지만 여기서 간략하게 살펴보자. 1534년, 헨리 8세는 영국교회가 로마 가톨릭교회로부터 분립한다고 선언하였다. 그는 자신을 영국국교의 수장이라고 선언하였다. 그는 신학적인 개혁이나 영적인 갱신에 대해서는 전혀 관심이 없었다. 그의 관심은 오직 부인 캐서린과 이혼하는 것이었다. 로마 교황이 그의 이혼을 허락하지 않았기 때문이었다. 캐서린은 스페인의 왕 찰스 5세의 백모였고, 당시 교황은 찰스 5세의 포로였다. 교황은 당연히 스페인 왕 찰스 5세의 심기를 불편하게 하고 싶지 않았다. 그런 상황만 아니었다면, 관례에 따라 헨리의 이혼을 허락하였을 것이었다. 그러므로 헨리는 성공회가 로마 가톨릭과 분리하였음을 선언하였다. 한편으로 보면, 영국 종교개혁은 간단한 정치적 행위였다. 하지만 당시 영국 케임브리지에는 성경말씀과 루터의 개혁적인 글들을 읽으며 참된 개혁을 갈망하는 사람들이 있었다. 위클리프와 롤라드의 신앙유산도 개혁을 부추겼다. 그런 까닭에, 성공회 종교개혁에 공헌한 흐름은 둘이었다. 첫째는 순전히 정치적인 것이었다. 둘째는 심원한 영적이며 신학적인 흐름이었다.

헨리가 죽고 난 후, 그의 아들 에드워드가 후계자가 되었다. 당시 에드워드는 어린 소년이었고 그의 정치고문단은 정서적으로 개신교에 더 가까운 사람들이었다. 그들은 교회를 개신교 쪽으로 움직였다. 1553년 에드워드가 죽고, 헨리와 캐서린의 딸이었던 매리가 여왕이 되었다. 교황이 매리의 어머니 캐서린을 지지하였었기 때문에, 매리는 열렬한 가톨릭 신자였고 가톨릭교회를 재건하였다. 1558년까지 매리가 왕권을 행사했던 5년 동안 개신교도 300명이 화형에 처해졌다. 그녀는 역사에 '블러디 매리'(Bloody Mary)라고 불린다.

매리가 통치하던 5년 동안, 수많은 개신교도들이 유럽대륙으로 도망하였다. 그들은 유럽에 가서 많은 것을 배웠다. 프랑크푸르트에서는 루터교, 스트라스

---

1) J. I. Packer, *A Quest for Godliness* (Wheaton, IL:Crossroads Books, 1990).

부르그에서는 마틴 부처(Bucer), 제네바에서는 칼뱅에 대해 배웠다.

그들이 영국에 다시 돌아올 때, 그들은 자연스럽게 그들이 유럽에서 배웠던 새로운 신학적 유행도 함께 가지고 돌아왔다.

1558년, 엘리자베스 1세가 여왕으로 등극하여 1603년까지 다스렸다. 그녀는 왕좌에 앉아있었지만 불안한 상황이었다. 일부 신하들이 그녀의 출생을 문제로 삼아, 그녀가 헨리의 적법한 딸이 아니라고 주장하였기 때문이었다. 역사에 나타난 엘리자베스 여왕은 위대한 인물이었다. 여왕의 관심은 주로 자신의 권위를 강화하고 나라를 통일시키는 것이었다. 당시 영국의 가장 강력한 적국은 스페인이었다. 1588년 거대한 스페인 함대가 쳐들어 왔다. 영국을 재정복하고 가톨릭교회를 재건하기 위해서였다. 영국은 막강한 스페인 함대를 맞아 승리하였다. 스페인 함대와 싸우며 폭풍우와 영국의 선박운용술로 물리쳤다. 영국은 당시 그 사건을 하나님께서 직접 간섭하신 섭리적인 것으로 확신하였다.

그러므로 우리는 왜 엘리자베스 여왕이 나라를 통일시켜줄 교회를 원하였는지 이해할 수 있다.

여왕은 중도파를 선택하였다. 가톨릭을 선택한 것이 아니었고, 그렇다고 하여 개신교를 선택한 것도 아니었다. 당시 여러 교회 지도자들은 유럽 유학파 출신으로 영국에 돌아와 교회와 대학의 요직에 앉아 실력을 발휘하고 있었다. 많은 사람들이 영국교회를 더욱 개혁적이고, 더욱 성경적인 방향으로 이동하기를 갈망하였다. 그들은 교회를 청결하고 "정화"(purify)하기 원하였다. 그 결과로 사람들은 그들을 청교도라 불렀다.

1) 청교도주의의 목표

국왕 헨리가 영국교회를 로마로부터 분리한다고 선언하였을 때, 그는 교회 조직, 신학, 그리고 신앙규범에는 어떤 변화도 주지 않았다. 국왕 에드워드는 기도문을 일부 수정하였지만 중세 계급조직은 그대로 유지하였다. 감독들은 귀족 출신이었고, 감독과 일반 사제들 사이에는 엄청난 신분의 차이가 있었으며, 사제들 대부분은 자신의 교구에서 살지 않았다. 일부 사제들은 정치적으로 임명되었고 사목활동은 거의 하지 않았다. 신학교육을 받은 사제는 거의 없었다. 그런 까닭에, 이런 최초의 청교도 원리가 생겨났다. 모든 사제나 목회자들은 서로 동등한 권위를 가진다. 이것은 칼뱅주의를 기초로 교회 계급주의를 타파하는 대단히 급진적인 아이디어였다. 두 번째 원칙과 목표는 좋은 신학훈련을 받은 경건한 목회자를 모든 교구에 배치하는 것이었다. 청교도는 성경말씀을 충실하게 해석하고 가르치며 교육을 강하게 옹호하는 목회자를 원하였다.

더 나아가, 청교도는 예배를 집례하는 사제가 입는 특별한 의상인 제의(祭衣) 가운을 거부하였다. 그들은 사제가 제의 가운을 입는 것은 만인제사장설을 위배하는 것으로 보았다. 결혼반지 사용에 반대하였다. 결혼반지가 결혼을 성례로 인정하는 상징물이기 때문이었다. 그들은 세례와 성찬만을 성경적인 성례로 수용하였다. 하지만 높은 결혼관을 가졌다. 가톨릭과는 반대로 성생활을 악으로 규정하지 않았다. 청교도는 사랑에 관한 아름다운 서적들을 남겼다. 한 청교도 작가는 기록하였다. '아내는 필요악이 아니라 필요선이로다!' 다른 작가는 아내를 지혜로운 상담자요 동반자라고 하였다. 청교도는 성생활을 하나님의 선물로 보았고 남녀가 서로 헌신하는 평생 결혼을 통해 즐기는 것으로 보았다. 독신생활을 주장하는 로마 가톨릭은 이런 청교도정신을 비판하였다. 성도덕상의 자유주의자들도 청교도의 성윤리를 비판하였다. 전혀 새로운 개념이었기 때문이었다.

청교도는 성찬을 받을 때 무릎을 꿇는 것에 저항하였다. 성찬을 받을 때 포도주와 떡이 진짜 예수님의 살과 피가 된다는 교리인 화체설을 신봉하는 사제를 높이는 행동이라고 보았기 때문이었다. 그들은 신앙행동과 상징이 의미하는 바를 물었다. 실례를 들면, 퀘이커들이 후일에 청교도 운동으로부터 떨어져 나갔다. 남자 퀘이커 교도는 누구에게도 모자를 벗지 않는 것이 신조였다. 우리 중 일부는 남자들이 모자를 쓰다가도 숙녀를 만나면 모자를 약간 벗어서 예의를 표하는 것이 예의바른 것이라는 문화적 배경에서 자란 사람들도 있다. 그렇다면 퀘이커 교도들은 무례한 사람들이었는가? 결코 그렇지 않다! 퀘이커 문화는 계급사회였고, 남자들은 자기보다 높은 사회계층 사람들에게 모자를 벗어 예의를 표시했었다. 퀘이커는 모자벗기를 거부함으로 모든 사람이 평등하다는 성경의 가르침을 실천하려 하였다. 그것은 성경적인 행동이었다. 그래서 언제나 그들의 문화적 문맥 안에서 어떤 행동의 의미를 이해하는 것이 필요하다. 그렇지 않으면, 우리는 심각한 오해를 하게 될 위험에 노출된다.

간략하게 요약해 보자. 청교도는 잘 훈련받는 목회자가 성경말씀을 충실하게 해석하고 가르치는 교회를 원하였다. 목회자는 개종하고 개인적이며 공적인 생활에서 신앙인으로 살아가는 사람들을 교인과 사회인이 되도록 인도하여야 했다. 그들은 교회정치에 더 많은 평신도들이 참여하기 원하였다. 더 깊이 성경공부를 하기 위해 모이는 '비밀집회'(conventicle)라는 소그룹 모임을 주창하였다.

2) 박해와 논쟁

청교도들은 분파주의자들이 아니었다. 그들은 영국교회 전체를 개혁하기 원하였다. 하지만 청교도 운동은 정부로부터 박해를 받았다. 내부적인 갈등을 이겨내야만 했다. 결국 청교도는 분열되고 말았다. 일부는 성공회에 그대로 남고, 다른 사람들은 장로교인이 되었다. 그 후로, 회중교단, 침례교, 그리고 퀘이커 교도들이 되었다.

장로교는 목사와 장로가 다스리는 기성교회를 주창하였다. 회중교단은 모든 개교회의 독립을 주창하였다. 침례교회는 성인 침례와 각 개교회의 자율권을 주창하였다. 퀘이커는 성례식, 성직자 안수, 설교, 그리고 뾰족탑이 있는 예배당을 거부하였다. 그들은 교회에서 여성들에게 중요한 역할을 맡게 하였고 자연스럽게 반노예제 운동의 선구자들이 되었다.

1603년 엘리자베스 여왕이 타계한 후, 스코틀랜트 출신 제임스 1세가 영국 왕위를 계승하였다. 그의 어머니는 가톨릭 신자였지만 장로교인으로 성장하였고, 성공회에 빠르게 적응하였다. 장로교단 대표들이 왕이 장로교 제도를 도입하기를 바라는 마음으로 그를 접견하였을 때, 그의 대답은 이러하였다. "장로교가 군주정치에 동의하는 것은 하나님께서 사탄과 동의하는 것과 같다." 왕은 교회정치에 평신도가 참여하는 것을 전혀 원하지 않았다. 그는 1611년 킹제임스 성경번역을 지원하였다. 그의 아들 찰스 1세가 치세하는 동안 논쟁이 강해졌다. 중한 세금이 부과되었다. 중한 과세와 왕의 신권주장은 국가 지배층을 양분시켰다. 지주, 의회와 청교도가 한편이었고, 왕, 귀족, 그리고 감독이 다른 한편이었다. 1642년 열렬한 회중교인인 올리버 크롬웰이 주도한 혁명이 일어났다. 혁명은 성공하였고 찰스 왕은 처형되었다. 크롬웰은 가톨릭을 제외한 모든 종파의 자유를 선언하였다. 유대인들이 영국에 다시 돌아 올 수 있도록 허락하였다. 이 동안에 청교도는 가난한 어린이들을 위한 학교 몇 개를 설립하였다.

크롬웰이 사망한 후, 왕관은 찰스 2세에게로 넘어갔다. 청교도는 다시 핍박을 받아야 했다. 청교도 활동을 제약하는 몇 가지 법이 제정되었다. 청교도는 더 큰 곤경에 빠지게 되었다. 이 동안에 침례교 청교도인 존 번연(John Bunyan)이 베드포드 감옥에 갇혔다. 복음을 전했다는 죄목 때문이었다. 존 번연은 감옥에서 『천로역정』(Pilgrim's Progress)을 썼다. 찰스는 죽기 전 비밀리에 로마 가톨릭에 귀의하였다. 왕위를 승계한 찰스의 아들 재임스 2세는 공개적으로 자신이 가톨릭 신자임을 밝혔다.

영국 황실은 가톨릭의 종교적 사죄권을 두려워하였고, 1688년 네덜란드 오랑예 왕가 출신의 윌리엄과 부인, 재임스 2세의 딸 매리를 왕좌에 앉게 하였다. 당시 매리는 권력의 자리에서 물러난 상태였다. 그것은 본질상 무혈혁명이었다. 여기서 중요하게 기억해야 할 일이 있다. 네덜란드 갈뱅주의자는 종교자유의 안전지대였다. 다음 해 의회는 종교자유법을 통과하여 로마 가톨릭과 유니테리언교를 제외한 모든 종교적 자유를 허락하였다. 이 법령은 인권법의 시발점으로 볼 수도 있다. 종교자유에 언론의 자유와 집회의 자유가 함의적으로 포함되어 있었기 때문이었다. 다음 세기 중간에 미국 내 영국 식민지에서 생활하던 장로교 지도자들이 영국으로 건너가 영국에서 발효된 종교자유법이 미국 식민지에도 유효하고 그대로 적용되어야 한다는 법 논리를 펴서 승리한 적이 있었다. 영국의 종교자유법은 북미 선교현장에 긍정적으로 작용하였다. 복음주의 부흥운동과 선교운동에 긍정적인 영향을 주었다. 일부 가톨릭 신자들은 영국에서 금지된 자신의 신앙을 비밀리에 지켜나갔으며, 외국에서 들어온 신부들이 그들을 사목하였다. 그 중 일부는 순교하였다. 가톨릭이 프랑스 개신교를 무섭게 핍박하였기 때문에 가톨릭주의에 대한 공포가 영국에 남아있었다. 특히 1685년 성 바돌로메오의 날 대량학살 이후에 공포는 더욱 가중되었다.

청교도는 문서를 잘 활용하였다. 경건서적과 신학서적을 상당히 많이 발간하였다. 당시 최고의 청교도 문서들은 영국에서 발간되었다. 이런 청교도 서적들은 독일 경건주의 지도자인 필립 스페너(Spener)에게 강한 영향을 주었다.

3) 신세계에서의 청교도 선교사들

영국은 청교도에게 가혹했다. 그들을 추방하였다. 일부 추방된 청교도들이 먼저 네덜란드로 갔다. 그 후에 뉴잉글랜드로 갔다. 그들 중 일부는 열렬한 선교사였다. 1631년 존 엘리어트는 메사추세츠에 도착하여, 알곤퀸 인디언(Algonquin Indians)에게 전도하였다. 그들의 언어로 성경을 번역하였다. 그 보다 매이휴 가족은 삼대가 뉴잉글랜드 연안에서 조금 떨어진 '마서스(Martha)의 빈야드'에 사는 인디안들을 개종시켰다. 각 사역들은 3천명 이상이 개종한 것을 보았다. 청교도 신학은 초기 북미 선교운동에 중요한 요인이 되었을 것이다.

3. 경건주의

청교도주의는 갱신과 부흥운동이었다. 비록 청교도주의는 핍박에 의해 허리가 꺾이고 말았지만, 경건주의에 결정적인 영향을 미쳤다. 경건주의는 독일과 스칸디나비아 여러 나라들로 퍼져나갔다. 경건주의에 뿌리를 둔 모라비안은 개신교 선교의 기폭제가 되었다. 경건주의와 모라비안 선교사들은 아시아, 아프리카, 그리고 서인도 제도로 나갔다. 캐리가 인도로 항해했던 1793년 이전의 일이었다. 캐리가 개신교 해외선교단체를 조직하도록 자극을 주었기 때문에 개신교 선교운동의 아버지라 불리는 것은 정당하다. 하지만 캐리 이전에 독일 경건주의자들은 인도에 선교사를 50명 이상 파송하였고, 모라비안들은 10여 개국에 선교사들을 파송하였다.

1) 30년 전쟁의 여파

17세기 중반, 독일은 오랜 전쟁으로 황폐화되어 있었다. 종교개혁으로 촉발된 30년 전쟁의 여파는 참혹하였다.[2] 1650년 마침내 전쟁이 종식되었지만 독

---

2) 30년 전쟁(Thirty year's War; 1618년~1648년)은 신성 로마 제국이 있던 독일을 중심으로 로마 가톨릭교회와 개신교 사이에서 벌어진 종교전쟁이었다. 최후의 종교전쟁, 최초의 국제 전쟁이라 불린다. - 역주

일은 만신창이 상태였다. 국토는 거의 초토화된 상태였다. 경제적으로 정치적으로 바닥을 치고 있었다. 적어도 전 국민의 3분의 1이 전쟁 중에 죽었다. 영적 생활은 낮아질 때로 낮아져 황량한 상태였다.

2) 루터의 정통신학

루터의 정통신학은 여러 신학적 논쟁에 휩싸였다. 루터교 내부에서 촉발된 논쟁뿐만 아니라 칼뱅주의와도 신학논쟁을 계속하였다. 초점은 루터신조에 규정한 정통신학이었다. 당시 루터신조는 거의 성경수준으로 격상되어 있었다. 루터교 신앙은 정통적인 루터신학에 예수 그리스도를 믿는 개인 신앙을 가미한 것이었다. 신학자들은 신앙을 '정통교리를 믿는 것'으로 축약하였다. 기독교 신앙생활은 교회에 출석하고, 성찬에 참여하고, 정통교리를 믿는 것 정도로 아주 수동적으로 묘사되었다. 일부 루터파들은 세례 중생론(baptismal regeneration)을 가르쳤다. 스페너가 비판한 바와 같이, 루터파 설교의 초점은 모호한 교리적 설교였다. 일반 사람들이 알아들을 수도 없고 상황에도 적절하지 않은 설교였다. 이런 까닭에 루터파는 처음 루터가 꿈꾸었던 루터정신으로부터 아주 멀어져 있었다. 루터파는 사실상 생명력을 상실한 형식적이며 교리적 종교단체가 되고 말았다.

3) 경건주의 선교운동

청교도주의는 여러 리더들을 배출하였다. 그 가운데 필립 스페너가 경건주의 운동을 시작하였다. 스페너는 1631년에 출생하여 1705년 사망하였다. 그는 루터파와 개혁교단의 영향이 많았던 스트라스부르그(Strassburg)에서 나고 자랐다. 16세기 도시의 개혁자 마틴 부쳐(Martin Bucer)는 위대한 개혁자들과 신학적 교류를 하였던 지도자였다. 그는 성경공부와 친교를 위한 소그룹 조직을 강조하였다. 이런 환경에서 성장한 스페너는 루터파 신학서적을 읽고 위대한 청교도의 저작물도 읽었다. 그 가운데 배일리(Bayley)의 깊은 신앙생활에 초점을 맞춘『경건의 실천』도 있었다. 그는 기독교인의 내면생활에 관심을 쏟고 있던 칼뱅주의의 고향 제네바도 방문하였다. 당시 네덜란드에는 개인적 경건을 추구하는 '정밀주의'(Precisionism) 운동이 있었다. 다른 중요한 영향은 17세기 작품인 요한 아른트(Johannes Arndt)의 『참 기독교』(True Christianity)였다. 아른트는 루터교의 핵심으로 되돌아왔다. 그는 믿음을 개인적인 신뢰로 보고 기독교인의 삶을 하나님과의 관계로 정의하였다.

1666년, 박사학위를 마친 스페너는 독일 프랑크푸르트 교회의 목사가 되었다. 그는 자신이 속한 교구신자들의 생활이 대부분 형편없는 상태임을 파악하였다. 모든 시민들이 국교의 일원이었다. 당시 그에게는 비신앙적인 교인들을 치리할 치리권이 없었다. 아무도 치리할 수 없었다. 그는 청년들을 중심으로 철저한 요리문답교육을 시작하였다. 신앙성장을 원하는 사람들을 가정으로 초청하여 매주 한 번씩 자기 집으로 모이게 하였다. 그들은 모여 성경말씀을 공부하고, 설교말씀을 나누고, 서로를 위해 기도하였다. 스페너는 분명한 목적이 있었다. 참여한 성도들의 신앙을 굳건히 하는 것이었다. 그는 국교인 루터교, 루터교 정치구조, 그리고 루터교의 신학에 반항하는 것이 아니었다. 다만 신앙성장을 위해 새로운 구조인 소그룹을 활성화시킨 것뿐이었다. 그는 그 모임을 '경건 대학'(Collegia Pietatis, College of Piety)이라 불렀다. 여기서 대학이란 용어는 제도적 의미에서의 대학은 아니었다. 그들은 스트라스부르그에서 부처가 이미 사용하였던 소그룹 모델을 따랐다. 그들은 성경을 공부하고, 기도하고, 설교말씀을 나누고, 영적 생활을 깊게하는 소그룹으로 모인 것뿐이었다. 그 모임에는 격이 없었다. 서로 다른 사회계층에 속한 사람들이 한 자리에 모였다. 그들은 귀족신분을 가진 사람과 종의 신분을 가진 사람이 한 자리에 둘러앉아 주책없이 논다는 비판을 받기도 하였다. 당시 문화는 신분차이를 엄격히 지키는 문화였다. 목사는 귀족 아들에게 세례를 베푸는 물과 일반 아이들에게 세례를 베푸는 물을 따로 구분해서 사용하여야 했던 시대였다.

1675년 스페너는 작은 소책자를 발간하였다. 아른트의 저서에 서론 형식으로 쓴 『경건한 갈망』(Pia Desideria, Pious Desires)이었다. 그 책에서 그는 교회개혁을 위한 새로운 계획을 설명하였다.[3] 스페너는 교회문제를 지적하였다. 교회의 문제는 정부가 교회생활에 간섭하는 데서 발생한다. 신실하지 못한 귀족들이 목회자를 선택하는 것에 문제가 있다고 하였다. 이런 일은 지금도 일어날 수

---

3) 여기서 저자는 독일어를 영역한 번역본을 참고하였음을 밝힌다. Theodore G. (trans.)(Philadelphia: Fortress Press,1964)을 참조하라.

있다. 얼마 전 나는 에티오피아 출신으로 스웨덴으로 이주한 학생을 지도한 적이 있다. 그는 스웨덴으로 이주하여 신학을 공부하고 국교의 목사로 안수를 받았다. 그는 나에게 안수를 받던 상황을 전해 주었다. 국교 감독은 안수를 받기 위해 모인 안수후보자들에게 공개적으로 이렇게 말하였다고 한다. "여러분들 가운데, 아직까지 세례를 받지 않은 사람은 안수를 받기 전에 먼저 세례를 받으시기 바랍니다." 이것은 무엇을 보여주는가? 이 사건은 목회자들이 목회적 소명을 받은 사람들이라기보다는 정부에 속한 종교공무원 기능을 담당하는 사람들임을 보여주고 있다. 정부가 교회생활에 간여하는 문제만 있었던 것이 아니다. 스페너는 신앙생활과 상관없는 신학논쟁도 비판하였다. 다른 문제도 있었다. 사람들은 술취함과 방탕에 빠져 있었다.

스페너는 해결책을 제시하였다. 각 교회 내에 성경공부를 하고, 기도하며, 상호 격려하는 소그룹을 조직하라고 제안하였다. 다른 말로 하면, 스페너는 교회들이 만인제사장설을 실천하라고 권고한 것이었다. 그는 말했다. "기독교는 교리적 조직이라기보다 신앙생활이다." 이것은 결정적 요점이었다. 사람들은 경건주의자들이 신학을 무시한다고 비판하였다. 간혹 이단적이라고도 비판하였다. 그런 비판은 온당치 않다. 경건주의자들은 신학적으로는 정통이었지만, 바른 가르침만으로는 충분하지 않다고 믿었다. 그리스도와 함께 동행하는 삶, 즉 정통을 실천하는 삶인 정행(Orthopraxis)도 중요하다고 강조하였다. 정설(正說)의 목적은 정행(正行)에 있기 때문이었다. 경건주의자들은 루터의 신조들보다 성경이 더 중요하다고 믿었다. 비판자들은 이 점을 경건주의가 가진 신학적 느슨함으로 보았다.

스페너는 성직자를 보다 철저하게 훈련시켜야 한다고 주장하였다. 그는 개종하지 않는 사람은 성직자가 되어서는 안 된다고 주장하였다. 그는 설교가 성도들의 신앙생활을 북돋아주는 역할을 해야 한다고 지적하였다. 설교의 결과로 거듭나고 기독교인의 생활습관이 형성되어야 한다고 강조하였다. 그는 절제하는 삶을 주창하였다. 먹고 마시는 것을 절제하고, 극장에 가거나 도박을 해서든 안 된다고 가르쳤다. 이런 가르침은 율법적으로 보이기도 한다. 그리고 율법적으로 흐르기도 하였다. 하지만 당시 상황에서 보면, 극장은 부도덕의 온상이었고, 도박은 많은 문제를 일으켰다. 간혹 경건주의는 개종과정에 특정 순서로 순차적인 신앙체험이 있어야 한다고 강조하였는데, 그것은 율법주의의 일종이라고 할 수 있다. 우리가 살펴본 바와 같이 경건주의에는 오락이나 여흥을 피하는 것보다 더 큰 신앙적인 면이 있었다.

경건주의 운동의 근본적인 강조점은 다음과 같다. 개인적인 개종이 필요하다. 명목상으로 기독교적인 문화 속에서 참된 그리스도인으로 살아가야 한다. 개인적으로 성경을 연구하고, 성도들과 교제하고, 함께 모여 기도한다. 경건주의는 청교도주의와 흡사하였다. 평신도들에게 성경읽기를 격려하고, 신학자들이 성경에서 교리를 찾기 위해 노력하는 것과 같이, 성경에서 각 개인을 향한 하나님의 뜻을 발견하게 하였다. 경건주의 운동은 자연스럽게 선교운동으로 발전하였다. 그들이 속한 사회 내에서뿐만 아니라 국경을 넘어 아시아까지 선교의 지경을 넓혀갔다.

경건주의 운동은 다른 여느 갱신과 부흥운동과는 달랐다. 경건주의자들은 교단과 갈라지지 않고, 대부분 기성교회에 소속되어 활동하였다. 루터파에 남아, 소그룹으로 활동하면서 루터파 교회 안에서 사람들을 참된 신앙생활로 인도하였다. 그들은 '교회 안의 교회'(church within the church)를 조직하였다. 이것은 헌신자 공동체(the Committed communities)를 조직하였던 초기 재세례파(Anabaptists)와 비슷한 것이었다. 다만 헌신자 공동체를 교단 밖에서 조직하지 않고 교단 내에서 조직하였다는 점이 달랐다. 경건주의 모델은 오늘날 여러 지역에 적합하다. 자신을 기독교인이라 자처하면서도 기본적인 기독교 진리를 지키지 않는 문화 속에 살아가는 여러 사람들에게 적합하다.

미국에서 공민권 문제로 싸우던 동안에 일어난 바이블 벨트(Bible Belt) 운동도 하나의 실례가 된다. 대부분의 교회들이 인종차별을 지지하였다는 사실은 비극이다. 남아프리카 정부가 공식적으로 채택한 인종차별 정책(apartheid)도 그러하다. 이들 모두의 경우, 흑인과 백인으로 이루어진, 예수님을 따르는 소그룹이 일어나 인종차별을 수용한 교회와 문화에 대해 용기를 가지고 반대하였다. 우리는 미국에서 민권운동가로 알려진 마틴 루터 킹 주니어를 잘 알고 있다. 하지만 남아프리카 공화국의 위대한 선교학자인 데이비드 보쉬는 잘 모를 것이다. 그는 남아공 교회가 인종차별 정책을 이단적인 정책이라고 선언해야 한다고 주장하였다. 인종차별 정책에 반대했던 사람들은 핍박을 받고 추방을 당하기도 하였다. 하지만 진리가 승리하였다. 갱신과 부흥운동은 언제나 영적인 측면과 함께 윤리적 측면이 있기 때문에 그런 갈등은 불가피하다.

여기서 우리는 청교도주의와 경건주의가 목회자의 역할과 목회자 교육의 중요성을 계속 강조하였다는 점을 기억해야 한다. 그들은 동시에 폭넓은 평신도 활동도 격려하였다. 평신도 사역은 모라비안과 감리교 운동에서 더욱 확대되고 발전한다.

경건주의는 독일 전역으로 퍼져나갔다. 노르웨이, 덴마크, 그리고 스웨덴 일부지역으로 뻗어나갔다. 경건주의는 북미에서 식민지 거주자들 가운데 루터교를 조직하고 공고히 하는 데 핵심적 역할을 하였다. 경건주의는 가는 곳마다 청년들에게 요리문답 공부를 잘 하도록 격려하였고 여러 곳에 가난한 자들을 위한 학교를 설립하였다.

우리가 자주 부르는 찬송가 가운데 5개 정도가 독일 경건주의에서 나온 것이다. 간혹 찬송가를 살펴보면서 찬송가가 만들어진 날짜를 자세히 살펴보는 것도 흥미롭다. 찬송가를 살펴보면, 부흥운동이 일어나던 때에 수없이 많은 찬송가가 만들어졌음을 알 수 있다. 이 점을 역으로 설명하면, 갱신과 부흥운동이 참된 부흥운동이었는지를 판단하는 시금석으로 얼마나 많은 찬송가가 나왔는지를 살펴보면 된다. 참된 부흥운동은 신자들로 하여금 찬양하게 한다. 새로운 노래로, 새로운 음악으로 찬송하게 한다. 오래된 음악보다 오늘의 문화에 적합한 음악으로 찬송하게 한다. 미국에 있는 흑인 형제자매들을 보면 그들의 문화에 적합한 찬송을 부른다. 은사주의 운동도 새로운 문화에 맞는 찬송을 부른다.

19세기 말, 부흥운동은 음악이 특징적이었다. 웨슬리 운동은 아주 훌륭한 역사적 모델이다. 찰스 웨슬리는 가장 탁월한 찬송가 작가였다. 성공회 안에서 일어난 복음주의 부흥운동은 해외선교를 위한 교회 선교회(the Church Missionary Society)를 조직하게 하고 반 노예제도 운동을 일으켰지만, 동시에 탁월한 찬송가들을 생산하였다.

4) 할레의 A. H. 프랑케(Francke)

어거스트 허만 프랑케는 경건주의 지도자 가운데 스페너 다음으로 유명한 인물이었다. 1687년 그에게 놀라운 일이 일어났다. 요한복음 3장 16절로 설교를 작성하던 중에 거듭남을 경험하였다. 중생에 대한 설교를 준비하던 그에게 성령의 감동이 왔다. 그는 자신이 중생에 대한 개인적 체험이 없었다는 것을 인정하였다. 주님을 개인적인 구세주로 영접하였다. 그의 삶은 놀랍게 변했다. 그는 스페너와 함께 시간을 보내고 난 후, 스페너를 이어 경건주의 운동의 지도자가 되었다. 스페너의 후계자가 된 것이었다. 1681년, 그는 독일에 새로 세워진 할레대학교에 갔다. 프랑케는 1727년 임종할 때까지 할레대학교에 머물렀다. 그는 할레대학교에서 가르쳤다. 할레대학교는 경건주의파 목회자훈련 센터가 되었다. 그는 근교에서 목회자로도 봉사하였다.

오늘날 많은 사람들에게, '경건주의자'라는 용어는 사회적 관심은 없고, 오직 자신의 영적 생활에만 초점을 맞춘 경건을 뜻한다. 이런 경건개념은 초기 경건주의가 생각하던 경건과는 다른 개념이다. 새틀러(Sattler)가 프랑케에 대해 기술한 "하나님의 영광, 이웃에게 잘함"을 보면 그러하다.[4] 새틀러는 책에서 신앙생활에 대한 경건주의적 이해를 잘 표현해주고 있다. 프랑케는 그런 경건의 모습을 탁월하게 삶으로 보여주었다. 당시 사람들에게 교육의 기회는 그리 흔하지 않았다. 프랑케는 가난한 자들을 위한 학교를 세웠다. 그가 죽었을 때, 그 학교의 학생은 2천2백 명이었다. 그는 고아원을 설립하였다. 134명의 고아들을 수용하고 돌보았다. 그는 성경을 싼 값에 보급하기 위해 출판사를 시작하였다. 성경보급은 성경공부를 유행시켰다. 할레대학교에 유대인들에게 복음을 전하는 사역자를 훈련하는 '유대인 연구소'(Instituto Judaicum)를 설립하였다. 이 연구소는 나치가 득세하기까지 계속되었다.

프랑케는 탁월한 인물이었다. 그는 이런 모든 기관들을 오직 믿음으로 운영하였다. 우리는 브리스톨의 조지 뮬러를 잘 알고 있다. 그가 믿음으로 운영했던 고아원을 기억한다. 그는 믿음으로 사는 사람이었다. 허드슨 테일러(Taylor)가 중국내지선교회(China Inland Mission)를 세웠을 때, 허드슨 테일러는 조지 뮬러로부터 배운 믿음선교를 선교정책으로 삼았다. 그 믿음선교 정책은 후신인 OMF가 물려받아 계속 따르고 있다.

5) 다른 경건주의 지도자들

할레는 경건주의의 가장 중요한 센터가 되었다. 할레에서 최초의 개신교 학

---

4) Sattler, *God's Glory, Neighbor's Good* (Chicago: Covenant Press, 1982).

생선교운동이 일어났다. 할레대학교에서 프랑케의 영향 아래 수천의 경건주의 목회자들이 훈련을 받았다. 위대한 독일 성서학자인 벵겔(Bengel)은 경건주의자였다. 그는 성경말씀에 대한 사랑을 그의 주해를 통해 보여주었다. 미국 루터주의 신학의 아버지라 불리는 헨리 뮬렌버그(Henry Muhlenberg)도 경건주의자였다. 그는 할레에서 북미로 건너왔다. 루터파 이주자들을 찾아 방문하여, 교회를 조직하면서 전역을 다녔다. 그들을 위해 목회자를 보내주었다. 뮬렌버그 대학 명칭은 그의 이름에서 따온 것이다.

6) 덴마크 할레선교회, 1706

1706년 덴마크에 할레선교회가 조직되었다. 당시 유럽 개신교 국가들은 세계 각국에 식민지를 만들고 있었다. 그들은 식민지에 사는 자국민들을 위해 목회자를 파견하였다. 하지만 현지인들에 대한 선교에는 전혀 관심을 갖지 않았다. 그것은 그들이 복음에 대한 충분한 이해가 부족하였음을 명백히 보여준다. 하지만 1706년, 덴마크 왕 프레데릭은 자신의 사목인 경건주의 목사의 설득을 받고 자신의 식민지인 남인도 뜨랑꾸에바(Tranquiebar)로 선교사를 파송하였다. 선교사로 헌신한 사람은 두 명의 할레 출신 젊은이였다. 하인리히 플뤼차우(Heinrich Plutschau)와 바돌로매 지겐발크(Bartholomew Ziegenbalg)가 선교사로 자원하였다. 그런데 독일 루터교는 그들에게 안수를 주지 않았고, 덴마크 교회가 그들을 안수하였다. 물론 왕의 압력이 작용한 것도 사실이었다.

거의 한 세기 전, 오스트리아 루터교인이었던 바론 폰 벨츠(Baron von Welz)는 유럽에 있던 루터교단에게 해외로 선교사를 파송하라고 간청하였다. 그는 광신자로 간주되고 돼지에게 진주를 던지라고 하는 사람이라는 비난을 받았다. 폰 벨츠는 말했다. "우리 유럽에는 수많은 신학생들이 있습니다. 그 중 일부를 다른 지역으로 보내야하지 않겠습니까? 우리에게 많은 자원이 있습니다. 우리가 복음을 세상 다른 사람들과 나누어야 하지 않겠습니까?" 폰 벨츠는 루터교단에서 안수받기를 원하였으나 뜻을 이루지 못하였다. 그는 할 수 없이 독립교단에서 안수를 받고 선교사가 되어 남미 북부 연안에 있는 수리남으로 갔다. 그는 그곳에 묻혔다. 한편으로 생각해보면, 그는 비극의 주인공이었지만, 다른 관점에서 보면 세례 요한과 같은 선교의 선구자였다.

지겐발크와 플뤼차우가 남인도 제국에 도착하였을 때, 현지에 살고 있던 유럽인들로부터 적개심의 대상이 되어 곤란을 많이 겪었다. 현지 유럽인들은 자신들을 위한 목회자는 환영하였지만, 현지인들을 위한 선교사는 원하지 않았다. 선교사들은 유럽인들이 가진 이중성에 사로잡혀 고생을 하였다. 선교사들은 완벽한 사람은 아니었지만 현지인 편에서 그들을 도왔다. 서양 사람들은 현지인들을 착취하려 하였지만, 선교사들이 현지인을 위해 나섰기 때문에, 서양 사람들은 선교사들에 대해서도 적대감을 가지고 대했다. 선교사는 현지인들에게도 적대적인 존재였고, 명목상의 신자들인 서양 식민지 거주자들에게도 귀찮은 존재였다. 이런 현상은 하와이를 비롯하여 아프리카 여러 지역에서 볼 수 있었다. 우리는 이런 역사적 측면을 볼 수 있는 안목을 가져야 한다.

동족의 위험도 있었다. 동족인 덴마크 목회자들도 두 선교사를 못마땅하게 생각하였다. 플뤼차우는 선교지에서 오래 견디지 못하고 몇 년 만에 본국으로 돌아갔다. 하지만 지겐발크는 1719년 현지에서 임종을 맞을 때까지 현장에 머물렀다. 13년 동안 성실하게 사역하였다. 그 동안에 이룬 업적은 경이롭다. 그는 현지 타밀어를 배워, 1714년 타밀어 신약성경을 완역하였다. 그가 세상을 떠나기 전까지 구약은 룻기까지 번역을 마쳤다. 그는 하나님의 말씀이 현지어로 번역되어야 한다고 굳게 믿었다. 그는 교회와 학교가 함께 사역해야 한다고 믿었다. 기독교인들이 읽기를 배워야만 하나님의 말씀인 성경을 읽을 수 있게 되기 때문이었다. 기독교인 자녀들은 남녀 간 구분없이 교육을 받아야한다고 주장하였다. 18세기 인도에서 이런 급진적인 생각을 하였다는 사실이 놀랍지 않은가! 그는 경제발전에 도움을 주는 산업학교도 설립하였다.

그는 복음전도가 현지인들의 사고패턴에 기초하여 이루어져야 한다고 믿었다. 오늘날 우리는 '문화와 세계관'이라 부르는 것에 기초해야 한다는 주장이었다. 그는 힌두교 경전을 연구하고 힌두교 신학에 관해 글을 썼다. 그는 경건주의자의 전통에 따라 개인개종을 강조하고, 자체적으로 활동하는 인도인 교회를 설립하려고 노력하였다. 그는 세상을 떠나면서 350명 교인이 있는 교회를 남겼다. 그는 현지 인도인 목회자를 안수하기 위해 훈련시켰다.

1714년부터 1716년까지 지겐발크는 유럽을 방문하였다. 덴마크의 국왕이 그를 영접하였다. 그의 유럽 방문으로 몇 가지 중요한 일들이 이루어졌다. 코펜하겐에 왕립 선교대학교가 세워졌다. 인도로 가는 다른 경건주의 선교사들과 모라비안 교도들이 선교대학교에서 공부할 수 있게 되었다. 그는 할레대학교를 방문하여 그곳에 있던 학생들 몇 명에게 선교에 대한 강력한 인상을 주었다. 특히 젊은 니콜라우스 폰 진젠도르프에게 결정적인 영향을 주었다.

지겐발크의 할레 방문의 결과, 최초의 개신교 학생선교단체인 '겨자씨 선교회'(Order of the Mustard Seed)가 할레에 조직되었다. 진젠도르프가 학생선교단체의 리더였다. 그들은 교회의 갱신과 부흥 그리고 세계 미전도 종족들에게 복음을 전하기 위해 봉사하기로 서약하였다. 지겐발크도 영국을 방문하였다. 영국 기독교인들에게 선교를 고양시키기 위해서였다. 그는 경건주의 황실목사를 두고 있던 왕의 동조를 얻어냈고, 성공회 내에 '기독교 지식전수회'(SPCK)를 조직하도록 허락받았다. 이 단체는 18세기 초 영국 식민지를 중심으로 사역하는 선교단체로 조직되었다.

18세기 동안 덴마크 할레 선교부에서는 50명에서 60명 정도의 선교사를 인도로 파송하였다. 그 가운데 지겐발크 이후 가장 탁월한 선교사는 슈바르츠(Christian Friedrich Schwartz: 1726-1798년)였다. 그는 인도에서 50년간 머물며 사역하였고, 유럽에는 한 번도 돌아오지 않았다. 그는 힌두교도와 무슬림 가운데 사랑과 존경을 받았다. 가난하고 약한 자들과 강한 자들 모두에게 사랑과 존경을 받았다. 1989년 내가 봄베이를 방문하였을 때, 한 젊은 신학생을 만났다. 그에게 믿음의 조상이 있었다. 18세기를 살다 간, 한 어린 힌두교 여성이었다. 그 여성은 나이 많은 남자와 결혼하였는데, 남편이 죽자 인도 풍습에 따라 그녀 또한 남편의 시신과 함께 산 채로 화장되어야 하는 운명에 처했었다. 오빠는 밤중에 그녀를 몰래 빼돌려 슈바르츠 선교사에게 데려갔다. 거기서 그녀는 기독교인이 되었는데, 이제 20세기 말에 그녀의 자손 가운데 목회자가 되기 위해 훈련받는 신학생이 생긴 것이었다.

18세기 말에 이르자, 덴마크 할레 선교부 사역은 대부분 성공회로 넘어갔다. 이것은 인도에서 영국의 영향이 점점 강해졌던 정치적 상황과 맞물려 있었던 것으로 보인다.

겨자씨 선교회(Order of the Mustard Seed)는 학생선교운동의 중요성을 우리에게 보여주었다. 우리는 옥스퍼드에서 위클리프와 함께 공부했던 학생들이 위클리프 사상을 보헤미아(Bohemia)와 종교 개혁가 후스(Huss)에게 전달하였음을 살펴보았다. 우리는 프랑스 대학과 다른 대학에 미친 프란치스코회(Franciscans),

도미니쿠스회(Dominicans), 그리고 예수회(Jesuits)의 역할을 탐구하였다. 우리는 비텐베르그의 루터와 그의 제자들을 살펴보았다. 루터의 제자들은 루터의 개혁정신을 스칸디나비아 나라들에 전파하였다. 제네바의 칼뱅은 파리 대학교에서 확실한 개신교 신자가 되었다. 그것은 로욜라(Loyola)가 처음으로 예수회를 조직하던 시기와 같은 때였다. 이제 우리는 할레에서 겨자씨 선교회(Order of the Mustard Seed)를 만나고, 1806년 윌리엄스 대학에서 일어난 건초더미 기도회(Haystack Prayer Meeting)에 대해 살펴볼 것이다. 건초더미 기도회는 4년 후에 최초의 북미주 선교회를 조직한다. 1886년에는 학생자원자운동(SVM)이 시작된다. 학생자원자운동은 선교자원 2만 명 이상을 북미와 유럽에서 동원하여 전 세계로 나가 선교하게 하였다. 그런 선교운동이 계속되고 있다.

오늘날 선교에 관심있는 학생들이 많다. 북미와 유럽학생들뿐만 아니라 전 세계적 현상이다. 아시아, 라틴 아메리카, 그리고 아프리카 학생운동이 활발하게 성장하고 있다. 이것이 대단히 중요한 진전이다. 과거 학생선교운동들은 그리스도의 세계선교에 핵심적 역할을 감당하였다. 학생선교운동은 미래에도 그러할 것이다.

본 장에서는 18세기 선교운동의 꽃을 피웠던 네 가지 선교운동 가운데 청교도 운동과 경건주의 운동을 살펴보았다. 다음 장에서는 모라비안과 감리교의 선교운동을 탐구할 것이다.

제 18 장

모라비안과 감리교 선교운동

1. 말씀묵상

아름다운 찬송이 있다. "만 입이 네게 있으면, 그 입 다 가지고," 이 찬송은 초기 웨슬리주의 운동의 정신을 잘 드러내고 있다. 찰스 웨슬리가 개종한 지 1주년을 맞아 감사하는 마음으로 쓴 찬송으로 알려져 있다. 찰스 웨슬리는 고백한다. "만 입이 내게 있으면 그 입 다 가지고 내 구주 크신 은총을 늘 찬송하겠네." 이 찬송은 웨슬리주의 운동이 가졌던 선교적인 비전과 생명력을 드러내고 있다. 마지막 절을 다시 보자.

> 땅 위의 성도와 하늘의 성도,
> 땅 위의 교회와 하늘의 교회,
> 하나님께 찬송과 영광,
> 사랑 영원히 돌리세[1]

얼마나 훌륭한 찬송인가! 우리 개신교도는 승리한 교회의 느낌을 충분히 표현하지 못할 때가 있다. 하늘에 있는 교회는 우리 앞서 간 성도들로 구성되어

---

1) Glory to God and praise and love. Be ever given. By saints below and saints above. The church in earth and heaven.

있다. 그 내용을 이 찬송에서 보여준다.

이 찬송에는 여러 측면들이 있다. 찬양이 있다. 구원해 주신 하나님께 대한 뜨거운 감사가 있다. 이 찬양에는 선교적인 측면이 드러난다. "온 땅에 전하라 성호의 영광을." 마지막 절에 이르러 "하나님께 영광" "땅 위에 있는 성도와 하늘에 있는 성도, 땅 위에 있는 교회와 하늘에 있는 교회"를 찬송한다. 구속받은 개인과 교회의 장엄한 모습이 드러난다. 웨슬리의 찬송에는 탁월한 음악과 신학이 하나가 된다. 이런 찬송작가는 귀하고 드물다.

2. 서론

우리는 선교운동을 탐구하고 있다. 이번에는 기성교회 내에 머무는 데 실패한 두 운동을 살펴볼 것이다. 하지만 그들이 교회와 나뉘었다고는 하더라도, 그들은 교회 전반적인 부흥을 가져왔다. 감리교 운동의 경우가 더욱 그러하였다. 모라비안 운동도 어느 정도 교회 전반에 부흥을 가져왔다. 부흥운동이 교단 내에 머물 것인가 그렇지 않으면 교단과 결별할 것인가는 언제나 심각한 질문이다. 부흥운동이 언제나 교단전통의 변두리에서 일어나기 때문에, 두 가지 위험을 내포하고 있다. 하나는 기성교회 지도자 문제이다. 기성교회 지도자들은 부흥운동을 현 상태를 유지하는 데 위협이 된다고 판단하게 된다. 그런 까닭에 기성교회 지도자들은 부흥운동을 반대한다. 다른 하나는 부흥운동의 지도자들이 가진 문제이다. 부흥운동의 지도자들은 기성교회에 별 신경을 쓰지 않고 자발적으로 교단을 떠나버린다. 그들은 자기만 옳다는 생각을 갖고 떠난다.

대부분의 개신교 교회들은 부흥운동의 산물이었다. 간혹 부흥운동이 교단 내에 머무는 경우가 있는데, 숱한 분란을 견디어 내야만 한다. 동아프리카 부흥운동이 좋은 실례가 된다. 주류 교단에서 일어난 부흥운동은 거부되었다. 나는 C&MA 교단에 대해서 언급하였다. 그 교단 창시자는 A. B. 심슨(Simpson)이다. 그는 장로교 목사였다. 그는 기독교 연맹 두 개를 설립하였다. 하나는 더 깊은 신앙생활을 성취하기 위해 설립하였다. 다른 하나는 선교에 초점을 맞추었다. 교단 내에서 심슨 목사의 입지가 없었기 때문에, 심슨 운동은 결국 새로운 교단이 되었다. 오순절 운동은 좀 다른 역학관계를 보여주었다. 초기 오순절 운동의 리더가 주류 전통적인 교단 흐름에서 너무 멀리 있었고, 성령의 은사를 강조하였기 때문이었다. 오순절 운동이 주류 교단에서 수용 될 수 있는 가능성은 전혀 없었다. 우리는 부흥운동의 다양성을 인정해야만 한다. 20세기 오순절주의는 가장 강력한 선교운동이 되었다.

하워드 스나이더(Howard Snyder)가 제안하였다. 이상적으로 보면, 부흥운동에는 다음과 같은 특징들이 있다. 어떤 부흥 운동도 완벽하지 못하다. 다음에 나타난 부흥운동의 특징을 모두 갖춘 부흥운동은 하나도 없다. 하지만 다음은 부흥운동을 평가하는 좋은 기준을 제공한다.

- 부흥운동은 복음의 측면들 가운데 잊었거나 무시했던 내용을 재발견한다 (신학적 돌파이론과 같다).
- 부흥운동은 특정한 소그룹 구조를 사용한다. 교회 안의 교회가 좋은 실례가 된다. 그런 까닭에, 부흥운동은 큰 교단들과 연결고리를 갖는다.
- 부흥운동은 전체 교회의 통일성, 생명력, 그리고 통전성에 전념한다.
- 부흥운동은 자신을 넘어 선교를 향해 나아간다.
- 부흥운동은 독특한 언약을 기초로 한 공동체가 되는 것을 의식한다.
- 부흥운동은 새로운 사역형식과 리더십을 키우고, 훈련하고, 행사하는 환경을 제공한다. 그런 까닭에 부흥운동은 사역형태와 리더십 선택과 훈련에 있어서 유연하다.
- 부흥운동에 참여한 사람들은 자신이 속한 사회와 가까운 관계를 유지하며, 특히 가난한 자들과 함께 한다.
- 부흥운동은 권위의 기초로써의 말씀과 성령의 균형을 유지한다.

이제 우리는 두 선교운동이 가졌던 영향력과 역학관계를 탐구할 것이다. 부흥을 원하는 사람들에게 언제나 먼저 일어나는 질문이 있다. 부흥운동에 저항하는 기성교회들과 어떤 관계를 가질 것인가? 부흥운동이 기성교단 안에 머물고 있으면서 사역할 것인가. 아니면 기성교단을 떠나 '순수한 교회'를 만들 것인가? 그들이 생각하는 '순수한 교회'는 결코 순수해 질 수 없다. 교회는 한 두 세대만 지나고 나면 어떤 식으로든 제도화가 이루어질 것이다. 그리고 부흥운동을 일으켰던 창시자가 모 교단에 대해 반대하였던 것과 같은 동일한 문제를 드러내게 될 것이다.

나는 이 문제에 대한 해답이 쉽다고 말하는 것이 아니다. 우리는 교회의 통일성과 선교를 동시에 지켜나가야 한다. 하지만 우리는 교회의 통일성과 선교 사이에 역사적으로 긴장이 있었음을 인정해야 한다. 우리는 바울과 바나바의 이방인 선교에서도 이런 긴장감이 있었음을 볼 수 있다. 그들의 선교사역은 예루살렘 교회와 긴장을 불러 왔음을 알 수 있다. 그 문제는 사도행전 15장에 기록된 '예루살렘 공의회'(Council of Jerusalem)를 통하여 해결되었다. 하지만 그 긴장감은 교회의 통일성을 강조하는 교회 감독들과 선교를 대표하던 순회 전도자들 사이에서 기원 후 2세기까지 계속되었다는 증거가 있다. 사무엘 마펫 박사는 역사연구를 통하여 선교운동이 스스로 독립하여 교회의 통일성을 계속 지켜나가지 못하는 경우가 많다고 지적하였다. 다른 한편, 교회의 통일성만을 강조하는 운동은 전혀 선교에 나서지 않는다. 교회의 통일성과 선교를 모두 믿는 우리는 언제나 이 딜레마를 인식하고 있어야 한다.

간혹 잠정적 결정을 내리기도 한다. 웨슬리의 경우가 그러하였다. 그는 성공회를 떠나고 싶지 않았다. 떠날 의사가 전혀 없었다. 그의 생애 마지막 순간까지 웨슬리는 자신을 성공회의 충실한 신부로 보았다. 하지만 현실적인 문제를 방관할 수는 없었다. 새로운 개종자들에게 세례를 베풀고 성찬을 집례할 목사가 필요했다. 웨슬리는 자기 사람들에게 안수를 하였다. 그 사건이 웨슬리와 영국국교회주의 간에 분열을 가져왔다. 물론 웨슬리는 그와 같은 사실을 인정하지 않았다.

3. 진젠도르프

이제 우리는 역사상 가장 탁월한 선교 지도자 가운데 한 사람에게 눈을 돌린다. 그가 니콜라우스 진젠도르프이다. 그는 1700년 지주계급의 귀족 가정에서 출생하였다. 가족은 경건주의에 영향을 받은 신앙가족이었다. 아버지의 친구인 필립 스페너(Spener)가 그의 대부(代父)였다. 경건주의자였던 할머니는 성경을 원어로 읽으며, 그를 키웠다. 진젠도르프는 어렸을 때부터 예수 그리스도에 대한 깊은 신앙심을 갖고 헌신하였다.

그의 신앙체험은 특별하다. 어느 날 그가 십자가에 달리신 그리스도의 그림을 바라보며 깊은 묵상에 잠겨 있었다. 그림 밑에는 다음과 같은 글귀가 쓰여 있었다. "나는 너를 위해 이 모든 일을 하였다. 너는 나를 위해 무엇을 하였느냐?" 그날 이후, 진젠도르프는 분명한 삶의 모토를 갖게 되었다. "나는 한 가지에만 열중한다. 그것은 바로 그 한 분이다." 그처럼 한 가지에 열중하며 산 사람은 역사에 그리 많지 않다.

그는 할레대학에서 공부하였다. 당시는 젊은 10대 소년들이 대학에서 공부하였다. 그는 학교의 엄격한 규율에는 반발하였으나 열정만은 좋아했다. 1714년 지겐발크가 할레를 방문하였을 때, 그는 첫 번째 개신교 학생선교단체인 겨자씨선교회를 조직하는 데 참여하였다.

진젠도르프는 비텐베르그에서 법학을 전공하였다. 21살이 되었을 때, 그는 드레스덴(Dresden) 근처에 있는 자신의 사유지에 안착하고 법정 사무관으로 인생을 시작하였다. 그는 결혼하였고 행복한 미래, 부, 안정, 편안함, 그리고 명성이 보장되어 있었다.

독일은 당시까지 어느 정도의 봉건사회가 유지되어 있었다. 사람들은 대부분 귀족의 영토에서 살았고, 귀족이 자기 영토에 사는 사람들을 위해 목회자들을 지명하였다. 진젠도르프는 귀족이었다. 그는 '마음의 종교'에 관심을 갖고, 따뜻한 인격, 개인적 신앙을 가진 경건주의 목사를 자기 영토에 사는 사람들을 위해 임명하였다.

4. 모라비안 운동의 기원

1722년 한 작은 집단이 진젠도르프의 영토에 왔다. 그들은 모라비아에서 온 사람들이었다. 지금의 체코 공화국의 일부지역 출신이었다. 그들은 보헤미아 종교개혁자 요한 후스의 영적 후예들인, 후스파 형제단(Unitas Fratrum)의 일원으로 남아있던 아주 작은 무리들이었다. 아마도 피터 발도의 후예들이었을 것이다. 그들은 핍박을 피해 17세기와 18세기 동안 지하교회로 존속하였다. 그들의 위대한 17세기 감독 요한 코메니우스(Johan Comenius)는 30년 전쟁을 피해 피난생활을 하면서 자신의 양무리들을 효과적으로 잘 돌보았다. 그들은 진젠도르프가 경건주의자들에 대해 동정심을 가지고 있음을 알고, 진젠도르프의 영토에서 살 수 있도록 허락해 달라고 요청하였다. 진젠도르프는 기쁘게 허락했다. 그들은 자신의 공동체를 헤른후트(Hermhut)라 하였는데, 주님의 파수꾼(The Lord's Watch)이라는 의미이다.

다른 무리도 더 들어왔다. 그들은 여러 가지 신앙적 배경을 가진 사람들로 구성되어 있었다. 15세기 종교개혁자인 요한 후스의 신봉자, 루터파. 칼뱅주의자, 그리고 로마 가톨릭 신자들까지 가세하였다. 이런 다양성은 공동체의 일치를 어렵게 하였다. 한 가지 중요한 이슈는 그들이 국교인 루터교회의 일부로 들어가느냐 마느냐 하는 문제였다. 결국 원래 그룹의 지도자였던 크리스천 데이비드가 공동체에서 소외되었다. 그와 함께 온 모라비아 출신들은 루터교 성찬예식과 형식주의를 견디기 어려워했다. 여러 신학적 물결이 소용돌이치는 상황에서, 칼뱅주의와 루터주의, 그리고 유니테리언주의(Unitarianism)가 가세하여 공동체에 어려움이 가중되었다.

1725년 초, 진젠도르프는 화해를 시도했다. 여러 문제가 있어 중재가 불가피했기 때문이었다. 1725년 2월, 로테(Rothe) 목사는 진젠도르프의 제안을 수용하여 평신도들에게 여러 가지 사역을 맡겼다. 그것은 사도들이 행했던 모범을 따라 이루어졌다(롬 12:4, 8). 진젠도르프는 당시 상황을 이렇게 기록하였다. "사역을 진행하기 위해… 그리고 특히 새로 부흥된 헤른후트가 순수한 사도적 가르침을 따르게 하기 위해, 로테 목사는 교인들 가운데 충실한 사람들의 도움을 수용하여, 봉사와 자선사업을 감독하게 하고, 병자를 심방하고, 특히 영적인 신앙지도를 맡게 하였다."[2] 남자 사역자와 여성 사역자가 모두 이런 사역들을 위해 임명되었다. 시간이 얼마 지나지 않아 위기가 다시 찾아왔다. 1727년 1월, 가까운 곳에 있던 목사가 이런 기록을 남겼다. "헤른후트 공동체 안을 보면 사탄이 모든 것을 다 뒤집어 놓은 것처럼 보인다."[3]

진젠도르프는 공동체 안에 화합과 화해를 위해 최선을 다했다. 5월에는 12명의 장로를 임명하였다. 공동체에서 소외되었던 크리스천 데이비드도 그 중 하

---

2) Douglas Rights, *The Story of the Thirteenth of August, 1727* (Winston Salem, N.C.:The Moravian Archives, 1994), 10.

3) ibid., 24.

나였다. 공동체가 다시 하나가 되고 부흥되는 조짐이 보이기 시작했다. 그들은 평소 하던 찬송과 기도회 대신 성경말씀 사경회를 하기로 하였다. 그리고 데이비드가 요한서신을 공부하기로 제안하였다. 요한서신은 사랑과 일치를 아주 강조하고 있기 때문이었다. 진젠도르프는 일이 있어 7월 22일부터 3주 동안이나 출타 중이었다. 그가 돌아왔을 때, 그는 사람들에게 그들의 영적 조상들의 역사와 신앙에 대해 이야기해 주었다. 보헤미안과 모라비안 형제들이 그들의 조상이었음을 확실히 밝혀 주었다. 진젠도르프는 코메니우스(Comenius)의 저술들을 읽으면서 그들의 신앙유산에 대해 더 많은 것을 발견하였다. 사람들은 감동했다. 초기 감독이 가르쳐주던 교훈과 같은 교훈을 발견하고 놀랐다. 그들은 철야기도회를 시작하였고, 진젠도르프도 참석하였다. 8월 12일, 진젠도르프는 헤른후트에 사는 모든 가정을 하나하나 방문하였다. "마을 사람들이 기쁜 마음으로 내일 있을 성찬식에 참석할 수 있는지 확인하기 위해서였다"

다음 날인 8월 13일, 모라비안 오순절이 벌어졌다. 모라비안교회가 탄생되었다. 그들은 기도하였다. 그들이 그리스도와 공동체를 향한 사랑에 대해 충실하고 열매를 맺을 수 있도록 기도하였다. "우리 구원이 달려있는 보혈과 십자가 신학에서 떠나는 영혼이 하나도 없기를 위해 기도했다." 진젠도르프는 모라비안들의 주 앞에서 겸손한 자세를 다음과 같이 기술하였다.

> 1727년 8월 13일, 헤른후트에 있던 모든 사람들이 같은 마음이었다. 자신이 상당히 잘못되었음을 인식하였다. … 각자는 자신이 아무런 가치가 없는 무익한 존재임을 깨달았다. 이런 깨달음을 가지고 그들 모두가 주님 앞에 나왔다. 그러므로 그들은 슬픔을 아시는 주님이 그들의 제사장이 되시고, 그들의 모든 슬픈 눈물을 기쁨의 눈물로 변화시켜 주실 것으로 믿었다.[4]

진젠도르프는 전체 교회 이름으로 죄를 고백하였다. 사죄가 선언되었다. 그리고 그들은 주의 성찬에 참여하였다. 외관상, 어떤 특별한 성령의 현시(顯示)가 나타나지 않았지만, 성령의 임재와 능력을 확실히 느낄 수 있었다. 크리스천 데이비드와 다른 교인들이 다른 도시에 있는 고아원을 방문 중이었는데 같

---

4) ibid., 24.

은 시간에 기도에 대한 강한 부담을 느꼈다. 그들은 무슨 특별한 일이 일어나고 있음을 영적으로 직감하였다. 진젠도르프는 이렇게 썼다. "그 성찬식은 진정 사랑의 축제였다. 주께서 성령을 우리에게 보내주셨다. 우리가 전에는 전혀 알지 못하던 성령의 역사였다." 그는 말하기를, 그와 다른 교인들은 "도움을 주기 위해" 왔는데, 그날부터는 '성령께서 일하시도록' 해야 했다"고 한다. 이런 놀라운 성령체험을 한 이후에 그들은 24시간 기도 연쇄기도회를 시작하였다. 이 기도회는 1백 년간이나 계속되었다. 하루 종일, 매 시간마다 두 사람씩 기도했다. 그리고 모라비안들은 즉시 남다른 선교적 비전을 가지게 되었다.

5. 선교단체로서의 모라비안교회

그들은 깊이 헌신된 공동체가 되었다. 그들이 헤른후트(Herrnhut)에 있을 때에는 수백 명에 불과했다. 그런데 이들은 기독교 역사 가운데 가장 열정적이며 창의적인 선교운동이 되었다. 진젠도르프는 감독이 되어 그들을 지도하였다. 모두 그리스도의 군사가 되어 하나님께서 인도하시는 대로 본국이든 외국이든 그리스도를 위해 나가는 것을 이상으로 삼았다. 특별히 평신도 리더십이 중요했다. 리더를 장로와 교사로 선택하였는데, 그들이 가진 사회적 지위나 정규 교육 정도를 따르지 않고, 그들이 가진 은사에 따라 리더를 선택하였다. 토기장이였던 레오나드 도버(Leonard Dober)는 성경교사로 잘 알려져 있다. 귀족과 서민들이 모두 그의 가르침에 귀를 기울였다.

모라비안들은 여러 면에서 개신교 수도원 운동과 유사하였다. 다른 점이 있다면, 모라비안들은 결혼을 하였다는 점이다. 그들은 매일 기도와 예배로 영적 수련을 하였다. 각 개인은 상호 격려하기 위해 소그룹에 소속되었다. 총각은 총각끼리, 결혼한 여자는 결혼한 여자끼리 모였다. 결혼 대상자 선택은 규정에 따라 통제되었다. 총각 처녀들에게는 결혼할 대상자를 정해 주었다. 자녀들을 어려서부터 부모와 떨어져 지내야 했다. 부모들을 만날 수 있는 시간은 식사시간 뿐이었다. 그들은 강한 영적 훈련을 받아야 했다. 복음을 전하기 위해 어느 곳으로든지 갈 수 있도록 준비해야 하였다.

1732년, 모라비안들은 최초의 선교사를 서인도제도로 파송하였다. 일부 선교사들은 자신이 아프리카 출신 흑인 노예들에게 전도하기 위한 유일한 방법이 노예가 되는 것이라면, 자신도 기꺼이 노예가 되어 팔리기로 자원하기도 하였다. 다행히도 그럴 필요는 없었다. 하지만 모라비안들이 노예를 전도하였을 때 화란 농장 주인들의 분노를 초래하였다. 어떤 경우에는 선교사들이 감옥에 갇히기도 하였다. 감옥에 들어간 선교사는 감옥에 갇혀 지내는 수백 명의 노예들에게 복음을 전파하는 기회로 삼아 복음을 전하였다. 감옥에서 수많은 개종자들이 생겨났다. 선교지로 떠나 선교사와 가족 절반이 병으로 죽었다. 그들은 세상에서 가장 어려운 지역으로 갔다. 남아프리카에서 모라비안 선교사는 최초로 아프리카 흑인에게 세례를 베풀었다. 화란인은 그를 추방시켰다. 북아메리카 북동부의 허드슨 만과 대서양 사이의 반도인 래브라도(Labrador)로 간 선교사들은 모두 죽었다. 1733년 모라비안은 그린랜드(Greenland)로 갔다. 이집트, 중앙 아메리카, 알라스카, 남아메리카 북동부의 기아나(Guiana), 그리고 수리남(Suriname) 등지로 갔다. 1735년, 스팡겐베르그(Spangenberg)는 현재 미국 남동부 연안 조지아로 갔다. 그는 조지아에서 젊은 성공회 목사인 요한 웨슬리를 만났다. 기록에 의하면, 모라비안 교도들은 처음 28년 동안에 28개국으로 선교사를 파송하였다. 교인 13명 가운데 한 명이 선교사가 되어 외국으로 갔다. 그들의 신학은 분명하였다. 십자가 위에서 이루어진 속죄의 신학에 초점을 맞추었다. 그들은 "어린양을 위해 영혼을" 구하러 선교지로 향했다.

그들은 일반적으로 무역에 종사하였다. 자급하는 공동체였다. 적어도 독일에서 후원받지는 않았다. 그들은 교회개척보다는 개종을 더 강조하였다. 이 점이 모라비안의 약점들 가운데 하나일 것이다. 그들은 북미 아메리카 원주민들에게 가서 전도하였다. 그들은 개종한 수백 수천의 개종자들을 다른 유럽 이주민들의 공격으로부터 보호하기 위해 노력하였다. 간혹 유럽 이주민들과 호전적인 원주민들 사이에 전쟁이 벌어져 원주민과 함께 모라비안 선교사들이 희생당하기도 하였다.

1740년 아메리카 원주민 추장이었던 트스훕(Tschoop)은 모라비아 선교사였던 헨리 라우흐(Henry Rauch)의 사역을 통하여 개종하였다. 그는 모라비아 선교사들의 정신과 선교활동에 관하여 다음과 같이 증언하였다.

형제들이여, 나는 이교도였으며, 그 가운데서 자랐소. 그래서 나는 이교도들이 어떻게 사고하는지 알고 있소. 한 번은 설교자가 와서 하나님이 살아 계시다고 설명하기 시작하였소. 우리는 대답하였소. "당신은 우리가 하나님이 살아 계시다는 것도 모를 만큼 무식하다고 생각하우? 당신이 왔던 곳으로 돌아가시오." 그 후에 다른 설교자가 우리에게 찾아와서 이렇게 가르치기 시작하였소. "여러분 도둑질하지 마시오, 거짓말 하지 마시오, 술 취하지 마시오." 우리는 대답했소. "당신은 바보이우? 당신은 우리가 그것도 모른다고 생각하시우? 당신이나 먼저 배우시고 당신네 사람들에게 가서 가르치시오. 그런 것은 당신네 보다 더 도둑질도 많이하고, 거짓말도 많이 하고, 술도 많이 먹는 사람들에게나 가서 가르쳐야 하지 않겠소?" 우리는 그렇게 그 설교자를 보냈소.

시간이 한참 지난 후, 크리스천 형제인 헨리 라우흐(Henry Rauch)가 우리 오막살이 집에 들어와 내 곁에 앉았소. 그는 나에게 다음과 같이 말했소. "저는 하늘과 땅의 주인되시는 분의 이름으로 당신을 찾아 왔습니다. 그분이 나를 당신에게 보내서 주께서 당신을 행복하게 할 것이며 지금 당신이 처한 모든 비참함에서 구원하실 것을 전하라 하셨습니다. 그렇게 하시려고, 주님이 인간이 되셨고, 모든 사람을 구속하기 위해 생명을 바쳤으며, 당신을 위해 피를 흘리셨습니다." 그는 이야기를 마치고, 여행의 피곤함을 이기지 못하고, 판자 위에 누워 깊은 잠에 빠졌소.

나는 그때 생각했소. 이 사람은 도대체 누구란 말인가? 이런 거짓말을 하고 편한 잠을 자다니. 내가 이 사람을 죽여 숲속에 던져버린다 한들 누가 뭐라 하겠는가? 이 사람은 그런 것에 대해 전혀 상관치 않았지요. 하지만 나는 그 사람이 한 말을 잊을 수가 없었소. 그 말씀이 내 마음에 계속 떠올랐소. 내가 잠을 잘 때도, 그리스도께서 나를 위해 흘리신 피에 대한 꿈을 꾸었소. 그 말씀은 지금까지 내가 들어보았던 말들과는 무언가 다르다는 사실을 깨닫게 되었소. 그리고 나는 크리스천 헨리의 말들을 다른 인디언들에게 설명하였소. 이렇게, 하나님의 은혜를 통하여, 우리 가운데 각성이 일고, 부흥이 일어나게 되었소. 형제들이여, 나의 경험을 바탕으로 말하오. 만일 당신이 하는 설교가 이교도들에게 먹히게 하려면,

우리 주 그리스도와 그의 고난과 죽으심을 설교하시오.[5]

미국 동부지역에 모라비안교회가 일부 남아있지만, 모라비안은 대형 교회들을 남겨주지는 않았다. 그들의 가장 큰 영향은 큰 기독교 공동체에 있었다. 진젠도르프는 아주 에큐메니칼 하였다. 그는 모든 기독교인들을 모아 함께 부흥운동을 일으키기 원하였다. 그것이 할레에 겨자씨 선교회(Order of the Mustard Seed)를 설립한 이유들 가운데 하나였다. 그는 다른 기독교인들을 모라비안 교파로 만드는 것에는 관심을 갖지 않았다. 그럼에도 불구하고 일부 사람들은 진젠도르프가 그런 의도를 갖고 있었다고 의심하는 사람도 있었다. 그는 북미에서 독일인 이주자들 가운데서 사역하였고, 흩어진 기독교인들을 교파에 상관없이 하나로 묶는 일에 헌신하였다. 모두 하나가 되어 예배하고, 전도하고, 섬기는 기독교 공동체를 지향하였다.

진젠도르프는 독일인 정착지인 색스니(Saxony)에서 추방되었다. 그는 세계 여러 곳을 여행하며 사역하였다. 서독 지역, 발트해 연안지역, 서인도 제도, 그리고 런던에서 사역하였다. 1741년 12월, 그는 뉴욕에 도착하여 펜실베이니아로 가서, 일부 모라비안과 함께 성탄절 이브에 베들레헴 시를 세웠다. 오늘날 모라비안 대학과 신학대학원이 그곳에 있다. 현재 미국에서 모라비아 교단은 작은 교단이고, 그들이 가졌던 선교비전을 대부분 상실하였다. 하지만 그들이 가졌던 초기 선교 비전의 결과로 다른 나라들에 강한 모라비안 공동체들이 남아있다.

모라비안들은 다른 문화에 대해 큰 존경을 보여주었고 토착음악을 장려하였다. 그들은 간혹 헤른후트에서, 여러 나라 출신 개종자들과 함께 다문화 축제를 열었다. 그들은 음악을 사용하여 아이들에게 읽기를 가르치고, 교육학 이론의 선교자였던 코메니우스의 아이디어를 사용하였다.

1760년 진젠도르프는 헤른후트(Herrnhut)에서 가난하게 죽었다. 그때까지 모라비안 공동체는 226명의 선교사를 파송하였다. 진젠도르프의 위대함은 그가 항해하던 중에 일어난 사건으로 엿볼 수 있다. 그는 귀족이었기에, 배에서 가장 편안한 선실을 사용하고 있었다. 다른 여행자들은 배 밑바닥에 있는 불편하기

---

5) T. A. Hamilton, *A History of the Missions of the Moravian Church* (Bethlehem, Pennsylvania: Times Publishing Company, 1901), 24-25.

짝이 없는 선실에서 지내야 했다. 진젠도르프가 그런 상황을 알게 되고 한 유대인 부부의 아내가 병들었음을 발견해 내고는, 자신의 호화로운 선실을 유대인 부부에게 내어주고 자기는 불편한 바닥 선실로 내려갔다. 그는 선교에 모든 것을 쏟아 부었다. 자신의 재산, 생명, 그리고 열정을 쏟아 부었다. 역사상 가장 훌륭한 선교 개척자들 가운데 한 사람이 되었다. 그와 모라비안이 남긴 업적은 대단하다. 하지만 그는 그가 남긴 업적 때문에 위대한 것이 아니다. 그의 위대함은 그가 품었던 비전의 크기와 그와 그의 추종자들이 복음주의 운동에 미친 영향에서 나타난다. 그는 세계를 향한 하나님의 심장의 고동을 느꼈다고, 그리스도의 제자는 어느 곳이든 갈 준비가 되어야 하고 복음을 세상에 전하기 위해 어떤 희생도 감수해야 한다고 믿었다. 그런 비전을 가진 사람은 많지 않다. 그처럼 삶으로 비전을 살아낸 사람은 유래를 찾을 수 없다.

6. 연쇄적 반응

개신교 선교에 연쇄반응이 일어났다. 진젠도르프와 모라비안이 개신교 선교의 기폭제가 되었다. 캐리와 다른 개신교 선교단체를 설립한 창시자들은 진젠도르프의 실례를 들어 말하였다. 하지만 모라비안의 가장 큰 영향력은 그들이 요한 웨슬리에게 준 영향을 통해 나타났다. 웨슬리가 남긴 유산은 경이롭다. 그는 전 세계에 감리교회를 남겼고, 감리교에서 파생되어 나온 여러 교단들, 나사렛 교단, 구세군, 성결운동, 그리고 오순절 전통을 유산으로 남겼다. 구세군은 처음으로 여성 리더십을 인정한 교단이었다. 여성인 에반젤린 부스(Booth)는 초기 지도자였고, 최근에는 에바 버로우트(Eva Burroughs)가 세계 총재로 두 번째로 세계 총재직을 맡아 수행하였다.

우리가 아는 바와 같이, 웨슬리 운동은 18세기에 영국과 미국에서 일어난 복음주의 부흥운동의 거대한 물결에 중요한 역할을 하였다. 부흥운동은 최초의 개신교 선교단체들을 조직하는 동기가 되었다. 캐리의 침례교 선교부인, 초교파 런던선교회가 그러하였다. 성공회 선교부, 그리고 영국 해외선교회도 그러하다. 부흥운동은 반노예제 운동을 포함한 중요한 사회개혁 운동을 촉발시켰다.

웨슬리와 동료들이 영향을 미친 이런 부흥의 네트워크를 이해하는 것이 중요하다. 그 다음에 우리는 웨슬리가 모라비안 교도의 영향을 철저하게 받았다는 사실을 기억해야 한다. 우리는 부흥운동의 물결을 거슬러 올라가 근원을 추적하는 작업을 계속해야 한다. 새로운 사실을 발견해야 한다. 이런 작업은 하나님께서 어떻게 일하셨는지 그 방법을 알게 한다. 그리고 우리로 충성하게 한다. 우리는 우리의 수고에 대한 열매들, 즉 하나님께서 일하시는 모습을 볼 수 없는 경우가 많다. 하지만 우리는 확신한다. 하나님께서는 누구든지 충성하는 사람을 유래없는 방식으로 사용하신다. 우리가 알지 못하는 방식으로 사용하시고 일하신다. 선교사가 남긴 사역의 열매는 수십 년 후나 여러 세대가 지난 후에야 나타날 수도 있다. 이것이 역사가 우리에게 가르치는 교훈이다.

7. 18세기 초의 영국

18세기 초의 영국은 영적 무기력에 빠져 있었다. 청교도주의가 쇠퇴하면서 열정을 상실하였다. 국교인 성공회의 신학은 합리주의적이었다. 국교에 반대하는 사람들도 모두 다 영적으로 활발하지 못하였다. 가공할 상태 속에서 살아가는 가난한 자들에게 복음이 거의 전파되지 않고 있었다. 당시 영국 시사 만화가들은 시대를 풍자하며 가난한 자들 가운데 만연한 술 취함과 잔인함을 묘사하였다. 인권문제도 있었다. 사소한 잘못을 몇 번만 해도 사형에 처해지던 시대였다. 공개적인 교수형은 사람들의 구경거리였다. 인구 대부분을 차지하던 가난한 자들은 교회나 신앙과 관계없이 살아가고 있었다. 성공회의 경직성은 새로운 교회를 설립하는 데 장애가 되었다. 그런 까닭에 시골에서 도시로 이주하는 사람들을 위해 새로운 교회를 세우기 어려웠다. 그 결과로, 가난한 자들 대부분은 교회와는 문화적으로 소외되었고 거리적으로도 멀리 떨어져 있었다. 서서히 산업혁명이 일어날 채비를 하고 있었다. 산업혁명은 영국 사회에 엄청난 변화를 가져오게 될 것이었다.

영국은 사회적으로 혼란스러웠지만 부흥의 조짐이 있었다. 전에 언급했던 부흥을 향한 지하조직의 흐름이 있었다. 1728년 성공회 사제인 윌리엄 로우(Law)는 탁월한 경건서적을 저술하였다. 『경건생활을 향한 중대한 소명』이었다.[6] 18세기 초, 이삭 왓츠(Watts)는 교인들이 부르는 찬송수준이 너무 낮아서 마음이 차지 않았다. 그는 새로운 찬송을 쓰기 시작했다. 그 중 하나가 "주 달려 죽은 십자가"인데, 이 찬송은 영어로 씌어진 가장 위대한 찬송으로 알려져 있다. 더 나아가, 윌리엄 캐리는 오래 전에 인도로 항해하였고, 왓츠는 가장 탁월한 선교적인 찬송인 "햇빛이 닿는 곳 마다 주 예수 왕이 되시고"를 썼다. 산발적이기는 하였지만 경건주의 모임과 비슷한 여러 종교적인 모임들이 생겨나 기도하고, 성경을 읽고, 그리고 성찬을 하기 위해 모였다. 독일에서부터 스페너를 잘 알던 안토니 하르넥(Anthony Horneck)이 이런 선교적인 모임들을 주관하였다. 그들은 소규모 갱신운동으로, 부흥운동을 예비하고 있었다. 그들은 신앙수양 규칙을 따르면서도, 주변에 있는 가난한 자들을 심방하고 그 가운데 일부에게 작은 소매업이라도 할 수 있도록 도와주었다. 그들은 감옥에 갇힌 자들을 돌아보고 자유롭게 풀려날 수 있도록 노력하였다. 1700년대 런던 대학들에는 가난한 학자들이 수백 명씩 있었는데, 그들은 대학에 있던 가난한 학자들을 도와 연구할 수 있게 하였다. 1702년 요한 웨슬리의 부친인 사무엘 웨슬리(Wesley)도 그런 선교모임을 조직하였다. 성경읽기와 경건생활을 강조하면서, 그들은 가난한 자들을 위한 학교를 설립하고, 신앙적인 문서들을 널리 유포하며, 병자들을 돌보는 것을 목표로 성실히 사역하였다.

18세기 초, 평신도였던 어스킨(Erskine) 형제가 스코틀랜드에서 일어난 부흥운동의 도화선이 되었다. 그들은 광장에 나가 설교하였다. 교회당에 사람들을 다 모을 수 없었기 때문이었다. 스코틀랜드에는 여러 기도회 모임들이 생겨났다. 그들은 조직적으로 기도하기 시작했다. 기도운동이 활발히 전개되었다.

8. 웨슬리 가문

수잔나 웨슬리는 청교도 목사의 25번째 딸이었다. 그녀는 아버지로부터 신학과 영성에 관한 대단한 호기심을 물려받았다. 수잔나는 주목할 만한 여인이었다. 그녀는 자녀들에게 신앙적 영향을 미쳤다. 특히 요한 웨슬리와 찰스 웨

---

6) *A Serious Call to the Devout and Holy Life*. - 역주

슬리에게 강한 영향을 주었다.

수잔나는 성공회 사제인 사무엘 웨슬리와 결혼하였다. 19명이 자녀를 낳았는데, 그 가운데 11 자녀가 유소년기를 넘기고 살아 남았다. 요한 웨슬리는 15번째였고, 찰스 웨슬리는 18번째 아들이었다. 한번은 집에서 불이 났다. 불을 피해 나온 아이들의 숫자를 세어 본 부모는 놀랐다. 한 명이 부족했다. 아들 하나가 불타고 있는 집안에 갇혀 있었던 것이다. 요한 웨슬리였다. 그들은 급히 요한을 구해냈다. 후일 전도자가 된 요한 웨슬리는 그때를 회상하며 자신을 "불에 타다 살아남은 나무토막"이라고 불렀다.

요한은 일기장에 그 당시 상황을 기록하였다. 당시 아버지께서 런던에 가서 오래 머무셨고, 어머니 수잔나는 서재에서 책 한권을 발견하였다.『덴마크 선교사들의 전기』였다. 지겐발크와 플뤼차우 선교사에 관한 내용이었다. 수잔나는 선교사들의 사역을 통해 큰 감명을 받았고, 여러 날 동안 다른 생각은 할 수 없을 정도였다.

> 내가 생각하기에, 나는 이렇게 큰 감동을 받아본 적이 없다. 나는 저녁시간 대부분을 감사와 찬송으로 보낼 수밖에 없었다. 하나님의 영광을 위해 그렇게 뜨거운 열정을 불태운 멋진 사람들에게 영감을 주신 하나님의 선하심을 찬송하였다. 여러 날 동안 나는 다른 생각을 하거나 다른 말을 조금도 할 수 없었다. 마침내 내 마음에 떠오르는 영감이 있었다. 나는 남자도 아니고 복음을 전하는 사역자도 아니지만, 내가 하나님의 영광을 위한 진정한 열정으로 가득하고 영혼을 구원하기를 진정으로 열망한다면, 내가 하는 것보다 무언가 조금 더 할 수 있을 것이다. 나는 우리 아이들에게 이런 선교적 열정을 심는 일부터 시작해야겠다고 작정하였다.[7]

수잔나는 자신이 '비록 여자'이지만 주님을 위해 무언가 더 할 수 있는 일을 하기로 결심하였다. 수잔나는 자녀들과 종들을 모아 가정 기도회를 시작하였다. 주일 저녁에는 주변 이웃들을 초청하여 그들에게 설교문을 읽어주었다. 가

---

7) J. Whitehead, *The Life of the Rev. Mr. John Wesley, M.A.* (New York: United States Book Company, n d), 39.

정 기도회는 금방 200명으로 불어났다. 남편은 이 소식을 듣고 반대했다. 수잔나는 남편의 요구를 무시하고 모임을 계속하였다. 수잔나는 아직 학교에 가지 않고 집에 있는 아이들 각자를 위해 일주일에 각각 1시간씩 할애하여 그들이 모두 신앙을 가질 수 있도록 가르치고 격려하였다. 후일, 아들 웨슬리가 시작한 부흥운동이 커져서 웨슬리가 혼자서 감당할 수 없을 정도가 되었다. 그들의 늘어나는 필요를 다 감당할 수 없었다. 수잔나는 웨슬리 모임에서 리더역할을 하는 사람을 언급하며 말했다. "저 사람은 평신도지만 네가 설교하는 만큼 설교할 수 있다." 그 결과, 웨슬리는 평신도 설교자를 임명하기 시작하였다. 후에는 평신도 설교자들을 안수하게 되었다.

   1720년 요한 웨슬리는 옥스퍼드 대학에 진학하였다. 1725년 웨슬리는 부제로 안수를 받았다. 그리고 1728년 사제서품을 받았다. 1726년부터 1729년까지 3년 동안 아버지 밑에서 목회를 도왔다. 그 후 웨슬리는 옥스퍼드로 돌아갔다. 옥스퍼드에 가 보니, 동생 찰스와 다른 학생들 몇이 모여 학업도 도울 뿐만 아니라 확실한 기독교 신앙생활을 추구하는 모임을 조직하여 운영하고 있었다. 요한은 이 모임의 리더가 되었다. 그들은 그 모임을 '홀리 클럽'(Holy Club)이라 불렀다. 그들이 영적 수련을 위해 여러 방법들을 사용하였기 때문에 메소디스트(Methodist), 즉 '감리교'라 불렀다. 회원들은 매일 아침과 저녁 개인적으로 1시간씩 기도하였다. 9시, 12시, 그리고 오후 3시에는 기도문을 암송하였다. 그들은 은혜의 징조가 나타나는 것을 면밀히 시험하였다. 그들은 성경을 자주 읽고 하루에 1시간 묵상하였다. 그들은 일주일에 두 번씩 금식하였고 주일에는 성찬에 참예하였다. 그들은 그 해 출간된 윌리엄 로우(Law)의 『경건생활을 향한 중대한 소명』, 독일의 수사 토마스 아 켐피스가 쓴 『그리스도를 본받아』와 같은 경건서적을 읽었다. 그들은 높은 영국계 가톨릭 영성을 가진 사람들이었다. 얼마 지나지 않아 주막집 관리인의 아들 조지 휫필드와 낮은 사회계층 사람들이 모임에 참여하였다.

   1735년 웨슬리 형제는 선교사로 미국 남부 조지아를 향해 배를 타고 떠났다. 식민지 미국을 향해, 성공회 해외선교부 선교사로 간 것이다. 그들은 원주민 사역도 하고 식민지 이주민들을 위한 사역도 하려고 생각하였다. 요한 웨슬리는 일기장에 자신의 영혼을 구원하려는 소망을 갖고 조지아로 갔다고 기록하였다.

   조지아로 향하는 배 안에서 놀라운 일이 일어났다. 심한 풍랑이 일어 돛대가

제18장 모라비안과 감리교 선교운동   411

부러지고 물이 배 안으로 쏟아져 들었다.

    영국 사람들은 공포에 질려 소리를 질러댔다. 독일 모라비안 교도들은 조용하게 찬송을 계속하였다. 나는 나중에 모라비안 형제에게 물었다. "당신은 무섭지 않았습니까?" 그는 대답했다. "아니요, 저는 하나님께 감사했습니다." 나는 다시 물었다. "모라비안 여자들과 아이들은 무서워했겠지요?" 그는 부드럽게 대답했다. "아니요, 모라비안 여인들과 아이들은 죽음을 두려워하지 않아요."[8]

다른 작가가 기록한 내용을 살펴보자.

    조지아 경험을 통해 웨슬리는 세 번째 긍정적인 발전을 하게 되는데, 그것은 모라비안 교도들과 친교를 맺은 것이었다. 모라비안은 웨슬리에게 삶의 모범과 교훈을 가르쳐 주었다. 믿음은 두려움이 없어야 하고 기운찬 것이라야 한다는 사실을 배웠다. 그가 영국에 돌아와 영국에 있던 모라비안과 즉시 접촉한 것은 우연이 아니었다.[9]

    웨슬리 형제는 조지아에서 열심히 사역하였지만 성공하지 못했다. 조지아에 살고 있던 식민지 이주자들은 웨슬리 형제를 비판적이고 율법적으로 보았다. 요한 웨슬리는 조지아에서 모라비안 지도자인 어거스트 스팡겐베르그(Spangenberg)를 만났다. 그가 요한 웨슬리에게 물었다.

    "당신은 예수 그리스도를 아십니까?" 나는 잠시 멈칫하고 나서 말했다. "저는 예수 그리스도께서 세상의 구주가 되심을 압니다." 그는 대답했다. "맞습니다. 그러나 예수 그리스도께서 당신을 구원하셨다는 사실을 아십니까?" 나는 대답했다. "저는 예수님께서 저를 구원하시기 위해 돌아가셨기를 바랍니다." 그는 구체적으로 물었다. "당신은 당신 자신을 아십니까?" 나는 말했다. "압니다." 이 말을 하고 나서도 나는 이런 말들이 별 의미 없는 말이라고 생각했다.[10]

---

8) P. L. Parker, ed., *The Heart of John Wesley's Journal* (New York: Revell, n.d), 7.
9) Albert C. Outler, ed., *John Wesley* (New York: Oxford University Press, 1964), 13.
10) Parker, *Wesley's Journal*, 8.

1736년 찰스 웨슬리는 영국으로 돌아왔다. 요한 웨슬리는 1738년에 영국으로 돌아왔다. 실패자라는 마음으로 영적 혼란 속에서 영국으로 돌아 온 것이었다. 그때까지, 웨슬리 형제들은 확실히 복음을 믿고 그들이 믿는 신앙 안에서 열정적인 기독교인이었다. 요한 웨슬리는 아직 옥스퍼드에 있을 때인 1735에 신약성경을 헬라어로 연구하였다. 여러 원리들을 담은 설교도 하였다. 모든 죄로부터의 구원, 듣고자하는 마음으로 하나님을 전심으로 사랑하는 것의 중요성을 포함한 설교였다. 하지만 부족한 점이 있었다. 하나님의 은혜와 구원이 자신에게 임했다는 개인구원에 대한 확신이 부족하였다.

영국으로 돌아 온 후, 요한 웨슬리는 기록하였다.

> 나는 인디언 원주민들을 개종시키기 위해 미국에 갔다. 그러나, 오! 누가 나를 개종시켜줄 것인가? 누가 나를 이런 악한 마음에서 구해줄 것인가? 나는 겉만 번지르르한 신앙을 가지고 있었다. 나는 위험이 없을 때는 말을 잘하였다. 하지만 죽음의 그림자가 내 앞을 가로막을 때, 내 영혼은 두려움에 떨었다. 나는 바울처럼 "죽는 것이 유익이다"라고 말할 수 없었다.[11]

웨슬리 형제가 조지아로 가던 배에서 만난 모라비안들을 기억하며, 그들은 영국에 있던 피터 보엘러(Boehler)에게 말했다. 보엘러는 웨슬리 형제에게 자기 포기, 즉시 개종, 그리고 구원의 확신 안에서의 기쁨에 대해 설명해 주었다.

2월에 보엘러는 진젠도르프에게 요한 웨슬리에 관해 편지를 썼다. "요한 웨슬리는 자신이 구세주를 제대로 믿지 않고 있음을 알고 배우기를 즐겨합니다." 3월에는 요한 웨슬리가 썼다. "주일이었던 5일 나는 나의 불신앙을 확실히 깨달았다. 우리가 구원받은 신앙을 갖고 싶었다."[12]

1738년 5월 21일, 찰스 웨슬리는 진정한 구원의 확신과 평안을 체험하였다. 3일 후, 요한 웨슬리는 "내키지 않는 마음으로" 알더스게이트(Aldersgate) 가(街)에 있는 종교집회에 참석하였다. 집회 인도자는 루터의 로마서 주석 서문을 읽어주었다. 요한 웨슬리는 자신의 일기에 그날의 사건을 기록하였다.

---

11) ibid., 19.
12) Howard Snyder, *The Radical Wesley* (Downers Grove: InterVarsity Press, 1980), 25.

제18장 모라비안과 감리교 선교운동   413

9시 15분 전에, 그리스도를 믿음을 통하여 하나님께서 마음속에서 일으키시는 심적 변화를 설명하는 동안, 나는 마음이 이상하게 뜨거워짐을 느꼈다. 나는 내가 진정으로 그리스도를 믿고 있음을 느꼈다. 구원받기 위해, 오직 그리스도만 믿고 있었다. 예수님께서 나의 죄를 사하시고, 나같은 사람을, 율법과 죄로 죽은 상태에서 구원하셨다는 확신이 생겨났다.[13]

알더스게이트 체험 이후, 요한 웨슬리는 조나단 에드워즈의 책을 읽었다. 뉴잉글랜드 노스햄튼 시에서 일어난 개종에 관한 놀라운 서사를 읽었다. 그 책은 웨슬리의 가슴을 강타하였다.[14]

요한 웨슬리는 모라비안으로부터 배우기 위해 독일로 가서 진젠도르프를 방문하였다. 현장을 방문하여 모라비안 운동을 탐구하였다. 웨슬리는 모라비안 운동의 일부 특징에 관해서는 비판적이었지만, 강한 결속력을 가진 코이노니아와 소그룹 조직에 대해서는 좋은 인상을 받았다.

9. 웨슬리의 사역

요한 웨슬리는 다시 돌아왔다. 성공회 교회에서 그리고 기도하는 집단들에게 설교하기 시작하였다. 그의 설교는 열정적이었다. 당시 열정은 열광이나 광신과 같은 의미로 부정적인 의미가 있었다. 그래서 그에게 강단사역의 문이 닫히고 말았다. 그의 설교가 너무 열정적이라는 이유 때문이었다. 조지 휫필드는 웨슬리보다 먼저 강단사역을 할 수 없게 되었고 당시 일터나 사업의 현장에서 설교하고 있었다. 휫필드는 말했다. "내가 설교할 수 있는 한 어느 곳이든 상관이 없다." 웨슬리는 성공회 강단에 설 수 없다는 사실을 못 견뎌했다. 성공회 교회당 밖에서 구원받을 수 있는 사람이 있을 거라고는 믿을 수 없었기 때문이었다. 휫필드는 웨슬리를 설득하였다. 결국 웨슬리도 휫필드와 같이 노방에서 일터에서 설교하기 시작하였다. 웨슬리는 당시 상황에 대해 고백하였다. "나는 천박해지기로 결심하였다!" 우리는 웨슬리를 노방이나 일터 어느 곳에서나 설

---
[13] ibid., 26.
[14] Outler, *Wesley*, 15.

교한 설교자로 알고 있다. 사실 그는 작고 외소한 사람이었다. 볼품이 없었다. 군중들은 그에게 시비를 걸고 때리기도 했다. 죽을 뻔한 적도 있었다. 하지만 웨슬리는 포기하지 않았다. 계속 설교하였다. 웨슬리는 가장 탁월한 복음전도자들 가운데 하나였다. 그처럼 확실한 복음전도의 경력을 가진 인물은 역사상 유래를 찾기 어려울 정도이다. 휫필드에 관한 기록을 보면, 웨슬리가 어떤 설교자였는지 가늠해 볼 수 있다. 휫필드와 웨슬리는 유사한 점이 많았다. 영국 귀족 가운데 한 사람이 그의 설교에 반대하며 말했다. "당신의 마음은 세상에 득실거리는 천박한 일반인들처럼 죄로 가득 차 있다는 설교는 정말 어처구니없다." 하지만 휫필드는 자신의 설교에 반응하는 석탄광부의 반응에 대해 말했다. "눈물이 그들의 검은 뺨을 타고 흘러내렸다. 눈물이 시내가 되어 광산 수로를 가득 채웠다." 가난한 자들에게 전해지는 복된 소식도 기득권자들의 눈으로 보면 전혀 다르게 보였다.[15]

조지 헌터(George Hunter)는 애즈버리 신학교 전도와 선교대학원 전임 원장이다. 그는 그의 책에서 아주 흥미로운 관점을 제공한다.[16] 그는 웨슬리의 사역에 대해 이렇게 설명한다. 웨슬리는 사람들이 웨슬리의 설교를 듣고 영적 각성을 하는 것으로 사람들이 개종하였다고 보지 않았다. 웨슬리는 한 사람이 소그룹에 소속되어 기독교적 제자도의 길을 시작하기 전까지는 개종하였다고 보지 않았다.

여기에 중요한 교훈이 있다. 일부 전도자들은 전도 집회에서 사람들이 신앙적 결단으로 손을 들고 앞으로 나오면 그들이 구원받고 개종하였다고 믿는 것 같다. 결단 한 다음에 어떻게 사느냐에 대해서는 상관하지 않는다. 그것이 문제다. 우리는 어떤 감정적인 결단보다 그 이후가 더 중요하다는 사실을 잘 알고 있다.

웨슬리는 위대한 전도자/설교자였을 뿐만 아니라, 그는 위대한 조직의 창시자였다. 웨슬리를 당시 유명했던 휫필드와 비교해 보면, 모두가 휫필드의 설교가 웨슬리보다 나았다고 인정할 것이다. 하지만 마지막 결과는 달랐다. 휫필드

---

15) Review of the book by Alan Jacobs, *Original Sin, A Cultural History* (Harperone, 2008) in *Christianity Today*, July 2008, vol 52, no.7, 54.
16) George Hunter, *To Spread the Power: Church Growth in the Wesleyan Spirit* (Nashville, Abingdon, 1987).

의 열매는 웨슬리에 비하면 훨씬 미미했다. 이유는 분명하다. 휫필드는 개종자들을 양육과 예배가 이루어지는 신앙공동체에 연결시키지 않았기 때문이다. 하지만 휫필드는 대부분의 개종자들이 장로교, 회중교회, 감리교 교인이었던 북미 지역에서 대부흥운동의 핵심 인물이었다.

웨슬리는 야외에서 설교하기 시작하였다. 그리고 속회를 조직하였다. 새로운 신자들을 양육하기 위해서였다. 웨슬리는 영국 성공회를 떠나려는 생각은 조금도 하지 않았다. 웨슬리는 기도모임에 이어 새신자들을 위한 기도모임 비슷한 소그룹을 조직하였다. 당시 가난한 사람들은 기성교회에서 편안함을 느낄 수 없었고, 신앙생활에 대한 양육과 도전을 받기 어려웠다. 웨슬리는 속회를 조직한 후에 즉시 각 속회를 인도하고, 양육하고, 훈육할 평신도 지도자를 세웠다. 속회 여러 개를 모아 지역교회와 같은 역할을 하는 '구역조직'을 만들었다. 속회에 충실한 출석자들에게는 3개월마다 정회원증(ticket)를 주었고, 그렇지 못한 사람들에게는 임시회원증을 주었다. 속회회원 12명은 매주 1페니를 냈고, 리더는 영적인 책임을 가지고 돌보았다. 그런 까닭에 속회는 세 가지 중심기능이 있었다. 새신자 양육기능, 청지기 기능, 리더십 훈련기능이 있었다. 속회 리더들을 위한 다른 제자훈련 모임이 따로 운영되었다. 속회 리더들 가운데 일부는 평신도 설교자가 되었다.

당시 사제들은 대부분 매정했다. 만일 웨슬리가 성장하는 전도운동에 필요한 설교자를 구하려면, 자신이 운영하는 속회에 소속된 평신도를 사용할 수밖에 없었다. 속회조직은 순회구역으로 확대되었다. 성공회는 새로운 개종자들의 필요를 채워줄 수 없었고, 채워주려 하지도 않았다. 웨슬리는 다른 방도가 없었다. 새로운 교회와 교단을 설립하는 것이 유일한 해결책이었다.

웨슬리는 성공회 출신이었기 때문에, 오직 안수받은 성직자만 세례를 베풀고 성찬을 집례할 수 있다고 믿었다. 물론 성공회에서 웨슬리파 평신도 설교자들을 안수할 리는 만무했다. 웨슬리는 딜레마에 빠졌다. 결국 1784년, 웨슬리는 평신도 설교자들을 목회자로 안수하였다. 웨슬리는 북미지역을 위해 감독 두 사람을 따로 안수하였다. 그들은 프랜시스 애즈버리(Asbury)와 토마스 코크(Coke)였다.

그때까지만 해도, 웨슬리는 안수행위가 성공회와의 결별을 의미한다고 생각하지 않았다. 그러나 그것은 결별의식이 되었다. 1791년 웨슬리는 88세의 나이로 소천하였다. 그는 마지막 순간까지 열정적인 사역을 계속하였다. 웨슬리는 웨슬리주의 운동이 이미 전통적인 교회에서 분리되었음에도 불구하고 자신을 충실한 성공회 신부로 여겼다.

웨슬리는 전인적인 사역을 추구하였다. 그는 말을 타고 이동하면서 여러 주제로 된 책을 읽었다. 새로운 신자들의 일상생활에 도움을 주기 위해서였다. 감리교 운동은 총체적이었다. 구원과 개종만 강조한 것이 아니라 사회변혁에도 관심을 가졌다.

당시 웨슬리는 완고한 칼뱅주의에 의해 거절당했다. 일부 청교도 교회들은 보수적인 칼뱅주의를 선호하였기 때문이었다. 그런 시대적 상황에서 웨슬리는 예정론을 거부하고, 신학적으로 더 알미니안주의 쪽으로 이동하였다. 이것은 보다 사회적으로 활동적인 신앙을 추구하게 하고, 간혹 중심을 잃고 자유주의에 빠지게 되는 경향이 있었다.

웨슬리는 이론적으로 완전론(perfection)을 믿었다. 그는 기독교인이 성화의 과정을 거쳐 더 이상 의지적으로 죄를 짓지 않는 완전한 경지에 이를 수 있다고 믿었다. 대부분의 학자들은 웨슬리의 완전론이 죄에 대한 성경적 이해에 미치지 못하는 것으로 본다. 웨슬리는 자신이 완전함에 도달했다고 말하지 않았지만, 후일 감리교인들은 그렇게 말했다. 완전론은 나사렛 교회의 교리로 아직 남아있다. 감리교는 제2차적 은총(Second Blessing)과 성화를 강조하였다. 완전론에 문제가 있었다. 완전론 개념은 인간의 죄의 침투력에 대한 보다 피상적 관점을 함축하고 있었다.

웨슬리는 기독교 역사를 빛낸 인물이었다. 그의 일기는 다양한 내용을 기술하고 있다. 신유, 능력대결, 그리고 은사주의 현상들이 있다. 웨슬리주의 운동은 아주 인상적인 부흥운동이었다.

웨슬리는 81세 생일을 보내고 난 후 이렇게 썼다. "나는 81살이지만 21살이던 젊은 시절처럼 건강하다. 오히려 그때보다 훨씬 건강하다." 그는 월요일 저녁에 설교하고, 화요일에도 설교하였다. 그는 기록하였다. "나는 스코터(Scotter) 중심가에서 설교하였다. 청중들은 모두 깊이 공감하며 경청해 주었다. 엄숙하고 편안한 시즌이었다. 30일, 수요일 저녁에 오와톤(Owatone)교회에서 기도하고 설교하였고 다음 날 아침에도 설교했다. 그날 저녁에는 엡워스(Epworth)에서 설교하였다. 주중에 시간이 있을 때 나는 이웃 마을에 가서 아침과 저녁시간에 설교하였다."[17]

  웨슬리의 스케줄은 다음과 같았다. 하루에 몇 번씩 설교하고, 아주 나이든 노인이 될 때까지 여행하였다. 대단한 스케줄이었다. 누군가가 내일 죽는다면 무엇을 할 것인지 물었다. 그는 대답했다. "내가 하기로 계획한 일들을 마칠 것이고, 기도드린 후에 잠자리에 들어가, 내 주님을 만날 것이다." 다른 말로 설명하면, 그는 그의 생명을 마치는 날까지 하나님께서 그에게 맡기신 일들을 감당하였다.

  역사를 연구하면서 영적인 삶의 흐름을 살펴보는 것은 인상적이다. 첫째, 우리는 웨슬리의 인생에 영향을 준 모라비안 교도와 경건주의자들을 살펴보고 나서, 감리교회와 감리교회에 뿌리를 둔 나사렛 교단, 자유 감리교도, 웨슬리파 감리교도, 구세군, 성결교 그리고 오순절 운동을 살펴볼 것이다. 이 모든 교단들이 웨슬리 한 사람에게 심원한 영향을 받았다.

10. 성공회의 영향

  웨슬리의 영향으로 인하여 복음전도 운동은 대부분 성공회 안에서 자라났다. 복음전도 운동은 전 세계에 영향을 미쳤다. 복음전도 운동의 지도자들은 성공회 안에 머물렀다. 노예상으로 "나 같은 죄인 살리신"을 쓴 존 뉴턴, "만세 반석 열리니"를 쓴 어거스투스 토프레디(Augustus Toplady), 대영제국에서 노예제도를 근절시킨 윌리엄 윌버포스(Wilberforce), 선교 지도자였던 존 벤과 헨리 벤(Henry Venn)이 성공회 안에 머물렀다.

  클랩햄(Clapham)은 영국 교회지역으로, 당시 부와 영향력을 가진 사람들에 모여사는 곳이었다. 존 벤이 그곳의 교구목사였다. 그는 케임브리지에 있는 트리니티 교회의 찰스 시므온(Simeon)에게 영향을 받았다. 시므온은 성공회 지도자 가운데 탁월한 복음주의적 지도자였다. 클랩햄을 통해 여러 중요한 선교운동이 태동했다. 첫째는 1799년에 설립된 교회선교회(Church Missionary Society, CMS)였다. 교회선교회는 성공회 선교회들 가운데 가장 훌륭한 선교단체였다.

---

17) Parker, *Wesley's Journal*, 455.

동아프리카 부흥운동은 교회선교회의 사역에 의해 촉발되었다. 전에 언급했던 맥스 워렌(Warren)은 동아프리카 부흥운동에 영향을 준 위대한 지도자였다.

둘째는 윌버포스가 주도한 노예제도 근절운동이었다. 그는 재기 있고, 천부적 재능을 타고났으며, 야심적인 젊은 하원의원이었다. 그는 언젠가 총리가 되고 싶은 야망을 품고 있었다. 그의 자질과 정치력은 그 가능성을 한층 높였다. 하지만 그가 복음주의 기독교인으로 개종하였을 때 인생의 진로가 바뀌었다. 그가 기독교 신앙과 영국사회를 바라보았을 때, 노예제도가 하나님과 사람을 적대시하는 엄청난 죄임을 확신하게 되었다. 그는 그가 가진 모든 자원을 동원하여 노예제도 근절 운동을 일으켰다. 영국에서 노예매매가 그치고 노예제도가 근절되었을 때, 윌버포스는 침상에 누워 죽음을 맞고 있었다. 그렇게 노예제도는 적어도 서방세계에서 막을 내리기 시작하였다.

글랩햄 사람들은 다른 여러 사회변화 프로젝트를 주창하였고, 감옥을 개혁하고 가난한 자를 위한 사회적 관심을 고취하였다.

많은 사람들은 여러 선교운동들 가운데 얼마나 자주 이런 사회변혁운동이 있었는지 인식하지 못한다. 복음전도에 초점을 맞춘 선교운동은 자선사역을 주도하게 되었고, 더 나아가 보다 포괄적인 사회변혁에 관심을 갖게 되었다. 윌리엄 캐리의 인도사역도 같은 순서를 따랐다. 웨슬리주의 운동과 클랩햄 운동이 여러 통전적인 모델 가운데 가장 잘 알려진 실례일 것이다.

11. 북 아메리카 대부흥운동(Great Awakening)

복음주의 운동은 퍼져갔다. 스코틀랜드 교회로 복음주의 운동이 들어가자, 교회는 둘로 나뉘었다. 복음주의자와 현 상태를 그대로 유지하기 원하는 중도파로 나뉜 것이다. 당시 복음주의 리더 가운데 존 위더스푼(Witherspoon)이 있었다.

북미 대서양 연안 지역에서 일어난 대부흥운동이 영국에서 일어난 웨슬리주의 운동보다 시기적으로 먼저 일어났다. 북미 대부흥운동은 뉴저지 주에 사는 장로교 출신 윌리엄과 길버트 테넌트(Tennent)가 주도하였고, 뉴잉글랜드 주의 조나단 에드워즈, 조지 횟필드 등이 가세하여 해변 도시를 왕래하며 부흥운동을 이끌었다.

그들은 뉴잉글랜드나 스코틀랜드에 있는 대학들에 불만이 많았다. 그들은 가까운 지역에 대학을 세우고 싶어했다 장로교인들이 나섰다. 뉴저지에 목회자를 훈련시키는 뉴저지 대학을 세웠다. 그들은 스코틀랜드에서 위더스푼을 모셔왔다. 이 대학은 후일 프린스턴대학이 되었다.

그는 미국 독립선언문에 서명한 유일한 목회자였다. 프린스턴에 있는 장로교 장로인 리차드 스톡턴(Richard Stockton)과 그의 목사였던 위더스푼이 그 역사적 문서에 서명한 인물이었다.

위더스푼은 오늘날의 정치학을 전공한 학자였다. 제임스 매디슨(James Madison)은 미국 헌법의 아버지로 알려져 있는데, 그는 위더스푼의 지도를 받으며 1년을 더 공부하였다. 많은 학자들은 위더스푼이 재임스 매디슨을 통하여, 미국 헌법제정에 엄청난 영향을 주었다고 믿고 있다.

그런 까닭에 우리는 이렇게 말할 수 있다. 부흥운동은 좋은 의미에서 기난한 자와 소외된 자에게 관심을 가졌다. 그들이 개인구원만을 강조하는 경계를 넘어 사회적 관심을 가졌을 때, 그들은 역사의 여러 영역에 심원한 영향을 미칠 수 있었다.

본 장에서는 개신교 선교운동이었던 모라비안 운동과 감리교 선교운동을 살펴보았다. 이렇게 하여 개신교의 중요한 네 가지 선교운동을 개괄하였다. 다음 장에서는 윌리엄 캐리와 개신교 선교단체의 등장에 관하여 다루게 될 것이다.

The Dynamics
of Christian Mission
History through a Missiological Perspective

제 19 장

윌리엄 캐리와 개신교 선교단체의 등장

1. 서론

지금까지 우리는 개신교의 중요한 네 가지 선교운동을 살펴보았다. 청교도 운동, 경건주의운동, 모라비안 운동 그리고 복음적 부흥운동을 탐구하였다. 이 가운데 복음적 부흥운동에는 감리교 운동도 포함되어 있었다. 대각성운동을 통하여 선교운동이 일어났다. 개신교 선교협회가 조직되었다. 이런 운동은 처음에 영국 섬들에게서 시작되었고 후일 북미로 옮겨왔다. 이것이 라투렛(Latourette)이 말한 '선교의 위대한 세기'의 시작이었다.

우리가 살펴본 바와 같이 네 운동은 각각 다른 지역에서 일어났고 주장하는 바가 달랐지만 상호 연관관계를 가지고 있었다. 주장하는 교회 형식도 달랐지만 비슷한 강조점이 있었다. 그들은 개종의 필요성을 강조하였다. 명목주의에 빠진 사회의 일원으로 살아가는 사람들에게 진정한 기독교인의 생활습관의 중요성을 강조하였다. 그들은 성경말씀을 삶에 적용하였다. 십자가의 구속, 평신도 역할의 확대, 그리고 복음전도와 선교를 강조하였다. 긍휼사역과 교육사역에 참여하였다. 복음적 가치관에 따라 살아갈 수 있도록 사회를 변혁시키려 노력하였다. 상호 격려하고 신앙을 성숙하게 하는 소그룹을 조직하게 하고 그 중요성을 강조하였다.

그들은 교회의 사명을 선교로 보았다. 루터교, 성공회, 개혁교단 전통은 교인들을 목양하는 것에만 관심을 쏟고 있었다. 이들 부흥운동은 달랐다. 그들은 밖을 향해 눈을 돌렸다. 자신의 문화 속에 명목상의 기독교인들을 복음화하고 국경을 넘어 전 세계 비 그리스도인들을 복음화하려고 시도하였다. 오늘의 복음주의는 여러 면에서 이런 부흥운동의 후예들이라고 볼 수 있다. 그들은 개신교 세계선교운동의 '발사대'(Launching pad) 역할을 하였다.

2. 윌리엄 캐리 이전의 선교

윌리엄 캐리 이전에도 선교활동이 있었다. 여러 선교적 시도가 있었다. 우리는 오스트리아 출신 바론 폰 벨츠(Baron Von Welz)에 대해 간략히 살펴보았다. 1664년, 그는 유럽에 있는 교회들에게 복음을 온 세상에 전하자고 호소하였다. 그는 말하였다.

> 우리가 복음을 우리 손에 붙잡고 널리 펼치지 않는 것이 옳은 일입니까? 유럽에는 신학생들이 많습니다. 우리는 그들에게 복음이 전달되지 않은 곳에 가서 사역하도록 권해야 할 것입니다. 우리는 우리를 위해 너무 많은 예산을 사용하고, 다른 사람들을 위해서는 너무 적게 사용합니다. 이것이 문제입니다. 이것이 옳은 일입니까?

사람들은 그를 광신자라 불렀다. 루터교단에서는 그에게 안수주기를 거절하였다. 비전의 사람인 그는 선교사 훈련학교를 설립하자고 제안하였다. 결국, 그는 자신의 교단을 포기하고, 독립교단에서 안수를 받고, 남아메리카 동북부에 있는 네덜란드령 가이아나 공화국에 선교사로 갔다. 그는 거기에 묻혔다.

1) 미국 청교도 선교와 다른 타문화 선교

우리는 케임브리지 대학 출신의 청교도인 존 엘리어트에 대해 언급하였다. 그는 1631년 매사추세츠에 도착하여 록스버리(Roxbury)에 있는 교회의 목사가 되었다. 그는 아메리카 원주민 부족인 알곤킨족(Algonquins)을 복음화 하기 위한 사역을 시작하였다. 그는 원주민 언어를 배우고 원주민 언어로 성경을 번역하였다. 우리가 아는 한, 그가 번역한 성경이 북미에서 최초로 출간된 성경이었다. 그는 '기도촌'에 개종자 3천 명을 모았다. 엘리어트는 원주민들을 다른 식민지주의자들의 착취로부터 보호하기 위해 최선을 다 하였다. 성공적이었다. 엘리어트가 성공적으로 원주민 사역을 하고 있다는 소식이 영국에 당도하자, '뉴잉글랜드 선교회'(New England Society)가 그의 사역을 후원하기 위해 조직되었다. 1649년 의회와 크롬웰이 허락하였다.

매이휴(Mayhew) 가족은 선교사로 3대가 매사추세츠 연안 근처의 섬인 마서스 빈야드(Martha's Vineyard)에서 사역하였다. 그들은 원주민 개종자 3천6백 명을 얻었고 두 사람을 안수하여 원주민 목사를 만들었다. 이 일은 놀랍기만 하다. 당시 유럽사람들이 원주민 부족들을 열등한 사람들로 간주하던 때였음을 감안하면, 매이휴 선교사의 사역은 주목할 만한 사역이었다.

존 캠패니우스(John Campanius)는 스웨덴 출신 루터교였다. 17세기에 그는 델라웨어 강을 따라 사는 아메리카 원주민들에게 전도하기 시작하였다. 그가 설립한 '기도촌'(Praying Villages) 일부는 전쟁터가 되기도 하였다. 식민지 이주민들과 호전적인 부족들 간에 마찰이 끊이지 않았기 때문이었다.

17세기에 아메리카 원주민을 복음화 하기 위한 노력이 또 있었다. 차후에 우리는 데이비드 브레이너드의 생애와 사역에 대해 다루게 될 것이다. 그는 1744년부터 1747년까지 중부 뉴저지 지역, 현재 크랜베리(Cranberry)라 부르는 마을에서 원주민 사역을 하였다.

2) 성공회 선교회들

영국인 토마스 브래이(Thomas Bray)는 미국을 잠시 방문하고 나서 선교회를 설립하였다. 1699년, 기독교지식전도회(SPCK)를 시작하였다. 1701년에는 해외복음선교회(SPG)를 설립하였다. 이들 선교단체의 목표는 해외에 나가있는 영국인들을 목회하면서 비기독교인들에게 복음을 전하는 것이었다. 그들의 주된 관심은 성공회 목회자들과 기독교 문서를 식민지 국가들에 공급하는 것이었다. 하지만 그들은 노예를 포함한 다른 사람들을 위해서도 사역하였다. 그들은 경건주의자들이 하던 인도선교를 도왔다. 웨슬리 형제들도 해외복음선교회를 통해 조지아에 가서 선교사로 사역하였다.

3) 모라비안 교도

모라비안 교도들은 북미 여러 곳에서 사역하였다. 현재 뉴욕 주와 펜실베이니아 주에서 사역하였다. 영국에 대항했던 프랑스와 인디언 전쟁 동안 선교사 사상자들이 생겼다. 전체 모라비안 선교사 15명 가운데 9명이 살해되었다. 수많은 아메리카 원주민들이 죽임을 당했다. 유럽에서 온 식민지 정착민들은 모라비안 교도와 아메리카 원주민 개종자들을 핍박하였다. 원주민 개종자들은 유럽인들의 폭력을 피해 내륙 깊숙한 오하이오 주로 이주하였다.

그런 까닭에, 우리는 북미 선교가 윌리엄 캐리 보다 훨씬 이전에 시작되었음을 알 수 있다. 북미 선교는 지겐발크나 플뤼차우가 인도로 항해하기 전에 시작되었다. 청교도, 루터교, 경건주의자, 모라비안 교도, 그리고 성공회는 부흥운동의 결과로 선교운동을 시작하면서 북미선교를 시작한 것이다. 우리는 간혹 시야를 놓친다. 선교사상과 선교운동의 여러 흐름들을 자주 놓친다. 이런 흐름들은 간혹 지하로 숨어들어가 시야에서 사라졌다가 다시 분명하게 드러나기도 한다. 걸출한 인물 윌리엄 캐리가 새로운 시대를 활짝 열면서 우리의 시야를 사로잡기 전에도 여러 선교적 흐름들이 있었다. 그런 걸출한 인물들이 중요하다. 하지만 우리는 잊혀진 초창기 인물들을 무시해서는 안 된다. 이런 역사에 대한 보다 온전한 이해가 우리 자신의 사역에도 격려가 될 것이다. 우리는 성령을 믿는다. 성령께서는 충성스런 사역을 어느 것 하나 버리지 않으실 것이다. 모두 기억하실 것이다. 세상이 알아주던 알아주지 않던 상관하지 않으실 것이다.

3. 캐리와 침례교 선교부

캐리 이전에 여러 선교활동들이 있었다. 그럼에도 불구하고 윌리엄 캐리는 '개신교 선교운동의 아버지'로 불리기에 손색이 없다. 이 말은 적절하다. 그가 개신교 선교운동의 처음 선교사였기 때문이 아니라, 캐리가 담당한 아주 특별한 역할 때문에 그러하다.

1) 캐리의 배경

캐리는 침례교 평신도 설교자였다. 구두장이로 생활을 하면서 시간제 학교 교사로 가르치기도 하였다. 그는 구두를 고쳤다. 천한 직업을 가지고 가족의 생계를 이끌어갔다. 하지만 캐리는 독학을 하였어도 역사상 가장 탁월한 언어학자였다. 동시에 믿을 수 없을 만큼 강인한 인내의 사람이었다. 헌신된 하나님의 종이었다. 그는 영국에서 18세기 복음주의 부흥운동을 통해 개종하였다. 그 때 조나단 에드워즈(Edwards)와 데이비드 브레이너드(David Brainerd)의 영향을 받고, 모라비안 교도(Moravians)의 모델을 마음에 새겼다. 그는 침례교인이었지만 웨슬리 운동의 영향을 받았다. 캐리는 '기도합주회'에 참여하였다. 기도합주회는 에드워즈의 주도하에 대서양 이편저편에서 뜨겁게 일어났다. 언뜻 보기에도 캐리는 그리 훌륭한 설교자는 아니었다. 그는 두 번이나 자신이 속한 침례교단에서 목사 안수를 받기 위해 청원하였으나 거절당하였다. 세 번째 목사 청원에서 겨우 통과되어 안수를 받을 수 있었다.

캐리는 구두수선을 하는 의자에 앉아 일하면서 엉뚱한 생각을 하였다. 꿈을 꾸기 시작했다. 영국은 해상무역으로 이름을 떨치고 있었다. 영국 해양 탐험가인 쿡 선장의 소식이 들려왔다. 남태평양에 새로운 섬들을 발견했다는 소식이었다. 그 소식을 들으며 캐리는 세계를 향한 꿈을 키워갔다. 그는 부양해야 할 식솔들이 많았다. 하지만 그의 마음속에 새로운 꿈이 자라고 있었다. 하나님께서 복음을 한번도 들어보지 못한 사람들을 위해 자신을 부르셨다는 믿음이 자라고 있었다.

우리가 살펴본 바와 같이, 해외선교를 향한 작은 움직임들이 이미 싹트고 있었다. 하지만 그것이 선교운동으로까지 발전하지 못한 상태였다. 비행기가 활주로를 향해 이동하듯이, 이동하고 있었지만 이륙하지는 못하고 있는 상태였다고 보인다. 활주로 비유를 계속하자면, 비행기는 1631년 엘리어트에 의해 활주로로 이동하기 시작했다. 1706년 지겐발크와 플뤼차우에 의해 탄력을 받기 시작했다. 1732년 모라비안 교도들에 의해 속력이 붙기 시작했고, 캐리에 의해 엔진에 불이 붙으면서 창공을 향해 높이 날아올랐다. 상공에 올라 궤도를 따라

비행을 시작했다.

　캐리는 독학을 했다. 히브리어, 헬라어 그리고 라틴어를 독학으로 마스터했다. 그는 설교했다. 학교에서 가르쳤다. 가족생계를 위해 구두를 수선하였다. 그는 꿈을 꾸고, 연구하고, 기도하였다. 1792년 캐리는 의미심장한 책 한 권을 출간하였다.『이교도 개종을 위해 (선교단체) 방법을 사용해야 하는 기독교인의 의무에 관한 연구』였다.[1] 가까운 친구가 책을 출간하는 비용을 담당해 주었다. 이 수수한 작은 책 한 권이 선교역사에 큰 파문을 일으켰다.

　캐리는 '방법 사용'이라는 독특한 용어를 사용하였다. 바로 여기에 캐리의 탁월한 통찰이 있었다. 기독교인들 대부분은 이론적으로 생각한다. 비기독교인들이 복음을 듣고 그리스도께 나아와야 한다고 믿는다. 거기에 질문이 따른다. 어떻게 이교도들이 복음을 듣고 그리스도께 나올 수 있을까? 이 질문에 대한 해답은 교단마다 달랐다. 캐리가 몸 담고 있던 '특정 침례교'는 엄격한 칼뱅주의 사상을 수용하였다. 이교도의 구원은, 하나님께서 인간적인 방법이나 인간 조직을 사용하지 않고 하나님의 방법으로 하나님께서 하신다고 가르쳤다. 우리가 전에 언급한 바와 같이 캐리에 관한 일화가 전해져 내려오고 있다. 캐리가 선교단체를 조직하여 이교도를 구원해야 한다는 논리를 전개하자, 한 늙은 목사가 퉁명스럽게 응수했다. "젊은이, 앉게! 하나님께서 이교도를 개종시키기로 작정하시면, 하나님께서 자네나 나 같은 사람 없이 하나님께서 하실 것이야." 그런 완고한 극단적-칼뱅주의는 칼뱅이 말한 정신과도 거리가 먼 것이었다. 캐리는 그런 편협한 칼뱅주의와 싸워야 했다. 다른 문제도 있었다. 일부 신학자들은 이런 설명을 하였다. 사도들은 복음을 전 세계에 전하였지만, 세계 다른 지역들은 복음을 거절하였다. 그러므로 교회는 더 이상 그들에 대한 선교적 의무감을 가질 필요가 없다. 이것이 교회의 해외 선교에 대한 논리였다.

2) '이교도' 개종을 위한 책임

　캐리는 당대를 풍미한 해외선교 논리를 정면으로 반박하였다. 해외선교에 대한 신학적 정당성을 논증하였다. 소논문에서 캐리는 '방법 사용'이라는 말을

---

[1] *An Enquiry into the Obligation of Christians to Use Means for the Conversion of the Heathen*

썼는데 그것은 '선교단체를 조직하는 방법 사용'을 의미하였다. 복음을 전 세계에 전하여야 한다는 사명감으로 선교에 헌신된 공동체를 조직하는 것이었다. 캐리의 개념은, 선교사로 선교지로 떠난 사람들만 선교단체에 포함되는 것이 아니라, 고향에 남아 선교사를 후원하는 사람들까지도 선교단체에 포함시키는 포괄적인 것이었다. 선교지로 가든지 보내든지, 그들의 관심은 복음을 세상에 전하는 것이었다. 당시 세계로 뻗어가던 무역업의 모델 위에, 캐리의 침례교 해외선교회는 해외무역 회사와 비슷한 조직과 구조를 갖고 출발하였다. 물론 그들의 목적은 무역업과는 전혀 달랐다.

캐리의 선교단체는 전혀 새로운 개념이었다. 새로운 출발이었다. 덴마크 왕은 경건주의 선교사들이 인도에서 활동하는 것을 지원하였다. 모라비안 교도들은 선교 공동체였다. 해외복음선교회(SPG)와 기독교지식전도회(SPCK)는 영국 사람들이 주도하였다. 이제 캐리의 선교단체는 비기독교인들을 향해 전도하는 목적으로 조직되었다. 선교단체의 목적은 선교를 지원하고 운영하는 것이었다.

캐리의 소논문은 네 부분으로 나뉘어 있었다. 제1부는 신학적 전제를 탐구하였다. "그리스도의 지상명령은 우리 시대의 사람들에게도 구속력이 있는가?" 캐리는 지상명령이 역사의 특정시대에만 적용된다는 당시 지론을 뒤엎었다. 캐리의 해답은 분명했다. "그렇다." 지상명령은 역사의 모든 시대를 망라하여 모든 기독교인들에게 구속력을 갖는다.

제2부는 역사적 탐구였다. 캐리는 역사상 진행된 이교도를 개종하기 위한 노력을 검토하였다. 당시까지의 교회사를 탁월하게 정리하였다. 캐리는 사도행전시대부터 콘스탄틴시대까지를 탐구하였다. 그는 고트족 선교를 하였던 울필라스(Ulfilas) 선교, 영국 선교, 그리고 켈트족 선교를 요약하였다. 캐리는 스페인과 포르투갈의 선교 활동에 대해서는 상당히 비판적으로 기술하였다. 천주교의 제도와 관습을 현지인들에게 무력을 써가며 강요하였기 때문이었다. 캐리는 위클리프, 보헤미아의 종교 개혁자 후스, 루터, 칼뱅, 존 엘리어트, 그리고 데이비드 브레이너드에 관하여 기술하였다. 지겐발크와 플뤼차우, 그리고 모라비안 교도의 선교활동에 대해서도 상술하였다. 캐리는 웨슬리가 선교사 두 사람을 서부 인도로 파송한 것도 잘 알고 있었다.

제3부는 세계 인구통계를 제시하였다. 각 지역에 따라 신자와 불신자를 구분

하여 제시하였다. 각 교단교파에 속한 기독교인의 숫자를 기술하였다. 캐리의 연구와 선교에 관한 지식은 경이로웠다. 당시 정확한 선교자료를 수집한다는 것이 용이하지 않았기 때문이다. 캐리의 소논문은 해외선교와 선교단체의 필요성에 대한 강력한 논증이었다.

  이 책의 논지 가운데 "선교정보의 확산이론"이 있다. 새로운 선교정보가 새로운 선교운동을 일으키는 데 핵심적 역할을 한다는 이론이다. 종교개혁자 후스에게 위클리프의 글과 같은 새로운 정보가 중요했다. 캐리도 그러하다. 그가 읽은 여러 책들 가운데 데이비드 브레이너드의 일기가 결정적이었다. 데이비드 브레이너드는 뉴잉글랜드를 강타한 대부흥운동을 통하여 개종한 젊은이였다. 그는 뉴저지에 있는 아메리카 원주민들에게 복음을 전하기 위해 그들 가운데 들어가 살았다. 결핵에 걸려 고생하다 죽었다. 그가 결혼하기로 약속한 사람은 조나단 에드워즈의 딸이었다. 그가 약혼자의 간호를 받으며 에드워즈 집에서 죽어가면서, 브레이너드는 에드워즈에게 자신의 일기장을 전해주었다. "이것을 하나님의 영광을 위해 사용해 주세요." 그것은 위대한 청교도 정신을 보여주는 말이었다. 브레이너드는 죽어가는 순간까지 청교도 선교사였다!

  에드워즈는 브레이너드의 유지를 받들어『데이비드 브레이너드 목사의 일기』를 책으로 출간하였다. 이 책이 하나님의 영광을 위해 사용될 수 있기를 바랐다. 이 책은 북미와 유럽에서 동시에 읽혀졌다. 윌리엄 캐리가 그 책을 읽었다. 캐리는 큰 충격을 받았다. 에드워즈의 부흥과 부흥을 위한 기도합주회에 관한 개념도 캐리의 가슴에 와 닿았다. 모라비안 교도들의 선교활동도 중요한 영향을 미쳤다. 선교정보의 확산은 선교운동에 지대한 영향을 미친다. 우리는 잠시 후에, 윌리엄즈 대학과 앤도버 신학교에 있던 북미 학생들이 윌리엄 캐리에 관한 책을 읽고 어떤 감동을 받고, 미국 선교운동을 시작하는 동기를 부여받았는지 살펴보게 될 것이다. 선교정보 확산이 중요하다. 선교에 관한 아이디어를 쓰고 나누는 것이 선교운동에 지대한 영향을 미친다.

3) 복음전도를 위한 침례교 선교부의 형성

  캐리는 소논문의 마지막 부분에서 주장하였다. 선교단체를 조직해야 할 때가 왔다고 주장하였다. 소논문이 발표되던 1792년, 침례교 목회자들과 평신도들의 후원으로 이교도에게 복음을 전하기 위한 침례교 해외선교회가 조직되었다. 캐리는 편협한 교단주의자가 아니었다. 하지만 그를 후원해준 교단은 침례교뿐이었다. 최초의 헌금은 13파운드 10실링 6펜스로, 오늘 미국 화폐로 계산하면 65달러 정도였다. 그렇게 많은 액수는 아니었다. 하지만 오늘날의 화폐가치보다 훨씬 큰 액수였다. 캐리는 인도로 항해하기 전 이사야 54:2,3절로 설교하였다. "네 장막터를 넓히며 네 처소의 휘장을 아끼지 말고 널리 펴되 너의 줄을 길게 하며 너의 말뚝을 견고히 할지어다. 이는 네가 좌우로 퍼지며 네 자손은 열방을 얻으며 황폐한 성읍들로 사람 살 곳이 되게 할 것임이니라." 설교 중에 윌리엄 캐리는 소리쳤다. "하나님을 위해 위대한 일을 시도하라. 하나님으로부터 위대한 일을 기대하라." 여기서 순서를 주목할 필요가 있다. 캐리의 신학은 분명하다. 캐리는 하나님께서 그가 도착하기도 전에 이미 일을 시작하고 계시다는 것을 알았기 때문에 하나님을 위해 위대한 일을 시도하였다. 하나님께서 하시는 일이다. 하나님이 우리를 부르신다. 선교현장으로 인도하신다. 하나님께서는 우리가 선교지에 도착하지 훨씬 전부터 그곳에 계신다.

영국 동인도 회사는 인도선교에 대해 강하게 저항하였다. 1793년 영국국회에 동인도회사 대표자가 출석하여 선언하였다.

> 영국의 동양 속국들에 선교사를 보내는 것은 가장 미친 짓입니다. 가장 엄청난 낭비입니다. 가장 돈이 많이 드는 일입니다. 감상적 공상에 빠진 광신자들이 제안한 변호할 여지가 없는 일입니다. 그런 선교적 계획은 유해하고, 경솔하며, 쓸데없고, 해로우며, 위험하고, 무익하며, 터무니없는 짓입니다. 선교활동은 모든 논리와 건전한 정책에 반대하는 적대적 행위입니다. 선교활동은 우리 속국들의 평화와 안정을 해치고 위험에 빠뜨리게 할 것입니다.[2]

캐리와 동료선교사들은

천한 수공예꾼 출신의 변절자, 베틀장이와 대장장이 출신의 선교사로 불렸다. 원래 거지 소굴과 같은 누추한 집에서 기어 나와 추잡한 신학을 파는 장사치들이라

---

2) Timothy George, Faithful Witness. *The Life and Mission of William Carey* (Birmingham, Alabama: New Hope, 1991), 1.

불렸다.[3]

캐리의 부인은 모험적인 선교사역을 아주 싫어하고 반대하였다. 결국 선교지로 떠나기로 설득되었다. 그녀의 반항심은 선교지에서 아이를 잃었을 때, 견딜 수 없는 분노와 실의로 변하였다. 그녀는 결국 선교지에서 마음을 놓아버리고 말았다. 그렇게 그녀는 선교지에서 비참하게 생을 마감하였다. 이것은 캐리 인생과 사역에 아주 비극적인 일면이었다.

4) 인도의 저항

당시 영국 동인도회사가 인도를 지배하고 있었다. 동인도회사는 아시아권에서 이루어지는 선교활동에 대해 아주 적대적이었다. 캐리에 대해서도 적대감을 가지고 있었다. 캐리는 동인도회사 선박을 이용하여 이동할 수 없었다. 동인도회사가 허락하지 않았기 때문이었다. 그래서 캐리는 덴마크 선박을 이용하여 선교지로 갔다. 선교활동은 종교적 측면의 식민주의로 치부되었다. 그런 비판은 일부 사실이기도 하다. 하지만 식민지 이주민들도 선교사들에 대해 극한 적개심을 드러내었다. 그들이 하는 이권에 관여하거나 원주민을 착취하는 일에 문제를 일으킬까 보아 극도로 경계하였다.

우리는 당시 상황을 바로 이해해야 한다. 초기 선교사들의 용기를 인정하고, 그들의 실패와 부족함도 인식해야 한다. 그들도 시대적 산물이었다. 선교사들도 대부분 자신의 문화와 인종적 배경이 다른 문화나 인종보다 우월하다고 믿었다. 그럼에도 불구하고 우리는 그들의 헌신을 알아주어야 한다. 장기적인 면에서 그들의 사역효과를 인정해야만 한다. 선교사들 대부분은 세상 땅 끝까지 갔다. 먼 곳으로 갔다. 평생 고향에 다시 돌아온다거나 가족들을 다시 만날 것을 기대하지 않고 떠났다. 선교사들이 선교지에 도착하여 6개월이 지나기 전에, 절반이 질병에 걸려 죽었다. 특히 아프리카 지역으로 갔던 선교사들이 더욱 그러하였다. 선교지에서 죽은 첫 번째 선교사는 해리엇 뉴웰(Harriet Newell)이었다. 1813년 선교지 도착을 앞두고 19세의 나이로 눈을 감았다.

---

3) Ibid.

우리는 선교사 남편과 아내들 가운데 믿을 수 없는 장렬함을 본다. 로버트 모리슨이 그렇다. 모리슨은 중국을 개척한 개신교 선교사였다. 모리슨 부인은 건강상의 이유로 영국으로 다시 돌아가야만 하였다. 대부분 선교사 부부는 서로 상의하며 중요한 문제를 결정하였고, 함께 고난을 견디었고, 자녀들을 선교지에 묻기도 하였고, 남편이나 아내가 먼저 세상을 떠난 뒤에도 선교지에 남아 사역을 계속하였다. 이렇게 선교지에서 희생적 사랑을 보여준 인물로 아도니람과 앤 저드슨을 들 수 있다.

5) 윌리엄 캐리의 사역

동인도회사는 우호적이 아니었다. 캐리는 동인도회사의 반대에 부딪혀 힘든 시간을 보내야 했다. 동인도회사는 자신들이 관할하는 지역 내에서 캐리가 선교활동을 하지 못하게 했다. 머무는 것을 허락하지 않았다. 캐리는 새로운 지역으로 떠나야 했다. 힘든 결정이었다. 캐리는 덴마크 식민지였던 세람포르(Serampore)로 갔다. 하지만 캐리가 선교사역을 후원하기 위해 동인도회사에서 오랫동안 일을 하였다는 사실은 아이러니라고 밖에 할 수 없다.

1804년, 캐리와 동료 선교사들은 '형제단'(brotherhood)을 조직하였다. 공동체 생활을 하며 소유를 나누었다. 그들의 서약에는 11가지 목적 진술이 포함되어 있었다.

사람의 영혼에 무한한 가치를 둔다.
인도인들의 마음을 사로잡는 함정을 스스로 숙지한다.
복음에 대한 인도인의 편견을 깊어지게 하는 일은 무슨 일이든 삼간다.
인도인들에게 선한 일을 할 수 있는 모든 기회를 잡는다.
개종을 위한 최고의 방법으로 '십자가에 달리신 그리스도'를 설교한다.
인도인들을 우리와 동등하게 존경하고 대접한다.
모임을 주최하는 사람들을 세우고 보호한다.
인도인들의 은사를 계발한다. 그들에게 선교적 책임을 일깨운다. 인도를 그리스도께 드릴 수 있는 사람은 인도인들뿐이기 때문이다.

성경번역을 위해 쉬지 않고 노력한다.
개인의 신앙이 성장하도록 즉시 노력한다.
선교를 위해 우리 자신을 남김없이 드린다.[4]

윌리엄 캐리의 사역영역은 엄청났다. 그는 복음전도자였지만, 첫 번째 회심자에게 세례를 베풀기까지 7년이나 걸렸다. 1810년, 회심자는 300명으로 늘어났다. 그가 인도에서 젊은 아내가 남편의 시체와 함께 산 채로 화장되던 사띠 풍습을 목격하였을 때, 캐리는 사띠 풍습을 반대하는 사회운동을 벌렸다. 캐리는 인도에서 유아살해를 근절시켰다. 동인도회사는 회사의 이익에 반하는 그런 사회운동에 끼어드는 것에 대해 반대입장을 가졌으나, 캐리는 달랐다. 캐리는 영국 복음주의자들의 정서를 경각시키고, 힌두교 개혁파의 지원을 받아 사띠풍습을 법으로 금지시켰다. 캐리는 교육자였다. 그는 세람포르대학을 설립하였다. 영국에서 아마추어 식물학자였던 캐리는 인도에서 농업연구소도 시작하였다. 하지만 캐리는 특히 성경번역가로 알려졌다. 그는 인도 언어를 배웠다. 처음에는 벵골어부터 배우기 시작했다. 그리고 산스크리트를 배웠다. 그의 동료들인 존 클락 마쉬맨(Marshman)과 윌리엄 워드(Ward)와 함께 성경을 번역하였다. 캐리는 인도 6개 언어로 신구약 전권, 신약 24개 언어, 그리고 성경의 일부를 10개 언어로 번역하였다. 이것은 실로 놀라운 업적이다. 정규교육을 거의 받지 못한 그가 이룬 업적은 아주 대단하다. 깜짝 놀랄 정도이다. 캐리가 속한 선교부의 활동에는 복음전도, 교육, 번역, 사회사업, 그리고 농업연구 등이 포함되어 있었다. 그뿐만 아니다. 캐리는 영국, 스코틀랜드, 유럽 대륙, 그리고 북미지역에 사는 사람들에게 엄청난 선교적 자극을 주었다. 그의 영향은 상상을 초월하였다.

시간이 지나면 사람이 바뀐다. 침례교 선교부를 설립했던 지도자들이 은퇴하고 새로운 세대가 리더십을 승계하였다. 새로운 선교부 리더들은 윌리엄 캐리를 탐탁하지 않게 대했다. 믿어주지 않았다. 그들은 캐리의 일부 선교정책에 대해 이해하지 못하고 동의하지 않았다. 윌리엄 캐리가 세운 선교부는 윌리엄 캐리와 결별하였다. 캐리에게 그가 사역하던 모든 사역지를 내놓고 그가 세운

---

4) ibid, 123.

건물들을 선교부로 넘기라고 명령하였다. 선교부는 대학설립에 대해 반대하였고, 대학 자산만 캐리가 갖게 하였다. 그들은 자기보다 넓은 선교개념을 가진 캐리를 이해하지 못하였다.

캐리가 경험한 이런 사건은 선교운동에서 자주 일어나는 선교문제를 지적해 준다. 선교본부에 있는 사람들은 관리감독권을 요구하고, 현장 선교사는 자율권을 원한다. 둘 사이에는 현저한 차이가 있다. 성경에 나타난 것처럼, 예루살렘교회와 안디옥 선교의 경우가 그러하였다. 북경에서 사역하던 마테오 리치(Ricci)와 로마 사이에도 그런 문제가 있었다.

질문이 있었다. 나는 뉴잉글랜드에 있는 한 교회에서 가르친 적이 있다. 그 때 교인이 물었다. 선교사들은 그들이 가서 사역하는 선교지 "문화를 바꾸기 위해" 선교지로 간 것인가요? 나는 대답했다. "그렇습니다. 자주 문화를 바꿉니다." 문화를 변화시키는 것은 선교사의 기본목표는 아니지만, 캐리기 젊은 부인을 남편의 시신과 함께 불태우는 인도 풍습을 보았을 때, 그런 인도 풍습은 사라져야 한다고 확신하였다. 케냐에 있던 스코틀랜드 장로교회 선교사는 여성의 성기 중 일부를 자르는 여성할례 풍습을 바꾸기 위해 싸웠다. 그 일을 위해 싸우다 선교사 한 분이 순교하였다. 중국에서 성행하였던 전족풍습(纏足風習)도 그러하다.[5] 어린 여자아이들에게 교육의 기회를 제공하는 문제도 그러하다. 여기서 핵심 이슈는 선교사나 복음의 말씀이 문화변화를 지향해야 하느냐 그렇지 않느냐가 아니다. 우리가 분명히 알아야 할 것이 있다. 선교사가 현지 문화를 바꾸려고 시도하다 심각한 실수를 한 경우도 있다. 동시에, 우리는 모든 문화가 복음에 따라 철저하게 변화되어야 한다는 사실에 동의해야만 한다. 그 가운데 우리 문화도 말씀에 따라 철저하게 변화되어야만 할 것이다. 여기서 중요한 질문이 있다. 문화의 어떤 부분이 변화되어야 할 것인가? 누가 어떤 과정을 거쳐 변화시킬 것인가? 변화에 대한 결정은 누가 내릴 것인가? 캐리가 인도에서 한 것처럼, 외국인들이 문화변화에 참여해서 해야 할 역할이 있을 것이다. 하지만 문화변화는 궁극적으로 현지인의 몫이다. 철저한 문화변화는 문화 속

---

5) 전족이란 관습은 여성의 발을 옥죄어 기형적으로 작게 만드는 것으로 10세기 후반 중국사회에 도입된 후부터 20세기 초 근대에 접어들면서부터 없어지기 시작한 풍습이다. 통상 대여섯 살 어린아이 때 발을 10센티미터도 채 안되게 만드는 것이다. 이러한 전족은 중국에서만 찾아볼 수 있는 풍습이다. - 역주

에서 살아가는 내부자만 일으킬 수 있기 때문이다.

4. 선교단체의 폭발적 성장

캐리는 개신교 선교운동에 새 장을 열었다. 다음 세기가 밝아오는 즈음 캐리는 선교운동에 불을 지폈다. 라투렛은 캐리가 열어젖힌 선교의 새로운 세기를 '선교의 위대한 세기'(Great Century of Missions)이라 부른다. 위대한 세기는 1792년부터 1914년 세계 제1차 대전이 일어나기 전까지를 이른다. 세계 제1차 대전은 세상을 바꾸었다. 선교의 위대한 세기는 한 세기 이상 지속되었다.

1) 영국의 선교단체

이제 다른 여러 선교단체들이 조직되었다. 1795년 장로교, 회중교단, 그리고 일부 복음주의 성공회가 연합하여 런던선교회(LMS)를 설립하였다. 이것은 윌리엄 캐리가 존 가랜드(Garland)에게 그런 선교단체를 설립해 달라는 간곡한 편지 보냄으로 시작되었다. LMS는 유명한 선교사들을 많이 배출하였다. 런던선교회는 로버트 마펫(Moffat)과 데이비드 리빙스톤(Livingstone)을 아프리카로 파송하였다. 로버트 모리슨을 중국으로, 존 윌리엄스를 남태평양(South Seas)으로 보냈다. 다음 해에는 스코틀랜드인 선교회가 에딘버러와 글라스고에서 생겼다. 1799년 성공회 선교회 가운데 가장 뛰어난 교회선교회(CMS)가 조직되었다.

이들 선교단체들은 교단이 발기해서 설립한 것이 아니었다. 침례교와 성공회 등 교단적인 선교회도 있고, 런던선교회는 초교파 선교회였지만, 공식적으로 교단에서 설립한 선교회는 하나도 없었다. 모든 선교회는 교단조직의 변두리에서 일어났다. 일부 성직자와 평신도들이 주도하였다. 교단 지도자들은 이런 선교적 움직임에 대해 반대하고 노골적으로 적대감을 드러내었다. 교회선교회(CMS)의 정당성을 성공회 감독이 인정해 주는 데 50년이 걸렸다. 오늘날 성장하는 성공회 교회들은 모두 아프리카에 있다. 아프리카 성공회 교인숫자는 모 교회인 영국 성공회 교인숫자의 몇 곱절이 된다. 이것이 교회선교회의 열매이다.

이번에는 SPG가 해외선교사역을 키웠다. 1813년 웨슬리교파도 웨슬리선교회를 조직하였다. 감리교회는 아프리카와 서인도제국에 선교사를 이미 파송하고 있었다.

1799년 여러 선교지에 문서선교를 하기위해 초교파 쪽복음선교회(Interdenominational Religious Tract Society)가 조직되었다. 1804년에는 영국성서공회와 외국성서공회가 조직되었다. 이들 기관은 성경을 인쇄하여 전 세계 사람들에게 성경을 보급하려는 목적으로 시작되었다. 다른 국제성서공회들은 영국성서공회의 후예들일 것이다. 성서공회운동에는 복음주의 성공회와 국교에 반대하던 장로교, 회중교단, 침례교, 그리고 감리교가 모두 협력하였다.

그런 까닭에, 최초의 에큐메니칼 협력사역은 부흥운동과 선교운동에서 시작되었다.

2) 유럽 대륙의 선교단체

유럽 대륙에 여러 선교단체들이 생겨나기 시작하였다. 1796년 네덜란드, 1815년 스위스 바젤, 1824년 베를린에서 선교단체가 조직되었다. 사실 윌리엄 캐리 이후, 영국, 스코틀랜드, 유럽대륙, 그리고 나가가 북미까지 선교단체들이 폭발적으로 불어났다. 유럽과 북미 출신 젊은 선교사들은 아시아, 아프리카, 그리고 라틴 아메리카로 가서 복음을 전하고 교회를 설립하였다.

유럽에서, 초기 선교단체들은 교단조직의 변두리에서 형성되었다. 국교에 속한 교단조직이든 국교에 반대하던 교단조직이든 선교조직은 교단조직의 변두리에서 생겨났다. 간혹 유럽교회들은 해외로 나가 선교사가 되려는 사람에게 안수하였는데, 그 안수는 유럽에서는 인정해 주지 않은 선교사 안수가 있었다. 그런 안수의 함축을 생각해 보라! 그것은 선교사들이 이류 목사들이고 새로운 교회에서 신앙생활을 하는 신자들은 어떤 면에서 저들보다 열등하다는 말인가?

노르웨이에는 루터교 배경을 가진 세 개의 선교단체가 있었는데, 그 가운데 기성교단에서 후원하여 생긴 선교단체는 없었다. 모든 선교단체들이 부흥운동의 결과로 기성 교단의 변두리에서 평신도 주도로 세워진 선교단체들이었다. 그들은 교회 교인들의 지원을 받았다. 교회 목회자, 평신도, 그리고 여성들이 선교회 이사로 봉사하였다. 교회 출신들을 선교사로 선발하였다. 타문화권에서 교회개척을 하는 일을 하였다. 하지만 이들 선교회활동은 노르웨이 교단이 하는 공식적인 사역으로 간주되지는 않았다. 그만큼 노르웨이 교단의 교회론이 적절하지 못하였음을 반증한다.

미국에서는 19세기 마지막 3분기까지, 교단선교부가 선교의 기준이었다. 하지만 학생선교운동을 중심으로 하여 최초의 미국선교부(American mission board)가 조직되었다. 미국 해외선교 위원회(American Board of Commissioners for Foreign Mission)는 학생선교운동을 시발로 하였지만 장로교회와 회중교회 목사들이 조직하였다. 하지만 19세기 중반까지 몰아친 교단주의 물결에 따라, 미국에 있던 거의 모든 선교단체들은 교단의 행정적 지원과 후원으로 운영되었다. 교단 선교부 가운데 가장 큰 것은, 회중교회, 장로교, 침례교, 그리고 감리교 선교부 순이었다. 하지만 20세기 중반에 이르자 교단중심의 선교부 체제에 변화의 바람이 불기 시작하였다. 남침례교단과 하나님의 성회가 아주 강한 교단 선교부를 가지고 있었고, 다른 복음주의 교단들도 그러하였다. 하지만 주류교단, 즉 개신교 종교개혁, 17세기나 18세기 부흥운동을 통하여 탄생했던 회중교회, 침례교, 그리고 감리교 등의 선교활동은 급속히 감소하였다. 20세기 초에는, 거의 미국 선교사 전체 숫자의 75퍼센트가 주류교단 선교부 소속이었다. 지금은 주류교단 출신 선교사 숫자가 전체 숫자의 5퍼센트로 급감하였다. 교단 선교부 가운데 회중교단 선교부인 미국해외선교회는 없어졌다. 다른 말로 설명하면, 1920년대에는 미국에 선교사가 1만 3천 명 정도였다. 그 가운데 1만 1천 명이 교단선교부 소속으로 사역하였다. 오늘날 북미 선교사 숫자는 약 4만 명에 이른다. 그 가운데 주류교단 선교부에 소속된 선교사 숫자는 2천 명 미만으로 추산된다.

교단선교부 쇠퇴 원인에는 여러 가지 이유가 있다. 그 가운데 두 가지는 확실하다. 첫째, 신학적 원인이다. 교단 지도자 가운데 세계 복음화의 필요성을 인정하지 않는 부류가 늘어났다. 둘째, 구조적 원인이다. 주류교단들은 교단 선교부를 다른 기관과 통폐합하였다. 그 후로 선교에 대한 우선순위가 사라졌다. 이것은 커다란 비극이다.

북미에서 남침례교가 성장하였다. 하나님의 성회, 그리고 다른 복음주의 교단들도 성장하였다. 초교파 선교단체인 예수전도단(YWAM), 오엠국제선교회(OM), 위클리프 성경번역 선교회(WBT), 파이오니어 선교회(Pioneers), 프론티어스(Frontiers) 그리고 수많은 복음주의 선교단체들도 성장하였다. 주류교단 출신 청년들은 이제 교단선교부 보다는 초교파 선교단체에 소속되어 선교사로 활동하고 있다. 동시에, 은사주의 교단 출신 선교사 숫자도 늘었다. 그런 까닭에, 윌리엄 캐리와 함께 시작된 선교단체의 성장은 지금까지 계속되고 있다. 비록 주류교단 선교부가 쇠퇴하고 사라졌다고 할지라도, 새로운 선교단체들이 그들의 빈자리를 잘 채우고 있다. 새로운 선교단체는 새로운 비전과 방법으로 선교를 접근한다. 오늘날 선교의 가장 중요한 특징은, 우리가 잘 아는 바와 같다. 선교운동의 국제화 현상이다. 우리는 이 주제에 대해 다음 장에서 다루게 될 것이다.

The Dynamics of Christian Mission
History through a Missiological Perspective

제 20 장

미국 선교운동의 시작

1. 말씀묵상

바울이 더베와 루스드라에도 이르매 거기 디모데라 하는 제자가 있으니 그 어머니는 믿는 유대 여자요 아버지는 헬라인이라 디모데는 루스드라와 이고니온에 있는 형제들에게 칭찬 받는 자니 바울이 그를 데리고 떠나고자 할새 그 지역에 있는 유대인으로 말미암아 그를 데려다가 할례를 행하니 이는 그 사람들이 그의 아버지는 헬라인인 줄 다 앎이러라 여러 성으로 다녀 갈 때에 예루살렘에 있는 사도와 장로들이 작정한 규례를 그들에게 주어 지키게 하니 이에 여러 교회가 믿음이 더 굳건해지고 수가 날마다 늘어가니라(행 16:1-5).

사도행전 16장은 선교적이다. 초반부터 선교학적 진수를 드러내고 있다. 우리는 여기서 중요한 선교학적 원리들을 발견한다. 한편, 바울의 행동에 대해 의문이 생긴다. 첫째, 바울은 디모데를 선교팀에 합류시키면서 할례를 받게 하였다. 바울은 자신이 주장하던 선교원리에 모순된 행동을 한 것일까? 둘째, 디모데가 선교전략적으로 중요한 이유가 무엇일까?

디모데는 문화적 다리 역할을 하는 '브릿지 퍼슨'(bridge person)이었다. 당시 초대교회는 율법을 중요하게 여겼다. 하나님의 백성은 유대 율법을 지키는 사람으로 규정되었다. 바울도 그런 문화적 배경에서 기독교인이 되었다. 율법이 하나님의 사람과 이방인을 나누는 경계선이었다. 확실한 한계를 설정했다. 하지만 바울은 달랐다. 그는 율법이 더 이상 하나님의 백성을 결정하는 결정적 요소가 아니라고 선언하였다. 믿음이 더 중요했다. 예수님을 믿는 믿음을 통하여 은혜로 주어지는 하나님의 구원의 선물을 수용함을 통하여 하나님의 자녀가 된다는 것이다. 이것이 루터가 주장했던 메시지였다. 웨슬리가 체험을 통하여 거듭 확인한 복음의 메시지였다. 이것이 언제나 부흥운동의 근간을 이룬 메시지였다.

바울과 실라는 소아시아로 갔다. 복음을 증거하였다. 하나님께서 벽을 허셨다. 유대인과 이방인의 장벽을 허셨다. 율법을 따르는 자와 율법을 지키지 않는 자 사이에 있는 장벽을 허무셨다. 인종의 장벽, 전통의 장벽, 그리고 종교의식의 장벽을 허무셨다. 하나님의 백성이 되는 조건은 단 하나로 좁혀졌다. 예수 그리스도를 믿는 믿음을 갖는 것이었다. 이제 바울은 이 복음을 전하기 위하여 디모데를 선교사로 선택하였다. 디모데는 특별한 사람이었다. 유대인 공동체와 이방인 공동체를 연결할 수 있는 '다리'였다. 디모데는 헬라 아버지와 유대인 어머니 사이에서 태어났다. 그래서 반은 유대인, 반은 헬라인이었다. 그런 까닭에, 바울과 실라는 복음을 증거하면서, 하나님께서 유대인과 이방인의 장벽을 허무셨다는 것을 말로만 선포한 것이 아니라 사도단에 디모데를 포함시킴으로써 확실한 이중문화적 모델을 보여준 것이다.

바울이 보여준 모델은 현재도 유효하다. 오늘날 아프리카 엔터프라이즈 (African Enterprise) 선교회 사역이 바울의 모델을 보여주고 있다. 인종격리 정책, 인종 탄압과 폭동이 일어나는 상황에서 이루어진 모델이기에 더욱 귀하다. AE 선교회는 분명한 정책을 세웠다. 선교팀에 흑인과 백인 전도자가 함께 사역하도록 하고, 예수 그리스도께서 인종간의 장벽을 허셨다는 메시지를 전하면서, 흑인과 백인 사역자가 같은 강단에서 말씀을 전하게 하였다. 그들은 입술로만 복음을 전하지 않고, 삶으로 보여주었다. 모델을 제시하였다.

디모데를 선택한 것이 중요하다. 이런 인종적 배경 때문에, 디모데가 사도들의 선교단 일원이 되었다는 것은 놀라운 사건이었다. 16장 후반부에 보면, 사도단이 마게도니야로 들어가면서, 이방인 누가를 사도단에 참여시킨다. 누가를 바울이 결정하여 참여시켰는지, 성령께서 감동을 시키셨는지, 바울과 성령이 합작한 것이든지, 우리는 이방인을 전도단에 포함시킨 일이 중요한 발전이었음을 알 수 있다. 이것은 복음을 전달하기 위하여 다문화, 다민족, 그리고 다국가 선교단체들이 하나가 되어 오늘 분열된 세상에 모델을 보여주는 것과 같다. 아직도 기독교를 '백인들의 종교'로 생각하는 사람들이 대부분인 나라들에서 이런 다인종 선교단체들은 보다 확실한 기독교 메시지를 전달할 수 있다.

질문이 생긴다. 왜 디모데에게 할례를 받게 하였을까? 믿는 자는 율법을 지키지 않아도 된다. 바울은 자신의 원칙을 배반한 것일까? 나는 그렇지 않다고 생각한다. 바울은 디모데를 유대인들이 잘 수용할 수 있도록 배려하기 위하여, 문화적응 전략을 사용한 것이다. 유대인들은 유대인 어머니의 아들인 디모데가 아직도 할례를 받지 않았다는 사실을 도저히 수긍하지 못할 것이다. 그것은 디모데가 자신의 유대 전통과 구약 언약을 거부한 것으로 인식될 것이다. 바울이 원하는 것은 그런 잘못된 감정전달을 막는 것이었다. 바울 전노난은 구약 언약을 거부하는 메시지를 전파하는 것은 아니었고, 구약의 언약이 예수 그리스도 안에서 완성되었다는 메시지였다. 디모데에게 할례는 구원의 문제가 아니었다. 디모데가 유대 공동체에 더 가까이 다가갈 수 있게 하는 점이 핵심이었다.

디모데의 할례는 오늘날 어떤 선교전략과 일맥상통할까? 무슬림 국가에서 사역하는 선교사들이 서구 기독교 예배 스타일 대신에 무슬림 예배 스타일을 수용하는 것과 같다. 기독교 예배에 무슬림들처럼 예배드릴 때 바닥에 앉고, 기도드릴 때 머리 숙여 절하는 것을 수용하는 것이다.

세 번째 이슈는 디모데의 훈련과정이다. 이 책의 논지 가운데 '새로운 지도자 선택과 훈련방법' 이론이 있다. 성령께서 부흥운동이 일어나는 곳에서, 특히 선교운동이 일어날 때에 새로운 방법으로 지도자의 선택하고 훈련하신다는 이론이다. 새로운 리더십 훈련방식은 '엘리트주의적'이 아니다. 대중적이며 '토착적'이다. 지도자는 현지에서 조달된다. 정규교육 수준에 따라 선택하는 것이 아니다. 현지 상황에서 은사가 드러난 사람을 선택하는 방식이다.

우리가 가진 정보에 의하면, 디모데는 정규교육을 받은 사람은 아니었다. 아직도 어린 신앙인이었다. 바울이 본 것은 가능성이었다. 바울은 디모데를 도제(徒弟) 시스템으로 길렀다. 함께 다녔다. 디모데는 현장에서 훌륭한 사역자로 성장했다. 바울은 디모데에게 편지를 쓰면서 디모데를 훌륭한 동역자라고 칭찬한다.

선교학적 안목이 필요하다. 우리가 평소부터 잘 아는 사도행전 18장 말씀에서 선교학적 중요한 통찰을 발견해야 한다. 먼저 함께 기도하자.

주님, 오늘도 새로운 통찰을 주시니 감사합니다. 저는 성경말씀을 통하여 배웁니다. 저희가 사역하는 타문화 경험을 통하여 배웁니다. 특히 주의 종 바울과 디모데를 통하여 새로운 통찰을 주시니 감사합니다. 그들이 선교적 문제에 부딪혔을 때, 어떻게 반응하였으며, 성령께서 그들의 삶 가운데 어떻게 인도하여 주셨는지, 그들이 성령의 인도하심에 따라 어떻게 순종하였는지 보게 하시니 감사합니다. 주님, 저희 삶 가운데서도 역사하여 주소서. 저희가 이런 선교적 상황에서 보다 민감할 수 있게 하소서. 우리가 처한 상황 속에서 성령의 인도를 받게 하소서. 음성을 듣게 하소서. 우리가 역사 탐구를 계속할 때에, 저희를 인도하여 주소서. 예수님의 이름으로 기도합니다.

2. 서론

미국은 선교사를 파송하는 나라가 되었다. 이제 우리는 미국에서 시작된 해외선교에 관해 탐구할 것이다. 우리는 간혹 미국교회를 유럽교회의 연장선상에서 본다. 유럽교회와 비슷하다고 생각한다. 사실은 그렇지 않다. 여러 다른 점들이 있다.

대서양이 가로놓여있다. 유럽과 미국 사이에 놓인 대서양은 거대한 바다이다. 아주 특별한 사람들만 건널 수 있는 바다였다. 대서양을 건너는 뱃길은 위험했다. 비싼 대가를 지불해야만 했다. 어떤 사람들이 대서양을 건넜는가? 대양을 건넌 이유는 무엇이었나? 대부분 종교적 이유, 경제적 이유, 그리고 정치적 이유 때문이었다. 사실 이 모든 이유들이 서로 섞여있을 것이다. 오늘날 일부에서는 미국을 보수주의의 보루로 간주한다. 그러나 17세기, 18세기 미국은 급진적이었다. 정치, 경제, 그리고 종교적인 면에서 모두 급진적 사고방식을 표방하는 나라였다. 유럽 교회에서 급진적 사고방식을 가진 사람들이 미국으로 건너왔다는 사실이 중요하다. 그들이 미국교회의 특성을 결정하였다. 미국은 유럽과 달랐다. 일부 교인들은 종교자유를 원했다. 새로운 방식으로 예배드리기 원했다. 대부분은 경제적 기회를 우선적으로 생각했다. 그 가운데 종교적 이유 때문에 미국으로 건너온 사람들은 급진적이었다. 급진적인 퀘이커교도, 청교도, 감리교, 그리고 침례교도 들이었다.

돈을 벌기위해 대서양을 건넌 사람들은 명목상의 기독교인들이었다. 이론적으로, 소수의 유태인들을 제외하고, 유럽에서 건너온 사람들은 모두 다 '기독교인'이었다. 99퍼센트가 기독교인이었다. 하지만 미국에 와서 교회에 출석한 사람들은 6.9퍼센트에 불과하였다. 다른 말로 설명하자면, 미국 이민자들은 유럽에서 이미 신앙과 교회를 포기하고 떠났던 사람들이었다.

유럽과 미국의 다른 점은 다양성이다. 미국에는 교회가 다양한 형태로 존재했다. 과거 유럽은 단순했다. 지역에 따라 교단이 결정되었다. 실례를 들면, 독일 지역 사람들은 루터교였고, 다른 지역은 로마 가톨릭이었다. 스코틀랜드나 북부 아일랜드 지역은 장로교였다. 영국은 대부분 성공회였다. 물론 청교도 운동을 일으킨 급진적인 사람들도 영국 출신이었다. 청교도 운동에는 여러 교단 교회들이 참여하였다. 장로교, 회중교단, 침례교, 그리고 퀘이커교가 참여하였다. 이런 점에서 영국은 예외적이었다. 이런 영국의 급진적 기독교인들이 새로운 세상을 찾아 미국으로 이민하였다.

유럽이 누렸던 종교적 통일성이 무너졌다. 북미는 교단전시장이 되었다. 물론 버지니아 지역에서는 성공회, 뉴잉글랜드 지역에서는 회중교단이 주를 이루었지만, 일반적으로 식민지에는 다양한 교단들이 공존하게 되었다. 성공회, 장로교, 회중교단, 퀘이커교, 침례교, 그리고 감리교가 모두 이웃하며 함께 공존하였다. 미국에서 '교단개념'이 생겨났다. 유럽 전역에는 대부분 교단개념이 없이 단순히 교회라고 불렀다. 오늘 우리 개념으로 보면 루터교, 로마 가톨릭, 장로교, 혹은 개혁교단 등이지만, 유럽에서는 지역에 따라 그저 하나의 '교회'로 존재했었다. 이제 미국에서는 달라졌다. 유럽 여러 지역교회들이 상호관계를 가지면 공존하였다. '교단'이라는 말이 특정 단체를 지칭하는 '명칭'이나 혹은 특정 교회를 규정하는 용어로 사용되기 시작하였다. 특정 지역에 존재하는 교회를 통칭하는 것이 아니었다. 각 교단들은 더 이상 유럽에 있을 때와 같은 국가적 지원을 기대할 수 없었다. 교회의 정체성과 사역을 계속하기 위해, 같은 전통을 가진 교회들이 하나의 조직으로 연결되기 시작했다. 이렇게 교단이 생겨났다. 교단의 세 가지 중요한 역할이 있었다. 첫째, 자신의 신학을 정립하였다. 둘째, 사역자를 훈련하고 안수하였다. 셋째, 선교활동에 참여하였다.

유럽 상황은 변하지 않았다. 대부분 자신이 속한 교회에 출석하였다. 그들이 미국에 왔을 때, 근처에 자신이 속했던 교단교회가 없는 경우가 많았다. 새로운 이민자들의 믿음도 강하지 못했다. 그래서 이민자들이 교회생활을 할 수 있도록 교회를 설립하고 목회자를 모셔오는 일이 중요했다. 루터파 경건주의자인 뮬렌버그(Muhlenberg)가 그랬다. 펜실베이니아 지역으로 이주한 루터교 신자들을 모아 교회를 설립하고 목회자를 초빙하였다.

청교도 지역에서 회중교단이 제일 큰 교단이 되었다. 하지만 대다수의 사람들은 다른 공동체 활동은 하였지만 교회에는 출석하지 않았다. 얼마 지나지 않아, 뉴잉글랜드 지역에 성공회와 침례교회가 설립되었다. 그러나 주변 사람들은 교회에 나가지 않았다. 뉴잉글랜드 이민자 가운데 소수만이 청교도였다. 더구나 미국에서 지내는 햇수가 길어질수록, 청교도 자녀들의 신앙은 퇴색해갔다. 더 이상 교회에 출석하지 않았다. 한 역사가는 당시 상황을 간략하게 서술하였다. 뉴잉글랜드 청교도들은 삶의 초점을 '성결함에서 사회적 지위'로 바꾸었다. 더욱이 교회는 교인들에게 높은 기준을 제시하였다. 교회는 새로운 교인들에게 구체적인 개종경험을 요구하였다. 개종경험을 구체적으로 말할 수 없는 사람들은 교인이 될 수 없었다. 이 결과로 북미 식민지에서 교회에 출석하는 인구는 6.9퍼센트에 불과하였다.

미국 상황은 유럽과 달랐다. 볼티모어, 멜릴랜드 지역은 로마 가톨릭이 대세를 이루고 있었다. 펜실베니아는 퀘이커, 루터교, 그리고 장로교 순이었다. 뉴저지는 장로교와 화란 개혁교회가 대세를 이루고 있었다. 각 교단이 특정 지역에 대세를 이루고 있다고 하여도, 현지 상황은 유럽과 달랐다. 유럽은 거의 모든 국민이 특정 교단에 소속되어 있었기 때문이다.

새로운 교단도 생겨났다. 대서양을 건너온 유럽계 교단들 이외에 북미계 신생교단들이 생겨났다. 토착적인 교단들이었다. 영국 감리교회가 일어난 직후 미국 감리교회가 일어났다. 미국에서 가장 큰 교단을 형성했다. 미국 침례교회는 모체인 영국 형제교회를 숫자적으로 압도했다. 유럽과 전혀 관계가 없는 신생교단들도 생겨났다. 그리스도의 제자교회(Disciples of Christ)는 미국 개척자들이 세운 교단이다.

미국의 상황은 달랐다. 새로운 상황은 새로운 전도방법을 요구했다. 교회생활을 하지 않던 대다수의 명목상의 그리스도인들에게 복음을 새롭게 제시하고 불신자를 전도하는 새로운 전도방법이 필요했다.

염려도 있었다. 신생국인 미국이 완전히 이교도 국가가 되는 것은 아닌가. 교회가 사라져버리지나 않을까. 미국 기독교를 분석하는 새로운 틀이 있다. 신앙부흥운동과 새로운 리더십 패턴들은 미국 기독교를 보는 참으로 중요한 요소들이다.

교회 리더십 패턴이 달랐다. 교회가 북미에서는 유럽과 달리 좀 더 유연한 리더십을 발휘하였다. 교회조직이 유연하였다. 유연한 리더십을 가진 교회는 성장하였다. 리더를 선택하고 훈련하는 방법과 교회조직이 유연하면 성장하였다. 새로운 개척지인 미국은 유럽과는 판이하게 달랐다. 전통적인 유럽방식은 적합하지 않았다. 이것이 북미 교회에서 볼 수 있는 선교학적 문세들이었다. 이런 현상은 새로운 문화 속으로 들어가 복음을 전하고 교회를 설립하려는 사람들이 겪는 선교학적 문제들과 같다.

북미의 개척지와 미개척지와의 경계지방이 문제였다. 많은 사람들은 서부 개척지를 누구나 차지할 수 있는 땅으로 인식했었다. 아메리카 원주민들의 권리를 무시하였다. "젊은이여, 서부로 가라!"[1] 이런 의식은 새로운 기회와 아이디어에 대해 개방적인 태도를 갖게 하였다. 역사가들은 북미 개척지의 존재가 미국인의 사고방식에 끼친 영향에 관하여 연구하였다. 미국인들은 의심할 여지없이 개척자 정신을 갖게 되었다. 이런 프론티어 스피릿(frontier spirit)은 미국 교회 형성에 지대한 영향을 미쳤다.

북미 선교가 새로운 개척지에 토착화하면서 고려한 요소들이 있다. 부흥운동, 리더를 선택하고 훈련하는 새로운 방법들, 그리고 유연한 교회조직들이 핵심요소들이었다. 유럽형 교회들은 변해야만 했다. 미국 토양에 효과적인 모델로 변모해야만 했다. 유럽방식을 고집하고 반복하는 것은 실패를 의미하였다. 선교운동사를 살펴보면 네 가지 중요한 핵심요소들이 있다. 첫째, 선교신학이다. 우리가 가진 신학은 우리의 정체성과 목표를 보여준다. 신학은 우리로 복음전도와 교회개척에 초점을 맞추는 선교사역을 하게 하기도 하고, 사회변혁

---

1) "Go West, Young Man!"은 당대의 슬로건이었다. - 역주

과 자선사역에 초점을 맞추게도 한다. 내가 이상적으로 생각하는 바와 같이, 우리 신학에 복음전도와 사회적 관심이 모두 포함되어 있다면, 우리 신학은 이 둘의 상관관계를 이해하는 데 유익할 것이다. 둘째, 영적 생활양식이다. 무엇보다 영적인 동기가 중요하다. 하나님의 소명에 순종하여 편안한 곳을 떠나 선교지로 가려는 동기가 중요하다. 위험, 질병, 그리고 적개심이 도사리고 있는 곳으로 가려는 동기가 무엇인가? 오직 성령의 강권하심이 아닐까! 선교운동에는 이러한 순수한 영적인 동기가 작용한다. 그러기에 선교운동은 대부분 개인적이며 집단적인 갱신과 부흥운동을 통해 촉발된다. 셋째, 선교구조이다. 선교사를 파송하고 지원하는 선교구조는 핵심적이다. 넷째, 리더십이다. 선교적 비전을 다른 사람들에게 전달하는 리더십이 핵심이다. 나는 이런 모든 요소들이 모든 선교운동에 나타나고 있다고 주장하는 것은 아니다. 선교운동에 일반적으로 나타나는 특징들이라고 지적하는 것이다. 특성이 나타나는 순서도 정확하지 않다. 일반적으로 영적인 역학에 의해 동기가 유발된 지도자가 새로운 선교운동을 시작한다. 신학적 성찰은 그 다음에 온다. 성령의 부르심을 받은 선교사들이 선교지에 도착하였을 때, 선교지에 어떻게 반응할 것인지를 고심하면서, 후일 현지 선교사역을 후원하기 위한 선교단체가 조직되면서 신학이 형성된다. 건강한 선교운동을 위한 핵심요소들 가운데 첫 세 가지 요소들은 꼭 있어야만 한다. 네 번째 요소도 나타날 것이다. 이제 이런 요소들이 북미 선교지 상황에서 어떻게 나타났는지 탐구해 보자.

3. 선교신학 개발하기

청교도는 신학적이었다. 청교도는 당대 영어권 신학자들 가운데 가장 창의적이고 활동적이었다. 그들은 18세기 선교사상에 지대한 영향을 미쳤다. 청교도 선교신학은 탁월하였다. 우리는 인식해야 한다. 우리가 의식하든, 의식하지 못하든 간에, 우리는 특정한 선교 신학적 사고를 하고 있다. 우리의 선교신학은 암시적일 수도 있고 명시적일 수 있다. 하지만 우리의 선교신학은 부지불식간에 우리의 동기와 행동을 결정한다.

1) 하나님과 동역하는 파트너십 신학

청교도 신학은 특징이 있었다. 첫째, 청교도 신학은 파트너십(Partnership) 신학이었다. 우리는 구속사역을 위해 하나님과 동역하도록 함께 부름받았다는 주장이다. 크리스천은 역사에 나타난 하나님의 구원계획에 하나님과 함께 참여하도록 부름받았다. 청교도들이 뉴잉글랜드 지방에 정착하였을 때, 그들은 하나님께서 두 가지 사명을 주셨다고 믿었다. 첫째, 새로운 시온을 세우는 것이다. 신앙적 이상향인 '광야에 새로운 신의 선민 이스라엘을 건설하는' 사명을 받았다고 믿었다. 청교도는 자신이 새로운 출애굽에 참여하고 있다고 보았다. 대서양은 홍해로 간주되었다. 유럽은 애굽이었다. 뉴잉글랜드는 약속의 땅이었다. 이런 강력한 유비(類比)는 그들에게 방향을 제시하였고 시대적 사명을 잘 감당하게 하였다. 그들은 새언약을 지닌 사람들이었다. 청교도는 그들이 역사의 새 시대를 열고 있다고 믿었다.

청교도는 확신했다. 유럽교회와 국가들은 쇠퇴하고 있다. 하나님께서 우리에게 소명을 주셨다. 낡은 유럽의 먼지를 발에서 털어내고, 새 땅으로 가서, '산 위에 세운 도성 시온'을 건설하라. 이 도성은 세상의 빛이 되고 하나님께 헌신하고 언약에 순종하는 백성이 어떤 백성이 되고 무엇을 해야 하는지를 보여주는 모범이 되어야한다고 믿었다. 세상에 보여주는 모범된 백성이 되고자 하였다. 물론 자만심도 있었지만, 그들은 하나님께 순종하기 위해 노력하면서 목표를 높이 설정하였다. 그들은 완벽하지 않았지만, 그들은 신앙공동체를 세우고 대학들을 세워나가면서 놀라운 업적을 이루었다.

청교도는 활발한 선교활동을 하였다. 초기 청교도들은 원주민인 '인디언들'을 개종시키려 하였다. 존 엘리어트(Eliot)와 매이휴 일가(the Mayhews)와 다른 몇 사람은 인디언에게 복음을 전하였다. 하지만 세대가 바뀌면서, 백인들은 아메리카 원주민들을 착취하기 시작했다. 이것은 청교도의 이상과는 달랐다. 최초의 청교도는 원주민들을 복음화해야 한다고 확신하였다.

2) 근본적 동기, 하나님의 영광

둘째, 청교도는 모범적인 칼뱅주의자였다. 하나님의 영광은 청교도의 근간을 이루는 정신이었다. 근본적 동기였다. 청교도 문헌인 웨스트민스터 요리문답은 다음 질문으로 시작한다. "사람의 제일되는 목적이 무엇인가?" 답은, "사람의 제일되는 목적은 하나님을 영화롭게 하는 것과 영원토록 그를 즐거워하는 것이다." 얼마나 놀라운 고백인가! "하나님을 즐거워하는 것"은 전혀 다른 신앙적 분위기를 제공한다. 일반적인 기독교 신앙인들이 가진 자세와 확연히 다르다.

의미가 중요하다. "하나님께 영광을 돌림"은 무엇을 의미하는가? 나는 프린스턴의 오토 파이퍼(Otto Piper)가 가장 멋진 정의를 내렸다고 본다. 그는 말했다. 하나님께 영광돌린다는 것은 하나님의 인격과 아름다움이 실제로 드러나게 살아가는 것으로, 우리의 인격에 결함이 있더라도 하나님의 영광은 드러날 수 있다. 하나님의 영광의 광채가 높이 들렸을 때 하나님은 영광을 받으신다. 청교도들은 확신하였다. 하나님 나라가 확장될 때, 하나님께서 영광을 받으신다. 이런 신학개념은 놀라운 선교적 함축을 내포하고 있었다. 그런 까닭에, 하나님의 영광의 가장 우선적인 선교신학과 선교적 동기가 되었다. 예수 그리스도를 사랑하고 잃어버린 영혼들을 향한 동정심도 중요했지만, 그것은 이차적인 것이었다.

3) 구원에 대한 가능성

셋째, 가능성이다. 청교도는 모든 사람들 속에 놀라운 가능성이 있다고 보았다. 청교도는 모든 인간이 죄인임을 인정하면서도 구속받을 가능성을 믿었다. 모든 사람들이 대단한 가능성을 가지고 있다고 보았다.

여디디아 모르스(Jedidiah Morse)는 뉴잉글랜드 회중교회 목사였다. 그는 앤도버 신학교와 미국 해외선교회 이사였다(그의 아들 사무엘 모르스는 전보 전신기를 발명하여 유명해졌다). 당시 대부분의 미국인들은 아메리카 원주민들을 이류나 삼류 인간으로 보았다. 그들이 가진 가능성을 인식하지 못하였다. 하버드 대학 교수들도 그렇게 생각했다. 하지만 19세기 초, 모르스는 기록하고 있다. "아메리카 인디언들도 다른 어떤 사람과 다름없이 동일한 가능성을 가지고 있다. 그들이 예수님의 피로 구속함을 받는다면, 그들 또한 어느 백인 못지않게 영적 생활을 향유하며 문명을 발전시킬 수 있는 가능성이 있다."

오늘 우리는 이런 정도로는 전혀 놀라지 않지만, 2세기 전에는 엄청나게 급진적인 주장이었다. 모르스가 칼뱅주의 신학을 가졌기에 이런 말을 할 수 있었다. 칼뱅주의 신학은 모든 사람들이 죄인이지만, 그들이 구속받을 때 그들이 가진 가능성이 드러날 것으로 믿었다. 이 가능성에 대한 개념은 선교적 함축을 가지고 있다.

4) 교회론

넷째, 청교도는 교회론이 철저하였다. 신학적으로 교회를 높였다. 그들은 교회가 십자가 아래 존재하며, 사탄과 악의 세력을 대항하는 영적 군대라 여겼다. 세례는 특정인이 영적 군대에 입대하여 영적 전쟁을 수행하는 것을 의미하였다. 교회는 순례자이며, 이 세상에서 완벽한 고향은 없다. 존 번연(John Bunyan)의 『천로역정』(Pilgrim's Progress)은 천국으로의 순례길을 그리고 있다. 청교도 정신을 반영하고 있다. 이 책은 성경 다음으로 많은 세계 각국어로 번역되었다. 번연은 침례교 청교도였다. 그는 인생을 순례길, 유혹에 대한 갈등, 악마의 공격에 대한 갈등으로 보았다. 전형적인 청교도 인생관을 반영하고 있다.

그런 까닭에, 청교도는 선교를 개인구원으로 간단하게 생각하지 않고, 전 세계에 교회를 개척하는 것으로 보았다. 청교도 신학에서 교회는 거대한 모습을 드러내고 있다.

복음주의 신학에도 약점은 있다. 과거에 등장한 복음주의 신학들에 나타난 약점은 적절하지 못한 교회관에 있다. 한 마디로 교회론이 약하다. 교회는 그리스도의 몸이기에, 교회개척과 교회양육은 핵심적이다. 하지만 나는 청교도의 교회론에 동의한다. 교회는 개종된 교회가 되어야 한다. 존 엘리어트는 청교도로 아메리카 원주민 교회를 설립하기 위해 노력하였다. 그는 여러 개의 원주민 교회를 설립하였을 뿐만 아니라, 아메리칸 원주민을 목회자로 안수할 수 있도록 주창하고 노력하였다. 그는 말했다. "현지 원주민 언어가 서투른 영국인 사역자는 인디언 교회에 장애물이 될 것이다." 그래서 현지 인디언 목회자가 더 낫다고 생각했다. 18세기에 그런 생각을 했다는 자체가 놀랍다. 그 결과로 두 명의 현지 인디언 목회자가 탄생하였다. 우리는 전에 마서스 빈야드에서 매이휴 선교사가 아메리칸 원주민 두 사람을 목사로 안수하였음을 살펴 본 적이 있다.

5) 종말론

다섯째, 종말론이다. 청교도는 흥미로운 종말을 가지고 있었다. 그들은 교회 역사를 가르는 세 시대가 있다고 믿었다. 첫째는 사도시대였다. 사도시대에 복음은 전 세상에 개방되었다. 어떻게 해서 복음이 전 세상에 개방되었는지는 확실하지 않고, 약간 신비롭다. 사도시대에 복음이 전 세상에 개방되었기 때문에, 교회에는 더 이상 선교비전이 없다. 이 논리는 교회가 선교적 비전을 가지지 못한 것에 대해 변명할 수 있는 편리한 교리였다. 둘째는 적그리스도 시대였다. 그들은 적그리스도의 출현과 핍박으로 시대를 규정하였다. 그들은 교황을 적그리스도로 규정하고, 핍박의 시기를 종교개혁 시기로 보았다. 청교도는 이제 역사가 세 번째 시대로 가고 있다고 믿었다. 세 번째 시기는 교회가 비서구권 이방인들에게 가는 시기로 보았다. 교회는 땅 끝까지 확장될 것이며, 모든 민족과 언어가 그리스도 앞으로 나올 것이다. 청교도는 당시 두 번째 시대가 끝나고 세 번째 시대가 시작되고 있다고 믿었다.

6) 선택의 목적

청교도는 선택교리를 믿었다. 선택은 청교도 신학의 중요한 주제였다. 선택교리는 간혹 자만심을 갖게 하거나 영적 자만심을 부추기기도 하였다. 하지만 그것이 칼뱅주의 선택교리가 가진 특징이기도 하였다. 하지만 청교도는 선택 자체만을 보지 않았다. 청교도는 선택에는 언제나 목적이 있다고 믿었다. 하나님의 종이 되어, 하나님께 순종하는 것이 목적이라고 믿었다.

청교도는 하나님의 섭리를 믿었다. 역사의 특정 시간에 어떤 민족이 복음을 들어야 할지를 하나님께서 결정하신다고 믿었다. 하지만 결국 모든 나라들이 기독교 메시지를 듣고 그 중 일부가 개종하게 될 것으로 믿었다.

인디언 원주민들이 복음을 들었다. 청교도는 뉴잉글랜드 인디언들이 복음을 듣고 복음에 반응함으로써 그 날이 도래하였다고 여겼다. 청교도가 가진 선택교리에는 이런 선교학적 함축이 있다. 이런 관점에서 보면 청교도의 인디언 선교운동이 가진 선교학적 함축이 보다 분명하게 보인다.

4. 대부흥운동의 역학

대부흥운동은 선교운동과 직결된다. 사람들이 편안하고 안정적인 삶의 터전, 가족, 친구들을 버리고 나와 다른 사람, 적대적인 환경, 먼 나라를 향해 떠나는 동기를 부여하기 위하여 상당한 영적 에너지가 필요하다. 그런 대단한 영적 에너지는 부흥운동이나 갱신운동에서 나온다. 18세기 일어난 북미 대부흥운동은, 세기 말에 이르러 제2차 부흥 운동으로 연결되었고, 대서양 건너 편 영국에서 부흥운동이 일어나 세계로 선교사를 보내게 되었듯이, 미국에서 해외 선교에 대한 동기를 부여하였다.

청교도들이 뉴잉글랜드에 정착한지 1세기가 지나자, 청교도 후예들은 청교도적 열정을 대부분 상실하였다. 그들은 안착하고, 풍요를 누리게 되었다. 다음 세대는 교회는 출석하였지만, 청교도 운동을 일으켰던 불길은 대부분 사라졌다.

1) 솔로몬 스토다드

솔로몬 스토다드(Stoddard)는 북 햄톤(Hampton) 지역에서 목회하던 목사였다. 그는 영적 각성이 필요하다는 것에 대해 절감하고 있었다. 그는 또한 아메리카 원주민 선교를 주장하였다. 당시 아메리카 원주민들은 이주민들에게 적대감을 표시하고 공격하기도 하였지만, 스토다드는 그들에게 복음을 전해야 한다고 주장하였다. 그는 마태복음 28장을 주해하면서, 마태복음에 나타난 선교명령이 이 시대에도 적용되는 말씀이라고 강조하였다. 이런 점에서 그는 윌리엄 캐리와 해석학적 관점을 공유하였다. 그가 죽기 며칠 전, 최근 예일대학을 졸업한 손자에게 부탁하였다. 자신을 도와 부목사가 되고, 후계자가 되어 목회를 하라고 하였다. 그 손자가 유명한 조나단 에드워즈이다.

2) 코튼 마서

코튼 마서(Cotton Mather)는 청교도 지도자였다. 선교비전으로 가득한 사람이었다. 그는 독일 할레에 있는 프랑케(Franke), 인도에서 사역하는 지겐발크, 영국의 법정에 채플린으로 있는 성공회 신부와 서신을 교환하였다. 당시는 교단 장벽이 하늘을 찌르던 시대였는데, 여러 교단 지도자들과 선교를 위한 목적으로 서신을 교환했다는 것은 주목할 만한 일이다. 미국 회중교회 지도자 한 사람, 독일 루터교 지도자 두 사람, 그리고 영국 성공회 지도자 한 사람은 함께 세계선교의 비전을 나누었다. 선교비전을 공통분모로 하여, 그들은 초교파적인 선교협력을 한 흔치 않는 모델을 보여주었다.

마서는 유럽대륙의 경건주의 사상을 미국에 소개하였다. 청교도주의는 경건주의에게 영향을 준 사상들 가운데 하나였으나, 이제는 독일의 경건주의가 뉴잉글랜드 청교도주의에게 영향을 주는 시대가 도래하였다.

마서는 복음전도와 교회연합을 동시에 주장하였다. 종말론도 중요했다. 그의 역사관은 행동을 요구했다. 그는 하나님께서 우리에게 순종하라고 부르신다 하였다. 그는 교회의 선교적 확장을 역사의 완성인 재림을 위한 핵심적 부분이라고 믿었다. 마서는 선교적 비전을 글로 적었다. 그는 인디언, 흑인 노예, 유대인, 그리고 스페인계 미국인들에 대한 관심을 표명하였다. 그는 폭넓은 저술 활동을 하였다. 그의 저술들은 대서양을 건너 북미에서도 회람되었다. 그는 교회가 보다 큰 선교적 비전을 가져야 한다는 '소리'였다.

3) 조나단 에드워즈와 대부흥운동

대부흥운동은 중부 뉴저지에서 시작되었다. 화란 개혁파 목사인, 데오도르 프레링하이즌(Theodore Jacobus Frelinghuysen, 1691-1747)이 주도했다. 그는 흩어져 모이는 몇 개 교회를 돌보고 있었다. 경건주의와 비슷한 각성운동이 그에게 영향을 주었다. 화란 개혁교회는 아주 보수적이었고, 프레링하이즌(Frelinghuysen) 목사의 개종을 강조하는, 보다 개인적인 복음설교를 반대하였다. 1725년과 1726년, 일부 교회에서 부흥이 일어났다. 그런데 전통적인 사람들이 목사에게 반대하지 않았다. 그런 까닭에 프레링하이즌은 젊은 장로교 목사인 길버트 테넌트(Tennent)에게 영어를 하는 정착민들에게 영어로 설교하도록 자기 교회를 빌려주었다. 일부 화란 정착자들은 복음을 영어가 아닌 화란어로만 전파해야 한다고 생각했었다.

테넌트의 부친 윌리엄은 북부 아일랜드 출신이었다. 그는 경건한 사람으로 청교도와 경건주의 사상을 수용하였다. 그는 목회자 후보생들을 뉴잉글랜드와 유럽으로 보내기 어렵다는 것에 대해 염려하였다. 그리고 오래된 제도권 교회들이 가진 영적 생활습관의 속성에 대해 만족하지 못하고 있었다. 그리하여, 그는 펜실베이니아에 작은 신학교를 설립하고, 허술하게 '통나무대학교'(log college)라고 명하였다. 거기서 20명 가까운 젊은이들을 목회자로 훈련시켰다. 자신의 네 아들들도 함께 훈련을 시켰다. 그들은 큰 확신을 가지고 복음을 증거하였다. 외적인 종교적 행위보다 깊은 내면세계의 변화를 강조하였다. 그들은 교회가 없는 곳으로 갔다. 개척자들을 찾아갔다. 당시는 목회사나 교회도 별로 없었고, 거리가 멀었기 때문에 유럽에서 통용되던 구역제도는 북미 식민지 상황에 적합하지 않았다. 부흥운동가들은 성직자에게 보다 높은 표준을 요구하였다. 일부 유럽에서 온 일부 성직자들 가운데 성직자라고 할 수 없는 사람들도 있었다.

1741년 뉴저지 장로교단이 분열되었다. 분열의 시작은 갈등에서 왔다. 유력한 쪽 사람들이 더 이상 통나무대학교 졸업생들을 안수하지 않기로 거부하고 부흥운동가들을 내쫓으면서 갈등이 고조되었다. 1758년 양측이 통합하였을 때, 부흥운동가들 가운데 목회자 숫자가 22명에서 73명으로 늘어났고, 교회 숫자는 그 보다 훨씬 더 성장하였다. 부흥운동을 반대하는 목사들은 27명에서 23명으로 줄었다. 테넌트의 통나무대학은 결국 뉴저지대학으로 개명하였고, 프린스턴으로 이사하였다. 대학의 이름은 바뀌었지만 원래 목적을 계속 유지하였다. 계속해서 부흥을 위해 목회자를 훈련시켰다.

1734년 비슷한 운동이 매사추세츠 노스햄튼(Northampton)에서 일어났다. 조나단 에드워즈가 믿음으로 받는 의로움에 대한 설교 시리즈를 하고 있을 때, 수많은 영혼들이 주께로 돌아왔다. 부흥이 시작되었다. 얼마 후, 에드워즈는 그 내용을 책으로 출간하였다. 수천 명의 개종에 타나난 하나님의 놀라운 역사에 관한 사실적 이야기였다. 이 책은 유럽과 북미 양쪽에서 회람되어 읽혔고 부흥운동을 부추겼다. 부흥운동은 1735년 가라앉았지만, 1739년 다시 시작되어 뉴잉글랜드와 북미 동부 해안선을 따라 남쪽지방으로 번져갔다.

캐리는 선교단체의 필요성을 처음으로 천명한 사람으로 알려져 있다. 하지만 캐리보다 먼저 에드워즈가 선교단체를 사용하여 전도할 것을 주창하였다. 그는 기도합주회를 열었고, 이 운동은 유럽과 미국교회에 지대한 영향을 미쳤다. 에드워즈는 부흥을 새로운 시대가 다가오고 있음을 알리는 징조로 보았다. 1744년 스코틀랜드 목사들이 모여 새로운 세기가 오기를 위한 공개 기도모임을 소집하기도 하였다. 에드워즈는 이런 운동을 독려하기 위하여 책을 썼다.

조지 휫필드는 옥스퍼드대학의 '홀리클럽'(Holy Club)의 회원이었다. 그는 대서양을 건너와 구름같이 몰려든 청중들에게 설교하였다. 당대를 대표하는 최고의 설교자를 상상해 보라. 그는 장로교를 대표하는 설교자 테넌트(Tennent)와 회중교회를 대표하는 설교자 에드워즈(Edwards)와 친하게 되었다. 미국 식민지에 있던 성공회 지도자 대부분은 부흥운동에 관여하지 않았지만, 대부분의 회중교단과 장로교단은 부흥운동을 지지하였고, 각각 수천 명의 새신자들을 얻었다. 뉴잉글랜드에서, 회중교회를 떠난 평신도 설교자가 침례교인이 되었다.

대부흥운동으로 인하여, 교회는 놀랍게 성장하였고 여러 교육기관들이 설립되었다. 휫필드에 관한 두 가지 즐거운 이야기가 있다. 벤자민 프랭클린은 기독교인이 아닌 이신론자였지만 휫필드를 대단히 칭찬하였다. 휫필드는 야외에서 3만 명이나 되는 군중들 앞에서 설교하였다고 한다. 프랭클린은 과학자였기에, 휫필드의 야외집회에 참석하여 설교가 들리는 곳까지 멀리 나가 보았다. 그는 거기서 원을 그려보면서 휫필드의 설교를 들을 수 있는 사람들의 숫자를 계산하였다. 그는 5만 명은 족히 모여 휫필드의 설교를 들을 수 있다고 계산하였다.

휫필드는 초교파적인 사람이었다. 이 이야기는 종교적 경쟁이 극한 상황에서 드러난 휫필드의 초교파 정신을 보여준다. 그는 설교 중에, 믿음의 조상 아브라함을 상상했다. 그는 아브라함을 불렀다. "천국에 있는 사람들이 어떤 사람들입니까? 거기 성공회 신자가 있나요?" "없다!" "장로교인은 있습니까?" "없다!" "침례교인은 있습니까?" "없다!" "회중교단은요?" "없다!" "그렇다면 천국에는 누가 있습니까?" 천국에서 아브라함의 대답이 들려왔다. "어린양의 피로 씻음받은 자들 외에는 아무도 없다!"

대부흥운동은 미국 독립전쟁이 발발하자 쇠퇴하였다. 하지만 전쟁 후에 다시 일어났고 독립한 미국에서 북미 선교운동을 태동시켰다.

4) 데이비드 브레이너드

1740년, 뉴잉글랜드 개신교는 아메리카 원주민 선교를 지난 100년간 지원하였다. 하지만 그 누구도 데이비드 브레이너드처럼 군중들의 마음을 사로잡지 못했다.

브레이너드는 예일대 학생이었다. 그는 대학에서 부흥운동을 경험하였다. 어느 교수가 부흥운동에 대해 부정적인 발언을 하자, 그는 특정 교수의 신앙은 그가 앉은 의자 다리 한쪽만도 못하다는 이야기를 하였다. 그 말을 했다는 이유로, 브레이너드는 학교에서 쫓겨났다.

그는 아메리카 원주민 선교사가 되었다. 뉴저지 크랜베리(Cranberry) 지역이었다. 그의 전도는 약간의 열매가 있었지만, 생활환경이 너무 열악하고 날씨가 혹독하였다. 그는 3년간 사역하면서 결핵에 걸리고 말았다. 고향으로 돌아온 그는 조나단 에드워즈 집에서 숨을 거두었다. 그의 약혼녀가 에드워즈의 딸이었다. 그가 죽으면서, 자기가 쓴 글들을 에드워즈에게 전해주면서, 하나님의 영광을 위해 사용해 달라고 부탁하였다.

에드워즈는 책을 출간하였다. 데이비드 브레이너드 목사의 신앙과 생활을 보여주는 책이었다. 에드워즈는 서문에 브레이너드의 관심은 하나님의 영광이라고 썼다. 이교도들을 개종시키는 것이 하나님께 영광을 돌리는 최선의 방법이기 때문에, 브레이너드는 선교사가 되었다. 브레이너드의 일기는 유럽과 미국에 사는 수많은 독자들에게 강력한 영향을 미쳤다. 그 선교적 영향력을 지금까지 계속되고 있다.

5) 제2차 대부흥운동

미국 독립전쟁은 성공했다. 1776년 미국은 영국 식민지에서 해방을 맞게 되었다. 당시 미국에는 대학에서 이신론이 유행하였고 신앙은 쇠퇴하고 있었다. 일부 사람들은 교회의 미래를 어둡게 생각했다. 소망이 없다고 보았다. 1795년, 에드워즈의 손자인 티모시 드와이트(Timothy Dwight)가 예일대 총장이 되었다. 그는 모든 학생들에게 조직신학을 가르쳤는데, 그의 사상과 삶은 강력한 힘이 되어 학생들에게 영향을 미쳤다. 1802년, 예일대 학생들 가운데 3분의 1이 개종하고 신앙을 고백하였다. 그 가운데 상당수가 사역자가 되었다. 다른 대학에도 부흥이 불길이 타올랐다. 부흥의 불길은 미국 남부를 휩쓸고 서부 개척지까지 번져갔다.

부흥운동은 힘차게 타올랐다. 청교도는 신학적 기초를 놓았다. 테넌트, 에드워즈, 횟필드, 드와이트, 그리고 다른 지도자들의 삶을 통해 나타난 성령의 역사는 부흥의 불길을 더욱 힘차게 타오르게 하였다. 탄탄한 신학적 사고 그리고 성령의 역사와 부흥을 갈망하는 마음이 어우러져 놀라운 부흥의 역사를 이루었다. 신학과 성령의 역사, 이 둘은 서로 필요하다. 둘 가운데 하나가 빠진다면 기형적인 운동이 되고 말 것이다.

사무엘 홉킨스는 탁월한 영적 지도자였다. 에드워즈 후계자들 가운데 하나였다. 홉킨스는 젊은 목사로 에드워즈와 함께 생활하였었다. 그는 초기 선교운동과 노예제도 철폐 운동에 강한 영향을 끼쳤다. 그의 신학은 박애정신을 강조했다. 기독교인의 최고목표는 다른 사람을 위해 사심 없는 박애정신을 실천하는 것이며, 자신의 유익을 구하지 않는 것이라고 가르쳤다. 홉킨스의 신학은 미국인의 삶과 문화에 결정적인 기여를 하였다.

홉킨스는 교회에서 사욕이 없는 선행에 관해 가르쳤다. 그의 교회가 있던 로드 아일랜드 뉴포트는 노예상이 활발한 곳이었다. 홉킨스 교인들 가운데도 노예상이 있었다. 그는 말했다. "사욕이 없는 선행은 무엇입니까? 우리가 하나님을 섬기고, 하나님께 영광을 돌리고, 사람을 섬기기 위해 어디든 기꺼이 가는 것입니다. 우리는 자신의 경제적 이득과 반대되는 일이라도 옳은 일이라면 해야만 할 것입니다." 홉킨스의 설교를 듣고 몇 사람은 노예상을 접었다. 우리는 그때 모든 교회들이 홉킨스와 의견을 같이했더라면 하고 생각한다. 그러나 사실은 그렇지 못하였다. 노예제도는 뉴잉글랜드에서 상당히 일찍 폐지되었다. 홉킨스의 영향도 컸다. 노예제도가 뉴잉글랜드 경제에 미치는 영향이 남부보다는 크지 않다는 사실도 일조하였다. 예일대에는 훌륭한 졸업생을 기리는 벽에 끼워넣는 명판이 있다. 예일이 배출한 위대한 졸업생을 기리기 위한 것인데, 그 가운데 데이비드 브레이너드와 홉킨스가 있다.

5. 해외선교조직체

미국에 해외선교조직체들이 생겨나기 시작했다. 선교단체들은 부흥운동을 배경으로 탄생하였다. 부흥운동과 신학을 기초로 여러 선교단체들이 조직되었다.

1) 아메리카 원주민과 선교단체

미국 선교는 원주민들을 향한 다양한 선교활동으로 시작하였다. 여러 집단에서 작고 산발적인 선교활동을 시도하였다. 미국 내 여러 주에, 회중교단, 모라비안 교도, 루터교, 퀘이커, 장로교, 감리고, 그리고 성공회 등 작은 교단 선교부가 활동하고 있었다. 이들 선교부의 사역은 대부분 아메리카 원주민을 대상으로 하고 있었다. 일부 선교는 미국 개척자들에게 초점을 맞추기도 했다. 18세기 말에 이르자, 이런 선교활동을 하는 선교단체들이 숫자적으로 증가하였다.

2) 활발한 교단선교

19세기초 장로교단은 선교회를 조직하기 시작했다. 1803년 장로교 총회는 해외선교를 위한 파송위원회를 조직하였다. 시작은 소박하였다. 장로교는 국경지역 정착민들, 아메리카 원주민(Native American), 그리고 흑인들에게 복음을 전하기 시작했다.

3) 세계화된 선교

핵심인물이 있었다. 미국 해외선교를 시작한 핵심인물은 사무엘 F. B. 밀즈(Mills)였다. 그는 매우 선교학적인 인물이었다. 동시대 어느 누구보다 탁월한 선교적 비전을 가진 사람이었다. 그는 해외선교 비전을 구체화하기 위해 새로운 선교조직체를 만들었다.

여기서 잠시 밀즈 어머니를 살펴보자. 그녀는 회중교회 목회자와 결혼하였고, 아들이 태어나기 전에 하나님께 아들을 선교사로 드리기로 서원하였다. 월리엄 캐리가 인도를 향해 떠나기 전이었다. 1806년 밀즈는 윌리엄스 대학 학생이었고, 친구들 몇 명과 함께 대학에 부흥을 달라고 기도하기 시작했다. 학생들은 대부분 대학 건물 뒤쪽에 있는 목초지에 모여 기도했다. 어느 날 기도하는데 폭우가 쏟아졌다. 학생들은 비를 피하기 위해 건초더미 안으로 들어갔다. 그들이 건초더미에서 기도하면서 자신들을 세계선교를 위해 드리기로 서원하였다. 4년 후, 그들은 앤도버 신학교(Andover Seminary) 학생이 되었고, 새로운 친구인 아도니람 저드슨(Judson)을 사귀게 되었다. 저드슨은 회중교회 목사의 아들이었지만 브라운 대학에서 공부하는 동안에 회의론과 이신론(理神論)에 물들어 신앙을 포기한 학생이었다. 그가 대학을 졸업한 직후 여행을 떠났는데, 한 여관에 도착하여 방을 달라고 했다. 주인은 방이 하나 있긴 하지만 옆방에서 한 젊은 사람이 죽어가고 있기 때문에 그 방에서 잠을 잘 수 없을 것이라고 했다. 저드슨에게 다른 선택의 여지는 없었다. 그 방을 구했다. 그는 한밤중에 죽어가는 청년의 신음과 비명소리에 잠에서 깨어났다. 다음 날, 여관주인은 그 청년이 밤새 죽었다고 했다. "아마 당신도 아실 겁니다. 같은 대학 동문이었어요." 손님의 이름을 들은 저드슨은 소스라치게 놀랐다. 그 사람은 바로 저드슨이 신앙을 버리도록 결정적인 영향을 끼친 친구였기 때문이었다. 충격이었다. 거기서 충격을 받은 저드슨은 다시 신앙을 되찾고 신학교에 입학하였다.

건초더미 기도회원들이 앤도버 신학교에서 공부하며 선교를 위해 기도하는 동안, 저드슨이 기도회원으로 참석하여 선교를 위해 기도를 계속하였다. 1810년, 그들은 교수님의 격려를 받고 뉴잉글랜드 교계 지도자들을 만나 해외선교회를 조직하여 그들을 선교사로 파송해 달라고 부탁하였다.

미국은 젊었다. 교회는 작았고, 재원은 부족했다. 교계 지도자들은 마지못해 하면서도 학생들의 제안을 받아들였다. 1810년 미국 최초의 해외선교회가 조직되었다. 미국해외선교회(American Board of Commissioners for Foreign Missions, ABCFM)였다. 그 해에 침례교 선교사 두 사람, 저드슨과 루터 라이스(Luther Rice)가 배를 타고 선교지로 향하였다. 저드슨은 인도에 머물 수 없어서 버마(Myanmar)로 갔다. 저드슨은 버마에서 감동적인 사역을 감당하였다. 라이스는 미국으로 돌아와 침례교단 본부를 설득하여, 1814년 침례교 선교회를 조직하게 하였다.

당시는 남성 중심적 세상이었다. 남자들만 '선교사'가 될 수 있었다. 하지만 선교부는 남자 선교사들에게 배를 타고 선교지로 떠나기 전에 결혼하라고 권유하였다. 선교사 부인을 찾는 것은 쉽지 않았다. 저드슨은 경건하고 매력적인 여성, 앤 해셀타인(Ann Hasseltine)을 찾아갔다. 해셀타인은 마지못해 저드슨과 결혼하고 인도로 가겠다고 했다. 조건은 부모가 승낙해주는 것이었다. 저드슨이 장인이 될 어른에게 쓴 편지는 한 번 읽어볼 가치가 있다.

> 저는 해셀타인과 결혼하고 싶습니다. 저는 내년 초봄에 선교지로 떠날 예정입니다. 저는 어르신께 사랑하는 따님과 내년 봄에 헤어지실 수 있는지 여쭙고 있습니다. 그렇게 헤어지면 어르신은 이 땅에서 따님을 다시 보지 못하게 될 것입니다. 따님은 소명에 복종하여 선교사의 고난과 환란… 바다의 위험… 인도 남단의 혹독한 날씨, 가난과 궁핍, 낮아짐, 모욕, 박해, 그리고 극단적 죽음을 당하게 될지 모릅니다… 이 모든 일들은 우리를 위하여 고향 천국을 버리시고 숙으신 그분을 위한 것입니다. 멸망해가는 영혼들을 위해, 하나님의 영광을 위해… 의의 면류관을 쓰고, 영광의 나라에서 따님을 만날 소망 중에, 따님을 통해 영원한 절망과 화에서 구원받은 이교도들이 따님의 구세주께 영광과 찬송을 돌릴 그날을 위해 나가는 것입니다. 승낙해주시겠습니까?[2]

해셀타인은 부모의 승낙을 받았다. 선교지로 갔다. 현지에서 세 아이를 낳았다. 아이들은 모두 어린 나이에 죽었다. 그녀는 남편이 옥에 갇힌 모진 상황 속에서 남편의 생명과 그가 만든 신약성경을 구했다. 그리고 버마에서 죽었다. 그녀가 죽은 후, 저드슨은 다른 동료 과부 선교사와 결혼하였다. 그녀가 죽은 후에, 저드슨은 세 번째 결혼하였다. 그는 선교지 버마에서 아내 둘과 세 자녀를 잃었다. 이것은 특별한 경우가 아니라 대부분의 선교사들이 경험한 선교지 현실이었다.

1817년, 미국 선교부는 선교사를 여러 곳으로 파송하였다. 인도 봄베이, 스리랑카, 그리고 미국 체로키 인디언 부족에게 선교사를 파송하였다. 해외 파송 선교사들을 훈련하는 선교학교가 뉴잉글랜드에 설립되었다. 초기 미국해외선교

---

2) Courtney Anderson, *To the Golden Shore: The Life of Adoniram Judson* (Valley Forge: Judson Press, 1987), 83.

회는 주로 회중교회 출신이 많았지만 장로교와 개혁교회가 협력하였다. 후일 장로교회 개혁교회는 교단 선교부를 설립하여 독립적으로 활동하게 되었다.

밀즈(Mills)는 선교사가 되기를 원하였지만, 선교사가 되지 못하였다. 그는 여러 선교단체들을 조직하여 미국 초기 개척자들과 남부 노예들을 위한 사역에 초점을 맞추었다. 그는 30대 중반의 젊은 나이에 소천하였지만, 북미 선교역사에 남는 핵심인물 가운데 하나였다.

미국 선교역사에 첨가해야 할 일이 있다. 저드슨과 친구들은 최초의 미국인 해외 선교사들이었다고 알려져 있는데, 그것은 사실이 아니다. 저드슨이 배를 타고 선교지로 떠나기 19년 전, 조지아 사바나의 흑인 침례교회에서 전에 노예였던 두 사람을 전도자와 교회 개척자로 파송하였다. 데이빗 조오지는 노바 스코티아(Nova Scotia)로 갔다가 시에라리온으로 가서 서아프리카 최초의 침례교회를 설립하였다. 조오지 리슬(George Lisle)은 자마이카로 갔다. 미국에서 파송된 최초의 해외 선교사는 전에 노예였던 사람들이었다. 우리가 역사를 탐구하면서, 깊이 파고들어가 새로운 질문을 던져야 한다. 우세한 그룹에 속하지 않은 사람들의 공헌을 인정하고, 그것을 빠뜨리거나 무시하지 않도록 신경을 써야만 한다.

지금까지 우리는 미국선교운동의 시작에 대해 다루었다. 다음 장에서는 아메리카 전방개척 선교운동과 새로운 리더십 패턴들에 대해 연구하게 될 것이다.

제 21 장

아메리카 전방개척 선교운동과 새로운 리더십 패턴들

1. 서론

　미국 선교에 중요한 선교적 통찰이 있다. 아메리카 개척자들에 관한 이슈는 새로운 문화 속에서 이루어지는 선교에 대한 중요한 교훈을 제공한다. 이 주제는 선교운동사에서 좀 동떨어진 주제로 여겨질지 모르지만, 여기서 배울 수 있는 교훈과 통찰은 선교운동사에 적합하다.

　미국에는 교인이 많지 않았다. 신생국가인 미국에 사는 인구들 가운데 교회에 적을 둔 사람 숫자는 미미하였다. 이런 현상은 독립전쟁이 끝난 후까지 계속되었다. 유럽에서 물밀듯이 밀려오는 이민자들은 신앙과 교회관계를 모두 다 유럽에 두고 온 사람들이었다. 이민자들이 미국에 온 동기는 경제적인 것이었다. 새로운 기회를 갖고 자유로운 땅에서 살고 싶어 했다. 작은 나라 사람들은 서부로 이동하기 시작했다. 독립한 나라는 유동적이고 불안정했다. 독립한 후 첫 10여 년은 정치적, 사회적, 종교적, 그리고 모든 면에서 불안정했다. 미국은 독립 후 역사상 전례가 없는 정치체제를 창조하였다. 일반적으로 정치와 종교적인 새로운 아이디어에 대해 개방적이었다. 특히 서부로 이동하는 사람들은 더더욱 개방적이었다.

　미국 동부 해안에 처음으로 도착한 일부 사람들은 귀족들이었고 부자였다. 그 가운데 윌리엄 펜(Penn)이 있다. 그는 펜실베이니아 지역에 큰 땅을 소유하고 있었다. 성공회가 대세였던 버지니아는 귀족적인 사회 구조와 경제구조를 가지고 있었고 새로운 땅은 별로 없었다. 하지만 서부지역에는 넓은 땅이 기다리고 있었다. 사람들은 서쪽을 향하여 이주하기 시작했다.

1790년, 당시 미국 인구는 4백만이었다. 그 가운데 5퍼센트 정도가 앨러게니(Allegheny) 산맥 너머에 살고 있었다. 나머지 95퍼센트는 동부 해변을 따라 살고 있었다. 1800년, 산 서쪽 인디아나 지역에 사는 유럽 출신들은 5천 명에 불과하였다. 1816년 한 해 동안에 새로 들어온 이주민은 4만 2천 명이었다. 전체 인구는 6만 3천 명이었다. 서쪽에 있는 다른 지역도 사정은 마찬가지였다. 유럽에서 엄청난 숫자가 들어와 산을 넘어 갔다. 땅과 기회를 쫓아 간 것이다. 우리가 당시 미국 인구변동 상황을 살펴보면, 중요한 지혜를 얻을 수 있다. 오늘날 선교에 있어서 인구학적 연구가 얼마나 중요한지 배울 수 있다. 이런 통찰은 세계 각 곳에서 일어나는 도시화 현상을 주의 깊게 살피게 한다. 수많은 사람들이 시골에서 신도시로 몰려들고 있다. 그러나 19세기 미국에서는 그 반대 현상이 인구이동으로 나타나고 있었다.

1820년에 이르자, 새로 12개 주가 생겨났다. 그 가운데 20개가 앨러게니 산맥 서쪽에 있는 주들이었다. 교회 지도자들은 개척자들을 전도하고 교회와 학교를 설립하는 것이 중요하다고 말했다. 그렇지 않으면 교양 없는 '새로운 야만주의'가 일어날까 두려워하였다. 미국이 완전히 이교도가 되어 교회의 영향력이 작아질 것을 두려워하였다. 그들은 미국교회의 미래가 그들이 어떻게 개척자들에게 다가가느냐에 달려있다고 판단하였다.

상황은 유동적이었다. 대부분의 사람들은 새로운 사고와 새로운 충성에 대해 개방적이었다. 그들은 옛 유럽 문화에서는 불가능했던, 자신의 경제적이며 정치적인 운명을 결정하는 새로운 기회를 찾고자 하였다. 이런 상황에서 분명한 것이 있다. 개척자 상황에 가장 빠르게 적응한 교회들과 개척자들에게 가장 효과적으로 복음을 전하는 교회는 가장 빨리 성장할 것이며 그들이 속한 사회에 가장 강력한 영향력을 발휘할 수 있을 것이다.

미국 장로교 선교정책에 문제가 있었다. 전에 언급한 바와 같이, 나는 브라질 장로교 선교사 경험을 통하여 브라질 장로교의 선교정책에 있어서 중요한 선교적 이슈를 발견하였다. 미국 장로교 선교정책의 문제는 미국 개척지인 서부로 너무 느리게 이동했다는 것이다. 침례교와 감리교는 달랐다. 그들은 신속하게 서부로 움직였으며 방법론과 구조가 훨씬 더 유연하였다. 서부 개척지로 신속하게 이동하지 않았던 실수를 반복하지 않기 위해, 장로교 선교부가 브라질에 갔을 때, 서부로 이동하였다. 동부 해안 도시들을 버리고 서부로 갔다. 문제는 브라질 사람들은 도시를 향하여 동부로 인구가 이동하였다는 점이다. 실례를 들면, 1916년 선교사 아들로 포르투갈어가 자유로운 필립 란데스(Landes)가 선교부에 들어왔을 때, 선교지를 어디로 정해야 할 것인지 토론이 있었다. 한 가지 가능성은 당시 인구 50만이지만 성장하는 도시 상파울로로 가는 것이었다. 그러나 그곳에는 장로교회가 두 개 뿐이었다. 다른 가능성은 전체 인구는 상파울로보다 적지만 텍사스 주의 두 배가 되는 마또 그로쏘의 수도 쿠이아바(Cuiaba)로 가는 것이었다. 선교부는 그를 쿠이아바로 보냈고, 그곳에서 훌륭하게 사역하였다. 하지만 우리는 다르게 생각해 본다. 그를 도심지로 보냈더라면 그의 은사가 더 잘 활용되지 않았을까. 오늘날 상파울로 인구는 2천만 명이 넘는다.

2. 장로교단과 회중교단

인구통계에 주목하라. 브라질 선교부의 경우에서 설명한 바와 같이 인구통계를 살피는 것이 중요하다. 사람들은 어디로 이동하고 있는가? 미국 독립전쟁이 끝난 후, 사람들은 신속하게 서부로 이동하고 있었다. 독립전쟁 전, 회중교단이 제일 큰 교단이었고, 그 다음이 장로교단이었다. 그 다음이 침례교단, 그리고 성공회 순이었다. 감리교단은 영국에서 미국으로 이동하고 있었고 독립전쟁 이후에 성장하기 시작하였다.

1) 장로교의 초반 우세

장로교가 우세했다. 독립전쟁 이후 장로교는 최상의 조건을 갖추었다. 스코틀랜드와 아일랜드 장로교 출신 이민자들이 속속 도착했다. 스코틀랜드 사람들이 북부 아일랜드로 이주하여 살다가 미국으로 들어오고 있었다. 다른 사람들은 스코틀랜드에서 왔다. 그들은 식민지 중부인 펜실베이니아와 뉴저지에 주로 정착하였다. 일부는 남쪽으로 갔다가 다시 서부로 이동하였다. 장로교 정치 조직상, 지역에 있는 교회들을 관할하는 노회가 있다. 대회는 여러 노회들이 모인 큰 기관이다. 동부에 위치한 노회와 대회는 목사를 서부 개척지에 파견하여 단기사역을 하게 하였다. 이런 시스템은 상당히 만족스럽지 못했다. 여행은 시간도 많이 걸렸을 뿐만 아니라 어려웠다. 목사는 여행에 많은 시간을 보내야 했다. 그 결과 목사는 교회를 오랫동안 비우거나 개척지에 잠시 나타났다고 사라지고 또 다시 나타나는 식으로 사역하게 되었다.

1785년, 켄터키 지역에 장로교회가 12개 있었다. 그들은 지역에서 가장 큰 교회였다. 1820년이 되자, 지역 인구는 56만 명으로 늘었고, 교인은 46,730명이 되었다. 그 가운데 2천7백 명이 장로교인이었다. 컴벌랜드 장로교회에 소속된 사람이 1천 명이었다. 컴벌랜드 장로교회는 모 교회에서 갈라져 나온 교회였다. 목회자를 선택하고 훈련하는 다른 방법을 원했기 때문이었다. 한편 그때까지, 침례교와 감리교는 2만 1천 명 정도였다. 그곳에 먼저 정착하였기에 유리한 위치에 있었던 장로교회는, 고작 3천7백 명으로 침례교와 감리교인 숫자보다 비교하지 못할 정도였다.

문제가 무엇일까? 무슨 일이 있었던 것일까? 우리는 여기서 역사적 교훈을 배운다. 이 교훈은 특히 우리가 새로운 상황과 문화 속에서 선교할 때 필요하다. 나의 기본 논지가 있다. 목회자를 선택하고 훈련하고, 교회를 설립하는 데 있어서 더 충분한 유연성이 성장비율을 결정하는 요소가 된다. 알미니안주의를 따르는 감리교에 비해 더욱 엄격한 장로교의 칼뱅주의 신학은 또 다른 성장 감소 요인이 되었다. 그러나 이 부분은 장로교 목회자들이 다른 사람들과 함께 개척지 부흥에 지도력을 발휘하였다는 점을 감안하면 그리 중요한 요소라고 할 수 없다.

2) 교육과 통나무대학교

통나무대학교가 설립되었다. 장로교와 회중교단은 청교도와 개혁주의 전통을 이어받았기 때문에 교육을 강조하였다. 청교도의 목적 가운데 하나는 성경 말씀을 가르치도록 잘 훈련된 설교자를 모든 관구에 보내는 것이었다는 사실을 기억할 필요가 있다. 하지만 이런 청교도 철학에 대해 두 가지 견해가 서로 부딪혔다. 그리고 목회자를 모든 관구에 보내는 목표보다 교육만을 강조하는 쪽이 승리하였다. 그런 까닭에, 그들은 교육에 큰 공헌을 하였다. 전방개척지 여러 곳에 테넨트의 '통나무대학교' 모델을 모방하여 비공식 학교를 시작하였다. 그런 학교들을 통하여 훌륭한 목회자들이 많이 배출되었다.

그리하여 장로교와 회중교단은 고등교육에 초점을 맞추었다. 성경 원어, 전통적인 철학과 신학을 공부하지 않고는 목사 안수를 받을 수 없었다. 그런 까닭에, 목회자가 되는 과정은 길고도 멀었다. 이런 안수 과정은 장로교와 회중교회에 적합하지 못한 목사들을 늘려나갔다. 이 교단에서는 안수를 받은 목사만 설교할 수 있었다. 이들이 정규신학 과정에 집중하는 동안 목회자들은 전방개척지 사람들이 가진 사고방식과는 동떨어진 전통적 사고방식을 강화하였다. 이런 까닭에 정규신학 과정을 거친 목회자들은 전방개척지 사람들을 이해하지 못하였고, 그 결과로 전방개척지 선교에 적합한 사역을 하지 못하였다.

3) 목회자 훈련방법에 관한 이슈

목회자 훈련이 중요하다. 나의 논지는 목회자 선정과 훈련방식은 교회가 효과적인 복음전도를 수행하고, 교회를 성장시키고, 나아가 사회에 결정적 영향을 미치게 하는 데 있어서 대단히 중요하다는 것이다. 이것이 오늘 세계 여러 곳에서 다루어야 할 핵심이슈이다. 이것이 교회가 급성장하고 있는 사하라 이남의 아프리카(Sub-Saharan Africa)와 라틴 아메리카 그리고 아시아 지역 선교의 이슈이다. 이 이슈는 서구 나라들 가운데 늘어나는 도시빈민 선교를 위한 중요한 문제이기도 하다.

전통적인 방법만으로는 부족하다. 여러 지역에서 급성장하는 교회들은 전통적인 신학교육 방법으로 목회자를 선발하고 훈련하는 것만으로는 목회자 수급이 턱없이 부족한 경우가 많다. 전통적인 방법은 똑똑한 젊은 남자를 선택하여, 상당기간 신학교를 보내 수학하게 한 후, 목회자를 만들어 사역지로 돌려보내는 방식을 취한다. 이런 방식으로는 성장하는 교회가 필요한 충분한 사역자를 길러낼 수 없다. 전통적 훈련방식이 전에는 완벽하였겠지만, 지금은 그렇지 않다. 농촌에서 도시로 유학 온 신학생의 경우, 도시에서 몇 년을 보내고 나면 도시생활에 적응하게 된다. 그들이 다시 고향 농촌에 돌아가 농촌사람들과 동일화하기는 쉽지 않다. 리더십 문제는 심각한 이슈이다. 오늘날 선교에서 어떻게 리더를 선택하고 훈련할 것인가는 가장 중요한 이슈이다. 이 점을 강조하기 위하여 나는 미국 전방개척지 상황을 설명하였다. 그들이 가졌던 패러다임들을 탐구해 보면 배울 점을 많이 발견하게 된다.

장로교 패러다임을 살펴보자. 장로교의 전통적인 패턴이 있다. 젊은 청년은 대학을 먼저 마쳐야 했다. 그 후에 신학교에 진학하거나 목회자의 지도를 받으며 몇 년 동안 전도사 수업을 받아야 했다. 미국 최초의 신학교는, 1808년 설립된 앤도버신학교였다. 1812년 세워진 프린스턴이 두 번째였다. 제도적인 교회는 목회자 훈련방식을 이렇게 정했다. 젊은이는 먼저 대학을 졸업해야 한다. 그리고 신학교에 들어가 신학수업을 받아야만 목사가 될 수 있다. 대학에 이은 신학교 과정은 7년간의 정규 과정이었다. 이 과정은 목회자 후보생들의 숫자를 현격하게 제한하였다.

장로교 목회자는 일반적으로 두 세 교회를 동시에 섬겼고, 새로운 지역에 가서 설교하기 위해 몇 주간을 비웠다. 목사는 학교에 나가 가르치기도 하였다. 장로교와 회중교단은 교육을 강조하여, 초등학교부터 대학교까지 수많은 학교를 설립하는 데 큰 공헌을 하였다. 그러나 학교는 복음전도에 그리 큰 공헌을 하지 못하였다.

장로교 교회개척은 평신도가 주도하였다. 평신도가 서부 전방개척지로 이주하면서 새로운 장로교회 개척을 주도하였다. 그들은 동부에 있는 장로교 노회를 접촉하여, 목회자를 보내주도록 요청하였다. 장로교 목회자를 선정하는 데에는 많은 시간이 소요되었다. 전방개척지로 가기 원하는 목회자를 찾아야 했고 회중들이 목회자를 후원할 수 있어야 했기 때문이었다. 그런 까닭에, 새로운 장로교회가 형성되고 상주하는 목회자를 청빙하는 과정은 수년이 걸려야 했다.

장로교와 회중교회는 평신도들에게 리더십을 발휘하게 하였다. 하지만 설교권을 주지는 않았다. 그런 까닭에, 설교하기 위해 대학과 신학교를 마친, 안수 받은 목사가 필요한 장로교 시스템은 급속한 교회성장을 지원할 수 없었다.

브라질 상황은 좀 달랐다. 초기 브라질 장로교의 경우, 북부지방 도 단위 지역 몇 곳에도 전체에 장로교 목사가 한 명뿐인 곳이 많았다. 그는 도청 소재지에 살면서 그곳에서 교회목회를 하였다. 그는 내륙지방 여러 곳에 돌보아야 할 교회들이 여럿 있었다. 대부분 위대한 평신도들이 세운 교회들이었다. 장로교 목사는 그런 지방 교회들을 순회하는 데, 일년에 한두 차례 방문하는 것이 고작이었다.

목회자가 오지 않는 동안, 평신도 지도자가 교회를 인도하며 이웃들에게 복음을 전하였다. 그들은 예배를 드리고, 평신도가 설교하였다. 주일학교는 남녀 교사들이 담당하였다. 하지만 그들 안수 받지 않은 평신도들은 새 신자들에게 세례를 베풀 수 없었고, 성찬을 집례할 수 없었다. 신학대학원을 졸업하고 안수 받은 목사만이 세례와 성찬을 집례할 수 있었기 때문이었다. 나는 장로교 목사지만 선교사로서 질문한다. 그런 장로교 방식이 성경적이라고 할 수 있을까?

롤랜드 알렌(Allen)은 생각이 달랐다. 알렌은 성공회 선교학자이며 현대 선교학의 아버지라 불린다. 그는 주장했다. 신약시대에는, 성찬과 세례는 어떤 기독교 모임에서든 자유롭게 실행하였다. 그러나 특별하게 선택된 사람들만 설교할 수 있었다.[1] 현대 선교운동사를 연구해 보면, 우리가 신약시대와 반대로 하고 있다는 것을 알 수 있다. 어떤 곳에서는, 설교는 아무나 할 수 있지만, 안수받은 사람들만 성찬을 베풀고 세례를 줄 수 있다.

우리는 질문해야 한다. 롤랜드 알렌이 했던 질문을 오늘 다시 해야한다. "이것이 교회성장에 도움이 되는가? 아니면 성장을 방해하는가? 리더를 선택하고 훈련하는 방식과 체계가 교회성장에 도움이 되고, 세상에 영향을 미치는가?" 이 질문에 따라, 우리는 다른 대안은 없는지 찾아보아야 한다.

장로교는 성장했다. 이런 장로교의 약점에도 불구하고 전방개척지에서 장로교회는 상당한 성장을 이루었다. 주로 스코틀랜드 아일랜드 이민자들이 성장을 주도하였다. 회중교단은 독립전쟁 이전에는 최대의 교단이었는데, 교세가 급격히 줄고 말았다. 회중교단도 목회자 안수과정은 장로교와 같은 방식을 따랐지만, 대서양을 건너오는 이민자가 없었기 때문에 장로교처럼 성장할 수 없었다. 다른 이유도 있다. 장로교와 회중교회는 서부 전방개척지 선교를 같이하였다. 전방개척지에 함께 교회를 세우고 나서 교인들에게 장로교나 회중교단 중에서 한 곳을 투표로 결정하게 하였다. 교회들은 대부분 장로교를 선택하였다.

---

1) Roland Allen, *The Spontaneous Expansion of the Church and the Causes which Hinder It* (World Dominion Press, 1927), 175.

3. 남부 침례교의 성장

침례교가 성장하였다. 독립전쟁 이전에 성공회가 주도하는 버지니아에 침례교가 있었다. 그런데 영국국교주의(Anglicanism)가 제도화되었다. 주정부는 성공회 설교자가 아닌 경우 면허 없이 설교할 수 없다는 법을 통과시켰다. 침례교는 반발했다. 신앙원칙상, 침례교는 주정부, 교회, 그리고 그 누구에게 허락을 받아 설교한다는 것을 용납할 수 없었다. 설교면허 제도를 거부했다. 침례교 설교자는 범법자가 되어 감옥에 갇히곤 하였다. 침례교 설교자들이 당하는 핍박을 지켜본 일반 사람들 가운데 동정심이 유발되었다. 이것은 침례교의 성장을 가져왔다. 남침례교회는 뉴잉글랜드 지방에서 일어난 대부흥운동으로부터 강한 자극을 받았다. 대부흥 동안에 개종한 평신도 가운데 몇 사람은 복음을 전하라는 사명을 받은 것으로 느꼈지만, 회중교회에서는 설교할 기회를 주지 않았다. 그들 중 일부는 침례교로 교단을 바꾸어, 노스캐롤라이나와 버지니아로 갔고, 켄터키를 지나 테네시에 이르렀다. 침례교회는 남부지방에서 부흥하였다.

1) 가난한 자와 침례교

침례교는 가난했다. 침례교는 가난한 자들에게 다가갔다. 장로교와 회중교회는 대부분 중산층에 속했다. 가난한 자들은 전방개척지에 가면 얻을 수 있는 공짜 땅에 매료되었다. 가난한 자들은 신속히 서부로 이동하였다. 서부가 제공하는 자유로운 민주주의도 매력적이었다. 동부에는 귀족사회의 배타성이 있어서 불편했던 가난한 자들은 자유로운 서부로 이주하였다.

2) 전 교회적 이주

침례교회는 간혹 교인전체가 이주하였다. 지역교회가 모두 서부로 이주하였다. 서부로 이주하는 길목에서, 그들은 같은 방향으로 이동하는 사람들을 만났고, 그들에게 복음을 전하였다. 복음을 받아들인 그들에게 침례를 베풀고 침례교인이 되게 하였다. 당시 사람들은 대부분 명목상의 기독교인들이었는데 침례교 설교에 호감을 가졌다. 개인적 신앙결단과 개종의 중요성을 강조하는 메시지에 긍정적으로 반응하였다. 이런 까닭에, 침례교회는 서부로 이주하면서 놀랍게 성장했다.

나는 브라질 선교사로 있으면서, 이와 비슷한 경험을 하였다. 쎄아라(Ceara) 주는 북동쪽에 위치하고 마또 그로쏘 주는 남서쪽 깊은 내륙지방에 위치하였다. 내륙지방인 쎄아라 주에 엄청난 가뭄과 가난이 덮쳤다. 그런 상황을 피해 사람들은 해안선을 따라 내려갔다. 리오데자네이로나 상파울로, 그리고 거기서 서쪽 마또 그로쏘로 이주하였다. 내가 볼리비아와 브라질 국경에서 5킬로 떨어진 마또 그로쏘 주 꼬룸바(Corumba)에서 목회할 때, 그곳에 가장 급속히 성장하는 두 교회가 있었다. 하나님의 성회 교회와 장로교회였다. 하나님의 성회 목사는 쎄아라의 견딜 수 없는 상황을 피해 교인들을 인솔하여 꼬룸바까지 2천 5백 마일을 여행하였다. 그는 교인들에게 모세였다! 교인들은 목사에게 충성했다. 그들의 상황은 미국 전방개척지에 있었던 초기 침례교들과 같았다.

3) 농사꾼-설교자 리더십

농사꾼도 좋은 설교자가 될 수 있었다. 우리가 살펴본 바와 같이, 침례교도들은 서부로 이주하는 길에서 전도하였다. 다른 사람들이 복음을 수용하였다. 침례교도는 새 신자들을 냇가로 데려가 침례를 주었다. 그들은 서부로 가는 인간집단 운동이었다. 특히 침례교 선교운동 가운데 리더십 패턴이 특별히 중요하였다. 침례교 설교자는 그들 가운데 평범한 한 사람이었다. 농사꾼-설교자였다. 그는 다른 사람들과 같이 농사를 지어 먹고 살았다. 교인들은 설교자에게 곡식이나 가축으로 사례를 하고는 하였다. 이런 후원은 설교자를 농사로부터 일부 자유롭게 하였다. 더 많은 시간을 설교하고 다른 지역에 가서 복음을 전할 수 있게 하였다. 하지만 설교자도 평범한 신자들 가운데 한 사람이었고, 그가 은사와 열정을 나타내 보였기 때문에 목회자로 선출되었다. 이런 침례교 방식은 리더를 선택하고 훈련하는 새로운 방법이었다. 전방개척지에 아주 적합한 방식이었다. 이런 유연한 리더십 개발방식은 침례교의 급속한 성장에 큰 공헌을 하였다.

감리교 역사가인 윌리엄 스위트(Sweet)는 침례교 테일러(Tatlor) 목사에 대해 기록을 남겼다. 테일러는 버지니아 출신으로 성공회 배경을 가진 사람이었다. 그는 농사꾼 설교자인 윌리엄 마샬의 설교를 듣고 회심하였다. 1782년 테일러는 침례교인 부인과 결혼한 다음 해, 켄터키로 떠났다. 너벅선(船)을 타고 오하이오로 내려갔다가 말을 타고 사람이 살지 않는 황무지를 여행하는 데 3개월이나 걸렸다.

새로운 고향을 찾고 싶었다. 테일러는 켄터키 주 우드워드 카운티(Woodward County)에 정착하였다. 그곳에서 다른 침례교 설교자들과 함께 '맑은 시내 침례교회'를 설립하였다. 그 교회 담임 목사로 9년간 사역하였다. 그는 목회하면서 아들들과 노예를 동원하여 거대한 농장을 개간하였다. 당시에는 노예제도가 보편화되어 있었다. 테일러는 그 지역에서 유명인사가 되었다. 그는 전도의 영역을 넓혀갔다. 켄터키, 서부 버지니아, 노스캐롤라이나, 그리고 테네시 등지에 7개 교회를 개척하였다. 그는 평생 동안 순회설교자로 사역하였다. 늦여름에는 침례교단에 속한 주변 10교회 정도를 방문하여 사역하고, 다른 때에는 전국을 순회하며 매 주일 설교하였다. 그는 전혀 사례도 받지 않았고, 누구의 간섭도 받지 않고 열정적으로 사역하였다.[2]

4) 민주적 교회조직

테일러는 농사꾼 설교자의 모델이었다. 신 개척지인 광활한 서부 전역을 다니며 교회를 설립한 담대하고, 자신감 넘치는 농사꾼 설교자의 모형이었다. 그들은 개인적으로 활동하였지만 공동체를 이루고 있었다. 지역교회에는 여러 명의 목회자가 있었다. 그 중 한 분이 담임을 맡고 있었다. 지역교회들은 서로 연합하여 사역하였다. 설교자로 부름받은 사람을 연합회에서 안수하였다. 침례교 설교자는 대부분 자급형 목사였다. 가족을 돌보며 일주일에 여러 번 설교하였다. 자기 농장에서 일거리가 줄어드는 농한기가 되면, 멀리 전도여행을 떠나 복음을 전하고 새로운 침례교회를 설립하였다. 이런 침례교 모델은 아주 매력적인 리더십 개발 모델이다.

장로교는 사정이 달랐다. 장로교회는 평신도가 설립하더라도 목사를 쉽게

---

[2] William Warren Sweet, *The Story of Religion in America* (New York: Harper, 1950), 216.

모셔올 수 없었다. 교회가 목회자를 청빙할 만큼 자라야 했고, 그 후에 대학과 신대원을 졸업한 목사를 찾아 청빙하는 절차를 거쳐야 했다. 수년씩 걸리는 작업이었다. 침례교 목사는 전방개척자들과 함께 이동하였다. 개척자들이 새로운 곳에 도착하면, 즉시 그곳에 교회를 설립하였다. 그것은 목회자가 현장에 있기에 가능했다. 침례교 목사는 교인들과 호흡을 같이했다. 둘 사이에 문화적 장벽이 전혀 없었다. 지역교회는 교인들과 함께 움직이는 이동교회였다. 움직이며 선교하는 선교단체였다. 물론 타문화 선교는 아니지만, 주변 개척자들에게 효과적인 복음전도를 하였다. 침례교회는 계속 성장하였다.

나는 침례교 방법을 이상화하려는 것이 아니다. 침례교 목사들에게 문제도 있었다. 신학이나 성경에 관한 기본훈련이 부족하였다. 그들은 정규교육을 받은 목사에 반발하는 편견이 있었다. 침례교의 현장문화 수용정책은 노예제도를 용인하는 주변문화를 쉽게 수용하게 하였다. 다른 한편, 장로교회 목회자들은 정규교육을 더 많이 받은 사람들이었다. 하지만 그들이라고 해서 노예제도에 대해 더 예언적으로 나서지 않았다. 그들 또한 노예제도를 수용하고 있었다.

4. 전방개척지의 감리교

감리교는 훨씬 더 효과적이었다. 감리교의 복음전도 방식은 침례교회보다 탁월했다. 그들은 같은 사회계층 출신들이었다. 하지만 사역방식과 교회구조는 아주 달랐다. 침례교는 개인주의적이고 완전히 민주적인 제도를 시행하였다. 감리교는 달랐다. 요한 웨슬리는 권위주의적 리더였다. 그는 프랜시스 애즈버리(Asbury)와 토마스 쿡(Coke)을 북미 총감독으로 지명하였다. 미국인의 기질을 잘 알고 있던 애즈버리는 웨슬리의 지명을 수용할 수 없었다. 북미 감독은 미국 감리교 평신도 설교자들이 선택해야 할 자리라고 생각하였기 때문이었다. 그런 까닭에 미국에서 선택할 때까지 기다려야 한다고 생각했다. 1784년 미국 감리교회 감독으로 선출되었다. 웨슬리는 감독을 의미하는 '감독'(bishop)이라는 용어를 용인하지 않았지만, 미국 감리교는 감독이라는 용어를 계속 사용하였다.

1) 목회사역 패턴

감리교 목회사역은 탁월했다. 목회사역에 유연성과 효율성이 동시에 드러났다. 젊은이 가운데 설교의 은사가 발견되면 교사직에서 평신도 설교자로 만들었다. 자연스럽게 순회 전도자(circuit rider)로 활동하게 하고 안수를 주어 목사로 만들었다.[3] 사역자 선발의 가장 중요한 기준은 은사와 열정이었다. 목회자 후보생이 가진 사회적 배경이나 교육정도는 전혀 문제 삼지 않았다.

감리교 사역은 '순회구역'(circuits)으로 조직되어 있었다. 안수받은 설교자는 순회구역을 순회하며 설교하였다. 순회구역은 각각 다른 사이즈로 구성되어 있었다. 새로운 지역에서, 순회구역을 돌려면 4주에서 5주 동안 말을 타고 돌아야 하였다. 잘 자리가 잡힌 지역에는 순회구역이 서로 가까운 곳에 있어서 순회사역이 좀 더 간결하게 이루어졌다.

감리교 설교자가 새로운 지역에 갔을 때 제일 먼저 하는 일이 있었다. 설교하는 것이었다. 새로운 개종자들이 생기면 '속회'(屬會, class)를 조직하였다. 속회를 조직하면서 목회자가 속회 리더를 새로운 개종자 가운데서 지명하였다. 이렇게 평신도가 즉시 속회에서 리더십을 발휘할 수 있었다. 이런 까닭에, 새로운 개종자 가운데 열정과 성숙도가 보이는 경우 기다리지 않고 즉시 리더십을 주고 책임을 맡겼다. 한 순회구역 내에 대부분 20개에서 30개의 속회가 평균적으로 속해 있었다.

감리교 설교자는 매일 설교하였다. 설교를 주일이나 수요일로 제한하지 않았다. 어디든 사람만 있으면 매일 설교하였다. 어느 곳에든 설교하였다. 통나무집을 짓고 있는 현장이나, 여인숙이나, 나무 그늘 아래든 어디라도 사람만 있으면 설교하였다. 감리교 목사들은 감리교인만 찾아다니지 않았다. 그들은 전도할 사람을 찾아 다녔다. 웨슬리는 감리교 설교자들을 잘 교육하려는 목적을 가지고 있었다. 고등교육을 받게 하고 싶어 했다. 그는 목회자들에게 건전한

---

[3] 감리교 초기선교는 순회구역 단위로 진행되었다. 순회구역은 감리교회 선교전통에서 매우 중요한 개념이다. 순회구역(Circuit)은 원을 의미하는 써클(Circle)에서 나온 말로 사역자들이 원처럼 그 구역을 돌면서 사역하는 선교구역을 의미한다. 미국감리교회도 이 전통을 이어받았다. 순회구역을 조직하고, 목회자들이 이들 순회구역을 돌면서 사역했다. 이들을 '순회사역자'라 불렀다. 영어로는 '말을 타고 순회구역을 도는 사람'이란 뜻을 가진 'Circuit Rider'와 '말안장가방 설교자'란 의미의 'Saddlebag Preacher'라 불렀다. - 역주

학식을 갖도록 규정하였다. 그런 까닭에 목회자 훈련방법이 달랐다.

　장로교 목회자들은 대부분 장로교인을 찾아다녔다. 대부분 장로교인이 아닌 사람들을 찾아갈 생각을 하지 않았다. 침례교의 농사꾼 목회자는 달랐다. 서부로 이동하는 길에서 만난 사람들에게 복음을 전하고 길옆에 있는 시내에서 세례를 주었다. 감리교 목회자들은 사람이 있는 곳이라면 어디든 가리지 않고 가서 전도하였다. 감리교인을 만들었다. 각 교단은 목회자를 선택하고 훈련하는 방식이 각각 달랐다.

　핵심적 이슈가 있다. 초기 침례교와 감리교는 은사가 있는 젊은이들을 격려하여 평신도 설교자가 되게 하였다. 은사가 있는 평신도를 잘 활용하였다. 이것은 마틴 루터가 주장한 만인제사장설을 다른 어느 교단보다 확대하여 적용한 것이다. 이런 경우 목회자와 그들이 전도하는 전도대상자와의 문화적 거리감이 가까웠다. 그런 까닭에 효과적인 복음전도가 가능하였다.

2) 은혜와 자유 의지에 관한 신학

　감리교 신학은 적합하였다. 전방개척자 정신을 가진 사람들에게 감리교 신학이 잘 맞았다. 감리교 신학은 자유의지를 강조하는 알미니안 신학이었다. 서부로 이동하는 전방개척자들은 자신의 미래를 자기가 결정하고 싶어 했다. 경제적인 면과 정치적인 운명을 자신이 결정하고 싶어 했다. 감리교 메시지는 분명했다. 자신의 영적 운명도 자신이 결정할 수 있다. "당신이 예수님의 제자가 되고 싶다면, 당신의 의지로 그리할 수 있습니다. 그리스도인이 되고자 하는 당신의 마음과 의지를 막을 수 있는 장벽은 없습니다." 감리교 메시지는 개인에게 직접적인 도전을 주었다. 감리교 메시지는 장로교 메시지와 대조를 이룬다. 장로교 신학은 좀 더 추상적이었으며, 개인적인 의지를 자극하는 신학용어가 부족하였다.

3) 계급조직 구조

　장로교는 공화당 체제로 민주적인 조직을 보여주었다. 침례교는 이론상으로 철저한 민주주의를 표방하였다. 감리교는 권위적인 계급조직 구조를 사용하였다. 이 부분을 살펴보면 교회의 정치구조와 교회성장 간에는 상관관계가 없어 보인다. 민주적인 구조를 가졌다고 해서 꼭 교회가 성장하다고 주장 할 수 없다. 1785년에서 1850년까지 감리교회는 민주적 구조를 가진 침례교보다 두 배나 성장했고, 장로교 보다는 네 배나 더 성장하였다.

애즈버리의 리더십이 탁월했다. 그는 미국 감리교회를 잘 이끌었다. 그는 목회자들을 임명하고 전도하기 위해 산을 넘고 강을 건넜다. 그는 일기장에 기록했다. "설교자들은 야윈 몸에 평상복을 입고 있었다." 그들은 오래 살지 못했기 때문에 은퇴연금이 필요하지 않았다. 당시 사례비에 관해 확실히 알아야 할 것이 있다. 높은 위치에 있는 감독이나 초라한 순회 전도자나 모두 동일한 사례비를 받았다는 사실을 기억해야 한다.

4) 교회성장

교회는 성장했다. 감리교의 성장은 인상적이었다. 1800년, 앨러게니 산맥 서부 지역에 있었던 서부연회에 소속된 감리교인은 모두 백인 2,622명과 흑인 179명이었다. 그들은 9개의 순회구역을 조직하였다. 12년 후에는 놀랍게 성장했다. 순회구역 69개 가운데 백인 29,083명 그리고 흑인 1,648명으로 성장하였다. 1830년에 이르자, 백인 158,000명, 흑인 15,000명, 그리고 아메리카 원주민 2,000명으로 늘었다. 1850년, 감리교는 1,324,000으로 경이롭게 성장하였다. 65년에는 가장 작았던 감리교가 최대 교단이 된 것이다. 침례교는 815,000명으로 성장했다. 장로교는 467,000명이 되었다. 회중교단은 197,000명. 이민자들로 이루어졌던 루터교는 163,000명을 헤아리게 되었다. 장로교와 침례교 배경을 가진 사람들이 주도하여 개척지에서 일어난 그리스도의 제자회(Disciples of Christ)는 118,000명이 되었다. 성공회는 미국에서 '에피스코팔리언'(Episcopalians)으로 개명하였고 90,000명의 성도를 가지고 있었다. 이런 식으로, 장로교와 회중교단이 전방개척지에서 교육에 관해 큰 공헌을 하는 동안, 복음전도와 교회성장은 성공적이지 못했다. 감리교회와 침례교회는 눈부시게 성장하였다.

교회	1850	교인숫자
감리교(1776년 가장 작은 교단)	제일 큰 교단	1,324,000
침례교(1776년 3번째 큰 교단)	2번째 큰 교단	815,000
장로교(1776년 2번째 큰 교단)	3번째 큰 교단	467,000
회중교회(1776년 제일 큰 교단)	4번째 큰 교단	197,000
루터교	5번째 큰 교단	163,000
제자회	6번째 큰 교단	118,000
감독교회(1776년 4번째 큰 교단)	7번째 큰 교단	90,000

5. 전방개척지의 부흥

전방개척지에 부흥의 물결이 몰려왔다. 동부 지역에서 일었던 부흥의 물결이 진정세로 돌아서면서, 전도는 캠프집회, 그리고 전방개척자들에게 적합한 형식 등으로 발전하면서 토착적인 복음전도 형식을 갖게 되었다. 개척자들은 정착을 위해 한 해 동안 열심히 일한 다음, 잠시 휴식을 취하며 사교적 모임에 나가고 싶어했다. 복음전도자들은 그들을 위해 캠프 집회를 시작했다. 사람들이 먼 거리에서 와서 참석했다. 캠프 집회는 그들의 필요를 충족시켰다. 종교적이며 사교적인 이벤트를 하였다. 텐트 집회는 수년 동안 보지 못했던 친구를 만나는 장소가 되었다. 여러 설교자들이 집회를 인도하였다. 집회를 통해 개종자들이 생겼다.

텐트 집회는 성공이었다. 믿지 않는 세속적인 역사가들도 찬사를 보냈다. 텐트 집회의 긍정적인 면을 인정하였다. 집회는 어수선하고 질서 정연하지 않았지만 교회성장에 중요한 영향을 주었다. 한국에서 사역하던 초기 장로교 선교사들은 사경회를 열었다. 수천 명이 모여 성경을 공부하였다. 농사일을 하지 않는 농한기에 열리는 사경회는 몇 주간씩 계속되었다. 선교지 상황에 적합한 훌륭한 접근방법이었다. 선교학적으로 좋은 모델이다.

탁월한 리더가 있었다. 제임스 맥그레디(McGready)는 전방개척지에서 열리는 캠프 집회의 탁월한 리더였다. 스코틀랜드와 아일랜드계 출신으로 장로교 소속이었다. 그런데 너무나 못생겨서 사람들의 주목을 받았다고 전해진다. 그런 선교운동에서 자주 일어나는 일은, 장로교 리더가 시작하고 사람들이 많이 모여들어 집회가 산만해지면, 장로교 리더는 물러나고 감리교와 침례교 지도자들이 리더십을 떠맡게 되었다.

1801년 켄터키에서 캔릿지(Cane-Ridge) 집회가 열렸다. 구름같은 인파가 몰렸다. 모인 군중은 1만 명에서 2만 5천 명으로 추산되었다. 이 숫자는 경이롭다. 당시 인구를 감안하면 대단한 숫자였다. 그 집회에 참석했던 사람의 기록을 보자.

> 대단한 집회였다. 나는 장로교 목사 18명, 침례교와 감리교 목사들과 함께 집회에 참석했다. 나는 참석자 숫자를 셀 수 없었다. 사역자들은 고뇌에 지친 영혼들을 향해 설교하고 격려하였다. 많은 목회자들이 함께 사역하였지만 혼연일치가 되어 대형집회에서 벌어질 수 있는 불협화음이 전혀 없었다. 우리가 사는 곳의 주지사도 우리와 함께 가서 사역을 격려하였다. 집회에 참석한 숫자는 1만에서 2만 1천 명으로 추산되었다. 성찬에 참여한 숫자는 828명이었다. 참석자들은 침착하고 경건하였다. 모두가 신앙적인 문제를 나누고, 하나님의 하시는 일에 관해 물었다. 금요일부터 시작된 집회에서 바닥에 앉았던 사람들은 다음 주 목요일까지 계속 바닥에 앉아 말씀을 들었다. 집회는 밤낮으로 쉬는 시간이 없이 계속되었다. 예배와 찬송과 기도와 말씀만 있었다. 바닥에 누워 자는 사람은 없었다. 간혹 10명에서 12명씩 모여 둥근 원을 그리며 왓츠(Watt)와 하트(Hart)의 찬송을 불렀다.[4] 찬송이 끝나면 설교자가 통나무 위에 서서 말씀을 전했다. 설교자의 목소리가 들리는 만큼 사람들이 주위에 몰려들었다. 나는 안식일 날 100개의 촛대에 불이 붙어있고 100여 명의 사람들이 바닥에 앉아 통곡하며 기도하는 장면을 보았다. 나이는 8살짜리부터 60살 정도 되는 사람들이었다… 갑자기 입신하여 쓰러진 사람도 있었다. 쓰러진 사람을 다른 사람들이 밖으로 운반하여 목회자의 상담과 기도를 받게 하였다. 그 후에 몇 사람들이 모여 상황에 적합한 찬송을 불렀다. 죄를 회개하고 바닥에 주저앉아 기도하며, 주께로 돌아온 사람은 1천 명이 넘었다. 양식(良識)을 갖춘 사람, 갖추지 못한 사람, 건강한 사람, 약한

---

4) 아이작 왓츠(1674-1748)는 영국 찬송의 개척자이다. 그는 시편 송영만 불리고 있던 영국에서 온 국민이 새로운 찬송으로 하나님을 찬양할 수 있도록 아름다운 찬송을 만들었다. 하트(1712-1768)는 영국 모라비아 목사로 낡은 목조건물을 빌려 복음을 전했으며 소박, 근면하게 살면서 사랑받았다. - 역주

사람, 배운 사람, 못 배운 사람, 부자, 가난한 자 모두가 주께 돌아왔다.[5]

　미국 전방개척지에 캠프 집회는 효과적이었다. 집회는 19세기까지 계속되었다. 시간이 지나면서, 캠프 집회는 특히 새로 등장하던 성결운동(Holiness Movement)의 산실이 되었다. 성결운동은 오순절주의의 근간이기도 하다. 오순절주의를 태동시킨 아주사 스트릿(Azusa Street) 집회도 캠프 집회의 연장선 상에서 볼 수 있다. 윌리스 뱅크스(Willis Banks)는 장로교 출신 평신도 전도자였다. 그는 20세기 초 상파울로 남부지역에서 사역하였는데, 캠프 집회와 비슷한 방법을 아주 효과적으로 사용하였다. 그는 미국 남북전쟁 이후 브라질로 이민한 미국인의 후예였다. 우리는 그가 어떻게 미국 전방개척지에서 사용되었던 캠프 집회 방법을 배웠는지 알지 못하지만 그 방법을 아주 효과적으로 잘 사용하였다. 더 나아가 그는 교육을 강조하였다. 벽돌 만들기와 건강을 위한 영양식 방법을 가르쳤다. 그는 그 지역에서 최초로 곡식을 저장하는 지하 사일로(silo)를 만들었다. 그가 침례교나 오순절주의자였다면 안수를 충분히 받았을 터인데, 장로교는 그에게 안수를 주지 않았다. 장로교가 그에게 안수를 주었다면, 그 사역에 도움이 되지 않았을까 질문해 볼 필요가 있다.

　능력대결도 있었다. 그 캠프 집회 사역 가운데 능력대결, 신유, 그리고 방언이 나타났다는 기록이 있다. 이런 현상들이 얼마나 자주 일어났는지는 알 수 없다. 캠프 집회를 기록한 학자들은 캠프 집회에 나타났던 그런 영적인 현상들에 대해 상당히 회의적이거나 당혹스럽게 생각했기 때문이다.

6. 자원결사체의 역할

　역사가들은 전문용어를 사용한다. 전문용어로 '자원결사체'(voluntary societies)는 복음적 부흥운동의 결과로 영국과 미국에서 주로 일어난 선교조직체를 지칭한다. 이름에 나타난 바와 같이, 그들은 공식교회나 정부가 지원하지 않고 평

---

5) from a letter of the Rev. John Evans Finley, a Presbyterian minister in Kentucky, Sept. 20, 1801, published in the *New York Missionary Magazine*, 1802; reprinted in Sweet, *Religion in America*, 228-229.

신도나 성직자 집단이 후원하는 조직이다. 이런 조직은 간혹 평신도의 주도하에 설립되기도 하였다. 초기 선교조직체는 이런 자원결사체에 포함되지만, 자원결사체는 종교와 사회적인 다양한 목적을 달성하기 위해 설립되었다. 자원결사체는 초교파적 배경을 가진 다양한 사람들을 포함한다. 그들은 서로 신학과 교회조직 문제에는 의견을 달리하지만 복음적 신앙의 핵심에 관하여는 동의한다. 이것이 그들을 하나되게 하고 사회가 당면한 중요한 이슈를 달성하기 위해 함께 일하게 한다. 그런 사회적 이슈들 가운데 노예제도 철폐운동과 절제운동, 개척지에 필요한 교육시설에 관한 이슈를 함께 해결해 나갔다. 그들은 성경과 다른 문서들을 생산하고 반포하였다. 미국성서공회, 미국전도지협회, 그리고 주일학교 동맹 등은 모두 자원결사체였다. 미국국내선교부(The American Home Mission Society)는 목표가 분명하였다. "미조리 강 계곡에 사는 모든 가족들에게 성경을, 모든 이웃들에게 주일학교를, 그리고 모든 지역에 목사를 보내자." 미국교육선교부(The American Education Society)는 목회자와 선교사를 훈련하였고, 신학생들에게 장학금을 지급하였다. 그들은 귀찮은 교회 행정조직을 우회하였기 때문에, 보다 유연할 수 있었다. 행동의 제약을 받지 않았고, 여러 다양한 교회 사람들과 함께 일할 수 있었다. 그들은 다양한 사회에서 아주 효과적인 기독교선교모델을 보여주었다.

이런 선교부는 대부분 찰스 피니(Finney) 사역의 결과로 태동하였다. 피니는 장로교 변호사로 있다가 복음전도자로 부름받았다. 그를 통해 주님을 영접한 두 부자가 있었다. 뉴욕 사업가인 아서와 루이스 태판(Tappan)이었다. (오늘날도 '태판 스토브'가 팔리고 있다). 태판 형제는 노예제도 폐지운동의 선봉장이 되었고 첫 번째 남녀공학인 오벌린(Oberlin) 대학을 설립하는 데 많은 자금을 제공하였다. 미국에서 처음으로 안수받은 여성은 오벌린 대학 졸업생이었다.

이런 자원결사체는 교회권력의 변두리에서 조직되었는데, 2세기 동안 의미있는 사역을 감당하였다. 전부는 아니더라도 많은 단체들이 선교에 초점을 맞추었고, 다른 단체들은 사회적 이슈에 초점을 맞추었다. 오늘날 등장한 초교파 대규모 선교단체들이 그들이 남긴 전통을 계속 발전시켜 나가고 있다.

교회는 선교조직체를 반대하기 시작하였다. 교단의 압력을 강화시켰다. 장로교는 ABCFM이 태동할 때부터 동역하였지만, 1837년 장로교 총회가 이런 선언을 하였다. "장로교는 선교단체이며 모든 교인들은 선교부 회원이다." 이 선언으로 장로교와 ABCFM과의 관계는 끝났다. 장로교는 장로교 해외 선교부를 조직하였다. 장로교는 '신파'와 '구파'로 나뉘어 교단은 반으로 갈라졌다. 신파는 부흥운동을 지지하고 노예제도를 반대하였다. 구파는 이 두 가지 문제에서 신파 입장과는 반대편에 섰다. 신파는 ABCFM이 회중교회의 선교부의 일부가 된 뒤에서 계속해서 지원하였다.

다른 선교부를 돕는 데 따르는 신학적 문제도 있었다. 장로교단의 결정에 일부 신학적 이슈가 있었지만, 그 문제는 신학적이라기보다 교단의 지배력을 넓히려는 것이 주된 원인이었다. 이것은 교단 밖에서 이루어지는 사역은 적합하지 않다는 상식적 관점을 반영하기도 한다. 이런 생각은 선교역사 대부분을 거부하게 만든다.

오늘날, 미국 선교운동은 한 바퀴를 돌았다. 선교운동은 헌신된 대학생들로부터 시작되었다. 그 결과 초교파 선교단체가 설립되었지만, 19세기에서 20세기에 이르기까지 교단 선교부가 주권을 잡고 지배하였다. 교단 선교부로는 회중교회(ABCFM), 장로교, 침례교, 그리고 감리교 선교부가 생겼다. 20세기 초, 해외 선교사 75퍼센트가 교단선교부에 소속되어 활동하였다. 오늘날은 5퍼센트에 불과하다. 선교사들 대다수는 초교파 선교단체들이나 새롭고 보수적인 복음주의 교회에 소속된 선교사들이다.

우리는 교회분열을 지켜보았다. 남북전쟁과 노예제도 때문에 남과 북이 갈라졌다. 감리교, 장로교, 그리고 침례교단이 남과 북으로 갈라졌다. 장로교와 감리교는 결국 하나로 통합하였다. 하지만 남 침례교단은 북 침례교단과 분리된 상태로 남아있다. 오늘 남침례국제선교부(Southern Baptist International Mission Board)는 약 4천 명의 장기 선교사를 파송하고 있는 가장 큰 교단 선교부이다. 북침례교 선교사들은 급격히 감소하였다.

본 장에서는 아메리카 전방개척 선교운동과 새로운 리더십 패턴들에 관하여 연구하였다. 다음 장에서는 부흥운동의 역학에 관하여 다루게 될 것이다.

The Dynamics of Christian Mission
History through a Missiological Perspective

제 22 장

부흥운동의 역학

1. 말씀묵상

부흥운동의 특성이 있다. 우리는 부흥운동의 특징을 탐구하기 원한다. 역사상 부흥운동은 선교운동과 긴밀한 관계를 갖고 있기 때문이다.
오순절이 지난 직후 교회가 탄생했다. 사도행전 2장은 설명한다.

> 그들이 사도의 가르침을 받아 서로 교제하고 떡을 떼며 오로지 기도하기를 힘쓰니라 사람마다 두려워하는데 사도들로 말미암아 기사와 표적이 많이 나타나니 믿는 사람이 다 함께 있어 모든 물건을 서로 통용하고 또 재산과 소유를 팔아 각 사람의 필요를 따라 나눠 주며 날마다 마음을 같이하여 성전에 모이기를 힘쓰고 집에서 떡을 떼며 기쁨과 순전한 마음으로 음식을 먹고 하나님을 찬미하며 또 온 백성에게 칭송을 받으니 주께서 구원 받는 사람을 날마다 더하게 하시니라(행 2:42-47).

교회가 탄생하면서 놀라운 일이 벌어졌다. 모든 것이 새롭게 변했다. 복음, 신앙공동체, 생활습관 모두가 새롭게 변했다. 신선함과 활력이 있었다. 이런 현상은 갱신운동이나 부흥운동에 나타나는 모습이다. 성령의 능력으로 교회가 첫 사랑을 회복하고 새로운 활력을 되찾게 되는 부흥운동에서 일어나는 것이다. 누가는 이런 현상을 기록하고 있다. 여기에 타나난 특성은 강렬한 코이노니아였다. 성도들은 물건과 삶을 나누었다. 말씀을 연구해 보면, 사도들의 가르침이 있었고, 깊은 기도, 서로를 향한 깊은 사랑과 강한 일체감이 있었다. 하나님의 음성을 듣고 순종하려는 강한 열정이 있었다. 이것이 전형적인 부흥운동의 특성이었다.

하지만 부흥운동이 언제나 완벽한 것은 아니다. 나는 개인적으로 부흥운동과 갱신운동을 같은 의미로 사용한다. 우리가 부흥운동을 기술하면서, 그 부흥운동이 거의 완벽한 것처럼 묘사하기도 한다. 부흥운동은 안과 밖 어디나 거친 부분이 없고, 부패한 인간냄새가 없는 것으로 그리기도 한다. 우리는 완벽을 기대해서는 안 된다. 완벽한 부흥운동이란 없기 때문이다. 성령께서 완벽한 사람을 통해서 역사하시는 것이 아니라, 결함이 많은 인간을 통해 일하시기 때문이다. 그런 까닭에 성령의 모든 역사는 완벽하지 못하고, 간혹 안팎으로 번잡하기도 하다. 우리는 비현실적인 기대를 해서는 안 된다. 부흥운동이 일어나면 모든 것이 완벽하게 되고 부흥운동에 참여하는 모든 사람들이 완벽하게 순종하게 될 것이라고 착각해서는 안 된다.

초대교회는 완벽한 교회가 아니었다. 사도행전에 나타난 초대교회 모습은 완벽하지 않다. 사도행전에서 초대교회에 관한 내용 가운데, 우리는 아나니아와 삽비라를 만난다. 그들은 속였다. 하나님을 속이고 교회 공동체를 속였다. 하나님의 영으로 쳐 죽임을 당했다. 이것은 너무 가혹한 이야기이지만 우리에게 메시지를 주고 있다. 성령의 참된 사역과 함께, 언제나 가짜도 있게 마련이다. 이 이야기는 우리를 상기시킨다. 하나님을 속이려 해서는 안 된다, 특히 강력한 성령의 역사가 일어나고 있는 가운데 결코 하나님을 속이려 해서는 안 된다.

미국의 대부흥운동도 완벽하지 못했다. 별나고 기괴한 일들이 있었다. 실례를 들어보자. 대부흥운동을 주창하던 제임스 대븐포트(James Davenport)가 책을 태우기 시작했다. 자기는 사람의 얼굴만 보면 그 사람이 개종한 사람인지 아닌지 알 수 있다고 주장하기 시작했다. 그는 대부흥운동에 불신을 불러왔다. 후에 회개는 했지만 그가 부흥운동에 준 상처는 깊고 컸다. 대부흥운동을 비판하는 사람들은 대븐포드의 오류를 포착하여 대부흥운동이 가져온 놀라운 변화들을 인정하지 않았다. 나의 논지는 다음과 같다. 우리가 성령께서 하시는 운동에 참여하고 있다면, 원수의 반격에 놀라지 말 것이며 우리 동료나 나 자신의 어떤 행동 때문에 낙심해서는 안 된다. 그런 일들은 전에도 일어났다. 허드슨 테일러는 고백했다. "중국 선교에 진보가 있을 때마다, 대적은 하나님의 일에 반격하였다." 우리는 보다 현실적이 되어야 한다. 현실을 직시해야 한다. 원수의 반격을 기대하고 있어야 한다. 그런 일들로 인하여 놀라지 말아야 한다.

사도행전 본문에는 메시지가 있다. 우리가 어떤 상황이나 어떤 사람들과 일을 하더라도, 함께 나누고, 말씀에 순종하는 초대교회 성도들과 동일한 친교를 나누기 위해 노력하고 기도해야만 한다. 복음전도는 특별한 프로그램을 통해 이루어지는 것이 아니라, 신앙 공동체 안에서 보여주는 삶의 수준과 성령님의 능력을 통한 자연스런 결과물이다.

복음전도를 위해 의도적이 되어야 함은 물론이다. 사도행전은 초대교회의 활력과 이적과 기사 등 성령의 역사를 기술한 후, "주께서 구원 받는 사람을 날마다 더하게 하시니라" 기록하고 있다. 계속되고 있는 교회성장을 그리고 있다. 기독교 공동체인 교회가 최초의 복음전도자였다. 물론 각 개인이 하는 복음전도도 중요할 것이다. 하지만 기독교 공동체가 하나님의 능력을 진정으로 드러내면, 복음전도가 자연스럽게 이루어진다. 사람들은 교회가 지키는 신앙 행동을 보고 믿음의 공동체로 가까이 나아오게 된다.

함께 기도하자.

아버지 하나님, 저희를 불러주셔서 감사합니다. 평범한 기독교가 아니라 주님과, 주 안에 형제자매들과 살아있고 벅찬 관계 속으로 불러 주시고, 우리 주변 세상과의 활기찬 관계 속으로 불러주신 것을 감사합니다. 주님, 간절히 기도하오니, 저희 모두가 저희 사역하는 교회와 선교단체 안에 부흥을 일으키는 사람이 되게 하옵소서. 우리 삶 가운데서 성령의 계속되는 임재가 드러나게 하시고, 깊은 나눔과 사람이 드러나, 세상에 주님의 임재와 능력을 삶을 통해 보여주게 하옵소서. 우리가 어느 곳에서 무슨 사역을 하든지 이런 일이 이루어지게 하소서. 우리가 주님의 역사를 탐구할 때, 저희를 인도하여 주소서. 예수님의 이름으로 기도합니다.

2. 서론

선교운동은 부흥운동에서 출발한다. 이런 까닭에 선교에 관심을 가진 사람은 누구나 부흥운동에 관심을 가져야만 한다. 우리가 속해 있는 단체들은 대부분 부흥운동의 결과로 형성되었다. 그러나 부흥운동이 언제나 선교운동으로 연결되는 것은 아니지만, 선교운동으로 연결되지 못한 부흥운동은 활기를 잃고 침체되어 사라진다. 이것은 역사적으로나 신학적으로 볼 때 정확한 통찰로 보인다.

다른 말로 설명해 보자. 어떤 특정 개인이나 집단이 어떤 경험을 하였다고 할지라도 선교하지 않으면 '부흥'이라 부를 수 없을 것이다. 성령은 위로하시고, 능력을 주시고, 또한 신자들을 훈련하신다. 성령께서 능력을 부어주시고 훈련하시는 이유는 분명하다. 선교를 통하여 교회와 세상 역사 속에서 하나님의 뜻을 이루시기 위함이다. 그런 까닭에 선교와 성령은 나눌 수 없다. 선교로 연결되지 못한 부흥은 바람직하지 않다.

에드윈 오르(Orr) 박사는 부흥운동을 연구했다. 세계적인 부흥운동의 권위자이다. 소천하기 전까지 수많은 저술들을 남겼다. 그는 사도행전 1장과 2장에 나타난 현상에 주목한다. 여기에 성령께 의존하는 기도연합이 있다. 성령의 역사가 나타났고, 성령은 교회가 복음을 선포하고, 가르치고, 말씀으로 섬기도록 능력을 주었다. 이런 초대교회의 부흥은 교회 밖으로 영향을 미쳐 복음전도와 치유와 사회사역을 감당하게 하였다. 그 결과, 교회는 내적 외적으로 성장하였다. 사도행전은 부흥운동을 바르게 정의하고 탁월한 부흥운동을 그림으로 보여준다.

우리는 역사에 나타난 몇 가지 부흥운동을 탐구하였다. 20세기 초에 들어와 세계 각 곳에서 연쇄적인 부흥운동이 일어났다. 가장 흥미로운 부흥운동 가운데 하나로 본다. 1904년 웨일스 부흥운동이 일어났다. 1906년 오순절 운동이 일어났다. 1907년 한국에 부흥의 불꽃이 타올랐다. 한국의 부흥운동은 1903년 몇 사람의 선교사들 가운데서 시작되었다. 부흥의 불길은 인도 북동쪽으로, 남아프리카, 브라질, 그리고 1910년경 칠레에 이르렀다. 전 세계적으로 부흥운동이 확산되어 연달아 일어났다는 사실이 흥미롭다. 여러 경우, 어느 특정 지역의 부흥운동에 관한 소식 자체가 다른 곳에서 비슷하게 일어나는 부흥운동의 자극제가 되기도 한다.

18세기 일어난 부흥운동이 그러하였다. 부흥운동은 탁월한 영적 지도자들이 주도하였다. 에드워즈, 휫필드, 웨슬리, 테넌트, 프레링하이즌(Frelinghuysen), 그리고 다른 여러 지도자들이 대서양 이쪽저쪽에서 눈부신 활약을 하였다. 18세기 복음주의 부흥운동을 연구해 보면, 크게 세 가지 흐름이 하나로 모이는 것을 발견한다. 세 가지 흐름은, 청교도주의, 경건주의, 그리고 모라비안 주의이다. 그 후에 감리교주의는 북미에서 성결운동을 발전시켰다. 1906년 성결운동에서 오순절주의가 나왔다. 복음주의 운동과 오순절주의는 따로 존재해왔다. 하지만 오늘날 두 운동은 완전한 하나로 되지는 않았지만 서로 가깝게 접근하고 있다. 이 두 운동이 오늘의 기독교선교를 최전방에서 이끌고 있다. 우리는 오순절/은사주의 운동이 전 세계 기독교 교단들 가운데 가장 급속하게 성장하는 운동임을 인식해야만 할 것이다.

부흥운동을 가장 탁월하게 신학적으로 분석한 책이 있다. 리처드 러블레이스(Lovelace)가 쓴 『영적 생활의 역학: 복음주의적 부흥신학』이다.[1] 그는 프린스턴 출신으로 고든콘웰신학대학원 교수이다. 러블레이스의 부흥신학은 성경에서 출발한다. 구약에 나타난 요시야와 히스기야가 주도했던 부흥운동을 탐구했다. 그는 역사적으로 신학적 개혁과 종교구조의 개혁 그리고 영적 재활성화 사이에 상관관계가 있음을 학문적으로 이론화하였다.

러블레이스의 기본이론을 정확히 이해할 필요가 있다. 부흥은 영적 관심의 각성에서 출발한다. 루터의 경우가 그러하다. 하지만 러블레이스는 지적한다. 영적 부흥은 계속적인 신학과 조직 모두의 개혁없이는 오래 갈 수 없다. 어떤 영적 부흥을 경험한 사람들이 그리스도께 가깝게 나올 때, 더 깊은 영적 생활로 들어가고, 그 운동은 교회 안에서 신학적이고 구조적인 개혁을 시도하여야 한다. 그렇지 않으면 그 운동은 침체되고 사라질 것이다. 다른 말로 설명하자면, 올바른 신학과 조직구조가 결코 부흥을 일으킬 수 없지만, 나쁜 신학과 나쁜 조직구조는 부흥운동의 싹을 잘라버릴 수 있다. 이유는 분명하다. 성령께서 새로운 일을 시작하시면, 성령께서는 언제나 기성교회가 만들어 놓은 신학적이며 조직구조적인 경계선 너머까지 운행하시기 때문이다. 우리는 이런 현상을 모

---

1) Richard Lovelace, *Dynamics of Spiritual Life: An Evangelical Theology of Renewal* (Downers Grove: InterVarsity Press, 1979).

라비안 운동과 감리교 운동에서 확연하게 감지할 수 있었다. 이 논지는 오순절주의를 살펴보면 더욱 분명해진다.

나쁜 신학이 문제다. 완고한 조직도 문제다. 이들은 부흥운동을 가로막는 장애물을 만들어 부흥을 방해한다. 과도하게 성직자 중심으로 이루어진 조직구조는 평신도의 신앙표현을 저지하고 부흥을 방해한다. 믿음으로 말미암는 은혜로 얻는 구원과 기독론이 분명하지 않는 신학과 율법적인 신학은 부흥을 방해하고 부흥의 싹을 자른다.

바른 부흥신학이 필요하다. 러블레이스의 기본이론은 이렇다. 부흥이 시작되면, 부흥은 기존 조직구조와 신학에 변화를 요구한다. 하지만 전통적인 교회의 조직구조와 신학은 아주 견고하여 쉽게 변할 수 없다. 그런 까닭에 신학과 조직구조는 언제나 부흥의 가장 큰 거침돌이 된다. 이런 현상은 서구교회 뿐만 아니라 비서구권 교회의 문제이기도 하다.

찰스 피니(Finney)는 반발하였다. 당시를 풍미한 구 프린스턴의 과도한 칼뱅주의에 저항하였다. 애쉬벨 그린(Ashbel Green)은 프린스턴대학교 총장으로 탁월한 지도자였다. 피니는 부흥집회를 하면서 그가 한 필라델피아 사람을 어떻게 상담했는지 말했다. 인생을 허비하고, 이제 기독교인이 되기 원하는 대학생이 그린 총장을 찾아가 물었다. "기독교인이 되고 싶은데 어떻게 하면 됩니까?" 그린이 대답했다. "가서 기도하게. 만일 하나님께서 당신을 깨우치시기로 작정하셨다면, 하나님께서 그렇게 하실 것일세." 그린 총장은 극단적 칼뱅주의자였다. 그 학생은 어떤 깨우침도 얻지 못했고 부흥도 경험하지 못했다. 믿음생활을 하지 못하고 평생을 보냈다.

그린 총장은 위대한 인물이었다. 경건한 기독교인이었다. 문제는 그가 가진 과도한 칼뱅주의였다. 그는 젊은 대학생을 격려할 수 있었다. "하나님을 믿으시오. 하나님은 당신 모습 그대로 용납하실 것이오." 그린의 지나친 칼뱅주의 신학은 젊은 청년의 영적 진보를 막아버리는 결과를 가져왔다. 명백히, 프린스턴의 급진적 칼뱅주의는 너무 나가 개인적 책임을 쓸모없게 하였고, 복음에 대한 개인적 반응을 방해하였다.

피니는 그런 신학을 반대했다. 그는 변호사 출신이었다. 그가 개종한 후, 담임목사는 피니에게 프린스턴신학교를 가라고 권하였다. 하지만 피니는 프린스턴 신학에 대해 부정적인 인상을 지울 수 없어 거부하였다. 피니는 알미니안주의를 택했다. 그는 자유의지에 초점을 맞추는 프린스턴과 정반대되는 주장을 하였다. 그는 소리쳤다. "당신이 원하면 할 수 있습니다. 모든 것이 당신에게 달려 있습니다." 그 신학은 결국 사회 복음 자유주의가 되어 복음전도의 싹을 잘라버리고 말았다. 하지만 피니는 평생을 통하여 균형감각을 잃지 않았다. 복음전도와 사회행동을 균형있게 유지하였다. 피니는 복음전도에 우선순위를 두었다. 그의 제자들(예를 들어, 태판 형제들)은 반노예제도 운동을 하였다. 그들은 반노예제도 운동이 시대가 요구하는 우선순위라고 믿었다.

우리는 에드워즈와 찰스 피니를 통하여 칼뱅주의와 알미니안주의를 볼 수 있다. 에드워즈는 노샘프턴(Northampton)에서 일어난 부흥운동을 기술하는 책을 썼다. 그는 그 운동을 '하나님의 놀라운 역사'로 기술하였다. 피니는 우리가 부흥을 위해 모든 일을 제대로만 한다면 하나님께서 부흥을 보내주실 것이라고 썼다. 문제는 이것이다. 우리는 어떻게 하나님의 섭리와 인간의 자유의지 사이에 놓인 딜레마를 해결할 것인가? 첫째, 우리는 하나님께서 "죄와 허물로 죽은" 우리들을 찾아오셔서 하나님께로 부르신다는 것을 알아야 한다. 그런 까닭에 우리는 하나님께 온전히 의지할 수 있다. 이것이 칼뱅주의의 핵심이다. 하나님께서 주관하신다. 다른 한편, 우리는 하나님의 은혜로운 주도하심에 대하여 응답할 책임이 있다는 사실을 알아야 한다. 우리는 칼뱅주의와 알미니안주의 패러독스를 긴장 속에서 유지한다. 부흥운동의 신적이며 인간적인 역학관계를 이해하기 위하여 칼뱅주의와 알미니안주의를 동시에 사용할 수 있다. 우리는 부흥을 위해 기도하며 간구해야 한다. 하지만 부흥이 일어나면, 우리는 부흥이 하나님의 은혜로운 선물임을 인정한다.

부흥운동에 나타난 복음전도와 사회행동에 관하여, 우리는 많은 역사적 자료를 가지고 있다. 역사에 나타난 부흥운동은 결국 의미심장한 사회행동을 가져왔다. 강한 하나님 나라의 성경신학은 이 둘 사이의 균형을 잡아주는 최상의 관계 모델이다.

3. 부흥의 전제조건

부흥에 전제조건이 필요하다. 러블레이스는 부흥을 기술하면서 세 가지 '전제조건', 네 가지 '기본 요소', 그리고 다섯 가지 '이차적 요소'들이 필요하다고 하였다. 우리는 부흥의 요소들을 살펴보면서, 역사에 나타난 실례들과 우리의 경험을 함께 기억해 볼 수 있다.

1) 전제조건 #1: 하나님을 대면하고 자신을 인식하라

부흥의 첫째 전제조건은 하나님의 본성의 빛 아래서 하나님을 대면하여 만나보고 자신을 바로 인식하는 것이다. 이 전제조건은 역사상 많이 나타난다. 루터, 청교도, 경건주의자, 그리고 제1차 대부흥운동에 나타났다.

에드워즈는 좋은 모범이다. 그는 하나님의 성결에 초점을 맞추었다. 하나님은 누구신가? 하나님은 어떤 분이신가? 우리가 하나님을 진정 하나님으로 보게 될 때, 우리는 새로운 빛 아래서 우리 자신을 보게 된다. 우리는 이사야 6장에서 이사야의 성전 경험을 생각한다. 젊은 이사야는 성전을 여러 번 가 보았지만, 국가의 운명이 경각에 달려있는 순간, 그는 성전에 들어갔다. 웃시야 왕이 죽었다. 긴 평화와 번영의 시대가 끝났다. 미래는 불확실했다. 지평선 너머에 검은 먹구름이 몰려오고 있었다.

이사야는 성전에 들어갔다. 하나님을 경배하였다. 그는 하나님을 만났다. 천상의 존재들에 둘러싸여 높이 들어올리신 분이었다. 그는 하나님의 영광의 광채를 보았다. 전에는 본 적이 없는 황홀한 광경이었다. 이사야는 하나님을 만나는 경험을 통하여 달라졌다. 그는 자신의 모습을 볼 수 있었고 백성들의 모습을 새로운 깊이로 볼 수 있게 되었다. 그는 소리쳤다. "화로다 나여 망하게 되었도다 나는 입술이 부정한 사람이요 입술이 부정한 백성 중에 거하면서 만군의 여호와이신 왕을 뵈었음이로다"(사 6:5).

하나님을 만나보는 것, 하나님의 위대하심, 능력, 그리고 거룩하심을 경험하는 것이 부흥의 첫 걸음이다. 북미 복음주의 신학에 문제가 있다. 하나님의 성품에 대한 강조가 부족한 것이 북미 복음주의 신학의 가장 큰 약점이다. 우리가 가진 신학은 상당히 인간중심적 신학이다. 신본주의라기보다 인본주의에 가깝다. 이것이 문제다.

2) 전제조건 #2: 죄의 깊이를 인식하라

 죄를 간과해서는 안 된다. 북미 복음주의 신학에 사라진 것이 있다. 청교도의 목적인 하나님을 영화롭게 하는 것이 거의 사라졌다. 나는 우리가 아주 인간중심적인 세속 사회 가운데서 하나님의 위대하심과 초월성을 다시 인식하게 될 때에만 진정한 부흥이 온다고 생각한다. 부흥이 오면, 우리는 하나님의 새로운 비전, 하나님의 거룩하심, 그리고 세상을 향한 하나님의 목적을 알게 될 것이다. 이사야가 만난 하나님의 새로운 모습은 자신과 공동체의 깊은 죄악을 보게 하였다. 이런 새로운 이해는 죄를 새롭게 정의하였다. 죄는 공동체에서 분리된 행동이 아니라, 러블레이스가 기술한 바와 같이, "하나님으로부터 떠난 우리 안에 깊이 뿌리 내린 행동, 신념, 강박감에 사로잡힌 여러 가지 태도들"이다.[2] 죄에 대한 러블레이스의 정의는 심원하다.

3) 전제조건 #3: 세상을 따라간 우리 모습을 발견하라

 세 번째 전제조건은 세상과의 관계를 설정한다. 논리적으로 설명하면, 첫째, 우리가 하나님의 목적과 거룩하심을 보다 확실하게 본 후에, 둘째, 우리는 자신에 대해 새로운 안목을 갖게 된다. 우리가 세상과 가졌던 관계를 대해 새롭게 규정하게 된다. 우리는 즉시 세상을 따라간 우리 모습을 발견하게 된다. 우리는 얼마나 세속적이 되어 세상을 따르고 있는가! 그렇다. 우리 복음주의자들은 세상 사람들과 다른 것이 별로 없다. 기독교 신앙서적을 읽어보면, 대부분의 세상 사람들이 목표로 삼고 있는 것을 삶의 목표로 삼고 있다. 돈을 벌고 유명해지기 원한다. 복음주의 메시지는 복음이 주는 도움은, 우리로 하여금 그런 세속적인 목적을 보다 성공적으로 성취할 수 있도록 도와주는 정도로 보인다. 이것은 복음에 대한 심각한 왜곡이다.

 바울은 로마서 12장에서 권고한다. "너희는 이 세대를 본받지 말라"(12:2). 본문을 필립스 번역으로 보면 의미가 더욱 분명해 진다. "세상이 당신을 자기 틀에 집어넣기 위해 쥐어짜지 못하게 하라." 우리가 역사를 획기적으로 약진시킨

---

2) ibid., 88.

위대한 인물들을 주의 깊게 살펴보면, 그들이 세상적인 틀에 들어가지 않으려고 얼마나 저항했는지 볼 수 있다. 그들은 끊임없이 하나님께서 그들을 개조하고 변화주시도록 갈망하였다. 그런 변화를 위해 야망, 목표, 생활습관, 관계, 그리고 그들이 가진 은사와 자원들을 사용하는 것이 필요했다.

허드슨 테일러는 탁월한 선교사였다. 그는 런던의 젊은 의과대학생이었다. 그는 선교사가 되기 위해 자신을 훈련하였다. 경제적으로 꼭 그렇게 할 필요가 없었음에도 불구하고, 그는 일부러 가난하게 살았다. 그는 중산층 출신이었다. 하지만 중국에 가면 아주 어려운 환경에서 살아야 할 것이라고 생각했기 때문에, 가난하게 사는 방법을 배워 몸에 익히고 싶었다. 테일러의 그런 방식은 세상을 본받지 않고 살아가는 탁월한 방법이었다.

4. 계속적인 부흥을 위한 기본요소들

1) 기본요소 #1: 믿음에 의한 칭의를 인식하라

러블레이스는 믿음을 강조한다. 계속적인 부흥의 기본요소는 믿음에 의한 칭의를 인식하는 것이다. 역사에 나타난 인물들이 그러하였다. 루터, 칼뱅, 에드워즈, 웨슬리, 그리고 다른 믿음의 사람들이 그러하였다. 복음의 핵심은 무엇인가? 예수님이 우리 죄를 위해 십자가에서 죽으셨다는 사실이다. 복음은 나의 죄, 속박, 그리고 죄로 인한 하나님과의 소외 문제에 대해 해답을 제시한다. 근자에 들어본 설교 가운데 믿음으로 말미암은 칭의에 대한 설교가 있었는가? 예수님의 십자가를 통한 칭의 설교를 얼마나 자주 들어보았는가? 모든 사람들이 복음을 잘 알고 있을 것이라 짐작하고, 십자가와 칭의를 더 이상 강조하지 않아도 되는 것인가? 나의 요점은 이렇다. 우리는 그리스도의 의롭게 하시는 역사가 우리 삶의 현장에 계속 드러나게 해야 한다. 우리 모든 것은 하나님 앞에서 그리스도를 통한 의롭게 하시는 그분의 은혜에 달려있음을 인식해야 한다.

함정에 빠지는 것은 순간이다. 우리는 부지불식간에 함정에 빠진다. 마음 한편으로 생각한다. 하나님께서 우리가 상당히 괜찮은 사람이기에 받아주신다고 여긴다. 우리가 좋은 신자들이고, 거룩하게 되었기에, 혹은 우리가 선교사역이나 목회사역에 헌신하였기에 받아주신다고 생각한다. 이런 잘못된 태도는 언제나 뒷문으로 슬며시 들어온다. 마음 한구석에 이런 생각이 들게 한다. 하나님께서 우리를 받아주시는 이유는 우리의 착한 행실과 바른 성품이라고. 이런 태도는 우리를 십자가에서 멀어지게 한다. 그리스도를 통한 하나님의 의롭다 하심에 초점을 맞추지 못하게 한다. 그런 태도는 아주 악한 죄인의 태도이다. 우리에게 하나님의 은혜가 필요하다. 십자가에 달려 죽어가는 강도처럼, 우리는 하나님의 은혜가 없이는 죽을 수밖에 없다.

러블레이스는 이렇게 기술한다.

> 부흥을 위해 준비해야 한다. 순수한 부흥의 불길이 계속 타오르기 위해 준비해야 한다. 교회에서 많은 사람들이 자신의 삶을 이런 신앙의 기초 위에 다시 세워야 한다. 새로운 삶은 예수 그리스도를 통한 하나님의 전적인 은혜이다. 우리의 삶은 하나님의 거룩하심을 깨닫는 생활이 되어야 한다. 우리의 깊은 죄악을 깨닫고, 그리스도의 속죄사역의 능력과 우리를 용납하심을 깨달아야 한다.[3]

우리는 매일 이런 태도로 살아야 한다. 이신칭의를 생활 속에서 실천해야 한다. 삶으로 전해야 한다.

2) 기본요소 #2: 성화에 매진하라

은혜를 강조하면 부작용이 생긴다. 고귀한 은혜가 값싼 은혜로 변한다. 디트리히 본회퍼가 지적하는 '값싼 은혜'로 변질되지 않도록 주의해야 한다. 은혜 다음 취해야 할 태도가 있다. 성화에 대한 헌신이다. 성화에 매진해야 한다. 오늘날 '성화'를 논하는 교회는 그리 많지 않다. 성화는 거룩하게 되는 과정을 지칭한다. 하지만 다른 많은 성경 말씀처럼, 우리는 성화를 평범화하여 하찮게 여기게 되었다. 성화는 무엇을 의미하는가? 성화가 그저 착하게 사는 것을 말하는가?

나는 훌륭한 교회에서 성장하였다. 우리 교회는 자랑거리가 많았다. 하지만

---

[3] ibid., 101.

우리 교회에서 성화는 잘 사용하지 않는 하찮은 단어였다. 성화는 어떤 파괴적인 행동을 피하는 것, 혹은 '착한 아이가 되는 것'을 의미했다. 성화는 거룩하게 되는 과정이라는 성경이 말하는 강력한 힘을 상실하였다. 성경이 말하는 '성결'(holy)은 '도덕적인 올바름과 착함'을 의미하는 것이 아니라 '목적을 위해 구별됨'을 의미한다.

그런 까닭에, 성화는 세상에서 하나님의 목적을 위해 구별되는 것을 의미한다. 우리가 성화와 연관하여 생각하는 도덕적인 면과 생활습관은 논리적 결과이다. 우리가 이 세상에서 하나님의 목적을 위해 일하도록 하나님의 사람으로 구별되었다는 인식에서 출발하는 논리적 귀결이다. 하나님의 목적에 헌신하지 않는 삶을 의미하는 '값싼 은혜'는 옳지 않다. 우리는 의롭게 하는 믿음과 우리 삶을 실재로 형성하는 목표와 선택으로부터 잘못된 것을 수정하는 회개를 분리할 수 없다.

청교도는 선언하였다. "우리는 그리스도와 반쪽만 연합할 수는 없다." 무슨 의미인가? 우리가 "나를 따르라"는 말씀하시는 주님과 연합하지 않고는 우리를 위해 십자가에서 죽으신 그리스도와 연합할 수 없다. 어떤 개종도 성화 문제를 다루지 않고는 온전한 개종이라 할 수 없다. 우리는 성화된 새 삶을 위해 거듭났기 때문이다.

성화는 평생 계속된다. 성화의 과정은 평생 계속되는 과정이다. 러블레이스는 기술하였다. "성화는 세상방식을 따르려는 모든 영역에서 떠나는 것을 말한다. 우리 삶 속에서 성령께서 이루시는 부흥의 역사를 통해 계속 거룩하게 변모하는 것이다." 성화는 로마서 12:1,2을 다시 상기시킨다. 우리가 언제나 간직해야 할 귀한 말씀이다.

3) 기본요소 #3: 내주하시는 성령을 환영하라

부흥은 성령이 일으키신다. 계속적인 부흥을 위해 내주하시는 성령을 환영해야 한다. 러블레이스는 내주하시는 성령 혹은 성령세례에 대해 특별한 정의를 내리지 않았다. 방언과 같은 특별한 경험과 연결시키지도 않았다. 내 판단으로는, 성령체험은 방언과 함께 오기도 하고, 방언이 없이 오기도 하기 때문이다. 나는 이 문제에 대해 견해 상의 차이가 있음을 안다. 하지만 나는 모두가 성령 충만의 두 가지 목적에 관하여는 동의할 것으로 믿는다. 사역을 위한 능력을 주는 것이고, 성화를 이루는 것이다. 이 둘은 상호 연결되어 있다.

하나님의 관심은 어디 있을까? 나는 하나님의 일차적 관심이 절대 상처받지 않는 멋지고 빛나는 기독교인을 만드는 데 있지 않다고 본다. 그것은 새 차를 사서 찌그러지지 않도록 하기 위해 차고에 안전하게 보관하는 것과 같다. 성령에 충만하여 하나님의 인도를 받는 사람도 자주 마음에 상처를 받고 반격을 당할 수 있다. 기도회 중에 일어나 모든 일이 잘 되고 있다고 의기양양한 간증을 하지 못할 수도 있다. 나는 항상 모든 일이 잘되고 있다고만 말하는 사람은 사실 좀 피곤하다고 생각한다.

우리가 성령에 충만하여, 성령의 인도를 따르려 한다면, 성령께서는 우리를 자주 병들고, 상처받고, 매를 맞고, 힘든 곳으로 인도하실 것이다. 우리는 기억해야 한다. 성령께서 우리가 십자가에 달리신 분을 따르는 자로 알고 우리를 인도하신다. 우리는 십자가의 길로 가는 것이다. 성령의 인도함을 받는 삶은 쉬운 삶이 아니다. 우리가 언제나 정상에 서 있는 것과 같은 느낌으로 승자로 사는 것이 아니다.

부흥은 성령의 은사를 재발견하게 한다. 성령의 초자연적 은사가 오늘도 주어진다는 것을 깨닫게 한다. 성령의 은사는 사도시대에 제한적으로 주어졌던 것이 아니다. 지금도 주어진다. 일부 신학자들은 성령의 은사 중 일부가 사도시대 이후로는 사라졌다고 주장한다. 구 프린스턴 신학이 그런 입장을 취하였다. 세대주의자들도 그러하였다. 칼뱅과 루터도 중세 로마 카톨릭 교회에서 주장하는 수많은 기적 이야기에 대해서 반대하였다. 개혁자들의 목표는 교회를 성경으로 돌아오게 하는 것이었다. 개혁자들이 기적에 과민반응을 하면서, 그들은 성령께서 오늘도 놀라운 일을 행하고 계시다는 사실을 인식하지 못하였다. 개혁자들은 당시 과격한 성령운동가들의 주장에 반대했다. 당시 급진적 성령운동가들은 주장했다. "우리는 성령을 따른다! 성령께서 우리에게 직접 말씀하시기에 우리는 성경에 매여 있지 않다." 개혁자들은 반대로 주장했다. "그렇지 않다! 성령께서 말씀하실 때는 언제나 성경에 따라 성경에 일치하게 말씀하신다." 따라서, 루터와 칼뱅이 성령의 은사를 거부하면서 지키고자 했던 교리가 있다. 종교개혁의 핵심교리인 '오직 성경'(Sola Scriptura)을 지키려 하였다.

풀러신학대학원 총장이었던 데이비드 허바드(Hubbard)는 탁월한 성서학자였다. 그는 30년 동안 총장으로 재직하였다. 나는 그가 이렇게 말하는 것을 들었다. "성령의 은사 중 일부가 사도시대와 함께 사라졌다는 관점에는 성경 해석상 일말의 증거도 없다." 나는 역사학자로 한 마디 더 첨가하고 싶다. 성령의 은사 중 일부가 사라졌다는 입장에 대한 역사적 증거도 없다. 하지만 우리가 예언과 방언과 같은 은사에 대해 말하면서, 우리는 조금 덜 화려한 은사인 가르치는 은사, 행정의 은사, 주는 은사 등도 성령께서 주신다는 사실을 기억한다.

나는 개방적 태도를 주장한다. 교회생활 속에 나타난 성령의 평범한 활동에 대한 감사와 함께, 우리는 일상적 범주에 맞지 않는 성령의 특별하고 대단한 역사에 대해서도 열린 마음을 가져야 한다.

그런 까닭에, 부흥운동은 사람들로 하여금 성령께서 '지금 역사하심'을 새롭게 깨닫게 한다. 성령의 모든 창의성은 결코 사라질 수 없다. 성령께서 새로운 일이 있고, 성령께서 그런 일을 우리 같은 사람을 통해서 하실 수 있다. 오늘날 교회에서 성령에 대해 새로 개방적 태도를 갖는 것은 아주 건전한 태도이다. 동시에, 우리는 대단한 은사보다 더 은혜와 성령의 열매를 구해야 할 것이다. 러블레이스는 지적했다. 이적과 기사를 구하는 데 쏟는 열심은 지극히 육신적인 일일 수 있다.

우리가 하나님께서 무언가 대단한 일을 해 주시기를 계속 원한다면, 그 이유를 물어야 한다. 우리가 하나님의 대단하고 비상한 일에 대해 개방적 태도를 견지하는 동안, 우리는 성령의 열매가 사랑, 기쁨, 화평 등이라는 사실을 잊어서는 안 된다. 우리는 그런 성령의 열매를 우리의 삶과 교회의 삶을 통하여 구체적으로 표현하기 위해 부르심을 받았다. 오늘날 일어날 수 있는 기적이 있다면, 사랑, 기쁨, 그리고 화평일 것이다. 성령의 역사는 언제나 우리 삶의 전 영역에 있어서 하나님을 순종하게 하기 위해 일어난다.

4) 기본요소 #4: 영적 전쟁에서 권위를 행사하라

영적 전쟁에서 권위가 필요하다. 부흥의 네 번째 기본요소는 영적 전쟁에서 나타나는 권위이다. 우리는 신약에서 정사와 권세에 관한 내용을 읽었다. 일부 자유주의 신학자들은 정사와 권세를 사람을 억압하는 정치, 사회, 그리고 경제적 구조로 해석한다. 그들은 구조 악을 지칭한다. 다른 학자들은 입장을 달리한다. 정사와 권세를 사람을 공격하는 개인적인 사탄의 세력으로 해석한다. 이런 개인적 사탄의 세력은 자신을 정치, 사회, 그리고 경제적 구조를 입고 사람을 비인간화한다. 이 이슈에 대한 나의 판단은 이렇다. 우리는 정사와 권세 대한 이해를 개인적이나 공동체적으로 제한해서는 안 된다. 양면을 모두 포용해야만 한다. 수많은 역사적 증거들이 있기 때문이다.

성경은 명확하다. 개인적인 사탄의 역사가 있다. 많은 풀러 신학교 학생들도 사역하면서 그런 사탄의 공격을 받은 적이 있었다고 했다. 다른 한편으로, 사탄의 세력은 모든 정치, 경제, 그리고 사회 구조 속에서 역사한다. 인종차별, 사회계층, 카스트, 또는 다른 여러 모양으로 사람들을 억압한다.

러블레이스의 네 번째 요소는 계속적인 부흥을 위해 필요하다. 우리에게 영적 전쟁에서 권위가 주어졌다는 사실을 기억해야 한다. 예수님의 십자가와 부활에 대한 세 가지 전통적 이론들이 있다. 첫째, 17세기에 규정된 안셈(Anselm)의 대리적 속죄 이론(substitutionary theory of the atonement)이다. 안셈의 이론은 신약성서의 가르침에서 이끌어 낸 것으로, 핵심은 "예수님께서 나의 죄를 위하여 십자가에 죽으셨다"는 교리이다.

둘째 이론은 속죄를 법정사건으로 보는 것이다. 법정에서 판사가 자신에게 형벌을 지운 것으로 보는 것이다. 셋째 이론은 십자가와 부활을 우주적인 영적 전쟁으로 보는 것이다. 하나님께서 그리스도를 통하여 악, 죄, 죽음, 그리고 지옥의 권세들에 대항하여 전쟁하셨고, 모든 악한 권세들을 물리치셨다는 것이다. 이것도 신약에 나타난 속죄의 그림으로 정당하다. 일부 학자들의 증언에 따르면, 루터가 십자가와 부활에 대해 이런 기본 관점을 가지고 있었다고 한다. 우리가 루터가 종교개혁을 위해 정치적이며 종교적인 전쟁을 치러야만 했다는 점을 고려하여 볼 때, 충분이 루터의 영적 대결 이론을 이해할 수 있을 것이다.

우리는 그리스도의 사역에 대한 세 가지 이론들이 모두 타당하다고 인정한다. 세 이론들은 상호보완적이다. 하지만 우리가 십자가와 부활을 역사에 나타난 죄, 죽음, 그리고 악을 극복하기 위한 궁극적 전쟁으로 보고, 예수 그리스도께서 십자가에서 승리하셨음을 믿으면, 우리는 확신을 가지고 전쟁터에 나가게 된다. 그 전쟁이 어떤 악한 세력과의 전쟁이라 할지라도 두려워하지 않는다. 개인적, 사회적, 혹은 구조적인 악과의 전쟁이라 할지라도 겁내지 않는다. 말라리아나 AIDS와 같이 인간의 생명을 위협하는 병마라도 물러서지 않고 싸울 수 있다. 우리는 하나님께서 승리하실 것을 믿으며 전쟁터에 나간다. 최후의 승리는 우리가 살아있을 때든 죽은 후이든 반드시 이루어질 것을 믿는다. 부흥은 영적 전쟁에서 새로운 영적 권위를 부여한다.

조지 휫필드의 설교와 존 번연의 작품에는 영적 전쟁의 그림이 현저하게 드러난다.

대부흥에 관한 조나단 에드워즈의 글에 나타난 가장 중요한 개념적 도구도 영적 전쟁이었다. 네비우스는 19세기 말 중국에서 사역하던 장로교 선교사였다. 그는 프린스턴에서 오늘날 하나님께서 행하시는 기적적인 활동을 부인하던 워필드와 핫지 교수의 지도를 받으며 공부하였다. 그는 중국에서 사탄의 역사를 여러 가지로 경험하고 나서 패러다임을 전환하였다. 그는 영적 전쟁에 대한 글을 남겼다.

네비우스는 특히 한국에서 유명하다. 1890년 장로교 선교사들을 위한 수양회에서, 선교활동에 관해 아주 급진적인 아이디어들을 쏟아놓았다. 그 아이디어는 중국에 있던 네비우스가 소속된 선교회에서 거부된 아이디어였다. 한국에서 사역하던 선교사들은 그 아이디어를 수용하였다. 이렇게 하여 '네비우스 정책'이 장로교 한국선교 정책이 되었다. 네비우스 정책은 다음과 같은 내용이 포함되어 있다. 교회가 목회자를 후원할 수 있을 때까지 목회자를 두지 말 것. 현지 신자들이 건축하기 전까지 건물을 짓지 말 것. 성경공부를 강조할 것 등이다. 네비우스 정책은 한국교회가 성장하고 강해지는 데 중요한 역할을 하였다.

5. 부흥의 '이차적 요소'

러블레이스의 부흥운동에 관한 분석을 요약하면서, 우리는 그가 말하는 '부흥의 이차적 요소'에 대해 숙지할 필요가 있다. 나는 이런 요소들이 모든 부흥운동에 포함되기 때문에 굳이 '이차적'이라고 부를 필요는 없다고 본다. 하지만 러블레이스의 역사적 분석을 따라가 보자.

1) 선교를 지향하라

선교가 핵심이다. 부흥의 이차적 요소는 선교를 지향하는 것이다. 성령께서 우리를 진정으로 갱신시켜 부흥케 하시면, 우리는 자신을 넘어 세상을 보게 될 것이며 미전도 지역을 향해 선교적 활동을 시도하게 될 것이다. 우리가 성령을 따르기 시작하면, 어둠의 세력을 대적하는 권능을 사용하게 될 것이다. 여기서 우리는 다시 선교 역사적 기본 논지를 재확인한다. 참된 부흥운동은 어떤 상황 속에서도 언제나 우리를 우리 자신 밖으로 인도하여 선교에 참여하게 한다. 이사야서 6:1-8을 기억하라. 이사야는 하나님을 새롭게 만났다. 하나님을 새롭게 만나 경험을 한 이사야는 달라졌다. 자신의 죄를 인식하고, 죄를 씻었다. 그는 하나님의 음성을 들었다. "내가 누구를 보내며 누가 우리를 위하여 갈꼬?" 이사야는 응답했다. "내가 여기 있나이다 나를 보내소서."

소명은 각각 다르다. 우리 중 일부는 현재 속한 교회 부흥을 위해 부름받았고, 다른 사람들은 복음을 문화와 지역의 경계를 넘어가서 전하도록 부름받은 사람도 있다. 이것은 개인적인 소명이다. 소명은 각각 다를 수 있다. 하지만 부흥은 선교로 연결된다. 성경과 역사는 부흥이 선교와 긴밀하게 연관되어 있음을 보여준다.

2) 기도에 의존하라

기도는 부흥의 자연스런 부산물이다. 우리가 그리스도와 연합하였기에 더 깊은 기도가 가능하다. 우리는 의롭다하심을 받고 성령의 내주하심을 경험한다. 놀라운 역사가 일어났다. 우리는 영적 세력을 대적하는 선교에 참여한다. 그래서 기도가 필요하다. 우리의 싸움은 인간적인 수준, 육적 수준의 싸움이 아니다. 선교가 영적 전쟁이기에 기도가 필요하다. 하나님의 사역은 기도에 달려있다.

위대한 믿음의 사람들은 기도의 사람들이었다. 당신이 미간행(未刊行)된 위대한 믿음의 사람에 관한 전기를 읽어본다면, 그들의 삶이 언제나 쉽지 않았음을 알게 될 것이다. 그들은 간혹 심한 우울증을 겪기도 하였고, '영혼의 깊은 밤'을 통과하기도 하였다. 하지만 그들이 우울증을 겪었다고 해서 성령의 내주하심이 부족했다고 할 수는 없다. 그런 가운데 그들은 기도의 사람이 되었다.

기도가 필요하다. 이제 우리가 그리스도와 함께 연합되었기에 기도할 수 있다. 또한 우리가 영적 전투에 참여하고 있기에 기도해야만 한다.

3) 코이노니아를 조직하라

코이노니아는 자연스런 현상이다. 그리스도 안에서 형성된 공동체 안에는 사랑의 교제, 코이노니아가 있다. 우리는 사도행전에 나타난 신앙공동체를 통하여 이런 코이노니아를 보았다.

마틴 루터는 선교단체와 같은 헌신된 신자들의 모임을 조직할 것을 제안하였다. 하지만 그 생각을 관철하지는 않았다. 스트라스부르그의 개혁자인 마틴 부처는 프랑스와 독일 개척지에서 헌신된 소그룹을 조직하였다. 경건주의자도 소그룹 코이노니아를 조직하였다. 청교도도 조직하였다. 이들은 부처로부터 코이노니아 소그룹을 조직해야겠다는 아이디어를 얻은 것이다.

역사에 나타난 대부분의 부흥운동에는 작은 코이노니아 그룹들이 모여 큰 조직을 이루었다. 감리교의 속회, 모라비안 속회(bands), 청교도 비밀집회(conventicles), 그리고 경건주의자들의 소그룹들이 모였다. 이런 소그룹들이 기존 교단구조의 일부가 아닌 경우라 할지라도, 깊은 기도와 교제를 위한 헌신된 사람들의 모임은 중요했다. 이런 소그룹을 통해, 영적 능력, 격려, 그리고 사역에 대한 새로운 시도가 이루어졌다.

4) 신학적 통합

신학적 통합이 필요하다. 신학적 통합과정은 성령의 새로운 운동으로부터 새로운 경험과 통찰을 우리 신학에 반영하여 재조명하는 과정이다. 이런 과정을 통하여 신학은 발전한다. 새로운 신학적 통찰이 성경과 일치하는지 면밀히 살펴야 할 것이다. 우리 신학 시스템은 특정 역사적 맥락에서 그 시대의 가장 중요한 이슈들을 다루면서 형성된다. 특정 신학은 다른 상황에서 일어나는 이슈들을 다루지 않는다. 따라서 우리가 가진 신학을 기독교인의 삶과 경험을 폭넓게 반영할 수 있도록 재구성하여야 할 필요가 있다. 신학은 성경에 기초하여

야만 한다. 하지만 우리의 현실 경험을 포함하여야 한다. 문제는 우리가 가진 대부분의 전통적인 신학은 삶의 현장을 무시하는 경향이 있다.

우리가 가진 신학이 어떠한지 살펴보기 위해, 우리는 우리 교회나 선교단체가 가진 특정교리나 신앙진술문을 새롭게 분석해 볼 수 있다. 나는 몇 년 전 선교단체 이사회를 주제하면서 '라틴 아메리카 선교회'의 신앙 진술문을 고쳐 쓴 적이 있다. 라틴 아메리카 선교회는 좋은 선교단체이다. 하지만 신앙 진술문은 근본주의/현대주의 논쟁이 반영되어, 구원론을 기본적으로 개인구원에 국한하고 있었다. 예수님의 구속을 오로지 개인구원과 개인적 사죄에 초점을 맞추고 있었다. 선교부는 사회봉사 사역에 적극적으로 가담하고 있었지만, 신앙 진술문에는 문화적 명령(cultural mandate)이 별로 드러나지 않았다. 베네수엘라 수도 카라카스에서 제일 큰 교회 목사도 이사 중 한 사람이었다. 그는 은사주의자였다. 이사회는 라틴 아메리카의 두 가지 중요한 이슈, 가난과 영적 능력 문제를 인식하고, 그 문제를 다룬 새로운 진술문을 포함시켰다. 로잔언약 가운데 자선 사역의 필요성을 강조한 부분을 삽입하였다. 이사회는 성경말씀 가운데 정사와 권세를 물리치신 부분을 포함시켰다.

성경적 선교신학에 포함시켜야 할 내용이 더 있다. 평신도 사역에 관한 신학과 모든 성도에게 부어주시는 성령의 은사를 인정하는 신학적 내용이 포함되어야 한다. 거의 모든 부흥운동에 나타난 바에 따르면, 이런 신학적 이슈들이 핵심적이었다. 하지만 전통적인 교회는 평신도 사역에 대단히 소극적이다.

5) 탈문화화

자신이 속한 문화의 옷을 벗는 '탈문화화'(Disenculturation)는 평소 잘 사용하지 않는 전문용어이다. 이것은 우리 자신이 속한 문화로부터 분리되어 초연해지는 과정을 말한다. 이것은 우리의 의와 성화를 위하여 우리가 그리스도께 온전히 의지할 때에만 가능하다. 우리 모두는 문화의 옷을 입고 있다. 우리는 특정 문화적 상황 속에서 기독교 믿음을 갖게 되었다. 우리는 우리가 속한 문화 속에서만 우리의 믿음을 동화시킨다. 그 결과, 우리의 문화와 신앙은 하나가 되었다. 그 이유 때문에, 우리가 우리 문화 밖에서 우리 문화를 복음의 빛 아래 비추어 보고 판단하는 것은 거의 불가능하다. 그것은 또한 우리가 다른 문화 속으로 들어가 복음을 적합한 방식으로 전달하는 것을 어렵게 한다.

 탈문화 과정이 필요하다. 탈문화 과정에는 양면이 있다. 탈문화 과정을 통하여 우리는 우리 문화에 대한 새로운 안목을 갖기 시작한다. 우리 문화 속에서 성경말씀과 하나님의 뜻에 반하는 것들을 분명하게 분별할 수 있게 한다. 많은 북미 사람들은 아메리칸 드림(American Dream)에 사로잡혀 있다. 기독교인의 삶의 가장 고결한 목표를, 더 많은 돈을 벌고, 더 큰 집을 소유하고, 그리고 더 좋은 차를 사는 것으로 생각한다. 이것이 미국 복음주의자들의 윤리가 되었다. 여기서 탈문화는 우리가 가진 이런 물질적인 미국 문화적 가정들을 거부하는 것이다. 다른 이슈도 있다. 북미 문화에서 심각하게 다루어야 할 이슈는 인종적 편견, 문화적 우월감, 그리고 경제적 불공평 문제 등이다.

 풀러 신학교는 강조한다. 모든 문화를 존중하라. 복음을 전달하면서 타문화를 존중하는 모범적인 방식을 사용하라. 우리는 거듭 강조한다. 사람들은 자신이 속한 문화적 맥락 안에서 그리스도를 알고 따라야만 한다. 다른 한편, 우리는 모든 문화는 하나님 나라의 실재를 반영하기 위하여 계속 변해야 할 필요가 있다는 사실을 인식한다. 우리는 이 둘 사이에 놓인 창조적 긴장을 유지하며 살아가도록 부르심을 받았다. 탈문화화는 우리 문화를 하나님 나라의 렌즈를 통해 재점검하게 한다. 이런 과정을 통하여 우리가 개인적인 삶에서 뿐만 아니라 사회 속에서 하나님 나라의 가치를 덧입게 한다. 이런 탈문화 과정을 통하여, 우리는 무시 받는 주변인들을 위한 긍휼사역으로 인도받기도 한다.

 탈문화화의 다른 면이 있다. 우리가 기독교 신앙에서 더욱 성숙해지면서, 우리는 우리의 시민권이 우리 문화가 아닌 하나님 나라에 있음을 더 깊게 인식하게 된다. 우리가 참된 삶을 살기 위해 우리 자신의 문화적 상황 속에서 살아야 할 필요는 없다는 사실을 인식한다. 우리의 참된 삶은 우리 문화적 상황에 달려 있는 것이 아니라, 예수 그리스도를 통한 하나님과의 관계에 달려있는 것이다. 이런 이해는 우리로 보다 자유롭게 성령의 인도에 순종하여 문화, 인족, 국가, 그리고 지정학적으로 우리와 다른 사람들에게 기꺼이 나아가게 한다. 탈문화화가 가진 선교적 함축은 강력하다. 그것은 우리가 속한 근본적 공동체는 문화로 규정되는 것이 아니라 하나님 나라에 있는 시민권으로 규정된다는 것을 의미할 것이다.

 마지막으로 한국을 주목할 필요가 있다. 20세기 초에 한국에서 일어난 부흥운동은 먼저 화해로부터 시작되었다. 외국 선교사들과 초기 한국교회 지도자 사이에 화해운동으로 촉발되었다. 외국 선교사들은 우월감에 사로잡혀 있었고, 한국 지도자들은 당연히 분개하고 있었다. 서로의 죄를 고백하며 막힌 담이 무너졌을 때, 화해는 부흥운동을 촉발시켰다. 나는 장로교 선교사로 한국에서 사역한 해럴드 보컬(Harold Voekel)을 만난 적이 있다. 그는 말했다. 그가 아는 바로, 한국 부흥운동을 촉발시킨 집회에는 방언이나 기적이 일어나지 않았다고 했다. 나는 같은 말을 한국 선교사에게 들었다. 초기 한국 선교에 신유는 많이 일어났다. 그러나 그가 아는 한, 방언현상이 나타나지는 않았다고 했다.

이것은 방언이 다른 부흥운동에 역할을 하지 않았다는 것은 아니다. 나는 여기에 중요한 교훈이 있다고 본다. 우리는 특정 상황에서 일어나는 부흥운동이 어떤 특성이 있어야 한다고 성령께 명령해서는 안 된다는 것이다. 그것은 성령의 역할이다.

동아프리카 부흥운동은 한국 부흥운동과 흡사하다. 영국인들은 자부심이 대단하였다. 영국 성공회 선교사들이 동아프리카에 오면서, 착한 사람들이었지만, 무의식적으로 유럽 백인들이 가진 우월감도 가지고 왔다. 물론 유럽에서 온 선교사들은 아프리카의 어려운 상황 속에 살면서 엄청난 희생을 치렀다고 생각했다. 그러나 아프리카 사람들의 관점은 달랐다. 아프리카 형제자매들은 그들의 태도에서 우월감과 인종차별이 있음을 보았다. 영국 선교사들과 아프리카 사역자들 사이에 있었던 이런 부정적인 감정들이 무너져 내릴 때, 동아프리카 부흥운동이 촉발되었다. 다른 부흥운동을 탐구해 보아도, 지도자들 간의 화해가 부흥운동의 결정적 요소이었음을 발견할 수 있을 것이다.

결론은 단순하다. 상황과 환경이 다를지라도, 성령께서는 성도들 간에 있는 모든 장벽을 무너뜨리는 일에 특별한 관심을 갖고 있다. 그리하여 성도들이 하나님과 이룩한 화해를 보다 잘 반영할 것이다. 하나님과의 화해는 부흥운동을 일으키는 핵심적인 불꽃이다.

본 장에서는 부흥운동의 역학에 관하여 다루었다. 에드윈 오르의 부흥운동의 역학에 관한 이론들과 리처드 러블레스의 갱신운동의 역학에 관한 이론들을 정리하였다. 다음 장에서는 새로운 선교단체들의 폭발적인 성장에 관하여 다루게 될 것이다.

The Dynamics
of Christian Mission
History through a Missiological Perspective

제 5 부

위대한 세기

제23장 새로운 선교단체의 폭발적 성장

제24장 세계선교와 여성 선교사 운동

제25장 1910 에든버러 선교대회와 에큐메니칼 운동

제26장 근대 아시아 선교

제27장 근대 오세아니아, 중동, 그리고 북아프리카 선교

제28장 근대 아프리카 선교

제29장 근대 라틴 아메리카 선교

제30장 오순절 운동과 선교운동

The Dynamics of Christian Mission
History through a Missiological Perspective

제 23 장

새로운 선교단체의 폭발적 성장

1. 서론

기독교선교는 발전해 갔다. 지난 19세기 삼사분기 동안 선교는 폭넓게 수용되어 갔다. 하지만 1792년 윌리엄 캐리가 시작한 해외선교는 아직도 미미한 수준에 있었다. 19세기 말 즈음에 해외 선교사로 봉사하는 미국인은 1천 명을 밑돌았다.

서구에 자신감과 낙관주의가 일어나던 시기였다. 기술적 진보가 있었다. 새로운 발명품들이 쏟아져 나왔다. 전화기술이 발명되었고, 자동차와 비행기가 출현하기 위한 준비를 마치고 있었다.

역사적 안목은 시대적 통찰에서 시작한다. 우리는 당대를 낙관주의 관점에서 읽을 수 있다. 서구 문명은 인간역사의 전반에 걸쳐 일어났던 어떤 진보보다 놀라운 발전을 계속하였다. 새로운 발명품들은 삶의 질을 높여주었고, 교통과 통신의 발달은 상상을 초월한 발전을 거듭하였다. 문화적 자부심이 높아졌다. 진보는 피할 수 없는 대세이며, 이런 발전은 미국과 유럽 문화와 연구 기관들을 통해서 이루어진다고 믿었다. 이것이 당대를 풍미한 시대사상이었다.

서구 문명은 놀라운 진보를 이어갔다. 당시 북미와 서유럽을 포함한 서구 문명은 기독교 문명으로 간주되었다. 그것은 제한적 의미에서 사실이라고 볼 수도 있다. 사회학자인 로드니 스타크(Rodney Stark)는 강력하게 논증한다. "서구 문명은 인간 이성에 가치를 부여하였기에, 근대 과학기술이 발전하게 되었다." 동시에 우리는 기독교적 영향에도 불구하고, 서구 문명의 심층부를 파헤쳐보면 결코 기독교 문명이라고 할 수 없다. 기독교와는 거리가 멀었다.

아이작 왓츠(Isaac Watts)는 탁월한 찬송가를 지었다. "햇빛을 받는 곳마다 주 예수 왕이 되시고"는 우리가 자주 부르는 은혜로운 찬송이다. 이 찬송은 윌리엄 캐리가 인도로 떠나기 훨씬 전이었다. 하지만 그의 찬송시를 자세히 읽고 분석해보면 부끄러운 부분이 드러난다. 왓츠는 노래한다. "야만족들은 하나님 말씀을 경청하나, 서양 제국은 그들의 주를 인정하도다."[1] 왓츠는 서양 제국과 기독교를 동일시한다. 서양 제국들은 주의 말씀을 청종하고, 주를 인정하였는가? 사실은 그렇지 않았다. 대영제국은 기독교 국가가 아니었다. 서구열강 중 하나였던 대영제국은 노예무역을 통해 돈을 벌어들이고 있었다. 다른 나라들을 식민지화 하면서 "땅을 침략하고 지배하고 소유하였다." 중국에 아편을 강제로 팔았다. 영국뿐만이 아니었다. 아랍 국가들도 노예무역에 집중하였고, 미국인들도 노예무역에 열중하였다. 사람들은 맹목적으로 신봉했다. 서구 문명을 기독교 문명이며 그 어떤 문명보다 우월하다. 세계 모든 나라들은 서구 문명과 같아져야 한다. 사람들은 너무도 쉽게 이런 전제들을 받아들였다. 지극히 맹목적이었다.

서구인들은 문화적 책임감을 느꼈다. 서구 문명을 다른 이교도들에게 전하고 개화시키는 '백인의 책임과 부담'을 식민주의를 통해 구현하려 하였다. 이런 식민주의 정신은 서구 이상주의와 고지식함, 냉소주의와 착취의 결합이었다. 하지만 우리는 식민주의를 전적으로 부정적인 관점으로만 해석해서는 안 된다. 진실한 기독교 정신으로 외국 사람들을 돕기 위해 나갔던 귀중한 사람들도 있었기 때문이다. 그럼에도 불구하고 당시 문헌들을 살펴보면 시대정신이 더욱 분명해진다. 서구 문명을 대표하는 북미와 서유럽은 다른 나라 사람들을 지도하여 '기독교 문명'으로 나가가는 길을 선도하여야 할 운명을 타고났다고 확신하였다.

이것이 시대정신이었다. 선교운동에 대한 신학적 기초에 영향을 준 기본전

---

[1] 이 부분은 우리가 가진 "햇빛을 받는 곳마다" 찬송가 가사에는 포함되어 있지 않으나, 원래 찬송시 가운데는 저자가 지적한 다음과 같은 내용이 포함되어 있었다. "Western empires own their Lord, while savage tribes attend His Word." - 역주

제들이었다. 우리는 그런 시대정신을 인식해야만 한다. 역사 앞에 솔직해야 한다. 그런 시대정신을 바탕으로 하여 이루어진 선교운동에 반대하는 현지인들의 반응을 겸허히 수용해야 한다. 특히 중국에서 그런 서양정신에 반발하여 일어난 부작용들을 바로 볼 수 있어야 한다.

19세기 삼사분기 상황에서 일어날 일들을 분석하기 위해, 우리는 당시 일어났던 중요한 정치적 사건들과 지적 발전에 대해 알아야 한다. 몇 가지 핵심적인 내용을 살펴보자.

1) 진화론

1859년 다윈의 『종(種)의 기원』이 출간되었다. 진화론(Darwinism)이 학계에 등장하였다. 진화론은 '자율적 진보'(automatic progress) 개념으로 이해될 수 있다. 이것은 생물은 언제나 점점 더 자율적으로 진보한다는 사상이다. 이것은 여러 면에서 진보가 이루어지던 당시 시대사상과 맞아떨어졌다. 과학과 기술의 혁신에 대해 환호하던 시대와 궤를 같이했다. 자율적 진보는 기독교 종말론의 세속적 해석이 되었다. 일부 자유주의적 신학자들은 우리의 기독교 신앙적 동기로 이루어진 우리 자신의 노력으로 하나님 나라를 임하게 할 수 있다는 식으로 생각하였다. 이런 해석은 보다 급진적인 사회복음주의자의 기본적인 생각 가운데 하나가 되었다. 막스주의도 기독교 종말론의 극단적으로 세속화된 한 형태라고 간주할 수 있다.

진화론은 물론 기독교 신앙에 의문을 던졌다. 창조에 대한 관점뿐만 아니라 하나님의 개념에 대해서도 의문을 던졌다. 많은 신학자들이 창조론과 진화론을 조화시키기 위해 노력하였다. 하지만 진화론은 극단적으로 나가면 무신론이 된다.

2) 성경에 대한 고등비평

1860년 성경에 대한 고등비평적 관점이 시작되었다. 독일학자들은 문학비평이라는 도구를 사용하여 성경을 분석하기 시작하였다. 고등비평은 기독교인들에게 많은 통찰을 제공하여 주었다. 성경에 포함된 여러 책들을 보다 정확하게 이해하고 해석할 수 있게 도움을 주었다. 하지만 급진적인 비평가들은 성경의 권위를 훼손하고 기본적인 신학적 교의에 도전하였다.

3) 로마 교황에 속한 국가들의 종말

로마 가톨릭교회는 정치적으로 패했다. 교황 국가들에는 천 년 이상 이태리 중간 삼분의 일이 속해 있었다. 1870년 이것이 종말을 맞았다. 이태리는 통일된 국가가 되었다. 교황권은 바티칸으로 제한되었다. 이런 정치적 패배는 로마 가톨릭교회를 더욱 더 방어적이 되게 하였다. 이런 현상은 한 세기 동안 계속되었다.

4) 인도 통치권을 수용한 영국

이 동안, 영국 정부는 인도를 통치하고 관리하는 책임을 수용하였다. 이전에는 동인도 회사가 주도하고 있었다. 그러나 빅토리아 여왕이 그 일을 맡았다. 그것은 동인도 회사보다 더 나아진 것이었다. 그때 명시된 한 가지 계약조건이 인도를 달라지게 했다. "인도는 신앙의 자유를 보장한다." 이 조항으로 인하여 선교사들은 보다 자유롭게 광범위한 선교사역을 할 수 있게 되었다. 인도에 관한 중요한 정치적 결정이 유럽에서 내려졌기 때문이었다. 이런 상황은 긍정적인 면과 부정적인 양면의 칼날이었다.

5) 아편전쟁과 중국의 개방

중국이 개방되었다. 중국 내지로 향하는 새로운 문이 열었다. 영국은 중국과 무역문제로 두 번에 걸친 전쟁을 하였다. 영국은 중국에 아편교역을 강요하였다. 그 결과 1842년과 1858년, 영국의 강요를 충족시키는 협정이 체결되었다. 마지막 협정은 최초로 서양인들에게 중국 내지를 여행할 수 있도록 허락하였다. 중국에서 기독교 신앙의 자유를 보장하고 선교사들과 중국 기독교인들의 안전을 보장하였다. 이런 강압에 의한 협정은 수많은 중국인들에게 당연히 큰 슬픔을 안겨 주었다. 기독교 신앙을 서구 제국주의, 무력, 그리고 아편교역과 연관시켜 바라보게 하였다. 이런 인식은 한 세기 이상 계속되었다.

일부 선교사들은 협정을 기뻐했다. 하나님의 손길이 함께한 역사로 보았다. 다른 사람들은 협정에 대해 당혹스러워 했다. 긍정적인 면 보다는 부정적인 효과가 더 클 것으로 보았기 때문이었다. 기독교는 악랄한 식민주의와 외국 무력을 기화로 삼는 종교로 각인되었다.

6) 제2차 복음주의 각성운동

미국에서는 제2차 복음주의 각성운동이 일어났다. 그것은 평신도 운동이었다. 1858년 사업가들이 모인 기도모임에서 시작되었다. 이 운동은 순식간에 미 선역으로 퍼져나갔다. 당시 시카고의 D.L. 무디는 젊고 야심 찬 사업가였다. 무디는 대각성 운동에 사로잡혀 가장 유명한 복음전도자가 되었다. 대각성 운동은 대서양을 넘어 영국에도 전해졌다. 대각성 운동의 결과로 선교적 관심이 새롭게 물결치게 되었고 학생자원운동을 일으키는 원동력이 되었다.

7) 일본에 들어간 로마 가톨릭 선교사들

일본에 선교사들이 상륙했다. 1858년, 가톨릭 사제들이 일본에 입국하였다. 근대 일본에 처음으로 들어간 선교사들이었다. 일본은 외부 영향을 받지 않는 닫힌 나라로 남아있었다. 미국 해군 페리(Perry) 제독이 전함을 타고 동경 만에 들어가 일본을 서방에 개방시켰다. 일본은 서방문물에 문호를 개방하였다.

8) 데이비드 리빙스톤

1857년 데이비드 리빙스톤(Livingstone)은 선교사 전기를 출판하였다. 아프리카에 대한 연구와 선교적 경험을 서방에 소개하였다. 그 책은 대학생들 사이에 선교적 관심을 증폭시켰다. 중앙아프리카를 향한 선교가 시작되었다.

이런 상황에서 우리는 두 가지 중요한 운동을 본다. 동시에 보다 폭넓은 선교적 추세를 읽는다. 그 중 하나는 중국내지선교회(China Inland Mission)이고, 다른 하나는 학생자원운동(Student Volunteer Movement)이다.

2. 중국내지선교회

허드슨 테일러는 탁월한 선교사였다. 알프레드 J. 브룸홀(Alfred James Broomhall)은 허드슨 테일러와 개방된 중국에 관한 7권짜리 책을 저술하였다.[2] 브룸홀은 중국내지선교회(China Inland Mission) 선교사로 중국에서 오랫동안 사역하였다. 이 책은 허드슨 테일러의 생애에 관한 가장 철저한 연구이다. 탁월한 저술이다. 하워드 테일러가 쓴 단권『허드슨 테일러와 중국내지선교회』도 유익한 책이다.[3]

테일러의 증조부는 '종교적 냉소주의자'였다. 그가 요한 웨슬리의 설교를 듣고 회심하였다. 테일러의 부친은 감리교의 평신도 지도자였고, 테일러는 훌륭한 기독교 집안에서 성장하였다. 하지만 테일러는 신앙에서 멀리 떠나 사업가가 되기 위해 준비하고 있었다. 어느 날, 테일러의 어머니가 멀리서 아들을 위해 기도하는 순간, 모친은 아들이 신앙으로 다시 돌아왔다는 강한 확신을 갖게 되었다. 그 순간, 테일러는 부친의 서재에 들어가 책을 읽기 시작했는데, 그 책을 통하여 강한 신앙적 도전을 받게 되었다. 테일러는 자신을 주님께 드렸다. 다시 선교를 위해 헌신하였다.

테일러는 의사가 되고 싶어 했다. 의사가 되어 중국에 가고 싶었다. 당시 의학공부는 지금보다 훨씬 비정규적이었다. 테일러는 여러 의사들 밑에서 의학수업을 받았다. 그는 런던에서 어렵게 살아보는 것이 선교사로 중국생활에 적응하는 데 도움이 될 것으로 믿었다. 그래서 런던에서부터 어려운 생활환경을 만들어 그렇게 생활하였다. 테일러가 사랑하던 여인은 선교사로 중국에 가는 것을 원하지 않았다. 두 번째 사랑한 여인도 선교사가 되기를 거부하였다. 1854년 테일러는 사랑의 상처를 안고 독신으로 중국으로 갔다. 테일러가 소속된 선교부는 언제나 테일러의 선교사역을 후원해주지 않았지만 테일러는 대단한 인내심을 보여주었고, 중국 내지로 가서 복음을 전하고 싶은 열망에 불타고 있었다. 하지만 중국 정부가 중국 내지로 가는 것을 허락하지 않았다. 만일 중

---

2) Alfred James Broomhall, *Hudson Taylor and China's Open Century* (London: Hodder & Stoughton, 1984).
3) Dr. and Mrs. Howard Taylor, *Hudson Taylor and the China Inland Mission* (London: The China Inland Press, 1918).

국정부가 허락했다 할지라도 내지는 엄청난 위험과 고난이 기다리는 곳이었을 것이다. 1860년 테일러는 영국으로 돌아왔다. 중국선교에 대한 열정은 식지 않았지만 낙담한 상태였다. 테일러는 영국에 돌아와 열심히 뛰었다. 중국어 신약성경 개역판을 만들기 위해 하루에 12시간 동안 일을 하였다. 자신의 의학기술을 향상시키기 위해 의학수업을 받았다. 선교를 위한 다음 단계를 위해 기도하였다.

테일러는 중국에 관한 더 많은 정보를 수집하였다. 개신교 중국 선교사가 작년 1년 사이에 115명에서 91명으로 줄어든 사실을 발견하였다. 중국은 전 세계 불신자 인구 가운데 절반을 차지하는 나라였다. 테일러는 스코틀랜드 인구와 맞먹는 중국인들 가운데 오직 개신교 선교사 한 명이 사역하고 있음을 알게 되었다. 데일러는 죽어가는 모든 영혼들이 그리스도를 알아야만 한다는 사실과 그리스도께서 선교적인 사명을 부여하셨다는 사실을 말했다. 그리스도께서 선교적 소명을 주셨다. 다른 소명은 필요하지 않았다.

1865년 어느 주말, 테일러는 런던 남쪽에 위치한 바닷가 휴양도시인 브라이튼(Brighton)에 갔다. 테일러가 주일 날 아침 교회에 있을 때, 중국에 대한 엄청난 부담이 느껴져 혼자 바닷가로 나갔다. 그 바닷가에서 테일러는 하나님과 혼자 대면하는 심원한 경험을 하였다. 그는 새로운 신앙적 결단을 할 수 있었다. 테일러는 하나님께서 자신을 중국 내지로 부르신다고 확신하였다. 그는 은행에 가서 믿음으로 '중국내지선교회'라는 이름으로 계좌를 개설하였다. 그의 수중에는 10파운드(50달러 정도)가 있었고 선교단체는 전혀 조직되지 않은 상태였다. 테일러는 구체적으로 기도하기 시작했다. 하나님께 중국 24지방을 위해 48명의 선교사를 주시라고 기도했다. 테일러가 연구한 중국 현지자료에 의하면, 선교사가 활동하고 있는 6개 지방에도, 1억 8천5백만 명이 복음을 전혀 듣지 못하고 있었다. 다른 지방에 속한 인구는 2억이었다. 테일러는 중국선교를 위한 자원자들을 찾아 나섰다. 어느 교단 출신이든 상관하지 않았고, 교육정도도 상관하지 않았다. 선교사들의 후원은 믿음으로 할 것이었다. 믿음선교가 기본이었다. 테일러는 조지 뮬러의 믿음선교 원칙을 따랐다. 조지 뮬러는 다른 사람들에게 돈을 결코 요구하지 않고, 오직 기도를 통하여 하나님께 필요한 것을 공급해 주실 것으로 믿었다. CIM은 믿음선교의 모범이 되었다. 오늘날 여러 선교단체에서 믿음선교라는 단어를 사용하고 있는데, 그들은 믿음선교라는 단어를 사용해서는 안 될 것이다. 그들은 선교사들이 선교지로 떠나기 전에 충분한 선교비를 모금하고 나서 선교지로 가기 때문이다. 나는 그런 선교정책에 대해 비판하지 않는다. 하지만 CIM은 전혀 달랐다. 그들은 전혀 선교비를 부탁하지 않았다. 하나님께 기도하면, 하나님께서 필요한 자원을 보내주실 것으로 믿었다.

CIM은 초교파 선교단체의 모범이 되었다. 믿음선교를 따르며 다양한 교단 출신들을 수용하는 선교단체였다. 함께 사역하는 교단들은, 성공회, 장로교, 감리교, 침례교, 그리고 형제회 등이었다. CIM은 곧 국제적인 기관이 되었다. 세계 각국에서 선교사가 들어오고 후원금이 들어왔다. 오늘날 26개국 이상에서 온 선교사들이 함께 사역하고 있다. 1951년 중국은 모든 선교사를 국외로 추방하였다. CIM은 OMF(Overseas Missionary Fellowship)으로 개명하였고, 현재 동아시아 지역 나라들 가운데서 사역하고 있다. 중국이 다시 개방됨으로, OMF는 중국에 사람을 보내어 활동하고 있다. 건강과 교육 부분에 전문직을 가진 전문인 선교사를 보내어 의미있는 활동을 계속하고 있다.

믿음선교 원칙에 따라, 선교회는 선교사들의 월정후원금을 보장하지 않았다. 선교사들은 자신의 필요를 채워주실 하나님을 믿어야만 했다. 선교회는 빚을 지지 않는 것을 원칙으로 하였다. 하나님께서 보내주신 후원금만 사용하기로 하였다. CIM은 우선 3개월분의 사역비를 보유하고 그에 맞추어 3개월 동안의 지출을 결정하였다. 개인적인 모금활동을 못하게 하였고, 선교집회를 하는 동안 헌금을 받는 것을 허용하지 않았지만, 선교사의 필요에 대해 알리는 것만은 허용하였다.

선교사들은 중국인처럼 생활하였다. 가능한 한 중국인과 같이 옷을 입고 중국인처럼 생활하였다. 당시는 서양인들이 서양문화를 기독교 문화와 동일시하던 때였다. 테일러는 일부러 서양문화의 특정한 면을 반대하고 등을 돌렸다. 중국인 복장을 하고 댕기머리를 하였다. 다른 유럽 출신 선교사들은 테일러를 심하게 비난하였다. 미쳤다고 힐난하며 부인이 될 마리아에게 채근하였다. 마리아는 그런 비난을 감수하고 테일러와 결혼하였다. 마리아는 훌륭한 믿음의 여인이었다!

빅토리아여왕시대의 영국은 남자의 천국이었다. 여성들은 설 자리가 없었다. 하지만 테일러는 여성들에게 문호를 개방했다. 수많은 독신 여성들이 선교사로 지원하였다. 첫 번째 선교자원자들은 7명의 독신 여자 선교사와 8쌍의 부부였다. 당시 독신 여자는 남자가 동행하지 않고는 여행할 수 없다고 여겨졌다. 하지만 테일러는 중국 내지에 산재한 선교기지들에 결혼한 부부만 보낸 것이 아니라 독신 여성 선교사들도 다른 독신 여성 선교사와 함께 짝을 지어 사역하게 하였다. 남자 선교사뿐만 아니라 여성 선교사들도 노방전도를 하였고, 복음을 전하였고, 그리고 교회를 설립하였다. 독신 여성 선교사라고 해서 어떤 제한도 두지 않았다. 자유롭게 사역하게 했다. 이런 여성 사역자들이 중국교회의 성장에 끼친 영향에 대해 정확한 정보가 없다. 하지만 분명한 사실이 있다. 오늘날 중국 가정교회 지도자의 4분의 3이 여성이라는 점이다. 여성들에게 높은 지위를 허락하지 않았던 중국문화에서 이런 현상은 경이로운 현상이다.[4]

CIM의 다른 특징이 있다. 선교회의 총본부와 총재를 영국이 아닌 선교현장에 둔다는 점이다. 선교현장을 중시하는 정책이었다. 원거리에서 현장을 조종하는 것은 효과적이 아니었다. 총재가 현장에 있으면 현장 사역자들과 현장의 이슈들을 잘 이해할 수 있고 함께 호흡할 수 있기 때문이었다. 현장경영 정책은 탁월했다. 영국이나 미국의 선교단체 지도자들이 현장에 대한 문제를 바로 인식하지 못한 상태에서 벌어지는 현장 선교사들과의 갈등을 피할 수 있는 방법이었다.

초기 CIM의 주된 목표는 개종자를 얻는 것이 아니었다. 복음의 메시지를 가장 신속하게 중국 전역에 널리 미치게 하는 것이었다. 그 정책은 곧 교회개척 정책으로 바뀌었다. 테일러 자신이 의사였음에도 불구하고, CIM은 의료사역이나 교육을 강조하지 않았다.

CIM은 급속히 성장하였다. 1900년 중국에서 사역하는 선교사가 700명을 넘어섰다. 그러나 중국 청대(淸代)인 1900년에 일어난 의화단 사건(Boxer Rebellion)

---

[4] 오늘날 중국의 여권신장은 흥미로운 주제이다. 20세기 초반 중국은 국내외의 많은 전란으로 인하여 수많은 남성들이 전쟁터에서 사라졌다. 국민당 장개석을 몰아 낸 모택동이 그 넓은 영토에 사회주의를 정착하기 위해서는 무엇보다 여성들의 노동력이 절실히 필요하였다. 그는 여성을 '半邊天'(하늘의 절반, 지구의 절반)이라고 일컬어 여성들의 중요성(노동력, 생산력)을 강조하며 그녀들을 이전의 생활 영역인 가정에서 일터로 끌어내었다. 여성들이 직업을 가짐으로 경제력이 생기니 그녀들의 목소리도 하루하루 높아갔다. 모택동이 처음부터 인류애를 바탕으로 한 박애정신에 기인한 여성 존중이 아닌 단순히 노동력을 끌어내기 위해서 취했던 정책이, 결과적으로는 여권 신장의 중요한 원동력이 되었다. 이성미, "중국에서의 여성은 半邊天" e뉴스한국. 2008.3.8. 참조. - 역주

은 CIM에게 크나큰 상처를 안겨주었다. 어느 선교단체보다 많은 선교사들이 목숨을 잃었다. 대부분의 선교사들이 내지에서 사역하고 있었기 때문에 취약성이 있었다. 유럽 열강들은 중국정부에 강력하게 항의하고 각 선교단체들에게 생명과 재산상의 피해에 대한 보상금을 지불하게 하였다. CIM은 중국정부에 어떤 보상도 요구하지 않았다. 장로교는 보상금을 받았지만, 보상금을 외국으로 가지고 나오지 않고, 중국사역을 위해 재투자하였다.

1900년 중국에는 선교사들이 1500명이었고 교회 신자들은 50만 정도로 추산되었다. 중국에서 활동하는 개신교 선교사의 절반을 차지하던 CIM은 다른 선교기관들도 중국선교에 관심을 갖도록 자극하였다. 그리하여 중국은 세계선교의 전시장이 되었다. 세계 어느 나라보다 많은 선교인력과 자본투자가 중국에 이루어졌다. 19세기 전반에 중국은 서양 개신교 선교의 가장 확실한 중심지였다. 20세기 중국교회의 역사와 선교사역에 관하여는 추후에 다루기로 한다.

3. 선교의 시대적 개관

선교 역사가인 랄프 윈터는 선교를 시대적으로 분류하였다. 우리가 학생선교운동에 관해 토론하기 전에 먼저 해야 할 것이 있다. 윈터와 함께 선교를 시대적으로 분류하는 것이다. 각 시대를 대표하는 핵심인물이 있다. 첫 번째 시대는, 1792년 시작된 윌리엄 캐리시대였다. 물론 일부 선교사들이 유럽에서 아시아로 가기도 했지만, 윌리엄 캐리는 현대 개신교 선교시대를 연 인물로 알려져 있다. 두 번째 시대는, 1865년 CIM과 함께 시작된, 허드슨 테일러의 내지선교시대였다. 세 번째 시대는, 1934년 시작된 카메론 타운젠드(Townsend) 시대였다. 학생선교운동도 거의 동시대에 일어났다. 학생선교운동은 각 시대마다 세계선교운동에 필요한 인력을 공급하였다. 1806년 건초더미 기도회(Haystack Prayer Meeting)가 일어났다. 1886년 학생자원운동이 일어났다. 1946년 IVCF(Inter-Varsity Christian Fellowship) 운동이 토론토에서 시작되었다. 이 운동은 1948년 일리노이 어바나로 본거지를 옮겼다.

윈터는 지적했다. 첫 번째 시대의 선교사는 주로 해변지역으로 갔다. 두 번째 시대의 선교사는 각 대륙의 내지로 향해 갔다. CIM과 함께 수단내지선교회

(SIM)가 설립되었다. 그들은 내지를 향해 갔다. 세 번째 시대는 카메론 타운젠드 그리고 도널드 맥가브란이 시대를 대표했다. 그들은 선교의 초점을 '인간집단'(People groups)과 문화에 맞추었다. 숨겨진 종족, 간과된 종족, 그리고 미전도 종족 개념이 개발되었다. 전에 언급한 바와 같이, 타운젠드는 과테말라에서 스페인어 성경을 팔고 있었다. 그는 과테말라 인구 중 절반이 스페인어를 전혀 못한다는 사실을 알게 되었다. 원주민들은 마야어(Mayan) 계통의 방언들을 사용하고 있었다. 이런 인간집단과 언어에 대한 새로운 발견은 위클리프 성경번역 선교회의 설립으로 이어졌다.

나는 윈터의 시대적 분류에 하나를 첨가하고 싶다. 네 번째 시대는 새로 싹트기 시작한 도심선교시대이다. 세계적으로 일어나는 도시화 현상에 발맞추어 도시의 중요성이 강조되고 있다. 유럽과 북미뿐 아니라 라틴 아메리카(상파울로와 메시코 시티), 아시아(서울, 자카르타, 상하이, 뭄바이) 그리고 아프리카(라고스)에서 도시들이 늘어나고 있다. 도시선교에는 지역개념과 문화개념이 모두 중요하다. 세계 각국에서 도시는 다문화 사회로 변모하고 있다. 단일문화권인 일본과 한국의 경우만이 예외에 속할 것이다. 오늘날 대도시에는 적어도 1백 개 이상의 언어집단이 함께 섞여 살아간다. 이런 도시들은 오는 세기에 가장 강력한 선교적 도전으로 다가올 것이다. 세계적으로 대도시에 살고 있는 인구는 적어도 20억으로 추산된다. 도시선교를 위해 젊은이들이 새로운 선교단체 등을 조직하고 있다. 그들에게 성육신적 사역을 통해 접근하고 있다. 바람직한 일이다. 하지만 도시선교를 위해 더 많은 인력과 선교단체들이 필요하다.

이런 시대적 구분은 유익하다.

날짜	핵심인물	선교단체	초점	학생운동
1792	윌리엄 캐리	BMS	해안선	건초더미 기도회
1865	허드슨 테일러	CIM	내륙지방	SVM
1934	카메론 타운젠드	WBT	숨겨진 집단	Urbana, IVCF
1980	레이 바커/비브 그릭	Servants	대도시	국제 학생운동

4. 학생운동들

학생운동은 선교에 핵심적이었다. 13세기 도미니칸 수도회가 설립된 이래로 학생운동은 선교운동의 핵심적 역할을 하였다. 학생과 청년들은 비슷한 점이 많다. 학생운동은 켈트족 운동이나 네스토리안 운동에서는 찾아 볼 수 없다. 당시에는 대학이 존재하지 않았기 때문이다. 하지만 켈트족이나 네스토리안 운동은 모두 청년들이 주도하였다.

칼뱅은 제네바의 아카데미에서 개혁을 주도하였다. 칼뱅은 아카데미에서 160명이 넘는 목회자를 훈련하여 프랑스, 헝가리, 폴란드 등 아래 지방으로 보냈다. 루터교는 스칸디나비아 나라들로 퍼져나갔다. 루터의 제자인 플뤼차우(Plutschau)와 지겐발크가 주도하였고 할레대학에서부터 인도까지 퍼져갔다. 1713년 지겐발크가 할레를 방문하였을 때, 진젠도르프와 다른 사람들은 '겨자씨 선교회'(the Order of the Mustard Seed)를 조직하였다. 우리는 영국 옥스퍼드에서 웨슬리와 휫필드가 주도하여 조직된 '홀리클럽'(Holy Club)을 잘 알고 있다. 1782년 찰스 시므온(Simeon)은 케임브리지에서 회심하였다. 1986년 소천하기까지 케임브리지에 있는 성삼위 교회에서 다양한 사역을 하였다. 헨리 마틴(Martyn), 위대한 초기 선교사들, 그리고 탁월한 목회자들은 케임브리지 기독교 연합체인 시므온(Simeon)의 사역을 통해 배출된 인물들이다. 시므온 사역은 또한 IVCF(InterVarsity Christian Fellowship)의 선조들을 배출하였다.

우리는 1806년에 윌리엄스대학에서 태동한 '건초더미 기도회'(Haystack Prayer Meeting)를 기억한다. 그곳에서 미국 선교운동이 시작되었다. 1882년 D. L. 무디(Moody)는 케임브리지에서 전도 집회를 개최하였다. 당시 무디는 평신도였다. 정규교육을 거의 받지 못한 미국인이었다. 영문법을 몰라 문법에 맞지 않는 영어를 구사하였다. 그런 그가 영국 최고 명문 대학에서 설교한 것이다. 학생들은 처음에 비웃었다. 설교를 듣는 가운데 마음이 뜨거워졌다. 수많은 사람들의 기도와 무디의 설교가 가진 힘이 결합되어 수많은 학생들을 주님 앞으로 나오게 하였다. 역사를 빛나게 한 7인의 케임브리지 대학생이 회심하였다. 그 가운데 C. T. 스터드(Studd)가 있었다. 7인의 케임브리지 학생들은 중국내지선교회를 통하여 중국에 가기로 자원하였다. 그들이 유명한 '케임브리지 세븐'(the Cambridge Seven)이다.

1) 형제회

윌리엄스대학의 건초더미 기도회와 사무엘 밀즈의 리더십을 통하여 형제회(the Society of Brethren)가 생겨났다. 그들은 선교적 관심을 부추겼다. 윌리엄스 대학은 1808년 설립되었고, 2년 후에는 앤도버로 이사하였다. 앤도신학대학원은 미국 최초의 신학대학원이었다. 60년이 넘는 동안에, 527명의 졸업생들이 형제회 회원이 되었고, 그 가운데 반은 해외 선교사가 되었다.

2) 선교탐구 학회

선교탐구 학회(The Society of Inquiry)가 조직되었다. 학생운동의 일환이었다. 미 동부에 있는 여러 대학과 신학원들이 학회에 참여하였다. 그들은 원내한 신교비전으로 대학생과 신대원생들 뿐만 아니라 교회를 고무시켰다. 우리는 상기한 두 모임을 점진적으로 선교를 강조하며 자라가는 단체라고 할 수 있다.

3) YMCA

선교에 대한 강조는 YMCA(The Young Men's Christian Association) 운동으로도 나타났다. 1844년 조지 윌리엄스는 YMCA를 창설하였다. 런던 외곽지대에서 올라온 젊은이들을 전도하기 위해서였다. 성경공부와 복음전도에 초점을 맞춘 복음적인 운동이었다. 1851년 YMCA는 미국에도 조직되었고 급속히 성장하였다. 1877년 루터 위셔드(Wishard)가 YMCA 총무가 되었다. 그는 대학생들에게 초점을 맞추었다. 개인기도와 성경연구를 강조하다가 해외선교를 강조하기 시작했다. 그는 선교에 헌신하였고 개인적으로 건초더미 기도회 장소를 탐사차 다녀오기도 하였다. 그곳에서 그는 무릎을 꿇고 선교를 위해 자신을 바치겠다고 헌신하였다.

4) 프린스턴 해외 선교회

프린스턴 해외 선교회도 선교에 열기를 더했다. 1840년대 로얄 월더(Royal

Wilder)는 앤도버에 있는 형제회 소속 선교사로 인도에서 30년 동안 선교하였던 베테랑이었다. 선교지에서 건강이 나빠진 그는 미국으로 돌아와 프린스턴에 거주하면서, 당시 미국 선교잡지로 가장 유명한 '세계선교 리뷰'(*The Missionary Review of the World*)의 편집장으로 일했다.

윌더에게 자녀가 있었다. 아들 로버트와 딸 그레이스가 있었다. 1881년 로버트는 프린스턴 대학생이 되었다. 1883년 로버트와 두 친구는 아도니람 저드슨 고딘(Gordon)이 하는 성령에 관한 은혜로운 말씀을 들었다. 그들은 프린스턴 대학으로 돌아가 대학 내의 부흥과 선교적 관심이 고조되기를 위해 기도하기로 결단하였다. 그레이스는 선교동원 운동을 하던 마운트 홀리요크대학(Mount Holyoke College)을 졸업하였다. 이 대학은 여성을 선교사로 훈련하기 위해 설립된 대학이었고 그레이스는 기도생활이 남다른 여학생이었다.

로버트 윌더가 대학생들을 선교 기도모임에 초청하였다. 선교를 위해 집중적으로 기도하고 토론하기 위해서였다. 그들은 프린스턴 해외 선교회를 조직하였다. 선교회 정관에 이런 내용이 있다.

> 프린스턴 해외 선교회의 목적은 대학생들 가운데 선교정신을 배양하는 것이다. 선교에 관련한 모든 정보를 학생들에게 제공하고, 특별히 자신을 선교를 위해 드릴 수 있도록 지도한다…. 기독교인이라 고백하는 학생은 누구라도 다음 서약에 동의함으로써 선교회원이 될 수 있다. '아래에 기명한 우리는, 하나님께서 허락하시면 복음화 되지 않은 지역들로 가서 선교하기로 기쁘게 선언한다.[5]

회원들은 매일 정오에 모였다. 주일 오후에는 더 많은 시간을 함께 보냈다. 그들은 선교 운동을 위해 기도하며 토론하였다. 그들이 응접실에서 모임을 가졌을 때, 로버트의 여동생인 그레이스는 다른 방에서 혼자 기도했다. 1885-86 학기 중에, 형제자매들은 정기적으로 모여 미국 대학에 선교운동이 확산되기 위해 기도하였다. 그들은 세계선교지에서 사역하기 위해 1천 명의 자원자가 일어나기를 위해 기도하였다. 그들의 기도는 자그마치 20배로 응답되었다.

---

5) Timothy C. Wallstrom, *The Creation of a Student Movement to Evangelize the World* (Pasadena: William Carey International University Press, 1980), 35.

우리가 선교운동을 탐구하면서, 그 운동을 일으킨 배경에 누가 있는지를 살펴보는 것이 중요하다. 여기서 주목할 것이 있다. 학생자원운동(Student Volunteer Movement)을 자극한 거의 모든 사람들은 평신도들이었다.

5) 다른 흐름들

부흥운동에 두 가지 다른 흐름이 있었다. 첫째는 평신도 설교자인, 드와이트 무디였다. 둘째는 아서 태판 피어슨(Arthur Tappan Pierson)이었다. 피어슨은 프린스턴을 졸업한 탁월한 장로교 목사였다. 그는 유명한 설교가였지만 세계선교를 위한 뜨거운 열정을 가지고 있었다. 그의 아버지는 찰스 피니 사역을 통해 회심한 사업가였다. 태판이라는 회사에서 일하였기에 아들에게 "아서 태판"이라는 이름을 붙여주었다. 우리가 미리 살펴본 바와 같이, 태판 형제들은 빈노에제 운동의 주창자들이었고 오벌린대학을 설립하는 데 공헌하였다. 오벌린대학은 미국에서 첫 번째 남녀공학이었다.

6) 헐몬산 학생수양회

1885년 루터 위샤드(Lhther Wishard)는 다음 해에 매사추세츠 헐몬산에서 한 달 동안 학생 수양회(The Mt. Hermon Student Conference)를 개최하자고 무디 선생을 설득하였다. 무디가 인도한 헐몬사 학생 수양회의 초점은 성경공부에 맞추었다. 로버트 윌더(Wilder)는 대학을 졸업한 직후에 수양회에 참석하였다. 존 모트(Mott)는 코넬대 학생으로 YMCA 운동의 리더였다. 존 R. 모트도 수양회에 참석했다. 그레이스 윌더는 집에 남아 기도하였다. 윌더 가족들은 그 집회를 통하여 100명의 선교사 헌신자가 나오기를 위해 기도하였다.

수양회는 7월 달 내내 계속되었다. 학생 251명이 참석했다. 세상 끝까지 전할 두 가지로 성경과 음악이 강조되었다. 첫 두 주간 동안은 선교사역에 대해 강조하지 않았지만, 윌더와 함께 여럿이 기도를 계속하였다. 7월 16일 날이 밝았다. 피어슨은 현대 선교역사에 나타난 하나님의 섭리에 대해 말씀을 전하였다. 단순한 모토를 반복했다. "모두가 가야한다, 모든 곳으로." 이 간단한 문구는 모두에게 납득하기 쉬운 모토였다.

한 주가 지난 7월 24일, 학생들은 무디에게 전 세계의 영적 필요에 대해 자신들이 준비한 자료를 제시할 수 있게 해 달라고 설득하였다. 무디는 허락했다. 학생들은 여러 나라의 영적 필요에 대해 여러 학생들이 준비한 것을 제시하였고, 열방을 위해 기도하기 시작했다. 월터는 프린스턴 선언문을 학생들에게 돌려 서명을 받았다. 학생들은 수양회를 마치는 기도회장에 입장하면서 99명이 서명을 하였다. 그 후에 한 명이 더 서명하여 정확하게 100명이 선교사가 되기로 작정하였다. 실로 극적인 순간이었다!

7) 학생자원운동

학생 선교운동은 요원의 불길처럼 일어났다. 총무 두 사람이 대학을 순회하며 학생들에게 선교적 도전을 하였다. 윌더와 그의 프린스턴 친구 존 포맨(Forman)은 한 해 동안에 162개 대학과 신학원을 방문하였다. 그 동안, 학생 2106명이 선교사 서약에 서명하였다. 여학생 500명이 포함된 숫자였다. 그 가운데 사무엘 즈위머(Zwemer)와 로버트 스피어(Speer)가 있었다. 그들은 금세기 전반을 빛낸 가장 위대한 미국 선교사가 되었다. 하지만 선교운동은 조직이 있어야 계속 유지된다. 그리하여 1888년, 위샤드(Wishard)의 지도하여 YMCA가 조직되었다. YMCA의 지원을 받아 해외 선교를 위한 학생자원운동(Student Volunteer Movement)이 조직되었다. SVM은 슬로건을 채택했다. 슬로건은 "우리 세대에 세상을 복음화하자"였다. 존 모트(Mott)가 사무총장이 되었다. 모트는 이 사역을 위해 연봉 10만 달러나 되는 좋은 회사의 일자리를 포기하였다. 1900년대 초에 연봉 10만 달러는 우리의 상상을 초월하는 금액이었다. 그는 이 말을 하면서 눈물을 흘렸다. "제가 연봉 10만 달러를 벌기위해 주님을 섬기는 이 일을 포기해야 한다고 생각하십니까?" SVM은 매 4년 마다 선교대회를 열었다. 1891년 열린 1회 대회에는 151개 학교에서 551명이 참석하였다. 그 때까지, 352개 대학에 6,200명의 SVM 회원이 생겼다. 그 가운데 321명이 해외 선교사로 배를 타고 나갔다.

SVM의 오중 목적은 다음과 같다.

학생들에게 평생사역으로 해외 선교사역을 하는 것에 대해 철저하게 고민하게 한다.
이 선교 목적을 불러일으키기 위해 자원자가 되는 학생들이 해외 선교단체의 직접지도를 받게 될 때까지 선교활동과 선교에 대한 연구를 계속하게 한다.
모든 선교 자원자들을 과감한 선교운동을 위해 하나의 유기체적 조직으로 체계화한다.
다양한 선교단체가 원하는 요구를 충족시키기 위해 양질의 자원자들을 충분히 확보한다. 그리고 강력한 후원조직을 유지한다. 본국에 남아있는 사람들도 해외 선교에 대한 지적, 감성적, 그리고 적극적인 관심을 갖도록 후원조직을 한다. 그리하여 그들이 선교를 주창하며, 헌금과 기도로 선교단체들을 강하게 지원하게 한다.[6]

한 사람의 해외 파송 선교사를 지원하기 위해 다섯에서 일곱 명의 선교에 헌신된 후원자가 필요했다. 1890년부터 시작하여 25년 동안, 미국 선교사 숫자는 천 명 미만에서 9천 명으로 늘어났다. 그 선교운동이 막바지에 이르던 1945년에 이를 때까지, 2만 5백 명의 학생 자원자들이 선교사가 되어 해외로 나갔다. 그들 가운데 일부 유럽인을 제외하면, 대부분은 북미 출신이었다.

학생자원운동은 세계 제1차 대전이 끝난 후에 급속하게 쇠퇴하였다. 1920년에 열린 선교대회는 가장 큰 규모의 집회였다. 6,890명이 참석했다. 하지만 세계 제1차 대전에 환멸을 느낀 많은 학생들은 서구인들에 의한 복음전도의 정당성에 대해 도전하기 시작하였다. 그 해 새로 학생 자원자 운동에 가입한 사람은 2,783명에 불과하였고, 1938년에는 25명으로 급격히 줄었다. 당시 선교대회에 참석했던 젊은 도널드 맥가브란의 헌신이 놀라웠다. 3대째 선교사인 맥가브란은 집회에 약혼자인 메리와 함께 참석하였다. 맥가브란은 윌더(Wilder)와 면담하고 기도한 후에, 선교사가 될 뿐만 아니라, 인도로 가기로 결단하였다. 얼마나 놀라운 일인가!

학생자원운동이 종지(終止)된 몇 가지 요인들이 있다. 첫째, 세계 제1차 대전 이후 심각한 신학적 혼돈이 있었다. SVM은 기성 교회들과 선교단체 모두와 긍정적인 관계를 맺고 있었다. 기성교단인 장로교, 성공회, 침례교, 회중교

---

6) John R. Mott, *Five Decades and a Forward View* (New York, Harper Brothers, 1939), 8.

단, 감리교와 중국내지선교회(China Inland Mission)와 같은 믿음선교를 주장하는 선교단체와 좋은 관계를 유지하였다. 당시 주류 교단과 믿음선교를 하는 선교회는 신학적으로 아주 가까웠지만, 자유주의 신학이 일어나면서 사회복음 운동도 일어나고 있었다. 이런 과정을 겪으면서 SVM의 세계 복음화를 지향하던 초점이 흐려지고 말았다. 선교사역에 있어서 복음전도에 대한 우선순위를 유지한다고 했지만, 사회적 관심이 언제나 중요한 요소였다. 자유주의 물결이 범람하게 되면서 성경의 권위, 죄로부터의 구원에 대한 필요성, 더 나아가 그리스도의 유일성에 대한 도전이 시작되었다. 이런 자유주의 물결은 복음전도에 대한 중요성과 정당성에 대한 의문을 갖게 하였다.

둘째, 세계 제1차 대전이 일어나기 전까지, 서양문화는 기독교 문화로 간주되었다. 서양은 기독교왕국(Christendom)이었다. 서구와 비서구권 사람들이 모두 그렇게 생각하였다. 그 가정이 한꺼번에 깨지고 말았다. 역사상 가장 비극적이고 어리석었던 전쟁으로 인하여 산산조각이 났다. 그것은 원래 세계 대전으로까지 번질 전쟁이 아니었다. 세계 제1차 대전에는 이유가 없다. 유럽 왕조들 사이에 일어난 불화와 다툼이었다. 전쟁은 참혹했다. 무기제조 기술이 비약적으로 발전하여, 1백만의 무고한 생명이 아무 이유도 모른 채 죽어갔다. 이런 서구 나라들이 과연 기독교 문명이라고 할 수 있을까? 자신들을 '기독교 문명'이라고 자처했던 서구 기독교인들의 자신감이 갑자기 무너졌다. 대학생들은 이제 발등에 떨어진 불인 국내문제를 먼저 해결해야만 했다. 해외선교는 그 다음 문제였다.

셋째, SVM 리더십이 바뀌었다. 모트는 나이가 들어갔고, 그의 관심분야는 넓어졌다. 모트는 국제 선교사협의회(International Missionary Council)와 세계 기독학생 운동(World Christian Student Movement)을 주도하였다. SVM 리더십은 다른 사람들에게 넘겼다. 모트에게 리더십을 물려받은 다음 세대 리더들은 능력이 모자랐다. 모트에 비해 은사나 선교에 대한 집중력이 훨씬 떨어진 사람들이었다.

교회 내에서 선교사 교육은 SVM이 활발하게 주도하였는데, 이제 시들해졌다. YMCA는 복음주의 신학적 기반을 상실하고 말았다. 1940년대가 되자, SVM은 거의 사라졌다. SVM 후신으로 모트가 창설한 기독학생 운동(Student Christian Movement)도 점점 쇠퇴하다가, 1950년대 후반에 이르러 거의 자취를 감추었다.

8) 대학생 해외선교협회(Student Foreign Missions Fellowship)

1936년 노스캐롤라이나 벤리펜(Ben Lippen)에서 학생들의 해외선교에 대한 관심을 높이기 위한, 조촐한 학생 수양회가 열렸다. 2년 뒤에, 대학생 해외선교협회(Student Foreign Missions Fellowship)가 조직되었다. 1941년 10월, 대학생 해외선교협회는 미국에 36개의 지부와 2천6백 명의 회원을 갖게 되었다. 1939년, IVCF(Inter-Varsity Christian Fellowship)가 캐나다를 통해 미국에 들어왔다. 1945년 대학생 해외선교협회와 IVCF는 하나로 통합하였다. 1946년 토론토에서 그들은 제1회 국제 학생선교대회를 개최하였다. 학생 575명이 참석하였다. 1948년 국제 학생선교대회는 일리노이 어바나로 이주하였다. 그 이후로 매 3년 마다 선교대회를 개최해 오고 있다. 약 2만 명 정도가 참석하고 있다.

현재 학생선교운동은 세계 여러 곳에서 일어나고 있다. 교회와 선교운동 아시아, 라틴 아메리카, 그리고 아프리카에서 성장하고 있다. 선교운동과 마찬가지로 학생선교운동도 이제는 국제적이다. 이런 새로운 학생운동 단체들은 가야할 길이 멀다. 배워야 할 것들이 많다. 특히 SVM 운동을 통해 배울 것이 많다. 긍정적인 측면과 부정적인 측면에서 모두 배워야 할 것들이 많다.

본 장에서는 새로운 선교조직체의 폭발적인 성장과정에 대해 다루었다. 다음 장에서는 세계선교와 여성 선교사 운동에 대해 다루게 될 것이다.

The Dynamics of Christian Mission
History through a Missiological Perspective

제 24 장

세계선교와 여성 선교사 운동

1. 서론

사도행전은 선교운동에 대해 많은 것을 보여준다. 특히 바울의 선교운동을 자세히 보여준다. 우선 18장을 읽어보자.

> 그 후에 바울이 아덴을 떠나 고린도에 이르러 아굴라라 하는 본도에서 난 유대인 한 사람을 만나니 글라우디오가 모든 유대인을 명하여 로마에서 떠나라 한 고로 그가 그 아내 브리스길라와 함께 이달리야로부터 새로 온지라 바울이 그들에게 가매(행 18:1-2).

바울은 브리스길라와 아굴라와 함께 지내며 사역하였다. 그들과 함께 텐트를 만들어 생활비를 벌어가며 사역하였다. 사도행전은 바울의 사역을 자세히 기록하고 있다.

바울은 더 여러 날 머물다가 형제들과 작별하고 배 타고 수리아로 떠나갈새 브리스길라와 아굴라도 함께 하더라 바울이 일찍이 서원이 있었으므로 겐그레아에서 머리를 깎았더라 에베소에 와서 그들을 거기 머물게 하고 자기는 회당에 들어가서 유대인들과 변론하니(18:18-19).

사도행전은 바울과 함께 사역한 브리스길라와 아굴라에 대해 자세히 기록하고 있다. 무슨 사역을 하였는지 살펴보자.

알렉산드리아에서 난 아볼로라 하는 유대인이 에베소에 이르니 이 사람은 언변이 좋고 성경에 능통한 자라 그가 일찍이 주의 도를 배워 열심으로 예수에 관한 것을 자세히 말하며 가르치나 요한의 세례만 알 따름이라 그가 회당에서 담대히 말하기 시작하거늘 브리스길라와 아굴라가 듣고 데려다가 하나님의 도를 더 정확하게 풀어 이르더라(18:24-26).

브리스길라와 아굴라는 탁월한 사역자였다. 잠시 그들에게 눈을 돌려보자. 교회역사는 남성중심적인 경향이 있다. 남성들은 여성 사역자들의 사역을 제한하는 듯한 의미를 가진 성경의 몇 구절을 뽑아 여성들을 누르려는 경향을 보여 왔다. 남성들은 신약성경이 여성 사역자에 대해 어떻게 묘사하고 있는지를 무시하였다. 그럼에도 불구하고 초대교회에서 여성들의 사역은 아주 중요하였다. 로마서 16장에서 바울은 일곱 명의 여성 사역자들을 동역자로 언급하며 아주 긍정적으로 말하고 있다. 바울이 여성 사역자를 전문용어인 동역자로 부르고 있다는 사실에 주목할 필요가 있다.

사도행전에 나오는 바울의 동역자들 가운데 브리스길라와 아굴라는 특히 흥미로운 인물이다. 그들이 사도행전에 처음 등장할 때에는 아굴라가 먼저 나왔다. 그가 남자였고, 무엇보다 가장을 먼저 언급하는 것이 상례이기 때문이었다. 그 뒤로부터 3번 더 나오는데 이번에는 브리스길라가 먼저 언급되었다. 미국 문화에서는 예의를 갖추기 위해서 여성의 이름을 먼저 부르는 경우가 있기는 하지만 사도행전의 경우는 그와 달랐다. 호칭의 순서가 바뀐 것은 무엇을 의미하는 것일까? 아마도 브리스길라가 초대교회 사역에서 더 두드러진 역할을 감당하였기 때문일 것이다.

신약성경은 브리스길라 이름을 5번 가운데 3번이나 먼저 기록하고 있다. 그런데 KJV(King James Version)의 번역자들은 달랐다. 아굴라를 언제나 먼저 기록하였다. 헬라어 어순을 세 번이나 의도적으로 바꾸었다. 이것은 남성 중심적 사고와 편견을 보여준다.

우리는 하나님께서 모든 그리스도인들에게 주신 은사를 더욱 전적으로 감사하며 수용해야 할 필요가 있다. 모든 문화 속에 있는 남자와 여자들은 어떤 특정한 사람들이 다른 사람들보다 사역에 더 많은 은사를 가지고 있다고 여기는 경향이 있다. 사회적 지위, 정규 교육, 인종, 성별, 사회계층, 또는 다른 이유 때문에 특정 사람을 선호한다. 하지만 역사는 우리에게 분명한 교훈을 준다. 성령께서 즐거움으로 삼는 일이 있다. 우리가 기대하지 않았던 사람과 상상하지 못했던 방법을 통하여 일하심으로 우리를 놀라게 하시는 것이다.

우리가 지금까지 탐구한 다양한 사람들을 생각해 보라. 아시시의 성 프란시스, 피터 발도, 그리고 캐리, 위클리프, 그리고 루터를 생각해 보라. 루터는 신학박사였지만, 다른 사람들은 정규교육을 받지 못한 사람들이 대부분이었다. 당시 교회에서 위상이 별로 높지 않은 사람들이었다. 이런 관점에서 역사를 연구해 보면 유익하다. 하나님께서 어떻게 대부분의 사람들이 사역을 감당할 자격이 없다고 생각하던 '무명인사들'을 택하시고 사용하시어 역사를 이루셨는가? 이제 우리는 하나님께서 사용하셨던 무명용사들 가운데 대부분이 여성이었음을 발견하게 될 것이다. 더 나아가, 하나님께서는 전 세계 여성들을 두루 사용하셨다는 사실이다.

루스 터커(Ruth Tucker)는 『지상명령의 수호자들』이라는 책을 썼다.[1] 터커는 여성 선교사들에 대한 이야기를 들려주었다. 하나님께서 탁월하게 사용하신 여러 나라 출신 여성 선교사들의 이야기를 기록하였다.

본 장에서 다루는 나의 기본 논지는 이것이다. 우리가 사역에 나타난 여성의 역할을 어떻게 믿든지 간에, 우리 모두는 모두에게 주어지는 성령의 은사에 동의한다. 성령께서 오늘날 교회에게 가르치시는 것은 모든 신자들이 사역을 위한 은사를 받았다는 사실을 믿는다. 모든 교인들이 받은 성령의 은사들을 각각 발견하고 사역에 사용하면 놀라운 일이 벌어진다. 교회가 은사를 가진 하나님의 백성들을 격려하여 은사를 발휘하게 하면 교회의 복음전도 효과는 높아지고 사회에 미치는 영향력은 커진다.

---

1) Ruth Tucker, *Guardians of the Great Commission: The Story of Women in Modern Missions* (Grand Rapids: Academic Books, 1988).

이것은 간단한 논지이다. 하지만 교회역사에서 너무도 자주 잊혀져왔다. 수학적으로 계산해 보면, 성령의 은사 가운데 적어도 50퍼센트는 여성에게 주어졌음이 분명하다. 이런 이유 때문에, 우리는 성령의 은사를 사용하는 데 있어서 남성과 함께 여성의 은사들도 사용하도록 격려한다. 이것은 신학적이며 역사적인 이유가 있고 명분이 분명한 일이다.

역사는 대부분 백인 남자들이 기록하였다. 우리가 그들이 가졌던 백인 남자의 관점을 넘어서서 역사를 보기 시작할 때, 하나님께서 유럽계가 아닌 여자와 남자들을 놀랍게 사용하셨음을 발견하게 된다. 우리의 목적은 모든 교회가 서양과 비서양, 남자와 여자, 그리고 모든 신자들이 가진 은사를 인정하게 하는 것이다.

우리가 역사를 보는 다른 관점이 있다. 역사상 자주 보이는 새로운 기본 논지는 다음과 같다. 하나님은 변두리에서 처음에는 무시당하지만 새로운 선교운동을 일으키는 창조적 소수를 자주 일으키셨다. 그들은 무시당했고 그들의 계획을 성취하는 데 대단한 차별을 받았다. 그들은 사회적 지위가 없었거나, 그들의 관심은 무시당하는 사람들을 향한 것이었다. 우리는 선교사역에 나타난 여성의 역할을 탐구하면서 이런 변두리 운동의 특성을 보게 될 것이다.

2. 선교를 돕는 초기 여성 선교사

피어스 비버(R. Pierce Beaver)는 『미국 개신교 여성 선교사들』이라는 탁월한 여성 선교사들에 대해 처음으로 주목하는 책을 썼다.[2] 대나 로버트(Dana Robert)는 『미국 여자 선교사』를 썼다.[3] 루스 터커는 『지상명령의 수호자』를 썼다.[4] 비버는 재판에 흥미로운 부제로 "북미 최초의 여성운동의 역사"를 달았다. 그는 새로운 역사적 통찰을 첨가하였다. 여성 선교사들의 사역에 관해 언급하면서 그들의 사역이 주로 비서구권 여성과 어린이들 사역에 집중되어

---

2) R. Pierce Beaver, *American Protestant Women in Mission* (Grand Rapids: Eerdmans, 1968).
3) Dana Robert, *American Women in Mission* (Macon, Ga.: Mercer University Press, 1996).
4) Ruth Tucker, *The author of Guardians of the Great Commission* (Grand Rapids: Zondervan, 1988).

제24장 세계선교와 여성 선교사 운동   529

있다고 하였다. 그는 이렇게 썼다. "미국이 외국에 간섭한 일들 가운데 여성과 어린이를 위한 이 사역보다 더 강력한 문화적 영향을 준 것은 없었다."[5]

재판 서문에서 그는 이렇게 기록하였다.

> 그것은 북미의 최초 여성운동으로 시작되었고 다양한 운동의 촉매제가 되었다. 19세기에는 여성해방과 여성인권을 위한 투쟁으로 나타나기도 하였다. 여성해방 운동은 쇠퇴한 이후 미국 사회 전반에 더 이상 창의적인 능력을 보여주지 못하였다. 하지만 교회 내에서는 아직도 그 위력이 남아있다. 여성해방 운동은 그 힘을 아시아와 아프리카 여성해방을 위해 쏟게 될 것이다. 현재 교회에서 여성이 온전한 권리를 갖기 위한 노력은 여성안수 문제와 담임목사직에 초점이 맞추어져 있다. 이 싸움 전은 교회 여성 사역자들의 세계선교에 대한 관심으로부터 빗나가 있다는 것이다. 하지만 해외선교는 아직도 미국 여성 사역자들에게 엄청난 도전으로 남아있다.[6]

여성이 선교에 참여한 최초의 기록은 선교 후원자로 참여한 여성의 기록이었다. 메리 웹(Mary Webb)은 잊혀진 신앙적 여걸이다. 보스턴에 살던 그녀는 선교후원회를 조직하였다. 1800년 그녀는 침례교와 회중교단 출신 여성 14명을 모아 '보스턴 여자선교 후원회'(The Boston Female Society for Missionary Purposes)를 조직하였다. 각 회원들은 연회비로 2달러 내야했는데, 당시 화폐단위로 볼 때 거금에 해당하였다. 여기서 우리는 메리 웹이 휠체어를 타는 병약한 사람이었다는 사실을 지적할 필요가 있다. 하지만 그녀는 선교를 위한 작은 후원운동을 시작하였고 이 운동은 점차 성장하였다. 2년 후, 심긴스(Simpkins) 부인이 선교 후원을 위한 '센트 후원회'(a Cent Society)를 조직하였다. 각 회원들은 매 주마다 1페니씩 회비를 모았다.

초기 선교사 협회(missionary societies)는 모두 남자들로만 구성되었다. 그들은 선교사역만 후원했던 것이 아니라 선교정책도 결정하였다. 당시 여성들이 그런 정책을 결정하는 선교사 협회원이 된다는 것은 온당치도 않고 가능하지도

---

5) Beaver, *American Protestant Women*, 9.
6) ibid., 11.

않다고 여겼다.

전쟁은 많은 것을 바꾼다. 그 변화는 흥미롭기도 하다. 미국 독립전쟁시대에 여성들은 보다 중요한 역할을 맡기 시작하였다. 미국 여성들은 보다 더 독립적이 되었다. 주변에 남자들이 별로 없는 상황에서 필요한 일을 맡아하는 능력을 발휘하기 시작하였다. 우리는 메리 웹의 선교후원회가 최초의 미국 해외선교회(ABCFM)보다 10년이나 먼저 생겼다는 사실을 주목해야 한다. 1810년 미국 해외선교회가 조직되었다. 메리 웹이나 심킨스 부인이 여선교회를 조직하고 활동하고 있을 때, 미국 선교운동은 아직 태동하기도 전이었다. 하지만 여선교회의 기능은 선교를 위한 기도와 자금모금을 위한 정도로 제한적이었다.

여선교회 조직에 새로운 진전이 있었다. 목사 사모인 한나 스틸맨(Hannah Stillman)이 주인공이었다. 그녀와 뜻을 같이한 몇 사람이 '보스턴 여자 고아원'(Boston Female Asylum for Orphan Girls)을 설립하였다. 이것은 새로운 시도였고, 당시 여성들이 하는 일상적인 일을 넘어선 파격적인 사건이었다. 당시 여자들은 집안일을 하고 남편과 자녀를 돌보면서, 조용히 지내는 추세였다. 사회사업을 통해 사회적 진보를 도모하는 기관을 설립하는 일은 상상하기 어려웠다. 그런 암울한 시대상황 속에서도, 이런 용감한 여성들이 사회사업 기관을 설립하였다. 그들은 여성들이 할 수 있는 사역의 영역을 계속 넓혀갔다.

초기 여선교회는 선교기금을 모금하여 기존 선교단체로 보냈다. 일부는 윌리엄 캐리를 돕기 위해 인도 세람포르로 보냈다. 여선교회가 조직되어 첫 7년 동안 모금한 선교비는 3천 달러가 넘었다. 당시로는 엄청난 액수였다. 1810년 이후, 여선교회는 미국 선교단체들을 지원하기 위해 모금활동을 계속하였다.

비전을 가진 소수의 여성들이 변화를 가져왔다. 그들은 전에는 상상할 수도 없었던 일을 시도하였고 이루어냈다. 당시 대부분의 여성들은 독립적인 수입원이 없었다. 결혼한 여자들은 가정살림을 꾸려갈 생활비를 남편에게 받는 정도였다. 어려운 살림을 꾸려가면서 여성들은 선교비를 따로 조금씩 떼어 드렸다. 그런 궁핍한 상황 속에서도 여성들의 기도와 비전은 새로운 선교운동을 태동시켰다.

여성들은 자신이 받은 유산을 선교를 위해 드렸다. 첫 번째 ABCFM에 유산을 바친 사람은 가정 노예로 살았던 샐리 토마스(Sally Thomas)였다. 그녀는 평생 모은 전 재산인 $345.38를 선교를 위해 유산으로 남겼다. 얼마나 눈물겨운 일인가! 수년 동안 모은 돈이었을 것이다. 처음으로 큰 유산인 3만 달러를 바친 사람도 여성이었다. 이 돈을 오늘날의 화폐가치로 계산하려면 동그라미를 여럿 더하고, 곱하기도 여러 번 해야 할 것이다.

당시 남자들은 몰랐다. 여성들의 이런 활동에 대해 어떻게 이해해야 할지 알지 못했다. 남자들은 여성들이 제공하는 기도와 후원은 기쁘게 받아들였지만, 남자들은 여성들이 그저 후원하는 정도 선에서 머물러주기를 바랐다. 1814년 뉴햄프셔 베드포드(Bedford) '센트 여선교회' 회원들에게 설교한 월터 해리스(Harris) 목사의 설교를 들어보자.

> 하나님께서 자신을 드러내셨습니다. 그렇지만 여성들이 스승이 되어 기독교를 가르치는 공적인 역할을 하는 것은 하나님의 뜻이 아닙니다. 이 땅에 있는 하나님의 교회정치에 적극적으로 참여하는 것도 하나님의 뜻이 아닙니다. 하지만 여성들은 복음전파를 도움으로 많은 일을 할 수가 있습니다. 세상에서 종교적 지식을 전달하는 것을 도울 수 있습니다. 이런 식으로 구세주의 관심을 진전시킬 수 있습니다. 무엇보다 여성들은 복음의 성공, 교회의 확장, 선교사와 목회자들의 사역에 축복이 있도록 기도함으로 인내할 수 있습니다. 여성들은 목회자를 격려하고 힘을 북돋아 줄 수 있습니다. 여성들은 어린이와 청년들이 신앙 안에서 바르게 살아가도록 가르칠 수 있습니다… 여성들은 자신이 가진 세상물질을 말씀전파, 성경보급, 그리고 그 이외 사역을 위해 드릴 수 있습니다.[7]

당시 '센트 여선교회'에 와서 설교한 다른 목회자의 설교를 들어보자. 뉴햄프셔 지역 목사였던 에단 스미스(Ethan Smith)는 여성들에게 설교했다. 그는 여성들이 개인적인 기도를 할 뿐만 아니라 그룹으로 모여 기도하는 것도 허락하였다. 이렇게 설교했다.

"최근에 여성들이 기도를 많이 합니다. 교회를 위하여 합심으로 기도하고 있습니다. 목회자, 선교사역, 이방인의 구원, 그리고 곤궁한 자, 그리고 성령의 은사를 위해 연합하여 기도하고 있습니다."[8] 여기서 스미스 목사는 다른 동시대

---

7) ibid., 30.
8) ibid., 31.

목회자들보다 더 앞선 생각을 하고 있었음을 보여주었다.

그렇다 할지라도, 여성이슈는 당시 계속되는 문제였다. 일부는 여성을 비판하였다. 그들은 여성들이 남자들의 감독 없이 여자들끼리 모여 기도하는 것이 온당한 것인지 확신하지 못하였다. 하지만 여성 기도운동은 계속되었다.

우리는 프린스턴대학 총장이었던 아쉬벨 그린에 대해 언급한 적이 있다. 그는 장로교 목사로서 여성에 대한 전통적 제한들을 지키는 입장을 취했다. 하지만 여성들이 하는 사역을 넓혀나가는 데에는 열린 입장을 취했다. 그는 독신 여성들이 남자의 보호를 받는다면 선교사가 되는 것에 동의하였다. 이런 결정에는 이유가 있었다. 당시 거의 모든 선교사들이 사역하는 선교현장은 남자가 지도하는 가정의 일원이 아닌 독신 여성들은 아무런 문화적 위치가 주어지지 않던 때였다.

이것은 선교회의 문제이기도 했다. 독신 여성 문제는 아도니람 저드슨에게 다가왔다. 과부인 화이트(White) 부인이 버마 선교를 위해 자원하였고, 현지 선교사 부부를 돕기 원했다. 저드슨은 심각한 질문을 던졌다. 선교부는 이런 독신 여성을 어떻게 할 것인가? 버마 사회에서는 독신 여성이 남자의 권위 아래 보호받든지 아니면 첩으로 지내야만 했다. 이것은 문화적으로 명백했다. 그녀가 남자 선교사의 보호를 받고 있다면, 버마인 부자가 미국 여자와 결혼하고 싶어 할 것이고, 선교사에게 찾아와 돈을 주고 결혼을 허락해 달라 할 것이었다. 다른 말로 하자면, 그녀는 동산으로 취급되어 거래대상이 될 것이었다. 그런 상황에서 저드슨이 버마 부자의 혼인요청을 거부하기는 문화적으로 아주 어려울 것이다. 다른 선택을 하고, 독신 여성을 집에 그대로 둔다면, 버마인들은 아주 자연스럽게 그녀를 둘째 부인이나 첩으로 간주할 것이고, 그렇게 되면 기독교적인 결혼을 부정하는 결과를 가져올 것이었다. 이런 까닭에 남자 선교사들이 선교지에서 독신 여성을 맞이하는 일은 여성의 위치에 대한 고루한 사고방식 때문만이 아닌 문화적 이유도 있었다. 하나님의 은혜로 화이트 부인이 독신 선교사가 되어 캘커타에 도착하였을 때, 상처한 영국 선교사를 만났고 둘은 결혼하였다.

1820년 당시 여성들의 사역은 제한적이었다. 여선교회를 조직하더라도 모금, 기도, 그리고 선교와 아이들에 대한 자체 교육을 할 수 있는 정도였다. 여성 모임은 교회적인 지원은 별로 받지 못하였다.

오늘날 여성들의 역할은 눈부시다. 우리 모두는 지역교회 내에서 선교를 후원하고 격려하는 탁월한 여성들을 만나 본 적이 있을 것이다. 20세기 초, 대부분의 교회에서 선교후원을 위해 모인 여성 그룹을 '여선교회'(women's missionary societies)라 불렀다. 우리 가운데 아무도 여성들이 선교교육에 미친 엄청난 영향을 다 헤아릴 수 없다. 오늘날 교회 내에서는 여성지도자들이 선교가 아닌 다른 이슈를 다루는 운동에 관심을 쏟기 때문에 선교교육이 급격히 쇠퇴하고 있다. 여성운동이 다루는 이슈들 가운데 중요한 것들이 있지만, 기성교단 여성 그룹들 대부분이 세계선교에 대한 관심을 상실하였다는 것은 비극이다.

3. 여성 선교사

두 번째 단계는 여성들이 선교사가 되는 것이었다. 먼저 여성들은 선교사 부인으로만 선교에 참여하였다. 미국에서 파송된 초기 선교사들은 모두 결혼을 해야만 했다. 남자들만 선교사로 간주하였다. 선교사 부인들은 '보조 선교사'로 간주되었지만 주목할 만한 일들을 이루어냈다. 선교사 부인들이 집으로 보낸 편지들이 선교잡지에 소개되어 나오면서, 그들은 선교에 대한 관심을 고조시켰다. 북미에서 19세기 초에 가장 잘 알려진 여성들은 선교사 부인들이었다.

앤 해셀타인 저드슨이 그러하였다. 그녀는 영웅적인 인물이었다. 그녀에 관한 수십 권의 책이 쏟아져 나왔다. 그녀는 아도니람 저드슨과 결혼했다. 선교지로 떠나기 일주일 전이었다. 그들은 선교지로 향하는 배에서 허니문을 보냈다. 동인도 회사는 저드슨이 인도에 머무는 것을 허락하지 않았다. 그들은 버마로 갔다. 영국과 버마가 전쟁을 벌이는 동안, 아도니람은 혹독한 감방에 갇혀 죽을 고비를 여러 번 넘겨야 했다. 엄청난 시련이었다. 남편이 감옥에 갇혀있는 동안 앤 저드슨은 남편의 성경번역 원본을 잘 지켰고, 감옥으로 음식을 날랐으며, 남편을 간호하여 생명을 구했다. 그녀가 선교지에서 낳은 세 명의 자녀들은 어릴 때 죽었다. 그녀도 결국 선교지에서 쓰러져 죽었다. 그녀의 파란만장한 이야기는 미국 독자들에게 강렬한 인상을 남겼다.

선교사 부인의 역할은 남편을 돕고 아이들을 기르는 것이었다. 하지만 선교사 부인들은 선교지에서 살아가는 여성들과 아이들을 위해 무엇을 할 것인지

고민했다. 그들의 필요가 너무도 절실했기 때문이었다. 선교지 상황은 선교사 부인들에게 본국에서는 상상할 수 없는 일들을 감당할 수 있는 기회를 제공하였다. 선교역사를 연구해 보면, 모라비안 선교사의 부인들이 남편과 함께 세계 전역에 나가 다양한 사역을 감당하였다는 기록을 접하게 된다. 하지만 당시 보수적인 미국 문화적 관점에서 선교사 부인들이 따로 사역을 한다는 것은 흔히 있는 일이 아니었다.

하지만 비전은 커졌다. 초기 선교사 부인들도 큰 비전을 가졌다. 초기 ABCFM 선교사 두 가정을 파송하는 설교를 들어보자. 설교자는 배가 떠나기 전에, 남편 선교사가 아닌 부인 선교사에 대해 이렇게 설교하였다.

> 사랑하는 믿음의 자녀들이여, 당신이 해야 할 일이 있습니다. 현지 여성들을 가르치는 일입니다. 당신 남편이 만날 수 있지만 어떻게 접촉할지 모르는 여성들을 가르치는 일입니다. 그러므로 가서, 당신의 힘을 다해 모든 일을 하십시오. 저들의 지성을 깨우고, 진지의 지식을 전하십시오. 여성들이 열등한 창조물이 아니라 남자와 동등한 존재임을 인식하도록 가르치십시오. 불멸의 영혼을 가진 존재임을 가르치십시오. 죽은 남편의 시신과 함께 불살라 없어질 존재가 아님을 가르치십시오. 가서, 그들을 골방에서 이끌어 성도의 모임에 참여하게 하십시오. 예수 그리스도를 그들의 구세주로 영접하여, 하나님의 자녀가 되는 특권을 누리도록 가르치십시오.[9]

이것은 여성 선교사에 대한 긍정적 관점을 반영하고 있다. 이런 설교문을 연구해 보면, 칼빈주의가 완벽한 정도는 아니지만, 여성 선교사들의 사역을 긍정적으로 인정하는 입장을 취하고 있다. 구속받은 모든 사람들은 하나님의 자녀로서 동일한 가능성을 가진다고 주장했다. 거기에 인종이나 남녀성별에 의한 구별이 없다.

수많은 선교사 부인들은 젊은 나이에 죽었다. 비극적인 죽음도 많았다. 해리엇 뉴웰(Harriet Newell)이 그러하였다. 1813년 미국 최초의 선교사로 배타고 떠난 부부였다. 그들은 캘커타에 토착한 지 10일 후에 추방명령을 받았다. 당시

---

[9] Beaver, *American Protestant Women*, 51-52.

그녀는 와병 중이었다. 부부는 근처 프랑스령 작은 섬으로 갔다. 그녀는 거기서 죽었다. 19살이었다. 다른 여자 선교사들은 남편을 잃고 재혼하기도 했다. 사라 보드맨(Sarah Boardman)은 침례교 선교사로 버마에서 사역하였는데, 남편이 죽고 난 후 저드슨의 두 번째 부인이 되었다. 저드슨은 두 번째 부인이 죽은 후 세 번째 결혼하였다. 이런 선교사 부인들은 본국에 있는 여성들에게 한없는 영감을 불어넣어주었다. 선교사 부인들은 성격이 강했고, 희생을 두려워하지 않았으며, 효과적인 사역을 감당하였다.

4. 독신 개척 여선교사들

세 번째 단계는 독신 여선교사들이 주도적으로 선교에 참여하는 시기였다. 결혼한 선교사 부인들이 선교지의 모든 필요를 다 채울 수 없었다. 부인 선교사들은 대부분 가족들을 돌보는 것이 가장 중요한 책임이었다. 그것이 자연스러웠다. 남편 선교사들이 아주 어려운 상황에서 선교하였기에 부인들의 지원과 관심이 절실하였다. 아내는 아이를 낳아 길러야 했다. 질병의 위험에 놓인 상황에서 아이를 기르는 일은 쉬운 일이 아니었다. 그래서 부부는 서로를 도와야만 하였다. 하지만 대부분의 비서구권 문화에서 남성이 여성에게 사역하는 것은 쉽지 않았고 많은 문화적 제약을 받았다. 오직 여성들만 현지 여성들과 의미 있는 접촉을 할 수 있었다.

그런 까닭에, 서양 문화에는 존재하지 않는 것이었지만, 독신 여자 선교사의 사역은 필요하였고 열매가 아주 많았다. 그리하여 독신 여자 선교사들이 개신교 선교인력의 3분 1을 차지하게 되었다. 수많은 여자 독신 선교사들은 영웅적 자질을 유감없이 보여주었다. 일부는 결혼과 가정을 포기하고 하나님의 선교적 부르심에 응답하였다.

우리는 이미 샬롯 화이트(Charlotte White)에 관해 언급하였다. 화이트는 미국에서 나간 최초의 독신 여자 선교사였다. 그녀는 남자 선교사의 보호 아래 있었고 자신의 선교비를 스스로 마련하였기에, 침례교 선교부는 그녀가 버마로 가는 것을 허락하였다. 동시에 우리는 저드슨 선교사가 그 아이디어에 왜 반대하였는지 이해한다. 이제 잠시 베치 스톡턴(Betsy Stockton) 이야기를 해 보자. 스톡턴은 미국 최초의 처녀 선교사였다. 그녀는 결혼하지 않은 처녀였다. 그녀는 종의 신분으로 스톡턴 가정에서 태어났다. 가족은 뉴저지 프린스턴에 있는 스톡턴 맨션에 살고 있었다. 조상 가운데 리차드 스톡턴은 미국 독립선언문에 서명하신 분이었다. 주인은 종인 베치(Besty)에게 가정 도서관을 사용할 수 있게 허락해주고 글을 읽을 수 있도록 배려해 주었다. 스톡턴씨의 딸이 프린스턴대학교의 총장 아쉬벨 그린 목사와 결혼할 때, 스톡턴은 베치를 결혼 선물로 부부에게 주었다. 그린 목사는 즉시 베치에게 자유를 주고 종의 신분을 벗어나게 하였다.

이 여인이 선교사가 되었다. 전직 종이었으나, ABCFM 선교사가 되어 하와이 군도에서 사역하였다. 그녀는 학교에서 교사로 가르치며 몇 년 동안 사역하다 다시 미국으로 돌아왔다. 그녀는 필라델피아에서 흑인 어린이들을 위한 학교를 설립하였다. 또한 프린스턴에 있는 위더스푼(Witherspoon) 장로교회 창립 멤버가 되었다. 얼마나 아름다운 이야기인가!

다른 여자 선교사가 있다. 1827년 신디아 패러(Cynthia Farrar)는 선교사가 되어 인도로 항해하였다. 선교지에서 34년 동안 사역하면서 남학교와 여학교를 세웠다. 당시 인도에서 여자 아이들을 교육한다는 것은 가능하지도 않았고 바람직하다고 여겨지지 않았다. 대부분의 힌두교 아버지는 자신의 딸이 교육받은 것에 가차 없이 반대하였다. 신디아 패러는 여성의 가치를 보여주고 복음을 증거하기 위해 학교들을 여럿 설립하였다. 엘리너 맥컴버(Eleanor Macomber)는 침례교 선교부에서 버마로 보낸 세 번째 여자 선교사였다. 그녀는 위험한 지역에서 복음전도자로서 놀랄 만한 사역을 하였다. 그녀는 여자였고, 힘이 없다고 여겨졌기에, 어떤 남자보다 훨씬 효과적인 사역을 감당할 수 있었을 것이다. 그녀는 39세에 죽었다. 1839년 엘리자 애그뉴(Eliza Agnew)는 스리랑카로 갔다. 1883년 76세로 임종할 때까지 선교지에서 사역하였다. 그녀가 가르친 학생들 가운데 500명 이상이 그리스도인이 되었다.

루시 세파드(Lucy Sheppard)는 남편 윌리엄과 함께 아프리카로 갔다. 그들은 아프리카계 미국인이었고, 콩고로 선교사로 가면서 네 명의 독신 아프라카계 여자 선교사들과 함께 갔다. 그 중 한 사람인 알디아 브라운(Althea Brown)은 다른 선교사와 결혼하였다. 그녀는 한 현지 언어를 문자화하였고 사전과 문법을 만들어 주었다. 동시에, 그녀는 일반 학교, 주일학교, 여성과 아이들 사역, 그리고 소녀들을 위한 집을 운영하였다. 그녀는 찬송가와 학교 교과서를 만들었다. 그녀와 남편은 지역언어로 성경을 번역하고 출판하였다. 1937년 그녀는 말라리아에 걸려 죽었다.

선교사들 가운데 여자 의사도 있었다. 1869년 클라라 스웨인(Clara Swain)은 인도로 갔다. 거기서 그녀는 수많은 최초 기록을 만들었다. 그녀는 인도 현지에서 최초의 여자 의사와 간호사들을 길러냈다.

1860년까지, 미국 선교부는 남자 567명과 여자 691명을 임명하였다. 그 가운데 적어도 124명은 독신이었다. 그 가운데 단지 30명이 해외 선교지에 나가 사역하였다. 다른 사람들은 미국 내에서 사역하였다. 이 기간 종안, 백인들뿐만 아니라 다른 흑인 여자들도 아프리카와 아시아에 선교사로 파송되었다.

5. 여성 선교사 협회들

네 번째 단계는 여성 선교회들이 조직되었을 때 시작되었다. 1834년, 개혁교회 출신의 데이비드 아벨(David Abeel)은 런던에 있는 여성들에게 '중국과 외국에서 기독교 교육을 담당할 여성 선교회'를 조직하도록 설득하였다. 그는 중국은 여자 선생님들이 절대적으로 부족하며 영국에서 올 수 있는 모든 여자 선교사들을 수용할 수 있다고 하였다. 1847년 볼티모어에 살던 감리교 여성들이 모여 '여성 중국선교사 협회'(the Ladies' China Missionary Society)를 조직하였다. 2년 후에는 선교자금 5천 달러를 모금하고, 세 명의 젊은 여성을 중국에 파송하였다. 여자 선교사 협회는 외국에 있는 여성과 어린이 사역에 조점을 맞추었다. 1861년, 뉴욕에 있던 개혁교회 출신 사라 도레머스(Sara Doremus)는 '여성 유니온 선교사 협회'(the Women's Union Missionary Society, WUMS)를 조직하였다. 10년 이내에, 이 선교사 협회는 중국, 시리아, 그리스, 일본, 버마, 그리고 인도에 선교사들을 파송하였다. 20년 후에 12개국에 101명의 선교사들이 사역하게 되었다. 1852년 영국에서는 '제나나 선교회'(The Zenana Mission)이 조직되어 선교지 여성중심으로 사역을 시작하였다. 1975년 이 선교회는 WUMS와 병합하여 '성경 의료선교회'(Bible and Medical Missionary Fellowship)가 되었다. 현재는 인터서브(INTERSERVE) 선교회로 활동하고 있다.

여자 선교사 협회는 작게 시작하였다. 소수의 무리가 모여 해외 선교단체들을 위해 헌금을 모았다. 그리고 기도하고 선교에 관해 탐구하였다. 자녀들에게 선교에 대한 관심을 가르쳤다. 그들은 지역교회에 해외선교 활동을 소개하였다. 해외 선교단체가 선교사 부인들뿐만 아니라 독신 여자 선교사를 파송하게 됨으로 새로운 전기를 맞게 되었다. 그리고 여성 선교의 새로운 장이 열렸다. 여성들은 남성중심의 선교행정에 만족할 수 없었다. 여성을 옥죄는 여러 이슈들도 여성들의 선교적 열정을 막지 못했다. 여성들은 여성 선교사 협회를 조직하였다. 이런 일련의 과정이 흥미롭다.

1860년, 미국에는 다섯 개의 큰 선교단체와 4개의 군소 선교단체가 있었다. 1900년에 이르자 달라졌다. 파송단체가 94개로 늘었고, 후원단체는 43개로 늘었다. 그 가운데 여성 선교사 협회가 41개나 되었다. 얼마나 놀라운가! 루스 터커(Ruth Turker)의 연구에 따르면, 세기 중간에 이르러 여성들이 조직하여 운영하는 선교단체들이 40개나 된다고 하였다. 이렇게 여성들이 선교에 적극적으로 참여하게 된 역사적 배경이 있다. 미국 남북전쟁을 통해 수많은 젊은 청년들이 죽었기 때문에, 여성들에게 리더십을 발휘할 더 많은 기회가 주어졌다. 당시는 믿음선교가 일어나기 훨씬 전이었다.

터커는 지적하였다. 이런 여자 선교회를 운영하면서 선교학적 통찰들이 문서화되었다. 그런데 그 내용들이 우리가 모르는 사이에 사라져 버렸다. 터커가 추정하는 이유는 여자 선교회가 서서히 남성 중심의 교단 선교부로 흡수되면서, 남자들이 여성들을 대체하였기 때문이라고 본다.

이런 일들은 오래된 '주류' 교단에 소속된 선교조직체에게 일어났다. 이제 이런 선교조직체들이 교단조직에 흡수되고 말았다. 교단은 선교를 강조하기보다는 교단을 유지하고 관리하는 것을 우선순위로 생각하였다. 이런 까닭에 여성과 여성의 공헌에 초점을 맞추던 선교사역은 사라지고 말았다.

여성 선교부가 성장한 이유들은 무엇인가? 첫째 여성교육이다. 미국에서 처음 남녀공학으로 고등교육을 제공한 학교는 오벌린대학이었다. 피니는 오벌린대학을 설립하는 데 핵심적인 역할을 하였으며, 2대 총장이 되었다. 태판 형제들은 피니의 부흥사역을 통해 개종하였으며, 그들은 가장 중요한 기부자였다.

오벌린 대학은 복음전도의 요람이었다. 반노예제 운동과 여성의 권위를 주장하였다. 그것은 흥미로운 발상이었다. 오늘날 우리는 이 세 가지 가치를 동시에 생각하는 경우가 없다. 이것은 미국 기독교 대부분에 비극적인 분기점이 있다는 것을 보여준다. 미국 복음주의자들은 어느 특정 사회문제에 대해 싸우는 경우에만 후원하는 경향이 있다. 다른 문제에 대해서는 관심을 보이지 않는다. 복음전도에 대한 우리의 관심은 모든 사람이 가진 인권을 주창하게 유도해야한다. 모든 사람들이 하나님의 자녀로 그가 가진 온전한 가능성을 개발하도록 격려해야한다. 이것은 거친 눈빛으로 주장하는 급진적 제안이 아니다. 이것은 성경적이다. 우리는 이 사실을 인식할 수 있어야 한다.

둘째, 여성 교사직이다. 여성이 미국과 외국에서 교사로 가르치는 사역을 하나의 전문영역으로 인정받게 된 것이다. 그리하여 수많은 여성 교육자들이 선교사로 헌신하였다.

셋째, 여성의 노예제도 폐지 운동이다. 여성들도 사회문제에 관심을 가지게 되었다. 무엇보다 노예제도 폐지 운동에 적극적으로 참여하였다. 어떤 경우에는 남자들보다 더욱 적극적으로 이 문제를 파고들었다. 노예제도 폐지에 큰 공헌을 하였다.

6. 선교와 문화변혁

선교는 문화변혁과 직결된다. 하지만 이 주제는 선교학의 딜레마이기도 하다. 첫째, 우리는 각 문화의 타당성을 믿는다. 각 문화는 사람들이 살아가는 방식으로써 사람들이 살아가고 기능하는 환경을 제공한다. 모든 문화는 사람들이 공동체를 형성하며 살아가는 방식에 대한 중요한 가치관을 가지고 있다. 그런 까닭에, 각 문화의 가치를 인정하는 것이 선교학적으로 중요하다. 문화가 아시아, 아프리카, 또는 서구문화이든 각각 중요하다. 복음전도에서도 문화적 이해가 필요하다. 우리는 복음을 전하면서 사람들이 진정한 예수님의 제자가 되기 위해 그들이 살아가고 있는 문화적 상황에서 빠져나와 무언가 전혀 다른 사람이 되어야 한다는 인상을 주어서는 안 된다. 그들이 가진 문화적 상황 속에서 기독교인이 될 수 있도록 배려하여야 한다.

둘째, 하나님은 문화가 변하지 않고 그대로 머물러 있는 것을 원하지 않으신다. 그대로 버려두지 않으신다. 모든 문화는 성령과 말씀으로 변혁되어야 한다. 기독교인의 사명은 우리의 문화를 하나님의 뜻에 더욱 가깝게 일치하게 되도록 변혁시키는 것이다.

우리가 역사를 돌아보면 잘못된 문화관습이 쉽게 드러난다. 실례를 들면, 노예제도는 폐지되어야만 하였다. 노예제도가 문제였다. 기독교인들은 소리칠 수 있다. 노예제도를 폐지하라! 인도에서는 죽은 남편과 함께 젊은 과부를 불태워 장사하던 사띠(Sati)관습이 문제였다. 이것은 분명하다. 과부를 불사르는 관습은 하나님의 뜻이 아니다. 하지만 카스트 제도는 어찌할 것인가? 카스트 제도와 계층구조는 특정인들이 가진 재능을 발휘할 수 없도록 억압한다. 여성의 권리가 보장되지 않는 문화는 어찌할 것인가? 더 나아가, 각 문화에는 상당히 미묘한 문제들이 많이 있다. 문화에 젖어있는 사람은 발견해내기 어려운 문제들이 있다. 성경적이지 않은 관습들 가운데 외부자적 관점에서 지적해주어야만 이해할 수 있는 미묘한 문제들이 많이 있다.

우리는 우리 문화를 출발점으로 수용하지만 하나님께서는 문화를 변혁시키기 원하신다. 이 점에 대해 대부분 동의할 것이다. 그런데 어려운 문제가 있다. 문화를 어떻게 변화시킬 것인가? 어떤 과정을 통하여 변화시킬 것인가?

하나님은 모든 사회를 계속 변화시키기 원하신다. 하나님의 목적에 적합한 사회가 되도록 개혁하기 원하신다. 하나님의 뜻과 목적은 분명하다. 모든 개인들이 하나님의 자녀들로서 그들이 가진 모든 재능을 발휘할 수 있게 되기를 원하신다. 이 변화의 과정을 염두에 두고 생각할 몇 가지 질문들이 있다. 문화변혁을 위해 외부자의 역할은 무엇인가? 문화변혁을 위해 하나님의 말씀과 교회의 역할은 무엇인가? 이것은 아주 복잡하고 전문적인 질문이다.

선교사들은 바로 이런 질문에 대답하면서 사역해야만 했다. 1877년, 중국에서 모였던 선교사 회의에서 여전도사의 자질에 관한 의견일치를 보았다.[10] 여자 전도사 후보자가 되기 위해서는 남편의 허락이 있어야 하고, 어린 아이가 딸려있으면 안 된다. 현대 페미니스트 관점에서 보면 동의하기 어려울 것이다. 여전도사의 자격을 정한 그런 조항에 반대할 것이다. 하지만 나는 당시 결정이 중국의 문화적 상황을 배려한 결정이라고 인정한다.

우리는 19세기 선교사들이 그런 문화적 이슈들에 대해 감각이 둔했을 것으

---

10) 당시는 여전도사를 'Bible Woman'이라고 불렀다. - 역주

로 짐작한다. 일부 선교사들은 그러하였다. 우리도 그러하다. 하지만 많은 선교사들은 이 이슈를 아주 전문적으로 해결하려는 노력을 보였다. 세속적인 학자들은 잘 인식하지 못하지만 아시아와 아프리카 여성들에게 가장 가까이 다가가 도움을 주었던 사람들은 기독교선교사들이었다. 선교사들은 여성을 폄하하는 수많은 관습들과 맞서 싸웠다. 우리가 잘 아는 바와 같이, 아프리카에서는 여성 생식기 일부를 절단하는 풍습, 중국에서 여성의 발을 묶는 편족 풍습, 인도에서 과부를 남편의 시신과 함께 태우는 사띠 풍습과 유아살해 풍습, 세계 각곳에서 여성에게 교육의 기회를 제공하지 않는 문화 풍습과 맞서 싸웠다.

7. 위대한 여성 선교사들

선교역사를 빛낸 위대한 여성 선교사들이 있다. 1873년 샬롯 로티 문(Moon)은 중국 산동성으로 갔다. 그녀는 순회 전도자로 사역하면서 다른 선교사들을 훈련시켰다. 고국에 있는 침례교단 선교부에 탁월한 선교지 소식을 보내왔고, 후원하는 교단의 선교적 비전을 더욱 발전시켰다. 1912년 기근이 왔을 때, 그녀는 굶어 죽어가는 현지인들과 함께 가진 모든 것을 나누면서 선교부의 도움을 요청하였다. 선교지에서의 희생적인 봉사로 건강을 잃은 로티 문은, 몸을 추스르기 위해 미국으로 돌아오던 길에 세상을 떠났다. 교단의 충격은 컸다. 남침례 교단에서는 매년 로티 문 선교헌금을 모금하여 선교지로 보냈다. 오늘날 그 헌금은 매년 1억불이나 된다.

중국내지선교회는 독신 여자 선교사들을 전도자로 파견하였다. 독일 선교학자들은 그런 행태를 비판하였다. 하지만 허드슨 테일러는 개의치 않았다. 외부로 전도여행을 할 때는, 독신 여자 선교사를 보호하기 위해 결혼한 전도사와 함께 사역하는 정책을 세웠다. 1882년, CIM에는 56가정과 독신 여자 선교사 95명이 사역하였다.

1886년 메리 슬레서(Slessor)는 칼라바(Calabar)로 갔다. 칼라바는 지금 나이지리아의 일부가 되었다. 그녀는 건강이 약한 다른 선교사와의 약혼을 파기하였다. 그 남자 선교사가 건강 때문에 질병의 위험이 높은 내지로 가서 선교할 수 없게 되었기 때문이었다. 슬레서의 사역은 탁월하였다. 그녀는 온갖 어려움을 극복하였다. 원수로 싸우던 부족추장들을 화해시키고, 죽임을 당하던 쌍둥이를 구하였다. 부족을 복음화하였다. 용기있고 효과적인 사역을 감당하였다. 실로 위대한 선교사였다.

말라 모에(Malla Moe)는 남아프리카에서 선교하였다. 스칸디나비아 선교사 연맹(TEAM) 소속으로 사역하였다. 그녀는 교회당에서 설교하기보다 사람들이 있는 곳을 찾아 어느 곳에서든 설교하였다. 노방전도를 즐겨하였다. 그녀의 설교는 간결했다. 평범하고 간편한 복장을 하였다. 그녀는 선교현지에서 개종자들을 돌보는 목회자 역할도 하였다. 그러나 그녀가 본국인 노르웨이를 다시 방문하였을 때, 그녀는 교회에서 설교할 수 없었다. 당시 노르웨이 교인들은 여자들이 교회에서 잠잠해야 한다고 믿고 있었기 때문이었다.

이다 스쿠더(Ida Scudder)는 의사 선교집안 출신이었다. 조부와 부친도 의사 선교사로 사역하였다. 1870년 출생한 스쿠더는 선교사가 되어야겠다는 생각은 조금도 하지 않았었다. 그녀는 대학 3학년 때, 단지 선교사로 사역하는 부모를 만나기 위해 인도를 방문하였다. 어느 날 저녁, 세 명의 남자가 아버지를 찾아와 부탁했다. 아내가 출산 중에 어려움이 생겼는데 딸인 이다 스쿠더를 보내 도와달라는 것이었다. 한 남자는 무슬림이었고, 다른 두 사람은 힌두교인으로 높은 카스트에 속한 사람이었다. 그녀는 자기는 의사가 아니고 아버지가 의사이시니 아버지가 가서 도와주시면 좋겠다고 했다. 하지만 남자들은 다른 남자가 자기 아내의 출산을 돕는 것을 거부하였다. 다음 날, 그녀는 소식을 들었다. 아이를 낳던 세 산모가 모두 죽었다는 소식이었다. 충격이었다. 이다 스쿠더는 의사가 되기로 결심하였다. 의사가 되어 인도에 돌아와 죽어가는 산모들을 구해야겠다고 다짐하였다. 그녀는 의사가 되어 인도로 돌아와 벨로레(Vellore)에 병원을 세웠다. 그 병원은 여러 선교단체들이 도와 인도에서 아주 유명한 병원이 되었다. 병원, 의과대학, 간호대학, 그리고 시골진료소를 운영하는 큰 기관이 되었다.

비서구권 출신의 수많은 여자 선교사들도 엄청난 공헌을 하였다. 그것을 다 기록하려면 더 두꺼운 책이 필요할 것이다. 하지만 나는 적어도 몇 분을 언급하고 싶다. 1884년과 1885년 첫 번째 개신교 선교사들이 한국에 입국하였다. 당시 한국 여성들은 삼종지도를 따르고 있었다. 어려서는 아버지의 딸로 살아야 했고, 결혼해서는 남편의 아내로 살아야 했으며, 나이 들어서는 장남의 어미로 살아야만 했다. 그것이 여성의 신분이며 지위였다. 한국 여성은 사회적으로는 별로 중요하지 않았지만 종교적 역할이 중요했다. 무교에서 중요한 역할을 하였다. 하지만 한국 여성들은 선교사들이 설립한 학교들에서 교육을 받기 시작하였다. 20세기 중반, 이화대학 총장 김활란 박사가 여성 지도자로 역사의 무대에 등장한다. 그녀는 지도자였다. 교육계에서만 아니라 복음전도에 있어서도 지도력을 발휘하였다. 그녀는 제 3차 UN총회에 파견된 초대 대한민국 대표단의 일원이 되는 영예도 얻었다.

인도에 탁월한 여성 지도자가 있었다. 판디타 라마바이(Pandita Ramabai)는 잘 교육받은 특출한 사람이었다. 아버지로부터 교육을 받아 힌두교 고전에 능하였다. 영국에서 기독교인이 된 그녀는 인도로 돌아왔다. 그녀는 인도에서 젊은 과부들과 고아들을 위해 다양한 사역을 하였다. 그녀가 돕지 않았다면, 젊은 과부들은 성전 창기가 되었을 것이다. 그들을 놀랍게 변화시켰다. 그녀의 사역은 수많은 기적적인 사건들로 가득했다. 하나님께서 사용하신 증거들로 넘쳐났다.

인도와 중동에는 성경을 전하던 여자 전도사들이 효과적인 복음전도를 감당하였다. 오늘날 중국에는 여성 지도자의 활약이 눈부시다. 가정교회 지도자의 3분의 2나 4분의 3이 여성으로 알려져 있다.

여성들의 사역은 특별했다. 여성 사역은 복음전도, 의료, 교육, 고아원, 나병요양소, 의사와 간호사 훈련 등이었다. 여성사역의 정당성을 거부하는 보수적인 집단들은 그들의 역사적 선조들인 여성사역자들에 대해 재발견해야 할 필요가 있다.

프레드릭 프란슨(Fredrik Franson)은 복음주의 선교연맹(TEAM)을 설립하였다. C.T.스터드(Studd)는 WEC 선교부의 설립자가 되었다. 다른 선교사들은 독신 여자 선교사에게 오지에 있는 선교기지 책임을 맡겼다. 스터드는 다음과 같이 썼다.

> 독신 여성들은 전도하며 오랫동안 달구지 여행을 계속 하였다. 남자들이 부족한 시골마을들을 순회하며 전도하였다. 한 지역에서, 독신 여자 선교사가 유명한 식인종을 전도하고 주님께 인도했는데, 그 식인종은 전에 적어도 100명 이상 식인을 하였다고 알려져 있었다. 가장 왕성하게 활동하는 선교지 두 교회는 500명에서 1500명이 모이는데 독신 여자 선교사가 홀로 사역하고 있었다. 어느

지역은 사역자 두 사람만 있다가, 한 사람이 새로운 지역을 복음화하기 위해 동역 관계를 희생해야 하기도 했다.[11]

이런 까닭에, 우리가 여성의 핵심적 역할을 재발견하려는 노력 없이는 기독교선교를 바로 연구할 수 없다. 우리가 사람들이 가진 은사들을 사용하라고 격려하지 않고는 선교의 주창자가 될 수 없다. 여성은 세계선교운동에 핵심적 역할을 하였다. 성령께서 선물로 주신 은사들을 발휘하여 세계선교의 새로운 장을 열었다.

본 장에서는 세계선교와 여성 선교사 운동에 대해 다루었다. 하나님의 도구 된 여성들은 세계선교의 새로운 장을 활짝 열었다. 다음 장에서는 1910 에든버러 대회와 에큐메니칼 운동에 대해 논의할 것이다.

---

11) Ruth A. Tucker and Walter L. Liefield, *Daughters of the Church* (Grand Rapids, Michigan: Zondervan, 1987), 309.

제 25 장

1910 에든버러 선교대회와 에큐메니칼 운동

1. 서론

역사를 바꾸는 역사적인 순간이 있다. 1910년 에딘버러 선교대회가 그러하였다. 역사의 이정표가 되었다. 에딘버러 회의는 선교운동을 연구하기 위해 모인 모임들 가운데 가장 큰 규모의 연구모임이었다. 그들은 선교역사에 나타난 핵심적 이슈들을 탐구하기 원하였다. 에큐메니칼라는 단어는 양면성이 있다. 일부에게는 좋은 의미를 가진 말이지만, 다른 사람들에게는 나쁜 의미를 가진 말이다. 대부분의 사람들은 에큐메니칼이라는 말을 들으면 세계교회협의회(WCC)만을 연상한다. 하지만 그런 생각은 바람직하지 않다. 에큐메니칼은 헬라어인 '오이코스'(oikos)에서 유래하였다. 역사가 오래된 단어이다. 오이코스와 에큐메니칼에 대한 가장 멋진 정의를 1989년에 개최된 마닐라 로잔 위원회 모임이 채택하였다. 진정한 에큐메니칼 운동은 "온 교회가 온전한 복음을 온 세계에 전하는 운동"이다.

19세기 말, 미국교회에서는 신학적 분열이 있었다. 한 세기 이상 선교운동을 지지해오던 신학적 기반이 흔들리기 시작했다. 무너져 내렸다. 그런 현상은 유럽에서 먼저 시작되었다. 몇 가지 요인이 있었다. 첫째, 진화론이 문제였다. 진화론은 일부 사람들 가운데 자율적인 진보를 믿게 하였다. 그런 까닭에 사람들은 죄 문제를 기본적으로 교육과 사회기관의 부족에서 찾게 하였다. 둘째, 성경에 대한 고등비평이었다. 고등비평은 성경의 상황과 메시지에 대한 이해에 도움이 되기도 하였지만, 급진적 고등비평은 성경적 권위를 거부하는 것 같았다. 산업화의 성장과 서구 경제 시스템 안에 있는 가난과 불의는 '사회복음'(Social gospel)을 태동시켰다. 세기 중반까지만 해도 부흥운동이 사회개혁의 최전방에서 개혁의 선두가 되었었는데, 변화가 일어났다. 분열이 생겼다. 일부가 죄로부터의 개인적 구원의 필요성을 무시하고 오로지 사회적 관심에만 초점을 맞춤으로 인해 분열이 생겼다.

극단적인 사회적 관심에 대해 근본주의자들은 반발하였다. 자유주의는 믿음의 핵심요소들(성육신, 십자가, 부활, 성령의 내주하심, 재림, 그리고 성경의 권위)을 의심하거나 약화시키고 믿음을 오직 사회변화에만 초점을 맞추려는 경향이 농후하였다. 그것은 신앙을 과도하게 단순화 하려는 일종의 환원주의(reductionism)였다. 오직 사회변화에서 신앙적 결과를 찾으려는 경향이었다. 하지만 근본주의도 문제였다. 근본주의는 오직 구원에만 초점을 맞추기 시작하였다. 어떤 종류의 사회적 관심도 복음에 대한 배신으로 간주하였다. 근본주의 또한 다양한 의미를 내포한 복음을 단순화하고 축소시켰다. 그럼에도 불구하고 근본주의는 복음의 핵심요소들을 신앙의 중심으로 견지하였다. 일부 신학 전통은 복음을 사회에 적용하는 문제에 대해 이야기하는 것에 두려움을 느끼기도 한다.

이런 신학적 성향은 복음전도를 '구조선' 개념으로 인도하였다. 이 개념은 단순하다. 세상과 세상에 사는 모든 사람은 지옥에 간다는 개념이다. 배는 파산하여 침몰하고 있다. 교회의 사명은 '구조선 안으로' 가능한 더 많은 사람들을 태우는 것으로 인식하였다. 위대한 전도자인 D. L. 무디(Moody)는 사회봉사를 침몰하는 배 안에 있는 문의 손잡이를 광내는 것으로 비유하기도 하였다.

19세기 말에 나타난 이런 신학적 양극화 현상은 여러 부작용을 낳았다. 교회는 복음을 너무 축약하려는 성향을 드러냈다. 하지만 양극화 현상도 이슈를 다루는 하나의 방법이었다. 이런 신학적 양극화 현상은 선교운동에 지대한 영향을 미쳤다.

2. 학생자원운동(SVM)

학생자원운동(Student Volunteer Movement)이 일어났다. SVM은 아주 복음적인 운동으로 태동하였다. 하지만 성장해 가면서 교회와 선교에 대한 보다 폭넓은 관점을 키워나갔다. 19세기 말 선교단체들은(ABCFM은 제외하고) 신학적으로 한 목소리를 내고 있었다. 실례를 들면, 학생자원운동에 소속된 회원들은 선교사로 나갈 때, 장로교, 감리교 등 '기성교단' 선교부를 통하여 파송되었다. 중국내지선교회를 통해 나가기도 하였다. 믿음선교를 주창하는 선교단체들과 전통적인 교단 선교부는 SVM을 통하여 선교사 인력을 공급받았다. 하지만 세계 제1차 대전 이후 사정이 달라졌다. SVM이 자유주의 신학을 선호하게 되므로 말미암아 복음전도와 신교에 대한 동원능력을 상실하였다.

3. 사회복음과 복음전도

19세기 말, 여러 문제들이 대두되었다. 하나는 사회개혁에 대한 기독교선교의 태도였다. 선교는 사회개혁과 어떤 관계를 가져야 하는가? 그것이 문제였다. 오래된 이슈였다. 지겐발크와 윌리엄 캐리시대로부터, 선교사들은 기독교신앙이 복음을 수용하는 사회에 변화를 일으킬 것으로 믿었다. 하지만 그런 소극적 자세는 사회변화에 대한 충분한 해답을 제시하지 못하였다. 복음전도는 어떤 사회적 변화를 가져올 것인가? 어떤 과정을 거쳐야 할 것인가? 더 나아가, 선교사들이 직접 나서서 사회적 변화를 주창할 것인가 아니면 복음의 누룩이 일으킬 변화를 기대하며 기다릴 것인가? 기독교 신앙과 여러 지역에서 일어나는 민족주의와는 어떤 관계를 설정해야 할 것인가? 새로운 현지교회들은 얼마나 '서구적인' 교회가 되어야 할 것인가?

일부 선교사들은 선교현지 지도자들을 서구적 학교교육기관을 통하여 길러야 한다고 믿었다. 현지 문화를 서구적으로 변화시키기 위해 서양교육을 통해 미래의 리더들을 길러내려 하였다. 그들은 기대했다. 이런 야만인을 교화하는 '문명화'나 '서구화' 영향력을 통하여 위로부터 개종을 이끌어내려 하였다. 다른 선교사들은 개인구원의 필요성을 철저히 강조했다. 개인적인 개종을 통해 사회가 서서히 변화될 것으로 믿었다. 개종한 사람들이 그들의 사회를 서서히 변화시켜 갈 것이기 때문이었다. 이것은 질문을 유발하였다. 문화적 가치에 대한 질문이었다. 각 문화에 있는 어떤 가치들을 기독교 신앙에 적합한 가치로 보존할 것인가 하는 문제였다. 중국의 실례를 보면, 초기 기독교인들, 특히 학생들은 개인구원에 대해 별 관심을 보이지 않았다. 그들은 기독교 신앙이 어떻게 중국을 변혁시키고 보다 나은 사회를 건설할 수 있을 것인가에 더 큰 관심을 가졌다. 이런 질문은 아주 정당한 질문이다. 북미사람들은 더 깊은 질문을 던져야 한다. 북미 사람들의 신앙이 북미사회에 미친 영향에 관해 보다 심층적인 질문을 던져야 한다. 다른 문화권에 사는 형제자매들이 그들의 문화에 대해 이런 질문을 던질 때, 우리는 보다 호의적인 자세를 취해야 한다.[1]

우리는 무어라 할 것인가? 수많은 개인적인 구원을 경험한 그리스도인들이 살고 있는 나라지만 가공할 이슈들에 대해 별 관심을 보이지 않는 나라들에 대해 무어라 할 것인가? 남아프리카의 흑인에 대한 인종격리정책, 인종차별, 또는 엄청난 경제적 불평등에 대해 무어라 할 것인가? 이런 사회적 질문을 던져야만 한다. 복음주의 교회는 이제 다시 사회적 관심을 가지기 시작하였다. 사회변화가 복음의 함축임을 다시 발견하게 되었다. 일부 선교사들과 현지 교회 지도자들도 감지하기 시작했다. 사회변혁은 복음의 함축일 뿐만 아니라 복음의 일부라는 사실을 인정하기 시작했다.

둘째, 선교운동이 당면한 중요한 이슈는 교단분열이었다. 교단이 갈라졌다. 기하급수적으로 늘어나는 교단은 그 자체가 추문을 생산했다. 서구 교단분열은 인도 힌두교와 무슬림 나라들에게 무엇을 보여주고 있는가? 인도 북부에 사는 사람에게 남침례교인이 된다는 것이 무슨 의미가 있겠는가? 아프리카 탄자니아에 사는 사람에게 다른 루터파가 아니라 루터교 미조리 총회파가 된다는 것이 무슨 의미가 있겠는가? 이런 실례는 한 없이 들 수 있다. 대부분의 교단분열은 유럽에서 16세기에 일어났다. 그 후로 북미지역에서 교단분열이 있었다. 16세기 교단분열은 20세기 인도나 중국선교에 상관이 없다. 한편, 개신교 선교

---

1) 한국교회의 선교도 그러하다. 한류열풍으로 문화적 지위가 높아진 한국교회와 선교사들도 북미주 상황과 유사하다. 우리는 이 질문에 대해 보다 심층적인 대답을 할 수 있어야 한다. 한국 선교사들은 복음을 전해야지, 한국 문화의 전파자가 되어서는 안 된다. 복음과 문화의 상관관계를 객관화하는 능력이 필요하다. - 역주

운동을 일으킨 갱신과 부흥운동은 교회의 가장 초교파적인 모습이었다. 그 결과로 훌륭한 초교파 선교기관들이 태동하였다. 하지만 그들은 유럽과 미국교회의 분열을 세계 여러 나라에 전파하였다. 그런 교단분열은 해외선교에 커다란 악영향을 미친 것으로 평가되고 있다.

20세기의 여명이 동터올 즈음, 선교 지도자들은 이런 질문들을 던지고 있었다. 그렇게 새로운 세기가 열리고 있었다.

4. 에딘버러 1910 선교대회

1) 대회 전에 일어난 사건들

에딘버러 1910, 그것은 경계표였다. 세계선교운동사에 빛나는 선교대회였다. 1910년 스코틀랜드 에딘버러에서, 존 모트가 회장이 되어 주도한 역사적 회합이었다. 모트는 SVM이 태동한 1886년 선교대회에 참석하였고, 2년 후에 조직된 SVM의 총무로 전 세계를 누비며 선교정신을 고양하였다. 모트는 탁월한 능력을 가진 리더였다. 비전과 열정을 가진 인물이었다. 에딘버러 이후, 모트는 국제선교사협의회(the International Missionary Council)의 지도자로 활동하였다. IMC는 에딘버러 대회 이후 결성된 모임이었다. 모트는 또한 세계교회협의회(WCC)를 기안한 지도자들 가운데 한 사람이었고, 여러 나라들에 NCC(National Christian Councils)를 조직하는 데 도움을 주었다. 모트는 핵심인물이었다. WSCF(World Student Christian Federation)를 조직하는 데 핵심적 역할을 하였다. 모트는 예수님께 헌신된 신앙인으로 탁월한 인물이었다. 그는 감리교 평신도였지만, 개인적인 신앙에 있어서 분명한 복음주의자였다.

1910년 이전에도 영국과 북미에서 여러 선교대회들이 열렸다. 대부분 영감 있고 은혜로운 집회들이었다. 1900년 뉴욕에서 열린 에큐메니칼 선교대회에는 연 인원 20만 명이 참석하였다. 감리교인인 매킨리 대통령, 장로교인인 벤자민 해리슨 전대통령, 감독교 회원인 루스벨트 미래 대통령이 참석하여 연설하였다. 이런 정치적 거물들이 선교대회에 참석하였다는 것은 당시 미국이 가졌던 개신교 정신을 보여준다. 독일 개신교 선교회와 북미 해외선교연맹(Foreign

Mission Conference)이 조직되었다. 해외선교에 대한 공동관심사에 대해 논의하고 상호협력을 위해서 단체들이 조직된 것이었다.

학생운동은 중요한 역할을 하였다. 선교운동과 선교단체 조직에 지도자들을 공급해 주었다. 당시 학생운동이 리더십을 제공한 단체들로, YMCA, SVM, WSCF(World Student Christian Federation) 등을 들 수 있다. 모트는 이 모든 단체에 깊이 간여하고 리더십을 발휘하였다. 이런 모든 선교운동이 에딘버러 대회를 가능하게 하였다. 작은 냇물이 큰 강을 이룬 것이었다. 이런 선교단체들은 에큐메니칼 운동에 리더십을 제공하기도 하였다.

2) 선교대회의 특징

에딘버러 선교대회에는 1천2백 명이 참석하였다. 여러 선교단체들과 독립 선교단체에서 파송된 사람들이었다. 여기서 특기할 사항은, 에딘버러 선교대회에는 교단선교부와 초교파 선교단체들이 함께 참석하였다는 점이다. 이런 에큐메니칼 분위기는 오래 가지 못하였다. 시간이 지나면서 에큐메니칼 운동은 선교단체들을 배제하였다. 에딘버러는 전략회의 성격이 강하였다. 기독교의 진보에 관한 수많은 선교현장 연구가 미리 이루어졌다. 그 결과는 참석자들에게 선교대회 전에 미리 보내졌다. 충분히 검토하고 생각할 시간을 주기 위해서였다. 에딘버러는 세계선교를 위한 글로벌 전략을 수립하는 것이 목적이었다.

참석자들은 비전의 사람들이었다. 너무 낙관적이었지만, 한편으로 보면, 낙관적이어서 좋았다. 우리는 너무 비관적일 때가 많기 때문이다. 그들은 선교전략을 비기독교 국가들에 초점을 맞추었다. 전략가들은 라틴 아메리카를 기독교 국가로 인정하여 전략에 포함시키지 않았다. 이것은 라틴 아메리카 개신교 지도자들에게 큰 상처가 되었다. 그것은 정치적 성격이 강했다. 독일의 루터교와 영국의 성공회 대표단이 참석하는 조건을 맞추어 주기 위해 그리한 것이었다. 그렇지 않았으면 루터란과 성공회는 대표단을 파견하지 않았을 것이었다.

그런 까닭에, 라틴 아메리카 개신교는 배제되었다. 유럽인들이 라틴 아메리카를 선교 대상국으로 간주하지 않았기 때문이었다. 그것은 라틴 아메리카 개신교에 대해 엄청나게 무례한 행동이었다. 당시 라틴 아메리카 개신교 지도자 가운데 가장 유명한 사람은 알바로 레이스(Alvaro Reis)였다. 그는 남미 개신교 교회 가운데 제일 큰, 리오데자네이로 제일 장로교회 목사였다. 장로교 선교부는 그를 에딘버러에 참관인 자격으로 참석하게 하였다.

브라질 교회는 그 때로부터 '퓨리탄'이라는 신문을 발간했다. 거기에 에딘버러에서 보낸 헤이스 목사의 편지가 수록되었고, 브라질 장로교인들은 에딘버러 소식을 그 신문을 통해 읽었다. 당시 라틴 아메리카 개신교회는 에딘버러의 태도가 불합리하다고 여겼다. 무례하게 생각하였다. 그리하여 브라질 교회는 에큐메니칼 운동에 대해 좋지 않게 생각하게 되었다. 1916년 라틴 아메리카에서 사역하던 미국 선교부는 두 번째 선교대회를 파나마에서 개최하였다. 라틴 아메리카에서 이루어지는 기독교 사역에 관한 전략을 세우기 위함이었다. 라틴 아메리카 에딘버러 대회였다.

라틴 아메리카 문제를 제외하면, 에딘버러는 아주 포용적인 대회였다. 참석자들이 다양했다. 앵글로-가톨릭교회에서부터 퀘이커 교도에 이르기까지 다양한 교단 지도자들이 참석하였다. 루터교 지도자도 있었고, 중국내지선교회, 기성교회 지도자들과 믿음선교를 하는 선교단체들도 참석하였다. 가지각색의 사람들이 모였다. 하지만 불행하게도, 이 모임에는 아시아 대표 17명을 제외하면 모두 서양인들뿐이었다. 서양인의 잔치가 되고 말았다. 조직위원회는 아시아 참여자들을 더 많이 원하였지만, 그렇게 되지 못하였다. 선교단체와 사역을 위한 광범위한 협력을 위해 계속 일할 30명의 위원들이 선정되었다. 그 위원들 가운데 3명이 아시아인이었다. 그 이후로 각 지역에 따라 지역대회를 개최하였다. 아시아에서도 개최하였고, 다른 지역에서도 개최하였다.

3) 선교대회의 성과

기도가 활성화되었다. 기도에 초점을 맞추었다. 모든 대륙에서 미리 기도하였고, 매일 일정을 시작할 때 기도하였다. 정오 즈음에 30분간 기도하였다. 그들은 기도하는 그리스도인들이었다. 세계선교전략을 세우기 위해 기도하였다. 그들은 낙관적이었다. 그들에게도 문제가 있었다. 그들은 식민주의 문제가 얼마나 심각한지 인식하지 못했다. 서양인의 오만이 얼마나 심한지 인식하지 못했다. 아시아인 참석자 가운데 하나인 아자리아(Azariah)는 인도인 가운데 처음으로 성공회 감독이 된 사람이었다. 그는 주장하였다. "복음은 선교사와 현지인들이 함께 전해야 한다. 짐짓 겸손하게 굴면서 생색을 내는 사랑이 아니라, 동등한 정신으로 함께 전해야 한다."

당시 '에큐메니칼'은 선교적 의미로 사용되었다. 세계선교의 전 세계적 특성과 세계교회가 선교를 이루기 위한 총체적이며 전략적인 개념이었다. 어느 특정 운동이나 특정조직만을 지칭하는 단어가 아니었다. 하지만 에딘버러 대회는 선교위원회를 조직하여 전략적인 연구가 계속되게 하였다. 상호협력을 증진하고 통일된 사역을 도모하기 위함이었다.

4년 후에 세계 제1차 대전이 발발하였다. 전쟁은 전 세계에 가공할 만한 충격을 안겨주었다. 특히 자신을 기독교 국가로 생각하던 유럽 국가들에게 엄청난 충격을 주었다. 전쟁을 통해 유럽 문화는 자신감을 상실하였다. 수많은 사람들이 자신의 믿음과 유럽 문화에 대한 상관관계에 대한 심각한 질문을 던지게 되었다. 유럽과 북미를 기독교 문화로 동일시하던 비유럽권 기독교인들도 동일한 질문을 하게 되었다.

모트는 IMC 설립에 핵심적 역할을 하였다. 에딘버러 대회에서 논의되었던 IMC 설립은 전쟁으로 인해 1921년까지 연기되었다. 우여곡절을 겪으며 IMC가 설립되었다. IMC의 목적은 세계 전역에 흩어져 사역하는 선교사역을 조화시키는 일이었다. 선교회에게 어떤 일을 하라고 지시하는 관리형 단체가 아니라 협력형 단체였다. IMC는 여러 선교현장에서 보다 효과적인 협력사역이 이루어지도록 격려하는 방법을 찾으려고 노력하였다. IMC는 필리핀, 남인도, 중국, 그리고 일본에서 교회와 선교단체가 연합하여 선교사역을 펼치게 하였다. 일부 지역에서는 성공적이었고 그렇지 못한 곳도 있었다.

IMC는 세계 각국 기독교 지도자들이 함께 모이는 선교대회를 열었다. 첫 번 대회는 1929년에 열린 예루살렘 대회였다. 두 번째 대회는 1938년 열린 인도 마드라스 대회였다. 선교대회 참석자들은 선교현장에서 부딪치는 여러 문제들에 대해 논의하였다. 비서구권 교회와 선교단체들 가운데 참석자들이 늘어갔다. 비서구권 참석자 숫자는 눈에 띄게 점점 늘어갔다. 아시아, 아프리카, 그리고 남미 출신 참석자들이 절반을 차지하게 되었다. 당시까지 역사상 그렇게 수많은 나라 출신 지도자들이 모인 국제적 모임은 없었다. 그렇게 IMC 1차 대회는 성대하게 치러졌다. 아시아, 아프리카, 남미, 태평양군도 출신 대표자들이 유럽과 북미 출신 지도자들과 함께 동등한 자격으로 선교적 이슈를 토론하고 상호 배우는 선교대회는 선례를 찾을 수 없는 것이었다. 그것이 IMC가 이룩한 놀라운 업적이었다. 역사적 사건이었다.

두 번째 흐름이 있었다. 1925년 스톡홀름에서 열린 생활과 사역운동(Life and Work Movement)이었다. 이 모임은 에딘버러 정신을 일부 물려받았지만, 기독교 사회사역에 대해 더 큰 관심을 쏟는 모임이었다. 세계 제1차 전쟁이 끝난 지 얼마 지나지 않은 때였다. 그들은 질문하였다. 교회는 전쟁에 대해 어떻게 설명할 것인가? 전쟁, 혁명, 그리고 공산주의에 대해 무어라 설명할 것인가? 필리핀에서 사역하던 미국 감독파 감독이었던 브렌트(Brent)는 말하였다. "세계는 분열된 교회에 대해 강한 비판을 하고 있습니다. 우리는 서로 협력해야 합니다. 우리가 세상에 영향력을 가지려면 한 목소리를 내야 합니다." 두 번째 모임은 유럽에서 일어나고 있던, 히틀러, 무솔리니, 그리고 프랑코의 새로운 전체주의에 대해 심각한 토론을 하였다.

세 번째 운동이 일어났다. 첫째는 선교에 초점을 맞추었다. 두 번째는 윤리에 초점이 있었다. 세 번째는 신학에 초점을 맞추었다. 그것은 세 가지 다른 흐름을 가지고 있었다. 세계선교회의, 사회적 관심사에 대한 생활과 봉사운동(the Life and work), 신학에 대한 신앙과 직제(Order)운동이었다. 신앙과 직제회의는 1927년과 1937년에 열렸다. 그들은 기성교단 지도자들을 참여시켰다. 오순절파는 아직 숫자가 작았기 때문에 무시하고, 배제하였다. 성결운동 전통을 가진 지도자들도 배제하였다. 성결운동에서 시작하여 새롭게 갈라져 커진 감리교는 참여시켰다. IMC에 보다 보수적인 '믿음선교' 단체들이 계속 참여하였지만, 다른 두 가지 운동은 종교개혁이나 감리교, 회중교단, 그리고 침례교단의 배경을 가진 기성교회들 출신들이 주도하였다.

5. 세계교회협의회(WCC)

1941년, WCC를 설립하기로 의견의 일치를 보았다. 세 기관 가운데 생활과 봉사운동과 신앙과 직제운동, 두 기관이 통합하여 WCC를 출범시키기로 합의하였다. 하지만 2차 대전이 발발하였다. 계획은 지연되었다. 1948년 전쟁이 끝난 후, 암스테르담에서 WCC가 조직되었다. 목적을 분명하게 제시하였다.

WCC는 초대형 교회구조를 지향하지 않고, 교회협의회가 되어 상호적인 대화를 증진하고 세상에 말씀을 전하는 것이 목적이었다. WCC는 44개국 147개 교단 출신 대표자들이 모인 거대조직이었다. 공식 선언문에 나타난 정체성을 보면 다음과 같다. "WCC는 성경에 따라 주 예수 그리스도를 하나님이며 구세주로 고백하는 교회들의 사귐이다". 2005년 선언문에는 내용이 첨가되었다. "그러므로 우리는 하나님, 성부, 성자, 그리고 성령의 영광을 드러내기 위한 교회의 공통적인 소명을 완수하기 위해 노력한다." 처음 모임에 라틴 아메리카 교회는 참석하지 않았다. 처음 모여 예배드릴 당시에는 교회들이 분열되어 함께 성찬식을 거행할 수 없었다. 교단 전통에 따라 네 종류의 성찬예배를 드려야 했다. 서로 함께 성찬에 참여할 수 없었기 때문이었다. 모임을 주관한 지도자들은 요한복음 17:21, 23 말씀을 바탕으로 교회가 하나되어 이를 보고 세상 사람들이 믿게 되기를 소원하였다.

1961년, IMC는 WCC에 합병되었고, 해외선교와 전도부서(Division of Overseas Mission and Evangelism)가 되었다.

유명인사 두 사람이 합병에 대해 다른 의견을 가졌다. 프린스턴신학교 총장, 존 맥캐이(Mackay) 박사는 찬성했다. 맥캐이는 선교사로 남미에서 사역한 경험이 있었다. 예수 그리스도를 열정적으로 사랑하여 교회조직이 아니라 선교자체에 헌신된 사람이었다. 그는 오순절 운동 지도자들에게 큰 존경을 받고 있었으며, WCC 발기자들 가운데 한 사람이었다. 맥캐이는 IMC 회장이었고, 합병을 통해 WCC가 세계선교를 핵심과제로 삼을 것으로 믿었다. 그러나 맥캐이의 관점은 순진무구한 것이었다. 현실은 그리 호락호락하지 않았다. WCC는 선교를 핵심과제로 여기지 않았다. 맥캐이는 선교에만 초점을 맞춘 전문 선교단체의 필요성을 인식하지 못하였다. 거기에 문제가 있었다. 성공회 해외 선교부 맥스 워렌(Warren)은 합병에 반대했다. 그의 관점은 분명했다. 선교단체는 교회와 분리된 조직으로, 선교에 초점을 맞춘, 자원적인 선교사 조직체로 교회의 활력과 선교사역을 계속하기 위한 조직체로 남아야 한다고 주장하였다.

1961년 합병이 이루어졌다. 그러나 맥캐이의 환상은 깨졌다. WCC는 선교를 핵심과제로 여기지 않았다. 맥스 워렌이 옳았다. 당대를 대표한 위대한 신학자였던 맥캐이가 틀렸다. 합병 이후, IMC는 WCC 산하에 선교와 복음전도를 담당하는 일개 부서로 전락하고 말았다. 그 결과 선교운동은 분열하였다.

IMC 회원이었던 일부 보수적인 선교단체들이 WCC 회원으로 가입하지 않았기 때문이었다. 그들은 WCC와 연관을 갖는 것을 싫어하였다. 더욱 심각한 점은, WCC가 세계선교에 대한 초점을 버리고 사회, 정치, 그리고 경제적 문제에 주된 관심을 쏟은 것이었다. WCC가 그렇게 표류한 것은 신학적 기반이 침식되었기 때문이었다. 1968년 WCC 웁살라 대회가 분기점이었다. 웁살라 대회는 전적으로 정치적이며 사회적인 관심사만 다루었다. 선교와 복음전도는 다루지 않았다. 도널드 맥가브란이 반발하였다. "웁살라는 20억의 영혼을 배신할 것인가?" 당시 복음을 모르는 인구는 20억으로 추산되었다. 맥가브란은 복음을 들어보지 못한 20억의 인구를 지칭한 것이었다.

맥가브란은 강하게 도전하였다. WCC는 약간의 변화가 있기는 했지만, 세계선교에 대한 강한 강조는 사라졌다. 2006년 브라질에서 개최된 WCC는 다양한 주제를 다루었다. 청빈, 평화, 정의, 생태계 보존을 위한 책무, 여자와 아이에 대한 폭력, 마실 물에 대한 필요, HIV/AIDS, 그리고 폭력과 테러문제를 다루었다. 세계 복음화에 대한 부르짖음은 공허한 메아리가 되었다.

한 학자는 WCC에 소속된 교회들을 연구하였다. WCC 소속 교회들은 대부분 감소하고 있었다. WCC에 소속되지 않은 교회들은 급속히 성장하고 있다. 세계교회의 미래는 WCC에 소속되지 않은 교회들에게 달려있을 것으로 보인다. 특히 북미와 유럽을 제외한 나라들에서 교회성장이 이루어지고 있다. 그들은 WCC와 거리감을 유지하고 있다. 남미 오순절교회들도 WCC에 참여하지 않는다. 2006년 브라질에서 개최된 WCC 모임에서, 아르헨티나 오순절 리더인 노베르토 사라꼬(Norberto Saracco) 박사는 제안하였다. "WCC가 추구하는 에큐메니즘은 갈 때까지 다 갔다." 미래를 위한 새로운 에큐메니즘에 대해 열린 마음을 가져야한다. 그는 예수님을 중심으로 한 에큐메니즘, 복음주의자들과 오순절주의자를 인정하는 에큐메니즘에 대해 열린 자세를 가질 것을 주장하였다.

6. 복음주의 에큐메니칼 운동

1974년 복음주의 에큐메니칼 운동이 시작되었다. 세계복음화를 위한 로잔세계선교위원회(LCWE)가 조직된 것이다. 로잔운동은 세계복음화에 주된 포커스를 맞추었다. 기성교단 지도자들과 오순절주의자, 새로운 복음주의 단체와 선교단체들을 총망라하여 조직하였다. 그런 까닭에, 로잔운동은 전 세계선교운동과 비서구권에서 성장하는 교회들을 더 많이 포용할 수 있었다. 1974년 로잔 언약은 초안을 쓰고 수정 후 채택되었다. 로잔언약은 훌륭하고 균형잡힌 신학적 진술이다. 우리는 로잔언약을 통해 많은 배움과 유익을 얻게 된다.

한편, 세계교회협의회(WCC)는 원래의 모습을 유지했다. 주류 교단과 기성교회들로 이루어졌다. 선교단체는 포함시키지 않았다. 그 이유는 교회가 언제나 선교적 사명을 가지고 있기 때문이다. 하지만 전통적 교회에서 분리된 선교조직은 인정하지 않았다. WCC는 신학적으로나 정치적으로 훨씬 자유주의적이지만, 초교파 선교단체를 비롯한 새로운 운동에 의혹의 눈길을 보내는 데 있어서는 훨씬 보수주의적이었다. 일부 사람들은 WCC와 복음주의 에큐메니칼 운동이 서로 깊은 대화와 이해를 소망하였지만, 어떤 의미있는 대화도 아직 이루어지지 않고 있다.

1980년 중요한 대회가 세 곳에서 열렸다. 호주 멜버른에서 WCC 세계선교부 모임이 있었다. 주제는 "당신의 나라가 임하소서"였다. 대회는 하나님의 창조에 초점을 맞추고 사회를 변화시키려 하였다.

멜버른 대회 2주 후, 로잔위원회가 태국 파타야에서 열렸다. 주제는 "그들은 어떻게 들을 것인가?"였다. 멜버른 대회는 사회변혁에 초점을 맞추었고, 파타야 대회는 세계 복음화의 필요성을 강조하였다. 파타야 대회는 토론과 기록에서 복음전도와 같은 수준으로 사회봉사를 선교로 규정하는 것을 거부하였다. 3개월 후, 에딘버러에서 전방개척선교회(Frontier Missions) 세계대회가 열렸다. 그들은 전방개척지 인간집단에 초점을 맞추었다. 그 모임은 1910년 에딘버러 대회 70주년을 기념하는 모임이었다.

1982년 미시간 그랜드 래피즈에서 복음주의 선교대회가 열렸다. 선교에 있어서 복음전도와 사회봉사의 관계를 토론하기 위한 모임이었다. 이 선교대회의 선언문도 존 스토트가 초안을 잡았다. 잘 균형잡힌 신학적 입장을 보여주었다. 복음전도와 함께 사회변혁과 인간의 필요를 채우는 사역이 언제나 함께 손에 손을 잡고 같이 가야 한다고 주장하였다. 간혹 박애사역이 전도보다 먼저 갈 수 있고, 간혹 전도사역이 먼저 갈 수도 있다. 둘이 함께 갈 수도 있다. 하지만 둘이 따로 나뉘어서는 안 된다.

1989년 로잔위원회는 마닐라에서 모였고, 2005년에는 방콕에서 모였다. 다른 복음주의 운동들 가운데 AD2000 운동은 광범위한 협력을 이끌어냈다. 이 모임은 이름대로 2000년에 끝났다. 하지만 파트너십은 남아 새로운 형태로 교회와 선교를 연결하고 있다. WCC와 복음주의자들 그리고 오순절 교단들 사이에서 대화를 시도한 적이 있었다. 그 대화가 계속되기를 바라는 목소리가 있었다. 복음주의 운동과 오순절 운동은 WCC로부터 역사적 관점을 배울 수 있을 것이다. 다른 한편, WCC가 예수 그리스도를 중심으로 하는 일과 세계복음화에 우선순위를 두는 것에 초점을 맞추지 않는다면, WCC는 쇠락의 길을 걸을 것이다.

결론을 맺자. WCC와 복음주의 운동 사이에는 신학적이며 구조적 차이가 있다. 신학적 이슈는 예수 그리스도 중심적인 신학과 모든 인간집단에게 복음을 전달하는 긴급한 일에 우선순위를 두는 것이다. 복음전도, 자선사역, 그리고 사회변혁과의 상관관계를 규정하는 일도 이슈가 된다. 연관된 질문은 사회적 변혁을 일으키는 방법에 관한 것이다. 사회를 분석하기 위해 막스주의 이론이나 자유 시장 방법론을 도구로 사용해야만 할 것인가?

두 번째 이슈는 구조에 관한 것이다. 교회를 규정하면서 질문해야 한다. 기독교왕국 모델을 추종해온 서구가 인식한 바와 같이, 교회를 전통적인 교단구조로만 보고, 선교단체들을 교회를 돕는 보조단체로만 이해할 것인가 물어야 한다. 세계 각국에서 등장하고 있는 새로운 교회와 선교단체 모델들을 인정할 것인가? 효율적인 에큐메니즘은 이런 질문에 대해 명쾌한 대답을 해야만 할 것이다.

본 장에서는 에든버러 국제대회와 에큐메니칼 운동에 대해 다루었다. 다음 장에서는 근대 선교개관으로 아시아를 살펴볼 것이다.

The Dynamics
of Christian Mission
History through a Missiological Perspective

제 26 장

근대 아시아 선교

1. 사도행전 15장에 관한 선교학적 관점

사도행전 15장은 선교학적 관점에서 중요하다. 초대 교회 선교운동에 중요한 의미를 갖는 말씀이다. 초대교회 선교운동뿐만 아니라 지금까지도 핵심적인 의미를 가진다. 본문 말씀은 설명한다. 바울과 바나바가 소아시아 선교를 훌륭하게 마치고 돌아와서 이방인들이 어떻게 하나님께 돌아왔는지를 보고하는 내용이다. 바울과 바나바의 선교보고는 모든 믿는 자들에게 큰 기쁨을 주었다. 그들이 예루살렘에 도착하였을 때, 교회는 그들을 환영하였다. 바울과 바나바는 사도들과 장로들에게 하나님께서 그들을 통하여 이루신 일들을 말하였다.

하지만 바리새파에 속한 사람들이 일어나 말했다. "이방인들은 할례를 받아야 하고 모세의 율법을 준수하라고 가르쳐야 한다." 그리하여 지도자들이 이 문제를 토론하기 위해 모였다. 베드로가 나섰다. 베드로는 이 이슈에 대해 간혹 일관성을 상실하기도 하였으나, 이번에는 달랐다. 결정적인 말을 하였다.

또 마음을 아시는 하나님이 우리에게와 같이 그들에게도 성령을 주어 증언하시고 믿음으로 그들의 마음을 깨끗이 하사 그들이나 우리나 차별하지 아니하셨느니라 그런데 지금 너희가 어찌하여 하나님을 시험하여 우리 조상과 우리도 능히 메지 못하던 멍에를 제자들의 목에 두려느냐 그러나 우리는 그들이 우리와 동일하게 주 예수의 은혜로 구원 받는 줄을 믿노라 하니라(행 15:8-11).

본문에 네 가지 이슈가 등장한다. 첫째, 신학적 이슈이다. 이방인들이 구원 받는데 오직 믿음 이외에 무엇이 더 필요한가? 이방인이 율법을 지켜야만 하는가? 교회는 오직 믿음 이외에 무언가를 더하려 하였다. 실례를 들면, 정확한 교단에 소속되어야 한다든가, 특정한 생활습관을 따라 살아야 한다든가, 또는 옷을 특정한 방식으로 입어야 한다는 등 무언가를 더하려 하였다. 우리는 모두 오직 믿음으로 받은, 하나님의 은혜만으로 구원받지 않았는가? 교회는 대답하였다. "이방인과 유대인 모두 오직 믿음으로 구원받는다." 루터는 이런 신학적 입장을 이렇게 표현하였다. "오직 믿음(Sola fide), 그리고 오직 은혜(sola gratia)."

두 번째 이슈는 선교학적이다. 이 이슈는 더 미묘하여, 대부분의 주석가들도 발견하지 못한다. 이방인들이 유대인의 메시야이신 예수님의 참된 제자가 되기 위해 유대 문화를 수용해야만 하는가? 아니면 이방인들이 이방 문화적 상황에 머물러도 되는가? 그렇다면, 참된 주님의 제자가 되기 위해 이방 문화의 어떤 측면들을 포기하고, 바꾸고, 변혁시켜야만 했는가?

이 이슈는 우리에게도 문제가 된다. 어떤 형태로든 우리 사역과 연관된다. 1973년, 나는 17년간의 브라질과 포르투갈 선교를 마치고 돌아왔다. 미국에 돌아와 아주 보수적인 장로교 담임목사가 되었다. 이 교회는 신학적으로 또한 방법론적으로 보수적이었다. 사람들은 착하고 좋았다. 하지만 그들은 신학적 정통과 방법론적 정통을 구분하지 못하였다. 솔직하게 말하자면, 그들에게는 신학적 정통성보다 방법론적 정통성이 더 중요하였다. 방법론적 정통성은 쉽게 인식할 수 있기 때문이었다. 그들에게는 신학보다 방법론이 더 중요했다.

나의 전임자는 그런 상황을 바꾸었다. 상당한 어려움을 감수하였다. 우리 교회에는 대학부가 강했고 그들은 멋진 포크송을 부르는 그룹을 조직하였다. 그들이 부르는 노래는 탁월했다. 아주 성경적이었다. 그럼에도 불구하고 대학생들이 기타를 가지고 본당에 들어와 연주할 때, 하늘이 무너져 내렸다. 교회는 대학생이 기타를 연주하는 것 자체를 수용하지 못했다. 아주 힘들어했다. 하지만 교회는 그 어려운 순간을 잘 견디고 이겨냈다. 우리 교회는 다양한 음악과 예배 스타일을 배웠다. 한 가지 실례를 더 들면, 내가 담임 목회자로 부임하고 나서 몇 주가 지나지 않았을 때, 두 개의 기성교단 교회가 문을 닫았다. 그 중한 곳은 전에 2,000명이 출석하던 교회였다. 교회는 문을 닫았고, 교회 건물들은 철거되었다. 도심지에 있던 제일장로교회는 계속 성장했다. 여러 가지 도심 목회사역의 중심지가 되었다. 예배 스타일은 그 교회가 성장한 요인들 가운데 하나였다.

다음 이슈는 도덕적 문제였다. 사도행전 15장에서, 이방인 신자들은 간음하지 말라는 구체적인 지시를 받았다. 당시 헬라-로마 문화는, 오늘날 우리처럼 성적으로 타락한 문화였기 때문이었다. 초대교회가 이방인 교회의 도덕적 문제를 다루면서 간음 이외에 여러 다른 이슈들을 이야기 할 수 있었을 것이다. 하지만 초대교회는 성적 도덕성을 예수 그리스도의 제자에게 중요한 이슈들 가운데 하나로 지적하였다.

네 번째 이슈는 문화적 문제였다. 그것은 다른 문화권에 속한 형제자매들에 대한 배려 문제였다. 이방인 신자들은 유대인 성도들에게 무례하고 모욕적인 행동을 피해야만 했다. 우리는 어떤 행동을 삼가 할 때가 있다. 우리가 그리스도의 제자로 살아가는 데는 문제가 되지 않지만, 다른 문화권에 속한 신자들에게 무례하고 모욕적인 일이 된다면 삼간다. 오늘날 실례를 들면, 이슬람 배경을 가진 신자들과 함께 할 때 돼지고기를 삼가는 것이다.

내가 사도행전 15장에 나타난 이슈들을 꺼낸 특별한 이유가 있다. 우리가 지난 한 세기 반 동안 이러났던 근대 개신교 선교운동을 간략하게 개괄할 것이기 때문이다. 선교지에서 계속 반복되는 이슈가 있다. '선교지'에 설립된 새 교회가 얼마나 선교사의 고향 교회와 비슷해야 하는가? 실례를 들면, 탁월한 독일 선교사, 루드빅 노멘센(Ludwig Nommenson)이 인도네시아 수마트라 지역 바탁 사람들 가운데 교회를 설립하였다. 그 교회가 얼마나 유럽에 있는 노멘센 선교사의 고향 교회와 같아야 하는가? 중국내지선교회 소속이었던 성공회 선교사가 중국 산동에 세운 교회는 얼마나 영국 성공회와 비슷해야 하는가? 예배 스타일과 리더를 선택하고 훈련하는 방법이 같아야 할 것인가? 이 이슈는 중요한 선교적 질문이다. 복음이 새로운 문화적 장벽을 넘어가는 곳마다 비평적으로 생각해야 할 선교적 질문이다.

초대교회 성도들은 예루살렘에서부터 복음을 가지고 나갔다. 복음의 메시지를 유대 문화로부터 갈릴리 문화 속으로 가지고 들어갔다. 사실 예수님은 자신의 복음을 갈릴리 문화 속에서 전하셨다. 특히 천국을 전하시는 예수님의 비유

말씀은 더욱 그러하다. 사도행전에서 복음은 유대와 사마리아 그리고 땅 끝까지 퍼져갔다. 그들은 질문하였다. 교회는 새로운 문화적 상황에서 어떤 모습으로 나타나야 하는가? 새로운 문화적 맥락에서 기독교인의 삶은 어떤 모습으로 나타나야 하는가? 교회 지도자들을 어떻게 선택하고 훈련할 것인가? 우리는 역사 전반에서 이런 비평적 질문, 선교학적 질문을 접하게 된다. 사도행전에서부터, 영국의 요한 웨슬리, 오늘의 인도 달리트족(불가촉 천민) 가운데, 혹은 미국 도심 빈민가 게토집단 가운데서 동일하게 질문한다.

함께 기도드리자.

아버지, 저희를 가장 벅찬 탐험의 길로 불러주신 것을 다시 감사합니다. 인간 역사에 가장 의미있는 일을 맡겨주신 것을 감사합니다. 저희는 저희가 이 일을 감당하기에 얼마나 부족한지 잘 압니다. 하지만 우리가 죽으면, 주께서 일으켜 세워주실 것을 믿습니다. 성령으로 충만케 하시고, 저희를 통하여 성령의 역사를 드러내실 것을 믿습니다. 아주 부족한 도구이지만, 저희를 통해 하나님의 영광을 드러내실 것을 믿습니다. 성령께서 수많은 인물들을 통해 여러 세대를 통하여 이 일을 행하신 것을 보며 감사드립니다. 신실하기 원하는 사람들을 통해, 복음을 받아야 할 사람들의 문화에 민감했던 사람들을 통해 놀라운 역사를 이루신 것을 감사합니다. 그 놀라운 역사가 오늘 저희들을 통해서 계속되게 하옵소서. 예수님 이름으로 기도합니다. 아멘.

2. 서론

우리는 개신교 선교운동의 역사적 배경을 탐구하였다. 선교운동의 배경이 되었던 청교도주의, 경건주의, 모라비안주의, 그리고 18세기에 일어나 개신교 선교의 '이륙장'이 되었던 복음주의 부흥운동을 살펴보았다.

이런 부흥운동들은 기독교인의 신앙과 생활을 새롭게 정의하였다. 지금까지 정설로 간주되었던 전통교회의 기독교왕국(Christendom) 모델과 다르게 정의하였다. 기독교왕국 모델에 따르면, 기독교왕국에 속한 사람은 무조건 기독교인으로 간주되었다. 교회의 초점은 교회제도, 성례, 그리고 예식서에 있었다. 대부분, 개인적인 개종이나 철저한 제자도에 관하여는 강조하지 않았다. 이 네 가지 부흥운동은 명목적인 기독교 사회가 규정한 기독교인의 생활과 다르게, 성경에 따른 기독교인의 생활을 규정하려 하였다. 그들은 성경을 그대로 따르기 원했다. 철저한 제자도를 위해 얼굴과 얼굴을 대면하는 소그룹을 활용하였다. 그들은 새로운 접근방법으로 선교와 사회봉사를 시도하였다. 이런 부흥운동을 통하여 근대 선교운동이 태동하였다.

3. 초기 선교사들의 사고방식

선교사들은 언제나 독특한 사고방식을 가지고 선교지로 나간다. 이런 사고방식은 겉으로 명백히 드러나기도 하고 그렇지 않기도 하다. 초기 선교사들이 가졌던 신학적 가정은 무엇이었을까? 유럽과 북미에서 복음을 들고 아시아, 아프리카, 라틴 아메리가, 그리고 오세아니아로 갔던 선교사들의 사고방식은 무엇이었을까? 그들은 확신했다. 모든 인간은 죄인이다. 예수 그리스도의 구속은 모든 민족, 언어, 그리고 문화에 속한 사람들에게 유효하다. 개인적 개종이 필요하다. 개종은 생활 스타일의 변화를 유발한다. 교회 개척하고, 그들이 속한 사회를 변혁시킨다. 그들은 유럽과 북미 문화가 다른 문화보다 기독교적이며, 진보된 문화라고 믿었다. 다른 문화들은 서구문화를 향해 진화하고 있다고 믿었다. 그들에게 문화 진화론적 관점이 있었다. 어떤 면에서 그들은 순진무구한 면이 있었다. 다른 한편, 19세기 비서구권으로 간 서구 선교사들은 이전 선교사들보다 훨씬 더 선교지 문화에 대해 민감하게 공감하였다.

둘째, 선교사들은 서양식 교육을 믿었다. 서양식 교육은 복음에 대한 수용성을 높여주고 사회변혁에 긍정적 영향을 준다고 믿었다. 서양 의학과 병원을 의지했다. 의료선교는 기독교적 긍휼을 드러낸다고 믿었다.

초기 선교사들은 타종교에 대해 배타적이었다. 일부 선교사들은 타종교가 제공하는 소망이 기독교적 소망과 경쟁하는 것으로 보기도 하였지만, 대부분의 선교사들은 기독교 신앙과 선교지 종교 사이에 단절을 강조하였다. 민속종교를 거부하였다.

초기 선교사들은 현지 문화에 대한 가치를 거의 인식하지 못하였다. 선교사들은 현지 문화를 야비하고, 천하고, 지저분하다고 기록하였다. 그렇다고 하여 전적으로 잘못되었다고 한 것은 아니었다. 선교사들은 현지문화 가운데 성경의 가르침에 어긋나는, 젊은 부인을 남편의 시신과 함께 불사르는 인도의 사띠 문화와 유아살해 문화를 근절시켰다. 중국의 전족 문화, 아프리카의 여성 생식기 훼손 문화와 여성에 대한 학대를 변화시켰다. 하지만 초기 선교사들은 수많은 비서구 문화 속에 있는 긍정적인 공동체 가치관을 보는 데 실패하였다. 초기 선교사들은 현지 문화에 대해 배워가면서 보다 효율적인 사역을 감당하였다.

여러 선교사들은 현지인들을 안수하는 데 마음 내켜하지 않았다. 목회자는 높은 교육을 받아야만 한다는 선입견 때문이었다. 선교사가 가진 문화와 인종적 우월감을 극복하는 데 시간이 필요했기 때문이었다.

일부 선교사들은 선교현장을 식민지로 만들려는 태도를 가지고 있었다. 그들은 선교사의 문화와 신학을 선교지에 이식하려 하였다. 그들은 서구문화와 기독교 신앙을 동일시하였다. 그래서 다른 문화에 속한 사람이 기독교인이 되면, 새로운 개종자는 뉴잉글랜드 사람처럼 되어야 한다고 생각했다. 선교지에 있는 교회는 선교사들의 고향 교회와 똑같아야 했다. 예식서와 신학뿐만 아니라 건축양식까지도 판박이가 되어야 한다고 생각했다. 선교사들은 현지 리더십 스타일도 본국교회와 본국 문화와 같아야한다고 생각했다.

그들은 복음을 전하는 기본적 방법은 '선포된 말씀'이라고 가정하였다. 그들이 종교개혁의 후예들임을 기억할 필요가 있다. 개혁자들은 중세의 허례허식과 겉치레에 반대하였다. 이교도적이며 혼합주의적인 예식에 반대하였다. 개혁자들은 '선포된 말씀'을 강조하며 해외 선교사로 나갔다. 우리는 '선포된 말씀'이 아주 중요하다고 동의한다. 하지만 개신교 전통적인 설교형식이 잘 맞지 않는 문화도 있다. 대부분의 비서구권 문화 가운데 개신교 설교형식은 가장 효과적인 커뮤니케이션 방식이 아닐 수 있다.

선교지 교단들도 분열하였다. 윌리엄 캐리는 '침례교' 선교부를 설립하기를 원치 않았다. 캐리는 원래 기독교선교회를 원했었다. 그러나 침례교단만 그를 지원하였다. 캐리는 고민에 빠졌다. 우리는 캐리의 딜레마를 이해할 수 있다. 우리는 초기 선교사들이 교단적으로 편협하였다고만 생각해서는 안 된다. 그렇지 않았다. 하지만 결국 특정교단이 선교지에 이식된 것도 사실이다.

나는 여다디아 모르스(Jedadiah Morse)를 앞서 인용한 적이 있다. 미국 아메리카 원주민에 관한 내용이었다. 그는 하버드 대학의 소위 자유주의자들 보다 훨씬 더 멀리 갔다. 그는 말했다. '인디언'이 개종할 때, 그들은 어느 유럽 후예들과 못지않은 모든 가능성을 가지고 있었다. 당시 상황에서 아주 탁월한 관점이었다. 이런 관점을 아프리카, 아시아, 그리고 세계 모든 사람들에게 적용해야 할 것이다. 성경적인 개념이 녹아있는 관점이다. 성경은 분명하다. 모든 사람은 하나님의 형상대로 창조되었다. 그 사람이 칼뱅주의자이든, 알미니안이든 하나님의 형상대로 창조되었다. 우리는 청교도를 높이지만, 청교도가 언제나 청교도 신학이 의미하는 모든 함축대로 살았다고 말할 수는 없다. 그들도 우리와 별반 다르지 않았다. 하지만 청교도 정신은 살아있었다. 청교도 정신은 간혹 놀라운 방식으로 나타났다.

여성의 역할을 생각해 보자, 선교사들이라고 해서 별반 다르지 않았나. 선교사들도 당시 고국사람들이 생각하던 생각을 뛰어넘어 진보적인 사고를 한 것은 아니었다. 하지만 그들이 선교지에 도착하여 현지 여성들이 학대받는 모습을 보고, 다른 한편으로는 서양에서 온 여성 선교사들의 눈부신 활약을 보면서 대부분 관점을 바꿨다.

우리는 특정한 신학적 신조를 아주 강하게 확신할 수 있지만, 언제나 우리가 가진 신학적 전제들을 모두 이해하지 못한다. 하지만 우리가 성령을 계속 따라가면, 성령은 모든 사람들이 가진 놀라운 가능성을 인식하는 데 이르게 하신다. 성령이 주시는 은사에는 인종이나 성별의 차이가 없다. 모두에게 주어진 것이다. 우리가 성령을 따라 평소 친숙하지 않은 상황 속으로 들어가면, 성령은 우리로 복음의 새로운 함축을 발견하게 하신다. 우리는 역사 속에서 이런 실례들을 자주 발견할 수 있다.

4. 선교활동의 목적

목적이 중요하다. 선교운동의 목적은 무엇이었는가? 개인을 개종하기 위함이었는가? 초기 선교사들은 우리가 생각하는 것보다는 훨씬 더 교회중심적인 태도를 가지고 있었다. 우리는 지겐발크와 플뤼차우(Plutschau)를 언급한 적이 있다. 그들은 개종한 사람들과 가족들을 모아 교회를 설립하여 인도교회의 지도자훈련을 하기 원하였다. 청교도의 후예들인 초기 미국 선교사들도 교회를 중시하는 관점을 가지고 있었다. 선교단체의 경우는 조금 달랐다. 초기 중국내지선교회와 같은 선교단체들은 처음에 개인 개종만을 목적으로 삼았다. 하지만 그들은 선교활동의 목적을 바꾸었다. 그 이후, 대부분의 개신교 선교단체들도 교회개척을 선교활동의 목적으로 간주하였다.

선교사들은 교회개척을 목적으로 삼았을 뿐만 아니라, 더 나아가 토착교회를 지향하였다. 그러나 토착교회란 무엇인가? 무엇을 의미하는가? 19세기에 토착교회를 정의하는 두 선교학자가 있다. 헨리 벤과 루푸스 앤더슨이었다. 벤은 영국 성공회 CMS 선교부 총무였다. 그의 부친인 존 벤은 영국국교의 교구 목사였는데, 그 교구에서 CMS 선교부와 반노예제도 운동이 시작되었다. 루프스 앤더슨은 ABCFM의 총무였다.

두 사람은 따로 선교지 토착교회에 대해 고심하였으나 결론은 같았다. 그들은 선교의 목적을 분명히 하였다. 삼자원칙을 세웠다. 선교의 목적은 자치, 자급, 자전하는 교회를 세우는 것이었다. 이것이 '토착교회'를 최초로 정의한 내용이었다. 오늘날 우리는 이 정의가 토착성에 대한 적절하고 완벽한 정의는 아니라고 생각한다. 하지만 당시에는 획기적인 개념이었다. 우리는 선교지 교회가 아주 서구적인 현태를 갖추고 있더라도 벤과 앤더슨이 규정한 내용을 만족시킬 수 있다는 사실을 알고 있다. 벤과 앤더슨의 토착교회 정의는 출발점이었다.

1932년, 평신도 해외선교 탐사단이 파견되었다. 그들은 아시아와 아프리카 선교지로 가서 선교활동을 탐사하였다. 하버드대학교 철학교수였던 W. E. 호킹(Hocking)이 탐사단을 이끌었다. 그들은 탐사를 마치고 '선교활동에 관한 재고'라는 보고서를 제출하였다. 이 보고서에는 유익한 관찰과 제언들이 다수 수록되어 있다. 특히 선교활동에 보다 광범위한 협력의 필요성을 강조하고 있다. 하지만 보고서의 핵심은 다른 곳에 있었다. 선교사의 역할은 모든 종교 안에서 최선을 찾는 것이며 서로 협력하여 사회개혁과 종교적 정화를 도모하는 것이라고 기술하였다. 선교활동의 목표가 개종이 아니라, 세계적 친교가 일어나도록 광범위한 협력이라고 보았다. 그래서 이 보고서에 대한 반대의견이 강해졌다. 장로교 선교부의 로버트 스피어(Speer)를 비롯한 여러 사람들이 반대하였다. 그 보고서는 선교에 대한 신학적 기초가 흔들리고 있음을 보여주었다. 지난 세기 선교운동을 주도하였던 신학적 일체감이 무너지고 자유주의 물결이 일어나고 있음을 보여주었다. 미국에서 가장 오래 된 선교부인 ABCFM만 이 보고서에 찬성하고 각 선교사들에게 보고서를 보내주었다.

5. 아시아 3개국 선교

이제 아시아 3개국을 살펴보자. 각 나라에서 다루어진 선교적 이슈들을 살펴보자. 선교지는 상황이 각각 다르다. 선교사들과 현지 지도자들은 그들의 상황에 따라 아주 다른 문제들을 직면해야만 하였다.

1) 중국 선교

중국은 아시아 대국이다. 중국은 선교운동에서 제국주의와 식민주의를 배제할 수 없음을 보여주었다. 우리는 중국 내에서 활동하였던 네스토리안, 프란치스코회, 그리고 예수회 운동을 간략하게 살펴보았다. 1807년 첫 번째 선교사인 로버트 모리슨(Morrison)이 도착하였다. 영국 동인도 회사는 모리슨이 동인도 회사의 무역선을 타지 못하게 하였다. 모리슨은 미국 상선을 타고 중국에 도착하였다. 미국 상선을 탄 모리슨에게 선장이 물었다. "모리슨 선생님, 당신은 대중국제국에 변화를 주실 것인가요?" 모리슨이 대답했다. "아닙니다, 선장님. 하나님께서 하실 것입니다!" 당시 외국인들은 중국정부가 허락한 해변 지역 몇 곳에서만 생활할 수 있었다. 이 사실을 바로 아는 것이 중요하다. 중국인들이 외국인에게 중국어를 가르치는 것은 금지되었다. 이 법을 어기는 자는 죽음의 고통을 겪어야 했다. 당시 상황에서 보면 선교와 제국주의와의 관계는 복잡하고 아이러니하기도 하다. 모리슨은 동인도 회사에서 통번역을 하면서 생계를 유지하여야 했다.

1982년 나는 중국 광동(현재의 광주)을 방문하였다. 아서 글라서 박사와 함께였다. 나는 평생 처음으로 가 보는 중국이었고, 글라서 박사는 30여 년 전에 추방된 후 처음 가는 길이었다. 홍콩에서 떠난 배는 강을 타고 중국으로 향했다. 강가에는 수많은 선착장과 화물창고들이 늘어서 있었다. 글라서가 말했다. "저

길 보시오. 저 강가에 있는 선착장에서 일하던 모리슨 선교사를 생각해 보시오. 모리슨은 신약성경을 중국어로 번역하기 위해 수고하면서 생계를 유지하기 위해 수년간 저기 화물창고에서 노동을 하였지요." 너무 감동적인 순간이었다. 평생 잊지 못할 것이다. 사실 모리슨이 일하던 화물창고는 불이나 타버렸지만, 그런 화물창고에서 모리슨이 수년간 노동했다는 사실은 인상적이었다.

모리슨에게 중국어를 가르쳐 준 현지인이 있었다. 로마 가톨릭을 신봉하던 기독교인이었다. 그는 자신의 목숨을 내어놓고 개신교 선교사에게 중국어를 가르쳐 주었다. 모리슨이 어렵게 중국어를 공부한 상황이 흥미롭다. 모리슨과 현지인 언어교사는 테이블에 앉아서 서로 마주보며 공부하였다. 테이블 위, 둘 사이에 신발 한 짝이 놓여있었다. 만일 누군가 들어오면 무역상담을 하던 중이라고 둘러대기 위함이었다. 이렇게 중국어를 배운 모리슨은 신약성경 번역을 시작하였다.

모리슨은 동인도 회사에서 일해야만 했다. 중국에 남아있기 위한 방편이었다. 그런데 제1차 아편전쟁(1839-1842)이 일어났다. 이 전쟁의 근본적 이유는 아편문제가 아니었다. 전쟁이 일어날 때가 되어 일어난 것뿐이었다. 영국은 중국 정부의 오만함이 전쟁의 참된 이유라고 선언하였다. 중국정부는 무역거래에 터무니없는 제한규정을 넣어, 외국인들을 모욕하고 견딜 수 없게 하였다. 중국 정부의 오만함에 외국인들은 치를 떨었다.

예상한 대로, 영국은 무력으로 중국에게 압력을 가했다. 아편을 포함한 무역을 개시하고 유럽인들이 거주할 수 있는 항구 5개를 열게 하였다. 그 다음에 제2차 아편전쟁(1856-1860)이 일어났다. 아편전쟁을 끝낸 조약문서는 홍콩을 1997년까지 영국에 장기대여 형식으로 넘겨주는 내용이 포함되어 있었다. 조약은 선교사에 대한 조항을 규정하고 있었다. 선교사들에게 자유롭게 여행할 수 있고 신앙을 전파할 수 있는 권리가 주어졌다. 중국 기독교인들도 보호를 받을 수 있게 되었다. 조약에는 다른 측면도 있었다. 영국은 무역에 엄청난 관심을 가지고 있었다. 선교사와 기독교인을 보호하는 조항이 들어간 것은 영국이 자신을 기독교국가로 인식하고 있었고 복음주의자들이 상당한 정치적 영향력을 가지고 있었기 때문이었다.

그것은 중국인들이 받아먹기에는 쓰디쓴 약이었다. 이런 경험을 통하여 중국 사람들의 선교사들에 대한 인상이 각인되었다. 선교사들은 유럽의 무력으로 활동하게 되었다. 그러므로 선교사들은 유럽 제국주의 산물이다. 이런 인상은 중국선교에 커다란 장애가 되었다. 일부 선교사들은 중국인들의 감정에 예민하게 반응하였지만, 중국인들이 가진 분노와 모멸감을 어떻게 할 수 없었다. 하지만 대부분의 사람들은 중국의 문을 여시는 하나님의 손길로 보았다.

역사는 그런 딜레마로 가득하다. 분석해 보면, 감정이 복잡하고 혼란하다. 당신이 만일 그때 중국에서 사역하던 선교사였다면, 무슨 일을 하였을까? 초기 선교사들은 간혹 그런 딜레마를 대할 때 지각을 가지고 처신하였지만, 그렇지 못한 경우도 있었다.

1882년 중국내지선교회는 중국 전역에 선교사들을 파송하였지만, 성(省) 3곳에만 선교사가 없었다. 초기 CIM 선교정책은 교회 개척보다는 복음의 가능한 폭넓은 확신이었다. 일부 장로교 선교부와 같은 선교단체들은 가난한 일반인 전도를 위해 전도사와 여자 권서들(Bible women)을 채용하였다. 일부 사람들은 영향력있는 사람들을 전도하기 위하여 기독교 이상과 기독교 기관들을 통하여 복음이 중국에 스며들기를 소원하였다.

그들은 그런 방법으로 중국을 복음화하기 원하였다. 중 고등학교와 대학이 여럿 세워졌다. 병원도 설립하였다.

19세기 말 중국은 엄청난 변화의 소용돌이 가운데 있었다. 만주국이 망해가고 있었다. 1900년 의화단 사건(Boxer Rebellion)이 벌어졌다. 중국인들이 외국인들에 대한 분노가 폭발된 것이었다. 중국인들은 외국인들을 '외국 악마'라고 불렀다. 황태후는 중국인들에게 모든 외국인을 처단하라고 공표하였다. 개신교 선교사들의 희생이 컸다. 의화단 사건으로 180명의 어른과 어린이가 순교하였다. 순교한 중국 기독교인의 숫자는 그보다 훨씬 많았다. 중국내지선교회는 선교사들이 내지 깊숙이 들어가 있기에 피해가 더욱 많았다. 가장 많은 선교사들이 희생되었다. 로마 가톨릭은 개신교보다 인명피해가 훨씬 적었다. 하지만 중국인 가톨릭 신자들 상당수가 순교하였다.

이런 상황에도 불구하고, 19세기 말 중국에는 선교사 1천5백 명이 사역하고 있었다. 개신교 신자 숫자는 약 50만 명으로 추산되었다. 그 가운데 8만 명 정도는 세례를 받을 단계에 이른 학습교인들도 포함되어 있었다. 우리는 정확한 통계를 모른다. 하지만 1914년, 개신교 선교사 숫자는 5,462명이었고, 학습교인이 약 25만 명이었다. 이것은 개신교인 숫자가 50만에서 75만에 이른다는 것을 의미한다. 로마 가톨릭은 선교사 2천5백 명 있었다. 모두 독신이었다. 가톨릭 신자들은 어린아이 포함 150만 명 정도였다. 개신교나 가톨릭이나 교회공동체는 중국 전체인구에 영향을 줄 수 있을 만큼 크지 않았다.

의화단 사건 이후, 유럽 강대국들은 중국에 보상을 요구하였다. 재산과 생명 피해에 대한 보상을 원하였다. 중국내지선교회는 중국 정부로부터 어떤 보상도 거부하였다. 미국 선교부는 보상으로 받은 돈을 중국 선교지로 다시 보내 학교 등, 기독교 기관에 투자하였다. 유럽 열강들은 보상을 요구하였다.

1920년대, 외국을 반대하는 강한 민족주의 운동이 일어났다. 세계 제1차 대전 이후 베르사이유 조약은 중국의 이익을 무시하여, 중국인들 사이에 극심한 분노가 일었다. 학생들의 경우 더욱 강력하였다. 이런 반감은 반기독교 정서로 굳어져갔다. 이런 상황에서 중국 토착교회운동이 시작되었다는 사실을 우리는 알고 있다. "예수 가정"과 잘 알려진 워치만 니의 "작은 무리"(Little flock) 운동이 있었다. 워치만 니 운동은 공산통치 하에서 일어난 가정교회 운동을 주도하는 큰 흐름이 되었다. 오래된 전통교단들은 CCC(Church of Christ in China)로 병합되었다.

1930년대에는 엄청난 고난의 시기였다. 세계 제2차 대전이 발발하였고, 일본은 중국을 침략하였다. 수천수만이 아주 잔혹하게 죽임을 당했다. 남경대학살은 참혹함의 극치였다. 일본군은 선량한 시민 30만 명을 학살하였다. 중국 기독교인들도 고난의 풀무를 지나야 했다. 모든 마을, 교회, 그리고 가족들이 남경을 피해 피난길에 올랐다. 수백 킬로미터를 고난에 찬 행군을 하였다. 당시 수많은 역사 기록들은 눈물과 피에 젖어있다. 일본 침략군의 만행은 상상을 초월하였다.

중국은 가장 유명한 개신교 선교지였다. 1914년 선교사 약 5천5백 명이 사역하고 있었다. 선교사들은 계속 중국으로 들어오고 있었다. 1930년대 미국에 경제 대공황이 오자 선교사 숫자는 잠시 줄기도 하였다.

1949년 공산당 운동이 성공하였을 때, 중국에는 개신교도 75만과 로마 가톨릭 교인 3백만이 있었다. 당시 중국에서 사역하던 선교사들은 2년 이내로 거의 모두 추방되었다. 중국교회는 외국기관과의 어떤 연관도 가질 수 없었다. 정부는 교회를 외국 선교기관과 관계를 못하도록 압박하였다. 교회 지도자들은 핍박을 받았고 감옥에 갇히기도 하였다. 정부는 교단을 모두 접수하였다. 교회는 문을 닫았다.

선교운동은 큰 타격을 받았다. 어두운 그림자가 덮였다. 중국교회가 문을 닫고, 유럽 제국의 식민지였던 아프리카, 아시아 나라들 수십 개국이 독립을 선언하였다. 세계선교운동의 미래는 암울하였다. 모든 면에서 비관적이었다. 대부분의 사람들은 마음속으로 느끼고 있었다. 선교운동은 끝났다. 선교시대는 지나갔다. 1952년 IMC 국제대회가 모였을 때, 주제가 '십자가 아래에서의 선교'였다. 선교단체는 존속되고, 선교활동을 계속될 것이다. 그러나 선교는 엄청난 핍박과 위험을 감수하며 나가야 한다. CMS 리더였던 맥스 워렌은 말했다. "우리는 우리가 아는 바와 같이 선교운동의 종말을 맞이할 준비를 해야만 한다." 절박한 상황이었다. 선교운동이 끝났다는 패배주의적 인식과 아울러, 기독교 선교사역이 철저하게 실패했다는 지조저 인식이 표출되었다. 기성교단과 선교단체들에 이런 감상이 주로 당대를 풍미했다. 아주 보수적인 선교부는 이런 감상에 젖지 않고 독자적인 길을 걸었다. 그러나 그들은 중국경험을 통해 배워야 할 중요한 교훈을 배우려는 자세를 갖지 않았다. 우리는 모두 열린 마음으로 선교현장의 교훈을 배워야만 한다.

에릭 파이프(Fife)와 아서 글라서는 당시 사정을 보여주는 탁월한 책을 저술하였다. 1960년에 출간한 『선교의 갈림길』(Crisis in Missions)이었다. 글라서는 핵심적인 질문을 던짐으로 대부분의 복음주의 학자들보다 훨씬 더 깊이 있게 문제를 제시하였다. 글라서는 겸손하였다. 절망적인 중국선교의 상황을 통해 하나님께서 교회에게 말씀하시는 음성을 듣기 원하였다. 지금 하나님께서 원하시는 중국선교는 무엇일까? 글라서는 말했다. 선교사들은 현지인들에 대한 온정적 간섭주의(Paternalism)를 포기해야 한다. 중국 현지 지도자들을 길러야 한다. 글라서는 자유주의자들의 한쪽으로 치우친 사회복음(Social Gospel) 비판하고, 복음의 핵심을 빠짐없이 전달해야 한다고 강조하였다. 하지만 복음주의자들도 비판하였다. 복음주의자들은 '성경에 나타난 하나님의 의도 전부'를 가르쳐야 한다고 꾸짖었다. 물질세계와 영적 세계를 나누는 대조법의 오류를 지적하였다. 신구약 성경에 는 사회적 관심이 깊이 내재하고 있음을 상기시켰다. 이 점에서 복음주의는 성경에 나타난 하나님의 의도를 전부 전하는 일에 실패했다고 꼬집었다. 글라서는 선교사들에게 중국문화에 대해 보다 긍정적인 접근을 하라고 권고하였다. 글라서는 결론적으로 선교사들이 가진 순진하고 고

지식한 서구 제국주의를 비판하였다. 선교사가 가진 자민족 중심주의는 선교활동에 커다란 장애가 된다.

1960년대 중국에 문화혁명이 일어났다. 당시 중국인들은 성경을 소지하는 것이 금지되었고 기독교인이 되는 것도 금지되어 있었다. 모든 교회는 문을 닫았다. 서양 사람들은 중국교회가 모두 사라졌다고 믿었다. 이곳저곳에 흩어진 미미한 그룹들만 조금 남아있을 뿐이라고 여겼다. 중국교회는 정녕 역사의 무대에서 사라진 것일까?

오늘날 우리는 당시 중국교회의 상황을 알게 되었다. 중국교인들은 신실하였다. 기독교 역사상 가장 주목할 만한 간증들이 거기 있었다. 그들 가운데 신앙적 영웅들이 수없이 많이 나타났다. 동시에 그런 혹독한 상황 속에서 역사하신 성령의 능력이 드러났다. 성령께서는 교회가 문을 닫은 중국에서도 놀랍게 역사하셨다.

중국교회의 성장은 충격적이었다. 현재 신자들의 숫자를 가늠하기 어렵다. 날마다 달라지기 때문이다. 최근 통계는 6천만에서 1억 정도로 추산한다. 이 통계는 1천5백만 가톨릭 신자들과 정부에서 공식적으로 인정하는 1천6백만 '삼자'(Three-Self) 교회 교인 숫자를 포함한 것이다. 물론 3천만에서 6천만을 헤아리는 가정교회 교인들도 포함하고 있다. 삼자교회와 가정교회 숫자에는 중복이 있을 것이다. 근자에 가정교회들이 정부에 일부 등록하고 있기 때문이다. 하지만 대부분의 가정교회는 정부에 등록하지 않고 있다. 가정교회가 정부나 삼자교회를 불신하고 있기 때문이다. 상황은 아주 복잡하다. 중국에는 적어도 정부에서 인정하는 신학교 12개가 있고 수없이 많은 가정교회들이 있다. 중국에서 개신교의 두 가지 흐름을 주도하는 가정교회와 삼자교회 모두 문제도 있지만 활발하게 성장하고 있다. 중국정부가 인정하는 삼자교회가 삼자라는 이름을 19세기 선교학자인 벤과 앤더슨의 토착교회 원리에서 따온 것이어서 흥미롭다. 삼자는 "자양, 자치, 그리고 자전"을 의미한다.

중국선교에 놀라운 일이 일어났다. 1983년, 중국정부는 '애덕기금회'를 통해 중국에서 성경을 인쇄할 수 있도록 허락하였다. 중국에 성경인쇄공장이 세워진 것이다. 당시 이 일을 주도한 인물은 성서공회연합회 아시아 태평양 지역 총무였던 최찬영 선교사였다. 하나님은 전혀 예상하지 못할 일을 예상하지 못했던 사람을 통해 이루신다. 2009년까지 중국 남경에 세워진 애덕인쇄소를 통하여 성경 6천5백만 권이 인쇄되었다. 중국어뿐만 아니라 여러 부족어, 여러 나라 언어로 인쇄하고 있다. 이제 중국은 세계로 성경을 수출하는 나라가 되었다. 공장은 계속 설비를 늘려가 처음보다 3배 이상 커졌다. 지금은 일 년에 1천 2백만 권을 인쇄할 수 있는 시설을 갖추었다. 이제 세계 최대의 성경 인쇄공장은 중국에 있다.[1]

로마 가톨릭교회도 성장했다. 물론 개신교의 성장과는 비교할 수 없지만 상당히 성장하였다. 가톨릭교회의 성장에는 두 가지 이유가 있다.

첫째, 로마 가톨릭교회는 사제가 성례전을 행하는 곳에만 존재하고 로마에서 선별된 감독만 사제를 안수할 수 있다. 이런 인식은 사제가 없이는 가톨릭교회가 참된 교회역할을 할 수 없다. 개신교는 다르다. 개신교는 평신도가 인도하는 어떤 그룹도 교회를 설립할 수 있다.

둘째, 중국정부는 로마에 충성하는 로마 가톨릭 신학을 수용할 수 없었다. 교황을 교회의 우두머리로 인정하자고 우기는 감독들은 감옥에 갇혔다. 로마 가톨릭교회화는 달리, 개신교는 중국 이외의 외국의 힘을 이용하는 것과는 관계가 없었다. 더 나아가, '교회론'에 대한 개신교의 인식은 새로운 교회에 교회론을 제공하고 인도하는 데 더 큰 가능성을 열어주었다.

중국교회는 지난 십여 년 동안 놀라운 성장을 하였다. 이런 경이로운 성장의 역사를 이룬 지도자들 가운데 여성 리더들이 많다. 적어도 3분의 2에서 4분의 3이 여성 리더들이다. 전통적으로 여성 리더십을 존중하지 않았던 중국 문화에서 이룬 여성 리더들의 성과는 놀랍기만 하다.

교회성장은 사회적인 환멸의 때에 이루어졌다. 문화혁명에 대한 환멸, 마오쩌뚱(모택동)의 막스주의에 대한 환멸로 가득한 시기에 이루어졌다. 수많은 그리스도인들은 핍박을 충성스럽게 견디었다. 그들이 감옥에서 나왔을 때, 그들의 강한 신앙은 분명하고 투명하게 드러났다. 우리는 이런 사람들을 보면 여름에 냉수 같은 시원함을 느낀다. 사막에서 목말라하는 사람들에게 시원한 생수를 가져다주는 사람과 같다.

중국에서 일어난 교회성장의 또 다른 특성이 있다. 성령이 행하신 능력과 기사가 교회성장에 긍정적으로 작용하였다. 우리는 사도행전을 통해서만 알 수

---

1) 애덕기금회와 애덕인쇄소 설립에 관한 이야기는, 임윤택『해방후 최초의 선교사 체험수기: 최찬영 선교사가 선교지에서 경험한 은혜로운 이야기』(서울: 두란노 2009)를 참조하라. - 역주

있던 기적적인 성령의 활동이 일어났다. 이런 특별한 성령의 역사에 대한 이야기들이 많다. 이런 기적과 이사에 대한 이야기에는 과장이 일부 포함될 수 있다. 하지만 나는 그 이야기들 가운데 대부분은 신뢰성이 높다고 본다.

중국교회에는 교단이 없다. 중국교회는 자신을 교단과 연계하지 않는다. 나는 중국교회가 교단을 넘어선 교회라고 인정한다. 그대로 계속 유지되기를 바란다. 중국교회가 교단이 없다고 하여 분열이 없는 것은 아니다. 우리가 잘 아는 바와 같이, 가정교회들은 삼자교회와 상관없이 움직인다. 중국정부는 일부 삼자교회를 압박한다. 더 나아가 가정교회 운동 안에는 다양한 연결망이 있다. 일부 "외치는 사람들" 그룹은 시간이 지나면서 광신주의에 빠졌다. 가정교회 지도자 문제가 심각하다. 가정교회에 가장 필요한 것은 지도자를 훈련하는 적절한 모델을 개발하는 것이다. 중국에 수많은 지하 신학교들이 있어 지도자 훈련을 하고 있다. 무엇보다 중국 가정교회 상황에 적합한 훈련모델이 필요하다.

중국 가정교회들이 선교운동을 일으켰다. 가정교회가 시작한 '백 투 예루살렘'(Back to Jerusalem) 운동은 중요한 선교운동이다. 중국교회가 중국과 예루살렘 사이에 있는 모든 나라와 인간집단들에게 복음을 전하고 교회를 설립하자는 비전이다. 우리는 지금 중국교회에 관해 자세한 내막을 다 알 수는 없다. 우리가 다만 확실하게 말할 수 있는 부분이 있다. 지난 반세기 동안 중국에서 일어난 교회성장은 기독교선교역사에 나타난 가장 놀라운 스토리이다. 중국에서 선교사가 추방될 때, 대부분의 사람들은 선교가 실패했다고 확신하였다. 선교사들은 추방되었지만 성령님은 중국에 남아 놀라운 일을 이루셨다. 성령께서 중국 신자들의 삶 속에서 그리고 그들의 삶을 통해 역사하셨음이 분명하다. 성령께서 그들 가운데 어떤 사람도 상상할 수 없는 방식으로 역사하셨다.

2) 한국 선교

한국은 특별하다. 각 나라는 독특하고, 선교의 역사도 각각 다르다. 이런 사실은 우리가 각각 다른 역사와 국가적 상황을 탐구할 때에 '배우는 자'로 다가가게 한다. 언어와 문화뿐만 아니라 역사적 상황도 그러하다. 한국이 가진 특별한 역사 안에서 이루어진 다양한 요소들이 수렴되어 경이로운 한국교회를 이루었다. 한국선교의 발전사도 놀랍기만 하다. 1783년, 한국정부 관리는 중국

북경에 있는 로마 가톨릭교회에 소속된 프랑스 신부를 접촉하였다. 한국정부 관리는 천주교 서적을 읽고 영세를 받기를 원하였다. 그는 한국에 돌아와 서학을 전파하여 여러 개종자들을 얻었다. 중국에서 사역하던 신부는 한국에 들어와 90여 명에게 영세를 베풀었다. 가톨릭 선교는 한국에서 산발적인 핍박을 받았지만, 교회는 계속 성장하였다. 조선 조정에서는 프랑스 제국주의를 두려워하였다. 그 결과 1864년 핍박이 일어나 수천 명의 가톨릭 신자들이 목숨을 잃었다.

1870년대에, 스코틀랜드 장로교 선교사인 존 로스(John Ros)와 존 맥킨타이어가 중국 만주에서 사역하면서 한국 국경에 와서 전도하였다. 그들의 전도를 받고 일부 한국인들이 기독교인이 되어 한국에 돌아왔다. 그들은 한국에 돌아와 교회를 설립하였다. 그것은 한국에 개신교 선교사가 들어오기 훨씬 전의 일이었다.

그때까지 한국은 '은자의 나라'로 알려져 있었다. 한국은 서구열강들에게 문호를 개방하지 않고 고립된 채로 남아있었다. 하지만 기회를 노리던 일본이 문제였다. 일본이 한국에 세력을 키워가자, 한국은 서양에 문호를 개방하였다. 1882년 한미조약이 맺어지고, 1884년 미국은 서울에 대사관을 개설하였다. 장로교 의사였던 호레이스 알렌 박사는 대사관 직원이 되었다. 그는 서양 의술로써 암살미수로 외상을 입은 황실 가족의 생명을 구하였다. 그 결과 미국 선교사들의 입국이 허락되었다. 1885년, 안수받은 목사 선교사 두 사람이 입국하였다. 장로교 선교사인 호레이스 언더우드, 감리교 선교사인 H. G. 아펜젤러(Appenzeller)가 들어왔다. 지금 한국에는 언더우드 선교사 4대가 다양한 선교사역에 참여하고 있다.

한국교회는 눈부신 성장을 하였다. 한국교회 성장의 원인은 무엇일까? 여러 요소들이 있다. 첫째, 일본 제국주의와의 상호작용이다. 일본군은 러시아를 물리쳤다. 한국을 지배하기 시작하였다. 1910년, 일본은 한국을 공식적으로 합병하고 말았다. 일본의 지배는 1945년까지 이어졌다. 일본은 한국인을 억압하고 한국 문화를 말살시키려 하였다. 민족주의의 싹을 잘라버렸다. 지정학적으로 한국은 중국과 일본이라는 열강에 끼어 있었다. 샌드위치 신세였다. 그런 까닭에, 한국 역사는 생존을 위한 투쟁사였다. 한국은 두 강대국 사이에서 문화와 국가를 지키고 살아남기 위하여 고군분투하였다.

미국 선교사들은 식민주의와 상관이 없었다. 한국의 상황은 중국, 인도, 그리고 아프리카와 전혀 달랐다. 선교사들이 평민들, 소년, 소녀들에게 교육의 기회를 제공하자, 선교사들은 한국 민족주의와 동맹관계를 가지게 되었다. 기독교는 일본 제국주의에 저항하는 한국 민족주의와 궤를 같이하게 되었다. 1919년, 독립선언문에 서명한 용감한 애국자 33인 가운데 16명이 기독교인이었다. 당시 기독교인은 전체 인구의 1퍼센트에 불과하였다. 독립선언문에 서명한 애국자 가운데 절반 정도가 기독교인이었다는 사실은 교회에 긍정적인 영향을 주었다.

두 번째 요소는 네비우스(Nevius) 정책이었다. 1890년 중국에서 선교사로 활동하던 존 네비우스는 장로교 선교사 수양회 강사로 초청을 받고 한국에 왔다. 네비우스는 중국에서의 사역 경험을 살려 헨리 벤과 앤더슨을 능가하는 선교원칙을 개발하였다. 중국에서 사역하던 장로교 선교부는 네비우스 정책을 거부하였으나, 한국에서 사역하던 장로교 선교부는 네비우스 정책을 수용하였다. 네비우스 정책에는 5가지 기본원칙이 있다.

1. 각 기독교인은 개종하던 당시의 직업을 계속 유지하고, 자신의 직업을 가지고 자급해야 한다. 자신이 일하는 곳에서 생활과 말씀으로 그리스도를 전하는 증인이 되어야 한다.
2. 교회 방법과 조직은 한국교회가 책임지고 운영할 수 있는 데까지만 개발한다.
3. 교회는 전임 사역자를 스스로 지원할 수 있고 가장 적합한 자로 여겨지는 자가 있을 때 전임교역자를 청빙한다.
4. 교회건물은 현지인들에 맞는 스타일로 건축한다. 현지교인들이 가진 자원으로 현지 교인들이 건축하게 한다.
5. 신자들을 증인으로 훈련하기 위하여 철저한 성경공부 기간을 강조한다. 네비우스의 조언에 따라 성경공부를 위한 사경회가 매년 열렸다. 한국은 농경문화였기에 농한기에 주로 사경회를 개최하였다. 그와 더불어, 기도를 강조했다. 기도에 초점을 맞추었다.

세 번째 요인은 한글에 있다. 한국교회는 한글 때문에 성장하였다. 한글은

15세기에 세종대왕에 의해 창제되었다. 한글은 표의문자인 중국어나 일본어보다 훨씬 간단하였다. 한국인들이 읽기 쉬운 글이었다. 한국에서 성경이 곧 한국어로 번역되었다. 선교사들은 한글보급에 힘썼다. 그것은 여러 신자들이 모여 철저한 성경공부를 계속하는 데 도움을 주었다. 한국 엘리트들은 한글을 너무 쉽다고 거부하였다. 한글은 너무 쉬워, "아낙네들까지도 쉽게 읽겠는 걸" 하였다. 하지만 한글은 복음전도에 있어서 강력한 도구가 되었다. 평민들을 교육하는 훌륭한 글이 되었다.

네 번째 요소는 부흥운동이었다. 한국의 부흥운동은 1903년 시작되어 1907년 정점에 이르렀다. 시작은 의사이며 전도자였던 하디(Hardie) 박사를 비롯한 소수의 선교사들이 하였다. 그리고 한국 지도자들에게 부흥의 불길이 옮겨갔나. 1906년이 되자 한국 지도자 몇 사람이 부흥을 주도하게 되었다. 죄에 대한 통회와 자복과 회개가 이어졌다. 성령의 감동을 사람들은 전국으로 흩어져 복음을 전하였다. 그 결과 수천 명이 개종하였다. 새벽기도와 철야기도가 시작되었다. 한국교회 부흥에는 특징이 있었다.

한국교회 부흥을 촉발시킨 것은 화해였다. 선교사들과 한국인 지도자들이 극적인 화해를 통해 부흥의 불길이 치솟았다. 당시 일부 서양 선교사들은 한국인들에 대한 인종적 편견을 가지고 있었다. 국가적 자만심이 높았다. 이런 죄들을 고백하였다. 한국 지도자들은 선교사들이 가진 우월감에 대해 분개하였다. 화해는 한국 지도자들로부터 시작되었다. 선교사에 대한 분노와 질투심을 고백하며 눈물을 흘렸다. 하나님께서는 이런 화해를 통하여 한국교회를 특별하게 부흥시키셨다. 한국교회의 부흥은 놀라웠다. 나는 여기서 한국교회의 부흥이 한국만의 독자적인 것이 아님을 언급하고 싶다. 당시 세계 각 곳에서 부흥의 물결이 넘실대고 있었다. 웰즈 부흥이 있었다. 미국에 아주사 부흥운동이 있었다. 그리고 인도와 아프리카 등에도 부흥운동이 일어났었다. 이런 부흥운동은 각각 독립적으로 일어났지만, 일부 부흥운동에는 상호연관이 있었다.

1930년대, 한국교회에는 '신사참배 문제'가 대두되었다. 일본의 통치가 교회를 점점 강력하게 압박하였다. 일본은 모든 학교 학생들에게 신사참배를 강요하였다. 모든 사람들에게 신사를 향해 절을 하게 하였다. 신사참배 문제가 불거졌다. 신사참배는 국가 일본에 충성을 보여주는 국민의례에 불과한가, 아니면 일본 신에게 예배를 드리는 종교행위인가? 일본은 기독교 지도자들과 교회에 무서운 압박을 가했다. 신사참배를 하지 않았던 미션 스쿨들은 폐교되었다. 일부는 감옥에 처넣었다.

일부 교회 지도자들은 신사참배를 종교적인 행위라기보다 국민의례로 해석하였다. 감리교의 공식입장이 그러하였다. 장로교 선교부는 신사참배를 종교행위로 간주하고 거부하였다. 장로교 지도자들은 감옥에 갇혔다. 우리는 당시 신사참배를 반대하다 순교자가 된 위대한 신앙 인물들을 기억하며 존경한다. 그 길은 실로 고난의 길이었다. 2차 세계 대전에서 패한 일본은 한국에서 물러났다. 독립을 맞은 한국교회에서 신사참배 문제가 다시 불거졌다. 한국교회는 다시 한 번 신사참배 소용돌이 속에 휩싸였다. 신사참배를 반대하다 고초를 당한 사람들은 신사참배를 했던 사람들을 지도자로 인정하지 않았다. 이렇게 신사참배 문제로 한국교회는 분열의 아픔을 맛보게 되었다.

한국은 대형교회로 유명하다. 2차 세계 대전 전에도 한국에는 대형교회가 있었다. 지금은 북한의 수도가 되었지만, 평양에 교인 숫자가 천명이 넘는 장로교회가 다섯이나 있었다. 평양은 동양의 예루살렘이라 불렸으며, 신교도가 가장 많은 도시였다. 1945년 이전에는 한국 기독교인들 대부분이 북한에 있었다.

제2차 세계대전 이후, 한국은 남북으로 분단되었다. 북한은 철저한 공산주의를 신봉하게 되었다. 북한에 있던 수많은 기독교 지도자들은 처형되었고, 그 일부는 남한으로 피난하였다. 1950년에 한국동란이 일어났다. 한국동란은 비극적인 전쟁이었다. 수많은 생명을 앗아갔으며, 한국 전체를 큰 고통 속에 몰아넣었다.

한국교회는 전쟁의 폐허를 딛고 경이로운 성장을 이룩하였다. 지금 한국은 전체 인구의 25퍼센트가 기독교인이라 한다. 얼마나 놀라운 운 일인가!

수도 서울에는 교회들이 수없이 많다. 작은 교회들도 많지만 '메가 처치'도 즐비하다. 대부분의 교회들은 2부 또는 3부 예배를 드린다. 잘 알려진 교회로는 여의도 순복음교회를 들 수 있다. 교인숫자가 75만 명이라고 알려져 있다. 장로교회인 영락교회는 5만 명이라고 한다. 교회들은 다른 교회들을 개척하고 생산한다. 영락교회는 해방 후인 1946년 피난민 20명이 모여 설립하였다. 북한에서 38선을 넘어 온 사람들이었다. 그들이 서울에 도착하였을 때, 그들은 둥그렇게 앉아 가방에서 성경을 꺼내 예배를 드렸다. 그것이 개척교회였다. 1950년 영락교회는 거대한 석조건물 교회당을 완공하였다. 그리고 전쟁이 일어났다. 공중에서 폭격이 잦았다. 그러나 건물은 하나도 다치지 않았다. 얼마나 놀라운가!

한국교회는 장로교가 대세를 이룬다. 감리교도 교세가 강하다. 성결교, 오순절, 그리고 침례교 등 다양한 교단이 활동하고 있다. 최근 통계에 의하면 해외에 나가 타문화권 선교를 하는 숫자가 2만 명을 넘어섰다고 한다. 그들은 170여 나라에서 사역하고 있다.

많은 사람들은 한국교회가 이제 갱신되어야 한다고 말한다. 성장이 멈추었다. 여러 이유로 분열하였다. 아주 경쟁적인 문화적 요소는 부정적 요인이 되기도 한다. 교회는 사회적 불의와 부패에 대해서 분명한 입장을 표명하지 않는다. 그것은 특히 군사정권이 권위주의적이었기 때문이었다. 샤머니즘 문제도 계속 남아있다. 외부에서 한국교회를 관찰하는 사람들이 보기에, 한국 기독교는 아직도 샤머니즘의 영향이 강하게 미치고 있는 것으로 보인다. 샤머니즘을 가진 전통적인 한국인들은 자신의 이익을 위해 영을 조종한다.

한국교회가 가진 여러 문제들이 있지만, 1884년과 1885년 최초의 개신교 선교사가 한국에 도착한 이후 성령께서 놀라운 방식으로 역사하셨음은 의심의 여지가 없다. 하나님께서는 부족한 한국교회를 통해 놀라운 세계선교의 역사를 이루고 계신다.

3) 미얀마 선교

1813년 아도니람과 앤 저드슨은 인도에 입국할 수 없었다. 영국 동인도회사가 그들을 거부하였기 때문이었다. 저드슨은 우위를 차지하고 있는 버마족 언어를 배워 성경을 번역하기 시작하였다. 수도 랭군에서, 저드슨은 버마 종교인들이 가르치는 곳인 자얏(zayat)에서 설교를 하였다. 하지만 5년이 지난 후에야 첫 개종자에게 세례를 베풀 수 있었다. 1824년, 저드슨은 수도인 아바(Ava)로 갔다. 하지만 공교롭게 영국과 버마 전쟁이 일어났고, 그는 감옥에 갇혔다. 저드슨은 최악의 상황인 감옥에서 21개월을 지내야 했다. 그의 아내 앤은 갇힌 저드슨을 면회할 수 있었고, 저드슨의 생명을 구할 수 있었다. 저드슨이 석방되어 나온 후, 아내가 죽었다. 세 자녀들도 모두 어릴 때 죽었다.

선교의 성공적인 돌파는 역사상 전혀 예상치 못했던 전도자의 몫이었다. 카렌족 사람들은 지배적인 부족에게 엄청난 압박을 받았다. 카렌족 사람인 코타뷰 여러 사람을 죽인 살인자였다. 그가 저드슨의 전도를 받고 개종하였다. 그 후에 불타는 전도자가 되었다. 그는 산속에 돌아가 같은 부족들에게 복음을 전하였다. 수천 명의 카렌족이 기독교인이 되었다.

놀라운 일이었다. 카렌족은 특별한 전통이 있었는데, 그 전통이 복음을 수용하도록 그들의 마음을 준비시켰다. 그들은 창조주 하나님을 믿었고 타락에 관한 이야기가 전해 내려 왔었다. 타락하여 하나님의 사랑을 잃어버렸다는 이야기였다. 카렌족들은 과거에는 거룩한 책이 있었는데 조상들이 잃어버렸다는 과거 이야기를 믿었다. 전도자가 와서, 예수님의 기쁜 소식을 전하였을 때, 그들은 수천 명이 복음을 받아들였다. 1850년, 카렌 기독교인 공동체는 3만 명이 되었다.

카렌족은 즉시 다른 부족들을 전도하기 시작하였다. 친, 카친족, 루앙족 그리고 다른 부족들에게 전도하였다. 버마교회는 부족집단들 가운데서 놀랍게 성장하였고 지배적인 집단에서는 별로 성장하지 않았다.

버마는 영국으로부터 독립하였다. 버마는 1960년 선교사들을 추방하였다. 국가 이름을 미얀마로 바꾸었다. 교회는 계속 성장하였고, 침례교단이 제일 큰 교단이었다. 교회는 명목론에 빠지고 어떤 면에서는 율법주의에 빠졌다. 부흥운동이 일어났다. 미얀마에서 가장 심각한 문제는 극도로 억압적인 군사정부이다. 한 동안 민주적으로 선택된 대통령을 가택연금하고, 수많은 부족민들을 죽였다. 경제적으로 재난과 참사를 겪었다. 미얀마 정부는 현재 세상에서 제일 악한 정부로, 미래의 긍정적인 변화를 기대할 수 없다. 버마에는 부족 사람들에 대한 가혹한 군사적인 진압이 행해지고 있다.

본 장에서는 근대 아시아에서의 선교활동에 대해 다루었다. 다음 장에서는 근대 오세아니아(Oceania), 중동, 그리고 북아프리카에서의 선교활동에 대해 살펴보기로 하자.

제 27 장

근대 오세아니아, 중동 그리고 북아프리카 선교

1. 말씀묵상

사도행전 15장 마지막 부분을 살펴보자. 바울과 바나바가 제1차 선교여행을 마치고 돌아왔다. 교회에 선교보고를 하였다. 그리고 다시 선교여행을 떠나기 위해 준비하고 있었다.

> 며칠 후에 바울이 바나바더러 말하되 우리가 주의 말씀을 전한 각 성으로 다시 가서 형제들이 어떠한가 방문하자 하고 바나바는 마가라 하는 요한도 데리고 가고자 하나 바울은 밤빌리아에서 자기들을 떠나 함께 일하러 가지 아니한 자를 데리고 가는 것이 옳지 않다 하여 서로 심히 다투어 피차 갈라서니 바나바는 마가를 데리고 배 타고 구브로로 가고 바울은 실라를 택한 후에 형제들에게 주의 은혜에 부탁함을 받고 떠나 수리아와 길리기아로 다니며 교회들을 견고하게 하니라(행 15:36-41).

바나바는 언제나 다른 사람들을 격려하는 사람이었다. 바울이 초대교회 지도자들에게 의심을 받고 있을 때, 바나바가 그를 찾아 안디옥으로 데려왔다. 바울은 안디옥에서 교회 지도자가 되었다. 첫 번째 선교팀은 바나바, 바울, 그리고 마가가 소속되어 있었다. 바나바가 리더였다. 그런데 마가가 중간에 마음을 바꾸었다. 아마 두려움 때문에 그러하였을 것이다. 바나바와 바울이 제2차 선교여행을 준비하게 되었다. 바나바는 성격상, 그리고 사역을 잘 이해하고 있었기 때문에, 지난번에 실패한 마가에게 기회를 다시 한 번 주고 싶어 했다. 선교여행에 같이 데려가고 싶어 했다. 바울은 달랐다. 바울은 일 중심적인 사람이었다. 인간 중심적인 사람이 아니었다. 바울을 단호했다. "안 됩니다! 마가는 이미 한 번 실패했어요. 우리는 첫 번째 실패했던 마가를 다시 데려가는 위험부담을 안을 수는 없습니다." 의견이 달랐다. 너무 달랐다. 그래서 심하게 싸웠다. 둘은 나뉘어 따로 선교여행을 떠났다. 그러나 하나님은 바울과 바나바가 갈라지는 것을 사용하여 전에는 하나 밖에 없던 선교 팀을 두 개로 만드셨다.

간혹 하나님의 섭리 안에서 한 개인의 삶 가운데 다른 사람이 다른 역할을 해야 한다. 거기에 관계된 각 개인에게 신앙적 성장을 주기 위함이다. 바울과 바나바는 마가의 인생 가운데 각각 다른 역할을 감당하였다. 실패한 것에 대해 분명하게 책임을 물어야 한다. 바울이 그렇게 하였다. 마가처럼 중간에 돌아간 행위는 아주 심각한 사건이었다. 하지만 바울이 너무 심했을 수도 있다. 바나바는 달랐다. 버림받은 사람 곁에 서 있어 주었다. 그를 격려하였다. 회복시켜 다시 사역을 감당하게 하였다. 바나바는 안디옥에 있던 이방인들을 격려했었다. 바나바는 낙심한 바울을 격려하였다. 이제 마가를 격려한 것이다. 우리는 이 사건을 은혜와 율법 이분법을 통해 볼 수 있다. 여기서 바울은 율법을 주장하고, 바나바는 은혜를 주장한다. 우리는 우리 삶과 사역 속에 이 둘이 모두 필요하다. 우리는 율법과 은혜의 연속체 사이에서 살아간다. 우리는 하나님께서 우리를 위해 세워두신 표준에 맞게 살기 위해 책임을 다해야 한다. 우리는 자주 실패함을 인식하고 하나님의 은혜가 필요하다. 하나님의 성령은 우리를 찾으시고, 용서하시고, 우리가 가야할 길로 보내신다.

하나님께서 마가의 삶 속에 역사하셨다. 하나님께서 바울과 바나바뿐만 아니라 마가의 삶 속에서 역사하셨던 것을 증명하는 문서들이 남아있다. 전승은 증언한다. 학자들은 설명한다. 마가는 후일에 베드로와 동행하였고 마가복음은 베드로의 설교를 기본 자료로 사용하고 있다. 성경자료를 살펴보면 바울과 마가도 화해한 것으로 보인다. 바울은 디모데 후서에서 마가에 대한 언급이 있는데, 마가의 사역에 대해 인정하는 바울의 태도가 엿보인다. 그러므로 우리는 균형감각을 가져야 한다. 우리는 대부분 마가를 격려하여 키운 바나바를 마가 이야기의 영웅으로 만든다. 바나바가 그런 사람이었기 때문이다. 하지만 우리는 바울의 역할도 인정해야만 한다. 우리는 바나바와 바울이 각각 다른 성격을 가지고 특정 이슈를 강조함을 통하여, 하나님께서 마가가 실패를 딛고 일어나도록 역사하셨음을 볼 수 있어야 한다. 하나님께서 마가를 성장하고 성숙하게 만드시고 사역을 할 수 있도록 도우셨음을 볼 수 있어야 한다. 이 사실은 우리 모두에게 소망을 준다.

라투렛의 기본 이론 가운데 하나가 있다. 예수 그리스도의 교회는 개인의 개종뿐만 아니라 그 문화를 변혁시키기 위해 언제나 문화 속으로 파고 들어가려고 노력한다는 것이다. 기독교는 여러 세기를 통해 이런 문화변혁에 상당부분 성공적이었다. 동시에, 문화도 계속해서 교회 안으로 파고 들어와 교회를 문화의 포로로 삼으려고 한다. 역사적으로 보면, 교회와 문화 사이에 어느 한 편이 승리하지 못하고 무승부를 기록하고 있다. 한편이 간혹 승리하기도 하고, 간혹 지기도 하였다.

이런 관점에서 여러 선교운동을 분석하면 도움이 된다. 실례를 들면, 초기 오순절 운동은 아주 심각할 정도로 반문화적이었다. 첫째, 오순절 운동은 여성의 위치를 높였다. 당시 어떤 기독교 기관들과 비교할 수 없을 정도로 여성의 위치를 높였다. 그들은 아무런 사회적 지위가 없는 가난한 자들이었다. 그들은 인권에 대해 신학적으로 사고하지 않았다. 성령께서 남성뿐만 아니라 여성들에게도 동일한 은사를 주셨다는 것을 인정한 것뿐이었다. 당연히 오순절 초기 지도자들 가운데 여성의 숫자가 많았다. 그러나 오순절 운동이 커지면서 여성 리더십은 줄었다. 남성들이 리더십을 갖게 되었다.

초기 오순절 운동에는 막힘이 없었다. 사회적인 장벽이 없었다. 사람들 사이의 장벽, 사회적 지위에 의한 장벽, 인종적, 교육적, 계층적 장벽이 없었다. 초기 오순절 운동은 다인종적이었다. 흑인 사역자가 백인들을 인도했다. 그런 까닭에, 초기 오순절 운동은 미국 사회의 특정 규범을 무시하였다는 점에서 반문화적 운동이었다. 미국 문화는 사회적 지위를 갖기 위해서는 정규교육과 돈이 있어야 했지만, 초기 오순절 운동은 하나님의 은사를 강조하고 구원과 사역을 중요하게 여겼다. 1914년 사정이 달라졌다. 백인들이 주도하여 하나님의 성회가 조직되면서, 흑인 리더십을 거의 배제하였다. 인종차별주의가 들어왔다. 오순절 교단은 최근에 들어 인종차별주의에 대해 공개적으로 회개하였다.

감리교주의도 좋은 역사적 실례가 된다. 웨슬리(Wesley)가 세운 감리교주의는 확실하게 노예제도를 반대하였다. 노예를 가진 주인은 초기 감리교 운동에서 리더십을 가질 수 없었다. 웨슬리는 윌버포스(Wilberforce)에게 쓴 편지를 통해, 윌버포스의 반노예제도 운동을 지지하고 격려하였다. 그로부터 수십 년이 지난 미국에서, 감리교 지도자들은 노예를 부리고 있는 노예주인들이었다.

다른 말로 설명하면, 성령께서 교회에 개혁과 부흥을 주시면, 교회는 일정부분 반문화적이 된다. 교회가 사회적 가치기준보다 하나님 나라의 가치기준을 따르게 되기 때문이다. 하지만 교회가 주변문화에 다시 편승하면 하나님 나라의 가치기준보다 사회적 가치기준을 선호하게 되는 위험성이 있다.

함께 기도하자.

> 하나님 아버지, 주의 말씀을 통해 저희에게 계속해서 가르침을 주시니 감사와 찬송을 돌립니다. 저희가 바나바와 바울을 살펴보았습니다. 그들이 가졌던 은사와 사역을 검토하고, 한때 실패했던 마가를 살펴보았습니다. 저희는 마가의 삶이 저희와 같다는 생각을 합니다. 주의 은혜로 마가를 다시 일으켜 세우시고 주님 나라의 유용한 인물이 되게 하신 것을 감사합니다. 저희는 주변에 통탄할 죄에 빠진 사람들을 보며 그들을 위해 기도합니다. 교회를 위해 기도합니다. 복음전도를 위해 기도합니다. 교회가 복음을 성실하게 전달하게 하시고, 복음을 전하는 우리의 삶이 부르심에 합당하게 도와주시옵소서. 저희가 실패할 때, 용서와 회복 그리고 새로운 부활이 있음을 알게 하여 주시옵소서. 저희에게 깨달음과 신실함을 주시옵소서. 저희가 속한 그리스도의 몸된 교회의 일부인 지역교회와 전 세계교회를 위해 기도합니다. 예수 그리스도를 증거하는 일이 밝고, 강하고, 분명하게 하옵소서. 예수님 이름으로 기도합니다. 아멘.

2. 오세아니아 선교

우리는 계속 근대 선교운동을 살펴볼 것이다. 여기서는 오세아니아, 아프리카, 그리고 중동지역에 초점을 맞추어 간략하게 기술할 것이다.

1) 런던선교회

우리는 오스트레일리아를 탐험한 영국 항해가 쿡 선장(1728-79)을 기억한다. 그는 배를 타고 세계를 탐험하였다. 윌리엄 캐리는 쿡 선장의 탐험에 관한 소식을 듣고 세계선교에 대한 꿈을 키웠다. 1795, 런던선교회(London Missionary Society, LMS)가 설립되었다. 장로교, 회중교단, 그리고 복음주의 성공회 출신 그룹들이 모여 설립하였다. 우리가 아는 바와 같이, 런던선교회는 1970년대 영국에서 설립된 가장 위대한 선교회 가운데 하나였다. 당시 중요한 세 개의 선교회가 설립되었다. 이런 선교회의 설립은 세기 초에 있었던 복음주의 부흥운동의 물결이 일으킨 선교적 관심으로 말미암은 것이다.

런던선교회는 최초의 선교사를 남태평양으로 파송하였다. 그곳 사람들은 아름다운 경관을 자랑하는 곳에서 살고 있었지만, 식인문화를 가지고 있었다. 전쟁은 그칠 새 없었다. 다른 문화적 예식들도 파괴적이었다. 한 학자는 남태평양의 식인주의에 대해 이렇게 기록하였다. 식인문화는 국가적 종교예식으로까지 격상되었다. 식인을 가장 많이 한 사람은 사회계층에서 가장 높은 위치를 차지했다. 그들은 식인문화를 즐겼다. 그들은 간혹 이런 위대한(?) 식인업적을 기리기 위해 기념비를 세웠다. 한 위대한 추장은 자신의 식인무용담을 증명하기 위해 872개의 기념비를 세웠다. 역사가 스티븐 니일(Neil)은 기록한다. 피지에 첫 발을 내딛은 선교사는 자신의 선교사역을 부분시체 장례식으로 시작하였다. 식인을 위해 요리해서 먹다 남긴, 사람의 머리, 손, 그리고 다리를 모아 묻어 주었는데, 약 80구의 시신의 일부였다고 한다. 이것은 겁을 주기 위한 이야기가 아니다. 이런 식인문화는 그곳 사람들이 얼마나 잔인하고 무자비한 사람들이었다는 것을 분명히 보여준다. 일부 학자들은 선교사들이 가서 만난 사람들은 대단히 목가적인 생활을 하고 있었고, 그처럼 우수하고 낭만적인 문화를 선교사들이 파괴하였다고 기술한다. 그것은 사실이 아니다. 보다 정학하게 말하면, 남태평양으로 향했던 수많은 초기 선교사들은 엄청난 고통을 견뎌야 했고 위험에 노출되었다. 일부는 목숨을 잃었다.

2) 통가, 타히티 선교

타히티에 선교사들이 도착하였다. 처음 도착한 선교사들 가운데 세 사람이 죽임을 당하고 식인문화의 희생물이 되었다. 한 선교사는 '원주민'이 되었다. 신앙을 버리고 원주민 여자와 결혼하여 원주민으로 살았다. 다른 선교사들은 현장을 떠났다. 선교사역을 시작한 지 5년 후인 1800년까지, 현장에 남은 선교사는 30명이나 40명 가운데 일곱 명뿐이었다. 상당히 실망적인 상황이었다.

그런데, 1812년 타이티 왕이 우상을 버리고 세례를 받겠다고 하였다. 통가에서도 같은 일이 벌어졌다. 그 전까지 선교활동은 미미하게 유지되고 있을 뿐이었다. 부족왕은 엄청난 권력을 가지고 있었다. 왕들이 세례를 받고 신앙을 전파했던 중세초기 유럽 기독교의 역사와 흡사하였다. 아시아 출신 부족들이 서쪽으로 이동하면서 놀라운 일들이 일어났다. 496년 프랑스 왕국을 세운 프랑크 왕 클로비스(Clovis)는 자신의 군대 3천 명과 함께 세례를 받았다. 이 두 경우를 '인간집단 운동'(People movements)이라 할 수 있다. 두 인간집단 운동의 차이가 있다면, 태평양 군도 사람들의 신앙수준이 6세기 유럽의 야만인 보다 훨씬 더 높았다는 사실이었다. 이 두 집단개종의 경우, 개종이 일어날 수 있는 유일한 방법이 인간집단운동이었다고 할 수 있다. 이들 집단은 중요한 결정을 내릴 때 개인적으로 하지 않고 집단적으로 결정하는 문화를 가지고 있었기 때문이다. 지도자들은 전체 그룹을 대표하였고 중요한 결정을 내릴 때에는 대부분 다른 사람들에게 조언을 구하였다.

파푸아 뉴기니에서 사역하였던 한 선교사가 말했다. 선교사가 부족들이 사는 곳에 가서 복음을 전하면서, 그리스도를 영접하기 위해 개인적인 결정을 하여야만 한다고 말하면, 그 말 자체로 복음은 중요하지 않는 것이 되고 만다. 부족 내에서 중요한 일은 개인이 결정하는 것이 아니라 그룹이 함께 결정하기 때문이다. 이것은 오늘날 여러 문화에서 볼 수 있는 집단결정과정이다. 실례를 들면, 인도에 사는 일부 카스트 지도자들은 기독교인 지도자를 찾고 있다. 그들이 다른 사람들과 함께 예수님의 제자가 되고 싶다고 확언하고 있다. 어떻게 할 것인가? 이런 경우를 신중하게 잘 해결하면 장기적으로 교회와 국가에 긍정적인 결과를 가져올 수 있다.

서양선교사들이 변해야 한다. 상당한 패러다임 전환이 필요하다. 무엇보다 맥가브란이 말하는 인간집단운동(People Movement)을 수용해야 한다. 지금까지 서양선교사들은 개인주의적인 문화적 배경을 바탕으로 삼았다. 명목상의 기독교인들에게 개인적인 개종이 필요하다는 것을 강조하였다. 하지만 일부 서양 선교사들은 선교지의 경험을 통하여 인간집단운동을 이해하게 되고 서구적인 개인주의를 극복할 수 있게 되었다.

존 윌리엄스는 런던선교회 선교사들 가운데 가장 유명한 선교사였다. 1817년 선교지에 도착한 그는 즉시 깨달았다. 태평양 군도 모든 섬에 유럽 선교사들을 다 보낼 수는 없다. 물리적으로 불가능하다. 어떻게 할 것인가? 그는 근자에 개종한 사람들을 모아 훈련시켰다. 전도자로 훈련시켜 그들을 내보냈다. 그는 적어도 한 사람의 전도자를 각 섬에 보내는 것이었다. 그것은 위대한 비전이었다. 훈련기간은 짧았지만 그가 훈련한 전도자들 대부분은 신실하였고 효과적인 사역을 감당하였다. 일부는 순교하였다. 얼마는 중간에 포기하였다. 하지만 대부분의 사역자들은 능력있게 복음을 전했다. 신앙은 여러 섬들로 퍼져나갔다.

여기에 중요한 원리가 있다. 초기 선교사들은 영국에서 출발했다. 당시 영국사람은 문화적 우월감을 가지고 있었다. 초기 선교사들도 문화적 우월감을 가지고 있었다. 당시는 인류학이 사회과학으로 정립되지 않은 상태였기 때문에 선교사들은 문화인류학을 접하지도 못했다. 하지만 선교사들은 현장문화의 긍정적인 면들을 인식하였다. 처음부터 토착적인 리더십 개발의 중요성을 인식하였다. 초기 선교사들 가운데 일부는 상당히 진보적이었다. 세기 말에 나간 선교사들보다 더 진보적이었다. SVM이 대학생 선교운동이었기 때문에 탁월한 인물들을 배출하였다. 그런 SVM의 배경 때문에 SVM 출신 선교사들은 서양식 교육을 받지 않은 사람은 교회 지도자가 될 수 없다고 생각하였다. 그들은 서양 교육을 철저히 신봉하였다. SVM이 미국 대학과 대학원에서 자라났기 때문에 교육을 강조하는 것은 자연스러운 논리였다. 서양식 교육을 강조하는 것은 교회성장의 방해요인이 되기도 했다. 일부지역에서 성장이 둔화되었다. 오늘날 전 세계에서 성장하는 교회의 가장 핵심적 이슈는 리더십 선택과 훈련이다. 누구를 선택하여 어떻게 훈련시킬 것인가? 이것이 문제이다. 가난한 자 중에서도 가장 가난한 자들 가운데 급성장하는 수많은 교회들이 있다. 그런 교회들에게 전통적인 지도자 훈련모델은 적합하지 않다. 신학대학원 모델은 맞지 않는다. 이미 사역을 하고 있는 사람들을 훈련하는 다양한 모델이 더 적합하다. 그들의 상황과 필요에 맞는 리더십 훈련모델이 절실하다.

초기 선교사들은 자신과 전혀 다른 문화 속으로 들어갔다. 전혀 상상하지 못했던 문제들에 봉착하였다. 그 가운데 자신의 사역을 인도해줄 원리를 모색하였다, 그들은 실수하기도 하였지만, 성령께서 그들을 인도하셔서 괄목할 사역을 이루신 것이 확실하다. 그런 성령의 역사를 배우기 위해 우리는 역사를 연구한다. 우리는 무슨 일이 어떻게 일어났느냐 하는 간단한 역사적 기술을 원하지 않는다. 그보다 한걸음 더 나아가 질문한다. 이들 초기 선교사들이 발견했던 어떤 원리들이 우리에게 유익한가? 초기 선교사들이 실수한 것으로부터 무엇을 배울 수 있겠는가? 초기 선교사들이 잘한 일들을 보면서 무엇을 배울 수 있겠는가?

3) 피지, 사모아 선교

감리교 선교사가 사모아에 도착하였다. 사역은 더디 진행되었다. 그런데 부흥운동이 일어났다. 교회는 급성장하였다. 라투렛은 남태평양에서 일어난 교회성장은 능력대결이 중요한 요소가 되었다고 진술하였다. 실례를 들면, 그의 『기독교 확장사』 5권 223면에 다음과 같은 내용이 있다.

> 능력대결이 주효했다. 영적 전쟁에서 기독교인의 승리는 신앙적 개종을 진전시켰다. 능력대결은 기독교의 하나님이 오래된 현지 신들보다 더 강하시다는 것을 증명해 주었다. 이런 능력대결은 오늘날 우리 모두가 동의할 수 있는 선교방법이 아닐 수 있다. 게다가, 적어도 한 번은 이런 적이 있다. 승전한 기독교도가 패한 이교도에게 선택을 강요했다. 이교도는 개종할 것인지 아니면 죽음을 선택할 것인지 선택해야 했다.

이런 일은 프랑스에도 있었다. 9세기 프랑스 찰스 대제는 개종 아니면 죽음을 강요하였다. 더 나아가, 추장 한 사람이 기독교인이 되었다. 가뭄이 들었는데, 전통종교 사제는 아무리 기도해도 가뭄문제를 해결하지 못했는데, 주일 기독교인들이 예배 중에 엄청난 비가 내렸기 때문이었다. 선교사들이 기도하면

병이 낫고 기독교 교사들도 개종자를 얻었다. 전통종교 사제도 기독교로 개종하였다. 그 이유는 그의 꿈에 이방신이 기독교 하나님께 절을 하였기 때문이라고 하였다.

이런 능력전도 방법은 우리에게 일상적이지 않다. 하지만 우리는 능력전도를 멸시해서는 안 된다. 오늘 우리가 배우는 것이 있다. 성령께서 역사 가운데 사용하신 다양한 방법에 대해 더 열린 자세를 갖는 것이다. 성령께서는 오늘도 살아서 다양한 방법으로 역사하고 계신다. 우드베리 박사의 무슬림 개종에 관한 연구에 따르면, 오늘날 기독교로 개종하는 무슬림 가운데 절반 정도가 이런 능력전도 방법에 의해 신앙을 갖게 되었다고 한다. '능력전도', 꿈, 환상, 또는 치유경험이 그들의 신앙여정에 중대한 변화를 주었다고 증언하였다. 이런 사실은 우리에게 중요한 가르침을 준다. 우리는 결코 성령 하나님의 사역을 우리가 아는 방식으로 한정하거나 제한해서는 안 된다.

4) 하와이와 미국해외선교회

19세기 초, 미국해외선교회(American Board of Commissioners for Foreign Missions, ABCFM)는 하와이로 선교사를 파송하였다. 재임스 미체너(James Michener)는 그의 책『하와이』에서 하와이에 대한 왜곡된 모습을 그리고 있다. 그들은 뉴잉글랜드 칼뱅주의 청교도였다. 그들 선교사들은 하와이로 가면서 유럽인의 문화적 우월주의를 함께 가지고 갔을 것이다. 그들은 유럽 문화가 다른 어떤 문화보다 우월하다고 확신하고 있었다.

분명한 사실이 있다. 하와이에 사는 서양인들 가운데 현지인들을 착취하지 않고 현지인들의 안녕을 위해준 사람들은 선교사들뿐이었다. 다른 서양인들은 선교사, 무역업자, 선원, 정치가, 그리고 노예상이 하와이에 온 것은 어떤 식으로든 현지인들을 착취하기 위함이라고 통렬하게 비난하였다. 한 번은 이런 일이 있었다. 호놀룰루에 근무하던 미국 영사가 보스턴에 있는 채권자에게 편지를 썼다. 그가 만일 "선교사들만 몰아낼 수 있다면" 빌린 채무를 더 빨리 갚을 수 있을 것이라고 하였다. 선교사들은 공정거래를 강조하였다. 현지물건을 하와이 사람들에게 살 때 공정한 가격을 주고 사도록 주장하였다. 다른 경우, 선교사들은 하와이 현지 지도자들의 부인들을 보호해 주었다. 하와이 섬에 들어

온 배의 선원들이 현지 여성들을 성적으로 농락하는 것을 보호하여 주었다.

선교사의 주된 사역은 사람들을 그리스도에게 인도하는 것이었다. 사람들을 개종하여 교회를 설립하는 것이었다. 선교사들은 하와이에서 널리 행해지던 유아살해(Infanticide)를 종결시켰고 다른 나쁜 관례와 풍습을 바꾸었다. 수십 년이 지난 후, 하와이는 교회뿐만 아니라 하와이 교사들이 하와이 어린이들을 가르치는 학교로도 확실한 점을 찍었다. 선교사들은 현지인들의 문자를 로마자로 표기하는 시스템을 궁리하였고 성경과 다른 책들을 번역하였다. 선교사들은 드디어 현지어로 책 153권을 출간하고 잡지 13개를 만들었다. 초기 선교사들의 사역 가운데 어두운 면도 있다. 초기 선교사들의 자녀들 가운데 일부는 섬에 남아 땅을 샀다. 사업을 벌여 부자가 되었다. 이것은 하와이 선교에 부정적인 면을 반영하고 있다.

이런 강력한 문화 혹은 '상급' 문화가 전통 부족문화와 만나게 되면 전통 부족문화에 해로운 경우가 많다. 이런 문화충돌을 통해 빚어진 비극적인 경우들이 많이 있다. 미국에 있었던 아메리카 원주민에 대한 예우가 그러하였다. 위클리프 성경번역선교회는 현지인 문화를 파괴한다는 공정하지 못한 비난을 받았다. 라틴 아메리카 일부 민족주의자들은 위클리프 성경번역선교회 선교사들을 통렬히 비난하고, 토착문화를 파괴하고 있다고 공격하였다. 이런 비난의 배후에는 문화가 이상적이며 정적이라는 잘못된 전제가 깔려있다. 우리가 잘 아는 바와 같이 문화는 변한다. 오늘날 문화는 세상에 노출되면서 급변하고 있다. 전통문화는 심각한 피해를 입고 파괴될 것이다.

나는 브라질 남부 마또 그로쏘 지역에 사는 까이우아(Caiua) 사람들을 통해 문화가 파괴되는 과정을 지켜 본 적이 있다. 브라질 여러 개신교회들이 까이우아 사람들을 선교하기 위해 사역하였다. 선교사들은 농장, 결핵 요양소, 학교, 교회, 그리고 제재소를 운영하고 있었다. 그때만 해도 현지 사람들은 가까운 도시 생활에도 적응하기 어려운 상태였다. 젊은이들이 도시로 나가 직업을 가지려 하다가, 여자들은 성적으로 농락당하고, 남자들은 술 중독에 빠지기도 하였다. 그 상황은 아주 비극적이었다.

위클리프 선교회에서 사역하던 밀리에 라슨(Millie Larson) 박사는 탁월한 책을 썼다. 그 책에는 토착문화에 민감하게 다가가는 선교접근 방법이 나와 있다. 그녀의 책 『질그릇에 담긴 보화』는 순수한 통전적 선교사역을 기술하고 있다. 그녀는 아마존 부족 가운데 들어가 사역하였다. 할 수 있는 모든 방법을 다 동원하여 그들의 문화를 보존하기 위해 노력하였다. 그들이 지배적인 라티노(Latino) 문화와 교류할 때도 부족문화를 보존하기 위한 도움을 주었다.

라민 싸네(Lamin Sanneh)는 예일대학 교수로 전에 라투렛이 앉아있던 자리에 앉아있다. 싸네는 이 토론에 대해 가장 중요한 책을 썼다. 그의 책『하나님의 메시지 번역하기: 문화에 대한 선교사의 영향』의 논지는 역사에 나타난 기독교 선교가 문화를 부정하지 않고, 문화를 긍정하는 선교였다는 것이다.

이 과정에서 가장 중요한 것은 성경을 번역하기 위하여 기독교인들은 수많은 언어들을 문서로 축소하였다는 사실이다. 싸네 자신이 서아프리카 이슬람교에서 개종하였다는 사실은 그의 논지에 중량감을 더해준다.

다른 문화를 어떻게 대할 것인가? 우리는 모두 다른 문화를 대하는 방법을 배워야 한다. 동정심과 성실성을 가지고 그들 문화의 타당성과 가치관을 존중해야 한다. 그들 문화가 현대화나 문명화의 맹공을 잘 견딜 수 있도록 도와야 한다.

3. 중동과 북아프리카 선교

선교에도 어려운 지역이 있다. 중동과 북아프리카는 기독교선교의 가장 어려운 지역이었다. 초기 선교사로 간 선교사들은 미국 장로교와 회중교회 출신이었다. 영국 성공회 출신 선교사들도 선교지로 떠났다. 그들은 중동에서 사역하였으나 수용성은 높지 않았다. 겨우 몇 사람만 그리스도를 믿었을 뿐이었다. 하지만 그곳에는 고대교회가 있었다. 이란과 이라크에 지금은 아시시아교회(Assyrian Church)라 부르는 네스토리안교회가 있었다. 이집트에는 콥트교회, 레바논과 아르메니아에도 고대교회가 있었다. 고대 정교회는 에티오피아 전역에 퍼져 있었다. 스티븐 니일은 미국 선교사들이 이들 고대교회들과 교류(interaction)하는 것에 대해 상당히 비판적이었다. 성공회 신자인 그는 고대교회들에 대해 대단한 존경심을 갖고 있었다.

초기 미국 선교사들은 이들 고대교회들과 함께 사역하기 원하였다. 성경공부를 강조하고 그들이 더 성경적이라고 생각하는 믿음을 향해 갱신과 부흥이 일어나길 원하였다. 하지만 성경이 사람들에게 소개되면서 그들의 신앙이 살아났지만, 그런 사람들은 고대교회가 대부분 거부하였다. 다른 선택의 여지가 없었다. 새로운 개신교 교단을 만들었다. 그것은 선교사들이 처음에 생각했던 목표와는 다른 결과였다.

1) 터키와 아르메니아 선교

아르메니아(Armenia)는 강했다. 역사상 대부분 아르메니아가 주변 나라들을 지배하였다. 그 가운데 터키와 러시아가 포함되어 있었다. 아르메니아는 강한 문화적 정체성을 가지고 있었다. 아르메니아 사도교회(Apostolic Church)를 중심으로 한 기독교 문화적 정체성이 뚜렷하였다. 미국 선교사들이 그 지역에 들어갔을 때, 전통적인 교회들이 복음주의 선교사들의 강조점에 저항하였으나, 아르메니아에 회중교회와 장로교회 등 복음주의 교단이 설립되었다. 그 후 20세기 초, 터키는 아르메니아에 엄청난 고통을 안겨주었다. 터키인들은 알미니아인들에 대한 계획적 대량학살에 나섰다. 가장 교육을 많이 받는 사람부터 죽였다. 적어도 150만 명을 학살하였다. 참혹한 역사였다.

오늘날, 공산주의가 수십 년 동안 통치한 이후, 아르메니아는 독립국가가 되었다. 하지만 경제적으로 가난한 나라가 되고 말았다. 아르메니아 사도교회도 생기를 찾기 시작했다. 작지만 갱신과 부흥운동도 일어나고 있다. 현재 부흥운동을 주도하는 사람은 풀러 신학교를 졸업한 뻬뜨로스 말라이칸(Petros Malaykan) 박사이다. 그는 오래된 기성교회 안에서 복음주의 운동을 일으키고 있다.

복음주의 운동은 중요한 이슈에 직면하고 있다. 선교적 질문을 던지게 한다. 외국 선교사가 전통적인 교회가 있기는 하지만 영성이 살아있지 못하고 변화나 부흥에 열린 마음이 없는 지역에서 선교할 때, 어떤 접근방법을 사용할 것인가? 유럽지역에서 사역하는 선교사들에게 중요한 질문이다. 가톨릭 지역에서 사역하든 개신교 지역에서 사역하든 모두 다 이런 문제를 안고 있다. 복음주의 선교운동은 러시아의 정교회를 어떻게 접근할 것인가? 정교회가 주도하는 에티오피아에서의 복음주의 운동은 어떻게 접근할 것인가? 에티오피아 정교회는 신약성경이 제시하는 신앙과는 거리가 멀고 무슬림에 대한 선교적 접근에 대해서도 대책을 갖고 있지 않는 듯 하다. 이런 경우 복음주의 운동은 어떻게 해야 하는가? 이런 상황에서 복음주의 운동은 놀랍게 성장하였다. 신자가 1천4백만 명을 상회하고 있다.

아직도 소망이 있다. 일부에 국한되기는 하지만 전통적인 교회 내에서 갱신과 부흥운동이 일어나고 있다. 글라서 박사는 유럽 기성교회와 함께 사역하는 미국 선교사들에 대해 우호적으로 기술하고 있다. 일부 미국 선교사들은 유럽에서는 사이비 분파로 여겨지는 미국 스타일 교단들을 세워가고 있지만, 미국 선교사 가운데 다른 부류는 새로운 스타일로 이머징 처치(emerging church), 즉 신흥교회들을 세우고 있다. 다른 형식의 교회사역을 위해 부름받은 사람들도 있을 것이다. 기독교왕국-후기시대를 맞은 서구 나라들 가운데 사역하는 선교사들은 이런 이슈들을 더 이상 외면할 수 없다. 유럽이 안고 있는 이런 선교적 이슈들에 대해 유럽인들 보다 외국인이 더 좋은 해결책을 가지고 있을 수 있다. 알려진 바에 의하면, 우크라이나 수도인 키예프, 런던, 그리고 파리에서 제일 큰 교회를 목회하는 목사들이 모두 나이지리아 사람들이라고 한다. 얼마나 놀라운 일인가!

2) 이집트, 콥트교회(Coptic Church) 그리고 개신교

이집트는 아랍어권이 되기 전에 원래 콥트어를 사용하던 나라였다. 이집트는 북아프리카에서 이슬람의 침공이후에도 살아남은 교회가 있던 나라였다. 오늘날까지 콥트교회는 생존하여 6백만 성도를 자랑하고 있다. 콥트교회는 숱한 어려움을 견뎌야 했다. 그들은 이집트에서 이등국민으로 여겨졌지만 신앙을 지켰다. 이집트에 초기 장로교 선교사가 들어왔을 때, 콥트교회는 장로교회의 강조점을 거부하였다. 그 결과 콥트복음교회(Coptic Evangelical Church)가 조직되었다. 콥트복음교회는 현재 15만 성도가 있으며 북아프리카와 중동지역 개신교단 가운데 가장 큰 교단이 되었다. 1952년 내가 프린스턴에서 공부할 적에 이집트 친구가 있었는데, 그는 콥트복음교회 교단 가운데 대 교회를 목회하는 목사였다. 그는 전통 콥트교회를 비판하였다. 그들은 교인들이 알아듣지 못하는 언어로 예배를 진행하고 그들의 신앙생활에는 복음에 대한 진정성이 부족하기 때문이라고 하였다. 그는 그런 상황에서 개신교 목사가 된 것을 자랑스럽게 여긴다고 하였다. 그는 오랫동안 아주 탁월한 사역을 하였다.

다른 한편, 몇 년 전에 나는 이집트 콥트교회 감독인 마르코스(Markos)를 만났다. 그는 예수님을 사랑하는 것이 분명했다. 10대부터 시골마을에서 주일학교 교사로 참여하였다. 그는 의사 선교사로 에티오피아에 갔다. 지금은 나이로비에서 아프리카인 교회들과 함께 사역하고 있다. 가장 오래된 콥트교회와 가장 최근의 교회가 아프리카에서 함께 사역하고 있다. 놀라운 모델이다. 우리는 전혀 다른 이 두 교회의 전통을 어떻게 조화시킬 수 있을까? 우리는 오래된 전통교회의 존재를 인정하고 그 교회가 안으로부터 갱신과 부흥이 일어날 수 있는 가능성을 염두에 두어야만 한다. 내가 가진 편견이 있다. 우리는 언제나 그리스도의 몸인 교회의 통일성을 견지해야 하며 가능한 기성교회와 함께 사역해야 한다는 것이다. 하지만 교권의 외곽에서 사역해야만 할 것이다. 그곳이 갱신과 부흥의 가능성이 높기 때문이다. 우리는 성령께서 기성교회에 새 생명을 불어넣을 수 있다는 사실을 믿어야 한다. 하지만 우리는 그런 갱신과 부흥이 전혀 예상하지 못했던 사람을 통해 변두리에서 일어난다는 사실을 알고 있다.

미국 선교부는 중동과 이집트에 교육기관들을 새롭게 설립하였다. 교육사역을 통해 사회에 긍정적인 영향을 미치기 원했다. 베이루트에 있는 아메리칸대학이 좋은 실례가 된다. 미국 선교부는 병원도 세웠다. 우리는 학교와 병원사역에 대해 너무 비판적이 되어서는 안 된다. 우리는 기억해야 한다. 대부분의 경우, 특정 사회나 국가에서 선교사역을 펴는 유일한 방법이 학교나 병원사역일 수 있다. 그것은 선교에 유용하다. 미국 선교부는 학교와 병원을 선교를 위해 설립하였다. 예상은 빗나갔다. 불행하게도 이런 기독교 대학들이 서서히 세속화되어갔다. 기독교 영향력은 거의 사라졌다. 이것이 안타까운 현실이다.

선교사들의 목표는 무슬림 전도였다. 선교사들이 고대교회 신자들을 만났을 때, 그들이 고대교회를 개신교와 비슷하게 갱신하고 부흥하게 하면, 고대교회가 무슬림 인구를 전도하는 데 유용한 하나님의 도구가 될 것이라고 믿었다. 예상은 빗나갔다. 이슬람교에서 기독교로 개종한 소수의 사람들은 어려움에 직면했다. 그들을 고대교회가 수용해주지 않았다. 대부분의 다른 교회들도 마찬가지였다. 그들은 신뢰를 받지 못했다.

이슬람교는 철저한 유일신교이다. 우상을 금기시한다. 하나님의 형상을 그림이나 조상(彫像)으로 만드는 것을 우상숭배로 여긴다. 이런 관점에서 무슬림은 고대교회의 그림이나 조각상들을 다신교나 이교적 행위로 여겼다. 동방교회가 예배를 돕기 위해 사용했던 이미지나 아이콘들을 우상숭배로 본 것이다. 사실 동방 정교회 교인들은 이런 성상들을 예배한 것이 아니었지만, 정교회가 가졌던 독특한 신학사상을 다른 외부자들이 대부분 이해할 수 없었다. 이런 까닭에, 그리스도를 믿게 된 무슬림 출신들은 생경한 상황에 힘들어했다. 고대교회인 정교회의 예배나 개신교의 예배가 어색하고 부담스러웠다. 이런 상황적 이해는 오늘날 '무슬림 배경을 가진 신자들을 위한 교회'를 이해할 수 있게 한다. 무슬림 출신 신자들에게 맞도록 상황화한 교회의 필요성에 대해 공감하게 한다.

오해는 쉽다. 우리는 간혹 초기 선교사들이 직면했던 딜레마를 오해하기 쉽다. 우리는 언제나 그들이 처했던 상황을 바로 인식하는 것이 중요하다. 우리가 초기 선교사들의 전략과 결정에 동의할 수도 있고 그렇지 않을 수도 있다. 그것은 별로 중요하지 않다. 문제는 초기 선교사들이 당면했던 이슈들을 바로 이해해야 한다는 것이다.

이슬람권에서 탁월한 선교사역을 했던 선교사들이 많이 있다. 그 가운데 두 분에 대해 잠시 살펴보기로 하자.

3) 즈위머와 해리슨

사무엘 즈위머(Zwemer)는 '이슬람교도를 위한 사도'로 알려져 있다. 그는 19세기 말 학생자원자운동을 통해 선교에 헌신하였다. 특히 이슬람 선교를 위해 평생을 헌신하였다. 나의 동료 교수인 우드베리는 즈위머 선교사의 설교를 듣고 이슬람권 선교사로 헌신하였다. 우드베리는 하버드대학에서 근본주의 이슬람을 연구한 선교학자가 되었다. 즈위머는 미국 개혁교회 선교사로 바레인에 가서 현지 무슬림들과 함께 살면서 사역하였다. 중동지역에서 수십 년간 사역하면서 이슬람 선교에 대해 연구하고 글을 썼다. 나이가 들어 현장을 떠난 즈위머는 프린스턴신학교에서 선교학을 가르쳤다. 해리슨(Harrison)은 즈위머의 동료 선교사였다. 그는 1938년 인도 마드라스에서 열렸던 IMC 모임에 나와 간증하였다. 이슬람 지역에서 50년간 사역하면서 5명의 개종자를 얻었다는 내용이었다. 우리는 이들과 같은 선교사들을 존중해야만 한다. 우리는 특정지역에서 급성장하는 교회에만 집중하려는 경향이 있다. 급성장하는 것을 보며 흥분한다. 우리는 다른 선교지도 있음을 기억해야 한다. 선교사가 가서 추수하는 것이 아니라, 씨를 뿌리는 것이 아니라, 아니 밭을 가는 것이 아니라, 밭에 있는 돌을 제거하는 선교사역도 있다. 다른 사람이 와서 갈고, 씨를 뿌리고, 그리고 추수할 수 있도록 돌밭의 돌멩이를 치우는 사역을 하고 있는 선교사들이 있다. 그런 개척선교사역을 위해 부름받은 선교사들이 있다.

이제 전세는 바뀌었다. 지난 몇 년 사이에 전 세계는 이슬람교를 의식하게 되었다. 극히 최근까지, 무슬림을 전도하기 위한 노력이 간헐적으로, 미미하게 진행되었다. 프란치스코회(Franciscan)와 도미니쿠스회(Dominican)가 무슬림 전도를 시도하였다. 하지만 당시 무슬림선교를 위해 준비된 선교인력과 선교자원은 아주 극소수였다. 특히 미전도 종족들을 위해 외국으로 나가 사역할 사람들이 부족했다. 무슬림선교에는 정치 문화적 장벽이 있었다. 식민주의(Colonialism), 잦은 전쟁, 십자군 운동(the Crusades), 그리고 서구 사회와 동일시된 기독교에 대한 인상은 모두 무슬림선교에 부정적으로 작용했다. 오늘날 기독교선교에 긍정적인 면이 생겼는데, 무슬림에 접근할 때 더욱 문화적으로 민감하게 다가가는 자세를 가지게 되었다는 점이다. 무슬림선교는 여러 대립과 갈등 가운데, 일부 긍정적인 현상이 나타나고 있다. 무슬림선교의 권위자인 어느 학자는 주장한다. 무슬림들이 예수님을 따르는 제자가 되고 있다. 역사상 어느 시대와 비교할 수 없을 만큼 가장 많은 숫자가 기독교인이 되고 있다. 그러나 그들은 자신에게 '기독교인'이라는 용어를 붙이는 것을 싫어한다. 하지만 그 숫자는 아직 충분한 숫자가 아니다. 분명한 것이 있다. 기독교선교가 무슬림을 향해 나가면서 자신을 돌아보며 겸손하게 다가가야만 한다.

본 장에서는 근대 오세아니아, 중동, 그리고 북아프리카에서의 선교활동을 개괄하였다. 다음 장에서는 근대 아프리카에서의 선교활동을 살펴 볼 것이다.

제 28 장

근대 아프리카 선교

1. 서론

한 알의 밀알이 땅에 떨어져 죽는다. 19세기 선교를 설명하는 비유는 한 알의 밀알이었다. 한 알이 땅에 떨어져 죽으면 열매를 맺는다(요 12장). 우리는 이런 실례를 초기 아프리카 가나로 갔던 스위스 바젤 선교회에서 볼 수 있다. 희생이 심했다. 선교사역을 시작한 첫 12년 동안 선교사 8명이 무덤에 묻히고 단 1명만 살아남았다.

앤드류 월스(Walls)는 제안한다. 다음 그룹들을 상상해 보라고 권면한다. 1세기 예루살렘에서 예수님을 메시야로 예배했던 소수의 유대인 무리들, 2세기 후에 사막에서 수도하던 이집트 수도승들, 12세기 이탈리아에서 숨어 집에서 예배드리던 발도파 신자들의 모임, 로스앤젤레스 아주사 스트릿에 있던 초기 오순절파들, 21세기 서울에 있는 한국 초대형 교회들, 케냐의 나무 아래 모여 예배드리는 마사이족 무리들, 평신도 여성이 인도하는 중국 가정교회, 또는 미국 도시주변 교외에 있는 교회를 상상해 보라. 우리는 다른 여러 교회들도 더 언급할 수 있다.

이런 그룹들은 각각 다른 모습을 하고 있다. 이들은 문화적으로나 신학적으로 아주 상이할 것이다. 그들이 가진 단 한 가지 공통점이 있을 것이다. 모두가 예수 그리스도를 통하여 하나님을 예배하고 예수님의 제자가 되려는 점에서 같을 것이다. 나는 이것이 그리스도의 몸, 보편적 교회의 일부가 되는 한 가지 핵심적인 특징이라고 믿는다. 이런 보편적 교회에 대한 이해는 교회구조와 문화형식을 넘어서 교회를 이해하는 데 도움이 될 것이다. 우리는 교회구조와 문화형식을 중시한다. 그런 교회를 통하여 우리가 믿음을 가지게 되었기 때문이다. 이제 우리는 역사를 통하여 다양한 교회 형식을 통하여 하나님의 백성들이 모여 예배드렸다는 것을 발견하기 시작했다. 교회의 다양성에 대한 인식은 오늘날 성령께서 만들고 계시는 새로운 교회형식에 대해 열린 마음을 갖게 할 것이다.

웰스는 그의 책 『기독교 역사에 나타난 선교운동』에서 선교의 중요한 두 가지 원칙을 밝혔다. 언제나 선교의 중요한 원칙들이었다. 첫째는 "토착 원리"였다. 이것은 우리가 다른 사람의 문화적 정체성과 사회관계를 존중해야만 한다는 원리이다. 모든 사람들은 자신이 '가장 편안하게 느끼는 방식으로' 복음을 들어야만 한다. 소속감이 있는 문화적 상황에서 복음을 들어야만 한다. 누구도 예수님을 믿기 위해 자신이 속한 사회 문화적 상황을 떠나게 해서는 안 된다. 이것은 맥가브란이 주장하는 "동질집단의 원리"(homogenous unit principle)와 같다. 동질집단의 원리에 따라, 사람들이 커다란 문화적 장벽을 넘지 않고 그리스도의 제자가 될 수 있도록 배려해야 한다.

월스의 두 번째 원리도 중요하다. 월스는 그것을 "순례자 원리"(Pilgrim Principle)이라 부른다. 순례자 원리는 레블레이스가 소개하는 '탈문화'(disenculturation) 개념과 유사하다. 순례자 원리는 그리스도 안에서 하나님께서는 우리를 있는 모습 그대로 받아주신다는 것을 인정한다. 하지만 우리가 하나님 나라의 시민으로 변화되어 가기 시작하면서, 우리는 우리 사회와 문화 밖으로 걸어 나가는 자신을 발견하게 될 것이다. 어떤 사회나 문화도 하나님의 뜻과 완전히 일치한 경우가 없기 때문이다. 이것은 보편화하는 원리이며 약간 역설적이기도 하다.

신자가 자신의 문화와 인간관계들 속에서 계속 살아가는 동안, 그는 이제 그리스도로 인하여 변화되었고, 믿음의 가족들과 전혀 새로운 인간 관계를 맺게 되었다. 모든 기독교인은 이중 국적을 가지고 있다. 자신이 속한 국가나 사회의 시민권이 있고, 전 세계 하나님 나라 시민 공동체 회원으로서의 시민권을 가지고 있다. 성숙을 향한 하나의 중요한 성장의 표시는 사랑하고, 함께 예배하고, 그리고 나와 다른 인종과 문화 출신의 형제자매들로부터 배우는 능력이다.

그리스도인들은 너무도 자주 실수한다. 이 사실을 이해하지 못한다. 시민권을 두 개나 가지고 있다는 사실을 망각한다. 자신의 정체성을 계속해서 특정 인종이나 국가에 국한하여 규정한다. 그리스도의 보편적인 몸의 일부로 자신을 규정하지 않는다. 이런 생각은 '부족 기독교'(Tribal Christianity)로 인도한다. 결국 인종차별주의, 부족주의, 카스트 제도에 의한 분류, 사회 경제적 구분, 그리고 남아프리카 같은 교회에서의 인종차별을 정당화 한다. 러블레이스가 그의 탈문화화 개념에서 지적하는 바와 같이 갱신과 부흥운동의 특성 가운데 하나는 그런 인종차별적 태도가 현저하게 극복되는 것이다. 우리 모두는 우리가 하나님 나라의 시민이 되면서부터 평생 순례자로 부름받았다. 우리는 전통문화를 계속 사랑하며 감사할 것이다. 하지만 문화적 다양성도 사랑하고 감사하게 될 것이다. 다른 문화에 속한 사람들이 다양한 방식으로 예배하고 그리스도인의 제자도를 표현하는 것을 사랑하고 감사할 것이다.

서론이 좀 길어졌다. 하지만 내가 언급한 요소들은 중요하다. 역사상 모든 곳에서 중요하게 작용하였다. 특히 아프리카에서 더욱 그렇다.

2. 아프리카계 미국인과 아프리카인에 의한 시작

아프리카계 미국인 일부가 기독교인이 되었다. 그들은 노예 출신, 영국군대 출신, 미국 독립 후에 노바 스코샤(Nova Scotia)로 이민한 사람들로 미국인이 되었다. 그들이 열대 아프리카에 최초의 개신교 교회를 세웠다. 1792년 천백 명이 시에라리온에 도착했다. 그들은 '약속의 땅'에 들어오는 기쁨을 아이삭 왓츠의 찬송으로 노래하며 들어왔다. 그들은 영국에 있는 '클라팜 당'(Clapham Sect) 당원들이 미리 사놓은 땅에 정착하였다. 미국에 정착한 지 60년 동안, 그들의 인구는 5만 명으로 늘어났다. 그들은 교회 선교회(the Church Missionary Society)에서 사역하도록 안수받은 목사 1백 명을 지원하였다. 전도사도 여럿 배출하였다. 다른 선교기관에서 일하는 선교사들도 다수 배출하였다.

우간다에 있는 수많은 간다족 사람들이 기독교인이 되었다. 성공회 선교의 결과였다. 그들 가운데 몇 사람은 전도사가 되어 고향에서 아주 먼 곳까지 가서, 외국어를 배워서 복음을 전하였다. 그들은 다른 인간집단들을 복음화하였고, 교회들을 개척하였다. 그들은 타문화권 선교사들이었다. 그들은 유럽에서 아프리카로 온 선교사들처럼 문화적 장벽을 넘어가 복음을 전하였다.

나이지리아 한 지역을 탐사한 연구조사는 새로운 지역으로 이주한 그리스도인들이 새로운 지역에 복음을 전파하는 경우가 많았다. 그렇게 새로운 지역으로 이주하는 기독교인들은 법정 사무원, 철도 역무원, 재단사, 또는 상인이나 무역업자들이었다. 그들이 새로운 지역으로 이주하면, 가정 기도회를 시작하고, 주일을 거룩히 지켜 일하지 않고 찬송을 불렀다. 주변 사람들이 그들의 신앙에 대해 관심을 보이면, 신앙을 나누고 가정을 개방하여 교회를 시작했다. 선교사의 역할은 대부분 교회가 시작되고 난 이후에 와서 이미 형성된 신앙공동체를 요청에 따라 지도해 주는 것이었다.

3. 선교사들

1) 선교사들에게 가장 어려운 이슈들

1. 질병과 죽음: 아프리카는 질병과 죽음이 기다리는 곳이었다. 선교사 두 세 가정이 아프리카에 도착한 후 6개월이 지나면, 선교사들 가운데 3분의 2가 이미 세상을 떠나고 없다. 하지만 이런 위험을 감수해야 한다는 사실을 알고도, 선교사들은 계속 아프리카로 향하였다.
2. 추장과의 관계: 일부 추장들은 잔학하였다. 그들은 자기 국민들을 무슨 작은 핑계를 대서 죽이기도 하였다. 다른 추장들은 복음을 받아들이고 문호를 개방하여 선교운동을 돕기도 했다.
3. 일부 지역 문화풍습: 일부다처제, 일부 문화에서 쌍둥이를 죽이는 풍습, 주술, 그리고 혼합주의(Syncretism)는 모두 다루기 어려운 문제들이었다.
4. 유럽 식민지 개척자와의 관계: 선교사들은 식민주의와 토착민들의 안녕을 위한 관심 사이에서 많은 어려움을 겪었다. 간혹 선교사들은 식민주의에 편승하였다. 식민주의에 대해 충분히 비판하지 못하였다. 하지만 간혹, 식민지 내의 학대행위에 대해 주의를 집중시키기도 하였다. 20세기

초, 콩고에 있던 미국 장로교인들인 흑인과 백인 두 사람이 소논문을 출판하였다. "20세기 노예제도"라는 제목을 가진 글이었다. 이 글은 벨기에 정부가 고무농장에서 일하는 콩고인들에 대한 잔혹한 행동들을 폭로하고 있다. 그 글은 국제적인 반향을 일으켰다. 그 결과로 아프리카인들에 대한 대우가 약간 좋아졌다.[1]
5. 복음전도와 다른 사역들인 교육, 의료사역, 그리고 농업개발과의 관계: 부족한 자원을 어떻게 가장 효율적으로 사용할 것인가?
6. 기독교 신앙과 서구 문명과의 동일시: 여러 사람들의 마음속에 있는 위험함은 진정한 그리스도인이 된다는 것은 서양 사람처럼 된다는 생각이다. 그것은 착각이다.

2) 남아프리카

남아프리카 기독교에 영향을 준 세 그룹이 있다. 화란사람, 영국사람, 그리고 흑인종족들이다. 화란 칼뱅주의자들은 자신들에게 주어진 숙명을 믿었다. 그들이 남아프리카에서 이런 비극적인 신학을 가지고 실천했다는 사실은 놀랍기 그지없다. "백인들에게 주신 하나님의 뜻은 흑인들을 지배하는 것이다." 1737년 모라비안 조지 슈미트(George Schmidt)가 남아프리카에 도착하여 전도하였고, 첫 번째 흑인 개종자를 얻었다. 1744년 화란사람들이 남아프리카를 지배하기 시작하면서 그를 추방하였다.

1799년, 존 반덴켐프(John T. Vandenkemp)가 런던선교회 파송으로 남아프리카에 도착하였다. 그가 흑인들의 권리를 옹호하였기 때문에 유럽 식민지 개척자들과 갈등이 많았다. 그와 다른 동료들은 현지 흑인 여인과 결혼하였는데, 당시 그런 행동은 명예롭지 못한 스캔들로 간주되었다. 반덴켐프는 유럽 식민주의자들과의 갈등문제와 함께 아프리카 부족들 사이에 있던 적대관계 문제를 해결하기 위해 고투하였다.

1820년 도착한 존 필립(John Phillip)도 런던선교회 소속이었다. 그도 역시 흑인들의 권리를 옹호하였다. 노예제도에 맞서 싸웠다. 부족 간의 전쟁을 막고

---

[1] Sholoff, Stanley, "Presbyterians and Belgian Congo Exploitation," *Journal of Presbyterian History*, v 47, 192.

평화를 유지하기 위해 고군분투하였다. 그는 흑인인권을 신장하고 보장하기 위하여 복음적인 교회들과 연합하여 영국정부에 압력을 행사하였다. 그런 정치적 활동은 그를 화란 사람들과 갈등관계에 놓이게 하였다. 이런 정치적 불편함을 무릅쓰고, 복음전도와 흑인들의 인권신장을 위해 최선을 다하였다.

네 번째 핵심인물은 로버트 마펫(Robert Moffatt)이었다. 그도 런던선교회 소속으로 농업기술을 남아프리카에 전수하였다. 그는 농지에 물을 대는 관개기술을 소개하였다. 그는 언문형태로 된 현지어 트와사나어(Twasana language)를 배워 성경을 번역하였다. 성경번역은 부흥운동을 불러왔고 현지교회가 성장하였다. 그의 아프리카인들에 대한 태도는 아주 존경받을 만하였다.

19세기 선교사들 가운데 데이비드 리빙스톤(Livingstone)은 가장 잘 알려진 선교사이다. 리빙스톤은 마펫의 사위였다. 선교지로 먼 길을 떠나기 전, 그는 이렇게 썼다.

> 나는 내가 가진 것 전부가 아깝지 않다. 오직 하나님 나라에 관계되는 것을 제외하고 아무것도 원치 않는다. 하나님 나라를 확장하는 데 도움이 되는 것이 있다면 소유할 것이고, 도움이 되지 않는 것이라면 버릴 것이다. 내가 소유하고 버리는 것을 통해 하나님의 영광을 드높일 것이다. 나는 하나님께 현재와 영원한 나의 모든 소망을 건다.[2]

리빙스톤은 위대했다. 그는 여행을 떠나면서 두 가지 목적이 있었다. 첫째, 노예무역을 끝내는 것이었다. 둘째, 아프리카 무역거래를 개시하는 것이었다. 그는 무역거래가 노예무역을 대체할 수 있는 대안이라고 믿었다. 새로운 경제적 가능성을 여는 것은 아프리카인들에게도 새로운 경제발전 가능성을 줄 것이며 기독교 복음을 전파하는 데에도 유익할 것으로 믿었다. 여기서 당시 상황을 이해하는 것이 중요하다. 당시 아랍인, 흑인 부족들, 그리고 유럽인들 모두가 협동하여 노예무역에 참여하고 있었다. 모두가 죄에 취해 있었다.

우리는 남아프리카에 행해진 흑인에 대한 인종격리정책을 비극적인 역사로 규정한다. 일반적으로, 아프리카인 개혁교회(Afrikans Reformed Church)는 인종격

---

2) Neill, 314.

리정책을 인정하였다. 하지만 내가 남아프리카를 방문했던 1982년의 분위기는 달랐다. 당시 나는 데이비드 보쉬(David Bosch) 부부와 세 명의 아프리카인 목회자들과 함께 오후시간을 같이 보낸 적이 있다. 1982년 아프리카인 목회자 71명이 교회들에게 편지를 보내 인종격리정책은 악법이라고 선언하였다. 내가 데이비드 보쉬와 함께 만났던 목사들도 그 71명에 포함된 지도자들이었다. 내가 남아프리카를 방문할 당시, 그들은 무시당하고 국외로 추방을 당했다. 지금 우리는 인종분리정책이라는 악법이 결국 무너졌다는 것을 잘 알고 있다. 그 후로 남아프리카 정부가 바뀌었다. 여러 선교사들이 과거에 놀라운 사역을 하였다. 하지만 현재가 중요하다. 남아프리카교회는 신뢰를 받기 위해 아직도 해야 할 일이 많다.

3) 우간다와 바간다 인간집단

바간다족은 격리된 인간집단이었다. 그들은 무테사(Mutesa) 추장의 지도로 잘 갖추어진 사회제도를 가지고 있었다. 하지만 추장은 잔인했다. 간혹 부족민들을 처형하기도 했다. 어느 학자는 그를 이렇게 기록하였다. "그는 우리가 기록으로 아는 어떤 사람보다도 더 많은 아내들을 거느리고 있었다."

아프리카는 진통하고 있다. 오래된 아프리카 전통방식, 성공회 신앙, 그리고 로마 가톨릭신앙 사이에서 갈등하며 진통하고 있다. 내란 후, 영국은 섭정정치를 위해 보호제도를 만들고 구획을 나누었다. 성공회 중심의 개신교 구획 그리고 로마 가톨릭 구획으로 나누어 통치하였다.

1882년 처음으로 성공회 세례식이 거행되었다. 2년 후, 무테사가 죽고 그의 18살짜리 아들 무왕가(Mwanga)가 정권을 승계하였다. 그때, 성공회 감독인 재임스 해밍톤(James Hannington)이 우간다로 입국하려다 문제가 생겼다. 그는 바간다족의 오래된 원수들이 사는 지역을 통해 동쪽으로부터 우간다로 입국하려다 문제가 된 것이었다. 무왕가는 감독에게 사형을 선고하고 처형하였다. 남색을 즐기던 무왕가에게 수청을 거절한 젊은 신자들은 죽임을 당했다. 처형방법은 처참했다. 불에 서서히 구워 죽이는 방법을 사용하였다. 32명이 더 불에 타 죽었다. 그 후로 수많은 사람들이 순교하였다. 결국 무왕가는 추방되고, 해안에서 내륙지방으로 철로가 놓였다. 거대한 인간집단 운동이 일어났다. 수많은 사람들이 기독교로 개종하였다.

바간다족은 대단한 선교적 열정을 보여주었다. 그들은 복음을 평소 원수로 지내던 다른 인간집단 세 곳에 전하였다. 한 선교사는 아프리카 적도 부근에 사는 작은 흑인 피그미족 언어를 배워 성경을 번역하였다.

알프레드 터거(Alfred Tucker) 감독은 우간다에서 1893년부터 1911까지 사역하였다. 그는 거대한 인간집단운동을 보고 새로운 비전을 가졌다. 아프리카인들과 유럽인들이 함께 평등하게 예배드리는 교회를 설립하려 하였다. 선교사들은 대부분 반대하였다. 그들은 유럽인들이 아프리카인들 위에서 리더십을 발휘해야만 한다고 생각했다.

4. 아프리카인 리더들

윌리엄 W. 해리스(Harris)는 탁월한 아프리카인 리더였다. 그 외에도 여러 아프리카 리더들이 있었지만, 그는 토착적인 방식으로 기독교 복음을 전하기 위해 부름받은 아주 특별한 전도자였다. 그의 전도는 효과적이었다. 해리스는 1860년 라이베리아(Liberia) 전통 마을에서 탄생하였다. 그는 감리교와 성공회 영향을 받으며 성장하였다. 1910년경에 그는 특별한 경험을 하였다. 천사 가브리엘이 그를 찾아와 그에게 말하기를 말세의 예언자가 되라고 했다. 서양식 '문명화한' 의복을 입지 말고, 하얀 예복을 걸치고, 야만인이 숭배하는 나뭇조각이나 물신(物神) 우상을 쳐부수고, 기독교 세례를 전파하라고 하였다. 당시 상황은 전시였다. 아프리카 사람과 아프리카 사람이, 유럽인과 아프리카 사람이 서로 정치 군사적 전쟁을 하던 상황이었다.

우리는 성령의 기름 부으심을 믿는다. 성령께서 해리스에게 능력의 기름을 부으셨던 것이 확실하다. 그는 나가 선포하였다. "그리스도가 통치하셔야만 한다. 나는 그리스도의 예언자이다." 그는 그리스도께서 속히 재림하시어 평화의 왕국을 세우실 것을 확신하였다. 해리스는 마태복음 28:18-20을 자신의 선교 사명으로 수용하였다. 한 정치가는 해리스에 대해 이렇게 기록하였다. "당신이 슬픔과 괴롬에 가득 찬 마음으로 해리스께 와서 말씀을 들어보라 그가 말씀을 마쳤을 때 당신 안에 있던 슬픔과 괴롬은 모두 사라질 것이다. 왜? 그는 살아계신 하나님의 능력을 부른다. 그는 하나님의 능력으로 문제 많은 영혼을 진정시킨다. 그는 분쟁을 물리치고, 괴로움을 가라앉힌다. 기쁨을 주고 절망하는 사람에게 영혼의 빛을 던져준다. 그는 자신을 높이지 않는다. 겸손한 영혼을 소유하고 있다."[3]

해리스는 말씀의 사람이었다. 라이베리아 해안선을 따라 오르내리며 회개와 세례를 선포하였다. 하얀 예복을 걸치고 있었다. 손에는 십자가 막대를 들고 다녔다. 다른 손에는 성경과 세례기구를 들고 있었다. 그는 지역 신들의 영적 능력을 물리쳤다. 그는 우상숭배자들과 영적 대결을 벌였다. 언제나 능력대결에서 승리하였다. 마을 사람들은 세례를 받기 위해 그들이 소장하고 있던 우상과 부적들을 가져왔다. 그는 우상을 불태웠다. 그 후에 마을 사람들은 세례를 받았다. 해리스는 마을 사람들에게 십계명, 주기도문, 그리고 사도신경을 가르쳤다. 그 후에 마을 사람들에게 교회당을 지으라고 시시했다. 열두 사도를 선정하여 지역교회를 다스리게 하였다.

해리스의 전도 집회는 놀라웠다. 주목할 만한 신유와 기적이 일어났다. 간혹 그를 반대하던 사람들이 갑자기 죽었다. 한 영국인 행정관이 고백했다. "나는 이 마을에서 어떤 도덕적 변화가 일어날 것이라고는 전혀 믿을 수 없었습니다." 그런데 마을에 변화가 일어났다. 해리스는 술을 금하였다. 하지만 일부다처제는 유지시켰다. 그는 세 번이나 감옥에 갇혔다. 1929년 70세의 나이로 극도의 빈곤함 가운데 죽었다. 그는 돈을 탐하지 않았다.

해리스의 영향은 컸다. 그의 사역은 부족집단을 초월한 것이었다. 그는 아프리카 토속종교를 무너뜨렸다. 우상과 부적, 몇 가지 금기들, 그리고 여성을 괴롭히던 특정 관습들을 타파하였다. 그는 교육을 장려하였다. 실로 탁월한 영적 지도자였다.

해리스는 교회성장에 크게 기여하였다. 해리스의 전도사역을 통하여 개신교와 로마 가톨릭 교인숫자가 수천 명씩 늘었다. 당시 일부다처제 때문에 교인이 되지 못했던 사람들까지 포함하면, 더 많은 사람들이 믿음을 갖게 되었다. 지금 아이보리 코스트에 가면 '해리스 기념교회'가 있다. 2만 명이 모이는 대형교회로 매일 3개 언어로 예배드리는 대단한 교회이다.

---

3) David Shenk, "The Legacy of William Wade Harris," *International Bulletin of Missionary Research* 10, no. 4 (October 1986): 170, 176.

아프리카 선교사역에서 능력대결 이슈는 중요하다. 그는 능력전도를 효과적으로 사용하였다. 이것은 아프리카뿐만 아니라 전통종교를 가진 나라들에도 중요한 선교적 이슈가 되고 있다.

사무엘 크로우터

1864년 놀라운 일이 벌어졌다. 유럽인이 아닌, 전직 노예 출신 성공회 감독이 아프리카에 탄생하였다. CMS가 사무엘 크로우터(Samuel Crowther)를 감독으로 안수한 것이었다. 그는 나이제리아 동부로 파송되었다. 유럽인들의 후원을 받지 않고 새로운 사역을 시작하였다. 그는 나이지리아를 떠난 지 오래 되었고, 이제 자신과 언어가 전혀 다른 사람들 가운데 보내진 것이었다. 그는 자신을 '피부가 까만 영국인'으로 보았다. 그런 까닭에, 선교부가 그를 좋은 의도로 파송하였고 크로우터도 착한 사람이었지만, 그의 사역은 별로 성공적이지 못했다. 그가 죽은 후, 성공회 교구조직이 와해되고 아프리카인들의 도움을 받은 유럽인 감독이 크로우터의 자리를 차지하였다.

우리는 크로우터의 감독직에 대해 다시 생각해 본다. 그것은 아프리카인 토착적 리더십을 키워주려는 의미있는 시도였다. 하지만 그것은 아프리카 문화를 잘 이해하지 못한 잘못된 결정이었다. 이 사건은 우리에게 진정한 토착적 리더십이란 무엇인가 하는 진지한 고민을 하게 한다.

5. 교회성장과 현재의 추세, 아프리카의 이슈

1. 1930년대에 동아프리카 부흥이 시작되었다. 동아프리카 부흥은 놀라운 교회성장과 생동하는 신앙생활을 가져왔다. 동아프리카 부흥은 20세기 말까지 사하라 주변 아프리카 지역에 3억 5천만에 이르는 기독교 교회를 일으킨 중요한 전도운동 가운데 하나였다. 동아프리카 부흥은 한국의 평양 대부흥과 유사하다. 부흥운동이 적어도 부분적으로 유럽 선교사와 아프리카 현지 신자들이 상호간에 은사를 인정하는 화해를 통해서 촉발되었다는 점에서 유사하다.

2. 계속되는 부족주의(Tribalism)가 문제이다. 아프리카 부족주의는 간혹 비극적 결과를 초래하기도 한다. 기독교도들은 르완다에서 특정 종족을 근절시키기 위해 계획적인 대량학살을 저질렀다. 다른 부족을 향한 이런 대량학살을 통해 다른 부족 기독교인들을 살상하였다. 부족주의는 정치적으로 다루어야만 할 현실 정치문제임과 동시에 교회의 문제이다.
3. 아프리카 토착교회가 급성장하고 있다. 아프리카에서 가장 급성장하는 교회들은 아프리카인이 설립한 토착교회들이다. 토착교단들이 우후죽순처럼 일어나고 있다. 한 학자는 아프리카에 교단 숫자가 적어도 6천 개가 될 것으로 추산하였다, 아프리카 토착교회들은 예배와 교회 리더십 스타일이 훨씬 더 토속적이다. 일부 교회는 일부다처제를 계속하고 있다. 신학적으로도 다양하다. 역사적 정통성을 지키는 교회로부터 아주 혼합주의적인 신학 성향을 가진 교회까지 다양한 모습을 가지고 있다.
4. 일부 학자들은 지적한다. 아프리카교회는 "폭은 넓어도 깊이는 없다." 하지만 이런 비판은 공정하지 못하다. 아프리카교회에는 탁월한 리더들이 많다. 훌륭한 신학자들이 있다. 경제적 가난, 전쟁, 정치적 타락 가운데서도 교회는 신실하게 성장하고 있다. 아프리카에 있는 신학교 가운데 세계적으로 유명한 신학교들이 여럿 있다. 하지만 오늘날까지 교회에 토속신앙과 기독교 신앙이 혼합된 상태로 남아있다. 이런 아프리카적인 신앙은 간혹 주술에 빠지게도 한다. 이런 현상은 선교학적 통찰을 요구한다. 아프리카 문화의 심층차원을 이해하고 성경적 신앙에 나타난 능력과 권세에 대한 측면을 심층적으로 다루어야 할 필요성을 제시한다.
5. 아프리카의 또 다른 핵심 이슈는 호전적인 와하브파(Wahhbist) 이슬람교이다. 대부분의 아프리카 이슬람은 상당히 정상적이며 관대한 이슬람이다. 하지만 사우디 오일머니(oil money) 지원을 받는 보다 완고하고 편협한 이슬람이 성장하고 있다. 나이지리아 북부지역에 있는 기독교인들에게 압력이 가중되고 있다. 실례를 들면, 이슬람은 수십 개 교회를 불태웠다. 하지만 긍정적인 측면도 있다. 무슬림 가운데 일부가 이슬람교에서 개종하여 그리스도인이 되고 있기 때문이다.
6. 천형(天刑)과 같은 HIV/AIDS 현상은 비극적이다. 후천성 면역결핍증에 대한 여러 대책이 필요하다. 무엇보다 중요한 핵심 이슈는 성행위에 대한

기독교적 기준이다. 어린이를 포함한, 수백만에 이르는 에이즈 환자에 대한 간호사역도 필요하다. 그런 까닭에, 한때 선교사의 무덤이라고 불렸던 아프리카는 계속해서 선교에 어려움을 주고 있다. 다른 한편, 아프리카교회는 놀랍게 커졌다. 한편 아프리카는 가난, 전쟁, 그리고 정치적 타락이 성행하는 대륙이다. 아프리카는 세계교회에 도전을 주고 있다. 아프리카 사회를 변혁하는 일에 나서줄 선교사들이 필요하다. 복음전도와 신학교육과 함께 경제 개발과 정치적 정직성을 회복시켜줄 변혁적 사역이 필요하다.

본 장에서는 근대 아프리카 선교를 개괄하였다. 다음 장에서는 근대 라틴 아메리카 선교에 대해 살펴볼 것이다.

제 29 장

근대 라틴 아메리카 선교

1. 서론

라틴 아메리카에 로마 가톨릭이 상륙하였다. 16세기에 스페인과 포르투갈 정복자들이 이베리아 로마 가톨릭주의를 라틴 아메리카에 가지고 왔다. 스페인과 포르투갈은 8세기부터 스페인을 점거한 무어 사람들을 근자에 축출하고 난 후 민족주의 정신으로 하나가 되었다. 민족주의적이며, 편협한 가톨릭신앙으로 하나가 되었다. 그들은 그런 가톨릭신앙을 원주민들에게 강요하였다. 노예집단 모두에게 강요하였다. 당시 사제들은 하루에도 수천 명에게 세례를 베풀곤 하였다. 하지만 그들에게 기독교 신앙의 진수를 거의 가르치지 않았다.

두 번째 문제가 있었다. 사제들의 숫자가 턱없이 부족하였다. 설상가상으로 새로운 세상인 라틴 아메리카로 온 사제들 대부분은 사제로서 소양이 부족한 사람들이 태반이었다. 물론 특별한 예외도 있었다. 당시 왕이 교회를 통제하고 있었고, 정치적 목적으로 감독의 숫자를 의도적으로 부족하게 유지하였다. 감독만이 사제들을 안수할 수 있었기 때문에, 사제들의 숫자는 이상적인 숫자에 턱없이 부족하였다. 1907년 자료에 의하면, 사제 한 사람이 인구 1만 5천 명을 맡아야 하였다. 일부 교구에서는 12년 동안이나 사제가 없었다.[1] 오늘날 상

---

1) P.E. Pierson, *A Younger Church in Search of Maturity* (San Antonio, Trinity University Press, 1974), 4.

황도 비슷하다. 큰 변화는 없어 보인다. 라틴 아메리카에서 사역하는 사제들은 대부분 외국 출신이다. 그런 까닭에, 라틴 아메리카 가톨릭교회는 언제나 사제 부족 현상에 시달렸다. 언제 한 번이라도 사제 숫자가 충분했던 적이 없었다. 가톨릭은 사제의 안수를 중시하고, 사제만 성례를 집례할 수 있기 때문에 평신도의 역할은 극히 제한적이었다.

세 번째 요소는 종교적 혼합주의다. 라틴 아메리카에 상륙한 가톨릭주의는 성모 마리아와 성인들에게 신앙의 기본초점을 맞추었다. 원주민들이 신앙을 갖게 되면서 혼합주의가 성행했다. 처음 원주민들이 들어오고, 브라질에서 주로 노예들이 신앙을 갖게 되고, 카리브해 사람들이 신앙생활을 하게 되면서 그들이 전에 섬기던 전통 신들을 교회 안으로 들여와 혼합종교를 만들었다. 그들에게 가톨릭신앙이 강요되었고, 그들의 전통 신들도 가톨릭 성인으로 함께 영세를 받았다. 그들은 전통 신들을 가톨릭 성인으로 존중하고 예배하였다. 이런 새로운 종교 습성이 생겨났다. 이런 혼합종교적 특성은 브라질에서 성행하는 강신술(降神術)과 하이티에서 성행하는 부두교(Voodoo)의 무술(巫術)로 나타나게 되었다.

가톨릭신앙인의 경건생활의 초점은 성모 마리아와 좋아하는 성인 몇에게 호의를 표시하는 것으로 모아졌다. 존 맥캐이(John MacKay)는 그의 책『스페인 사람들의 다른 그리스도』에서 라틴 아메리카의 독특한 기독론에 대해 설명하였다.[2] 라틴 아메리카 이베리아 사람들의 예술에 나타난 예수 그리스도는 세 가지로 묘사되고 있다. 첫째, 성모 마리아의 품에 안긴 무력한 아기 예수의 모습이다. 둘째, 십자가에 달려 죽은 조상(彫像)이다. 셋째, 역사의 종말에 손에 칼을 들고 나타난 심판자이다. 예수님을 묘사하는 이 세 가지 그림 가운데 충성을 바칠 만큼 매력적인 모습은 없다. 다른 한편으로 생각해 보자. 성모 마리아는 다정다감한 모성으로 나타난다. 은혜를 베푸는 성모의 모습으로 나타난다. 그러나 성모가 베푸는 은혜는 회개를 요구하지 않는다. 여기에 문제가 있다.

이런 가톨릭신앙의 결과는 어떠하였을까? 브라질 문필가가 관찰한 내용을 다음과 같이 기술하였다.[3]

---

2) John McKay, *The Other Spanish Christ* (New York: Macmillan, 1933).
3) Thales de Azevedo, "Catolicismo no Brasil" in Vozes, *Petropolis*, LXIII, 2 (Feb 1919), 117-124.

브라질에는 세 종류의 가톨릭이 있다. 첫째, 최소한의 교리를 알고 믿는 극소수 사람들이 있다. 그들은 신앙생활과 의무를 성실히 지킨다. 둘째, 명목상으로 믿는 가톨릭 신자들로 숫자가 많다. 셋째, 감독에게 낙인이 찍히고 사제들에게 비난받는, 브라질 가톨릭 또는 민속 가톨릭이 있다. 세 종류로 구분하는 범주가 일부 겹치기도 하지만 극빈자들과 중하계층 사람들 대부분은 세 번째 범주에 속한다. 그들의 종교생활은 축제일과 성모 마리아와 성인들에게 개인적인 기도를 드리는 것을 중심으로 삼고 있다. 사제와는 전혀 접촉이 없다.[4]

그런 까닭에, 가톨릭 신자로 신앙생활을 하는 사람들은 극히 적다. 아마 10퍼센트 정도에 불과할 것이다. 신앙생활을 한다고 하면 일 년에 한 번 정도 교회에 가서 예배드리고 고해성사를 하는 정도이다.

브라질의 경우가 그러하다. 아마 다른 세속화된 나라들인 우루과이 같은 나라들은 10퍼센트가 되지 않을 것이다. 멕시코 같은 나라는 10퍼센트를 상회할 것이다.

선교의 다른 중요한 이슈가 있다. 교회와 정부의 긴밀한 관계가 이슈였다. 교회와 정부의 밀월관계는 4세기 반 동안이나 지속되었다. 일부가 항의하였음에도 불구하고, 가톨릭교회는 변함없이 권력자, 지주, 그리고 군대와 밀월관계를 계속 유지하였다. 그 밀월관계가 깨졌다. 1968년 콜롬비아 메델린(Medellin)에서 열린 라틴 아메리카 감독회의에서부터 변화가 일어났다. 그들은 해방신학 사상의 영향을 받은 사람들이었다. 감독들은 '가난한 자를 위한 선택적 특혜'를 선언하였다. 잘 알려진 라틴 아메리카 신학자들과 여러 감독들 그리고 사제들이 이런 방향을 따랐다. 이 운동은 가난한 자들의 호응을 받지 못하였고, 긍정적인 사회 경제적 변화를 일으키지도 못하였다. 중산층과 부유층을 소외시켰다. 그런 까닭에, 라틴 아메리카 국가들에는 계속해서 빈부격차가 벌어져 있다. 리오데자네이로와 같이 도시 슬럼가 아주 가까운 곳에 호화 맨션이 들어서 있다. 라틴 아메리카는 세계에서 가장 빈부격차가 심한 나라들이 되었다.

다른 한편, 해방신학과 함께 다른 두 가지 운동이 일어났다. '바닥 공동체 운동'과 은사주의 부흥운동이 일어났다. 1980년대 바닥 공동체 운동은 놀랍게 성

---

4) Pierson, *Younger Church*, 13.

장하였다. 운동은 평신도 성경공부에 초점을 맞춘 것이었지만, 특정 사회운동을 위해 사람들을 동원하였다. 바다 공동체 운동은 사제들이 주도하였기 때문에 진짜 평신도 운동이라고 할 수는 없었다. 점차 참여하는 숫자가 줄고 영향력도 감소되었다. 은사주의 운동은 여러 곳에서 일어났다. 대부분 지역 사제들이나 감독이 지원해 주었다. 일부는 성령의 역사에 초점을 맞추면서도 성모 마리아에 대한 헌신을 겸하여 계속하였다. 간혹 그들은 로마 가톨릭교회에서 떨어져 나왔다. 독립교회를 이루었다.

4세기 반 동안, 개신교는 금지되었다. 예외는 없었다. 그들은 개신교 성경이 가짜라고 말했다. 그러나 제2차 바티칸 회의 이후 달라졌다. 가톨릭교회는 역사상 처음으로 개신교도를 "나뉜 형제들"이라 호칭하며 기독교인으로 인정하였다. 성서공회 연합회가 허락되었다. 더 나아가 브라질 감독은 브라질 성서공회가 사용하는 번역본의 성경인쇄를 허락하고, 그 성경책을 보급하기 시작하였다.

제2차 바티칸 회의는 예수 그리스도에게 초점을 맞추게 하였다. 성모 마리아나 성인들을 덜 강조하고 예수 그리스도를 더욱 강조하였다. 하지만 이런 고위직 회의가 일반신자들에게 민속종교 차원에서 얼마나 변화를 가져왔는지 의심스럽다. 교한 요한 바오로 2세는 바티칸 회의를 뒤집었다. 그는 보다 보수적인 감독들을 임명하고 전통적인 민속종교를 부추겼다.

라틴 아메리카 역사를 살펴보면, 종교 자유가 허락된 적이 거의 없었다. 로마 가톨릭교회는 여러 정부로부터 매수되고 국교로 인정받았다. 개신교는 금지되고 핍박받았다. 19세기 말이 되어서야 브라질에 종교 자유가 찾아왔다. 하지만 콜롬비아는 20세기 중반이 되어서야 종교 자유를 누릴 수 있게 되었다.

대중적인 가톨릭주의에는 일정부분 긍정적인 면도 있다. 복음적 신앙에 대비하여 준비한 측면이 있다. 하나님의 개념을 전해주고, 인간, 죄, 그리고 사죄의 필요성을 깨닫게 하였다. 그런 까닭에, 대중적이며 제도적인 가톨릭주의는 잘 성취할 수 없는 것들을 약속하였다. 하나님과의 화평과 용서체험, 그리고 성령께서 신자들의 삶을 적극적으로 도우시고 인도하신다는 확신을 약속하였다. 하지만 가톨릭교회는 이 약속들을 성취하지 못하였다.

2. 제1단계: 주류교단과 교단선교

성서공회의 권서인들이 초기에 도착하여 성경을 보급하였다. 하지만 영속적인 사역은 이후에 시작되었다. 19세기 중반이 지나 브라질에서 장로교, 침례교, 그리고 감리교가 성경보급을 계속하였다. 로버트 캘리(Robert Kalley)는 스코틀랜드 장로교인으로 의사였다. 그는 1855년 도착하여 회중교회를 시작하였다. 그 이후, 1859년 미국 장로교 선교사인 아쉬벨 시몬톤(Ashbel G. Simonton)이 들어왔다. 미국 침례교와 감리교가 곧 뒤따랐다. 당시 교회들은 급속히 성장하였다. 상당이 관대한 정부, 종교자유, 그리고 초기 선교사들의 광범위한 전도여행에 힘입어 교회는 급속히 성장하였다.

장로교 선교부에 문제가 생겼다. 현지 신학교육과 지도자 훈련에 대한 지배력이 결정적인 이슈가 되었다. 미국 선교부와 후원단체들은 신학교육에 대한 통제를 포기하려 하지 않았다. 능력있는 브라질 현지인 리더들이 이에 반발하였다. 1903년 신학교가 분열되었다. 프리메이슨 조합 문제는 두 번째 이슈였지만 논쟁이 되면서 수면 위로 떠올랐다. 초기 선교사들 가운데 일부가 프리메이슨(Mason)이었다. 이 운동은 보다 광범위한 종교 자유를 향해 나갔다. 하지만 이 운동은 철학에 있어서 이원론을 따르고 있음이 분명해졌다.

현장 문제는 이것이었다. 선교부가 설립해 놓은 교육기관들의 역할에 관한 문제였다. 교육기관의 기본목표가 교회 안에서 개신교 청년들의 리더십을 개발하는 것인가 아니면 학교를 통해 불신학생들을 전도하는 것인가? 브라질에 미국 문화와 미국 교육을 소개하는 것인가? 대부분은 이 문제로 분열하지 않았지만, 이 문제는 여러 개신교 선교단체에서 계속 반복되는 문제였다. 실례를 들면, 침례교는 복음전도와 교회성장을 강조하였다. 감리교는 수준 높은 학교들을 설립하였다. 하지만 침례교회의 성장이 훨씬 빨랐다. 그 결과 침례교단은 목회자 훈련을 위해 여러 신학교들을 설립할 수 있었다.

로마 가톨릭교회와의 관계설정이 라틴 아메리카의 또 다른 심각한 문제였다. 미국에서는 로마 가톨릭교회와 타협적인 관계로 접근하였지만, 라틴 아메리카에서는 불가능한 방법이었다. 명목상의 로마 가톨릭이 신교의 메시지를 기꺼이 포용하면서, 그들은 과거의 잘못된 생활습관으로부터 자유하게 되는 새 생활을 찾게 되었다. 가정이 건강해졌다. 바른 생활습관을 갖게 되고 생활이 향상되었다. 사회적 신분이 높아졌다. 동시에 어려움이 몰려왔다. 로마 가톨릭 지도자들은 이런 사람들을 핍박했다. 대부분 부정적으로 보고 비난하였다. 최초로 안수받은 브라질 목사인, 호세 마노엘 다 꼰쎄싸오(Jose Manoel da Conceicao)는 전임 가톨릭 사제였다. 그는 평화주의자로 성 프란시스 같은 위인이었다. 그는 가톨릭교회로부터 철저하게 배척되었다. 이렇게 가톨릭과 개신교는 서로 경쟁하며 적대관계를 가지고 바라보았다. 1910년 에딘버러 대회 이후, 라틴 아메리카 개신교는 가톨릭의 압력으로 세계선교계에서 배척받았다. 그래서 미국 선교부는 라틴 아메리카 선교사역을 위한 선교대회를 따로 열었다. 1916년 파나마에서 선교대회가 열렸다. 이 대회에 미국 선교부가 로마 가톨릭 대표단의 참석을 제안하였을 때 가톨릭과 개신교의 적대감이 표출되었다. 저명한 라틴 아메리카 개신교 지도자들은 로마 가톨릭이 선교대회에 참석한다면 그들은 참석하지 않을 것이라고 선언하였다. 파나마 가톨릭 감독은 선교대회에 참석하는 가톨릭 지도자는 출교하겠다고 협박하였다. 미국에서 가톨릭과 개신교 관계가 20세기 수준이었다면, 그들은 16세기 라틴 아메리카 수준에 머물러 있는 것이다.

19세기 말 이전, 개방적인 과테말라 대통령의 초청을 받은 장로교 선교부는 과테말라에 학교를 설립하였다. 세대주의자들인 중앙아메리카 선교부(Central American Mission)가 뒤를 따랐다. 현장에 도착한 선교사들은 중앙아메리카 전역에 스페인어를 모국어로 하지 않는 토착민족들이 인구 대부분을 차지하며 존재하고 있음을 발견하게 되었다. 스페인어를 사용하는 라디뇨스(Ladinos)가 정치, 경제, 그리고 문화적인 주도권을 쥐고 있었고, 모든 공교육은 스페인어로 하도록 법제화되어 있었다.

폴 버제스(Paul Burgess)는 장로교 선교사로 유럽에서 대학원을 마친 학자였다. 그는 선교사들에게 토착민 선교를 강조하였고 마야족 언어를 사용하는 목회자 훈련원을 설립하였다. 그는 그 일로 인하여 간혹 감옥에 갇히기도 하였다. 버제스 선교사는 중앙아메리카 선교부와 함께 일하던 장로교 평신도 선교사였던 카메론 타운젠드(Townsend)와도 동역하였다. 당시 타운젠드는 위클리프 성경번역선교회를 설립하기 위하여 수고하고 있었다.

그런 까닭에, 20세기 초에 미국 교단선교부들과 '믿음선교'를 따르는 새로운 보수적, 초교파 선교단체가 여러 국가에서 조직되었다. 하지만 대부분 성장이 더디었다.

3. 제2단계: 오순절주의, 1910

라틴 아메리카에는 세 종류의 오순절주의가 거의 동시에 도착하였다.

첫째, 감리교 선교부 영향을 받은 칠레 오순절주의가 있었다. 둘째, 스웨덴 출신 침례교 선교사가 브라질에서 시작한 오순절주의가 있었다. 셋째, 장로교 출신 이태리 선교사가 브라질에서 시작한 오순절주의가 있었다.

1) 칠레 오순절주의

칠레에서 감리교 선교사로 활동하던 윌리스 후버(Willis Hoover)는 로스앤젤레스와 인도에서 일어난 오순절 운동에 대해 들었다. 그는 초기 감리교주의의 활력을 되찾고, 더 깊은 영적 생활을 하기 위해 애쓰고 있었다. 그가 성령의 역사를 기도하고 갈망하는 가운데 오순절적인 현상들이 그가 목회하는 교회 안에서 나타났다. 이렇게 시작된 칠레 오순절 운동은 급속하게 성장하였다. 미국 본부에서 감리교 감독이 미국으로 돌아오라는 명령을 내렸다. 후버는 감독의 명령을 거절하고 감리교 선교부를 떠났다. 이것이 칠레에서 시작된 오순절 운동의 기원이다. 오순절 운동은 성장하여 여러 지부들을 갖게 되었다. 칠레 인구 중 15퍼센트를 차지하게 되었다. 오순절 운동을 반대하였던 감리교회는 아직도 아주 작은 교단으로 남아있다.

2) 브라질과 하나님의 성회

1910년 미국 오순절 운동에서 선교적 소명을 받은 두 선교사가 브라질에 도착하였다. 스웨덴계 침례교 평신도인 군너 빈그렌(Gunnar Vingren)과 다니엘 베르그(Daniel Berg)였다. 그들은 하나님께로부터 파라(Para)로 가라는 예언을 받았는데 그곳이 어디인지 알지 못했다. 도서관에 가서 책을 찾아보았다. 파라는 브라질 북부 아마존 강 남단에 있는 주의 이름이었다. 그들은 아마존 강 입구인 벨렘(Belem)에 도착하였다. 그곳에는 아는 사람이 전혀 없었다. 새로운 나라에 와서 어떻게 생계를 유지해야 할지도 막막하였다. 그들은 현지 침례교회에 나가 예배드리면서 현지 언어를 배웠다. 언어를 배우고 나서 그들은 오순절 신앙을 전파하기 시작하였다. 교회는 둘로 나뉘었지만 대부분의 성도들은 오순절 신앙을 따랐다. 이렇게 브라질에 하나님의 성회가 시작된 것이다.

그들은 초기 감리교가 사용하던 방법과 유사한 방법을 사용하였다. 하나님의 성회 교회에 나와 성령의 은사를 보이는 신자들이 있으면, 그들을 아마존 강가에 있는 마을들로 파견하였다. 해안선을 따라 있는 도시들에도 전도은사가 있는 사람들을 파송하여 교회를 설립하였다. 도시선교는 효과적이었다. 교회들이 급성장하였다. 전통적인 개신교단들이 하나님의 성회를 기독교로 인정하기까지 수십 년이 걸렸다. 오순절교회는 특히 가난한 자들과 오지에서 도시로 이주한 사람들에게 좋은 반응을 얻었다. 새로 이주하여 정들지 않은 도시에서 오순절교회는 새로운 공동체를 제공하였다. 교회에서 신유가 일어났다. 많은 사람들이 치유되었다. 기성교회와 달리, 오순절교회 내에서는 교인과 목회자 사이에 사회적 거리감이 없었다. 한 사람이 교인이 되면 일거리를 주었다. 자신이 무언가 중요한 사람이 된 것과 같은 느낌을 주는 일을 맡겼다. 사람들은 교회 안에서 자부심을 느꼈다.

브라질 하나님의 성회는 1천2백만 성도를 자랑하고 있다. 교단이 여러 개로 갈라지기도 하였지만 성장은 계속되었다. 하나님의 성회는 다른 몇 개 교단이 형성되는 데 결정적인 역할을 하였다. 여러 기관과 교단에 인적자원을 제공하였다.

브라질 오순절 운동은 놀라웠다. 수백수천만 명을 주님 앞으로 인도하였다. 참된 신앙으로 살 수 있게 하였다. 오순절 운동은 죄를 특정 행동으로 규정하는 율법적인 면이 있었다. 죄를 광의적 의미에서 개인과 사회적 측면까지 확대하지 못하고 음주, 흡연, 그리고 혼외정사 정도로 규정하였다. 일부 목회자는 극단적인 권위주의자가 되었다. 목회자 계승권이 심각한 문제로 대두되었다. 더 나아가 미국에서 수출된 '건강, 부, 그리고 번영의 복음'이 몰려왔다.

1950년대, 하나님의 성회는 목회자들에게 정규교육을 실시하기 위해 성경학교를 시작하였다. 1970년대에는 신학대학원을 시작하였다. 목회자들에게 탁월한 신학교육을 제공하였다. 현재 브라질에 있는 최고의 신학교 가운데 하나가 되었다. 학적 수준이 높다. 론드리나에 있는 유명한 남아메리카신학대학원이다. 교수진 대부분은 장로교 출신이지만 학생 중 과반수가 오순절주의자들이다. 이런 모델은 아주 참신한 모델이다. 목회자의 수준을 높이는 데 큰 기여를 하고 있다. 동시에 이 모델은 아주 중요한 질문을 던지게 한다. 이런 오순절 운동이 계속해서 극빈자 출신 목사들을 계속 수용할 수 있을 것인가? 교회가 극빈자 출신 목사들을 수용할 수 없다면, 그것이 교회의 특성을 점차 바꾸어 가지 않겠는가? 다른 말로 설명하면, 하나님의 성회도 감리교의 전철을 밟지 않겠는가?

3) 브라질 기독교회

루이지 프란치스코니(Luigi Francesconi)는 이탈리아에서 시카고로 이민하였다. 그는 잠시 이탈리아 장로교회에 출석하다가 오순절주의 영향을 받은 다른 사람들과 동역하기 시작하였다. 1910년, 그는 브라질 상파울로 도착하였다. 이탈리아인들이 사는 타운에서 장로교에 출석하기 시작하였다. 거기서 브라질 기독교(CCB)가 조직되었다. 처음 이삼십 년 동안, 기독교회는 이태리 이민자를 중심으로 성장하였다. 그 가운데 사업가들도 포함되어 있었다.

브라질 기독교회는 다른 오순절교회들보다 더 분파적이었다. 기독교회는 다른 교단과 연합사업에 거의 참가하지 않았다. 유일하게 브라질 성서공회에만 참여하였다. 교회는 목사는 없고 장로 중심으로 운영되었다. 미국 플리머스 형제교회와 유사한 방식이었다. 설교는 장로가 하였다. 나는 브라스(Bras)에 있는 기독교회의 모 교회를 방문한 적이 있다. 남녀를 따로 구분하여 각각 다른 곳에 앉게 하였다. 두 가지 특히 인상적인 점을 발견하였다. 첫째, 열정적인 음악이었다. 둘째, 간증 순서였다. 간증하려는 사람들이 줄을 이었다. 한쪽에서는 남자들이 다른 한쪽에서는 여성들이 나와 간증을 계속했다. 하나님께서 어떻게 그들의 절실한 필요를 채워주셨는지 나누었다. 그들을 보며 피부로 느낄 수 있었다. 하나님께서 오늘도 살아 역사하신다!

브라질 기독교회들은 엄청난 '성전'을 짓기 위해 헌금의 상당 부분을 사용한다. 하지만 복장이나 음주문제에 대해서는 다른 오순절교회들과 비교해서 관대하다. 교세는 1백만에서 1백5십만 정도로 추산되며, 포르투갈과 미국을 비롯한 여러 나라에 퍼져있다.

이런 교단들이 라틴 아메리카에 있는 오래된 오순절 교단들이고, 현재 우리가 다 알 수 없는 다양한 교단들이 생겨났다. 그 가운데 포스퀘어 교회(Foursquare Church)는 미국과 연계된 교단이지만, 대부분은 독립적인 교단들이다.

미국에서 개척한 브라질 제칠일안식일교회는 1백만이 넘는 교세를 자랑한다. 모교단인 미국 안식교보다 더 많은 숫자이다.

4. 제3단계: 보수적 복음주의자들

1921년 라틴 아메리카 미션(LAM)이 해리와 수잔 스트라찬(Strachan)에 의해 라틴 아메리카 복음십자군(Latin American Evangelistic Crusade)으로 조직되었다. 그들은 원래 보수적인 단체의 회원으로 아르헨티나로 갔다. 그곳에서 자신의 선교운동을 일으켰다. 선교회 본부를 코스타리카에 두고 전역으로 사역을 넓혀갔다. 그들은 보수적인 단체가 생각할 수 없는 전향적인 선교사역을 하였다. 그들은 상당히 깊이있는 상황화를 격려하였다. 라틴 음악을 적극적으로 수용하였다. 그들은 모든 복음주의자들을 '심층전도'(Evangelism in Depth)라는 전도 캠페인에 동원하였다. 여러 사회봉사 사역을 시작하였다. 훌륭한 병원과 신학교를 설립하였다. 1971년 선교부는 당시에 흔하지 않던 지역 이사회를 조직하였다. 모든 사역을 세부적으로 지도하기 위해서였다. 각 선교사들은 이사회의 지도하에 사역하게 하였다. 어떤 경우, 사역은 번영하였다. 다른 사람들은 실패하거나 선교회와는 전혀 다른 신학노선을 따라갔다.

위클리프 성경번역선교회는 멕시코, 브라질, 그리고 다른 지역에서 여러 토착민족들 가운데서 사역하였다. SIL(Summer Institute of Linguistics)로 접근하여, 문자가 없는 여러 토착집단의 언어를 만들고 성경을 번역하였다.

토착민 집단에 초점을 맞추어 사역하는 선교단체들도 여럿 있었다. 남아메리카 인디언 선교회는 브라질에서 사역하였다. 복음주의 퀘이커 단체인 '프렌즈'(Friends)와 다른 단체들은 안데스 산맥 고지에 사는 아이마라족(Aymaras)과 케추아족(Quechuas)과 함께 사역하였다. 미국 개혁교회 선교부의 멕시코 치아파스(Chiapas) 원주민들 사역은 놀라운 성장을 맛보았다.

5. 새로운 후기-교파 교회들

라틴 아메리카에 지난 수십 년간 새로운 교단이 여럿 생겨났다. 옛 오순절 운동을 배경으로 생겨난 교단들이 대부분이었다. 일부 교단은 신유, 기적, 그리 이사만을 강조하였다. 일부는 중도파였다. 교단들 가운데 소수는 전인적이었다. 가장 큰 교회들 가운데 일부는 셀(cell)을 기반으로 한 교회이며 모든 교인들이 셀에 소속되어 활동하고 있다. 이런 교회들은 계속하여 성장하고 있다. 가장 큰 교회는 콜롬비아 보고타 카리스마 선교교회이다. 예배 축제에 5만 명이 모인다고 한다. 5천에서 1만 명을 헤아리는 다른 교회들도 있다.

이들 모든 교회들은 은사주의 교회들이다. 성령의 은사를 믿는다는 점에서 그러하다. 하지만 대부분의 은사주의 교회들은 전형적인 오순절주의자들이 하는 것처럼 방언을 강조하지는 않는다. 대형교회에는 일반적으로 카리스마적 리더가 있다. 일반 상식상, 카리스마적 리더는 강하고 비전이 있으나, 성경적인 의미에서는 하나님으로부터 받은 특별한 소명이 있는 사람이다. 이런 카리스마 요소들이 리더에게 강력한 권위를 주는데, 카리스마적 리더가 자리를 떠나고 나면 후계자는 큰 어려움을 겪는다. 카리스마적 리더 가운데 일부는 신학적으로 이상하고 윤리적으로 미덥지 못하게 되는 경우도 있다.

우리는 두 가지 실례를 살펴볼 것이다. 두 가지 경우가 모두 흥미롭지만 각각 다르다. 첫째는 사무엘 올슨(Samuel Olson)의 경우이다. 올슨은 하나님의 성회 선교사의 아들이며, 베네수엘라 카라카스에 있는 라스 아카시아스교회(Las Acacias Church) 목사이다. 그는 존스홉킨스대학과 프린스턴신학대학원을 졸업한 재원이다. 교회는 교인이 5천 명 정도인데, 그 가운데는 정부 관료와 전문직 종사자들이 상당수 있었다. 교회 내에는 도시 슬럼가에 사는 극빈층도 있었다. 교회 사역은 직업훈련에서부터 신유기도와 축사사역까지 다양하였다. 교회는 초교파적인 신학교를 세웠다. 신학교 훈련과정은 신학교육과 사역훈련 모두가 조화를 이룬 전인적 교육이었다.

전인적인 것과는 반대편 극단에 있는 교회도 있다. 마세도(Macedo) 감독이 이끄는 하나님의 왕국 우주교회(Universal Church of the Kingdom of God)가 그러하다. 그 교회의 메시지는 다음과 같이 확실하고 분명하였다. 당신이 만일 하나님의 왕국 우주교회에 나오면, 예수님께서 당신의 문제를 해결해 주실 것입니다. 질병이나, 가난이나, 직업을 구하는 것이나, 또는 악귀에 사로잡힌 것까지 모든 문제를 해결해 드릴 것입니다. 이 교회 교인들은 2백만에서 4백만 명으로 추산된다. 이 교단은 미국을 포함한 다른 나라들에도 퍼져있다. 미국에 있는 교회는 스페인어로 예배드린다. 이 교회는 헌금을 강조한다. 교인들은 10의 2조를 내야하고, 지역교회 담당목사가 헌금을 잘못 거두면, 사임을 해야 한다. 마세도 감독은 브라질 외곽에 살고, 간혹 미국이나 다른 나라에서 살기도 한다. 이 교회는 브라질 신문사 몇 개와 TV 방송 채널을 여럿 가지고 있다.

하나님의 왕국 우주교회는 브라질에서 논쟁의 대상이 되었고, 복음주의 지도자들은 이 교회에 대해 의견이 분분하였다. 우주교회 지도자들은 지나치게 무례하고 과도하게 공격적이었다. 그들은 간혹 민속 가톨릭적인 풍습을 따르기도 하였다. 그들은 기독론과 복음에 있어서는 정통교리를 따랐다. 하지만 복음의 메시지와 제자도의 삶에 대한 부분은 아주 피상적이었다. 한 연구는 우주교회가 사용하는 마케팅 기술에 초점을 맞추었다. 하지만 우주교회가 교인들을 어떻게 관리하는지에 대한 연구는 아직 시도된 적이 없다. 나는 브라질에서 훌륭하고 효과적인 사역을 하는 목사와 가깝게 지내고 있다. 그는 가정부로 일하고 있는 여성에게 여러 가지 방법으로 전도하였으나 결실을 맺지 못하였다. 그러나 그 가정부는 우주교회에 나가기 시작했다고 한다. 우주교회가 더 효과적인 전도방법을 알고 있었다고 할 수도 있다.

6. 교회성장의 통계

정확한 통계가 중요하다. 라틴 아메리카에서 성장하는 교회의 통계를 계속 집계하기는 쉽지 않다. 일반적인 복음주의 운동에서도 정확한 통계를 계속 집계하기는 쉬운 일이 아니다. 라틴 아메리카 전역에 걸쳐 인구증가와 함께 교회성장이 이루어지고 있다. 오순절주의와 은사주의 교회성장은 인구증가율의 두 배 정도로 빠르게 성장하고 있는 것으로 추산된다.

리오데자네이로(Rio de Janeiro)에서 1년 동안 새 신자 10만 명이 생겨나는 것으로 보고되었다. 하지만 그 숫자는 확증할 수는 없다. 하지만 리오데자네이로에 새로운 오순절교회들이 계속 생겨나고 있는 것은 확실하다. 교인들은 교회에 나오면서 생활이 좋아지고 사회적인 신분이 상승한다. 베네디따 다 실바(Benedita da Silva) 이야기는 감동적이다. 그녀는 극빈가정에서 자라나 정규교육을 거의 받지 못했다. 그녀는 하나님의 성회를 통해 주님을 믿고 개종하게 되었다. 그녀는 노동자 운동에 적극적으로 가담하였고, 연방정부 국회위원이 되었다. 아프리카계 여성으로는 처음으로 정부각료가 되었다. 그녀는 장관직을 잘 수행하였다.

복음주의 교회들은 눈부시게 성장했다. 칠레, 브라질, 그리고 중남미 나라들 가운데 복음주의 성장률이 가장 높다. 브라질 복음주의는 브라질 인구의 16퍼센트에서 20퍼센트에 이른다고 알려져 있다. 중남미 복음주의는 인구의 18퍼센트에 이르고 있다. 과테말라는 25퍼센트로 알려져 있다. 그와 반대로 복음주의가 고전하고 있는 지역도 있다. 우루과이, 파라과이, 그리고 베네수엘라 복음주의는 겨우 2퍼센트에서 5퍼센트로 추산된다. 최근 통계자료에 의하면 라틴 아메리카 전체 복음주의는 12퍼센트로 보고되었다. 남미에서 복음주의 운동은 매년 5.7퍼센트의 성장률을 보이며 계속 성장하고 있다. 매년 인구성장률은 2.5퍼센트에 이른다. 남미의 경우 복음주의 인구 75퍼센트가 오순절 계통이다.

7. 복음주의 운동의 주요 이슈들

라틴 아메리카 개신교도는 거의 복음주의이거나 근본주의적 신학성향을 가지고 있다. 특별한 예외는 있겠지만 일반적인 현상이다. 라틴 아메리카 개신교는 복음전도를 강조한다. 하지만 신앙성숙과 제자도에 대한 강조는 약한 편이다. 일반적으로 기독교인의 삶은 교회에 출석하는 것과 특정 행동을 삼가는 정도로 규정되고 있다. 술, 담배, 그리고 성적인 부정행위를 삼가는 정도로 규정하고 있다. 하지만 라틴 아메리카는 세계에서 빈부격차가 가장 극심한 지역이다. 정치는 타락과 부패로 얼룩져있다. 해방신학의 영향을 받은 좌경화 현상은 교회에 전혀 도움이 되지 못했다. 복음주의자들도 예외는 아니었다. 보수주의적인 개신교도가 정부 고위직에 선출되면 신앙적으로 타락하였다. 공직을 수행하면서 자신의 신앙을 지켜내지 못했다. 정치생명을 지키기 위해 정당에 충성을 다할 뿐이었다. 선거를 앞두고 정치적 거래가 성행하였다. 오순절교회들은 자신들에게 특혜를 약속하는 후보에게 투표하기로 정치적인 담합을 하기도 하였다. 이런 까닭에, 개신교는 자신의 신앙을 재고하여 어떻게 실생활에 적용할 수 있을지 물어야만 한다. 개인적 도덕성만을 강조할 것이 아니라 사회 경제적 이슈들을 어떻게 다룰 것인지 심각한 질문을 던져야 할 것이다. 일부 교회들이 가난한 자들과 주변인들에 대한 사역을 시작하고 있다. 이런 사역들이 더욱 더 활발해져야 할 것이다.

두 번째 문제는 로마 가톨릭교회와의 관계설정이다. 로마 가톨릭교회와 개신교는 역사적으로 별 관계없이 따로 자기 길을 걸었다. 서로 무시하거나 서로 상종하지 않았다. 간혹 두 기관의 리더들 사이에 우호적인 관계가 형성되기도 하였으나, 그런 경우는 아주 드물었다. 지역 정치적 문제를 해결하기 위해 개신교 교회들이 로마 가톨릭에 힘을 보태기도 하였다. 개신교는 지역 공동체의 힘을 이용하여 가톨릭과 사회문제 해결을 위해 공조하기도 하였다. 지역 공동체에 보다 나은 의료진료, 공중위생, 그리고 학교교육 시설 문제들을 해결하기 위해 정부에 압력을 행사하기도 하였다. 이런 개신교와 로마 가톨릭의 공조는 제2차 바티칸 공의회가 제공한 상호 개방적 협력무드와 궤를 함께하였다. 바티칸 공의회는 새로운 가능성을 열어 주었다.

1900년 라틴 아메리카에 있던 복음주의자들은 5천 명에 불과했다. 그들은 아주 가난했다. 이런 과거를 기억한다면, 오늘날 라틴 아메리카 복음주의자들의 달라진 모습은 경이롭다. 오늘날 복음주의 운동이 가지는 규모, 성장, 그리고 지지자들을 가만히 생각해보면 엄청나다는 생각이 든다. 복음주의 운동은 규모와 영향력이 커졌다. 신망을 받고 있다. 새로운 성장의 기회를 맞고 있다. 사회에 선한 영향력을 줄 새로운 기회를 맞고 있다. 하지만 위험도 있다. 명목론의 유혹이 있다. 주변 세속문화에 순응하려는 유혹을 떨치지 못하고 있다.

본 장에서는 라틴 아메리카 선교에 관하여 다루었다. 다음 장에서는 오순절 운동과 선교운동에 관하여 다루게 될 것이다.

제 30 장
오순절 운동과 선교운동

1. 서론

 오순절 운동은 20세기에 가장 급성장한 기독교 선교운동이었다. 오순절 운동은 여러 교단 전반에 중요한 영향을 주었다. 오순절 운동은 간혹 정돈되지 않거나 심지어 무질서하기도 했다. 율법주의에 빠지기도 하고, 승리주의에 도취하기도 했다. 하지만 오순절 운동은 세계교회 전체에 영향을 주었다. 교회가 계속되는 성령의 역사에 초점을 맞추게 하였다. 모든 성도에게 주어진 은사들을 발견하게 하였다. 먼저 우리는 오순절 운동의 배경을 살펴볼 것이다. 그리고 오순절 운동이 전 세계에 미친 선교적 확장을 간략하게 기술할 것이다. 일부 사람들은 오순절 운동의 영향권 아래 있는 교회들을 모두 합하면, 기독교 교단 가운데 가장 클 것이라고 추정한다. 사실, 오순절주의 교회와 은사주의 교회를 합하고, 로마 가톨릭교회에 속한 은사주의자들을 포함하고, 아프리카 독립교회들, 그리고 중국의 가정교회들을 더한다면, 오늘날 이 세상에서 가장 큰 기독교 집단이 될 것이다. 여러 오순절주의 집단들과 새로운 은사주의 교회들을 더하면 어떤 개신교 교단보다 크고도 남을 것이다.

1) 역사적 배경

오순절주의 연구에 도움이 되는 네 권의 책을 소개한다. 오순절 신학과 역사를 이해할 있는 책들은 다음과 같다.

첫째, 도널드 데이톤(Donald W. Dayton)의 『오순절주의의 신학적 뿌리』이다.[1]

둘째, 맥클렁 주니어(L. Grant McClung, Jr.)가 편집한 『아주사 스트릿 운동과 그 이후: 20세기 오순절 선교와 교회성장』이다.[2]

셋째, 세실 로벡(Cecil M. Robeck)의 『아주사 스트릿 선교와 부흥: 글로벌 오순절 운동의 탄생』이다.[3]

넷째, 밀러(Miller)와 야마모리(Yamamori)의 "글로벌 오순절주의"이다.[4]

감리교는 오순절 운동의 발전에 중요한 역할을 하였다. 웨슬리는 탁월한 신학자였다. 그는 교부들에 정통했다. 그는 루터와 칼뱅을 읽었다. 웨슬리는 루터와 칼뱅의 의견에 전적으로 동의하지 않았지만 배울 점을 찾았다. 웨슬리는 기독교로 개종한 신자들이 참된 기독교인으로 살아가기를 원했다. 그래서 완전주의(perfectionism) 교리를 제정하였다. 웨슬리의 완전주의는 기독교인은 더 이상 의지적으로 죄를 지을 수 없는 경지에 도달할 수 있다는 믿음이다. 웨슬리는 자신이 그 경지에 이르렀다고 믿지는 않았다. 그러나 웨슬리 전통에서 나온 다른 신앙운동들은 완전주의 교리를 더욱 강조하였다. 신도들에게 완전한 경지에 이를 수 있는 신앙경험을 강조하였다.

감리교회가 대중적 인기를 얻게 되자 변해갔다. 처음 강조하던 '성경적 성결'에 대한 초점을 상실했다. 감리교 뿌리를 가진 새로운 성결운동이 일어났다. 성결운동은 미국과 영국을 중심으로 일어났다. 하나님과 보다 깊고 친밀한 생활에 초점을 맞추었다. 몇몇 여성 지도자들이 이 운동을 주도했다. 영국에서 시작된 케직(Keswick) 사경회가 오순절 운동의 중심이었다. 여러 성결운동들은

---

1) Donald W. Dayton, *Theological Roots of Pentecostalism* (Metuchen, New Jersey: Scarecrow Press, 1987).
2) L. Grant McClung, Jr., ed., *Azusa Street and Beyond: Pentecostal Missions and Church Growth in the Twentieth Century* (South Plainfield, New Jersey: Bridge Publications, 1986).
3) Cecil M. Robeck, *The Azusa Street Mission and Revival: The Birth of the Global Pentecostal Movement* (Nashville: Nelson Reference & Electronic, 2006).
4) Miller, D. and Yamamori, T. *Global Pentecostalism* (Berkeley: University of California Press, 2007).

감리교에 뿌리를 둔 '제2차적 은총'(Second Blessing)을 강조하였다. 그들은 개종 때보다 더 충만한 성령을 받기 위해 2차적인 위기경험을 통과해야만 한다고 믿었다. 이런 제2차적 은총은 개인을 더 높은 차원의 성결과 성화로 인도한다고 보았다. 나사렛 교단은 제2차적 은총을 더욱 철저하게 믿었지만, 방언과 연계시키지는 않았다. 사실 나사렛 교단은 방언경험을 철저하게 반대했다.

찰스 피니(Finney)가 주도한 부흥운동은 오순절 운동과 연결된다. 피니는 오순절 운동의 발전에 지대한 공헌을 하였다. 피니는 장로교 출신 변호사였다. 그가 설교자로 소명을 받았을 때 강한 하나님의 임재를 경험하였다. 그는 프린스턴 학파였던 하지(Hodge)와 워필드(Warfield)가 주장하던 옛 칼뱅주의 신학을 거부하였다. 칼뱅신학이 복음전도의 의지를 꺾는다고 믿었기 때문이었다. 피니는 19세기 후반 미국에서 가장 탁월한 복음전도자가 되었다. 그는 복음에 반응하는 인간 의지의 능력을 강조하였다. 이것은 인간 의지의 중요성을 최소화하려는 경향을 가진 옛 칼뱅주의와는 다른 입장이었다.

피니는 복음전도를 강조했다. 사람들을 전도하기 위해 그들이 그리스도를 따르려는 결정을 내릴 수 있게 하는 방법들 또는 구체적인 기술들을 강조하였다. 피니는 성결을 강조했다. 그는 성결을 깊이 이해하고 나서 사회문제들에 대해 지대한 관심을 갖게 되었다. 특히 노예제도가 가진 문제점을 심각하게 고민하였다. 여성 사역자의 역할도 중요한 이슈들 가운데 하나였다. 앤트워네트 브라운 블랙웰(Antoinette Brown Blackwell)은 미국에서 최초로 안수받은 여자 목사이다. 그녀는 오벌린대학(Oberlin College) 출신이다. 오벌린대학은 피니와 마한(Mahan)이 주도하여 설립한 대학이었다. 성결운동의 다른 주요 이슈는 절제운동(The Temperance movement)이었다.

우리가 살펴본 바에 의하면, 초기 성결운동은 네 가지 이슈를 다루었다. 첫째, 교육문제, 둘째, 여성 리더십 문제, 셋째, 노예제도의 폐지, 넷째, 절제운동이였다. 아사 마한(Asa Mahan)은 오벌린대학 초대 총장이었다. 그는 성령세례가 신앙인들에게 이런 이슈들을 해결할 수 있는 능력을 부여할 것으로 믿었다. 이렇게 초기 성결운동은 개인적인 신앙생활 문제뿐만 아니라 눈을 밖으로 돌려 사회적 이슈들도 중요한 이슈로 여겼다.

2) 아주사 스트릿(Azusa Street), 1906

찰스 파함(Charles Parham)은 작은 성경학교를 세웠다. 파함은 캔사스 주 토페카(Topeka)에 세운 성경대학을 통해, '방언을 하는 것'(glossalalia)이 성령세례를 받은 핵심적 증거라고 가르치기 시작했다. 1900년 12월 31일 성경대학에서 기도회가 열렸다. 학생들은 성령체험을 위해 기도하고 있었다. 한 젊은 여성이 성령의 은사를 받았다. 몇 년 후, 파함은 텍사스에서 젊은이들을 가르치고 있었다. 아프리카계 미국인 설교자인 윌리엄 세이무어(Seymour)도 그 강의를 듣고 있었다. 당시에는 인종차별주의가 성행하던 때라, 흑인인 그는 강의실 밖에 앉아 창문을 통해 강의를 들어야 했다. 세이무어는 정규교육을 거의 받지 못했고 한쪽 눈을 실명한 상태였다. 1906년, 그는 흑인 여자 목사인 넬리 테리(Nelly Terry)가 목회하는 로스앤젤레스에 있는 한 성결교회 강사로 초청받았다. 그가 사도행전 4장을 설교하고 확언하였다. "방언을 하지 못하는 사람은 누구나 세례 받지 못한 사람입니다." 그는 교회에서 쫓겨났다. 집으로 자리를 옮겨 집회를 계속하였다. 1906년 4월 9일, 몇 사람이 성령세례를 받았다. 교인들이 늘어갔다. 더 넓은 장소를 찾아야 했다. 새로 옮긴 장소는 전에 감리교회가 쓰던 건물인데 말을 사육하는 축사로 쓰고 있던 곳이었다. 이 건물은 로스앤젤레스 아주사 스트릿에 위치하고 있었다.

아주사 스트릿에 있는 축사에서 매일 집회가 열렸다. 이 집회는 3년 동안 계속되었다. 이것이 오순절 운동의 시작이었다. 이 집회에서 성령의 다양한 은사가 나타났다. '방언, 예언, 성령에 의한 입신, 이상한 소리, 그리고 신유 등' 다양한 은사가 드러났다. 주변교회들과 신문은 이 운동을 비웃었다.

아주사 집회는 달랐다. 사람들이 이상한 소리를 지르며 숨을 쉬고 신앙고백을 하는 모습은 온전한 정신을 가진 사람들이 이해할 수 없는 광경이었다. 사람들은 로스앤젤레스에 새로운 사이비 교회가 생겼다고 여겼다. 집회는 아주사 스트릿에 있는 무너진 판잣집에서 계속되었다. 이곳은 성 페트로 스트릿에서 가까운 곳이다. 이상한 교리를 신봉하는 열성신자들은 가장 광신적인 예배를 드리고, 설교자는 엉터리 같은 이론을 선포했다. 독특한 열정으로 광적인 흥분상태로

몰아갔다.[5]

한편으로 보면, 이것은 미국 초기 개척자들의 부흥운동의 연장선으로 볼 수 있다. 초기 개척자들의 부흥운동이 이제 새로운 개척지인 가난한 자들과 억압받는 자들 가운데서 일어나고 있다는 것이 달랐다. 그 부흥의 현장에는 아프리카계 흑인들, 라틴 아메리카와 아시아 이민자들, 그리고 세계 각국에서 온 이민자들이 있었다. 훌륭한 교육을 받은 사람은 별로 없었다. 초기 오순절 운동의 특징이 있었다. 오순절 운동은 다인종 운동이었고, 여성들이 주도적 역할을 하였으며, 이런 특성은 당시 미국 문화적 가치와는 반대되는 특징이었다. 당시 미국에는 여러 사회-종교적 운동들이 벌어지고 있었는데, 그 가운데 오순절 운동이 여성의 은사와 능력을 발휘할 수 있는 가장 큰 여지를 제공하였다. 로스앤젤레스에는 짧은 동안에 9개의 오순절교회가 세워졌다. 그러니 그 중 몇 교회에는 다른 교회들과 마찰이 있었다.

오순절 운동은 처음부터 선교적이었다. 오순절 신도들은 그리스도의 급박한 재림을 믿었다. 그래서 주께서 재림하시기 전에 구원의 복음을 가능한 많은 사람들에게 전파해야만 한다는 강한 믿음을 갖고 있었다. 더 나아가, 일부 신자들은 성령의 능력으로 주어진 방언의 은사가 그들이 다른 나라 언어를 배우지 않고 외국에 가더라도 현지에서 외국인들이 알아들을 수 있는 외국어로 말하게 할 수 있을 것으로 믿었다. 1906년 말 이전에, 그들은 '지역 너머로' 나가 복음을 전하기 시작하였다.

전 가족이 선교에 헌신하는 경우도 많았다. 그들은 재산을 팔고 선교지를 향해 출발했다. 주님을 위해 땅 끝까지 가겠다는 선교적 열정을 보여주었다. 주님의 재림을 준비하고 복음을 선포하기 위해 드려진 희생은 그 어떠한 희생이라도 개의치 않았다.[6]

---

5) Los Angeles Times, page 1, 1906. Quoted in L. Grant McClung, Jr., ed., *Azusa Street and Beyond: Pentecostal Missions and Church Growth in the Twentieth Century* (South Plainfield, New Jersey: Bridge Publications, 1986), 3.
6) Horace McCracken quoted in ibid., 10.

2. 초기 오순절 운동의 성공

오순절 운동은 다양한 모습으로 나타났다. 1914년 조직된 하나님의 성회(Assemblies of God)는 오순절 계통 교단들 가운데 가장 잘 알려졌다. 하나님의 성회는 조직된 첫 해에 200명의 선교사를 선교지에 파송하였다. 선교사들 대부분은 원래 타 교단에 소속된 사람들이었는데, 그들이 특별한 성령체험을 하고 오순절 운동에 연관되었다 하여 교단에서 축출된 사람들이었다. 칠레에서 오순절 운동을 시작한 후버(Hoover)도 잘 알려진 인물이다. 하지만 하나님의 성회는 교단이 커지면서 초기에 가졌던 인종적 포용성을 거부하게 되었다. 대부분의 나라들에서 백인들이 주도하는 교단이 되고 말았다. 오순절적인 '그리스도 안의 하나님의 교회'(Church of God in Christ)는 흑인들이 주도하는 교단이 되었다. 클리블랜드의 '하나님의 교회'(Church of God)는 백인들이 주도하는 교단으로, 세 번째로 큰 집단이었다. 다른 교단들도 많이 있다. 1930년대 맥퍼슨(Aimee Semple McPherson)의 사역을 통해 포스퀘어교회(Foursquare Church)가 생겨났다.

오순절 신학의 핵심은 성도가 개종한 이후에, 성화의 경험이 꼭 있어야만 한다는 것이다. 고전적인 오순절 신학에 따르면, 이것은 '방언을 말하는' 경험을 통해 확증된 성령세례이다. 그리하여, 고전적인 오순절 신학에서 '방언'은 성령세례의 핵심적 증표가 되었다. 이것이 하나님의 성회의 공식 교리가 되었다. 하지만 심각한 질문이 있다. 하나님의 성회에 속한 성도들 가운데 몇 퍼센트가 지금 성령세례를 경험했다고 할 수 있을까 하는 물음이다.

잭 해이포드(Jack Hayford)는 포스퀘어 교단의 가장 영향력있는 지도자이다. 그는 '방언' 경험이 핵심적인 것이라고는 믿지 않는다고 말했다. 하지만 신자들은 개종 이후에 확실한 성령체험, 즉 '성령세례' 혹은 성령의 '내적충만'(infilling)을 추구해야만 한다고 하였다. 일부의 경우, 성령체험이 개종과 동시에 올 수 있다. 이런 전통적인 오순절 교리는 기성 교단 내의 은사주의 신조와 사뭇 다르다. 기성 교단의 '은사주의자들'은 오순절 운동에 나타난 특징적인 은사들을 지지한다. 하지만 은사주의 신학은 방언 은사를 성령세례와 동일시하지는 않는다.

우리는 오순절주의를 다양한 각도에서 조명해 볼 수 있다. 주변인들의 사회적 운동으로 볼 수 있다. 교회의 갱신운동으로 볼 수 있다. 신학적 재발견이라는 관점에서 볼 수 있다. 선교운동으로 볼 수도 있다. 사실, 오순절 운동은 이 모든 것을 포함하고 있다. 맥클렁(Grant McClung)이 쓴 『아주사 스트릿'(Azusa Street)과 그 이후』는 지적한다. 초기 오순절주의 특징들 가운데 하나님의 임재와 능력에 대한 확신이 오늘 경험으로 나타나야만 한다. 하나님은 멀리 과거나 미래에 계시는 분이 아니다. 오늘 인간의 삶 속에서 임재하시고 활동하시는 분이다. 그러므로 오순절 운동의 매력은 강하고 개인적인 영적 체험으로 이루어져 있다. 오순절 운동의 강조점은 조직이나 교리가 아니다. 이 부분에서 알미니안주의와 칼뱅주의도 같은 입장을 취한다. 성결과 종말론에 대해 다른 견해를 가진 학자들도 성령 안에서 새롭고 근본적인 하나됨을 인식한다.

오순절 운동에는 다양한 교단 배경을 가진 사람들이 참여하였다. 감독제 교회(Episcopalians), 감리교, 형제회, 구세군, 그리고 거의 모든 교단배경을 가진 사람들이 참여하였다. 그것은 초기 교파를 초월한 세계교회주의 에큐메니칼 정신을 보여준다. 오순절 운동에 참여한 사람들은 교회의 하나됨이 교회의 특정 교리나 특정 신학에 의한 것이 아니라 성령 안에 있다는 것을 마음으로 인식하였다. 오순절 운동의 하나됨은 성령 안과 제2차적 은총에 있었다.

오순절 운동이 성공할 수 있었던 요인들은 다음과 같다.

1. 계속되는 하나님의 기적적인 활동에 대한 태도에 관련하여, 당시 북미주교회는 세 부류로 나뉘어 있었다. 프린스턴 정통파는 사도시대 이후 어떠한 하나님의 기적적인 활동에 대해 부정하였다. 세대주의 신학도 동일하게 하나님의 기적적인 활동이 중지되었다는 관점을 가르쳤다. 성장 중인 자유주의 신학은 어느 시대건 하나님의 기적적인 활동에 대해서는 부정하려는 경향을 가지고 있었다. 하지만 거의 모든 전통문화들과 모든 종교들, 특히 가난한 자들은 인간의 삶 속에 하나님의 간섭이나 영들의 간섭을 갈구하였다. 특히 위기상황에서는 더욱 그러하였다. 그런 까닭에, 오순절주의는 초자연적인 기적을 기대하는 세상 사람들 속에서 일어났다. 대부분 조직화된 종교들에는 기적이 설 자리가 없었다. 오늘날 우리는 오순절 운동이 시작되던 상황과 비슷한 현상을 목도한다. 대부분의 서구 교회들은, 오순절주의와 비서구권 출신의 형제자매들로부터 배웠기 때문에, 오늘날에도 하나님께서 인간의 삶 속에서 적극적으로 활동하고 계심을 인정하는 쪽으로 움직이고 있다. 이런 관점은 계몽주의 이전의

성경적 세계관이다. 기독교인들이 당연히 기대했던 관점이었다.
2. 초기 오순절주의는 교리나 교회정치보다 신앙체험을 더 강조하였다.
3. 오순절 운동은 자신을 기독교회 내에 필요한 재활성화 운동(revitalization movement)으로 인식하였다. 초기 오순절주의자들은 자신들이 새로운 교단을 세운다든가 교회를 분리시키는 것을 원하지 않았다. 처음에, 그들은 믿지 않는 자들보다 명목상의 기독교인들이나 자고 있는 신자들을 깨우고 싶어했다. 우리가 10세기 클뤼니 운동과 17세기 경건주의 운동을 살펴볼 때, 이들 신앙운동들이 처음에는 교회갱신보다는 개인의 신앙갱신에 초점을 맞추고 있었음을 발견한다. 먼저 개인의 신앙을 갱신시킨 후에, 그들은 사회변혁과 세계선교를 위해 나가고 싶어하였다. 오순절주의는 아주 신속하게 세계선교에 초점을 맞추었다. 하지만 그들이 자신이 속한 공동체를 넘어 사회변혁에 관하여 사역을 시작하기까지는 거의 한 세기가 필요하였다.
4. 20세기 전반에 걸쳐, 오순절 운동은 미국 사회의 낮은 계층사람들에게 다가갔다. 초기 오순절주의자들은 학력이 모자라고, 전문직 교육을 받은 사람도 없었고, 사회적 지위도 낮았다.
5. 오순절 운동은 요한 웨슬리 운동과 유사했다. 그러나 전통적인 교회와는 확연히 달랐다. 그들은 진취적으로 사람들이 있는 곳이라면 어디든 찾아갔다. 사람들이 찾아오기를 기다리지 않았다. 그들은 길가에서도 설교하였다. 노방전도는 그들에게 자연스러운 사역이었다.
6. 오순절 운동은 대중집회를 잘 사용했다. 대중집회는 사람들에게 자신이 거대한 공동체에 속해있다는 소속감을 불러일으키는 데 중요하게 작용했다. 실례를 들면, 라틴 아메리카 대도시에 새로 이주한 가난한 사람들에게 대중집회는 중요했다. 그들은 시골 마을 공동체에 속해 있던 사람들이었다. 그러나 도시로 이주하고 보니, 도시 군중들 가운데서 그들은 아무런 소속감을 느낄 수 없었다. 그들은 오순절교회에서 새로운 공동체의 일부가 될 수 있었다.
7. 오순절 운동은 초기에 신문과 정기간행물들을 통하여 메시지를 효과적으로 전달하였다.
8. 초기 오순절주의는 모든 계층의 사람들을 끌어들였다. 특히 가난한

자들을 모이게 했다. 초기 아주사 스트릿 집회에는 인종차별이 전혀 없었다. 성령의 인도함을 받은 사람은 누구나 설교할 수 있었다.
9. 신유를 강조하는 것이 중요했다.
10. 오순절 운동은 추종자들에게 강한 소속감을 제공하였다. 새로 믿는 사람들에게도 즉시 할 일이 주어졌다. 새신자들은 거리에 나가 전도지를 나누어주거나, 악기를 연주하거나, 혹은 자신의 간증을 나누기도 했다.
11. 오순절 운동의 초기 추종자들은 확신이 있었다. 역사적으로 특별한 순간에 하나님께서 특별한 선교사역을 위해 부르셨다는 확신이 있었다.
12. 오순절주의자들은 대단한 희생정신을 가지고 있었다. 초기 오순절주의자들은 자신의 전 재산을 정리하고 다른 나라로 갔다. 자기가 가서 사역할 대상에 대해 전혀 알지 못하고 갔다. 그들은 대부분 선교후원을 받지 못했다. 그런에도 불구하고 하나님께서 자신을 선교를 위해 부르셨다고 믿었다. 브라질로 간 선교사들의 경우, 그들은 급성장하는 교회들을 설립하였다. 그러나 다른 나라로 간 사람들 가운데 일부 선교사들은 죽거나 선교지에서 오래 견디지 못하고 고향으로 다시 돌아갔다.
13. 오순절 운동의 기본 목표는 선교지에 토착 교회들을 설립하는 것이었다.
14. 초기 감리교도들과 유사하게, 오순절 운동의 지도자들은 '일반대중들' 가운데서 선출되었다. 지도자들은 그들이 가진 은사들과 효과적인 사역의 열매들을 통하여 검증된 사람들이었다. 그들의 교육수준이나 사회적 신분은 따지지 않았다. 미국 개척자들에게 전도한 초기 침례교 설교자들이나 감리교 설교자들과 같이, 오순절주의 설교자들과 일반인들 사이에는 문화적 차이가 별로 없었다.

3. 초기 오순절주의의 확산

1) 유럽

오순절주의는 초기에 유럽에 전파되었다. 노르웨인 감리교 목사인 바렛(T.

B. Barratt)이 오순절 운동을 노르웨이에 소개했다. 그는 켈트족 배경을 가진 사람이었다. 오순절 운동은 노르웨이에서 시작하여 핀란드, 스웨덴, 그 후에 스위스, 독일, 영국, 그리고 이탈리아까지 퍼져나갔다.

    오순절주의가 개신교 배경을 가진 나라들 보다는 로마 가톨릭 배경을 가진 나라들 가운데서 훨씬 급속한 성장을 보였다는 사실은 흥미롭다. 남미 가톨릭 신자들이 가진 전통적 세계관은 성모 마리아, 성인들, 그리고 영들이 아주 활발하게 활동하고 있다고 믿는다. 전통적으로 경건한 사람들은 성모 마리아, 성인들, 그리고 영들이 삶의 문제를 간섭하고 해결해 줄 것을 기대하였다. 그런 까닭에, 오순절주의가 주장하는 신학이 적중하였다. 우리가 당하는 일상적 위기를 해결하기 위해, 오늘 이 자리에 하나님의 적극적인 역사가 인간생활에 나타나기를 구하는 오순절 신학은 남미 사람들의 세계관에 적합하였다. 브라질 하나님의 성회에 소속된 성도들이 미국 하나님의 성회에 소속된 성도의 4배가 넘을 것이다. 브라질 하나님의 성회에 소속된 성도들은 브라질 오순절주의 교회 성도들의 절반 정도에 불과하다!

    브라질 포스퀘어 교단은 10,700개 교회가 있는데, 이 숫자는 미국 포스퀘어 교단보다 더 많은 숫자이다.

    유럽 나라들 가운데, 가장 빠른 성장을 보이는 나라는 이탈리아이다. 기아꼬모 롬바르디(Giacomo Lombardi)는 미국에서 오순절 신앙을 갖게 되었다. 그는 1908년 이탈리아로 돌아가 오순절주의를 소개하였다. 1929년까지, 134개의 오순절교회가 설립되었다. 지금은 35만 성도를 가진 교회가 되었고, 이탈리아에서 가톨릭교회를 제외하고 가장 큰 교단이 되었다. 오순절교회는 가난한 자들이 많이 사는 시칠리아(Sicily)에서 특히 성장하였다. 오순절교회는 여성들에게 자유롭게 사역할 수 있게 하였다. 가부장적 문화에 대해 도전적인 입장을 취한 것도 성장요인이 되었다. 레비 페트루스(Levi Petrus)가 주도한 오순절주의는 스웨덴에서도 괄목할 만한 성장을 이루었다. 브라질 하나님의 성회는 스웨덴과 미국 양국에서 영향을 받았는데, 신앙적으로 스웨덴 하나님의 성회 영향력이 더 지대하였다고 본다.

2) 라틴 아메리카: 브라질

브라질 오순절주의는 특별하다. 브라질 오순절주의를 바로 이해하는 것이 중요하다. 초기 오순절 운동이 가졌던 오순절 정신을 알 수 있는 단초를 제공하기 때문이다. 앞 장에서 일부 언급하였지만 좀 더 구체적인 설명이 필요하다.

미국 인디아나 주에 스웨덴계 침례교 평신도 두 사람이 있었다. 새로운 오순절 신앙운동에 참여한 군너 빈그렌(Gunnar Vingren)과 다니엘 베르그(Daniel Berg)였다. 그들은 하나님께로부터 파라(Para)로 가라는 예언을 받았는데 그곳이 어디인지 알지 못했다. 도서관에 가서 책을 찾아보았다. 파라는 브라질 북부 아마존 강 남단에 있는 주의 이름이었다. 그들은 가진 돈이 없었다. 하지만 길을 떠나 어떻게 뉴욕까지 갔다. 뉴욕에서 길을 방황하다 아는 사람을 만났다. 그는 말했다. "내가 지금 이 편지를 당신께 부치려고 가던 길인데, 이렇게 길에서 만나게 될 줄 몰랐네요." 편지 안에는 돈이 들어있었다. 그 돈은 정확히 아마존 강 입구인 벨렘(Belem)까지 갈 수 있는 여비였다. 얼마나 놀라운 일인가!

무작정 아마존 강으로 향했다. 벨렘에 도착했다. 그 다음 무엇을 할 것인지 몰랐고 생각하지도 않았다. 그들은 공원에 앉아있다 영어를 할 줄 아는 브라질 청년을 만났다. 그 청년은 장로교인이었는데 그들을 작은 침례교회로 인도해주었다. 그 교회를 담당하던 선교사는 자주 선교여행을 떠나는 분이었다.

빈그렌과 베르그는 그 침례교회에서 예배를 드리면서 포르투갈 말을 배우기 시작했다. 그들이 믿는 오순절 신학을 침례교인들과 나누기 시작하자 문제가 생겼다. 교회가 오순절 신앙을 좋아하는 사람과 반대하는 사람들로 갈라졌다. 침례교 선교사는 그들에게 교회를 떠나라고 하였다. 이 사건을 바라보는 두 가지 대조적인 관점이 있다. 먼저 빈그렌과 베르그의 관점을 들어보자. 베르그는 말했다.

어느 날 저녁 시간에 지역교회 담임목사께서 보잘 것 없는 우리 집을 찾아왔습니다. 그가 우리 집 문을 열고 들어서는 순간, 찬송과 기도 소리가 내게 들려왔습니다. 우리는 일어나 그를 영접하고 함께 즉석 가정예배를 드리자고 했습니다. 목사님은 예배를 거절하고 선언했습니다. "이제 결정을 내려야 합니다. 저도 얼마 전에 알게 되었는데, 우리 교인들이 전에는 교리에 대해 관심도 없었는데, 이제 감히 교리를 토론하고 있습니다." 목사님은 저희들을 비난했습니다. 교인들에게 의심을 심고, 불안을 조장하고, 교인들을 분리시킨다고 비난하였습니다.

빈그렌은 일어서서 말했습니다. 우리는 교회가 갈라지는 것을 원치 않습니다. 갈라지기 보다, 모두가 하나되기를 원합니다. 우리 교인 모두가 성령세례를 받기만 한다면, 우리 교회는 결코 갈라질 일이 없을 것입니다. 우리 교회는 가족같이 아름다운 신앙공동체가 될 것입니다.

담임 목사는 말했습니다. 성경에 보면 성령세례에 대한 언급이 있습니다. 예수님께서 병자들을 고치신 것도 사실입니다. 그러나 그런 기적은 성경시대 이야기입니다. 오늘날 그런 기적의 역사가 일어날 수 있다고 이 시대 사람들을 가르친다면 엉터리가 될 것입니다. 우리는 현실을 직시할 필요가 있습니다. 목사는 계속 말하기를, 꿈과 거짓된 예언으로 사람들을 현혹시키지 마십시오. 오늘날 우리는 충분한 지식을 가지고 있습니다. "만일 당신들이 자신의 신학적 오류를 인정하지 않는다면, 나는 모든 침례교회들에게 당신들이 거짓 교리를 가르친다는 사실을 알려주어야 할 의무가 있습니다."

또 다른 관점은 브라질 침례교 목사가 들려준 것이다.

1911년 4월, 스웨덴 출신 선교사들인 빈그렌과 베르그가 벨렘에 도착했습니다. 그들은 침례교인이라고 했습니다. 그들은 곧 같은 스웨덴 출신인 넬슨네 집으로 가서 기거하기 시작했습니다. 그 후 교회는 그들에게 교회 지하실에서 거처할 수 있게 하였고, 그들은 넬슨의 전도사역을 돕기위해 현지 언어를 배우기 시작했습니다. 선교활동에 열심이었던 넬슨 목사는 피아우이(Piaui)로 선교를 위해 떠났습니다. 그동안 교회는 두 사람에게 맡겼습니다. 현지 언어가 부족하지만 교회를 잘 지켜줄 것을 믿고 떠난 것입니다. 넬슨 목사가 선교활동을 위해 떠난 후, 침례교인이라는 두 사람이 예배를 인도하였는데, 예배 중에 진동을 하고 소리를 질러댔습니다. 브라질 사람들도 금방 따라했습니다. 예배는 갑자기 진동과 소음으로 시끄러워졌습니다. 무슨 일이 일어난 것일까요? 도대체 이게 무슨 신흥종교 예배란 말인가? 사람들은 수근대기 시작했습니다. 그들은 설명하였습니다. 그것은 성령세례라는 것입니다. 방언을 하고 시끄러운 소리를 지르는 예배는 예배를 기괴하게 하였습니다. 넬슨 목사는 없었고, 교회는 경험이 없는 젊은 사람이 책임을 지고 있었습니다. 교회 책임이 있는 집사들을 제외한 대부분의 교인들은 방언을 받고 즐거워하였습니다. 전 교회가 들썩거렸습니다. 전도사는 오르간 반주자의 도움을 받아, 전 교인들을 소집하여 교인총회를 열었습니다. 교인 대부분을 현혹시킨 오순절주의자들은 교회를 떠나라고 선언하였습니다. 건전한 교리를 더럽힌 사람들을 출교하였습니다…

이렇게, 브라질 북부지역에서 오순절 운동이 태동하였다. 오순절 운동은 신속하게 퍼져갔다. 아마존 강을 따라 올라갔다가 대서양 해변을 따라 내려갔다. 브라질 사람들은 해변에 살기를 좋아한다. 지금도 해변도시들에 몰려 살고 있다. 오순절주의자들은 해변도시를 따라 퍼져갔다. 이 도시에서 저 도시로 퍼져갔다. 그리고 거기서부터 내륙지방으로 오순절주의가 전파되었다.

스웨덴 출신 침례교인 두 사람이 브라질에 도착한 것이 1910년이었다. 오순절교회가 갈라진 것이 1911년이었다. 오순절교회는 성장했다. 1930년에는 1만 3천 명으로 늘었다. 1940년에는 40만 명이 되었다. 1960년에는 96만 명이 되었다. 1967년 1백 4십만으로 늘었다. 현재 브라질 하나님의 성회는 1천 2백만 성도를 자랑한다. 여기에 포스퀘어 교단, 브라질 기독교 회중교단, 브라질 빠라 끄리스토(Brazil for Christ) 교회와 신생 오순절 운동까지 더하면 숫자는 더욱 많아진다. 현재 브라질 오순절계 교인들은 2천만에서 2천5백만에 이를 것으로 추정한다. 이 숫자는 신중하게 추정한 것이다. 실제는 이보다 더 많을 것이다.

브라질에는 2백만에 가까운 침례교인들이 있다. 주류 침례교인들은 '은사주의적' 현시(顯示)를 거부한다. 소수의 개방된 침례교회들만 은사집회를 허용한다. 은사를 허용하는 브라질 침례교회도 강력한 교회이며, 여러 면에서 좋은 공헌을 하고 있다. 그러나 하나님의 성회가 하는 규모를 따르지는 못한다.

브라질 기독교회중교회(The Christian Congregation of Brazil)는 발도파 배경을 가진, 이탈리아인 루이지 프란치스코니(Luigi Francesconi)가 주도하여 설립하였다. 그는 미국으로 이민하여 시카고에 이태리인 장로교회를 설립하였다. 그는 은사운동에 빠졌고, 1910년 상파울루로 갔다. 그는 장로교에 출석하였다. 당시 상파울루에는 장로교회가 3개 있었고, 이탈리아 이민자들이 모여 사는 지역에 위치하고 있었다.

프란치스코니가 교회에서 오순절주의 신학을 가르치기 시작하자, 교회가 갈라졌다. 당시 그는 로마 가톨릭교회에도 상당한 영향을 미치고 있었다. 이런 진통을 겪으며, 기독교회중교회(Congregacao Crista do Brasil, CCB)가 생겨나고 성장하였다. 이 교회는 오순절교회 가운데 상당히 특별한 점이 있었다. 이 교회는 브라질 인접 국가들로 전파되었고, 미국에도 몇 개의 교회를 설립하였다. 원래 발도파 배경을 가지고 있는 교회이기에, 이 운동은 다른 오순절 운동과는 달리 사회봉사에 강한 책임감을 보여주었다. 그러나 그들이 보여준 사회봉사는 교회에 출석하는 교인들을 우선적으로 돌보는 데 중점을 두었다.

브라질 기독교 회중교회는 대략 1백5십만 정도의 신자를 가지고 있다. 이 교단은 브라질 성서공회를 제외한 다른 교단과의 협력사업을 하지 않고 있다. 대신 거대한 교회 건물을 지어 많은 사람들을 교회에서 수용한다.

나는 브라질에서 사역할 때, 기독교 회중교단의 모교회를 방문하여 예배드린 적이 있다. 미국 플리머스형제교회(Plymouth Brethren)의 예배와 비슷한 점이 있었다. 장로들이 앞에 앉아 있다가, 그 중 한 사람이 성령의 인도를 받으며, 그 장로가 일어나 설교하였다. 설교자가 누가 될지 예배드리기 전에는 정하지 않았고, 정규교육을 받은 사람은 아무도 없었다. 그들의 설교는 별로 인상적이지 않았다. 그러나 예배 분위기, 음악, 기쁨, 그리고 간증들이 은혜로웠다. 은혜로운 간증을 나누는 순서가 예배의 중심이었다. 단상에는 마이크 두 개가 놓여있었다. 남자용 하나, 여자용 하나 마이크가 따로 놓여있었다. 사람들은 간증하기 위해 줄을 섰다. 차례대로 나와서 간증을 나누었다.

간증은 대부분 하나님께서 어떻게 기도에 응답하여 주시고 또는 어려운 필요를 어떻게 채워주셨는지에 초점을 맞추고 있었다. 아주 구체적인 간증들이었다. 어떤 사람은 자기가 병에서 고침받은 과정을 간증했다. 한 사람은 자기가 장사하던 장소를 잃었다. 계약이 만기가 되어 다른 좋은 장소를 싼 월세로 찾아야 했다. 찾지 못하면 장사를 접어야만 했다. 그가 기도하자, 하나님께서 적당한 장소를 찾게 해주셨다. 다른 사람은 친척을 만나 전도하기 위해 먼 길을 떠났다. 친척들을 예수님께 인도하였다. 주로 이런 간증들이었다. 현실적이고 생생한 간증들이었다. 하나님께서 평범한 사람들의 삶 속에서 오늘 여기에 살아 역사하시는 것을 나누는 간증이었다.

혹시 간증을 나누는 사람이 부정적인 말을 하거나 누군가를 비판하면, 음향을 담당하는 사람이 마이크를 꺼버렸다. 그런 사람은 꺼진 마이크에 대고 한참 이야기하다 사태를 파악하고 나서 자리에 앉았다.

나는 칠레 오순절주의에 대해 언급한 바가 있다. 최근에 칠레 오순절 운동이 급성장하고 있다. 중남미 성장을 주도하고 있다. 이런 까닭에, 남미 여러 나라들 가운데 로마 가톨릭 교인들보다 오순절 신앙을 가진 교인들이 더 많다는 주장은 과장이 아니다. 라틴 아메리카 개신교 교인들 가운데 4분의 3은 은사주의 오순절 교인이라고 추정한다.

3) 남아프리카

남아프리카 오순절 운동은 흥미로운 뿌리를 가지고 있다. 앤드류 머레이(Andrew Murray)는 화란 개혁교회 목회자이며 성결운동의 영향을 강하게 받은 칼뱅주의자였다. 그는 성령세례를 갈망하였고, 20세기 부흥운동에 중요한 역할을 감당하였다.

존 알렉산더 도위(John Alexander Dowie)는 두 번째로 영향력있는 사람이었다. 그는 1847년 에딘버러에서 출생하여 회중교회 설교자가 되었고 호주에서 전도자로 활동하였다. 그 후에 미국으로 건너갔다. 그는 병자들을 위해 기도하였고 일리노이 주에 '시온 신앙촌'(town of Zion)을 설립하였다. 이곳이 그가 주도한 오순절 운동의 본부가 되었다(그는 인생 후반기에 탈선과 잘못을 저질렀다. 이런 일은, 다른 이들처럼, 오순절 지도자들에게서도 여러 번 있었던 일이다. 우리 모두는 우리 자신이 죄악된 인간이며, 다른 사람들의 도움이 필요하다는 것을 망각하는 위험성을 가지고 있다).

1908년, 시온 신앙촌에서 한 무리가 남아프리카로 갔다. 그들은 사도적 신앙 선교회(Apostolic Faith Mission)를 설립하였다. 이 선교회는 남아프리카에서 가장 큰 오순절교회 가운데 하나가 되었다. 얼마 전 소천한 데이비드 두 플리시스(David du Plessis)가 남아프리카에서 가장 유명한 오순절 지도자였다. 내가 알기로, 그는 당시 가장 초교파적인 기독교 지도자였다. 1940년대에 오순절주의자로 미국에 온 그는 바티칸과 WCC를 접촉하였다. 그는 말했다. "우리는 신학적으로 여러 가지 이슈들에서 동의하지 않습니다." 그는 자신의 오순절 신앙을 절대 포기하지 않을 것이라고 분명하게 선언하였다. "그러나, 이들도 그리스도 안에서 형제자매들입니다. 우리는 서로 사귀고 서로를 알아가는 인정하는 방법들을 찾아야합니다." 그는 미국 하나님의 성회에서 면직을 당했으나, 후에 다시 복귀되었다.

플리시스 목사 부부는 말년을 파사데나에 와서 지내기로 하였고, 자기 집과 재산을 풀러신학교에 기증하였다. 그는 풀러신학교가 자신의 두 가지 꿈을 이뤄줄 것으로 믿었다. 오순절 영성과 폭넓은 초교파정신을 모두 이뤄줄 것으로 믿었다.

풀러 신학교에 '데비드 두 플리시스 기독교 영성연구 센타'가 몇 년 전에 개원하였다. 그때 강사로 말씀한 킬란 맥도넬(Kilian McDonnell) 신부는 로마 가톨릭 은사운동의 리더였다. 그는 예수 그리스도 중심으로 설교하였다. 나는 감동하였다. 오순절주의자 이름으로 설립된 영성연구소를 기념하는 자리에 로마 가톨릭 신부가 설교를 했다. 나는 이것이 새로운 시대, 새로운 하나됨을 보여주는 상징적 사건으로 이해한다. 인간 조직에 의한 하나됨이 아니라 성령 안에서 하나됨을 보여주는 상징적 사건으로 이해한다.

남아프리카에는 다른 오순절 운동들이 있다. 여러 운동들이 모두 독특한 특색을 가지고 있지만, 니콜라스 벤구(Nicholas Bhengu)가 시작한 운동은 흥미롭다. 그는 루터교 목사의 아들이었다. 그는 사상적으로 방황하기도 했다. 한때 공산주의자가 되기도 했고, 여호와 증인으로 활동하기도 했다. 결국 순복음교회를 통해 주님을 만나는 경험을 하였다. 그는 후일 루터교로 돌아갔지만, 루터교는 그가 가진 성화경험을 거부했다. 그는 백인 구세군 지도자를 찾아갔다. 구세군 지도자는 백인이 아니라는 이유로 그를 거절했다(이 사건에 대해 구세군의 창시자인 윌리엄 부스는 어떻게 생각할까?). 결국, 남아프리카 하나님의 성회가 그에게 안수를 주었다.

벤구는 자신만의 교단을 운영하고 있다. 그는 전형적인 오순절주의자는 아니다. 그는 방언을 강조하기보다 병자의 치유, 구속자이신 예수, 조상숭배에 대한 거부(아프리카 여러 지역에서 중요한 문제이다), 그리고 물세례를 더 강조한다. 그는 아프리카 독립교회들에 대해 부정적인 관점을 견지하고 있다. 그가 평가하는 아프리카 독립교회들은 기독교인들이라고 보기에 충분하지 않다는 것이다.

아프리카와 다른 곳에서 새로운 오순절 운동이 계속 일어나고 있다. 그 중 하나가 디퍼라이프교회(The Deeper Life Church) 운동이다. 이 운동은 수학교수인 윌리엄 기무유(Kimuyu) 박사가 인도한 성경공부 모임에서 시작되었다. 나이지리아 라고스(Lagos)에 있는 모 교회에는 매주일 5만 명이 몰려든다. 이 운동은 전국으로 퍼져나갔고, 주변나라들에도 전파되었다. 나이지리아에 있는 다른 교회인 '리딤드 크리스천 하나님의 교회(Redeemed Christian Church of God)는 매월 철야기도회 참석 인원이 50만 명에 이른다고 한다.

중국교회를 자세히 연구한 사람들은, 중국에서 일어난 가정교회 대부분은 신학이나 스타일에 있어서 오순절주의 교회라고 말한다.

아시아교회도 성장하고 있다. 아시아 나라들인, 태국, 싱가포르, 그리고 말레이시아에서 급성장하는 교회들은 오순절교회들이다. 한국교회의 경우는 장로교가 대부분이지만, 가장 큰 교회는 여의도 순복음교회이다. 여의도 순복음교회는 75만 성도를 가지고 있다고 주장한다.

4. 라틴 아메리카에서의 성장

오순절주의는 남미에서 계속 성장하고 있다. 하지만 남미 기성교회들의 성장은 둔화되고 있다. 동시에 새로운 신앙집단들이 도약하고 있다.

칠레에 있는 호타베체(Jotabeche) 교회는 미국 감리교 선교사인 윌리스 후버(Hoover)의 열매이다. 그가 목회하던 감리교회에서 은사주의적인 은사들이 나타나자 교회가 나뉘었다. 모 교회는 아직도 아주 작은 교회로 남아있다. 그러나 현재 전 인구의 14퍼센트가 오순절주의자가 되었다. 다른 개신교 신자들은 인구의 1퍼센트에 머물고 있다. 오늘날 남미 국가들에는 오순절주의자들이 가장 큰 개신교 교단을 이루고 있다. 우리가 교단소속을 따지지 않고 "신앙을 실천하고 있는" 오순절 교인들을 계산한다면, 칠레, 브라질, 그리고 다른 여러 남미 국가들 가운데, 실재 오순절주의로 신앙생활을 하는 교인들이 실제 신앙생활을 하는 로마 가톨릭 교인보다 더 많을 것이다.

5. 오순절교회의 특징

오늘날 오순절교회와 오순절 선교운동이 가진 독특한 특징들은 무엇인가?

1. 문자적 성서주의: 오순절주의자들은 성경말씀을 아주 문자적으로 받아들인다. 성경에 관한 모든 것을 의심하지 않고 진리로 수용한다. 이런 자세는 간혹 지나치게 고지식하게 보이지만, 용기있게 믿음의 발걸음을 내딛게 한다. 예언의 말씀에 근거하여 브라질로 떠난 빈그렌(Vingren)과 베르그(Berg)가 그러하였다.
2. 체험적 기독교: 오순절주의자들은 성령의 능력과 성령의 인격에 초점을 맞추었다. 성령체험을 강조했다. 폴 히버트는 소논문에서 "배제된 중간영역"(excluded middle) 개념을 소개했다. 이 개념을 간략하게 인용하면, 이 이론은 선교적 관심을 세 가지 영역으로 나눈다. 상부영역에서 우리는 인생의 의미와 목적에 관한 귀중한 질문들을 한다. 서구 복음주의 신학은 상부영역에서 하는 질문에 대해 훌륭한 해답을 제시하였다. 하부영역은 기술에 관한 질문을 한다. 교육, 농사, 그리고 의학에 관한 질문을 던진다. 서구 선교는 하부 기술영역에 놀라운 공헌을 하였다. '중간영역'은 일상적인 삶의 위기에 대한 질문을 한다. 전통적인 문화 속에서 생존의 문제에 관한 질문을 던진다. 이런 질문들이다. 나의 아내는 내가 늙으면 나를 돌보아 줄 아들들을 낳아줄 수 있을까? 밭에 곡식들이 잘 자라도록 비가 올 것인가? 나는 병에서 회복될 수 있을까? 우리가 성경을 자세히 읽어보면, 성경에 나오는 수많은 기적들이 이런 중간영역에 해당하는 이슈들을 다루고 있음을 알 수 있다. 예수님의 기적들도 그러하다. 성경은 하나님께서 위기의 순간에 인간의 삶 가운데 들어오셔서 기적적으로 간섭하시는 것을 자주 보여준다. 전통 민속종교의 주된 관심은 신적인 도움을 요청하는 것이다. 오순절주의는 이 강조점을 회복시켰다. 대부분의 서구 교회들이 심각할 정도로 철저히 잊고 지냈던 강조점이었다.

찰스 크래프트는 지적했다. 전통적인 민속종교 대부분은 진리를 추구하기보다 능력을 추구한다. 그는 더 나아가 예수님께서 사람들을 진리로 인도하시기 위해 자신의 능력을 드러내셨다고 주장했다. 예수님께서 사람들을 먼저 진리로 인도한 후에, 궁극적으로는 예수님 자신에게 충성하도록 하기 위해 기적을 베푸신 것이다. 그런 까닭에, 병든 자를 위한 신유기도는 오순절 신앙생활의 중요한 부분이 되었다. 그들은 하나님께서 오늘도 계속 치유하신다고 믿는다.

3. 기독론에 대한 강조: 오순절주의자들은 예수님에 대한 의심이 전혀 없이 믿는다. 일부 오순절주의자들은 성령에 대해 유니테리언주의적인 관점을 가지고 있다고 비난을 받기도하였다. 그 비난은 온당하지 않다. 전형적인 오순절주의는 언제나 '고등 기독론'을 견지하였기 때문이다. 간혹 그들이 성령의 역할과 성령의 특정 은사들을 과장하였다고 할지라도 기독론이 철저하고 확실하였다. 오순절주의가 성령에 대해 지나치게 강조한 것은, 전통적인 개신교 신학이 성령의 역할에 대해 전혀 관심을 두지 않았던, 전통적인 개신교가 가진 성령론의 부족함을 메우기 위한 것이었다.

4. 급박한 선교학: 그들은 임박한 재림을 믿었다. 초기 오순절주의 선교사들은 전 세계로 나갔다. 후원없이 믿음만으로, 자비로 가는 경우가 많았다. 빈그렌과 베르그가 보여준 바와 같이 무조건 나갔다. 그들은 '편도 티켓만 가진 선교사들'(missionaries of the one-way ticket)이라 불렸다. 두 가지 이유가 있다. 대부분의 선교사들이 편도 티켓만 살 수 있을 정도로 재원이 부족했다. 동시에 주님의 재림이 임박하였기에 미래에 대한 계획을 세울 필요가 없다고 믿었다. 일부 선교사들은 선교지에 도착하여 선교에 대한 환상이 깨어짐과 좌절을 경험하고 고향으로 돌아왔다. 일부 선교사들은 놀라운 일들을 해냈다. 오순절 선교사들은 전도하기 위해 흥미로운 방법들을 사용하였다. 브라질의 경우, 포스퀘어교회는 전국복음화 대회를 시작하였다. 그들은 교회들이 있는 도시에 들어가, 텐트를 치고, 전도를 시작했다. 신유집회를 한다고 광고하였다. 사람들이 몰려왔다! 브라질 내륙지방에서 신유집회를 한다고 광고하면, 적어도 수천 명이 몰려올 것이다. 그들은 자주 기성교회의 비난을 받았다. 기성교회는 그들을 엉터리 사기꾼들이라고 통렬히 비난하였다. 물론, 사역의 성과에 대해 일부 과장이 있기도 했다. 하지만 오순절 운동을 통하여 기성교회에 나오지 않을 사람들이 신앙을 갖게 되었다. 몇 주일 만에, 선교사들은 상당한 신자들을 확보할 수 있었다. 그런 새 신자들은 미미한 신앙생활을 하는 경우도 있었지만, 일부 그룹들을 새로운 교회

를 형성하여 크게 성장하기도 하였다. 그들의 선교에 약간의 무리가 따랐다 할지라도, 그들이 가진 급박한 선교학은 그들은 전도 대상자들에게로 내몰았다. 오늘날 브라질 상황은 많이 변했다. 그래서 전통적인 포스퀘어 교회가 사용하던 전도방법들은 더 이상 효과적인 방법들이 되지 못한다는 증거가 있다.

5. 초자연적인 부르심에 대한 믿음: 초기 오순절 선교사 대부분은 주님의 직접적인 부르심에 응답하여 선교사가 되었다. 그들은 하나님께서 자신에게 특정한 곳으로 가라고 말씀하셨다고 확신했다. 빈그렌과 베르그가 좋은 실례가 된다. 그들의 신실한 순종을 통하여 1천2백만 성도가 생겨났다. 내가 1980년 태국 파타야에 갔을 때, 하나님의 성회 출신 베테랑 선교사가 말하기를, 브라질 하나님의 성회에 소속되어 사역하는 전도자, 안수받은 목회자들이 있다고 했다. 오늘날 그 숫자는 두 배로 늘었을 것이다. 이 숫자는 브라질 감리교인들 숫자와 거의 같다. 한 세기 반 동안 선교한 브라질 감리교인 전체 교인숫자와 하나님의 성회에 소속되어 활동하는 사역자들의 숫자가 비슷하다는 것은 대단한 것이다.

6. 형식주의와 분파주의를 지향하는 경향: 우리는 오순절주의가 기독교인의 생활에 대해 율법주의적인 성향을 가지고 있고, 다른 교단 신자들에 대해 비판적인 경향이 있음을 인식해야 한다. 나는 브라질 꼬룸바 지역에서 선교사로 활동한 적이 있다. 당시 그곳 오순절 목사에게 감리교인과 침례교인을 그리스도 안에서 형제로 인정할 수 있는지 물었다. 그는 이렇게 대답했다. "음, 아마 사촌 정도는 되겠지요." 그들이 다른 교단에 대해 이런 태도를 가지고 있긴 하였지만, 우리는 그들이 가졌던 대단한 생명력과 헌신은 인정해야 한다. 오순절 운동이 수천만 명이나 되는 가난한 자들을 주님께 인도하여 살아있는 신앙을 갖게 하는 데 중요한 도구로 사용되었음은 의심할 여지가 없다. 오순절주의자들은 희망과 구원의 복음을 전하였다. 전통적인 교회가 일반적인 방법으로 다가갈 수 없는 수천만 영혼들에게 새로운 생명을 전해 주었다.

7. 평신도 운동: 오순절 평신도 운동은 초기 감리교 운동과 유사하다. 일반 사람들 가운데서 리더가 등장했다. 사역에 대한 은사와 열정을 가진 사람이라면 누구나 장로가 되고 목회자가 될 수 있었다. 정규교육이 부족한 것

은 전혀 문제가 되지 않았다. 사역에 대한 은사와 열정이 가장 중요했다. 평신도들도 예배, 전도, 그리고 봉사에 열심히 참여해야만 했다. 초기에는 여성들이 주도적인 역할을 하였다. 하지만 미국교회에서는 여성의 역할이 사라졌고 라틴 아메리카에서는 여성들의 은사를 통한 교회사역이 환영받지 못하고 있다. 미국 하나님의 성회에 속한 초기 선교사들 가운데 거의 절반 정도가 독신 여성이었다. 지금은 5퍼센트 정도로 줄었다. 남부 인도에서 오순절주의 여성 사역자들이 강력한 사역을 하였는데, 인도 남성 사역자들은 여성 사역자들의 사역을 잘 인정하지 않았다.

8. 음악과 예배에 대한 강조: 오순절 예배의 인상적인 특징이 있다. 열정적인 음악, 기쁨의 감정, 그리고 생기있는 예배가 특징이었다. 설교에는 내용은 빈약할지라도 뜨거운 열정이 있었다. 내가 브라질 선교사로 있을 때, 까보(Cabo)에 있는 대형교회인 하나님의 성회 교회 창립기념 설교 초청을 받은 적이 있다. 까보는 언덕 위에 세워진 도시였다. 주변에는 사탕수수 밭이 끝없이 펼쳐져 있었다. 도시 전 지역에, 수많은 오순절교회들이 퍼져 있었다. 오순절교회 예배에 참석하기 위해 사람들은 수십 리를 걸어야 했다. 사람들은 대부분 하얀색 옷을 입고 다녔다. 내가 교회에 도착하였을 때, 교회당에는 육칠백 명 정도가 모여 자리가 없었다. 예배는 이미 시작되어 있었다. 찬양을 인도하던 찬양팀들이 아직도 기억에 생생하다. 찬양팀들이 어찌 그리 많은지. 한 팀이 나와 찬양하고 연주하고 나면 다른 팀이 나왔다. 계속 새로운 팀이 나왔다. 찬양팀 멤버들은 사탕수수 밭에서 일하는 젊은이들이었다. 교육은 받지 못했고, 몸은 수수처럼 말라있었다. 그들은 집에서 만든 악기들을 가지고 나와 자기가 작사 작곡한 음악들을 연주하였다. 음악은 단조로웠다. 그리 훌륭하지 않았다. 그런데 그 음악은 성경적이었고, 무엇보다 그들만의 음악이었다! 그들만 이해할 수 있는 속담들로 기쁨과 진리를 전하고 있었다. 아직도 기억에 남아 있는 것이 있다. 예배를 마친 후, 담임목사는 나를 교회당 뒤편에 있는 방으로 안내했다. 그곳에는 교인들이 필요할 때는 언제나 가져갈 수 있는 물건들이 진열되어 있었다. 간단한 의약품과 어린아이들 옷가지들이 있었다. 그들은 그들만의 방식으로 사랑을 실천하고 있었다.

9. 버림받고 가난한 자들의 교회: 서구에서는 다르지만, 전 세계적으로 볼

때, 오순절교회는 아직도 가난한 자들의 교회이다. 그러므로 교회가 성장하고 부요해지고, 사회적 신분이 향상되면서 생명력을 상실하는 것이 중요한 이슈가 된다. 맥가브란이 지적한 "구속과 생활향상으로 인한 전도장애"에 대해 심각한 대책이 필요하다. 교회가 부요해지고, 사회적 지위가 높아지면, 가난한 자들에게 효과적인 전도를 할 수 없게 된다.

10. 도시 운동: 미국에서 초기 오순절주의는 도시에서 시작되었다. 이 도시운동은 이 도시에서 저 도시로 퍼져나갔다. 브라질의 경우가 그러하다. 도시 운동으로 시작하였지만 도시에서 시골로 퍼져나가기도 했다. 오순절 도시운동이 성장할 수 있었던 요인 가운데 하나는 새로 도시로 이주한 자들에 대한 사역에 있었다. 시골에서 도시로 이주한 사람들의 필요를 채워주는 사역은 탁월하고 효과적이었다.

11. 교회개척에 초점을 맞추기: 오순절 운동은 토착교회 개척에 초점을 맞추었다. 그 결과 놀라운 교회성장이 이루어졌다.

6. 오순절주의자와 사회변혁

가난한 자들의 교회인 오순절교회는 개인구원과 새로운 생활방식을 강조하였다. 오순절주의자는 전통적으로 사회개혁 프로그램에 대해 무관심했다. 그들의 관심은 '영혼구원'이었다. 그들은 자체 교인들을 돕기 위한 프로그램을 운영하기는 했지만, 사회를 변화시키는 정치적 프로그램에 대해서는 별 관심을 보이지 않았다. 라틴 아메리카의 경우, 정치 지도자들이 약속했던 공약들을 전혀 지키지 않아 환멸을 느꼈기 때문에 정치적 프로그램에 대해 무관심하게 되었다.

데이빗 마틴(David Martin)은 영국 종교사회학자이다. 그가 쓴 『불의 혀』는 오순절주의자들이 사회적 관심을 가져야 한다고 제안한다. 오순절주의는 청교도주의와 복음주의 부흥운동의 궤적을 따라가야 하며, 더 많은 사회적 관심을 가져야 한다. 더글라스 피터슨(Peterson)이 쓴 『힘으로 능으로도』는 오순절주의가 사회적 관심을 갖게 되는 과정을 기록하고 있다. 피터슨은 오순절주의를 위한 사회 윤리적 밑그림을 그리고 하나님의 성회가 지원하는 중앙 아메리카에서 실시할 기초교육 프로그램을 기술하였다. 이 교육 프로그램은 수천 명의 어린 학생들을 돕는 것뿐만 아니라 점진적으로 그들이 속한 사회를 변화시키게 되었다. 최근에 출간된 밀러와 야마모리의 책, 『글로벌 오순절주의』는 오순절교회가 하고 있는 여러 훌륭한 사회봉사 사역들을 소개하고 있다.

7. 오순절 운동의 공헌과 문제점

오순절주의는 기성교회에 여러 긍정적 공헌을 남겼다. 여러 공헌들 가운데 가장 탁월한 것은 성령의 역할과 하나님께서 오늘 이곳에 사는 인생에 적극적으로 개입하신다는 사실을 재발견하게 한 것이었다. 두 번째 공헌은 모든 신자들이 가진 은사들을 재발견하게 한 것이었다. 이것은 갱신운동의 일반적 특성임을 이미 살펴본 바가 있다. 오순절주의도 그러하였다.

다른 특징은 신앙체험을 강조한 점이었다. 어떤 학자는 초기 오순절주의를 '흥분한 기독교'로 묘사하기도 하였다. 그들의 신앙은 하나님께서 자기 백성의 삶 속에 능력으로 들어오셔서 새로운 역사를 이루시기를 기대하는 믿음이었다.

다른 특징은 예배에 드러난 기쁨과 찬송, 그리고 선교에 대한 긴박감이었다. 이런 선교적 열정을 오순절주의자들을 전 세계에 나가 선교하게 하였다. 특히 가난하고 버림받은 사람들에게 복음을 전하여, 예수 그리스도를 통하여 하나님의 자녀들이 되게 하였다.

오순절 운동에는 새로운 운동이 가진 위험성도 있었다. 초기 오순절주의는 당시 문화와 다르게 다인종적 특징을 가지고 있었다. 적어도 미국에서는 인종차별이 없었다. 그런데 시간이 지나자 금방 주변문화에 순응하여 인종차별적 특성을 갖게 되었다. 흑인과 백인을 엄격히 구분하게 되었다. 그와 함께, 여성 사역자들이 사역할 수 있는 기회들이 현격하게 감소하였다.

신앙체험을 너무 강조하는 것도 문제였다. 오순절주의는 신앙체험만이 궁극적 목표가 되어 신앙체험만을 위해 존재하는 듯한 느낌을 주었다. 하나님께서 주신 어떤 신앙체험의 목적이 우리로 더욱 신실한 제자도에 이르게 하는 것이라는 사실을 인식하지 못했다. 더 나아가 새로운 '신앙체험의 형식주의'에 빠질 위험성이 있었다. 이런 형식주의는 신자들을 그들이 경험한 신앙체험에 따라 분류한다.

오순절 운동은 제도화 문제와 권위주의 문제를 가지고 있었다. 많은 지도자들이 권위적이었다. 지도자들은 누구의 감독도 받지 않았고 극악한 죄에 빠지기도 하였다. 이런 일은 누구에게나 일어날 수 있다. 자신의 신앙경험이나 유명세가 법보다 위에 있다고 간주할 때 문제가 발생한다.

선포하는 복음에도 문제가 있을 수 있다. 현재 미국과 남미에는 '건강과 부'를 강조하는 번영의 복음이 전해지고 있다. 번영의 복음은 하나님을 목적을 위한 하나의 수단으로 간주한다. 하나님께서 신자들을 불러 십자가를 지고 예수님을 따르게 하는 분이 아니라 신자들에게 안락함을 제공하는 분으로 선포한다.

지금까지 토론을 요약해보자. 나는 역사에 등장한 대부분의 갱신운동들에는 다음과 같은 경향이 있음을 발견하였다.

1. 갱신운동은 은혜에 대한 재발견을 통해 강력하게 시작되지만, 시간이 지나면서 형식주의에 빠지게 된다. 이것은 청교도주의뿐만 아니라 오순절주의 운동에서 반복되었다.
2. 갱신운동은 에큐메니칼 정신을 가지고 모든 신자, 전 교파를 끌어안고 시작하지만 분리주의적으로 발전한다. 그들은 갱신운동에 참여하지 않는 사람들을 배제하는 경향이 있다.
3. 갱신운동은 가난한 자들과 함께 시작하나, 시간이 지나면 중산층이 되어 가난한 자들에게 영향을 주지 못하게 된다. 갱신운동을 통하여 가난한 사람들은 사회적 신분이 상승하게 되고, 존경받는 중산층이 되나, 가난한 자들과의 유대는 끊어진다.
4. 갱신운동은 평민 출신의 리더들이 시작한다. 그들은 그들이 가진 은사를 인정받아 선택되지만, 시간이 지나면서 달라진다. 어느 정도의 정규교육을 받아야만 리더가 될 수 있게 변한다. 우리는 오순절 교단 출신 학자들이 많아지고 탁월한 오순절 신학교들이 설립되는 것을 기뻐한다. 하지만 이런 제도화가 가져오는 병폐를 생각하며 질문한다. 오순절 운동이 몸된 그리스도의 교회에 독특한 은사들을 전해주었던 독특한 리더십, 가난한 자, 주변 소수파 인물들 가운데서 일어났던 오순절적인 리더십에 대한 개방적 태도는 이제 어디서 찾아야 할 것인가?

8. 통계

통계숫자를 살펴보자. 1985년 피더 와그너는 『오순절과 은사운동 사전』에 작은 논문을 발표하였다. 여기에 인용한 통계는 와그너 자료에서 빌려온 것이다.

1985년, 데이빗 바렛(Barrett)은 기독교인 숫자를 추정하였다. 세계에 오순절 또는 은사주의 기독교인 숫자는 168,800,000 명이었다. 여기에 바렛은 로마 가톨릭 가운데 5천만 명을 포함시켰다. 많은 사람들은 바렛의 추정한 숫자가 너무 많다고 보았다. 그러나 바렛은 중국 기독교인들 가운데 1천만 명을 포함시켰는데, 많은 사람들은 그 숫자가 너무 작다고 지적하였다.

와그너는 숫자를 178,000,000 명으로 잡았다. 바렛보다 높은 숫자이다. 자신을 오순절주의나 은사주의로 분류하는 사람들을 포함시켰다. 와그너는 아프리카 독립교단(African Independent Churches), 기성 교단 내에 있는 은사주의자를, 로마 가톨릭에 속한 은사주의자들과 오순절 교단을 포함시켰다. 이런 통계들은 정확한 숫자에 가깝다고 할 수 없지만, 와그너가 주장하는 말은 맞다고 수용할 수 있다. 오순절 운동과 은사 운동은 인류 역사상 정치 운동과 군사 운동을 제외한 모든 운동들 가운데 가장 급속히 성장하는 운동이다. 외부 압력이 없는 순수한 자원자 운동 가운데 가장 높은 성장률을 자랑한다.

1945년, 우리가 아는 바에 의하면, 세계에는 오순절 교인이 7백만 정도였다. 1955년이 되자 이 숫자는 1천2백만으로 늘어났다. 1965년에는 2천5백만이 되었다. 1975년에 5천5백만이 되었다. 1985년 와그너의 추산에 의하면 1억 7천 8백만이 되었다. 이것은 놀라운 성장이다. 통계가 좀 정확하지 못하고, 약간의 과장과 우리가 알지 못하는 숫자가 좀 포함되었다고 가정하더라도 대단한 성장이다. 여기에 포함되지 않은 숫자 가운데, 중국교회에서 4천만 정도는 포함시켜야 할 것이다.

오순절 교단과 은사주의의 인구 추정치(단위: 백만)				
1945년	1955년	1965년	1975년	1985년
7	12	25	55	178

오늘날 오순절 운동과 은사 운동에 관련된 인구는 얼마나 될까? 3억 5천에

서 4억 정도로 추산한다. 이것은 중국의 가정교회 교인들과 새로 일어나는 '후기-교단' 교인들 숫자를 제외한 통계이다. 이런 통계는 확실하지 않다. 그럼에도 불구하고 오순절 운동은 오늘날 세계교회 가운데 가장 급속히 성장하는 교회임에 틀림없다. 오순절 운동은 우리 모두가 배워야 할 중요한 교훈을 제시한다. 여기서 우리가 좀 솔직해 질 필요가 있다. 오순절교회에 속한 교인들 가운데 대다수는 아니더라도 상당한 비율이, 전에 전통적인 교회에 소속되어 있던 교인들이라는 점이다. 우리는 이 점을 바로 인식해야만 한다.

  본 장에서는 오순절 운동과 선교운동에 대하여 개괄하고 선교학적 관점에서 오순절 운동에서 배워야 할 점들을 소개하였다. 다음 장에서는 변화하는 우리 시대의 선교에 대해 기술할 것이다.

제6부
새로운 선교시대

제31장 변화하는 우리 시대의 선교운동

제32장 선교현장에 등장하는 새로운 선교사들

제33장 선교의 새로운 패턴과 새로운 선교지

제34장 새로 등장하는 교회들

제35장 가난한 자와 도시화 그리고 미래선교

The Dynamics
of Christian Mission
History through a Missiological Perspective

제 31 장

변화하는 우리 시대의 선교운동

I. 서론

　우리가 사는 세상은 제2차 세계대전 이후 눈부시게 달라졌다. 변화의 물결이 몰려왔다. 선례가 없는 변화의 물결은 정치, 경제, 사회, 문화, 기술, 그리고 종교생활 전반에 밀려왔다. 우리가 사는 세상은 전혀 새로운 '이후'시대이다. 우리는 식민통치 이후시대, 이데올로기 이후시대, 그리고 서양 이후시대를 살고 있다. 서양도 달라졌다. 서양은 기독교왕국(Christendom) 이후시대를 맞이했다. 기독교인들은 이제 교단 이후시대를 맞고 있다. 그러므로 모든 것이 달라졌다. 우리가 선교하는 역사적 맥락도 상상할 수 없을 만큼 달라졌다. 새롭게 변화된 세상은 기독교선교에 근본적 가정에 변화를 요구하고 있다.

　최근까지 선교는 주로 "서구에서 비서구로" 가는 것으로 인식되었다. 서구 나라들은 문화와 제도에서 기독교를 표방하였다. 유럽 국가들은 교회를 국가적으로 설립하고 지원하였다. 로마 가톨릭, 루터교, 성공회, 또는 개혁교회들이 다 그러하였다. 미국은 유럽과 달리 국가에서 지원하는 국교제도를 따르지 않고 있다. 그럼에도 불구하고 미국은 자신은 개신교 국가로 인식하고 있다. 이 사실은 1900년에 열렸던 개신교 선교사 대회를 관찰해 보면 알 수 있다. 당시 개신교 선교사 대회에 전 현직 대통령들뿐만 아니라 미래 대통령까지 모두 연사로 나섰다.

선교는 기성교회의 전유물이었다. 아주 특별한 경우를 제외하고, 선교는 16세기 종교개혁을 통해 형성된 기성교회들과 차후에 일어난, 부흥운동을 통해 형성된 감리교, 침례교, 그리고 회중교회 들이 실행하였다. 세계 제2차 대전 이전의 선교사들은 유럽 식민지들이나 중국으로 갔다. 그 이후 세계는 1945년부터 1989년까지 냉전시대를 경험했다. 세계는 공산국가, 반공국가, 그리고 중립국으로 나뉘었다. 중립국들은 공산국가들과 반공국가들 틈새에서 힘든 시기를 보내야 했다. 2001년 이후 세계는 새로운 변화를 경험하고 있다. 오일머니(Oil Money)의 지원을 받는 호전적인 이슬람의 등장이다. 이런 현상은 서양 세력, 세속화, 그리고 전통가치관의 상실에 대한 반작용이라고 볼 수 있다.

우리는 미래를 예측할 수 없다. 이런 변화들이 우리가 선교하는 방식을 어떻게 변화시킬지 예측할 수 없지만, 성령의 창의성에 대한 다양하고 새로운 가능성을 열게 할 것으로 기대한다. 이런 새롭고 창의적인 선교적 발상은 전혀 기대하지 않았던 사람들을 통해서 이루어질 것이다. 기성교회의 주변에 있던 주변 인물이 새로운 역사를 열어갈 것이다. 새롭게 변한 선교환경은 선교에 대한 새로운 접근방법들을 필요로 하고 있다.

2. 서구 세력의 퇴각

1) 정치적 퇴각과 식민주의의 종식

1945년, 식민통치를 받던 나라들에서 독립운동이 시작되었다. 유럽의 식민지였던 아시아와 아프리카 나라들이 독립운동에 나섰다. 그리고 20년 동안, 수십 개국이 독립 국가를 이루었다. 인도와 미얀마는 서양 선교사들에게 떠날 것을 요구하였다. 신생 국가들 가운데, 특히 아프리카 신생독립국들은 미션 스쿨 출신들이 지도자가 되어 국가운영을 맡았다. 그들 중 일부는 기독교 신앙을 배반하고 종교 식민주의를 거부하였다. 독립을 하기 위해 오랫동안 군사적 대치를 하기도 하였다. 앙골라, 모잠비크, 기니비사우(Guinea-Bissau), 그리고 포르투갈 식민지들은 1974년이 되어서야 독립할 수 있었다.

1989년 이후, 동유럽 국가들이 제정(帝政) 소련의 통치에서 자유를 얻고 독립하였다. 동시에, 역사적으로 기독교 국가였던 아르메니아와 함께, 무슬림 국가들도 독립하게 되었다. 아시아 여러 나라들도 독립하였다. 아시아 나라들 가운데 일본, 한국, 대만, 싱가포르, 최근에는 중국과 인도 등이 경제 강국이 되었다. 아시아 나라들 가운데, 한국, 싱가포르, 중국, 그리고 근자에 들어서는 인도에서 기독교교회가 급속히 성장하였다.

일부 국가들은 서구형 경제와 문화를 버렸다. 쿠바와 중국이 그런 나라들이다. 하지만 중국은 달라졌다. 형식상 막스주의를 표방하는 중국과 서방, 특히 미국은 상호 독립적인 경제관계를 맺고 있다. 이런 경제적 개방정책이 서구 기독교인들과 한국 기독교인들이 다시 중국에 거주하면서 사역할 수 있게 하였다.

2) 경제적 변화

경제가 핵심이다. 각 나라들은 자결주의를 실천하기 원하지만 글로벌 경제는 더욱 상호의존적이 되는 패러독스가 작용한다. 글로벌 경제 환경에서 다국적 기업들은 중요하며 필수적이다. 자본은 전 방향으로 흐른다. 일본과 한국의 자동차 회사들은 미국에 생산 공장을 건립하고 있다. 우리가 구입하는 컴퓨터는 여러 나라에서 생산한 부품들을 중국에서 조립한 것이다. 유럽산 고급 승용차들은 방콕에서 조립되어 아시아 시장으로 수출되고 있다. 오늘날 세계경제의 일부가 되지 않고 독자적인 경제성장을 기대할 수 있는 나라는 없다. 나는 글로벌화가 다 좋다고 주장하는 것은 아니다. 물론 부정적인 영향도 있다. 정부에서 보조하는 서구 농산물들이 아시아, 아프리카, 그리고 남미 농부들을 낮은 가격으로 위협하기도 한다. 그럼에도 불구하고 글로벌화는 여러 나라들, 특히 인도와 중국에 엄청난 번영을 제공하였다. 나는 글로벌화의 이점들이 부정적인 측면들을 능가할 수 있기를 바란다. 글로벌화는 이미 이곳에 당도해 있다. 의심할 수 없다. 이제 우리는 질문해야 한다. 글로벌화는 기독교 선교에 무엇을 의미하는가?

글로벌화는 선교에 긍정적으로 작용한다. 글로벌 경제의 결과로 여행과 거주가 자유로워졌다. 기술이 있는 사람이나 사업상 필요한 경우, 지구상 어느 나라든 쉽게 갈 수 있고 거주할 수 있다. 오늘날처럼 기독교 신자들이 쉽게 다른 나라로 여행하고 거주할 수 있던 때는 없었다. 대부분, 선교사라고 내놓고 활동할 수는 없을 것이다. 하지만 미전도 지역으로 여행하고 거주할 수 있는 가능성은 높아졌다. 여행 제한은 거의 없어졌다.

　기술의 발전은 커뮤니케이션을 원활하게 한다. 기술이 급속히 발전하였다. 기술의 발전은 커뮤니케이션에 혁명적 변화를 가져왔다. 전자메일은 지금 전 세계적으로 이용된다. 여러 자료들을 CD에 저장하여 '닫힌 나라들'로 가져가서 프린트하여 사용할 수 있다. 위성 TV 방송은 기독교 프로그램을 북아프리카나 이란으로 송출할 수 있다. 하지만 이런 기술은 양면성이 있다. 호전적인 이슬람 프로그램도 유럽과 미국 등 어느 곳으로든 송출할 수 있기 때문이다.

　무슬림이 지배하는 중동 산유국이 보유한 엄청난 기름은 세계 경제와 정치에 중요한 요소가 될 것이다.

3) 서구문화의 확산

　서구문화가 확산되고 있다. 영화와 텔레비전 등을 통하여 확산되는 서구문화는 많은 사람들이 소중하게 간직한 가치관들을 파괴한다. 세계 많은 나라들이 서양을 기독교 나라로 인식하고 있는 마당에, 세계로 확산되는 서구문화는 기독교신앙을 아주 부정적으로 반영하고 있다. 이런 사실은 우리가 복음을 전하면서 문화적으로 민감해야 한다는 사실을 더욱 명심하게 한다.

　오늘날 대부분 모든 나라들은 다 인종 사회를 형성하고 있다. 아프리카와 아시아 나라들은 수 많은 언어와 문화집단으로 구성되어 있고, 부족 간에 상호 적대적인 경우도 많다. 실례를 들면, 인도네시아 국민들은 585개 언어를 사용한다. 도널드 맥가브란은 인도에 1천6백 개 언어와 적어도 12개 이상의 알파벳 문자가 사용되고 있다고 하였다. 사하라 사막 남쪽에 있는 모든 아프리카 나라들은 다양한 부족들로 형성되어 있으며, 부족끼리 서로 싸우는 경우가 많다.

　한국과 일본은 이런 현상에서 아주 특별한 예외에 속한다. 하지만 다른 아시아 나라에서 들어오는 이민자들이 늘어나고 있기 때문에, 한국과 일본도 더욱 다문화 사회가 되어가고 있다. 필리핀, 파키스탄, 그리고 다른 나라 사람들이 한국과 일본에 일하러 간다. 필리핀 기독교 지도자들은 필리핀 신자들을 텐트메이커 선교사로 훈련하여 어느 곳으로 가서 직업을 가지고 일하든지 선교사가 되라고 가르친다. 사우디 아라비아에 가서 선교사역을 하던 노동자들 가운

제31장 변화하는 우리 시대의 선교운동   655

데 핍박을 받고 목숨을 잃은 사람도 있다.

이민자들이 미국을 바꾸고 있다. 아시아, 아프리카, 라틴 아메리카에서 미국과 서유럽으로 이민한 사람들은 미국과 유럽을 변화시키고 있다. 비서구권 인구가 급속히 증가하면서 도시의 특성이 변하고 있다. 라틴 아메리카 출신들은 대부분 로마 가톨릭인데, 오늘날 라틴 아메리카에서 미국으로 온 이민자들 가운데 적어도 15퍼센트가 오순절주의 신앙을 가지고 있다. 미국으로 이민 온 아시아계 이민자들은 한국인을 제외하고는 기독교인 숫자가 아주 적다. 한국인들은 대부분 그리스도를 믿는다. 아프리카 이민자 대부분도 기독교인들이다. 이민자들 가운데 무슬림도 성장하고 있다. 특히 유럽에서 무슬림이 활발하다. 그들은 전통적인 유럽 문화에 잘 동화하지 못한다.

세속주의 물결이 높다. 유럽과 미국에서 세속주의 파고는 높아지고 있다. 이것은 새로운 선교지 상황이다. 유럽과 미국은 너 이상 기독교 국가가 아니다. 세속주의에 물든 나라들일 뿐이다. 이런 상황은 세계 곳곳에서 감지된다. 이제 유럽과 미국을 비롯한 전 세계가 타문화 선교를 필요로 하는 선교지가 되었다.

변화는 긴장 속에서 이루어진다. 이런 변화들은 전통주의자와 세속주의자 사이에 긴장을 고조시켰다. 성문제, 가족의 역할, 언론의 자유, 그리고 생활습관 문제들은 긴장 속에서 변화를 맞고 있다. 관점이 상호 대립하는 상황에서 접점을 찾기는 점점 어려워지고 있다. 이런 모든 문제들이 기독교선교를 수행하는 데 중요한 이슈들이다.

3. 제2차 세계대전 이후의 선교

1) 낙관주의

1942년, 성공회 추기경인 윌리엄 템플(Temple)은 주장했다. "우리 시대에 가장 새로운 사실은" 지구 상의 거의 모든 나라들에 기독교회가 존재한다는 것이다. 여러 나라들에 있는 기독교는 극히 소수일 수 있고, 외국으로 추방된 사람들만 믿을 수도 있다. 네팔과 같은 몇 나라들에는, 우리가 아는 한 교회가 없다. 그럼에도 불구하고 템플은 주장했다. 인류 역사상 처음으로, 교회가 지구 상 거의 모든 나라에 존재한다. 이런 발언은 전쟁 중일지라도 그가 가졌던 낙관주의를 반영한 것으로 보인다.

1945년 이후, 독일과 일본군에 대한 영미 연합군의 승리와 함께 낙관주의가 팽배해졌다. 맥아더(MacArthur) 장군은 연합군을 대표하여 일본을 통치하였는데, 그는 일본에 선교사를 파송해달라고 요청하였다. 맥아더는 일본이 기독교를 받아들이기를 소망하였다. 하지만 그 꿈은 이루어지지 않았다.

미군의 사기가 진작되었다. 제2차 세계 대전 동안 미군에서 복무하며 세계 여러 나라에 파견되어 근무한 군인들은 그들이 세계를 구했다는 점에서 지평이 크게 확대되었다. 군인들은 세계가 무엇을 필요로 하는지 보다 폭넓은 안목을 가지고 고향으로 돌아왔다. 그들은 선교적 부름에 응답했다. 많은 군인 출신 선교사들이 선교지로 갔고 새로운 선교단체들을 조직하였다. 이들은 5년 동안에 150여 선교단체들을 새로 설립하였다. 예를 들면, 항공선교회(Mission Aviation Fellowship)와 전 유럽 선교회(Greater Europe Mission) 등이 설립되었다.

2) 비관주의

낙관주의는 비관주의와 함께한다. 1949년 공산당이 중국을 장악하자 낙관주의는 비관주의로 빠르게 선회하였다. 중국선교는 최대위기를 맞았다. 기독교선교기관들은 활동중지를 명령받았고, 교회 지도자들은 핍박을 받고 감옥에 수감되고, 선교사들은 추방되었으며, 모든 교회들은 문을 닫아야 했다. 성경을 소지하는 것도 범죄로 간주되었다. 중국은 거대한 선교지였고 수많은 선교사들이 다양한 사역을 하였다. 그런데 어느 날 갑자기 중국에서 교회가 사라지고 말았다. 이것은 충격이었다. 선교운동 전반에 흐르던 생명력이 의문으로 변했다. 설상가상으로, 유럽 식민지였던 아프리카와 아시아 각국의 독립운동은 선교사들에게 비관적인 소식이었다. 선교사들은 짐작했다. 각국이 독립하게 되면, 선교사들이 떠나야 하고, 선교사들이 떠난 선교지 교회들은 무너질 것이다. 이런 비관적인 상황에서, 일부 선교사들은 현지인들에게 야만적인 모욕을 당하고 순교하기도 하였다. 1964년, 타임즈 잡지 커버에 폴 칼슨(Paul Carlson) 사진이 나왔다. 그가 콩고에서 순교한 것이다. 그는 언약교회 출신 의사 선교사로 사역하고 있었다. 일부 개신교와 가톨릭 여자 선교사들은 강간을 당하기도

했다.

세속 매체들은 열광했다. 선교사들이 어려움을 당하자, 선교운동이 막을 내렸다고 열을 올렸다. 일부 자유주의적인 기독교 단체는 선교의 새로운 방향을 제시하였다. 만일 선교가 정당하다면 이제는 초점을 바꾸어야 한다. 선교는 이제 사회, 경제, 그리고 정치적 이슈들을 다루어야 한다고 하였다.

3) 새로운 낙관주의

선교운동은 끝났다. 세속주의자들과 여러 교회 지도자들이 선언하였다. 모든 정황이 그렇게 보였다. 그러나 선교 낙관주의를 주장하는 두 사람이 등장했다. 맥가브란과 라투렛이었다.

도널드 맥가브란은 낙관주의자이다. 그는 세세 각국을 다니며 교회성장을 연구하였다. 1954년 인도에서 케냐로 갔고 아프리카 대륙을 돌아보았다. 맥가브란은 아프리카교회가 성장하고 있음을 발견하였다. 세기 말이 되면 아프리카 기독교 인구가 3억이 될 것이라고 예견하였다. 그는 자신의 말에 귀를 기울이는 모든 사람들에게 확언했다. "선교의 여명이 밝아온다. 우리는 선교의 일몰이 아닌 선교의 일출봉에 서있다." 그는 자신의 교회성장 논문의 결론을 이렇게 작성한 후 내게 말했다. "이런 논문을 출판해주는 곳은 없겠죠!" 맥가브란 말이 옳았다. 랄프 윈터가 쓴 『믿을 수 없는 25년』은 맥가브란의 비범한 낙관주의를 바탕으로 하고 있다.[1]

라투렛도 낙관적이었다. 그는 『혁명적 시대의 기독교』에서 강조했다.[2] 기독교 신앙은 역사에 나타난 어느 종교보다 넓게 퍼져있으며 계속 성장하고 있다. 이런 성장은 콘스탄틴시대 이후 그 어느 때보다 정부의 지원 없이 이루어졌다. 기독교 신앙은 그 어느 때보다 다양한 사람들 사이에 더 깊이 뿌리내리고 있다. 더 나아가, 기독교 신앙은 그 어느 종교보다 유럽 밖에 사는 사람들에게 폭넓은 영향력을 행사하고 있다.

기독교는 세계를 하나되게 하는 힘이다. 라투렛은 지적하였다. 기독교는 역사상 유래를 찾아볼 수 없을 정도로 유럽과 비유럽 사람들을 글로벌 펠로십

---

1) Ralph Winter, *The 25 Unbelievable Years* (Pasadena, CA.: William Carey Library, 1969).
2) Latourette, *Christianity in a Revolutionary Age* (New York: Harper, 1958).

(global fellowship)으로 포용하여 하나가 되게 한다. 이 말은 당시 WCC를 염두에 두고 한 말이었다. 오늘날 WCC는 세계 복음화에 있어서 변방으로 밀려나고 있으며 성장하는 교회들은 WCC에 가입하지도 않고 있다. 그럼에도 불구하고 로잔 운동과 다른 복음주의 운동들이 선교중심적인 글로벌 펠로십을 발휘하여 새로운 '복음주의적 에큐메니즘'을 상징하고 있다.

4) 로잔 운동

로잔 운동은 1974년 시작되었다. '신복음주의 에큐메니즘'을 대표하는 운동이었다. 1966년에는 빌리 그래함(Graham)이 주도하여 베를린 전도회의가 열렸다. 이 대회는 전도와 선교에 대한 동기와 영감을 주었다. 로잔대회는 베를린 대회보다 신학적이며 선교학적 이슈들을 더 깊이 다루었다. 로잔대회 주제 강사 중 하나였던 랄프 윈터는 "미전도 종족"(unreached peoples) 개념을 제시하였다. 미전도 종족 개념은 풀러선교대학원과 도널드 맥가브란의 선교사상을 소개하였다. 이 개념은 많은 사람들의 선교학적 사고에 도전을 주고 중대한 변화를 불러 일으켰다. 선교의 초점을 지리적 관점에서 문화적 관점으로 바꾸었다. '외국 선교'에서 '타문화 선교'로 시선을 돌리게 했다. 미전도 종족 개념은 사실 전혀 새로운 이론은 아니었다. 그러나 로잔 대회에서 발표된 미전도 종족 이론은 선교학적 사고를 발전시키는 데 중대한 공헌을 하였다.

로잔대회의 두 번째 중대한 성취는 존 스토트가 주도한 로잔언약이었다. 로잔언약은 교회의 선교와 복음전도에 관한 복음주의적 신념을 정확하게 기술하였다. 복음전도와 사회적 관심에 대한 성경적으로 균형잡힌 시각을 제시하였다. 로잔언약을 통해 거의 모든 복음주의 기독교인들이 하나로 연합할 수 있었다.

로잔대회의 세 번째 중대한 성취는 세계 전도를 위한 로잔세계선교위원회(LCWE)를 창립한 것이었다. 로잔세계선교위원회가 WCC에 대한 복음주의자들의 대안이 되게 하려는 의도는 없었다. 그보다는, 세계전도를 북돋우기 위해 작은 나라들과 지역 단체들이 함께 일하도록 하는데 있었다. 다음 모임은 1980년 태국에서 열렸고, 1989년 마닐라에서, 그리고 2004년 다시 태국에서 로잔대회가 열렸다.

2000년까지, 아르헨티나 출신 루이스 부쉬(Luis Bush)가 주도하던 AD2000 운동이 활발하게 진행되었다. 2000년까지 모든 인간집단들 가운데 교회를 개척하려는 운동이었다. 이 운동은 목표를 달성하지 못하였지만, 복음전도를 더욱 북돋우는 역할을 하였다. 지난 수십 년 동안 복음전도를 위한 여러 국제적인 모임들이 열렸다.

우리는 앞서 세계 전역에서 교회가 성장하고 있는 모습을 살펴보았다. 데이빗 바렛에 따르면, 1900년에 3퍼센트에 불과하던 기독교인 숫자가 1970년에 28퍼센트로 성장했고, 2000년에는 46퍼센트로 증가했다. 라틴 아메리카의 경우, 복음주의 운동은 인구증가율보다 두 배정도로 성장하고 있다. 중국교회의 놀라운 성장은 잘 알려져 있다. 성장하면서도 잘 알려져 있지 않은 집단은 인도의 불가촉천민인 '탈리트'(Dalits) 집단이다.

우리는 현실을 직시해야 한다. 이제 전 세계 기독교인의 3분의 2가 비서구권 그리스도인들이라는 사실을 인식하여야 한다. 비서구권인 아시아, 아프리카, 그리고 라틴 아메리카 기독교는 계속 성장하고 있다. 1800년 1퍼센트에 불과하던 기독교 인구가 1900년에 10퍼센트가 된 것과 대조적이다.

4. 심각한 이슈들

심각한 이슈들이 많다. 전 세계 성장하는 교회들이 건강하고, 모임에 활력이 있고, 복음전도와 그들이 속한 사회를 변혁시키는 일에 효과적이 되기 위해 해결해야할 심각한 문제들이 있다.

첫째, 교회가 성숙해져야 한다. 성도들이 성도의 삶의 전 영역에서 성숙하도록 독려해야만 한다. 일부 전도운동은 전도만 강조하고 제자도를 통한 성숙을 강조하지 않는다. 영적 성숙, 이것은 분명히 새로운 도전이다. 선교운동에는 인력도 자원도 부족하다. 문제는 복음의 내용에 있다. 이것이 중요한 문제이다. 제자도로의 부르심을 제외한 개인구원의 복음은 온전한 복음이 아니다. 르완다에서 자행된 특정 민족에 대한 계획적인 대량 학살에 기독교인들이 참여했다는 사실은, 무언가 분명히 잘못되고 있음을 보여준다. 아프리카 기독교인들 가운데 HIV/AIDS가 일반 사회와 같이 창궐한다는 것도 무언가 확실히 잘못되고 있음을 보여준다.

둘째, 리더를 선택하고 훈련하는 적합한 방식이 필요하다. 전통적인 방식으로 쓰이는 정규교육은 중요하다. 계속 발전시켜 나아야 할 것이다. 하지만 정규교육만으로는 적합하지 않다. 학자들은 추정한다. 전 세계에 성경학교나 신학교 교육을 받지 않고 사역하는 목회자가 3백만 명이다. 그들 상당수는 성경책 한 권만 가지고 목회한다. 상당수는 문맹이다. 그럼에도 불구하고 그들은 선교현장에서 가난한 자들과 버림받은 자들을 위한 최첨단 목회를 하고 있다. 비정규 신학교육 모델이 필요하다. 단기연수, 연장교육, 그리고 다른 교육모델을 개발해야 한다. 현장에 적합한 모델을 개발해야만 한다. 성장하는 교회를 인도하는 지도자가 성경을 바로 알지 못하고, 구원에 관한 성경구절 몇 개로 목회를 계속한다면 교회는 피상적인 신앙, 율법주의, 권위주의, 그리고 쉽게 명목주의에 빠지게 될 것이다. 이것은 심각한 문제이다.

셋째, 교회는 하나다. 교회의 일치문제이다. 우리는 어떻게 그리스도의 몸된 교회의 하나됨을 보여줄 것인가? 요한복음 17장에 나타난 예수님의 기도는 주님을 따르는 제자들이 하나되어 세상이 믿게 되기를 원하고 있다. 이 말씀은 에큐메니칼 운동을 하는 사람들이 가장 잘 인용하는 말씀이다. 그럼에도 불구하고 에큐메니칼 운동은 세계 전도에 대한 관심은 부족하다. 이것은 참으로 안타까운 일이다. 하지만 복음주의자들은 우리 주님께서 명하신 하나로의 부르심을 무시하는 경향이 있다. 동시에 복음전도를 위해 파트너십으로 사역하는 운동이 일어나고 있다. 다른 선교기관, 교파, 그리고 문화를 넘어 복음전도를 위한 파트너십을 가지고 사역하는 효과적인 모델들이 있다. 이것은 고무적이다.

넷째, 교회를 토착화시켜야 한다. 토착화의 본질과 과정의 문제이다. 19세기 선교학자인 벤(Venn)과 앤더슨(Anderson)은 토착화의 기본개념을 정의하였다. 그들의 삼자원칙은 "자급, 자치, 그리고 자전"이었다. 삼자원칙은 토착교회의 기본 개념이었지만 부족한 부분이 아주 많았다. 삼자원칙에는 예배 스타일, 음악, 복음이 제시하는 신학적 이슈들과 사회적 이슈들, 또는 리더십 스타일에 관한 구체적 내용이 없었다. 간혹 선교사들은 새로운 인간집단을 찾아가 먼저 교회를 설립하고 나서 그 교회가 토착교회가 되도록 돕는다. 이것은 바람직한 모델이 아니다. 알란 티펫은 지적한다. "교회는 처음부터 토착교회가 될 수 있고, 처음부터 토착교회가 되어야만 한다." 토착교회에 대한 도전은 중요한 이슈이다.

복음전도를 넘어서 다른 여러 이슈들을 언급할 수 있다. 교회 안과 밖에서 이루어지는 사회적 이슈들에 관한 교회의 입장도 중요한 이슈가 된다. 가난의 문제, HIV/AIDS 문제, 부족전쟁과 부족주의 문제, 인종차별, 그리고 여러 문화 속에 남아있는 여성과 소수계의 압제 문제 등 여러 이슈들이 있다.

우리는 복음을 온전히 이해해야 한다. 복음은 가장 가난한 자들과 버림받은 자들에 대한 관심을 보여준다. 예수님께서는 특별히 그런 사람들을 찾아가셨다. 그들에게 하나님 나라의 복음을 전하셨다.

모든 문화 속에 있는 교회들은 선교적인 사명이 있다. 교회는 개인차원과 사회적 차원의 변화를 일으키기 위해 부름받았다는 사실을 발견해야만 한다. 그리고 어떻게 구체적으로 변화를 유도할 수 있을지를 물어야 한다.

이제 토론을 요약하자. 1945년 이후 세상이 달라졌다. 지난 60여 년간 우리가 부름받은 선교현장인 세상은 급진적으로 변했다. 이제 지난 날 사용했던 선교방식은 더 이상 적합하지 않고 사용할 수도 없다. 다른 한편으로, 1945년 이후, 교회는 전에 선교지로 간주되었던 나라들에서 교회가 눈부시게 성장하였다. 오늘날 우리는 새로운 선교인력, 즉 비서구권 선교사들과 선교에 대한 새로운 접근방법들을 목도하고 있다. 기독교선교 자체는 변함없이 중요하다. 그러나 선교현장은 지겐발크, 윌리엄 캐리 또는 허드슨 테일러가 활동하던 시대와는 판이하게 달라졌다. 달라지고 변화하는 선교현장은 다른 접근방식을 요구한다. 우리는 각 문화에 대해 민감해져야 한다. 생각을 더 깊이 해야 한다. 성령의 창의성에 대해 열린 마음자세를 가져야 한다.

본 장에서는 변화하는 우리 시대의 선교운동에 대해 탐구하였다. 다음 장에서는 선교현장에 등장하는 새로운 선교사들에 대해 살펴볼 것이다.

The Dynamics of Christian Mission
History through a Missiological Perspective

제 32 장

선교현장에 등장하는 새로운 선교사들

1. 서론

우리는 1945년 이후 역사적 맥락에서 일어난 놀라운 변화들을 살펴보았다. 1989년 소련과 동구권 공산주의 몰락 이후 일어난 변화들을 주목하였다. 20세기 중반에 들어 오래된 '주류' 교회들에 중대한 변화가 일어났다. 그런 변화들은 비극적인 결과를 가져왔다. 주요 교단의 세계선교 사역이 급격하게 쇠퇴하였다. 첫 번째 변화는 신학에서 일어났다. 슬그머니 들어온 보편구원론(Universalism)은 복음전도에 대한 긴박성을 약화시켰다. 당시 여러 WCC 회의 자료들을 분석해 보면 정치, 경제, 사회적 이슈들에 초점이 모아져 있음을 알 수 있다. 이런 변화는 회원 교회들의 선교정책에 반영되었다. 두 번째 변화는 구조적 요소였다. 세계선교에 열심이던 교단 선교부 조직이 더 큰 조직에 병합되었고 커진 조직은 선교를 여러 가지 사업 가운데 하나쯤으로 간주하게 되었다. 많은 교단 선교부 지도자들 가운데 장로교 지도자인 로버트 E. 스피어(Speer)를 실례로 들어보자. 스피어는 학생자원운동(SVM)에 참여하였다. 학생자원운동의 후계자들은 대부분 교회 직분자들로 선교에 대한 이해도 부족하고 선교에 대한 헌신도도 낮은 사람들이었다. 일부 교단들은 각 '프로그램 부서들'을 조직했는데 선교 프로그램은 여러 부서들 중 하나에 불과했다. 더 나아가 주류 교단 지도자들은 1949년 이후 일어난 선교 비관주의 영향에서 헤어나지 못했다. 그들은 새로운 선교 가능성과 세계에서 일어나는 새로운 교회성장 가능성을 인식하지 못했다.

지난 60년 동안 오순절 운동의 성장은 폭발적이었다. 우리는 급속히 성장하는 오순절/은사주의 운동이 갖는 중요성을 주목하였다. 이런 성장은 앞으로도 계속될 것으로 보인다.

선교단체의 통계를 정확하게 수집하고 관리하는 일은 불가능하다. 하지만 역사의 어느 순간보다 지난 60년 동안 미국에서 새로운 선교단체들이 더 많이 생겼다는 주장에는 약간의 의구심이 생긴다. 나는 그 동안 비서구권에서 더 많은 선교단체들이 생겨났다고 생각한다.

비서구권 교회들의 성장은 눈부시다. 아시아, 아프리카, 그리고 라틴 아메리카 교회들은 괄목할 만한 성장을 이루었다. 이들은 원래 교회를 설립해준 서구 선교단체로부터 독립하였다. 서구 선교사들이 우위를 점하고 있는 동안 '선교사'라는 말은 외국에서 온 서양인을 의미하였다. 비서구권 교회들이 독립하고 모든 교회가 선교적 사명을 가지고 있다는 것을 인식하게 되었다. 그들은 선교적 사명에 순종하여 지리적 문화적 경계를 넘어서는 선교사역에 참여해야 한다는 인식을 갖게 되었다.

이런 요소들 때문에 변화가 일어났다. 세계선교에 참여하는 교회, 선교단체, 그리고 선교 지도자들 사이에 엄청난 변화가 일어났다.

2. 선교사 통계와 동향

1900년 SVM 지도자인 존 모트(Mott)는 선교사 5만 명을 파송하자고 주장하였다. 그러나 1915년까지 미국에서 파송된 선교사는 9천5백 명에 불과했다. 당시 파송된 선교사 가운데 75퍼센트가 오래된 '주류' 교단 선교부에서 파송한 선교사들이었다. 주류 교단 교회들은 개신교 종교개혁자들의 신학적 뿌리가 있었다. 종교개혁 정신은 경건주의와 복음적 부흥운동의 영향으로 선교적으로 발전했다. 물론 감리교와 침례교 운동도 선교적 운동이었다. 그러나 20세기 말에 이르러 사정은 달라졌다. 미국에서 파송된 선교사들 가운데 전통적 교회 출신은 5퍼센트에 불과했다.

전체 선교사 통계와 동향을 살펴보자. 아래 도표는 20세기 후반에 있었던 선교사 파송현황을 보여주는 통계이다.

교단	1918	1935	1952	1968	1980	1996
주류 교단 선교	8,900	7,400	8,800	8,700	4,000	2,600
제칠일 안식일교	700	1,200	1,100	1,500	1,000	700
초교파 선교단체 협의회[1]	800	900	3,000	5,700	5,800	5,700
복음주의 선교단체 협의회[2]	400	1,700	2,100	6,800	8,400	10,800
독립 선교단체[3]	-	900	3,600	11,600	16,400	23,800
총계	10,800	12,100	11,600	34,300	35,600	43,600

1) 보수교단(오순절 교단 혹은 은사주의자 미포함)
2) 오순절 교단이 포함된 복음주의 교단. 1945년 설립
3) 남침례교와 신흥 은사주의 교단 포함
Paul E. Pierson, "The Rise of Christian Mission & Relief Agencies," *The Influence of Faith*, Abrams and Eliot, eds. (New York: Rowman & Littlefield), 160.

선교사 파송 동향에도 극적인 변화가 있었다. 주류 교단 선교에 변화의 바람이 불었다. 아직도 주류 교단에서 선교사들이 상당수 파송되고 있지만 대부분 교단선교부에 소속되어 있지 않다. 선교사들이 새로운 선교단체를 선호하기 때문이다. 새로운 선교단체들은 선교를 보다 창의적으로 접근하고 새로운 방법론을 사용한다. 선교사들에게 보다 많은 기회를 제공해 준다. 분명한 사실이 있다. 오늘날 복음주의 선교단체에 소속된 선교사들의 출신배경은 기성교단, 남침례교, 새로운 복음주의 교회, 오순절과 은사주의적 교회 가운데 복음주의적인 사람들이다.

교단선교부에서 분립하여 새로운 선교단체를 조직하는 경우도 있다. 이 경우는 새로운 선교부가 모교단 선교부보다 더 보수적인 성향을 갖는 경우가 많다. PCA 장로교단은 1970년대 PCUSA에서 분립하였다. 현재는 세 장로교단이 PCUSA로 연합하였다. PCUSA는 1920년대에 선교사를 2,700명 파송하였는데 지금은 200명에도 미치지 못한다. 교단적으로 훨씬 작은 규모의 PCA는 현재 461명을 파송하고 있다. 1814년 조직된 미국 침례교 선교부는 미얀마(Myanmar)로 가는 저드슨(Judson) 선교사를 후원하기 위해 조직되었는데, 현재 선교사 120명을 파송하고 있다. 1940년대에 분립한 보수침례교 선교부는 월드벤쳐(World Venture)라는 이름으로 활동하고 있다. 현재 선교사를 480명 파송하

고 있다.[1]

　선교사 파송통계를 살펴보면 새로운 경향이 분명하게 드러난다. 보다 자유주의적인 교단은 해외 선교사 파송숫자가 점점 줄어들고 있다. 최초의 미국 선교부는 ABCFM인데, 전에 회중교회였던 연합 그리스도 교회(United Church of Christ)의 파송단체가 되었다. 시간이 경과한 후 그리스도 제자교단 선교부(Mission Board of the Disciples of Christ)와 합병하였다. 최근에 나온 선교편람(Mission Handbook)에 보면 해외선교사를 15명 보낸 것으로 나온다.

　단기선교 운동은 너무도 성장하여 정확한 통계를 낼 수 있는 기관이 없을 정도가 되었다. 여기서 사용하는 '단기'는 한 주간부터 1년까지 유동적 의미를 가진다. 단기선교에 참여하는 사람들은 중국이나 베트남에 가서 영어를 가르치거나, 교회나 집을 짓는 일을 하거나, 의료봉사를 하기도 한다. 보통 선교사역에 관한 깊은 이해를 위해 파트너 선교기관에서 사역하는 선교사의 사역을 살펴보고 돕기도 한다. 단기선교는 양면성이 있다. 긍정적인 면과 부정적인 면이 공존한다. 단기선교는 준비가 부실하면 종교 관광이 되고 만다. 하지만 성실히 준비하면 참여자들과 교회가 선교적으로 성숙하는 의미있는 선교체험이 되기도 한다. 단기선교 경험이 참여자와 교회에 유익하였다는 평가가 많다. 단기선교를 통하여 신앙의 헌신도가 높아지고, 넓은 비전을 갖게 되고, 외국에 있는 교회와 선교단체와 의미있는 파트너십을 통해 선교에 공헌하게 된다.

3. 서구에서 일어나는 새로운 선교운동들

　1945년 이후 수십 개의 새로운 선교회 단체들이 생겨났다. 작고 성장하지 못하는 기관도 있으나 급속하게 성장하는 선교기관도 있다. 그 중 몇 가지 실례를 살펴보자.

　파이오니아 선교회(Pioneers)는 파송기관으로 1982년 설립되었다. 복음주의 전통을 가진 선교기관으로 교회개척, 복음전도, 그리고 선교동원을 목표로 사

---

1) Statistics from John A. Siewert and Dotsey Welliver, eds. *Mission Handbook, U.S. and Canadian Christian Ministries Overseas, 2001-2003*, 18th ed. Wheaton, Ill. Evangelism and Missions Information Service, 2000.

역하고 있다. 1996년에 해외에서 사역하는 선교사가 220명에 이르렀고, 현재 1,000명을 상회한다. 20여 개국 출신 선교사들이 50여 개국에 흩어져 사역하고 있다. 파이오니아는 초교파적이고 다문화 선교기관이다. 아주 긍정적으로 성장하는 선교기관이다.

대학생 선교회(Campus Crusade for Christ)는 1951년 설립되었다. 1996년에 137개국에 665명의 선교사를 파송하였다. 네비게이토 선교회(Navigators)는 1940년 설립되었다. 대학생들을 중심으로 사역하며 놀라운 선교운동을 전개하고 있다. 예수전도단(Youth With a Mission)은 1960년에 설립되었다. 현재 YM은 매년 10만 명 이상의 단기선교 참여자를 선교지에 파송하고 있다. 장기적으로 6천 명 이상의 사역자들이 선교하고 있다. 그 가운데 반 이상이 비서구권에서 온 선교사들이다. OM(Operation Mobilization) 국제선교회도 YM과 같은 패턴으로 선교운동을 하고 있다. OM은 5천4백 명의 선교사가 110여 개국에서 사역하고 있다.

새로운 선교단체들은 특수한 사역을 위해 오래된 단체를 모체로 축복을 받으며 탄생하기도 한다. OC International(전에는 Overseas Crusades)은 전국복음화운동(Discipling a Whole Nation)과 추수전도운동(Harvest Evangelism)의 모체가 되었다. 라틴 아메리카 선교회에서 새롭게 나온 CFC(Christ for the City)는 도시선교에 집중하며 라틴 아메리카뿐만 아니라 세계 전역에서 사역하고 있다.

지역교회가 파송기관이 되어 선교사를 직접 파송하기도 한다. 지역교회 선교사 파송운동은 다른 나라에 모 교회와 같은 스타일의 교회를 설립하려는 목적에서 이루어진다. 빈야드(Vineyard) 운동이 좋은 실례라고 할 수 있다. 여러 독립적인 은사주의 교회들이 빈야드 교회와 같이 직접 선교사를 파송하여 자기와 같은 스타일의 교회를 설립한다.

확실한 사실이 있다. 1945년 이후 20세기 미국 선교운동에는 거대한 변화의 바람이 불었다. 신학적 입장에 변화가 있었다. 초기에 넓은 의미의 복음주의 신학이 자유주의 쪽으로 움직이다가 보수적 복음주의, 오순절주의나 은사주의적으로 바뀌고, 일부는 근본주의 쪽으로 기울기 시작했다. 이런 변화의 함축은 학교나 병원을 설립하기 보다는 교회개척에 더욱 초점을 맞추게 하였다. 새롭게 일어나는 선교운동은 토착문화에 대해 충분한 이해를 보여주어야 할 것인데, 개인구원만 강조하고 여러 문화적 다양성에 대한 복음의 함의를 이해하지 못하는 실수를 범할 위험성이 있다.

4. 비서구권 타문화 선교활동

1) 초기 비서구권 타문화 선교운동

신학적 관점에서 보자. 모든 교회는 선교를 위해 부르심을 받았다. 선교는 자국문화와 타문화에서 동시에 이루어져야만 한다. 나는 이 강좌 전반에 걸쳐 선교는 복음을 들고 지역적으로 자국 이외의 곳으로 가고, 자국문화를 넘어가는 타문화 선교에 참여하는 것으로 설명했다. 선교에 대한 신학적 가정도 밝혔다. 우리는 선교를 예수 그리스도의 복음을 전달하고, 사람들이 예수 그리스도를 믿게 하여 예수님의 제자가 되게 하고, 교회에 나와 예배드리고, 양육받고, 복음을 증거하고, 사회를 섬기는 사람이 되게 하는 것으로 정의한다. 이런 지역 교회들은 문화에 따라 각각 다르다. 선교사역도 선교지 상황에 따라 달라져야 한다. 어떤 특정 지역에서는 복음을 말로 선포하는 것으로 시작하는 사역이 지혜롭지 못한 결과를 가져올 수도 있다. 자선사역으로 시작하는 것이 좋을 수 있다. 말로 복음을 선포하는 것이나 자선사역으로 사랑을 보여주는 것이나 모두 사람들을 예수 그리스도를 믿는 믿음으로 인도한다.

이런 전략적 관점을 마음에 새겨야 한다. 우리는 주장한다. 선교하지 않는 교회는 진정한 의미에서 토착화된 교회가 아니다. 지역교회가 어떤 형태로든 선교에 참여할 때 진정한 토착교회가 된다.

비서구권에서 일어난 타문화권 선교운동은 전혀 새로운 운동은 아니다. 라투렛은 19세기 비서구권 선교운동에 대해 자세히 기록하였다. 태평양 군도에서 일어난 기독교 확장사를 교회사에 나타난 가장 장엄한 사건 중 하나라고 지칭했다. 우리 선교사들의 전기를 읽어보면 서양 선교사들이 살해당하거나 식인종에게 잡혀 먹힌 이야기들이 나온다. 그러나 우리는 비서구권 선교사가 당한 고초는 언급하지 않는다. 멜라네시아(Melanesians) 선교사들이 당한 서양 선교사와 같은 순교사는 다루지 않는다. 1982년 멜라네시아 선교사들은 복음을 전하기 위해 카누를 타고 먼 섬을 찾아갔다. 그들은 숱한 고난을 겪었다. 일부는 순교하였다. 그러나 복음에 대한 자부심을 가지고 놀라운 사역을 효과적으로 감당하였다.

피지(Fiji)에 있는 태평양 신학대학(Pacific Theological College) 채플은 멜라네시

아 선교사들을 기념하여 봉헌되었다. 1,000명이 넘는 멜라네시아 선교사들이 가족과 함께 태평양 군도를 복음화하기 위해 수고한 것이다. 피지 감리교단은 269 부부를 선교사로 파송했다. 사모아 회중교회는 209명을 파송했다. 쿡 제도(Cook Islands)에서 197명이 선교사로 갔다. 솔로몬 제도에서는 139명이 선교사로 갔다. 통가왕국(Tonga)에서 해적으로 약탈을 일삼던 한 남자는 기독교인이 되어 선교사로 갔다.

1833년 미얀마(Myanmar) 카렌족(Karens) 교회는 다른 부족들에게 전도자를 파송하기 시작했다. 전도자들은 다른 부족언어를 배워야만 했다. 전도자들은 친족(Chins)과 카친족(kachins)에게 가서 선교하고, 북쪽에 사는 라왕족(Rawangs)에게도 가서 선교하였다. 1907년 한국장로교는 한국인 7명을 목사로 안수하고 독노회가 조직되었다. 7명 중 한 사람이 이기풍 목사를 제주도 선교사로 파송했다. 수년이 지나지 않아 한국인 선교사들은 중국과 시베리아 등지에서도 선교하였다. 1910년 브라질 장로교는 선조들의 고향인 포르투갈에 선교사를 파송하였다. 간략하게 언급하였지만 비서구권 선교사들의 활약은 놀랍다.

2) 현재 비서구권 타문화 선교운동

비서구권 타문화 선교운동은 현시대적 특징이다. 아시아, 아프리카, 라틴 아메리카 등지에서 일어나는 비서구권 선교운동은 가히 폭발적이다. 풀러선교대학원에서 이루어진 연구들 가운데 세 개가 인상적이다. 첫 번째 연구는 1972년에 했는데, 비서구권 타문화 선교사 3천4백 명이 활동하고 있다는 보고였다. 두 번째 연구는 1980년에 했는데, 비서구권 타문화 선교사를 1만 3천 명으로 추산했다.[2] 세 번째 연구는 1988년 했는데, 3만5천 924명으로 나타났다.[3] 오늘 연구한다면 얼마나 될까? 정확한 숫자를 파악하지 못할 정도로 많을 것이다. 선교운동이 너무 활발하게 일어나고 있기 때문에 숫자가 매번 달라질 것이다. 확실한 것은 숫자가 계속 늘어난다는 것이다. 풀러선교대학원 교수인 박기호 박사는 2008년 통계를 인용하여 타문화권 한국선교사가 1만9천 413명이고

---

2) L. Keyes, *The Last Age of Mission* (Pasadena: William Carey Library, 1983), 65.
3) L. Pate, *From Every People* (Monrovia, California: MARC,1989), 17.

168 나라에서 사역하고 있으며 계속 성장하고 있다고 했다.[4] 2002년 인도 선교협회(India Mission Association) 총무는 1972년부터 1999년까지 인도인 타문화 선교사는 543에서 2만 명으로 증가했고 파송선교단체는 26개에서 300개로 늘었다고 보고했다. 이 숫자는 계속 증가하고 있다. 인도인 타문화 선교사들은 일부가 외국에 나가 활동하지만 대부분 인도 내에 있는 언어와 문화가 다른 사람들을 위해 사역하고 있다. 많은 숫자가 인도 남부에서 북부지역으로 가서 사역을 한다. 인도 북동지역에 사는 나가족(Nagas)과 미조족(Mizos) 교회에서는 수많은 전도자들을 인도 전국과 인접 국가들에 파송하고 있다. 일부 인도인 사역자들은 성경번역 사역에도 동참하고 있다. 현재까지 인도 53개 부족어로 성경번역을 완수하였고 42개 부족어로 신약성경 번역을 완수하였다고 한다.[5]

타문화 선교는 정확하게 정의하기 어렵다. 우리가 타문화권 선교사라 말할 때 모국을 떠나 외국으로 간 선교사만을 의미하는 것은 아니다. 여기서 우리가 사용하는 '선교'는 복음을 전달하기 위해 상당한 언어와 문화적 차이와 경계를 넘어가는 것을 의미하는 것이지, 반드시 지리적 국경을 넘어야 한다는 것을 의미하지 않는다.

현재 비서구권 타문화 선교사 숫자는 얼마나 될까? 내가 추산한 바에 의하면 12만 5천 명이 넘을 것이다. 이것은 과장된 숫자가 아님을 단언한다.

자국 내에서도 타문화 선교가 가능하다. 자국 내 타민족 선교를 위해 조직된 선교단체 모델로 인도의 FMPB(Friends Missionary Prayer Band)를 들 수 있다. 이 단체는 40여 년 전 인도 마드라스에 있는 한 선교적인 교회에서 태동하였다. 당시 담임목사는 샘 카말레슨(Kamaleson) 박사였는데 그는 후일 월드비전 부총재를 역임하였다. 선교 기도회로 모일 때 인도의 복음화를 위해 집중적으로 기도했다. 그들은 선교 기도연합체(prayer band)로 조직화되면서 하나님의 인도를 구했다. 하나님께서는 기도하던 회원들 각자에게 인도의 복음화를 위해 다른 지역으로 가서 자비량 사역자가 되도록 인도하셨다. 사정이 있어 떠나지 못한 사람들은 후방에서 기도와 물질로 후원하기로 헌신하였다. 이런 선교기도회 운동은 다른 교회들로 번져나가며 성장했다. 선교 기도연합체는 구속력이 약한 연합체였으나 약간의 책무(accountability)를 가지고 있었다.

---

4) 한국일보 미주판 2009년 1월 23일자 A-23 참조. - 역주
5) 이 자료는 저자가 P. E. Pierson과 개인적으로 나눈 대화에서 인용하였다.

이렇게 기도연합체에 소속된 모든 사람들은 선교적 사명을 완수하는 데 헌신되어 있었다. 선교사로 나가든, 집에 있든, 기도하든, 후원을 하든 모두가 한 마음으로 선교에 헌신했다. 그들의 목표는 인도의 미전도 지역으로 사역자를 보내는 것이었다. 그들은 인도 전역에 220개의 거점도시를 정하고 각 도시에 적어도 두 명 이상 사역자를 보내기로 하였다. 20세기 말까지 FMPB는 611명의 선교사를 인도 20개 주 187지역에 파송하여 165개의 인간집단들을 위해 사역하고 있다. 3천3백12개 교회를 개척하였고 교인 수는 21만 4천 명에 이른다.

FMPB는 외국자본을 받지 않고 순수한 인도선교단체로 남았다. 외국자본을 받지 않음으로 인하여 서구 의존도로부터 자유로울 수 있었고 인도인들 가운데 외국 종교를 강요한다는 비난으로도 자유로울 수 있었다.

인도 복음선교회(IEM)도 비슷하다. 초교파 선교운동이다. 인도 내에 있는 다양한 교단 사람들이 선교 사역자를 후원한다. 개인, 가족, 그리고 지역교회들이 선교 기금과 기도후원을 보내며 사역자를 가깝게 챙긴다. 남인도 교회나 북인도 교회 등 대 교파에서는 이들을 공식적으로 지원하지 않는다. 하지만 여러 지역교회들과 신자들이 후원하고 있다. 현재 IEM에는 기도연합체 외에 150개의 후원교회가 있으며 300여 선교사들을 파송하고 있다. 현지 사역자들은 전도하여 교회가 이루어지면, 각 교회를 지역에 따라 다양한 교단에 소속하게 한다. 그 지역에서 가장 복음적으로 사역하는 교단에 속하게 한다.

IEM은 외국에 사는 인도 크리스천들로부터 경제적 지원을 받지만, 외국에서 오는 헌금은 특별한 프로젝트와 자본적 지출(capital expenditures)에만 사용한다. 선교사 5 가정을 해외로 파송하여 OMF와 함께 태국에서, 인터서브(INTERSERVE) 선교회와 함께 중동에서, 그리고 영국에 있는 타밀족(Tamils)을 위해 사역하고 있다.

일반적인 패턴은 교단선교부가 사역자를 외국으로 파송하는 것이다. 브라질 침례교 선교사가 볼리비아에서 사역하고, 브라질 장로교 선교사가 파라과이에서, 한국 장로교 선교사들이 각 나라에서 사역한다. 교단선교부와 함께 초교파 선교단체들이 성장하고 있다. 아마 초교파 선교단체가 가장 급속하게 성장하고 있는 것으로 보인다.

서구 선교단체들은 이제 국제단체가 되었다. 위클리프 성경번역선교회와 OMF 선교회가 그렇다. OMF는 중국이 공산화되기 전에는 중국내지선교회

(China Inland Mission)로 사역했는데 지금은 중국인이 총재가 되었다. CFC(Christ for the City) 사역자의 절반 이상이 라틴 아메리카 출신이다.

경우에 따라 서구 선교단체와 비선구 선교단체는 협력한다. 나이지리아의 EMS(Evangelical Missionary Society)는 서아프리카 복음교단(ECWA)이 조직했다. 이 교단은 SIM 선교회 선교사의 사역의 열매였다. EMS는 선교사를 600명 파송하였는데 나이지리아의 미전도 종족을 중심으로 사역하고 있으며 인근 나라들에도 나가있다. SIM 선교회는 EMS를 특별한 프로젝트가 있을 때 돕고 있으나 선교사 모집, 훈련, 현지사역 등 일상적인 사역은 모두 나이지리아 교회가 후원하고 있다.

텐트 메이커들이 성장하고 있다. 특히 필리핀 교회와 에티오피아 교회에서 이런 텐트 메이커 선교가 일어나는 것은 고무적이다. 가난한 나라의 기독교인들이 중동지역에 노동자로 가는 것은 특별한 선교적 기회를 제공한다. 훌륭한 텐트 메이커가 된다. 그러나 이런 사역에도 위험이 따른다.

새로운 선교패턴이 계속 생겨나거나 옛날 패턴이 다시 살아나고 있다. 나이지리아를 비롯한 아프리카 출신 선교사들은 유럽과 미국에 교회를 개척하고 있다. 영국 런던, 프랑스 파리, 우크라이나의 키예프에서 제일 큰 교회를 목회하는 목사는 나이지리아 출신이라고 한다. 그들은 먼저 아프리카 출신 이민자들에게 전도하기 시작하고 그 후에 현지인들에게 전도한다.

다른 최근의 발전은 중국 가정교회에서 일어난 '백 투 예루살렘'(Back to Jerusalem) 운동이다. 가정교회 네트워크를 통하여 활력을 더해가는 이 운동의 목표는 원대하다. 하지만 목표에 따라 그렇게 엄청난 숫자의 중국 사역자들이 중앙아시아를 관통하는 어려운 지역들에 가서 복음을 전하게 될 것인지는 아직 확실하지 않다. 상황이 아주 어렵고 위험하기 때문이다.

1987년 브라질 상파울루에 2천7백여 명이 모여 회합을 가졌다. 대부분의 참여자들은 라틴 아메리카, 스페인어권의 북미, 스페인, 그리고 포르투갈에서 왔다. 33개국에서 온 참관자들도 자리를 같이했다. 역사상 최초로 라틴 아메리카와 스페인어권 교회들이 지상명령 성취를 위한 전략을 토론하는 자리를 마련한 것이다. 이들은 1천 개 교회를 선교사역에 동원하기 위해 키토(Quito)와 상파울루에 사무실을 두기로 하였다.

5. 새로운 비서구권 선교운동에 대한 분석

복음은 다양한 경로를 통해 전달된다. 비서구원 선교운동은 역사적 사건이다. 복음은 역사상 그 어느 때보다 활발하게 전해지고 있다. 복음은 어떤 다른 메시지보다 다양한 인종, 문화, 국가적 배경을 가진 선교사들에 의해 전달되고 있다. 더 나아가 복음은 그 어느 메시지보다 더 다양한 인종 문화적 배경을 가진 사람들이 듣고 있다. 비서구권 선교운동은 많은 장점과 함께 염려를 안겨주고 있다.

1) 새로운 비서구권 선교운동의 긍정적 공헌

1. 선교사 숫자가 급증했다. 지난 50년 동안 전체 선교사 숫자는 네 배로 늘어났다. 이런 증가율은 인구 증가율을 능가하는 수치이다.
2. 선교운동의 국제화는 기독교는 '서양종교'라는 부정적 이미지를 바꾸어 놓았다. 현대 선교운동은 유럽과 북미에서 전 세계로 나가는 서양 선교운동이었다. 선교는 서구 열강의 식민주의 정책과 함께 선교지에서 인식되었다. 간혹 식민정부는 자국 선교단체를 후원하기도 하였다. 교회는 선교사들이 가져온 서구적 문화 형식들(Cultural forms)을 무비판적으로 수용하였다. 오늘날 많은 비서구권의 크리스천들은 계속해서 서구적 문화형식들을 유지하고 있기도 하지만, 교회와 선교단체는 이제 현지 문화에 적절한 새로운 문화형식을 발견해내는 데 문화적 자유를 누리고 있다. 이런 상황이 앞으로 어떻게 전개될지 확언할 수 없지만 아시아와 아프리카에서는 이미 새로운 문화형식을 가진 교회들이 출현하여 의미있는 상황화 모델을 제공하고 있다.
3. 비서구권 선교사들은 선교현지와 정치 문화적 장벽을 덜 느낀다. 인도에서 사역하는 아시아권 선교사는 식민주의와 연관된 비난을 받지 않는다. 라틴 아메리카 출신은 이슬람교 문화권 사람들에게 유럽이나 미국 출신보다 더 우호적인 대접을 받는다.
4. 아시아나 아프리카 출신 선교사들은 역사적으로 오래된 기독교 문화권 출신이 아니다. 그들은 다원화된 사회에 사는 것에 익숙하며 교회는 언제나

선교적 상황에 노출되어 있다는 것을 인식하고 있다.
5. 비서구권 교회의 신학은 대부분 철저하게 복음적이다. 그들은 복음전도에 대한 열정과 영적 활력을 발산한다. 그들은 대부분 기도생활에 깊이가 있으며 하나님께서 능력으로 역사해 주실 것을 믿고 기대한다.
6. 비서구권 선교사들의 생활은 그들이 사역하는 현지인들의 생활과 가깝다. 그들은 대부분 현지인들이 사는 생활수준과 가깝게 생활한다.
7. 비서구권 선교사들은 과감하게 새로운 선교 패턴과 새로운 교회 패턴을 시도한다. 새롭고 창조적인 접근이 용이하다.

2) 위험이 염려되는 요소들

1. 역사의 교훈을 배우지 않는다. 비서구권 선교사들은 그들이 서구권 출신이 아니기 때문에 서구 선교사들이 범했던 실수를 전혀 하지 않을 것이라는 생각은 위험하다. 과거로부터 배울 필요가 없다는 생각은 지극히 위험한 발상이다. 실례를 들면, 한국 선교사들 가운데 네비우스 선교정책의 장점을 모르는 선교사들이 있다. 네비우스 정책은 초기 한국교회를 반석 위에 세우게 했다. 네비우스 정책 가운데 현지 교인들이 스스로 지원할 수 있을 때까지 교회건물, 전임사역자, 교회직원을 둘 수 없게 되어있다. 초기부터 토착교회 정책을 실천한 것이다. 그러나 성장하는 한국교회를 통하여 선교사들은 상당한 선교비를 가지고 현지인들이 지원할 수 없는 건물과 기관을 세운다.
2. 협력보다는 경쟁한다. 새로운 선교기관들은 대단히 경쟁적이다. 자신이 가진 선교적인 열정만 보여주려 한다. 자연히 현지 교회들과 오래된 선교기관들과 협력하지 못하게 된다.
3. 선교훈련이 부족하다. 많은 경우 비서구권 선교사들은 충분한 선교훈련을 받지 못하고 선교지에 도착한다. 훈련이 부족한 선교사는 현지 사역에 열매를 맺지 못하고 선교에 대한 환상 속에서 방황하게 된다.
4. 선교지원이 지속적이지 못하다. 선교사 후원이 부족한 경우가 많다. 열심을 가지고 선교사를 파송하지만 선교지원이 지속되지 않는 경우가 있다. 불충분한 선교훈련과 선교비 문제로 너무도 많은 선교사들이 중도에 하차한다.

5. 자문화중심주의를 극복하기 어렵다. 비서구 선교사들도 서구 선교사들과 마찬가지로 자민족중심주의적 성향을 가지고 있다. 볼리비아에서 사역하는 브라질 침례교회 선교사는 "서양 선교사처럼 행동한다"는 비난을 받은 적이 있다. 박기호 박사는 필리핀에서 사역하는 한국 선교사들은 필리핀 교인들을 모든 면에서 한국교인들과 똑같이 한국식으로 하게 만든다고 지적하였다.

간략하게 결론을 내린다. 새로운 비서구 선교운동은 복음전도를 강조하고 교육과 의료기관을 통한 선교를 중시하지 않았다. 이것은 선교사들이 선교사역에 대한 인식과 급변하는 현지의 필요를 분석한 결과일 것이다. 하지만 시간이 지나 교회가 성장하면, 복음전도에 대한 관심과 함께 사회적 필요를 채우는 사역에 대한 관심도 늘어나게 될 것이다.

새로운 비서구 선교단체들은 성령사역에 대해 열려있다. 성령의 역사와 능력대결에 대해 열린 자세를 갖고 있다. 이런 성향은 대부분의 미전도 종족이 가진 세계관과 아주 가깝다. 성령의 역사에 대해 열린 자세를 가진 선교사는 성령의 역사를 드러내며 사역할 수 있다.

비서구 선교단체들은 유연하다. 평신도가 가진 성령의 은사에 대해 잘 수용한다. 교회 지도자를 선택하고 훈련하는 방법에 있어서도 대단한 융통성을 발휘한다.

우리는 이제 선교에 있어서 역사상 가장 창의적이고 생산적인 시대에 돌입했다. 이것은 과장이 아니다. 이것은 문제나 장애물 그리고 위험성이 없어졌다는 뜻이 아니다. 실망도 하고 실패도 경험할 것이다. 그러나 확실한 것이 있다. 세계교회와 선교운동은 예전과는 비교할 수 없을 정도로 놀랍게 성장할 것이다.

본 장에서는 오늘날 선교현장에 새롭게 등장하는 새로운 선교사들에 대하여 살펴보았다. 지금은 세계선교가 예전과 비교할 수 없을 정도로 놀랍게 성장하는 시대, 역사상 가장 창의적이고 생산적인 시대임을 기술하였다. 다음 장에서는 선교의 새로운 패턴과 새로운 선교지에 대해 다루게 될 것이다.

The Dynamics
of Christian Mission
History through a Missiological Perspective

제 33 장

선교의 새로운 패턴과 새로운 선교지

1. 서론

나는 오늘날 일어나고 있는 두 종류의 에큐메니칼 운동에 대해 언급하였다. 내가 쓰는 용어는 1989년 필리핀에서 개최된 로잔위원회(Lausanne Committee) 마닐라회의에서 사용된 의미와 같다. "전 교회가 전 복음을 전 세계에" 전하는 선교운동이다. 이것이 우리가 열망하는 목표이다. 로잔선언은 선교단체의 구조에 대해 말하지 않고 목표를 설정하고 있다. 이것이 우리가 간직해야 할 중요한 로잔정신이다. 선교구조는 우리가 목표를 달성할 수 있게 하기 위해 존재한다. 그러나 중요한 목표는 잊고 선교구조 자체를 존속시키는 것이 목표가 되어 자주 본말이 전도되기도 한다.

현 시대에 중요한 두 종류의 에큐메니칼 흐름은 세계교회협의회(WCC)와 세계 복음화를 위한 로잔세계선교위원회(LCWE)이다. WCC는 대부분 유럽과 미국에서 성행했던 기성 교단들과 정통파 교회들을 중심으로 형성되었다. 가톨릭교회는 정식 회원은 아니고 옵서버 자격으로 참여하고 있다. 아시아와 아프리카 교단들 가운데 WCC에 참여한 회원교단들도 있다. 최근들어 WCC는 경제, 사회, 그리고 정치적 이슈들에 초점을 맞추고 있다. WCC는 이런 이슈들에 대해서 좌익적 성향을 가지고 있다고 비판을 받고 있다. 신학적으로는 교회론, 교회사역, 그리고 성례전 등 16세기 이슈들을 중점적으로 다루고 있다. 루터파,

개혁파 그리고 성공회 성도들이 함께 성찬에 참예할 수 있는지 심각한 신학적 토론을 하기도 한다. 성공회와 정교회는 교회조직과 성직자에 대한 바른 이해를 참 교회의 핵심적 이슈로 인식하고 있다. 그러나 세계 도처에서 새롭게 발흥하여 성장하는 교회들은 대부분 그런 이슈들을 별로 중요하게 생각하지 않고 있다.

두 번째 흐름은 로잔운동으로 로잔세계선교위원회(LCWE)이다. 로잔운동은 특정 신학적 전제를 바탕에 깔고 있다. 역사적으로 현대 선교운동을 태동시킨 복음운동들을 강조한다. 성경의 권위, 고등 기독론(a high Christology), 개종의 필요성, 크리스천 삶의 중요성, 믿음으로만 얻는 구원, 성령의 역할, 복음전도와 선교의 중요성, 그리고 역사 안에서 행하시는 하나님의 사역을 감당하는 교회의 중추적 역할을 강조한다. 로잔운동은 리더십, 교회구조, 성례전 등에 관해서는 유연성이 있고 실용주의적이다. 하지만 신학적으로는 더 보수적인 성향을 가지고 있다.

복음주의 진영은 더 사역 중심적이다. 초점을 세계선교에 맞추고 있다. 모든 민족, 언어, 그리고 문화 가운데 사는 사람들이 문화적으로 적합한 방식으로 복음을 듣고 반응할 수 있기를 갈망한다.

1989년 마닐라에서 개최된 로잔세계선교위원회(LCWE) 회의는 지금까지 있었던 어느 기독교 지도자 대회보다 가장 많은 대표단이 참석한 모임이었다. 150개국 대표단이 참석했다. 주류 기성교단 대표가 참석했고, 서구에서 새롭게 일어나는 복음주의 교단, (SIM이 설립한 서아프리카 복음교단 같은) 서구 믿음선교에 의해 설립된 교단 등이 함께 모였다. 전형적인 오순절 교단, 신생 은사주의 집단들도 모였다. 가장 감동적인 순간은 소련에서 온 50-60명의 대표단이 도착한 순간이었다. 그들은 시간에 맞춰 오지 못하고 회의 중간에 도착했다. 그들이 회의장에 들어서는 순간은 세상이 놀랍게 변하고 있다는 것을 상징했다. 그들이 들어설 때 4천여 대표자들이 기립박수를 보냈다. 모두 환호하고 일부는 기쁨의 눈물을 흘리기도 했다. 감동이었다.

AD2000 운동은 로잔세계선교위원회(LCWE)의 기능적 후계자로 인식되기도 한다. 이 운동은 2000년에 사라졌지만 몇 가지 중요한 성과를 남겼다. 로잔세계선교위원회(LCWE) 지도자는 서양인 두 사람과 중국인 목사 한 사람 등 세 사람이었다((Leighton Ford, Tom Houston, and Thomas Wang). AD2000는 아르헨티나 출신인 루이스 부쉬(Luis Bush)가 이끌었다. 이들 지도자들은 세계 기독교선교 운동의 변화를 상징적으로 보여주고 있다.

복음주의 진영의 목표는 1996년 파나마에서 열린 AD2000 회의 선언문 자료에 잘 나타나 있다.

> 이 회의에 참석한 우리 지도자들은 그리스도의 몸된 교회의 다양성을 보여주는, 다른 교단 출신으로, 지상명령(Great Commission)을 자각하고 다음과 같이 선언한다. 우리는 성령께서 이 역사적 순간에 그의 교회가 가진 힘을 연합하여 세계 모든 나라, 언어, 족속, 그리고 백성들에게 복음을 선포하는 일을 속히 완수하도록 인도하신다는 철저한 확신을 가지고 파나마에 모였다. 여기에 모여 함께 기도하고, 교제를 나누고, 상호협력과 연합하기 위한 노력에 대해 들었다… 우리는 성령께서 우리를 다양한 교단과 조직을 통하여 다양한 형태로 나타남을 통하여, 한 몸으로 움직이도록 인도하신다고 믿는다.
> 우리는 2000년까지 모든 인간집단에 교회를 설립하고 모든 사람들에게 복음을 전하려는 우리의 헌신을 선언한다. 이 목표를 이루기 위해 우리는 그리스도의 몸된 모든 지체들이 예수 그리스도의 복음을 전하는 위대한 일을 위해 마음, 영혼, 심장, 손을 드리고, 서로 다른 신조를 존중하는 가운데, 미전도 종족들에게 복음을 전하는 다른 사람들을 위해 기도하고 협력하기를 초청한다.
> 우리는 우리 교단과 교회들을 독려할 것이다.
>
> 1. 복음을 들을 수 없는, 10/40 창에 사는 대부분의 사람들에게 복음전도의 우선순위를 두게 한다.
> 2. 기도가 선교의 핵심전략이기에 우리 교회로 기도하게 한다.
> 3. AD2000 운동 네트워크가 있는 곳에는 각국 교회들이 그들과 협력할 수 있도록 하고, 없는 곳에는 국가조직을 만들며, 자국인 전도에 주도적이 되도록 교회들을 독려한다.
> 4. 중복투자를 피하고 남은 과업을 완수하기 위해 목표, 전략, 사역, 자원을 나누기 위해 각 대륙을 연결하는 연락망을 조직한다.
> 5. 우리 교단에서 선교적 역량을 촉진하는 방법을 연구한다. 미전도 종족을 위한

새로운 선교사를 발굴한다.
6. 지상명령 완수를 위한 공동 목표를 위해 한 몸으로 서로를 후원하기 위한 계속적인 소통을 위한 다리를 건설한다.
7. 우리는 복음을 듣지 못한 수백만 사람들 가운데 하나님 나라가 확장되고 예수 그리스도의 영광을 드높이기 위해 이 일에 헌신한다.

많은 보수적 복음주의 집단들은 서로 소통하지 않고 있는데, 이 선언문은 보다 효율적인 상호협력과 일치를 기대할 수 있는 새로운 소망을 준다. 역사적으로 보면, 선교운동의 구조적 일치가 선교활동의 열매를 내지 못했다. 사실은 그와 정 반대이다. 하지만 보수적인 복음주의 단체들은 고집스럽게 자기만의 길을 간다. 다른 기독교선교단체와 별개로 활동한다. 새로운 복음주의적 에큐메니칼 운동인 로잔세계선교위원회(LCWE)와 AD2000은 복음주의 선교운동을 보다 새롭고 긍정적인 방향으로 인도한다. AD2000 운동이 목표한 모든 사역을 완수하지 못했지만 선교활동을 크게 진작시켰다.

2. 새로운 선교지

1989년은 분수령이었다. 1989년 이전 상황과 이후 상황은 판이하게 달라졌다. 그 가운데 새로운 선교지로 다양한 형태의 선교활동이 가능하게 된 몇 곳을 간략히 살펴보자.

1) 러시아와 독립국가 연합

러시아는 다시 한 번 정통파가 되었다. 1989년 이후 수 많은 사람들이 정교회로 돌아왔다. 하지만 복음주의자들이 보는 러시아 정교회는 갱신과 부흥이 절실하였다. 성경과 예전은 고대 슬라브 말로 되어 있고 현대 러시아어로 번역하는 작업은 종교 지도자들의 반대에 부딪혔다. 복음주의적인 목회자로 종교적 자유를 선호하고 소그룹 운동을 해 보려는 시도는 저항에 부딪혔다. 정교의 관행은 강한 러시아 민족주의와 맞물려 사태를 더욱 어렵게 하였다. 러시아 정교회는 공산주의 정권에 비굴하게 타협했다.

침례교와 오순절교회들은 오랫동안 러시아에서 사역했지만 '게토 정신'(ghetto mentality)에 사로잡혀 자기와 다른 전통을 가진 세속화된 러시아인들을 전도하는 데 어려움을 겪고 있었다.

한국선교사들이 러시아에 도착했다. 그들은 새로운 교회를 개척하고 신학교를 설립했다. 새로운 문제가 생겨났다. 이렇게 생긴 새로운 교회들이 오래된 침례교와 오순절교회들과 어떻게 하면 긍정적인 관계를 가질 수 있을까 하는 것이다. 러시아 문화와 정교회와의 관계설정은 더더욱 어려운 문제로 떠올랐다. 정교회는 정교회만을 참 교회로 간주하기 때문에 문제가 심각했다. 러시아 사람들은 모스크바를 '제3의 로마'로 생각했다. 러시아인들은 첫 번째 로마(이태리)를 기독교의 중심도시로 보았고, 콘스탄티노플(Constantinople)을 두 번째 로마로 보았다. 콘스탄티노플이 무너진 이후, 모스크바가 세계교회의 중심지가 된 것이다. 더 나아가 러시아 정교회는 완전하여 로마교회가 경험했던 것과 같은 개신교 종교개혁과 같은 사태를 겪지 않았다고 믿고 있다.

구소련에서 독립한 우즈베키스탄과 카자흐스탄 같은 나라는 대부분 무슬림들이 대다수이다. 그리고 기독교인들은 종교적 제한을 받는다. 이들 나라에서 선교사들에게 당면한 문제는 러시아어로 사역할 것인가 아니면 전통적인 토착민들을 대상으로 사역할 것인가를 결정하는 일이다. 아직 복음전도와 교회개척을 위한 기회들이 열려있다. 그러나 이들 나라에서 교단중심적인 사역을 하기보다 교파를 초월한 초교파적인 사역이 바람직하다고 본다. 성령의 모든 은사들에 대해 열린 마음을 갖고 능력대결을 신중하게 고려하는 사역이 필요할 것이다.

국제적인 팀으로 접근할 수 있다. 내가 아는 카자흐스탄 사역팀은 파이오니아 선교회 선교사로 영국과 미국 출신인 선교사들과 오순절적 침례교 선교사인 싱가포르 사람, 미국 보수 장로교단 출신의 선교사가 함께 사역한다. 이 팀은 서로 조화롭게 사역하는 데 어려움을 겪고 있다.

이곳에 한국 선교사들도 사역하고 있다. 2003년 한국 선교사의 보고에 의하면, 12년 동안 카자흐스탄 알마티에 있는 그의 교회가 성장하여 950개의 소그룹이 생기고, 6천 명 성도가 출석한다고 한다. 그 교회는 러시아인들과 카작인들로 구성되어 있다. 전도방법으로는 알파코스(Alpha Course)가 효과를 보았다. 수많은 대학생들이 믿음을 갖게 되었고 그들은 크리스천 뿐 아니라 일반인들과도 좋은 인간관계를 가지고 있어서 가정 소그룹에 잘 적응하였다. 평신도 리더들은 각 직장으로 알파코스를 가지고 들어갔다. 교회는 비단길(silk road)을 따라 교회개척 팀을 보내기 위해 준비하고 있다.

우크라이나에서 제일 큰 교회는 키예프(Kiev)에 있다. 이 교회는 2만 5천 성도를 가지고 있으며 나이지리아인 목사가 목회하고 있다. 교회는 사회적 이슈들을 전도와 잘 연결하여 좋은 리더십을 발휘하고 있다. 지난 총선이 있었을 때 민주적인 후보자에게 표가 쏠리는 것을 방해하기 위해 정부가 움직일 때, 교인들이 길에 줄지어 서서 공정한 선거를 요구했다. 이런 효과적인 사회운동은 교회의 명성을 높여주었다.

2) 동유럽

공산주의 이후 사회는 불신을 특징으로 한다. 서로 믿지 못한다. 공산주의 사회 시스템이 아무도 믿지 못하게 만들었기 때문이다. 루마니아를 비롯한 일부지역에는 침례교 등 헌신된 복음주의 교회들이 있다. 개혁교회와 루터파 교회들이 있다. 이들 교회들은 신학은 확실한데 구조가 너무 경직되어 있다. 정교회들이 주종을 이루고 있으며 정교회는 인종적이며 국가적인 정체성을 강하게 유지하고 있다.

이런 상황에서 어떻게 선교적인 접근을 시도할 것인가? 나는 세르비아(Serbia)의 수도 노비 사드(Novi Sad)에서 훌륭한 모델을 발견했다. 나는 그곳에서 사역하는 디미트리 포파딕(Dimitri Popadic) 박사 부부를 방문했다. 이들 부부는 전에 사르비아와 마케도니아에서 여러 교회를 개척한 경험이 있었다. 티미트리는 오순절 교단 출신인데 성서공회에서 일하면서 함께 사역하는 현지 정교회 대주교와 친하게 되었다. 미국 풀러신학대학원에 유학하여 철학박사 학위를 마치고 노비 사드로 갔다. 그곳에서 문을 닫았던 침례교 성서대학을 다시 시작하라는 요청을 받고, 침례교만이 아닌 초교파 신학교로 하고 석사과정을 설치하자는 조건으로 수락했다. 내가 방문하였을 때 학교에는 17개 교단에서 온 2백명의 학생들이 수학하고 있었다. 학생 대부분은 통신과정에 등록되어 있었다. 그 학교는 세르비아에서 가장 큰 개신교 신학교였다. 신학교 학생들은 로마에 있는 일반사람들과 집시들(gypsies)까지 전도하여 목회하고 있었다. 어느 주일날 유고의 수도 베오그라드(Belgrade)에 있는 정교회에서 예배를 드렸다. 본당 사제는 정교회 신학교 교장이었다. 예배 후에 사제와 주위 분들과 함께 두 시간 정도를 교제했다. 여러 이야기를 나눈 후 점심초대를 받게 되었다. 나는 디미트리에게 정교회 기도문 내용이 무엇이었는지 물었다. 그는 기도문이 구원의 역사를 열거하는 내용으로 아주 성경적이라고 말해 주었다. 나는 그 정교회에서 독특한 에큐메니칼적인 관계를 경험하였다. 오순절교단 목사 부부가 나와 함께 정교회 예배를 드리고 정교회 사제와 함께 교제하다니! 디미트리는 우리가 외부에서 온 교수들이기 때문에 가벼운 마음으로 그리할 수 있었다고 했다.

이 이야기에는 두 가지 교훈이 있다. 교회 지도자 훈련 모델을 생각할 때 여러 교단을 포용하는 초교파적인 신학훈련을 해야한다는 것과 거주하는 학생과 연장교육을 받는 학생들 모두가 공부할 수 있도록 유연성이 있어야 한다는 것이다. 그리고 개신교와 정교회 사이에 보다 나은 관계설정을 위한 첫 걸음은 친목에서부터 시작한다는 것이다.

3) 서구 도시들

서구 도시들의 특징이 있다. 계속해서 다민족화 현상이 일어난다는 것이다. 거의 모든 대도시마다 100개가 넘는 언어와 인종집단이 같이 살아간다. 새로온 이민자들 가운데는 크리스천이 많아서 그들은 금방 자체교회를 설립한다. 기독교적 영향을 덜 받은 이민자들도 도시로 몰려들고 있다. 이런 대도시에서 선교하기 위해서는 주의깊은 연구가 선행되어야 한다. 실례를 들어보자. 보스턴에는 이민자 교회가 성장하고 있다. 전통적인 기성교회들이 사라지는 추세에 있음에도 불구하고 새로운 이민자 교회는 성장하고 있다. 이런 현상은 뉴욕에서도 일어나고 있다. 일부 교회는 다민족 교회로 변신하기도 하지만 대부분 특정 인종집단을 중심으로 사역한다.

아프리카교회가 선교사를 파송한다. 놀라운 일이다. 아프리카교회는 유럽과 미국으로 선교사를 파송하여 아프리카 토착교회들을 설립하고 있다. 나이지리아의 리딤드 그리스도 교회(The Redeemed Church of Christ)는 선교열정이 대단하여 여러 나라에 선교사를 파송하고 교회를 개척하였다.

중요한 이슈가 있다. 서구 도시들에서 당면한 문제는 종교적 상대주의(Relativism)이다. 세속화된 도시문화는 급속히 다원화되고 있다. 우리는 종교자유를 인정하지만 종교적 상대주의를 수용할 수 없다. 포스트모던 사고는 예수 그리스도의 복음을 듣고 개종하라는 복음주의 메시지를 오만하다고 여기고 견딜 수 없어한다. 우리는 모든 인간집단들이 그리스도를 따르는 제자가 되라고 사람들을 초청하면서도 다른 사람들에 대한 동정과 겸손을 잊어서는 안 된다.

4) 세속적 서구사회에 등장한 명목상의 크리스천

선교사는 고향에 돌아와서 충격에 빠진다. 레슬리 뉴비긴(Leslie Newbigin)이 그러했다. 인도 선교사역을 마치고 영국으로 돌아온 뉴비긴은 새로운 사실을 발견했다. 일반 영국사람 전도하는 것이 선교지의 인도사람 전도하기 보다 더 어렵다는 사실이다. 그는 말했다. 세속화된 서구사회가 세계에서 가장 어려운 선교지임에 틀림없다!

조지 헌터(George Hunter)도 '기독교적 신앙경험이 없는 사람들' 주목한다. 그들은 기독교신앙에 대해 전혀 모르거나 피상적인 사람들이다. 스스로 복음을 안다고 생각하고 복음을 피곤하게 여기는 사람이다. 그들은 대부분 왜곡된 기독교 메시지를 듣고 등을 돌린 사람들이다. 이런 명목상의 크리스천들을 위해 새로운 선교적 접근이 필요하다.

5) 무슬림 세계

무슬림 세계가 주목받고 있다. 2001년 9.11 사건이 일어난 이후, 무슬림 세계에 대한 관심이 폭증하고 있다. 여기서 나는 무슬림 세계에서 일어나는 선교운동에 대해 간략히 서술하려 한다.

이슬람 근본주의(Islamic fundamentalism)가 성행하고 있다. 여러 가지 이유가 있다. 첫 번째 이유는 가장 엄격한 이슬람교가 세상을 통치해야만 하는데 서방 나라들이 이를 방해하고 있다는 이슬람 근본주의 정신에 기인한 것으로 보인다. 근본주의 관점에서 보면 기독교 서구 문명이 쇠락의 길을 걷고 있기에 이슬람이 서구문화에 반항하는 것이 정당한 일이다. 아랍권 나라들이 가진 석유자본은 이슬람교 팽창에 큰 도움을 주었다. 이스라엘과 팔레스타인 사이에 벌어지는 갈등도 적개심을 불러 일으켰다. 미국을 비롯한 서방 나라들은 이스라엘을 후원하였다. 이것이 이슬람 근본주의자들의 분노를 자아냈다.

무슬림 가운데 개종운동이 일어나고 있다. 지난 몇십 년 동안 어려운 상황 속에서도 예전에는 상상할 수 없었던 무슬림 개종운동이 일어났다. 아직 숫자는 많지 않지만 아주 의미있는 운동으로 자리잡아 가고 있다. 이슬람 선교운동에 대해서는 보안상의 이유 때문에 공개적으로 언급할 수 없다. 우리에게 북아프리카 전역과 이란에서 무슬림 배경을 가진 크리스천들의 지하모임(MBB's)이 성장하고 있다는 보고도 들린다. 알제리아에는 얼마 전까지만 해도 기독교인이 없었다. 현재 사정이 달라졌다. 적어도 베르베르족(Berbers)을 중심으로 6만 명 이상이 기독교로 개종했다.

무슬림 문화에 적합한 교회가 필요하다. 무슬림 가운데 일어나는 개종운동은 상황화의 중요성을 일깨워주고 있다. 무슬림을 위한 신학적 용어정립이 시급하다. 무슬림이 이해할 수 있는 용어로 바뀌어야 한다. 예배형식과 교회 지도자 선출과 훈련에 대해서도 적절한 상황화가 이루어져야 할 것이다.

서구 선교사들은 무슬림선교에 중요한 역할을 계속 감당하게 될 것이다. 일부지역은 상당히 개방되고 있지만, 무슬림선교에는 고도의 문화적 민감성이 필요하다. 나는 북 이라크 쿠르드족(Kurds)에게 가서 1년 동안 봉사하고 온 미국청년을 알고 있다. 그는 그곳에서 관계전도를 하였기에 인기가 좋았다. 그들은 이 청년을 자기 집으로 초대하기도 하여 좋은 친구가 되었다고 한다. 전도하기 전에 먼저 친구가 되는 관계전도를 각 문화에 맞게 개발할 필요가 있다.

얼마 전, 파키스탄에 큰 지진이 발생했다. 구조사역을 위해 프론티어 선교회(Frontiers) 자원봉사자들이 현지로 떠났다. 그들은 복음전도를 목표로 삼았지만 구조사역을 중요한 발판으로 삼아 사역할 수 있었다. 우드베리(Woodberry) 박사는 이슬람교에서 기독교로 개종한 700명을 분석하였다. 그 결과 모두에게 친구와 같은 우정이 개종의 핵심요소였음을 알게 되었다. 그 중 절반은 영적인 능력대결과 관련되어 있었다. 꿈, 환상, 치유, 그리고 축사 등과 연관되어 개종했다.

3. 새로운 선교개념

1) 미전도 종족

미전도 종족은 랄프 윈터가 사용하여 유명해졌다.[1] 미전도 종족 개념은 윈터가 1974년 로잔(Lausanne) 대회에서 설명했다. 선교 전략적으로 아주 유익할 뿐만 아니라 핵심을 쉽게 전달할 수 있어서 대중화 되었다. 하지만 미전도 종족을 정의하는 데 어려움이 있다. 미전도 종족 개념이 가진 강점이 있다. 모든 문화가 가진 개별적 중요성을 인식하게 한 점이다. 약점은 문화가 계속해서 변하고 있다는 사실을 간과할 위험이 있다는 점이다.

바이올라 대학 총장이었던 마빈 마이어스(Marvin Mayers) 박사는 지적했다. 우리가 과테말라에 사는 특정 인간집단을 전도하기 원한다면, 우리는 전혀 다른 두 지역으로 가야만 한다. 첫째는 과테말라 북부지역으로 가야만 한다. 둘째는 그들이 모여 사는 로스앤젤레스 동부지역으로 가야만 한다. 하지만 로스앤젤레스로 이주한 과테말라 원주민들은 몇 년만 지나고 나면 현지에 남아있는 친척들과는 다른 문화를 갖게 된다는 사실도 기억해야 한다.

2) 10/40 윈도우

10/40 윈도우(Window)는 선교전략적 개념이다. 선교의 초점을 이곳에 모아

---

1) 윈터 박사는 미전도 종족에 대한 정의와 전방개척선교 운동을 통해 현대 선교에 지대한 영향을 미쳤다. 그는 풍부한 현장 경험과 이론을 겸비한 이 시대의 가장 중요한 선교학자 중 한 명으로 손꼽힌다. 과테말라에서 마야 종족 선교사로도 10년간 사역했으며, 풀러선교대학원 교수로도 10년간 재직했다. 윈터 박사는 역사적 모임으로 기록된 1974년 제1차 로잔대회에서 미전도 종족의 중요성을 처음으로 알렸으며, 이후 1976년 설립한 미국 세계선교센터와 윌리엄캐리대학교(William Carey International University)를 기지 삼아 전방개척선교 운동을 전개하며 1970년대 이후 세계선교 운동에 활기를 부여했다. 그는 1976년부터 1990년까지 미국 세계선교센터의 최고 책임자로, 1990년부터 1997년까지는 윌리엄캐리대학교의 최고 책임자로 섬겼으며 이후에는 전방개척선교회(FMF: Frontier Mission Fellowship)의 대표로 헌신하는 동시에, 설립에 참여한 국제전방개척선교학회(ISFM: International Society for Frontier Missiology)를 통해서도 활발히 활동을 하였다. 그는 평소 한국교회의 선교에 지대한 관심과 애정을 가졌다. 2009년 5월 소천하였다. - 역주

보자는 발상에서 나온 개념이다. 10/40 윈도우는 북위 10도에서 40도 사이 미전도 종족이 밀집되어 있는 곳을 말한다. 중국, 인도, 태국, 말레이시아, 파키스탄, 이란, 아라비아, 그리고 북아프리카를 포함한다. 복음을 접할 수 없는 세계 미전도 종족 95퍼센트가 집중된 곳이다. 이곳을 선교전략 요충지로 보고 새로운 선교적 시도를 하고 있다. 10/40 윈도우는 전략적 개념이지만, 그 가운데 중국에서 교회는 급성장하고 있다. 인도 달리트를 위해서도 새로운 선교운동이 일어나고 있다. 10/40 윈도우 이외 지역에도 관심을 가져야 한다. 미전도 종족은 10/40 윈도우 바깥에도 상당수가 살고 있다는 사실을 기억해야 한다.

4. 새로운 선교 패턴들

1) 파트너십 패턴

선교 파트너십(Partnership)은 새로운 선교 패턴이다. 이 주제를 다루는 세 권의 책이 출간되었다. 윌리엄 테일러(Taylor)가 편집한 『선교적 시너지를 위한 하나님 나라 파트너십』은 하나님 나라의 관점에서 파트너십을 기술하고 있다. 제임스 크레케빅(Kraakevik)과 도오시 웰리버(Welliver)가 편집한 『복음의 동역자: 세계선교를 위한 파트너십의 전략적 역할』 그리고 필 버틀러(Butler)의 『멋진 파트너』가 있다.

파트너십의 기본개념은 다양하다. 선교단체, 교단, 출신국가에 따라 개념이 다르다. 이들은 특정 미전도 종족을 선교하기 위해 전략적으로 협력하고 제휴한다. 서로 다르기 때문에 파트너십 효과는 높다. 각자가 가진 독특한 은사와 전문성 영역이 있기 때문이다. 가상적인 시나리오를 만든다면, 장기 거주선교사는 이 과정에 포함되지 않는다. 자비량 선교사의 개인적인 사역이나 이 목적으로 방문한 유학생은, 다른 단기선교 방문단, 문서, 방송, 공동체 개발, 의료사역, 그리고 성경번역 사역자들과 함께 이 전략적 동반자 사역에 참여할 수 있을 것이다. 동반자 사역의 목적은 뚜렷하다. 사람들을 그리스도께 인도하고, 새신자를 제자로 훈련하고, 궁극적으로 교회를 개척하는 것이다.

북아프리카에 사는 아흐미드(Ahmed)는 인생의 의미를 찾고 있었다. 방송을 듣다가 성경통신과정이 있다는 것을 알게 되었다. 그는 성경통신과정을 요청하는 편지를 썼다. 공부를 시작했다. 성경공부를 하면서 텐트 메이커로 사역하는 선교사를 만나 주님을 영접했다. 아흐미드는 가게를 운영하며 가족을 돌보면서 야간 성경학교에 나가 공부했다. 그는 성장하는 교회의 일원이 되었다.

아흐미드가 이렇게 변하는 데 도움을 준 사람들이 많았다. 5개 선교기관이 여러 해 동안 도와야 했다. 방송국 관계자는 성경통신과정을 할 수 있도록 도와주었다. 성경통신과정 담당자는 텐트 메이커로 사역하는 선교사에게 그를 연결시켜 주었다. 선교사는 아흐미드를 성경공부 인도자에게 소개했다. 성경공부 인도자는 아흐미드를 현지 형제 자매들에게 소개하고 교회의 일원이 되게 했다. 어느 선교기관이라도 홀로 아흐미드를 주께로 인도하고 교회의 책임있는 구성원이 되게 할 수는 없었다. 서로 협력했기에 모두가 원하는 목표가 이루어졌다. 서로가 파트너가 되어 함께 사역하였을 때 작은 현지인 교회가 탄생하게 되었다.

2) 비거주 선교사 패턴

비거주 선교사 개념은 1990년에 구체화되었다. 데이비드 개리슨(Garrison)이 쓴 『비거주 선교사』(The Non-Residential Missionary)는 이 주제에 관한 한 가장 영향력 있는 책이다. 비거주 선교사의 정의는 다음과 같다. "비거주 선교사는 전임 해외 선교사로서 복음화되지 않은 특정 인간집단을 위해 사역하며 다른 선교단체들과 중복되지 않게 현지인과 가깝게 접근하여 복음화 기초작업을 수행하는 선교사이다." 비거주 선교사는 선교현장에서 생활하지는 않는다. 하지만 외곽에 있는 비거주 선교기지에서 관계된 여러 사람들, 현지인, 비현지인, 선교사, 그리고 선교기관들과 네트워킹을 통하여 다음과 같은 사역을 감당한다.

1. 특정 인간집단의 정확한 상황을 파악하고 복음화와 사역을 시도하기 위해 전문적인 현장연구를 실시한다.
2. 특정 인간집단이 사용하는 언어를 능숙하게 구사하도록 한다.
3. 특정 인간집단을 전략적으로 접근하는 복음화 사역들을 구체화하고 다른 선교기관들을 독려하여 전략을 실행한다.

4. 선교본부에 진행 상황보고 등으로 긴밀히 연락하고 필요한 도움을 받는다.
 5. 선교자료 네트워크를 가동한다. 예를 들면, 남침례 선교부에 있는 세계 복음화 데이터 베이스와 같은 정보기관들과 연결한다.
 6. 다른 지역에서 사역하는 비거주 선교사들과 연결하여 상호 도울 수 있는 가능성을 타진한다.

비거주 선교사역에는 세 가지 중요한 특징이 있다. 비거주 선교본부에서 사역하는 선교사들은 비슷한 관심을 가진 다른 사역자들과 네트워크를 시작하고, 복음화되지 않은 특정 지역을 복음화하는 책임을 맡는다. 의문의 여지없이 이런 비거주 선교사역은 놀라운 비전과 인내를 요구한다. 비거주 선교사들은 하나님께서 이미 선교현장에 있는 인간집단들 가운데서 일하고 계시며 그 사람들을 그리스도를 믿는 믿음으로 인도하는 것은 하나님의 뜻이라는 신학적 전제를 갖고 사역한다.

3) 새로운 기도사역 패턴

기도를 동원하는 새로운 기도사역 패턴이 있다. 미전도 인간집단을 위해 수백만 명의 기도를 동원하는 사역은 전혀 새로운 것이다. 여기서 우리는 17, 18세기 조나단 에드워즈 등 지도자들이 시작한 '기도합주회'(concerts of prayer)가 현대 선교에 중요한 시발점이 되었다는 것을 상기할 필요가 있다. 기도합주회 운동은 윌리엄 캐리에게 큰 영향을 미쳤다.

기도운동은 전 세계적으로 퍼져가고 있다. 네팔, 인도, 케냐, 그리고 서구권 여러 나라들에 기도운동이 일고 있다. 기도운동은 세계로 퍼져나가며 더욱 강력한 운동이 되고 있다. 여기서 기도운동의 실례를 몇 군데 살펴보자. 한국교회는 북한을 위한 매일 10만 명 기도운동을 시작하였다. 오스트레일리아 캔버라에 있는 국회 의사당 주변에서 5만 명이 모여 기도했다. 뉴욕주 로체스터(Rochester)에서 있었던 '예수행진'(march for Jesus)은 신문에 대대적으로 보도되었다. 신문은 순복음 교인이며 정신과 의사인 한 참여자의 말을 다음과 같이 인용하였다. "우리는 함께 기도했습니다. 공정한 상행위를 하도록, 가난한 자들과 어려운 자들 그리고 중독에 빠진 사람들이 참 자유를 누리도록, 거리에 사는 사람들을 위한 숙소와 위로를 위해, 감옥에서 출소한 사람들이 건전한 인간관계를 갖고 생산적인 사람이 되도록, 우리 기관들이 더 나은 교육, 정직성, 절제, 그리고 품위를 지키며, 사랑으로 폭력을 이길 수 있도록, 살인과 죽음이 생명으로 바꾸어지도록, 정부가 정의롭고, 자애롭고, 겸손한 기관이 되도록, 신문이 진실을 알고 전하기 갈망하는 독자를 위해 편파적 기사를 내보내지 않도록, 그리고 무엇보다 모든 사람이 구원받기를 위해 기도했습니다."

이런 기도행진은 전인적인 접근을 시도하였기에 강한 인상을 남겼다. 하나님 나라를 아는 사람들이 무슨 일을 해야 하는지 잘 보여주었다.

결론으로 다시 강조한다. 이 시대는 위대한 창조성이 높아지는 시대이다. 선교패턴에도 놀라운 창조성이 필요하다. 우리는 선교패턴의 극히 일부만을 다루었다. 직장선교사역과 사업과 선교를 접목하는 비지니스 사역 등 다양한 선교패턴이 생겨나고 있다. 선교패턴에 있어 더 탁월한 창조성이 절실하다.

본 장에서는 선교의 새로운 패턴과 새로운 선교지에 대해 살펴보았다. 다음 장에서는 새로운 교회들에 대해 살펴볼 것이다.

제 34 장
새로 등장하는 교회들

1. 서론

교회는 변모한다. 교회는 역사상 여러 번 형태를 바꾸었다. 신학적 강조점도 여러 번 바뀌었다. 사도행전 15장은 중대한 교회의 변화를 보여준다. 교회는 유대 문화에서 출생하였지만 유대 문화로부터 자유롭게 되었다. 이방세계로 옮겨가 급속히 성장했다. 교회의 변화는 '믿음과 율법준수에 의한 구원에서 오직 믿음으로 받는 구원'으로 신학적 입장을 바꾸었을 뿐 아니라 문화적으로도 변모했다.

오늘날 교회도 변모하고 있다. 전통적인 서양식 교회의 모습이 토착적으로 변모하고 있다. 예배형식, 리더십, 그리고 교회생활 전반에 걸쳐 서구적인 모습을 벗고 토착적인 면모를 갖춘 교회로 변모하고 있다. 사실 서양교회도 변모하고 있다. 서구교회에는 이머징 처치(Emerging Churches) 형태가 생겨나고 있다. 이 부분에 대해서는 에디 깁스(Gibbs)와 라이언 볼저(Bolger)가 연구한 포스트모던 문화에 적합한 크리스쳔 공동체에 대한 연구를 참고할 수 있다.

새로운 형태를 가진 교회는 정통교회들에 의해 간혹 이단사설을 전파하는 교회로 몰리기도 한다. 종교개혁이 일어나고 개신교가 생겨날 때 그런 현상이 있었다. 감리교와 오순절교회가 생겨날 때도 그러하였다. 물론 이단적 성향을 가진 새 교회들이 생겨나기도 한다. 실례를 들면 몰몬교나 필리핀의 이글레시아 니 크리스토(Iglesia Ni Christo)가 그렇다. 간혹 이단 교회들이 정통신학으로 회귀하기도 한다. 4세기의 아리우스파 교회와 현대의 세계적인 하나님의 교회(Worldwide Church of God)가 정통신학으로 돌아왔다. 간혹 정통교회가 역사적 신앙을 떠나기도 한다. 유니테리언(Unitarians)교회들과 일부 개신교 자유주의 교회들이 그러하다.

새로운 교회가 언제나 새로운 신학을 주창하는 것은 아니다. 그들은 새로운 교회형식을 주창한다. 예배, 리더십, 교회구조, 그리고 문화적 적응에 있어서 새로운 스타일을 사용한다. 이런 움직임은 새로운 신앙운동의 열매로 나타난다. 새 술은 새 부대에 담아야 한다. 낡은 가죽부대는 새 술을 담을 수 없다. 그러나 포장이 바뀐다고 해서 내용이 바뀌는 것은 아니다. 신학적 정통성과 방법론적 정통성은 차이가 있다. 그런데 이 둘의 차이를 구분하지 못하고 혼돈하는 사람들이 있다는 사실을 알아야 한다. 얼마나 답답한 일인가!

이런 여러 경우들을 다루면서 특별하게 다루어야 할 문제들이 있다. 새로운 집단을 어떻게 평가할 것인가? 다른 크리스천들을 새로운 집단과 관계설정을 어떻게 할 것인가? 쉽지 않은 질문이다. 새로운 교회들은 대부분 전통적인 기성교회들과 섞이기를 좋아하지 않기 때문이다. 새로운 교회를 도울 수 있는 방법은 없을까? 기성교회에서 역사적 신앙을 가진 사람들이 새로운 교회를 찾아가 역사적 교훈들을 나누어 주어 그들이 역사에 나타난 과거의 실수를 반복하지 않도록 도울 수는 없을까? 새로운 교회들이 부상하는 21세기에, 우리는 이런 중요한 질문을 던져야 한다.

필자의 논지는 분명하다. 우리는 적어도 16세기 이래 놀랍게 변모하는 세계교회의 모습을 목도하고 있다는 것이다. 16세기에 경험했던 변화보다 더 큰 변화가 일어나고 있는지 모른다. 이런 변화는 아프리카에서 시작되었다. 아시아, 라틴 아메리카, 그리고 북미지역교회들이 뒤를 이었다. 나는 이런 새 교회운동이 유럽까지 도래할 것으로 예상한다. 서유럽인 대부분이 신앙생활을 제대로 하고 있지 않지만 기독교 문화적 전통을 가지고 있기 때문이다.

일부 기성교회들은 아직도 16세기 문제를 아직도 해결하지 못하고 씨름하고 있다. 몇 년 전, 세계 개혁교회 연합회(World Alliance of Reformed Churches) 총회장인 제인 뎀시 더글라스(Jane Dempsey Douglas) 박사에게 물었다. 개혁주의, 성공회, 루터교 신학자들이 모여 신학적 대화를 하는 목적이 무엇입니까? 더글라스는 대답했다. 크리스천들이 모여 주님의 성찬을 함께 나누기 위해서 입니다. 더글라스의 말은 교회 사역과 리더십에 대한 새로운 관점을 반영하고 있었다. 안수의 의미는 무엇인가? 누가 누구를 안수할 것인가? 고교회 성공회 교리에 의하면 사도권을 계승한 주교만이 사제를 안수 할 수 있고 안수 받은 사제만이 성찬을 집례할 수 있다. 일부 루터교인들은 성찬에 그리스도가 직접 임재하신다는 것을 믿는 신자들하고만 잔과 떡을 뗀다. 함께 성찬에 관해 대화한다는 것은 그리스도의 임재와 사역에 대한 다른 관점들을 극복하기 위해 노력한다는 것을 의미한다. 그러나 그런 성찬신학은 복음주의자 대부분에게 큰 문제가 되지 않는다. 우리가 모두 예수 그리스도를 주님과 구세주로 고백한다면 다른 교파 출신인 형제 자매들과 성찬을 나누는 데 전혀 문제가 없을 것이다. 우리는 주님의 임재를 믿는다. 어떤 형태로 임재하시느냐에 대해 구체적으로 정의하지 않아도 그분의 임재를 믿는다. 더 나아가 누가 떡을 떼고 잔을 나누는가에 대해서도 크게 문제를 삼지 않을 것이다.

기성교회들 상당수도 경제 사회적인 문제로 힘들어하고 있다. 가난, 정치적 억압, 빈부차이, 양극화, 그리고 생태계 문제로 고민하고 있다. 이런 상황 속에서 세계선교에 대한 관심은 줄어들고 기독론과 구원론은 약화되고 있다.

우리가 살펴본 바와 같이 새로운 '복음주의적 에큐메니즘'(evangelical ecumenism)은 세계선교에 우선순위를 둔다. 선교사역 중심으로 움직인다. 고등기독론, 성경의 권위, 개종의 필요성, 교회의 중요성을 강조하는 신학적 입장을 견지한다. 이런 복음주의자들이 경제, 사회, 그리고 생태계에 대한 관심이 폭을 넓혀가야 하는 것은 당연한 일이다.

2. 정통신학 내의 새로운 예배와 리더십

1) 새로운 교회들의 특징

정통신학 전통을 가진 교회들은 대부분 서로 다른 예배형식과 다른 리더십을 가지고 있다. 성령의 은사에 대해서도 열려있다. 이것은 서양적 세계관인 계몽주의 사상을 넘어서는 오순절주의(Pentecostalism)의 긍정적 효과이다. 복음주의 교회들은 정통신학을 가지고 있으면서도 은사주의 신자들이 주장하는 하나님의 놀라운 기적들에 대해서 열린 마음을 가지고 있다.

이런 교회들은 영계를 인정하는 종교문화적 토양을 배경으로 성령의 능력을 믿는다. 영적 능력 지향적이다. 대부분의 전통종교들은 영적 능력에 초점을 맞추고 있으며 성경도 영적 능력에 대해 중요하게 다룬다. 그러나 문제가 있다. 후기 계몽주의 개신교는 영적 능력을 중요하게 보지 않고 무시하거나 배제하였다. 이런 사고는 신학적으로 정립되어 사도시대 이후로는 이런 기적이 중단되었다고 주장한다. 벤자민 워필드(Benjamin B. Warfield)는 19세기 정통 칼뱅주의를 대표하는 탁월한 학자였다. 그는 하나님께서는 베드로와 바울 이후 단 한 번도 기적을 행하신 적이 없다고 주장했다. 근본주의적 세대주의도 동일한 신학적 입장을 취했다. 새 교회들은 이런 신학적 입장을 거부한다. 성령께서 우리 일상적 위기 가운데 오늘도 살아 역사하신다고 믿는다. 폴 히버트의 '배제된 중간영역'(the excluded middle) 개념이 이 주제를 심도있게 다루는 데 유익할 것이다.

새 교회들은 새로운 리더십을 갖고 있다. 리더를 선택하고 훈련하는 독특한 패턴을 가지고 있다. 일반적으로 서구에서 사용된 전통적인 학교교육을 거부한다. 교회사역을 통한 지도자 훈련을 선호한다. 교회가 커지고 조직이 된 후에야 학문적 인정을 받을 수 있는 학교를 선호하게 된다. 하나님의 성회 계통의 학교들이 그런 경우에 해당한다.

이런 새 교회운동은 초기에 사이비 분파적 성향을 갖고 다른 교회들을 나쁜 교회 혹은 죽은 교회로 매도하기도 한다. 이런 상황에서 기성교회들과 긍정적인 관계를 형성하기 어렵다. 하지만 조금씩 성숙해 가면서 사정은 나아진다.

새 교회들은 대부분 강한 카리스마를 가진 권위주의적 지도자가 개척한다. 새 교회 개척자가 나이가 들고, 사망하거나 스캔들이 생기면 위기를 맞는다. 카리스마적 권위주의는 언제나 위험하다. 주위에 견제하는 사람이 없어 탐욕과 이성의 유혹에 넘어질 가능성이 높다.

새 교회의 특징은 예배에 있다. 자유로운 분위기 속에서 찬송을 많이 하고 상황에 맞는 예배 분위기를 조성한다. 예배자들을 위해 새로 작곡된 찬양은 예배를 더욱 활기차게 한다.

2) 새 교회의 실례들

태국에 조셉 옹삭(Joseph Wongsak) 목사가 개척한 방콕 소망교회가 있다. 그는 호주에서 경제학으로 철학박사를 받았는데 그곳에서 오순절적인 기독교인이 되었다. 고향 태국으로 돌아와 방콕 대학에서 교수로 가르치면서 교회를 개척했다. 교회는 성장했다. 방콕 여러 지역에 있는 집회장소에서 매주 24번 예배를 인도하고 있으며 교인은 수천 명에 이른다. 20세기 말까지 태국에 480개 교회를 개척하였다. 그리고 말레이시아에 6개, 미국을 포함한 세계 각국에 26개 교회를 개척하였다.

방콕 소망교회는 전통적인 복음주의 교회들과는 소원한 관계를 가지고 있시만 다른 은사주의 교회들과는 아주 좋은 관계를 유지하고 있다. 옹삭 목사는 태국 사회에 '빛과 소금'이 되기 위해 노력한다. 학자로서 경제학, 사회학, 정치학 책들을 저술하였고 신문에 칼럼을 쓰기도 한다. 정치 지도자들과도 좋은 관계를 유지하고 있다. 방콕 소망교회 운동은 놀랍다. 전통적인 불교 문화권에서 일반적인 태국교회 성장은 아주 더딘 데 반하여 놀라운 성장을 계속하고 있다.

나이지리아에 새롭게 성장하는 새 교회가 있다. 키무위(Kimuyi) 박사가 개척한 디퍼 라이프 교회(The Deeper Life Church)이다. 키무위는 수학이론을 가르치는 교수였는데 은사주의 크리스천이 되었다. 그는 자기 집에서 성경공부 모임을 갖기 시작했고 그 모임은 자라서 교회가 되었다. 현재 상황은 모르지만 1990년 수도 라고스 중앙교회에 6만 명이 회집하였다. 이 교회는 나이지리아 전역에 여러 교회들을 개척하였다.

필자가 나이지리아를 방문하여 예배에 참석하였을 때 감탄했다. 예배에 질서가 있었다. 전통음악을 사용하였고 영어로 진행되었다. 교인들은 부챗살처럼 앉아 여러 개의 부족언어로 통역되는 말씀을 경청하고 있었다. 이 교회는 당시 다른 나이지리아교회들과는 불편한 관계를 갖고 있는 것으로 지적되었는데 상황은 점점 나아질 것으로 보였다. 나이지리아에 변화의 바람이 불고 있었기 때문이다.

나이지리아에서 활발한 활동을 하는 아프리카 스타일의 교회로 리딤드 기독교회(Redeemed Christian church)를 들 수 있다. 이 교회에 대해서는 더 많은 연구가 필요할 것으로 보이지만 매월 모이는 철야기도회에 50만 명이 출석한다고 한다. 이 교회도 세계 전역에 교회를 개척하였다. 그 가운데 미국에만 200여 개 교회를 개척하였다고 한다.

필자는 브라질 IURD 교회(the Universal Church of the Kingdom of God)에 대해 언급하였다. IURD는 포르투갈어 첫 머리글자를 조합한 것인데, 이 교회는 1977년 설립되었는데 1996년 자료에 의하면 브라질에만 450만 성도가 있다. 45개국에 지교회를 두고 있다. TV 방송국 5개를 가지고 있으며 매주 100만부를 발간하는 신문사를 운영하고 있다. 7개 지역에서 일간지를 발행하고 있으며 수십 개의 방송국을 소유하고 있다.

한 사회학자가 IURD 운동의 성장요인을 분석하였다. 핵심요소는 마케팅(marketing)이었다. 이 교회는 '하나님의 물질'을 특별히 강조하였고 매년 9억 6천만 달러를 헌금으로 받았다. 교회 목회자들은 공식적인 신학교육을 받지 않고 교회 자체에서 운영하는 신학훈련과정을 받는다. 목회자는 매주 자신의 사역보고를 통하여 예배에 참석한 교인 숫자와 헌금액수를 제출해야 한다.

이 교회에는 두 가지 철칙이 있다. 첫째는 설립자인 에디르 마케도(Edir Macedo) 목사에 대한 절대적 충성이다. 둘째는 '하나님의 물질'에 대한 관심이다. 생산성이 떨어지는 목회자들은 곧바로 사임하게 한다. 설교의 초점은 예수님께서 우리 삶의 모든 문제들을 해결하시고 도우신다는 데 있다. 신유를 체험한 간증, 직업을 구한 간증, 그리고 귀신이 물러난 간증도 있다. 교회는 성도가 교회당에 들어오기만 하면 성도의 문제가 해결된다고 장담한다. 교회 표어는 이렇다. '고통에서 벗어나라. IURD에서 기적이 당신을 기다리고 있다.'

IURD 교회는 정치계에도 영향을 미친다. 1994년 국회위원 6명을 당선시켰다. 시 의원도 당선시켰다. 최근에는 민심이반이 있어서 정치적 영향력이 낮아졌다고 한다. 이 교회는 정통신학을 표방하지만 피상적이다. 그래서 이들에 대한 브라질 복음주의 교회들의 입장은 혼란스럽다.

인도에 새 교회운동이 일어나고 있다. 가장 학대를 많이 받는 불가촉 천민인 달리트(Dalit) 가운데 일어난 그라만 프라친 만달 운동(The Graman Prachin Mandal movement)은 급속히 성장하고 있다. 달리트는 힌디 말로 '가장 낮은 사람'을 뜻한다. 불가촉 천민이라 불린다. 그들은 신들이 창조한 인간이 아니며 다른 인간들보다 열등할 뿐만 아니라 짐승보다도 못한 사람으로 간주한다. 그들은 힌두교 사원에 들어가 예배할 수 없다. 힌두 신들이 그들을 허락지 않기 때문이다. 그들은 비천한 머슴살이를 해야 하며 달리트 여성들은 밭으로 오물을 나르는 일을 맡아야 한다. 자녀들은 학교에서 공부할 수 없다. 배울 수도 없고 배워서도 안 되기 때문이다. 그들은 걸식해야만 한다. 달리트 여성은 남성보다 열등한 존재로 간주된다.

필립 프래사드(Philip Prasad)는 달리트 출신 목사이다. 그가 달리트 교회운동을 일으켰다. 그가 시골학교에서 공부하고 기숙사를 제공하는 고등학교를 졸업하고 대학에 진학했을 뿐만 아니라 미국 신학교에 유학하여 목사가 된 것은 기적 중의 기적이었다. 신학을 졸업하고 미국에서 가난한 소수민족들을 위해 사역하다가 하나님의 인도로 고향으로 돌아가게 되었다. 고향사람들에게 전도하기 시작했다. 사람들은 그가 전하는 예수님이 외국 신이 아닌가하고 물었다. 그는 힌두 경건과 문화를 연구했다. 힌두 사상 가운데 아바타(Avatar)에 주목했다. 인도신화에 의하면 아바타는 신이 특별한 목적이 있을 때 화신(化身)한 신이다. 대부분 카스트가 높은 사람들에게 나타나는 신이다. 그는 누가복음 4장에 주목했다. 힌디어로 번역된 성경에 예수님께서 '달리트'에게 오셨다고 기록되어 있었다.

그는 예수님을 억압당하는 달리트와 같이 되시기 위해 화신(化身)하신 '달리트 아바타'(Dalit Avatar)로 선포하기 시작했다. 이 메시지는 예수님에 대한 인식을 근본적으로 바꾸어 주었다. 사람들은 자신을 '달리트 아바타'나 '달리트 아바타'인 예수님의 제자로 보기 시작했다. 그들은 힌디어로 교회라는 용어를 사용하지 않고 그들이 쓰는 '만달'(mandal)이라는 단어를 사용하였다. 만달은 원진(圓陣)으로 사람들이 안전하게 모일 수 있는 안전한 장소를 의미하기 때문이었다. 다른 교회용어로 '그라만'(graman)과 프라친(prachin)을 사용하였는데 '그라만'은 시골이라는 뜻이고 '프라친'은 장로를 뜻하였다.

달리트 문화는 남자가 여자에게 사역을 할 수 없었다. 프래사드 목사는 목사직을 임명할 때 목사 부부를 모두 안수하였다. 몇 개월 동안 목회훈련을 받은 부부 목사에게 12개 마을 교회를 맡겼다. 부부 목사는 자전거를 타고 마을을 다니며 예배를 인도한다. 미리 배운 대로 가르치고 예배를 인도한다. 인도전통은 어느 누구든 달리트가 주는 물건을 받아서는 안 된다. 부부 목사는 교인들에게 아무리 작은 것이라 할지라도 교회를 통하여 하나님께 드리는 것이 바른 신앙자세임을 가르친다.

달리트 교회운동은 예배를 새롭게 상황화 하였다. 교회음악과 결혼식을 새롭게 상황화 하였다. 그들은 내면세계를 강조한다. 내적 변화가 외적 변화로 나타나고 사회를 바꾼다고 믿는다. 그들은 자녀교육을 강조한다. 모든 아이들이 학교에 진학하여 대학까지 가기도 한다. 교회 장로들 가운데 여자가 반수를 차지한다. 장로라는 용어를 인도에서는 약간 다르게 사용하지만 그들의 신앙만은 역사적 기독교 신앙을 견지한다.

1984년 시작된 이래 1백5십만 명이 세례를 받았다. 교인들은 매년 12만 5천 명씩 늘어나고 있다. 장로교단에서 새 노회가 조직되려면 수천 교인에 목회자가 있어야 하여 대략 5년 정도 걸린다. 미국 장로교는 새로운 노회를 위해 매년 2만 5천 달러를 후원하기로 하였다. 그 후에는 자립해야 한다. 미국에서 보내온 선교후원금으로 학교도 세우고 여러 훈련 센타를 지었다. 달리트 교회 지도자들은 외부 지원이 있어서 계속 성장하고 있지만 외부지원이 끊어지면 성장이 많이 더디게 진행될 것이라고 한다.

인도에서 일어나는 달리트 교회운동은 여러 곳에서 감지되고 있다. 하지만 정확한 연구가 아직 이루어지지 않고 있다.

이런 운동을 '내부자 운동'(insider movements)이라 부를 수 있다. 내부자 운동이라는 용어는 그리스도를 믿기로 작정하였으나 자신의 문화를 떠나지 않고 믿음생활을 하려는 인간집단 운동을 가리키는 말이다. 이슬람권에서 신앙생활을 하는 사람들 사이에서 '이사의 제자'(followers of Isa)라는 용어를 사용한다. '이사'는 코란에 나오는 예수를 말한다.

그들은 '이사'를 메시야로 고백하지만 이슬람교 스타일로 예배드린다. 이것은 1세기 기독교가 유대 문화에서 이방 문화로 변모하였던 것과 같이 중대한 교회의 변모를 보여준다. 이제 서구문화적 교회모델에서 비서구적 교회모델로 변모하고 있는 것이다.

3. 아프리카 문화를 수용한 교회모델

아프리카 문화를 수용한 교회모델은 세계에서 가장 빠르게 성장하고 있다. 이 모델을 기술하려면 책 한권으로도 모자랄 것이다.

아프리카 토착교회의 특징

아프리카 토착교회는 아프리카 문화를 수용한다. 예배와 리더십에 있어서 서구 선교단체 모델을 따르지 않는다. 아프리카 음악과 춤을 예배에 사용한다. 교인임을 드러내는 특정 복장을 입는다. 아프리카 전통종교에서 사용하던 의식들도 사용한다. 간혹 희생제사를 드리기도 한다. 일부 교인들은 아프리카 전통문화인 일부다처제를 따르기도 한다.

이런 아프리카 토착교회로 남아프리카의 시오니스트 교회(the Zionist Church)와 콩고의 킴방구주의자 교회(Kimbanguist Church)가 있다. 이런 아프리카 토착교회들은 약 6천 개의 다른 교단으로 나뉘어 존재하는데 이 지역을 제외한 아프리카 선역에 있는 교인보다 더 많은 교인을 가지고 있다.

4. 새롭게 상황화한 교회들

새롭게 상황화한 교회들은 일반적으로 전통적인 교단교회로 존속한다. 하지만 교단을 넘어선 탈교단적인(post-denominational) 성향을 가지고 있다. 그들 중 일부는 교단을 떠나기도 했다. 다른 이들은 독립교회로 남아있다.

1) 새롭게 상황화한 교회의 특징

이런 교회의 특징은 찬미음악, 편한 복장, 그리고 강한 기도응답에 대한 기대 등이다. 설교는 가르치는 것에 초점을 맞추어 길다. 20분에 끝나는 법은 없다. 통속적 언어를 사용하고 성령의 모든 은사들을 인정한다. 교회사역은 통전적이다. 가난한 자들을 돌보고 경계인들을 품는 프로그램을 실시한다. 사회에서 거부한 사람들도 교회에서는 수용한다.

2) 새로운 교회의 실례들

브라질 리오데자네이로에 있는 벤토 리베이로(Bento Ribeiro) 회중교회는 놀랍게 성장했다. 처음 20명이던 성도가 20년 만에 3천5백 명으로 늘었다. 이 동안 20개 교회를 개척했다. 29개 처소는 곧 교회로 전환될 예정으로 있다. 이 교회는 선교사를 훈련하여 브라질 전역으로 파송하고 있다. 두 분의 담임목회자가 공동사역을 하고 있는데 두 분 다 목회자가 되기 전에 성공한 사람들이었다. 한 분은 공군 장교로 성공했고, 다른 한 분은 건축 설계사로 성공한 분이었다. 교회는 가난한 아이들을 위해 학교를 설립했고 마약중독자를 위한 시설을 운영한다.

이 교회는 스코틀랜드 의사인 로버트 캘리(Kalley)가 1855년 선교사로 도착하여 설립한 브라질 회중교단에 속해있다. 이 교단은 아주 보수적인 교단이 성장이 이루어지지 않았다. 전직 공군장교였던 아마우리(Amaury) 목사가 부임하여 면모를 일신했다. 예배 스타일을 바꾸고 전도를 활성화했다. 다른 교회 지도자들은 그를 반대했다.

나는 그 교회에서 설교한 적이 있다. 그 교회가 가진 몇 가지 특징이 눈에 들어왔다. 첫째, 큰 교회였지만 본당공사가 아직 끝나지 않았었다. 콘크리트 바닥은 거칠었고, 벽과 지붕공사도 마무리 되지 않은 상태였다. 목회자의 철학에 따라 전도활동에 예산을 쓰기 위해 건축이 늦어지고 있었다. 둘째, 기도받기를 원하는 사람을 초청할 때 수많은 사람들이 목회자의 기도를 받기위해 나왔다. 그들은 기도에 우선순위를 두고 기도의 능력을 믿고 있었다. 셋째, 예배에 기쁨과 활력이 넘쳐났다. 이런 예배의 기쁨을 맛보고 이웃에 살던 불신자들이 교회에 나오기 시작했다.

나는 전에 베네수엘라에 있는 나스 아카시아스(Las Acacias) 교회에 대해 설명한 적이 있다. 그 교회도 벤토 리베이로 교회와 유사한 점이 많다.

리더십 자질이 특징이다. 이런 새롭게 성장하는 교회들에는 훌륭한 리더가 있다. 일부 지도자들은 정식으로 신학공부를 한 사람들이고, 다른 사람들은 전문직을 가지고 있던 사람들이 공식적인 신학공부 없이 목회하는 경우이다. 그들은 모두 비전에 불타는 사람들이다. 당대를 넘어서는 놀라운 비전으로 성도들을 이끈다. 그들은 목회자를 선택하고 훈련하는 방식에 있어서 서구 지도자들에게 다른 방법을 사용해 보라고 권고할지 모른다.

5. 이단운동

급속히 성장하는 교회들 가운데 이단도 많다. 그들 가운데 역사적인 기독교 신앙을 떠난 집단도 있다. 우리는 이들 집단의 특성을 잘 살피고 분석해야 할 것이다.

1) 이단운동의 특징

이단운동은 주변 어떤 사회집단보다 결속력이 뛰어나다. 그들은 주변 사회집단과 격리된 생활을 하는 경우가 많다. 그들은 자체집단에 소속되는 것을 중요하게 생각한다. 소속집단의 안녕에 대해서는 강하게 느끼지만 바깥세상에 대해서는 관심을 가지지 않는다. 그들에게는 높은 헌신도, 강한 훈련, 그리고 책무가 요구된다. 헌신의 기대치가 높다. 그들은 역사적 신앙 가운데 특정 부분만을 강조하고 나머지는 거부하거나 왜곡하려는 경향이 있다. 이단의 특성은 분명하다. 역사적 신앙 가운데 한 두 가지만을 너무 강조하고 우리가 신앙의 핵심이라고 생각하는 부분들을 거부한다.

이단은 성경 외에 다른 경전의 권위를 주장한다. 몰몬교의 경우 몰몬경의 권위를 주장하고 여호와의 증인은 성경번역을 왜곡한다. 또는 권위적으로 성경을 해석한 특정 선지자의 권위를 따르기도 한다.

2) 이단운동의 실례

밝혀진 이단은 다음과 같다: 몰몬교(말일성도 예수 그리스도의 교회), 여호와의 증인, 필리핀의 이글레시아 니 크리스토(Iglesia Ni Christo). 몰몬교는 미국적 상황에 과도하게 상황화된 경우로 볼 수도 있다. 그들은 아메리카 원주민(Native American)을 오래 전에 선택된 하나님의 백성으로 보고 몰몬교도를 새로 선택된 하나님의 백성으로 본다. 새로운 약속의 땅, 유타주로의 여정을 그들의 출애굽으로 브리감 영(Brigham Young)을 새로운 모세로 해석한다.

필리핀의 이글레시아 니 크리스토(Iglesia Ni Christo)는 1914년 펠릭스 마날로 유간(Felix Manalo Ysugan)에 의해 시작 되었다. 그는 여러 개신교 선교부와 동역하다가 개신교를 거부하고 자신의 종교운동을 시작하였다. 아리우스파의 기독론을 따른다. 예수 그리스도는 하나님과 인간 사이에 계신 분으로 하나님보다 못하셨지만 사람보다는 월등했다고 주장한다. 그들은 모두 같은 설계로 정교한 건축물을 세우고 추종자들에게 높은 헌신을 요구한다. 몰몬교처럼 정치적 영향력을 행사하기 위해 노력한다.

6. 이단의 평가기준

교회의 모습은 다양하다. 오늘날 교회는 새로운 형태로 변모하고 있다. 교회를 어떻게 평가할 것인가? 우리에게 교회를 평가하는 기준이 필요하다. 교회 건물과 예배 스타일은 가장 핵심적인 평가기준이라고 할 수 없다는데 대부분 동의할 것이다. 물론 교회 건물이나 예배 스타일이 성경적 가치를 심각하게 침해할 때에는 문제가 된다.

첫째, 성경의 권위이다. 성경의 권위가 제일 핵심적인 평가기준이다. 성경을 자의적으로 해석하거나, 성경 이외의 자료를 성경에 포함시키거나, 전통을 성경보다 높이는지 면밀히 살펴야 한다.

둘째, 기독론이 중요하다. 기독론은 성경의 권위만큼 중요하다. 예수 그리스도는 누구신가? 예수님이 십자가와 부활을 통해 이루신 것이 무엇인가?

셋째, 구원론이 중요하다. 우리가 어떻게 예수 그리스도께서 이루신 구원을 받을 수 있는가? 구원의 메시지는 오직 은혜와 믿음으로만 받는다는 것이 분명한가?

넷째, 교회의 중요성이다. 예배하고, 증거하고, 섬기는 공동체인 교회가 핵심이다. 교회는 다른 형식을 가질 수 있다. 하지만 믿는 자의 공동체인 교회는 가장 중요한 기관이다.

다섯째, 성령의 역사와 성령의 인도를 받기 원하는 모든 성도가 누리는 자유함이다. 성도는 권위주의자의 지배 아래 복종할 필요는 없다.

여러분은 나름의 평가기준을 첨가하거나 상기한 내용을 수정보완 할 수 있을 것이다. 이 시대에 새롭게 일어나는 다양한 교회의 모습을 바라보면서 바나바의 모범을 따를 수 있기 바란다. 그가 안디옥을 방문하여 "이방인 교회들 가운데 행하신 하나님의 은혜를 보고 기뻐하며 모든 사람에게 주께 붙어 있으라

권하니 바나바는 착한 사람이요 성령과 믿음이 충만한 자라 이에 큰 무리가 주께 더하더라"(행 11:23, 24).

본 장에서는 새롭게 등장하는 교회의 모습들을 살펴보았다. 교회는 신학적으로 변모할 뿐만 아니라 문화적으로도 변화를 거듭하였다. 다음 장에서는 가난한 자와 도시화 현상에 대해 살펴볼 것이다.

The Dynamics of Christian Mission
History through a Missiological Perspective

제 35 장

가난한 자와 도시화 그리고 미래선교

1. 말씀묵상

선교운동사에 대한 고찰을 마무리하면서 나는 이삭 왓츠(Isaac Watts)의 위대한 찬송가인 '주 달려 죽은 십자가'를 먼저 언급하고 싶다. 그는 또한 찬송가 '햇빛을 받는 곳마다 주 예수 왕이 되시고'도 썼다. 윌리엄 캐리가 선교사로 떠나기 70여 년 전이었다. 얼마나 놀라운 선교적인 비전인가! 여기서 영어찬송가 가운데 가장 위대한 찬송으로 알려진 '주 달려 죽은 십자가' 첫 소절과 마지막 소절을 불러보고 싶다.

> 주 달려 죽은 십자가 우리가 생각할 때에
> 세상에 속한 욕심을 헛된 줄 알고 버리네
> 온 세상 만물 가져도 주 은혜 못 다 갚겠네
> 놀라운 사랑 받은 나 몸으로 제물 삼겠네

함께 기도하자.

아버지 하나님, 저희들은 주님 달리신 십자가를 기억합니다. 저희들은 그 복된 십자가로 가까이 나가기 원합니다. 육신을 입으신 주님께로 가까이 가기 원하고, 부활하신 주님을 만나기 원합니다. 주님, 저희들이 하는 모든 역사연구를 통하여 역사를 향하신 하나님의 뜻과 목적을 보다 선명하게 발견하기 원합니다. 모든 민족, 백성, 문화, 언어들 가운데서 우리를 위해 십자가를 지시고, 죽음과 불의를 정복하시기 위해 부활하신 주님을 알고, 경배하고, 사랑하고 섬기게 하여 주옵소서. 저희로 하여금 주의 백성이 되게 하시고, 온 세상과 역사를 통하여 주님의 선교에 동참할 수 있도록 소명주심을 감사합니다. 모든 이름 중 가장 높으신 예수님의 이름으로 기도합니다.

2. 서론

이 마지막 장에서 필자는 우리가 곧 당면하게 될 심각하고 중요한 이슈를 다루려고 한다. 첫 번째 이슈는 도시화 문제이다. 도시화 현상은 전 세계적인 추세이지만 특히 아시아, 아프리카, 그리고 라틴 아메리카의 도시화 현상은 경이롭기 그지없다. 그러나 도시 중심부에서 일어나는 문화변화는 상상을 초월한다. 일부 학자들은 주장한다. 2006년을 기준으로 보면 중산층은 대부분 도시생활을 한다. 각 나라에 따라 도시민들이 사용하는 언어는 달라도 도시민들은 상호 공통점을 가지고 있다. 같은 나라에서 도시민과 농촌사람 사이에 존재하는 문화적 차이는 각각 다른 나라에서 사는 도시민 사이에 존재하는 문화적 차이보다 크다. 이런 주장은 조금 과장된 면도 없지 않겠지만 우리에게 도시화 현상에 대한 생각에 도전을 던져준다. 월드비전(World Vision)은 2,000년에는 아시아, 아프리카, 그리고 라틴 아메리카 도시에 거주하는 인구 중 25퍼센트가 스쿼터(squatter)를 형성하여 무허가 정착지에 살게 될 것이라고 예견한 바 있다.

각 대륙에서 형성되는 대도시들은 오는 세대의 교회들에게 가장 큰 선교적 도전을 던지고 있다. 도시에는 상상할 수 없는 풍요함과 혹독한 가난이 공존하고 있다. 정치, 경제, 사회, 문화, 그리고 영적인 문제들이 함께 공존한다. 하나님의 백성인 교회는 영생의 복음을 선포하는 사명을 가지고 있음과 동시에 이런 도시화 현상이 일어나는 세상에 사랑을 몸소 보여주어야 할 사명이 있다.

3. 도시의 팽창

1) 실례

세계 도시는 팽창하고 있다. 몇 가지 실례를 제시한다. 1956년 내가 선교사로 도착한 브라질 상파울로는 인구 3백만 정도의 도시였다. 오늘 상파울로는 2천만 명이 넘었고 매년 수만 명이 늘어나고 있다. 멕시코 시티(Mexico City)는 매년 90만 명이 늘어나고 있으며 전체 인구는 3천만 명을 넘어섰다.

1960년대 중반 나이제리아 라고스(Lagos)는 인구 60만 명 정도의 도시였다. 현재 인구는 정확히 알 수 없지만 1천만 명을 넘어섰다. 이런 도시화 현상은 아시아와 아프리카 여러 도시들에서도 확인된다. 요점은 분명하다. 세계는 급속히 도시화하고 있다. 몇 나라에서는 수노권 인구가 전인구의 25퍼센트를 넘어서고 있다. 한국과 아르헨티나가 그러하다. 오늘날 세계 인구의 절반이 신도시 지역과 급속히 팽창하는 아시아, 아프리카 라틴 아메리카 도시에 살고 있다.

2) 2025년 프로젝트

도시화는 가난의 문제를 가져왔다. 내셔널 지오그래픽(National Geographic)에 따르면, 2025년이 되면 비서구권 도시에 사는 인구는 40억에 이를 것이라 한다. 그 중 절반이 극빈자가 될 것이라 한다. 오늘날 세계에 1천만 명을 넘어선 도시들은 10개가 넘는다. 교회는 이런 대도시 현상이 가져온 선교적 도전에 재대로 된 반응을 하지 못하고 있다.

로저 그린웨이(Greenway)는 도시의 중요성을 제안했다. 20세기 초 세계 인구의 13퍼센트가 도시에 살았고 87퍼센트가 시골과 작은 마을에 살았다. 오늘날은 사정이 다르다. 도시인구는 50퍼센트가 되었다. 일부 학자들은 도시화율을 그 보다 더 높게 본다. 그것은 도시를 어떻게 정의하느냐에 따라 조금씩 달라진다. 우리는 알고 있다. 20세기에 시작된 세계 인구팽창은 앞으로도 계속될 것이다.

도시팽창의 이유는 경제성장과 문화성장에 기인한다. 대부분의 나라가 경험하는 배출-흡인 효과(push-pull effect)는 도시로 인구를 집중시킨다. 시골생활은 점점 어려워진다. 경작지가 줄어들고 지각없는 농업정책은 식품가격 인하를 불러와 농촌생활을 불가능하게 만든다. 라틴 아메리카의 경우 이런 현상은 소수 부자들이 부정한 방법으로 땅을 소유하는 부동산 문제와 연계된다. 가뭄과 빈곤층의 증가 문제도 가중된다. 사하라 사막은 매년 커져간다. 자연파괴로 인한 사막화 현상은 경작지를 삼키고 있다. 농지가 다른 용도로 변경되기도 한다. 이런 농촌문제들을 농촌에서 도시로 사람들을 몰아낸다. 이것이 배출(push) 현상이다.

도시는 매혹적이다. 도시는 흡인현상(pull effect)으로 인구를 끌어들인다. 시골 사람들은 잡지를 보고 라디오나 TV를 시청하며 도시생활을 꿈꾼다. 도시의 매력적인 모습은 시골생활과 비교할 수 없다. 그래서 가족들은 도시로 이주한다. 직업을 갖고 다음 세대라도 좋은 기회를 잡을 수 있기를 갈망한다. 도시는 좋은 교육환경, 의료시설, 경제활동에 대한 가능성을 열어준다. 그러나 도시생활은 냉혹하다. 상상했던 것과는 판이하다. 시골사람들은 도시 슬럼가(Slums)를 배회하거나 판자촌을 형성하여 살아간다. 이런 현상은 아프리카, 아시아, 그리고 라틴 아메리카에서 흔하게 볼 수 있다. 일부 서구 도시들에게 이런 현상이 나타난다. 북미지역은 좀 다르다고 볼 수 있지만 도시 빈민층 문제는 심각하다. 이런 문제를 잘 다룰 수 있어야 한다.

3) 도시의 특성

도시의 특징은 무엇인가?

도시의 특징은 분명하다. 첫째, 대부분의 도시는 다인종 다언어 사회이다. 정확한 통계를 찾을 수 없지만 로스앤젤레스와 런던의 경우 한 도시에서 150개 언어가 사용되고 있다. 상파울로에는 100개 정도의 언어가 사용되고 있다. 인도네시아에는 586개 언어가 사용되고 있다. 수도 자카르타에서 사용되는 언어는 140여 개가 될 것으로 추산한다.

서울과 동경은 예외로 간주된다. 한국과 일본은 단일 언어를 사용한다. 하지만 경제적으로 풍요로운 서울과 동경에서 일자리를 잡기위해 합법적인 방법이든 불법적인 방법이든 입국하는 노동자와 이민자가 늘어나고 있다. 서울과 동경도 머지 않아 다인종 도시로 변해갈 것이다. 싱가포르 사람들은 중국어, 영어를 비롯 인도네시아어와 타밀어를 사용하지만 자카르타보다는 덜하다. 맥가브란은 인도에서 사용되는 언어는 1,600개가 넘는다고 했다. 캘커타나 봄베이에는 몇 개 언어가 쓰여지고 있을까?

우리는 라고스와 나이로비에서 사용되는 언어가 얼마나 되는지 모른다. 여러 개가 사용되는 것만은 확실하다. 내가 1986년 라고스를 방문하여 교회 예배에 참석했다. 전체 교인들이 모두 나이제리아 사람들이었는데도 영어로 예배를 드리고 있었다. 교인들을 위해 설교는 7개의 각각 다른 나이제리아 방언으로 통역되고 있었으며, 거기에 프랑스어로까지 통역하고 있었다.

이런 언어차이와 문화장벽은 효과적인 복음전도에 도전이 되고 있다. 우리는 각기 다른 언어를 사용하고 있다. 독일어나 스페인어 또는 포르투갈어 등으로 서로 연관성이 있다 해도 언어가 다르면 서로 소통할 수 없다.

언어문제만 있는 것이 아니다. 언어는 문화와 함께 간다. 이제 우리는 지역적 의미에서 나라와 도시를 논할 것이 아니라 사회학적 지도를 논해야 한다. 우리 모두는 동질집단 개념이 위험성을 내포하고 있다는 것을 인정한다. 자민족중심주의와 인종적 편견을 조장할 수 있기 때문이다. 그럼에도 불구하고 동질집단 개념은 복음전도를 위해 유용한 도구가 될 수 있다. 우리 앞에 두 가지 기준이 있다. 하나는 그리스도의 몸된 교회의 통일성을 강조하는 것이다. 모두가 하나라는 것을 강조한다. 다른 하나는 사람들이 가진 문화를 존중해야 한다는 것이다. 내가 복음을 전하려 하면서 수신자 문화를 존경하지 않으면 문제가 발생한다. 참된 크리스천이 되기 위해서 당신은 문화적으로 나와 같이 되어야 한다는 메시지를 전달하게 되기 때문이다. 이것은 바람직한 기준이 아니다. 우리가 두 가지 기준 가운데 한쪽만 택한다면 복음을 심각히 왜곡하게 될 것이다.

우리는 모든 문화의 문화적 타당성을 인정해야 한다. 그러나 문화적 타당성이 궁극적 목표가 아닌 차선의 목표이다. 궁극적 목표는 그리스도의 몸된 교회의 통일성을 이루는 것이다. 나는 두 가지 기준이 동일하다고 보지는 않는다. 하지만 우리는 그리스도의 몸된 교회의 통일성을 표현함에 있어서 각각의 문화가 갖는 가치를 귀하게 여겨야만 한다. 이것은 오순절 사건이 우리에게 가르치는 교훈이다.

이제 전략적 관점에서 살펴보자. UCLA 대학에서 철학박사 과정을 밟기 위해 온 홍콩 학생이 있었다. 그는 남가주 한 중국인 교회에서 기독교인이 되었다. 교회에서 따뜻한 사랑을 받았다. 언어가 같고 문화적 코드가 잘 맞는 같은 부류에 속하는 사람들이었다. 그래서 교회생활에 잘 적응할 수 있었다. 내가 물었다. "당신이 만일 백인교회에 갔다면 크리스천이 되었을 것이라고 보십니까?" 그는 "아니요"라고 했다. 이런 동질집단 원리를 이해할 필요가 있다. 이 원리는 이란인, 태국인, 미얀마인, 아랍인, 그리고 이집트인들에게 동일하게 적용될 수 있다.

스페인 말도 여러 종류가 있다. 니카라과, 엘살바도르, 푸에토리코 그리고 멕시코 스페인어는 서로 다르다. 그러므로 복음을 전할 때 듣는 사람이 언어와 문화적으로 가장 의미있게 수용할 수 있도록 전하는 상황화 원리가 중요하다.

로스앤젤리스 시내에 라틴 아메리카 사람들이 사는 지역이 있다. 그곳에 가면 모든 간판이 영어가 아닌 스페인어로 되어있다. 우리가 그들에게 예수님의 복음을 전하려 할 때 맥주나 화장품을 판매하려는 것처럼 복잡하게 접근해야만 할까?

대도시 생활의 다른 특징이 있다. 익명성과 고독이다. 사람들은 군중 속에서 외로움을 경험한다. 사람들은 거대한 도시 군중들 속에서 고립된 섬을 느낀다. 작은 마을보다 거대한 도시 군중들 가운데 고독을 경험한다. 이런 군중 속의 고독을 해결하는 길은 복음을 수용하고 믿음의 공동체에 소속하는 것이다. 문제는 우리가 고독한 사람들에게 삶으로 복음을 바로 전하지 못한다는 데 있다.

도시의 익명성과 고독과 함께 도시 안에도 이웃으로 살아가는 사람들의 관계망이 있다는 사실을 기억해야 한다. 도시는 다양한 인간관계망으로 형성되어 있다. 레이 박커(Bakke) 교수는 도시를 잘 해석해야 한다고 제안한다. 도시 안에는 동질성을 가진 집단 구성원 간에 형성된 관계망이 있다. 로스앤젤레스 시내에는 엘살바도르 사람이나 니카라과 사람들이 사는 지역이 있다. 이 두 나라에서 온 사람들은 8만 명을 헤아린다.

로스앤젤레스는 엘살바도르 사람, 멕시코 사람, 과테말라 사람, 그리고 필리핀 사람들이 가장 많이 사는 두 번째로 큰 도시라 불린다. 과테말라 사람들의 경우, 우리는 어떤 부류에 속한 과테말라 사람인지 물어야 한다. 스페인어를 모국어로 사용하는 라디노스(Ladinos)인가? 아니면 원주민들로 몇 가지 마야 언어를 사용하는 사람인가? 이렇게 사람들을 분석해야 한다. 이런 상황은 교회에게 도전임과 동시에 복음전도의 기회를 제공한다.

도시민들은 수용성이 높다. 사람들이 도시로 이주하게 되면 변화에 대해 열린 마음을 갖게 된다는 것을 파악하는 것이 중요하다. 전에 살던 작은 마을에서는 사람들이 아주 확실한 인간관계망의 일부로 생활했었기 때문에, 사람들은 자신의 정체성을 포기하고 종교를 바꾸는 것은 아주 어려운 일이다. 도시는 사정이 다르다. 전에 가지고 있던 인간관계망에서 자유롭다. 동시에 새로운 인간관계를 맺고 싶어한다. 이런 변화는 교회가 그들에게 복음을 증거하여 그들을 기독교인 공동체로 맞아들일 수 있는 기회를 제공한다. 교회는 도시로 새로 이주한 사람들을 도우면서 다양한 사역의 기회를 만들어 갈 수 있다.

한국교회가 잘 하고 있다. 필자는 한국교회를 이상화하려는 의도는 없지만 미주 한인교회들은 성공적으로 사역하고 있다. 가까운 한국 지도자들이 전해 주었다. 한국에 사는 한국인은 인구의 약 25퍼센트가 기독교인인데 반하여 미국에 사는 한국인은 50퍼센트에서 75퍼센트가 기독교인이라고 한다. 그렇다면 한국 기독교인들이 모두 미국으로 이민왔다는 말인가? 그렇지 않다. 수많은 한국인들에게 이민교회는 이민생활을 시작하는 모판과 같다. 이민교회는 새로운 이민자들이 복음을 듣고 미국을 배우는 곳이다. 이 과정에서 많은 사람들이 기독교인이 된다.

라틴 아메리카 사람들도 유사하다. 미국에 사는 라틴 아메리카 사람들 가운데 15퍼센트가 오순절교회에 속해 있다고 한다. 이 사실은 라틴 아메리카 오순절교회들이 미주 한인교회들처럼 새로운 이민자들에게 요람이 되어주고 있다는 것을 의미한다.

도시의 네 번째 특성은 물질주의와 세속주의적 성향이다. 도시 생활은 탐욕적이다. 물질주의는 도시가 제공하는 온갖 물건들을 소유하려는 욕심이다. 도시인들은 TV, 휴대폰, 그리고 온갖 가전제품들을 모두 다 가지고 싶어 한다.

최근 LA 타임즈에 특별한 기사가 실렸다. 미국으로 온 캄보디아 전쟁난민에 관한 내용이었다. 캄보디아 난민들은 미국에서 극도의 심적 혼란을 겪었다. 정신적 충격과 혼동을 겪으며 TV를 시청했다. TV 스크린은 미국적 가치관으로 가득 차 있었고 그들은 더욱 심한 혼란을 겪게 되었다. 미국 사람들은 미국 TV가 자신에게 얼마나 나쁜 영향을 주는지 알지 못한다. 화면에 등장하는 장면들은 시청자들의 물질적 욕구를 자극한다. 여러 가제도구가 있다면, 전자 제품을 다 갖추어 놓고 산다면 더 행복하고 만족할 터인데 라는 느낌이 들게 한다. 사실은 그렇지 않지만, 사람들은 더 많은 물건을 사들이고 싶은 욕망에 사로잡혀 가족의 불행을 자초한다.

간혹 신분상승도 이루어진다. 일부 이민자들은 교육에 과도하게 매달린다. 이민자 자녀들은 공부를 열심히 하고 대학과 대학원에 진학한다. 좋은 전문직 직장을 구하고 높은 월급을 받게 된다. 이런 경우 자녀들은 부모가 다니던 교회에 나가지 못한다. 부모가 다니던 교회가 그들에게 편하지 않기 때문이다.

세속주의는 물질 만능주의적 세계관이다. 만질 수 있고 계량할 수 있는 물질만을 유일한 실재로 인식한다. 하나님이 존재하신다고 해도 우리 삶에는 상관없는 분으로 본다. 세속적 인간은 자신의 삶을 무신론적 바탕에 두며 이 세상 너머는 없다고 본다. 오늘날 이런 세속주의 세계관은 파산을 맞고 있는 것으로 보인다.

이단사설이 횡횡한다. 미국과 유럽을 비롯한 세속화된 세계 도시들에서 이단적 오컬트(Occult)에 대한 관심이 고조되고 있다. 이것은 역설이다. 아프리카 기원의 쿠바 종교인 산테리아(Santeria), 브라질의 강신술이나 하이티식 부두교(Haitian voodoo)가 남가주에서 성행하고 있다. 뉴에이지(New age) 운동은 오컬트(Occult)에 관심을 갖게 했다. 근자에 알게 된 아주 재미있는 실례는 프랑스 파리에서 일어나고 있다. 파리는 세계에서 가장 세속화된 도시이다. 파리 사람들 가운데 점성술에 관한 관심이 높아져 일부 기업가들이 컴퓨터를 이용하여 점성용 천구도(horoscopes)로 점을 친다고 한다. 얼마나 역설적인 현실인가! 이런 현실은 세속적 도시인들의 영적 갈망을 보여준다.

이것이 무엇을 의미하는가? 물질주의자들이 만지고 계량할 수 있는 물질세계를 넘어선 피안의 세계에 이르고 싶어하는 욕망을 가지고 있음을 보여준다. 미국 서부 해안을 중심으로 일어나는 뉴에이지 운동도 유사한 영적 갈망을 보여준다. 뉴에이지 운동과 이단적 오컬트(Occult)에 빠진 사람들은 엄청난 액수의 돈을 쏟아 붓고 있다.

도시빈민 문제가 심각하다. 그들은 생존을 위해 발버둥치고 있다. 브라질 상파울로 슬럼가에서 살던 마리아 카롤리나(Maria Carolina de Jesus)는 1955년부터 1960년까지 일기를 썼다. 판지 조각과 종이에 갈겨쓴 일기에는 그녀의 생존을 위한 분투가 고스란히 담겨있다. 일기는 영어로 번역되고 출판되었다. 책 제목은 『어둠의 자식: 카롤리나 마리아 데 훼수스의 일기』이다. 포르투갈어로는 '꽈

르또 데 데스뻬죠'(Quarto de Despejo)인데 '쓰레기 방'(Garbage Room)을 의미한다. 그녀의 일기는 생존하기 위해 어떻게 살아야만 했는지를 묘사하고 있다.

쓰레기 더미 속에서 사는 사람도 있다. 다른 사람이 버린 쓰레기로 연명하는 사람들이 있다. 대도시에서 흔히 볼 수 있다. 도시에서 직장을 잡은 사람은 행운아다. 새벽 4시에 일어난다. 출근버스를 타고 30분이 지나면 회사에 도착한다. 7시나 8시면 출근한다. 퇴근하면 같은 길을 돌아 집으로 간다. 통근거리가 멀 수도 있다. 쥐꼬리 월급을 받아 입에 풀칠하기도 바쁜 경우도 있다. 수많은 사람들이 생존을 위한 투쟁을 하며 그렇게 살아간다. 여러 지표들을 보면 도시의 미래가 보인다. 어렵게 살아가는 도시 서민의 숫자는 계속 늘어날 전망이다.

도시화(Urbanization) 현상은 가족들을 흩어지게 했다. 가족이 붕괴되기도 한다. 부부가 모두 일터에 가야한다. 자녀들을 돌보는 사람이 없다. 아이들은 거리를 배회한다. 술과 마약은 상황을 더욱 악화시킨다. 북동부 브라질 상황을 살펴보자. 오지에서 도시로 이주한 가족은 생존을 위해 노력한다. 가장은 직업을 찾기 위해 힘써 보지만 아무도 써 주지 않는다. 남편은 좀 더 큰 도시로 가면 돈을 벌 수 있을 것으로 생각하고 아내와 아이들을 남겨두고 대도시로 떠난다. 돈을 벌면 생활비를 보내주겠다는 약속은 허공 속에서 사라진다. 남편이 돈을 벌지 못하는 가운데 남겨진 아내와 아이들은 어떻게든 살아남기 위해 처절한 눈물을 흘려야만 한다. 그 결과 매춘업이 성행하고 버려진 아이들은 거리를 방황한다.

4) 복음은 새로 이주한 도시인들의 필요에 대해 어떻게 말하는가?

쉽지 않은 질문이다. 복음은 새롭게 이주한 도시인들의 필요에 대해 무어라 말하는가? 복음은 어떻게 그들에게 복음이 될 수 있을까? 우리는 새롭게 도시로 이주한 사람들의 절실한 필요에 관하여 복음의 어느 내용이 가장 적절한지 살펴야 할 것이다. 복음선포는 언제나 사람들의 절실한 필요와 적절하게 만나야만 한다. 우리가 생각하는 절실한 필요는 그리스도를 믿는 믿음을 갖는 것이다. 그러나 우리가 도시 이주민에게 복음을 전할 때 다른 필요들도 충족시켜 줄 수 있어야 할 것이다. 그래서 묻는다. 새로운 도시 이주민들에게 복음의 어느 부분이 가장 잘 연결되는가?

선교적 원리는 선명하다. 언어와 문화를 존중해야 한다. 복음을 전달하기 위해 청자가 알아들을 수 있는 언어를 사용해야 한다. 동시에 그들의 언어와 문화를 존중해야 한다.

교회는 어떻게 접근할 것인가? 새로 도시로 이주한 사람들의 절실한 필요를 어떻게 도울 것인가? 그들은 직업이 필요하다. 안정, 법적인 도움, 의료혜택, 영양, 그리고 공동체가 필요하다. 미국에 이주한 사람들에게는 영어교육이 필요하다. 복음은 이런 필요들에 대해 관심을 갖는가? 나는 그렇다고 믿는다. 절실하게 도움이 필요한 사람들에게 베푼 사랑의 봉사는 그들을 행복하게 할 수 있기 때문이다. 이런 사랑의 봉사는 지진, 기근, 그리고 자연재해 피해자를 사랑으로 돕는 사역과 유사하다.

교회가 모든 일을 다 할 수 없다. 우선순위를 설정해야만 한다. 복음의 말씀에 따라 선교에 대한 이해에 따라 우선순위를 결정해야 한다. 교회는 많은 일을 할 수 있다. 필요에 따라 교회는 영어를 가르쳐 줄 수 있다. 방과 후 아이들 과외를 맡아줄 수 있다. 정부보조를 받을 수 있도록 도울 수 있다. 라틴 아메리카 도시교회들은 정치력을 행사하기도 한다. 여러 교회가 연합하여 시청에 청원한다. 슬럼지역에 사는 아이들의 교육과 의료혜택을 주도록 시에 압력을 행사하기도 한다. 더 나아가 도시교회들은 평신도들을 훈련하여 새로운 도시 이주자를 위한 교회를 개척해 줄 수도 있다. 이런 사역은 복음의 능력과 예수 그리스도의 사랑을 구체적으로 보여주는 효과적인 전도활동이 될 수 있다. 로버트 린티컴(Robert Linthicum)은 월드비전의 도시사역 책임자였다. 그는 이런 교회적 협력이 필요하다고 주장한다.

> 한 교회가 지역사회를 위해 할 수 있는 사역에는 한계가 있다. 한 교회가 지역사회를 섬기는 사역을 시작하면 인력과 자본을 쏟아 부어야 한다. 다른 사역을 하지 않고 그 사역에만 매달려야 효과를 볼 수 있다. 다른 교회들과 지역사회가 함께 참여할 수 있고 그들이 사역에 대한 책임감을 공유할 때에만 사역은 효과적이 된다. 한 교회가 사역을 고집하고 책임지려 할 때 그 사역은 궁극적으로 효과적인 사역이 될 수 없다.

도시 이주자의 배경은 다양하다. 다양한 종교적 배경을 가지고 있다. 신앙을 가져보고 싶지만 어떤 신앙을 가져야 할지 고민하는 경우도 많다. 하나님을 만나고 싶지만 방법을 모른다. 기독교 용어를 모르기 때문에 어떻게 표현해야 할지 모른다. 그들은 주가 필요하다. 구원을 받아야 할 사람들이다.

어떻게 시작할 것인가? 중요한 질문이다. 이들의 필요를 충족시켜 주기위해 어디서부터 시작할 것인가?

예수님은 회당에서 말씀하셨다. 나사렛에서 메시야시대를 예언한 이사야 선지자의 말씀을 인용하셨다. "주의 성령이 내게 임하셨으니 이는 가난한 자에게 복음을 전하게 하시려고"(눅 4:18). 복음은 다양하게 설명할 수 있다. 물론 궁극적인 복음은 메시야의 오심이다. 복음의 다른 측면이 특정한 사람에게는 가장 기쁜 소식이 될 수 있다. 우리는 예수님의 말씀을 액면 그대로 수용해야 한다. 가난한 자에게 복음을 전한다는 말씀을 문자적으로 해석해야 한다. 영적인 해석을 한다는 사람들은 본문을 죄 용서와 구원 그리고 하나님과의 화해로만 해석하기도 한다. 그 내용이 복음의 핵심이지만 그것이 예수님의 말씀이 의미하는 바 전부는 아니다. 다른 사람들은 다른 극단적 해석을 취한다. 예수님의 말씀 속에서 경제, 사회적 의미만을 고집한다. 양쪽을 다 취할 수는 없을까? 구약 선지자들은 양자의 균형이 있었다. 나는 예수님도 그리하셨다고 믿는다.

요한복음은 훌륭한 신학적 패러다임을 제공한다. 예수님은 이적을 행하셨다. 배고픈 사람들에게 음식을 주셨다. 시각 장애자를 보게 하셨다. 물로 포도주를 만드셨다. 이것을 이적이라 불렀다. 이적은 거리 안내간판과 같다. 이적은 예수님이 행하실 더 놀라운 일, 앞으로 베풀어 주신 은사들로 사람들의 시선을 이끈다. 이런 관점에서 보면 교회가 제공하는 영어강좌나 의료진료 사역들이 더 큰 구원의 선물로 인도하는 안내간판 역할을 할 수 있다. 사랑의 봉사 사역이 중요하다. 가치가 있다. 가장 귀한 구원으로 인도하는 안내간판 역할을 하기 때문이다.

예수님은 나환자 열 명을 고치셨다. 그 중 한 사람만 돌아와 예수님께 감사했다. 나는 복음서 이야기를 즐겨한다. 열 명을 고쳤는데 열 명이 다 왔으면 좋으련만 그렇지 않다. 그 점이 맘에 들지 않는다. 감사한 한 사람이 사마리아인이었다는 사실이 중요하다. 복음서 기자가 전달하려는 메시지는 무엇인가? 나는 복음서 기자가 열 사람 가운데 아홉이 복음을 깨닫지 못한다 할지라도 열 사람을 고쳐야 한다는 메시지를 전한다고 생각한다.

선한 사마리아인을 생각해 보자. 그는 강도만난 자를 길에서 만났다. 그는 어려움을 당한 사람이 어떤 사회적 지위를 가진 사람인지, 무슨 인종인지, 영적 상태가 어떠한지 묻지 않았다. 말없이 도와주었다. 이 사마리아인이 우리의 모델이 될 수 없을까? 초기 기독교인에 관해 기록된 크리스천이 아닌 사람의 기록이 남아 있다. 그들은 서로 사랑했다. 다른 사람들을 돌보아 주었다. 이것도 우리에게 좋은 모델이다.

내가 분명히 해 두고 싶은 것이 있다. 복음선포가 우선이다. 도시든 시골이든 언제나 은혜, 용서, 개인적 회개의 복음이 사역의 핵심이다. 하지만 복음을 나누는 일은 복음을 들어야 할 사람들이 있는 곳으로 찾아가는 것이지 그들이 교회로 찾아오기를 기다리는 것은 아니다.

5) 도시 교회 사역 모델들

우리는 도시에 대해 배워야 한다. 어느 곳에서 사역하더라도 도시에 관해서는 배우는 학생이 되면 좋을 것이다. 하나님께서는 오늘에 적합한 새로운 교회 모델들을 일으키고 계신다. 특히 새로운 도시교회 모델을 보여주신다.

필자는 중산층 교회에 출석하고 있다. 교회생활에 만족한다. 예배도 은혜롭다. 그러나 나는 우리 교회모델이 유일한 교회모델이라고 믿지 않는다. 가난한 사람들이 게토(ghetto)로 모여 사는 로스앤젤레스 남중부지역에는 새로운 교회 모델이 필요한 것이 사실이다. 18세기 웨슬리는 영국에서 하나님의 새로운 역사를 이루었다. 하나님이 그를 사용하셨다. 나는 성령께서 오늘의 도시와 이 세대를 위해 다양한 모델교회들을 일으키고 계신다고 본다. 이것은 교회사적으로 새로운 시대를 맞이하고 있다는 증거가 된다.

도시교회의 축제적 예배는 의미가 있다. 여러 소그룹들이 모여 축제적 예배를 드리는 것은 도시교회 모델 중 하나이다. 여러 소그룹들이 모여 장엄한 축제적 예배를 경험하는 것은 큰 의미가 있다. 예배자들은 소그룹에 속한 사람들과 친밀감을 느끼고 축제적 예배를 통해 큰 공동체의 일부라는 정체성도 갖게 될 것이다. 소그룹을 통해 친교를 나누고 제자도를 배운다. 이런 가정교회들은 이웃에게 전도할 수 있는 좋은 방법이 된다. 처음 나오는 사람들은 큰 교회에 나가기를 꺼려하지만 가정에서 초청하면 쉽게 응한다. 소그룹을 잘 이용하는 전형적 교회는 한국 서울에 있는 여의도 순복음 교회이다. 이 모델을 대성전 플러스 소그룹(cathedral plus small groups) 모델이라 부른다. 75만 등록 성도에 35만 성도가 주일예배에 출석한다고 한다. 4만에서 5만 개의 구역이 매주 소그룹으로 모인다고 한다.

세계 각 곳에 다양한 모델교회가 있다. 나는 축제적 예배와 훌륭한 설교만으로 확실한 성도를 만들 수 있다고 보지 않는다. 아무리 활기찬 예배 분위기와 아무리 강력한 설교가 있다고 해도 그것들만으로는 부족하다. 소그룹이 필요하다. 그리스도 안에서 성도들이 얼굴과 얼굴을 마주하고, 함께 기도하고, 서로를 위해 기도하며, 서로 격려할 때 온전한 신앙생활을 할 수 있다. 이것이 바로 역사가 가르쳐주는 교훈이다.

이 교회모델은 도시민들의 두 가지 필요를 충족시켜 준다. 첫째, 큰 집회에 참석하여 거대한 기독교 운동에 동참하는 자신의 정체성을 갖게 한다. 둘째, 작은 공동체에서 친밀감을 충족한다.

다른 모델이 있다. 가정교회 모델이다. 가정교회 운동은 미주 뿐 아니라 전 세계로 뻗어가고 있다. 몇 년 전, 내가 인도네시아 자카르타를 방문하였을 때 가정교회에서 설교를 부탁받은 일이 있다. 주로 이웃에 사는 중국계 인도네시아 사람들로 약 2백 명이 모여있었다. 교인들은 모두 걸어서 나왔다. 그들은 시내에 있는 큰 교회를 가기 위해 버스를 두 번씩 갈아타고 가서 문화적 이질감을 느낄 필요가 없었다. 평신도가 인도하는 동질집단이 모인 교회였다. 예배는 부드럽게 진행되었다. 모두가 진지했다. 그와 비슷한 여러 교회들이 모여 교제를 나누고 있으며 6, 7개 지교회들도 모두 성장하고 있다고 했다.

인도네시아 가정교회는 효과적인 모델이었다. 그러나 가정교회는 성장하면서 경험할 문제점들을 미리 생각해야만 한다. 가장 중요한 문제는 지도자 문제이다. 지도자를 어떻게 선택하고 어떻게 훈련할 것인가? 다른 가정교회와의 관계설정도 중요한 이슈가 된다. 비공식적인 친교관계로 모인 교회나 선교운동들은 형식적인 구조로 가든지 아니면 역사의 무대에서 사라진다. 그것이 일본 '무교회 운동'이 보여준 역사적 교훈이다. 운동이 계속되고 성장하기 위하여 조직이 반드시 필요하다. 더 깊이있는 영적 성숙과 양육문제도 꼭 다루어야 할 중요한 이슈이다.

세 번째는 멕시코 아카풀코(Acapulco) 모델이다. 선교사들이 성경공부 소그룹을 여러 개 만들었다. 몇 사람이 그리스도를 믿고 회원이 되었다. 그들을 중심으로 교회를 설립하였다. 하지만 성경공부 소그룹은 계속되었고 새로운 신자들이 생겨났다. 소그룹은 가장 효과적인 전도방법이 되었다.

문화적 거리감이 중요하다. 어린 시절부터 교회생활을 해 온 사람도 잘 모르는 교회에 가면 이방인처럼 느껴질 때가 있다. 사람은 누구나 쉽게 고립감을 느낀다. 불신자가 처음 교회 나왔다고 생각해 보라. 교회음악도 모르고 신앙용어도 모르는 불신자는 외부자로 느낄 것이다. 그런데 소수민족 문화를 가진 사람이 주류사회인들이 나가는 교회에 간다면 얼마나 더 큰 문화적 거리감을 느낄지 상상해 보라. 그래서 문화적 거리감을 좁힐 방도를 찾아야 한다. 비슷한 문화를 가진 사람끼리 가정에서 모이는 소그룹 성경공부는 문화적 거리감을 좁혀주는 아주 훌륭한 방법이다. 이웃집을 방문하는 것은 쉬운 일이다. 하지만 교회로 나가려면 열 배는 더 힘들 것이다. 더욱이 교회가 다른 종교, 다른 사람, 다른 계층의 사람들이 모이는 경우라면 거의 불가능할 것이다.

나이로비의 마사리(Mathari) 분지는 10만 명이 모여 사는 슬럼지역이다. 도시생활을 시작하기 위해 시골에서 올라온 사람들이 모여 사는 불결한 곳이다. 그곳 높은 골짜기에 교회가 들어섰다. 큰 교회당과 많은 교실을 가진 교회였다. 교회는 예배를 드릴 뿐만 아니라 다양한 강좌를 개설했다. 새로운 직업을 찾을 수 있도록 봉제기술을 비롯한 여러 기술을 가르쳤다. 그 교회는 지역사회를 아주 효과적으로 섬기고 있다.

그곳에 장로교회가 있었다. 평신도로 목회를 시작하였지만 신학공부를 하고 목사가 되었다. 그는 교인이 1천5백 명 되는 교회 4개를 세웠다. 그는 기록했다. "시골 사람들이 도시로 올라오면 정신을 차리지 못한다. 그들에게 도시에 적응하며 살아갈 수 있도록 도와주고 후원하는 시스템이 필요하다. 그들은 시골에서 가깝게 지내던 이웃과 같은 인간관계망을 형성하는 데 어려움을 겪고 있다. 이런 상황에서 교회는 아주 중요한 역할을 한다."

시골에서 마사리 분지로 올라오는 그리스도인들은 시골 목회자의 추천서를 들고 찾아온다. 교회는 각 교구에서 새로운 신자들을 환영하고 돕는다. 집과 직업을 구해주고 교회공동체의 일원이 되게 한다. 그들은 훨씬 쉽게 도시생활에 적응한다.

비브 그릭(Viv Grigg)은 가난한 자들 가운데 함께 살아가는 성육신적 공동체 모델을 주창한다. 가난한 자들과 함께 생활하는 것은 쉬운 일이 아니다. 이 운동은 가톨릭 수도회처럼 많은 희생을 요구한다. 필자는 하나님께서 더 많은 개신교 사역자들을 부르셔서 초기 프란치스코회(Franciscan)와 같이 가난한 자들과 함께 살게 하실 것으로 확신한다. 가난한 자들에게 복음이 될 수 있도록 그들과 같은 수준으로 사는 사람들이 필요하다. 이런 사역을 감당하기 위해서는 평생 독신자로 살 결심을 해야 할 것이다. 아니면 어려운 곳에서 사역하기 위해 아이들을 다 성장시킨 부부가 소명을 받을 수도 있을 것이다. 우리가 도시선교에 대해 심각하게 고려한다면 이런 여러 가지 이슈들과 함께 어려운 선택을 해야 할 것이다.

4. 다른 문제들

21세기 기독교선교에서 다루어야 할 문제들은 다양하다. 여러 문제들 가운데 내가 가장 중요하다고 생각하는 몇 가지 문제들을 언급하겠다.

1) 명목론(Nominalism)과 생명력의 상실

1세대 운동가는 활기차다. 생명력이 넘친다. 다음 세대가 되면 활력이 떨어진다. 몇 십년이 지나고 나면 운동은 생명력을 상실한다. 이것이 기독교선교운동의 딜레마이다. 선교운동이 생명력을 유지하도록 어떻게 활력을 북돋울 것인가는 아주 중요한 질문이다. 이 문제를 해결하기 위해 보다 효과적인 리더십이 필요하다. 계속되는 헌신과 철저한 제자도가 선결조건임에 틀림없다.

2) 복음전도와 사회봉사와의 관계

두 번째 이슈는 복음전도와 사회봉사와의 관계이다. 나는 복음전도가 언제나 기독교선교의 우선순위가 되어야 한다고 믿지만, 하나님의 목적은 복음을 통해 사회를 변혁시키는 것이다. 여기서 하나님 나라의 신학이 중요하다. 아서 글라서는 '성경에 나타난 하나님의 선교'에서 하나님 나라에 대한 성경적 이해를 강조한다. 글라서의 하나님 나라 이해는 복음전도와 사회봉사의 관계를 적절하게 유지하는 데 도움을 준다.

우리는 가난한 자들과 주변인들에게 관심을 가져야 한다. 두 가지 이유가 있다. 첫째, 구약 선지자의 가르침은 분명하다. 선지자들은 이스라엘에게 계속 말씀하였다. 고아, 과부, 가난한 자, 불의의 희생자들을 돌아보라고 하였다. 하나님의 마음이 그들을 향하고 있기 때문이었다. 예수님께서도 한센병 환자나 거지들을 찾아 나섰다. 둘째, 역사적으로 볼 때, 가난한 자들이 복음에 대한 수용성이 가장 높았다. 그들은 하나님의 형상으로 지음받았으며, 예수 그리스도를 통하여 하나님의 자녀가 되도록 부르심을 받았기 때문이다.

어린아이들에게 관심을 가져야 한다. 위기에 처한 아이들, 거리의 아이들, 버림받은 아이들, 가출한 아이들은 학대당할 가능성이 높다. 그러므로 교회는 아이들을 위한 사역에 높은 우선순위를 두어야만 한다. 이런 아이들은 가난, 마약, 알콜중독, 매춘과 연관되어 있으며 형언할 수 없는 학대를 받고 있다. 문제는 정부의 도움이 그들에게 거의 미치지 못하고 있다는 사실이다.

에이즈 환자들에게도 관심을 가져야 한다. HIV/AIDS 희생자들은 도움이 필요하다. 이런 재난의 크기에 대해 우리는 모른다. HIV/AIDS 희생자들은 시사하는 바가 크다. 성생활에 대한 정결함을 일깨운다. 동시에 믿는 자들이 베풀 수 있는 피해자들에 대한 온정을 기다린다.

5. 오늘을 위한 신학적 돌파

신학적 돌파이론이 중요하다. 이것은 본 강좌의 핵심이론 중 하나이다. 신학적 돌파(break through)는 선교적 진보에 동력을 제공한다. 신학적 돌파는 신학적 재발견이라고 할 수도 있다. 내가 중요하게 생각하는 세 가지 새로운 신학적 돌파에 대해 언급하면서 강좌를 마무리하려 한다.

1) 성경에 나타난 하나님 나라(Kingdom of God) 신학에 대한 재발견

예수님은 하나님 나라를 선포했다. "먼저 그의 나라를 구하라" 하셨다. 하나님 나라에 최고의 우선순위를 두라는 말씀이다. 예수님의 메시지는 하나님 나라를 선포하는 것이었음에도 불구하고 교회 메시지는 대부분 하나님 나라를 비켜가고 있다. 복음주의 전통을 가진 교회일수록 더욱 그러하다. 이유가 무엇일까? 필자는 19세기말의 역사에서 해답을 찾을 수 있다고 본다. 19세기말은 근본주의와 자유주의가 충돌하던 시기였다. 당시 자유주의는 사회복음 운동(social gospel movement)을 하면서 하나님 나라 신학을 세속화하였다. 하나님 나라를 복음으로 변화된, 이 땅에 이루어지는 이상적 인간사회로 설명하였다. 근본주의와 세대주의는 하나님 나라의 미래를 강조하였다. 하나님 나라를 그리스도의 재림 이후에 이루어지는 것으로 안전하게 미루었다. 그 결과 하나님 나라는 이 세상과는 관계없는 것으로 만들고 말았다. 양자 모두 하나님 나라를 잘못 해석했다. 성경에 나타난 하나님 나라의 능력과 실재를 약화시키고 축소시켰다.

하나님 나라를 깊이 연구한 두 학자가 있다. 교회가 하나님 나라를 어떻게 이해해야 할 것인지 밝혀준 학자로 래드(Ladd)와 브라잇(Bright)을 들 수 있다. 조지 E. 래드는 풀러신학대학원 신약학 교수였다. 존 브라잇(John Bright)은 구약학자였다. 아서 글라서(Glasser) 교수는 하나님 나라를 중심으로 선교신학을 전개했다.

하나님 나라는 성경적 개념이다. 이 개념은 선교현장에서 선교를 정의하고 실천하는 데 여러 면에서 도움을 준다. 첫째, 하나님 나라는 예수님을 따르는 제자가 된다는 것은 하나님 나라의 백성이 된다는 것을 상기시킨다. 이 사실은 우리 삶의 가치관과 우선순위를 하나님 나라에 맞추게 한다. 평생 하나님 나라 안에서 배우고 순종하게 한다. 하나님의 은혜로 주어지는 개인 구원을 개인 차원을 넘어서 이해하고 하나님의 은혜에 기쁘게 반응하는 삶을 살게 한다. 둘째, 하나님 나라가 예수 그리스도를 통하여 역사 속으로 들어왔기 때문에, 하나님의 백성들의 삶과 사역에서 하나님 나라의 능력을 경험할 수 있게 되었다. 하나님이 우리와 함께 계신다! 셋째, 하나님 나라 백성된 우리는 개인의 삶 속에서 하나님 나라 정신으로 살아갈 뿐만 아니라 우리가 살아가는 사회가 하나님 나라 정신을 반영할 수 있기 바란다. 하나님 나라 신학은 복음전도와 사회복음 사이를 가르는 비성경적인 신학을 수정할 수 있게 한다.

2) '배제된 중간영역'에 관한 신학

두 번째 신학적 진보는 폴 히버트(Hiebert)가 주창한 '배제된 중간영역'(excluded middle)에 관한 신학이다. 배제된 중간영역은 능력으로 나타나는 하나님 나라의 도래와 연관된다. 오순절주의(Pentecostalism)가 강조하는 성령의 능력과도 연관성이 있다.

히버트 모델을 아주 간략하게 살펴보자. 우리는 삶을 세 가지 영역으로 나눈다. 상부영역은 인생에 대한 궁극적 질문을 다룬다. 삶의 의미와 목적이다. 이런 질문은 신앙생활을 하는 우리에게 매우 중요한 질문이며 서구신학은 주로 이 부분을 잘 다룬다. 하부영역은 기술문제를 다룬다. 교육, 의술, 농예 등이 여기에 해당한다. 현대 선교운동은 이 분야를 위해 발전된 서구 기술들을 선교지에 소개했다.

중간영역이 중요하다. 중간영역은 전통적 문화에서 일상적으로 경험하는 삶의 위기들을 다룬다. 위기상황에서 중요한 것은 살아남는 것이다. 생존의 문제이다. 질병문제: 내 가족들의 생계는 어떻게 할 것인가? 날씨문제: 곡식을 심는 때에 맞추어 비가 올 것인가? 자녀출생: 내 아내는 노후에 우리를 돌보아 줄 아들을 낳을 수 있을까? 내가 키우는 짐승들이 새끼를 잘 낳을까? 성경은 이런 문제들을 중요하게 다룬다. 성경에 나타난 기적들은 이런 생존문제들을 해결해 준 기적이었다는 것에 주목할 필요가 있다. 여기에 문제가 있다. 현대 서구선교와 서구신학은 이런 생존문제를 무시하여 다루지 않았다. 이 문제를 오순절주의(Pentecostalism)가 다루고 있으며 성장하고 있다. 그들은 확신한다. 하나님께서 위기에 빠진 우리를 성령을 통하여 강력하게 도우신다. 성령의 도우심을 믿고 기도하는 삶이 바른 그리스도인의 신앙생활이다.

하나님을 조종할 수는 없다. 이 사실이 중요하다. 우리는 아픔과 고통이 없는 "건강복음, 부자복음, 번영복음"을 강조하는 것은 아니다. 정반대이다. 우리는 하나님께서 하나님의 영광을 위하여, 우리가 잘 되게 하기 위하여 오늘도 살아 역사하심을 믿는다. 그분의 뜻이 이루어지기 위해 기도한다. 코리 텐 붐

(Corrie Ten Boom)은 네덜란드 사람으로 2차 세계대전 중에 나치 강제수용소로 보내졌다. 유대인을 숨겨 주었기 때문이었다. 온 가족이 다 죽고 혼자 살아남았지만 코리 텐 붐의 간증은 놀랍다. 강제 수용소의 공포스런 상황 속에서도 하나님께서 지켜주시고 보호해 주셨다는 것이다. 그녀는 기적같이 살아남았다. 그녀는 전후 세계를 돌며 생생한 강제 수용소 생활과 하나님의 보호하심에 대해 간증했다. 그녀는 살아계신 하나님의 역사를 보여주는 예증이 되었다. 신실한 자에게도 고난이 다가온다. 그러나 하나님께서 그 고난의 순간을 함께해 주신다. 하나님의 뜻에 따라 환란 중에서 우리를 건져주신다.

히버트의 '배제된 중간영역' 개념은 하나님의 임재를 강조한다.[1] 서구신학이 다루지 않는 삶의 위기 가운데 임재하시는 하나님을 보여준다. 살아계신 하나님께서 역사 속에 활동하시듯 하나님의 백성들의 삶 속에서 살아 역사하신다는 사실을 증언한다.

3) 모든 성도가 가진 사역의 은사에 관한 신학

역사연구를 통하여 발견한 세 번째 원리는 은사에 관한 신학적 원리이다. 사도행전 2장은 우리에게 확실히 증언한다. "말세에 내가 내 영을 모든 육체에 부어 주리니 너희의 자녀들은 예언할 것이요 너희의 젊은이들은 환상을 보고 너희의 늙은이들은 꿈을 꾸리라"(행 2:17). 남종과 여종에게까지 성령을 주신다. 얼마나 놀라운 약속인가! 모든 성도들에게 사역할 수 있는 은사가 주어졌기에, 영적 지도자들은 모든 성도들이 그리스도의 선교에 받은 바 은사에 따라 동참하도록 독려하는 것이다. 이런 은사에 관한 발견은 부흥운동들 가운데 나타나는 중요한 특징이다. 바꾸어 말하면 교회가 모든 성도들이 가진 사역의 은사를 발휘할 수 있도록 격려하면 그것이 부흥운동의 촉진제 역할을 하게 된다.

교회가 은사사역을 인정하고 활용할 때 하나님의 백성은 세상을 향해 가장 큰 영향력을 미치게 될 것이다.

우리는 지난 기독교 2,000여 년에 걸친 기독교선교운동사를 살펴보았다. 우

---

1) '배제된 중간영역'에 대한 선교학적 통찰을 우리에게 제공해 준 히버트를 참조하라. 폴 G 히버트, R. 다니엘 쇼, 티트 티에노우 공저, 『민간종교이해』, 문상철 역 (서울:한국해외선교회 출판부, 2006). - 역주

리는 기독교선교운동이 흥왕할 때와 쇠퇴할 때, 약할 때와 강할 때, 충성스러울 때와 불충할 때 모두를 두루 살펴보았다. 우리는 선교운동사에 나타난 영웅들의 삶도 살펴보았다. 그러나 역사책에 기록으로 남아있지 않은 수많은 신실한 인물들이 있음을 기억한다.

  나는 우리가 살고 있는 시대는 선교운동의 역사 가운데 가장 창의적이며 효과적인 선교가 일어나고 있는 시대라고 확신한다. 선교적인 필요와 도전도 크다. 하지만 선교적인 기회들 또한 크다. 이런 상황에서 우리는 핵심을 붙잡아야 한다. 우리 앞서 가시는 주님을 계속 따라야 한다. 윌리엄 캐리와 함께 고백한다. 우리가 하나님께서 이루실 위대한 일을 기대하기 때문에 소리친다. 하나님을 위해 위대한 일을 시도하라! 하나님께서 이루실 위대한 일을 기대하라!

색인

ㄱ

가난한 클라라(Poor Clares) 274
가정교회 114, 314, 513, 570, 572-574, 672, 716-717
개인주의(Individualism) 318, 471, 587
개종자 60, 101, 361, 405, 415, 423-424, 472
개척자(Pioneers) 364-365, 444-445, 461-462, 471-476, 600-601
건초더미 기도회(Haystack PrayerMeeting) 394, 458, 514, 517
겨자씨 선교회(Order of the Mustard Seed) 393-394, 405
경건주의자(Pietist) 71, 79, 384, 387-390, 398, 400, 417-424
고넬료 63-65, 101, 114
공산주의 592, 663, 680, 682

교단(Denomination) 32-36, 73-76
교단구조(Denominational structure) 498, 557
교황권(Papacy) 205, 210, 218, 221, 305, 348, 508
교회개척 449, 513, 566, 666, 667
교회 구조(Churchly structures) 319, 352, 389, 599
교회 선교회(the Church Missionary Society) 417-418, 434
교회 조직체(Congregational structures) 84-91, 108
구세군(Salvation Army) 406, 638
구전전승 41
그래함(Graham) 376, 658
그레고리 대제(Gregory the Great) 156-157, 172, 191
글라서(Glasser) 36, 53, 567, 571, 593, 719-721

글로벌화(Globalization) 349, 653
기독교 강요(Institutes of the Christian Religion) 249, 296, 312-313, 316
기독교왕국(Christendom) 134-135, 307-321, 328-329, 522, 562

ㄴ

낙스(Knox) 124, 309, 315-316, 321
내부자운동 44, 102, 199, 698
네비게이토 선교회(Navigators) 89, 667
네비우스(Nevius) 496, 576, 674
네스토리안(Nestorian) 193-196
네스토리우스(Nestorius) 193-194
노빌리(Nobili) 370
노예제도(Slavery) 418, 456, 470-471, 478-479, 487, 540
뉴에이지(New age) 712

ㄷ

달리트(Dalit) 696-698
대부흥(Great Awakening) 418, 451-455, 468, 482, 488
대학생선교회(Campus Crusade for Christ) 666
대학생해외선교협회(Student Foreign Missions Fellowship) 523
도미니쿠스(Dominic) 262-266
도미니쿠스회(Dominican) 219, 262-266, 270-277
도시화(Urbanization) 705-721
동유럽 652, 682
동질집단(Homogeneous units) 370, 598, 709-710
디아스포라(Diaspora) 57, 59, 100-101
떼제(Taize) 276

ㄹ

라마바이(Pandita Ramabai) 543
라투렛(Latourette) 74, 136, 421, 583, 588, 637
라틴 아메리카 351-354, 363-372, 609-622, 639
러블레이스(Lovelace) 485-496, 599
러시아 680-681
런던선교회(London Missionary Society) 434, 585-587, 601-602
레페브르(Lefevre) 290, 311-312
로마 제국 98-100, 117, 127-128, 131-137, 205-206

색인 727

로욜라(Loyola) 354-355
로잔위원회(Lausanne Committee) 556-557, 677
롤라드(Lollards) 249, 254
루터(Luther) 147-148, 296-310, 320-339, 377, 385-394, 560
룰(Lull) 279-280
르네상스 288
리빙스톤(Livingstone) 509, 602
리치(Ricci) 278, 359-362
린디스판(Lindisfarne) 172, 209

ㅁ

마더 테레사(Mother Teresa) 93, 146, 260
마르코 폴로(Marco Polo) 277-278
마오쩌둥(Mao Zedong) 44
마틴(Martyn) 516
막스주의(Marxism) 557, 573
맥가브란(McGavran) 20-21, 153, 225, 370, 521, 555, 587
맥닐(McNeill) 94
메노파(Mennonite) 336-338
멜리스(Mellis) 90-91, 156
면죄부(Indulgence) 230-231, 303-304
명목론(Nominalism) 719
모달리티(Modality) 13, 15, 77, 189

모라비안(Moravians) 39, 407, 411-419, 424-428
모트(Mott) 519-522, 549-550
몬타누스주의(Montanism) 140, 247
무디(Moody) 509, 516, 519-520
무슬림(Muslim) 44-45, 125, 136, 198-205, 361, 593-596, 684-685
문화 130-136, 141-143, 182-185
문화 변혁 134, 297, 539-540
문화 형식(Cultural forms) 192, 673
문화장벽(Cultural barriers) 43, 93, 709
문화적 상황(Cultural context) 362, 499-500, 539-540, 598
미국해외선교회(American Board of Commissioners for Foreign Missions, ABCFM) 76, 458, 589
미전도 종족(unreached Peoples) 515, 658, 686-687
민족주의(Nationalism) 124-126, 292, 570
밀즈(Mills) 259, 457-460

ㅂ

바이킹(Viking) 209-213
바티칸 공의회 345-346, 612
반노예제 운동(Anti-Slavery Movement)

487, 538, 566, 584
발도(Waldo) 245-249, 259-262, 272
배제된 중간영역(excluded middle) 694, 722-723
버마(Myanmar) 458-459, 532-537, 579-580
베네딕트 규칙(Benedictine rule) 217-218
베네딕트 수도원(Benedictine Monastery) 166, 219
베네딕트(Benedict) 152
베르나르드(Bernard) 148, 223-224, 259
보니파스(Boniface) 190-193
보편구원론(Universalism) 663
복음적 부흥(Evangelical Awakening) 32, 376
복음전도 338, 417-418, 475, 438-487, 521-522, 719-721
복음화 555-557, 667-670
봉건제도(Feudalism) 154, 208, 231, 233
부족주의(Tribalism) 607
부흥운동 14-16, 32, 90-93, 240-247, 481-487, 501, 577
북 아메리카(North America) 418
북아프리카 130-131, 200-204, 293-294

브라질 110, 317, 363-369, 607-622, 615-618, 707

人

사비에르 355, 358-359
사하라 이남의 아프리카(Sub-Saharan Africa) 44, 70, 465, 654
사회복음(Social gospel) 546, 571, 721
사회적 관심 418-419, 546, 553, 571, 644
사회행동(Social action) 487
삼자교회 44, 572, 574, 660
상대주의(Relativism) 185, 683
상황화 142, 195, 295, 297, 363, 684
샤를마뉴(Charlemagne) 153, 205
서아프리카 189, 591, 671
서유럽 186-193, 264, 288, 505
선교조직체 13, 67, 77-92, 107, 189
선교단(Missionary bands) 107
선교단체 13, 78, 88, 421-437
선교사 협회(missionary societies) 87, 529, 537-538
선교의 시대 514
선교학 211, 539, 641
선택 251, 328, 450, 701
설교자 수도회(Order of Preachers)

263, 272
성결운동(Holiness Movement) 477, 485, 624-625
성령의 은사 65, 140, 493-494, 675, 693
세계 복음화 92, 555-557, 688
세계관 105, 134, 142, 392, 693, 712
세계교회협의회(WCC) 553-555
세속주의(Secularism) 337, 655, 657
세속화(Secularization) 190, 652, 683
소달리티(Sodality) 77, 166, 176, 189, 248, 378
소련 45, 652, 663, 678
소아시아(Asia Minor) 120, 126-128, 200
수도승(Monks) 73, 145
수도원 제도(Monasticism) 219, 232
수도원(Monasteries) 139-158, 215-233, 257-280
수도회(Monastic order) 216-227, 262-277
수사(Friars) 145, 149
스칸디나비아(Scandinavia) 209, 211, 308, 384, 394, 516
스터드(Studd) 516, 543
스토다드(Stoddard) 451
스페너(Spener) 385-390
스피어(Speer) 520, 566, 663

슬럼(Slums) 260, 611, 619, 708, 714
슬레서(Slessor) 541
시리아어(Syriac Language) 121, 194-195, 201
시므온(Simeon) 150, 417, 516
시토파 수도회(Cistercians) 223-224
식민주의(Colonialism) 112, 430, 506, 600, 652, 673
신성 로마 제국 205-206
신학 교육 322, 351, 465, 613, 617, 619, 696
심슨(Simpson) 36, 396

ㅇ

아르메니아(Armenia) 122-126, 591-592
아리우스주의(Arianism) 141-143
아메리카 원주민(Native American) 423-424, 447-448, 457, 701
아시리아(Assyria) 59, 96
아시시의 성 프란시스 67, 236
아시아 118-126, 559-580, 639
아주사 스트릿(Azusa Street) 477, 597, 626-627, 629, 631
아편전쟁(Opium War) 508-509, 568
아프리카 독립교단(African Independent

Churches) 647
아프리카 엔터프라이즈(African Enterprise) 선교회 440
알렌(Roland Allen) 109, 467
알미니안주의(Arminianism)(ism) 416, 464, 473, 486-487, 592, 629
알비파(Albigensians) 241, 248, 259-260
알프레드 대왕(Alfred the Great) 210-211
애즈버리(Francis Asbury) 415, 471, 474
야만인의 침략(Barbarian Invasion) 127
어거스틴(Augustine) 130-131, 172-173
어바나 선교대회(Urbana Mission Convention) 514, 523
언약 51-52, 329, 397, 441, 447
에데사(Edessa) 120-121
에드워즈(Jonathan Edwards) 418, 425, 452-454, 487
엘리어트(Eliot) 384, 422-423, 447, 449
연옥(Purgatory) 154, 228-229, 231, 251, 296, 303-305
영국국교주의(Anglicanism) 468
영지주의(Gnosticism) 141-143, 147, 241
예루살렘 공의회(Council of Jerusalem) 37-38, 118, 398
예수전도단(YWAM) 36, 72, 261, 667
예수회(Jesuits) 347, 355, 365
오세아니아(Oceania) 585-591
오순절(Pentecost) 56-58, 623-648
오순절주의(Pentecostalism) 397, 485, 615-618, 623-648
오엠국제선교회(Operation Mobilization) 76, 83
오컬트(Occult) 712
오푸스 데이(Opus Dei) 276
온정적 간섭주의(Paternalism) 571
울필라스(Ulfilas) 135-136, 427
워렌(Warren) 90, 92, 216, 418, 554, 571
월드 비전(World Vision) 706
웨슬리(Wesley) 144, 389, 408-416
위대한 세기(Great Century) 421, 434, 503
위더스푼(Witherspoon) 418-419
위클리프 249-255
위클리프 성경번역선교회 37, 515, 590, 614, 618, 671
윈터(Winter) 74, 77-82, 156, 189, 259, 275, 323, 514-515, 657-658, 686
윌더(Wilder) 77, 517-521
윌리브로드(Willibrord) 188-190
윌리엄 워드(William Ward) 432

월버포스(Wilberforce) 417-418, 584
유니테리언주의 400, 641
유대교 개종자(Proselyte) 60, 101
유세비우스(Eusebius) 42, 108
유아살해(Infanticide) 432, 564, 590
이교사상(Paganism) 168, 350-352
이단운동(Heretical movements) 700-701
이레니우스(Irenaeus) 127-128, 162, 164
이방인교회 97-98, 118, 561, 702
이슬람 근본주의(Islamic fundamentalism) 198-199, 684
이슬람교(Islam) 197-201, 607, 684
인간집단 운동(People movements) 332, 587, 604, 698
인간집단(People groups) 32, 46, 60, 95
일본 125, 356, 509, 570, 575-578, 656, 708, 717
일부다처제 600, 605, 607, 699

ㅈ

자선 사역 220, 378, 418
자원결사체(Voluntary societies) 477, 478
자유의지 473, 487
작은 형제회(Order of Little Brothers) 272-273
장로교(Presbyterian) 76-78, 110, 462-479, 613-614, 665
재세례파(Anabaptists) 324-340
저드슨(Judson) 458-460, 532-533, 579-580
정교회 593, 680-683
제2차 복음주의 각성운동(Second Evangelical Awakening) 509
제국주의(Imperialism) 124, 508, 567, 569, 571, 575, 576
제자도 202, 330, 659
종교개혁 80, 98, 281-372
종교재판(Inquisition) 232, 260, 266, 347
주변 집단(Peripheral groups) 36, 76, 145-146
중국내지선교회(China Inland Mission) 36, 76, 83, 510-514
중동 200-202, 591-596
중부 유럽 182, 209, 246-247, 311
즈위머 169, 595
지겐발크 391-393
지방어(vernacular language) 242-243, 253
지상명령(Great Commission) 427,

527, 528, 679
진젠도르프 398-406, 516
진화론(Darwinism) 507, 545
집단 36, 128, 145, 515, 717
쯔빙글리 333, 335

ㅊ

창조주 237, 350
천로역정(Pilgrim's Progress) 383, 449
청교도(Puritans) 375-384, 444-454, 492

ㅋ

카타르파(Cathari) 241-242
칼뱅(Calvin) 310-318, 328-332, 516
칼뱅주의 32-33, 71-72, 134, 310, 314-317, 338, 486-487
캐리(William Carey) 40, 422-437, 514
커닝햄(Loren Cunningham) 36, 83, 260-261
켈트족(Celtic) 128, 161-166, 173-178, 186-188, 209-213
코이노니아(Koinonia) 497-498
콘스탄티노플(Constantinople) 127, 185-186, 200-201, 230-231, 681
콘스탄틴(Constantine) 42, 97, 126, 132-134, 194, 230
콜럼버스(Columbus) 232-233, 354
콜롬바누스(Columbanus) 175-177, 274
콥트교회(Coptic Church) 130, 200, 204, 593
콥트복음교회(Coptic Evangelical Church) 593
콥트어(Coptic language) 129, 201, 205, 593
클로비스(Clovis) 47, 175, 181-182, 586
클뤼니(Cluny) 215-220

ㅌ

타문화 선교 56, 93, 422, 471, 658, 668-670
타운젠드(Townsend) 37, 67, 259, 514-515, 614
탁발 수도회(托鉢修道會, Mendicant Orders) 261, 277, 306
탈문화화(Disenculturation) 499-500
테넌트(Tennent) 453-454
테일러(Taylor) 72, 469-470, 510-515

색인 733

테첼(Tetzel) 266, 303-305
토마스아퀴나스(Thomas Aquinas) 265
토인비(Toynbee) 206
트로트먼(Trotman) 89

ㅍ

파트너십(Partnership) 447, 687
패트릭(Patrick) 162, 171
페레그리니(Peregrini) 171
페르시아 제국(Persian empire) 194
포스퀘어 교회(Foursquare Church) 618, 628, 641-642
프란치스코(Franciscan) 267-278, 371-372
프랑케(Francke) 389-391
플뤼차우(Plutschau) 391-392, 516
피니(Finney) 478, 486-487, 625
피어슨(Pierson) 77, 519

ㅎ

하나님 나라(Kingdom of God) 59-62, 720-721
하나님을 경외하는 자 101, 113
하나님의 뜻 50, 500, 540

하나님의 성회(Assemblies of God) 615-617, 628, 632, 644
하나님의 영광 447-448
하나님의 은혜 167, 237, 239, 240, 267, 300, 348
하와이 589-590
학생자원운동(Student Volunteer Movement) 77, 394, 520-521, 547
한국 120, 124-125, 207, 360, 475, 484, 496, 501, 542, 574-579, 639, 669-675, 711
할례(Circumcision) 37, 60, 64, 70, 101, 183, 189, 433, 439, 441, 559
항공선교회(Mission Aviation Fellowship) 90, 656
해리스(Harris) 531, 604-605
해방신학(Liberation theology) 369, 621
헌신자 공동체(the Committed communities) 90, 189, 375, 388
헤른후트(Herrnhut) 400-402, 405
헨리 벤(Henry Venn) 417, 566, 576
혁명 44, 45, 245, 371, 382, 572-573
형제단(Brotherhoods) 431
혼합주의(Syncretism) 191, 195, 319, 367, 600, 610
홉킨스(Hopkins) 456
회심 60, 276
후스(Huss) 286-287, 399-400

휫필드(Whitefield) 410, 413-415, 454
휴머니스트(Humanist) 45, 289
힌두교(Hinduism) 113, 361, 392-393, 536
힌두교인 542
힐데브란트(Hildebrand) 220-222

기타

2차 세계대전 553, 570, 578, 655
70인역(Septuagint) 100-101, 129
C&MA(Christian and Missionary Alliance) 36, 241, 396
HIV/AIDS 555, 607, 659, 660, 720
IVF 75
OMF(Overseas Missionary Fellowship) 36, 83, 512
YMCA 357, 517, 520

선교학적 관점에서 본
기독교 선교운동사

The Dynamics of Christian Mission:
History through a Missiological Perspective

2009년 12월 16일 초판 발행
2020년 4월 20일 초판 2쇄 발행

지은이 | 폴 피어슨

옮긴이 | 임 윤 택

펴낸곳 | 사)기독교문서선교회
등록 | 제16~25호(1980. 1. 18)
주소 | 서울시 서초구 방배동 983-2
전화 | 02) 586-8761~3(본사) 031) 923-8762~3(영업부)
팩스 | 02) 523-0131(본사) 031) 923-8761(영업부)
홈페이지 | www.clcbook.com
이메일 | clckor@gmail.com
온라인 | 기업은행 073-000308-04-020, 국민은행 043-01-0379-646
　　　　　 예금주: 사)기독교문서선교회

ISBN 978-89-341-1066-8 (93230)
* 낙장·파본은 교환해 드립니다.